웨스트민스터 신앙고백,
삶을 읽다

크리스천
르네상스

웨스트민스터
신앙고백,

삶을 읽다

Westminster
Confession of faith

저자 정요석

하

크리스천
르네상스

웨스트민스터
신앙고백, 삶을 읽다

차례

추천사	8
서문	12

구원론

제15장 생명에 이르는 회개 … 20
1. 복음의 은혜에 의한 회개 … 21
2. 회개의 정의 … 30
3. 필수불가결한 회개 … 36
4. 모든 죄에 대한 회개의 필요성 … 37
5. 특정한 죄들에 대한 상세한 회개 … 42
6. 사적 혹은 공적인 죄의 고백 … 44

제16장 선행 … 50
1. 하나님의 말씀에 따른 선행 … 50
2. 믿음의 열매와 증거인 선행의 필요성 … 52
3. 성령으로 인해 가능한 선행 … 55
4. 잉여 공로에 이르지 못하는 순종 … 58
5. 죄 용서의 공로가 못 되는 최고의 선행 … 60
6. 그리스도로 말미암아 받으시는 신자의 선행 … 63
7. 비중생자들의 선행 … 66

제17장 성도의 견인 … 69
1. 은혜의 상태에서 끝까지 견뎌내는 신자들 … 69
2. 성도의 견인이 가능한 이유들 … 74
3. 심각한 죄에 빠진 성도가 겪는 결과들 … 84

제18장 은혜와 구원의 확신 … 91
1. 은혜의 상태에 있음에 대한 확신 … 92
2. 믿음으로 인한 확신의 근거 … 96
3. 확신에 이르는 방법 … 103
4. 다양한 방식으로 흔들리는 확신의 되살아남 … 113

Westminster
Confession of faith

교회론

제19장 하나님의 율법 122
1. 행위 언약으로써 아담에게 주어진 율법 124
2. 의의 완전한 규범인 율법 128
3. 신약 아래에서 폐기된 의식법 130
4. 시민법(사법적 율법) 133
5. 영원한 도덕법 135
6. 율법의 삼중적인 용도 138
7. 복음의 은혜와 반대되지 않는 율법의 용도 143

제20장 그리스도인의 자유와 양심의 자유 147
1. 복음 아래 신자의 자유 148
2. 양심의 유일한 주이신 하나님 155
3. 그리스도인의 자유의 목적 159
4. 하나님이 정하신 권세와 그리스도가 사신 자유 간의 관계 162

제21장 신성한 예배와 안식일 168
1. 하나님에 대한 예배의 당위성과 방식 169
2. 예배의 유일한 대상이신 삼위 하나님 172
3. 신성한 예배의 특별한 요소인 기도 176
4. 기도의 내용 184
5. 예배의 요소들 189
6. 예배의 장소 212
7. 예배의 시간 217
8. 안식일을 거룩하게 지키는 법 222

제22장 합법적 맹세와 서원 228
1. 맹세의 의미 228
2. 오직 하나님의 이름으로 하는 맹세 231
3. 오직 옳은 것에 대한 맹세 234
4. 맹세의 주의할 점들 238
5. 서원의 의미 241
6. 서원의 대상과 태도와 결과 243
7. 금지된 서원의 내용 247

제23장 국가 통치자 250
1. 국가 통치자를 세우신 하나님 250
2. 신자로서 국가 통치자의 업무 253
3. 국가 통치자의 교회를 향한 권한과 의무 257
4. 통치자에 대한 국민의 의무 263

웨스트민스터 신앙고백, 삶을 읽다

차례

제24장 결혼과 이혼 — 266
1. 한 남자와 한 여자 사이의 결혼 — 266
2. 결혼의 목적 — 271
3. 결혼자의 자격 — 277
4. 근친 간의 결혼 금지 — 285
5. 간음으로 인한 파혼과 이혼 — 288
6. 부득이한 이혼의 경우와 그 과정 — 292

제25장 교회 — 297
1. 보이지 않는 보편적 교회 — 297
2. 보이는 보편적 교회 — 302
3. 교회에 주신 사역자와 말씀과 규례 — 308
4. 교회의 표지: 보편 교회의 나타남과 특정 교회의 순수함 — 312
5. 혼합과 오류가 있기 쉬운 교회 — 315
6. 교회의 유일한 머리이신 예수 그리스도 — 318

제26장 성도의 교통 — 322
1. 그리스도와의 연합에 의거한 성도들 간의 연합 — 323
2. 성도의 교통이 나타나는 세 가지 경우 — 329
3. 성도의 교통에 대한 두 가지 오해 — 333

제27장 성례 — 337
1. 성례의 정의와 목적 — 338
2. 표지와 표지된 대상 간의 영적 관계 — 343
3. 성령의 사역과 제정의 말씀에 따른 성례의 효력 — 346
4. 성례의 개수와 집례자의 자격 — 352
5. 실체에 있어서 신약의 성례들과 같은 구약의 성례들 — 366

제28장 세례 — 370
1. 세례의 의미와 제정자와 역할 — 371
2. 세례의 집행 방법 — 374
3. 세례에서 물의 사용법 — 380
4. 세례 받는 대상 — 386
5. 세례와 구원의 상관관계 — 394
6. 세례의 효력 시점 — 397
7. 세례의 횟수 — 400

제29장 주의 성찬 — 403
1. 성찬의 제정자와 의미와 역할 — 404
2. 희생 제사의 재현이 아닌 기념과 찬양 — 407
3. 성찬의 집행 방법 — 411

Westminster Confession of faith

4. 성찬식의 틀린 집행 사례들	417
5. 성례전적으로 그리스도의 몸과 피라고 불리는 떡과 포도주	420
6. 로마 가톨릭의 화체설	422
7. 영적 임재설과 루터파의 공재설(共在說)	425
8. 합당치 않은 수찬자가 짓는 죄	433

제30장 교회 권징 — 435
1. 그리스도께서 정하신 교회 정치 — 435
2. 교회 직원들에게 주어진 천국 열쇠 — 454
3. 교회 권징의 필요성 — 467
4. 권징의 종류 — 470

제31장 대회와 공의회 — 474
1. 더 넓은 교회 회의의 필요성 — 474
2. 정부의 대회 소집권과 교회 자체의 대회 소집권 — 482
3. 대회와 공의회의 직무 — 485
4. 틀릴 수 있는 대회와 공의회 — 497
5. 교회에 관한 것만을 다루는 대회와 공의회 — 500

종말론

제32장 죽은 후의 사람의 상태와 죽은 자의 부활 — 506
1. 사람의 죽음 후의 상태 — 508
2. 죽은 자의 부활과 산 자의 변화 — 518
3. 의인과 악인의 몸의 부활 — 520

제33장 마지막 심판 — 525
1. 심판의 날의 성격 — 526
2. 마지막 심판의 목적 — 531
3. 알려지지 않은 심판의 날 — 535

부록

웨스트민스터 신앙고백, 삶을 읽다(상권) 차례 — 540

추천사

『웨스트민스터 신앙고백, 삶을 읽다』는 장로교회 신앙의 표준문서인 웨스트민스터 신앙고백서를 해설한 책이다. 우선 한국인 신학자 또는 목회자가 풀어낸 신앙고백서 해설서가 몇 권 눈에 띄지 않음을 생각할 때, 반갑고 기쁘지 않을 수 없다. 더욱 감사한 것은 몇 종류 출판되어 있는 번역서적에 비교하여 해설 내용이 조금도 부족하지 않을 뿐만 아니라, 저자의 저술 목적을 반영하는 장점을 가지고 있다는 사실이다.

저서를 대하며, 흔히 말하는 '신앙고백서 해설'이라는 이름을 사용하지 않는 것이 먼저 눈에 들어왔다. 웨스트민스터 신앙고백서는 장로교회의 표준 신앙을 고백한 교리진술의 책인데, 이를 해설하는 책이 분명함에도 책 이름은 '삶을 읽다'로 되어 있는 것이 특이하다. 저자인 정요석 목사의 저술 목적과 방식 그리고 기대가 무엇인지를 짐작하게 한다. 그것은 순전히 교리에 대한 신학 논쟁과 토론을 소개하는 것이 아님을 말한다. 저자는 이 책에서 장로교회의 신앙고백이 구체적인 신앙의 삶의 자리에서 작용할 수 있도록 하나님의 말씀인 성경을 풀어가면서 신앙고백이 담고 있는 교리에 대한 이해를 각성케 하고자 한다. 그리하여 저자는 기독교인이 자신의 신앙의 삶을 설명하는 이유로 이 신앙고백서가 지적되기를 바란다.

저자인 정요석 목사는 이러한 목적을 성취하기에 손색없는 보기 드문 목회자이며 또한 신학자이다. 저자는 아름다운 개혁신앙을 교훈하며 함께 살아가는 한 교회의 담임목사이며, 또한 여러 권의 신앙과 교리해설서를 저술한 신학자이다.

그리고 신학대학원에서 목회를 준비하는 신학생에게 강의를 열어 가르치는 교수이기도 하다. 이 세 가지 버거운 과제를 아주 훌륭하게 수행하며 탁월한 결실을 제시하고 있는 탄탄한 동역자이다. 이러한 자랑을 정작 저자 본인은 부끄럽게 여길지 모르겠지만, 저자와 더불어 신학연구위원회 대한예수교장로회 합신에서 여러 해를 넘기며 웨스트민스터 신앙고백서와 대·소요리 문답을 번역하면서 땀 흘려 수고한 시간들을 함께 한 경험은 이러한 자랑이 진실함을 정직히 증언한다. 그리스도 안에서 동역자로 함께 이 시대에 개혁 신학과 신앙을 나누고 있다는 사실로 인해 기쁨을 주는 사랑스러운 분이다. 이러한 칭찬의 말을 추천사에 담는 까닭은 이미 잘 알려진 저자이겠지만 저자를 아직 잘 모르는 분들에게 소개를 위함이며, 이 저서가 신뢰할 만하며, 교회에서 신앙고백서를 가르칠 때 참고하기에 안전하며 충분하다는 사실을 강조하기 위함이다.

이 책은 여러 가지 점에서 아주 훌륭한 장점을 가지고 있다. 이 가운데 하나는 모든 설명을 가급적 유비를 사용하여 설명을 시도한다는 점이다. 이것은 신학적 논술의 과정으로만 설명하는 것과는 달리 교리를 좀 더 친근하게 하며 그것의 이해를 크게 도와준다. 일반 교인의 독서를 감안한 저자의 배려가 돋보인다. 그런데 이러한 배려는 쉽지 않다. 설명하는 교리에 대한 이해가 명료하지 않으면 유비는 가능하지 않기 때문이다. 저자의 이러한 배려는 해당 교리에 대한 저자의 신학적 소견이 매우 뛰어나며 깊이가 있고 정통하다는 것을 잘 드러낸다. 매우 자랑스러운 점 가운데 하나이다.

두 번째로 언급할 장점은 신앙고백서를 진술함에 있어서 성경의 근거 구절을 토대로 교리 진술의 이해를 도모하고 있다는 점이다. 신학 자체의 논점을 해명하는 데에만 갇혀 있지 않은 채 신앙과 삶의 절대적 표준이 되는 성경을 통해 교리의 근거와 의미를 풀어가는 저자의 시도는 한 편의 자연스런 설교 같은 흐름을 이어가면서 신앙고백서를 독자들 가까이에 다가서게 한다.

이 책을 말하면서 놓치지 않고 언급하여야 할 장점이 있다. 이것이 세 번째 장점이니 책 여러 곳에 올려져 있는 각종의 도표이다. 이것은 신앙고백서를 책상머리에서 고민하는 신학적 사색에 그치지 않고 삶의 자리에서 살아 움직이는 신앙고백으로 인도하기 위하여 저자가 얼마나 간절한 심정으로 노력하는지를 보여주는 증거이다. 신앙고백서가 말하는 개념을 간결하게 추려내어 한 눈에 볼 수 있도록 도식으로 제시하는 도표는 저자가 교리 진술의 흐름을 정확하게 파악하고 있음을 보여준다. 이러한 도표는 독자로 하여금 복잡한 교리의 흐름 구조를 이해하는데 아주 훌륭한 도움을 준다.

네 번째로 저자는 신앙고백서의 진술 교리를 자세히 풀어내는 데에 최종적인 목적을 두고 있지 않은 특징을 보인다. 이 책은 복잡한 신학 교리의 발전의 과정 자체를 논술하는 신학서이기를 목적으로 하지 않는다. 오히려 이것은 분명 이 책의 장점 가운데 하나이다. 저자는 신앙고백서를 이해하기에 필요한 신학을 조금도 부족하지 않게 풀어내면서도 이러한 설명을 통하여 독자들에게 올바른 복음 신앙에 대한 이해를 자극하면서 신앙의 삶을 호소한다. 곧 이 책은 신앙고백서를 본문으로 하여 그리스도를 향하여 눈을 들도록 이끌어 준다. 그것은 분명 한편의 교리 강설이다. 좀 더 구체적으로 성경을 들어 증언하면서 신앙고백서를 본문으로 하는 교리설교의 특징을 보여준다.

마지막으로 저자는 신앙고백서를 해설하는 가운데 독자가 궁금해 할 만한 지점에서는 그 때마다 직접 인용을 통해서 내용을 보충해주거나, 진술의 근거를 뒷받침하는 근거를 각주로 소개하는 학문적 성실함을 보여주고 있다. 저자의 학문적 성실함과 엄밀성을 잘 반영하는 이러한 전개는 이 책의 설명을 더욱 신뢰할 수 있게 한다.

이상에서 언급한 다섯 가지 정도만이 이 책이 가지고 있는 장점 모두가 아니다. 책을 들어 직접 읽는 독자들은 나름대로 더 많은 장점을 발견할 것이다. 그 중에서도 한 가지는 이 책의 도움을 통해서 이제는 신앙고백서를 교회에서 직접 회중에게 가르치기에 필요한 명료한 이해는 물론 자신감을 또한 획득할 것이라는 기대이다. 틀림없이 독자 개개인이 이러한 기대에 대한 만족을 스스로 얻게 될 때, 이 책의 장점에 대해 크게 동의하면서 널리 추천하게 될 줄로 확신한다. 이러한 확신을 담아 저자인 정요석 목사님에게 존경의 갈채를 보내면서 한국 교회의 모든 구성원에게 적극 추천한다.

김병훈 교수
합동신학대학원대학교 조직신학

서문

신천지나 하나님의 교회 안상홍 증인회와 같은 상당수의 이단들은 성경공부를 이용해 사람들을 포섭하고 세뇌교육을 시킨다. "오직 성경"을 강조하는 이들에게 부족한 것이 "전체 성경"이다. 예를 들면 하나님의 교회 안상홍 증인회는 구약성경에 유월절이 영원히 지켜야 하는 규례로 출 12:14 나오기 때문에 신약시대인 지금도 유월절을 지켜야 한다고 주장한다. 이들은 "내가 율법이나 선지자를 폐하러 온 줄로 생각하지 말라 폐하러 온 것이 아니요 완전하게 하려 함이라 진실로 너희에게 이르노니 천지가 없어지기 전에는 율법의 일점 일획도 결코 없어지지 아니하고 다 이루리라"는 마 5:17-18 말씀을 들이밀며 기존 기독교 신자들에게 왜 예수님 말씀을 어기고 유월절을 지키지 않느냐고 따진다. 이런 충격요법으로 기존 기독교를 비판하며 사람들을 포섭하는 것이다.

율법에 대하여 다루는 웨스트민스터 신앙고백, 제19장은 하나님의 율법을 도덕법과 의식법과 시민법으로 나눈다. 제2절은 도덕법이 영원히 의의 완전한 규범이라고 말하고, 제3절은 할례, 유월절, 성전의 제사 등과 같이 예수님의 사역과 고난을 나타내는 의식법은 지금 신약 아래에서는 폐기되었다고 명확히 말한다. 예수님께서 직접 죽으시고 부활하심으로써 우리의 죄의 문제를 해결하셨으므로 신약시대에 유월절과 성전 제사를 지키는 것은 예수님의 죽음과 부활을 모독하는 것이다.

이처럼 웨스트민스터 신앙고백은 도덕법, 의식법, 시민법과 같은 단어들을 사용하여 "오직 성경"에 근거하여 "전체 성경"의 내용을 잘 드러낸다. 때때로 성경만을 강조하는 이들 중 일부는 보고자 하는 본문만 보는 편식과 그것을 잘못된 관점으로 해석하는 편향으로 인해 성경을 오히려 파괴한다. 이들은 성경에 나오는 단어들을 주로 사용하지만 오히려 성경을 왜곡하고, 빈곤한 사고력으로 세상의 삶 또한 이분법적으로 해석한다. 이에 비하여 우리는 의식법, 삼위일체, 구원의 수단, 제일 원인 등과 같이 성경에 없는 단어들을 사용하지만 오히려 성경을 보존하고 전체 내용을 질서 있게 드러내고 세상의 삶 또한 동등한 가치들을 상황에 따라 우선순위를 다르게 매길 줄 안다. 신앙고백의 목적은 성경 전체를 체계 있게 골고루 이해하고, 이에 근거하여 과학과 정치와 문화와 같은 우리의 삶의 속성을 꿰뚫음으로 타협하거나 동조하지 않고 올바른 방향으로 이끄는 것이다.

성경은 구약 39권과 신약 27권으로 적지 않은 분량이다. 성경이 무엇을 말하고자 하는지 알려고 할 때에 성경 한두 곳에 나온 내용으로 결정하면 안 되고 성경 전체에 나온 내용으로 결정해야 한다. 웨스트민스터 신앙고백은 바로 이런 결정을 33가지 주제로 나누어 했다. 1643년에 영국 의회의 요청으로 웨스트민스터 총회 Westminster Assembly에 모인 잉글랜드의 121명의 목사와 스코틀랜드의 5명의 목사는 예배모범1645년, 장로회 정치규범1645년, 신앙고백1646년 12월, 성경구절 주석 첨부1647년 4월, 소요리문답1647년 11월, 대요리문답1648년 4월을 만들었다. 장로교단의 목사와 장로와 집사는 임직할 때에 아래처럼 선서한다.

1. 본인은 신구약 성경을 하나님의 말씀이요 신앙과 행위에 대하여 정확무오한 유일의 법칙으로 믿습니다.
2. 본인은 웨스트민스터 신앙고백서 및 대·소요리문답은 신구약 성경에 교훈한 교리들을 총괄한 것으로 알고 성실한 마음으로 받아 신종할 것을 선서합니다.
3. 본인은 본 장로회 정치와 권징조례와 예배모범을 정당한 것으로 받아 신종할 것을 선서합니다.

위에서 본 것처럼 웨스트민스터 신앙고백은 신구약 성경의 교리들을 총괄한다. 총괄의 사전적 뜻은 "모든 일을 통틀어 두루 살펴봄"이나 "개별적인 여러 가지를 한데 모아서 묶음"이다. 121명의 잉글랜드 목사와 5명의 스코틀랜드의 목사가 약 4년에 걸쳐 성경의 모든 내용을 통틀어 두루 살펴보고 주제별로 정리해 묶은 것이 웨스트민스터 신앙고백이다. 따라서 이것을 공부하는 사람은 성경의 전체 내용을 깊이 공부하게 되고, 주제별로 묶어 체계적으로 설교하고 가르칠 수 있게 된다. 본인은 이런 취지를 살려 웨스트민스터 신앙고백을 해설함에 있어서 최대한 한 단어도 빼놓지 않고 일일이 다 해설하려고 시도하였다.

    수학에서 원에 대한 정의는 "한 정점으로부터 일정한 거리에 있는 점들의 집합"이다. 일반인 가운데 이 정의를 보고 이해하는 사람의 비율은 높지 않다. 이때 아래와 같이 컴퍼스를 이용해 원을 그리는 과정을 보여주면 많은 사람이 이해할 수 있다. 일반적으로 신앙고백은 많은 내용을 신학적 단어들로 간결하게 표현하다 보니 수학의 정의와 명제처럼 간명한 표현 속에 깊은 의미를 담는다. 그러다보니 많은 사람이 수학의 추상성을 인하여 어려워하듯, 많은 성도도 교리의 추상성을 인하여 어려워한다. 이 책은 신앙고백의 추상성과 간결성과 복잡성을 그 깊이를 해치지 않으면서도 쉽게 설명하려고 노력하였다. 원의 정의가 컴퍼스로 그리는 구체성의 과정을 통해 이해되듯, 이 책도 교리를 직접 논리로 설명도 했지만, 많은 경우 삶의 비유라는 구체성을 통해 설명하였다.

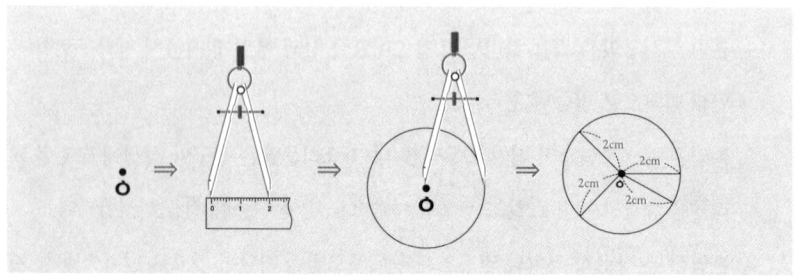

    이 책은 지면의 분량 때문에 삶을 통한 설명이 제한되었는데, 본인이 2015년부터 2018년에 쓴 『소요리문답, 삶을 읽다 상·하』와 『하이델베르크 교리문답, 삶을 읽다 상·하』에 이런 시도가 많이 되어있다. 신앙고백은 성경을 이해하는 데 크

게 도움이 될 뿐만 아니라 정치, 경제, 문화와 같은 삶의 여러 측면을 해석하고 올바로 이끄는 데도 크게 도움이 된다. 실제로 웨스트민스터 총회가 먼저 만든 것도 예배모범과 장로회 정치규범이다. 예배를 어떻게 드리고 교회 정치를 어떻게 할 것인지는 성경을 전체적으로 어떻게 이해하는지에 달려 있다. 이것은 삶의 여러 측면에 대한 해석도 성경에 대한 이해에 달려 있음을 나타낸다. 아무쪼록 이 책을 읽는 많은 분이 성경만이 아니라 자신의 삶에 대한 바르고 풍성한 해석으로 이어져 더 큰 자유와 기쁨과 분명한 방향성을 갖기를 바란다.

1647년에 만들어진 신앙고백이 약 400년이 흐른 현대에도 적절성과 적용성이 있을까? 수학의 원에 대한 정의는 기원전 300년경의 유클리드의 기하학과 다르지 않다. 기원전 6세기 초에 살았던 피타고라스가 발견한 그 유명한 피타고라스 정리와 삼각형 내각의 크기의 합과 무리수가 모두 21세기에도 통용된다. 웨스트민스터 신앙고백은 사람이 만든 환경이나 제도나 문화를 정리한 것이 아니라, 하나님의 진리의 말씀인 성경의 전체 내용을 정리한 것이므로 시대에 상관없이 실제적이며 실천적이고, 모든 시대와 환경을 읽는 데 크게 도움이 된다.

웨스트민스터 신앙고백은 영어로 작성되었다. 번역은 반역이라는 말이 있듯 번역을 아무리 잘 해도 원어의 참 뜻과 뉘앙스를 살리기가 힘들다. 그래서 이 책은 번역문 밑에 영어 원문을 같이 실어 독자로 명확함을 추구하도록 하였다. 영어 원문은 1647년 초판을 중심으로 1651년과 1658년 판본을 참고하였고, 세 판본의 쉼표와 세미콜론 등까지 확인하여 정확성을 높였다. 성경 각주도 이 세 판본을 일일이 확인하였으므로 이 책은 영어 원문과 성경 각주의 정확성 측면에서 높은 수준일 것이다. 영어 원문에 맞추어 성경 각주 번호를 번역문에 매겼으므로 번역문에는 때때로 알파벳 순서가 바뀌기도 하였다. 영어 원문의 성경 각주에는 "j"와 "v"가 원래 없으니 유의하기 바란다.

이 해설서를 쓰며 웨스트민스터 신앙고백이 얼마나 신학적으로 정교하고 섬세하게 만들어졌는지 문장의 구조와 구분된 단어들을 통하여 자주 확인하였다. 웨스트민스터 신앙고백은 유럽 여러 나라들의 신앙고백보다 상대적으로 늦게 만들어져 이것들을 참고할 수 있는 이점이 있었다. 게다가 상대적으로 4년이라는 긴 시간과 참석자들의 방대한 숫자로 인하여 어떤 신앙고백들보다 깊이와 넓이와 정교함을 갖는다. 이래서 미국과 유럽의 여러 교단도 웨스트민스터 신앙고백을 채택하였다. 본인은 번역과 해설에 있어서 특히 분사구문을 통한 섬세한 표현을 살리고, 신중하게 구분된 단어들의 뉘앙스를 반영하려고 노력하였다. 독자도 영어 원문의 이런 정교함을 맛본다면 웨스트민스터 신앙고백이 전하고자 하는 내용의 풍성함과 정교함에 빠질 것이고, 이것이 그대로 성경과 신학에 대한 깊고 넓은 이해로 이어지면서, 설교를 준비하고 전달하는 과정이 부담에서 기쁨과 기대로 크게 바뀔 것이다. 목회의 연한이 많아질수록 설교에 대한 부담이 커지기 마련인데, 본인은 웨스트민스터 신앙고백을 통하여 성경에 대한 이해가 깊어지며 설교에 대한 부담은 작아지고 깨달은 내용을 전달하고 싶은 설렘과 의욕은 커졌다. 이러한 설렘과 기쁨이 독자에게도 크게 주어지기를 바란다.

본인이 이런 기쁨을 누리는 데 합신 교단의 신학연구위원회가 큰 기여를 했다. 2017년 9월의 합신 총회는 웨스트민스터 신앙고백과 대·소요리문답을 새로 번역하는 일을 5명의 목사와 합동신학대학원대학교의 6명의 교수로 구성된 이 위원회에 맡겼다. 위원회는 문장 하나하나를 일일이 치열하게 논의하며 번역문을 결정하였는데, 본인은 위원회의 일원으로 이 논의에 참여하며 번역 방법과 신학적 지식에서 많은 통찰을 얻었다. 여기서 받은 통찰과 자극이 없었다면 본인의 저술 활동은 웨스트민스터 소요리문답과 하이델베르크 요리문답과 도르트 신경의 해설서를 쓰는 데 그쳤을 것이다. 이 자리를 빌려 그간 같이 활동한 신학연구위원들에게 감사를 드린다. 특히 5년째 같이 활동한 세 명의 교수 중 이승구 교수는 대요리문답 번역을 담당하였는데 신학 지식만이 아니라 마음마저도 넓어서 위원회가 부드럽게 협력하여 일하도록 이끌었다. 김병훈 교수는 신앙고백 번역을 담당하였는데 뛰어난 신학 지식과 문장력으로 위원들의 다양한 의견을 지침 없이 경청하면서 종합하여 좋은 번역문이 나오게 하였다. 나그네교회의 목회 사역도 담당하는 김 교수는 신학과 목회와 개혁신앙의 실천 등에서 좋은 본과 도전이 되었기에 본인은 존경의 마음으로 이 책의 추천사를 부탁하였는데 과분한 추천사를 써주셨다. 본인과 같이 소요리문답 번역을 담당한 안상혁 교수는 5년의 모임 내내 일찍 나와 회의 좌석과 맛있는 차를 준비하였고, 위원들의 다양한 번역문 제안을 모두 빠르게 타이핑하여 위원회가 서로 비교하며 좋은 번역문을 결정하는 데 큰 도움을 주었다.

"날마다 주님과 함께"라는 성경묵상모임은 삼사 개월마다 본인의 교리강의를 경청하며 교제의 기쁨을 나누게 해주었고, 특히 정우철 장로는 일반 성도로서 이 책이 읽을 만한 수준인지 철자까지 살피며 검토해 주었으며 집필 기간 동안 자주 맛있는 커피원두와 부인이 손수 만든 쿠키와 그래놀라를 보내주었다. 집필에 지칠 즈음에는 부안의 백운수 장로와 부산의 이영철 집사와 정읍의 정우철 장로와 일산의 정진원 장로가 서울까지 직접 찾아와 날마다 성경을 묵상하며 받은 깨달음과 은혜를 식사와 유머에 곁들여 나누어주었다. "날마다 주님과 함께" 회원 모두에게 감사드리며 매일 성경을 읽는 기쁨이 "성경 전체"에 대한 파악을 통하여 더욱 넓어지고 깊어지기를 바란다.

아내를 비롯한 다섯 명의 자녀는 늘 든든한 후원자이며 기쁨의 대상이다. 인생을 사는 큰 목적 중 하나가 가족과 더불어 행복하고 기쁘게 사는 것이지 않는가? 그들은 바라보는 것만으로 기쁨이고 활력소이다. 자녀는 목회와 강의와 저술에 빠져 충분히 보살피지 못한 아빠를 넉넉히 이해하여 주었고, 커가며 그들이 직접 가정의 빈 틈을 메꾸는 시도를 해주었다. 아내는 갈수록 마음이 넓어지며 본인을 가슴 속에 풍당 집어넣고 자주 사랑과 신뢰로 격려하며 순수함을 더욱 추구하게 해주었다. 가정예배를 통해 이 책을 자녀들과 같이 읽어갈 것인데 성경과 사람에 대한 이해가 깊어지고 넓어지며 그들의 삶이 예수님의 사랑과 진리로 풍성해지기를 간절히 바란다. 매형과 누님은 목회 초기부터 기도와 물질로 늘 도와주었고, 어머님마저 4년 전에 이 땅을 떠나시며 더욱 부모와 같은 존재가 되었다. 목회 은퇴 이후에도 순수하게 예배를 즐거워하시며 늘 새벽마다 우리 가정을 위해 기도하시는 장인어른과 장모님께 깊은 감사를 드린다.

개혁주의 신앙과 신학을 널리 알리기 위해 인터넷 사업체의 수익을 기독출판사 운영에 사용하는 크리스천 르네상스의 정영오 대표와 자신의 책처럼 정성스럽게 책을 만들어준 서세은 자매에게 감사를 드린다.

마지막 감사는 세움교회에 드리고자 한다. 세움교회 교인들은 본인의 설교와 성경공부에 많은 부족함이 있음에도 하나님께서 주시는 말씀으로 알고 늘 경청하며 실천하고자 노력들 하셨다. 그들이 아니었다면 나는 웨스트민스터 신앙고백과 대·소요리문답을 가르칠 기회도 없었고, 이에 대한 깊은 이해에 이를 수도 없었고, 쉽고 재미있고 실천력 있게 설교하고 가르쳐야 한다는 개념조차도 없었을 것이다. 본인은 앞으로 더욱 말씀 연구를 깊이 하여 세움교회 교인들로 하나님의 말씀이 얼마나 깊고 생명력이 있는지 더욱 알게 하고 싶다. 보다 순수하게 사랑으로 목회하여 그들의 기쁨만이 아니라 어려움에도 의리 있게 임하여 그들이 어렵고 아플 때에 본인을 찾도록 해야만, 제대로 웨스트민스터 신앙고백을 연구한 목사일 것이다. 서로 세우고 격려함으로 세움교회가 하나님의 진리와 사랑이 풍성히 드러나고 많은 이를 주님께로 인도할 수 있기를 진정 바란다. 주일마다 그들과 함께 예배하고 은혜를 받고 더 나은 삶을 다짐하는 즐거움을 주님께서 계속 허락하여 주시기를 기도한다. 하나님을 알아가고 즐거워하는 기쁨이 세움교회에도 풍성하고, 이 책을 읽는 독자들에게도 풍성하기를 바란다.

누가 주께 먼저 드려서 갚으심을 받겠는가? 만물이 주에게서 나오고 주로 말미암고 주에게로 돌아간다. 하나님께서 오래 참으시는 사랑으로 향상시켜주신 나의 관심과 재능과 정서까지도 오직 주님의 사랑과 진리에 초점을 맞출 때에만 헛되지 않으리라. 오직 주님에게 영광이 세세에 있을지어다 아멘 롬 11:35-36.

2022년 4월

정요석

구원론

Of Repentance unto Life

제15장 생명에 이르는 회개

> 칭의: 신분의 변화 - 죄인에서 의인으로 신분의 변화
> 양자: 환경의 변화 - 의인에 맞는 환경의 변화
> 성화: 내면의 성장 - 의인에 맞는 내면으로 변화
> 믿음: 신분의 인식 - 의인이 된 것을 깨달음
> 회개: 내면의 전환 - 죄에서 하나님께로 돌아섬

15.1

생명에 이르는 회개는 복음의 은혜이다.a 모든 복음 사역자는 그리스도를 믿는 믿음의 교리만이 아니라 회개의 교리도 설교하여야 한다.b

Repentance unto life, is an evangelical grace,a the doctrine whereof is to be preached by every minister of the gospel, as well as that of faith in Christ.b

a 슥 12:10; 행 11:18   b 눅 24:47; 막 1:15; 행 20:21

1. 복음의 은혜에 의한 회개

❶ 생명에 이르는 회개

생명에 이르는 회개가 있는 반면에 단지 후회와 감상에 머무는 회개도 있다. 가룟 유다는 예수님께서 빌라도에게 넘겨지시는 것을 보며, 자신이 예수님을 은 삼십에 판 것에 대하여 스스로 뉘우쳤다. 그는 은 삼십을 대제사장들과 장로들에게 도로 갖다 주며 "내가 무죄한 피를 팔고 죄를 범하였도다"라고 말했다. 그들이 "그것이 우리에게 무슨 상관이냐? 네가 당하라"고 말하자, 그는 은을 성소에 던져 넣고 물러가서 스스로 목매어 죽었다 마 27:3-5. 그는 분명히 스스로 뉘우쳤고, 스스로 목매어 죽기까지 했지만 하나님께로 돌아오지 않았다. 유다는 일반인의 범주로 자기 죄에 탄식하고 싫어했지만, 성경이 말하는 범주로 자기 죄에 탄식하고 싫어한 것은 아니었다. 죄로부터 완전히 돌아선 것이 아니고 자신의 죄와 의와 감상에 빠져버렸다. 이러한 회개가 후회와 감상에 머무는 회개이다.

엘리야가 나봇을 죽이고 포도원을 빼앗은 아합에게 하나님의 저주를 전했을 때에 아합은 자신의 옷을 찢고 굵은 베로 몸을 동이고 금식하고 굵은 베에 누우며 풀이 죽어 다녔다 왕상 21:27. 하나님께서는 그의 겸비함을 보시고 그의 시대가 아니라 그 아들의 시대에야 재앙을 내리시겠다고 하셨다. 하지만 아합의 뉘우침은 생명에 이르는 회개 repentance unto life 로까지 이어지지 않았다. 그는 하나님의 저주에 놀라 순간적으로 자신의 악행을 뉘우친 것이지, 진정으로 자기 죄에 대해 탄식하고 싫어하며 죄로부터 돌아서 하나님께로 향하지 않았다. 생명에 이르는 회개가 아니라, 일시적 감상의 회개이었다.

예수 그리스도에 대한 복음을 듣고 믿음으로 그리스도를 영접하는 자는 반드시 생명에 이르는 회개를 하게 되어 있다. 유다와 아합처럼 복음을 모르는 자들도 자신의 죄에 대한 벌의 두려움이나 감상적 기분으로 회개할 수 있지만 이것은 생명에 이르지 못한다. 바울은 고린도교인들에게 편지를 써서 그들의 잘못을 가르쳐주며 시정하도록 권면하였다. 그들은 하나님의 뜻대로 근심을 하게 되었는데,

이 근심이 그들로 얼마나 간절하게 하며 얼마나 변증하게 하며 얼마나 분하게 하며 얼마나 두렵게 하며 얼마나 사모하게 하며 얼마나 열심 있게 하며 얼마나 벌하게 하였는지 모른다. 하나님의 뜻대로 하는 근심은 후회할 것이 없는 구원에 이르게 하는 회개를 이루는 것이다 고후 7:9-11. 복음을 통한 생명에 이르는 회개를 일시적 감상의 회개와 구분해야 한다.

❷ 복음의 은혜

앞에서 복음을 통한 회개를 살펴보았으니 이제 복음의 은혜 중 "은혜"에 대하여 살펴보자. 회개도 믿음처럼 사람 스스로의 힘이 아니라 하나님의 은혜로 이루어진다. 회개의 기원 또한 믿음처럼 하나님에게 있다. 제15장은 이것을 "복음의 은혜"evangelical grace라는 표현으로 나타낸다. 회개도 믿음처럼 성자 하나님께서 획득하신 구원을 성령 하나님께서 신자에게 적용하시는 구원론에 속한다. 웨스트민스터 신앙고백은 아래와 같이 제10장~제15장에 나오는 각 항목이 성령에 의한 하나님의 은혜로 이루어짐을 나타내고 있다.

> 제10장: 부르심 - 하나님의 영의 사역에 의해(by God's Spirit)
> 제11장: 칭의 - 오직 값없는 은혜로(only of free grace)
> 제12장: 양자 - 양자의 은혜의 참여자(partakers of the grace of adoption)
> 제13장: 성화 - 그리스도의 영에 의해(by Christ's Spirit)
> 제14장: 믿음 - 그리스도의 영의 사역(the work of the Spirit of Christ)
> 제15장: 회개 - 복음의 은혜(an evangelical grace)

위의 표현에서 알 수 있는 것처럼 구원론에 속하는 각 항목은 모두 사람이 스스로 쟁취하는 것이 아니라, 하나님께서 해주시는 것이다. 구원론은 사람이 행하는 행위를 가까운 관점에서 살펴보면 그것들이 마치 사람이 스스로 인식하고 결단하고 행동하는 것처럼 보인다. 하지만 사람의 행위를 먼 관점에서 보면 사람이 스스로의 힘으로 하는 것이 아니라, 하나님께서 해주시는 것임을 알 수가 있다. 예수 그리스도에 의한 구원의 획득만이 아니라, 그 획득된 구원이 우리에게 적용되는 것까지도 삼위일체 하나님께서 하실 때에야 우리의 구원은 흔들리지 않고 완벽하다.

우리는 앞에서 외부를 향한 삼위 하나님의 사역은 분리되지 않음을 살펴보았다. 한 위격의 일에 다른 두 위격도 똑같은 뜻과 계획과 목적으로 참여하신다. 세 위격은 인류의 창조와 구원에 있어서 한 뜻과 계획과 목적을 갖고 계신다. 예수 그리스도의 탄생과 세례와 고난과 죽음과 부활과 승천에 성부와 성령께서 참여하심으로 우리를 위한 구원의 획득이 이루어졌다. 그렇다면 그 획득된 구원이 우리에게 적용되어야 하는데 삼위일체 하나님께서 모르신 체 하시겠는가? 그렇다면 예수 그리스도께서 획득하신 구원은 소용이 없는 것이고, 우리에게 아무 유익이 되지 못한다. 분리되지 않으신 채 일하시는 삼위 하나님께서 구원의 획득까지만 같이 일하시고 그 이후의 일에 대해서 아무 계획과 사역이 없는 것이 절대 아니다. 구원의 적용도 이미 계획하신 일이고 따라서 삼위 하나님께서 같이 일하신다. 이것을 특별히 성령께서 주도적으로 하신다.

❸ 선포되어야 하는 회개의 교리

회개의 교리는 믿음의 교리에 비하여 경시된 측면이 있다. 회개가 칭의와 성화와 믿음과 별반 다르지 않다고 여기거나 그것들 중 하나에 포함된다고 여긴다. 특히 성화에 속한 여러 현상 중 하나로 여기는 경향이 있다. 이들의 정의를 살펴봄으로써 차이점을 분명히 하자.

제11장 칭의   하나님께서는 그리스도의 순종과 만족을 선택된 자들의 의로 전가하심에 의해서 그들의 인격을 의롭다고 여겨주시고 받아주심으로

값없이 의롭다 하신다.

제13장 성화　중생된 자들은 그리스도의 죽음과 부활의 효력으로 말미암아, 그분의 말씀과 영에 의해, 실제로 그리고 인격적으로 더 거룩하게 된다. 즉 죄가 온 몸을 주장하는 것이 무너지고, 온 몸의 여러 정욕이 점점 더 약해지고 죽는다. 그들은 모든 구원하는 은혜 안에서 점점 더 살아나고 강건해져 참된 거룩함을 실천하는 데 이른다.

제14장 믿음　선택된 자들은 믿음의 은혜에 의해 자신들의 영혼이 구원받도록 믿을 수 있다. 구원하는 믿음의 주요 역할은 은혜 언약의 효력으로 칭의와 성화와 영생을 위해 그리스도만을 인정하고, 영접하고, 신뢰하는 것이다.

제15장 회개　생명에 이르는 회개에 의해 죄인은 자신의 죄들의 위험과 더러움을 인식하고 하나님의 긍휼을 깨닫게 됨으로써, 하나님의 계명들을 지킬 것을 목적하고 노력하면서 자신의 죄들을 매우 싫어하여 이 모든 죄로부터 떠나 하나님께로 돌아선다.

위에서 보는 것처럼 칭의는 하나님께서 죄인을 의인이라고 여겨주시는 것이다. 성화는 중생자들이 거룩하게 성장해가는 것이다. 믿음은 칭의와 성화를 위해 그리스도만을 인정하고, 영접하고, 신뢰하는 것이다. 그렇다면 회개는 무엇인가? 회개는 죄인이 죄의 위험과 더러움을 인식하여 매우 싫어함으로써 죄들을 떠나 하나님께로 돌아오는 것이다. 성화가 중생자가 인격적으로 거룩하게 하심을 받는 것이라면, 회개는 예수 그리스도를 모르는 죄인이 자신의 죄의 위험과 더러움을 인식하여 죄에서 떠나 하나님께로 돌아오는 것이다. 이러한 차이점들이 있으므로 회개를 칭의와 성화와 믿음의 하나로 여길 것도 아니고, 이들 중의 하나에 포함시킬 것도 아니다. 물론 중생한 자일지라도 일상의 삶에서 자신이 짓는 여러 죄에 대하여 구체적으로 회개하는데, 이처럼 회개가 단회적인 구원의 의미가 아니라 반복적인 일상의 회개의 경우에는 회개가 인격적으로 거룩하게 되어가는 것이므로 성화의 한 요소로 볼 수도 있다.

로마 가톨릭은 회개를 고해성사에 포함시켜 버린다. 이렇게 함으로써 생명에 이르는 참된 회개가 아니라, 고해성사를 통한 형식적인 회개에 빠져버렸다. 이들은 "회개는 하느님의 용서를 가져다주고 교회와 화해를 이루게 하며, 고해성사는 이를 전례적으로 표현하고 실현한다."고[1] 말한다. 이들은 고해성사를 통해 회개를 전례적으로 표현하고 실현하는 것이라고 규정함으로써 사람들이 마음에 진정으로 죄를 싫어하지도 않으면서 고해성사라는 형식적 절차를 통해 죄 용서를 받게 만들었다. 이들은 하나님께서만 죄를 용서하시는 권한을 가지시는데, 이 권한의 행사가 사도직을 맡은 이들에게 위임되었다고 말한다. 그래서 "매고 푸는"마 16:19 권세에 의해 로마 가톨릭 교회가 친교에서 제외시키는 자는 하나님에 대한 친교에서도 제외되고, 그 교회가 친교 안에 다시 받아들이는 자는 하나님께서도 당신과 이루는 친교 안에 받아들이신다고 주장한다.[2] 즉, 교황과 주교로 이루어진 로마 가톨릭 교회가 매고 푸는 권세를 갖는다는 것이고, 이를 고해성사를 통해 행한다는 것이다.

이들은 세례 후 대죄에 떨어져 세례로 받은 은총을 잃고 교회의 친교에 손상을 입힌 사람들을 위하여 그리스도께서 고해성사를 세우셨고, 고해성사는 죄인들에게 회개하고 의화의 은총을 회복할 수 있는 새로운 가능성을 제공한다고 주장한다. 고해성사는 통회, 고백, 보속으로 이루어진다. 첫째로, 통회痛悔란 죄를 지은 자가 지은 죄에 대하여 갖는 마음의 고통으로써 그 죄를 미워하며 다시는 죄를

---

[1] 주교회의 교리교육위원회 역, 『가톨릭 교회 교리서』 제2판 (한국천주교중앙협의회, 2008), 1440항, 560.

[2] 『가톨릭 교회 교리서』, 1445항, 561.

짓지 않겠다고 결심하는 것이다. 이들도 통회를 참회하는 사람의 가장 중요한 행위라고 말한다. 그런데 이들은 여기서 끝나지 않고 고해성사를 통해 사제에게 죄를 고백하는 것과 사제가 이 죄의 사죄로 부과하는 보속을 첨가한다. 둘째로, 이들은 참회자들이 진지하게 성찰하여 알아낸 모든 죽을 죄를 사제에게 열거하여 고백해야 한다고 말한다. 반드시 해야 하는 것은 아니지만, 일상적인 잘못소죄도 고백하도록 크게 장려한다. 셋째로, 이들은 용서가 죄를 없애 주지만 죄의 결과로 생긴 모든 폐해를 고쳐 주지는 못하므로, 그 죄를 갚기 위해서 적절한 방법으로 죄를 "보상"make satisfaction for 하거나 "속죄"expiate 하여야 한다고 주장한다. 이것이 그들이 말하는 "보속"補贖, penance 이다. 보속은 지은 죄의 경중과 특성에 따라 기도, 헌금, 자선 행위, 이웃을 위한 봉사, 자발적인 절제, 희생 등이다. 이들은 보속이 "우리가 그리스도와 함께 고난을 받기"롬 8:17 때문에 우리를 부활하신 그리스도와 함께 공동 상속자가 되게 해 준다고 주장한다. 이들은 교회가 주교와 사제를 통해서 예수 그리스도의 이름으로 죄를 용서해 주고, 보속의 방법을 정해 주고, 죄인을 위해 기도하며, 그와 함께 속죄할 수 있다고 주장한다. 이들은 교회에 죄의 용서와 보속의 방법을 정할 권세가 있다며 모든 신자는 매년 적어도 한 번 자기의 대죄를 성실히 고백할 의무가 있다고 본다.[3] 이들의 고해성사 제도는 악용이 될 때 로마 가톨릭 교회가 신자들을 교회의 예속으로 만들 수 있고, 신자들은 고백과 보속을 통해 자신들의 죄가 실제로 사해진다고 착각할 수 있다. 이에 비해 우리는 로마 가톨릭의 언어로 표현하면 통회를 회개의 핵심으로 여기고, 죄의 고백도 사적인 고백으로 한정한다.

> 소죄　小罪, venial sin, 하나님의 성화의 은총을 잃지는 않는 정도의 죄, 소죄의 고백은 고해성사에서 필수는 아니지만 권장된다.

---

[3] 이상은 다음을 참고하라. 『가톨릭 교회 교리서』, 1446-1460항, 562-567.

대죄　大罪, mortal sin, 십계명 등과 같은 하나님의 법을 크게 거슬러 죽음에 이르게 하는 죄. 대죄의 고백은 고해성사에서 필수적이고, 고해성사를 통하여 용서받는다.

영벌　永罰, eternal punishment, 대죄에 대한 벌로써, 하나님과 이루는 친교가 박탈되며 영원한 생명을 누릴 수 없는 벌이다.

잠벌　暫罰, temporal punishment, 영원히 지속되지 않는 잠시 당하는 벌이다. 모든 범죄는 상응한 벌이 따른다. 그 벌은 현세에서나 내세의 연옥 혹은 지옥에서 받아야 한다. 지옥에서의 벌은 영원히 지속되는 영벌이지만, 현세나 연옥에서의 벌은 유한하여 잠벌이라 한다. 고해성사로 죄를 용서받을지라도, 그 죄에 대한 잠벌은 남는다.

로마 가톨릭의 고해성사가 갖는 해악성은 대사 大赦, indulgence에서 더욱 크게 드러난다. 이들은 위에처럼 죄를 소죄와 대죄로, 죄에 대한 벌을 영벌과 잠벌로 나눈다. 대사란 고해성사를 통하여 죄에 대한 죄과 guilt는 용서받았지만, 그 죄 때문에 받아야 할 잠시적인 벌 暫罰, temporal punishment을 하나님 앞에서 면제해 주는 것이다. 잠벌은 앞에서 살펴본 보속 補贖을 통하여 사면된다. 죽은 자는 연옥에서 보속을 통해 사면된다. 그런데 이 보속을 면제해 주는 것이 대사이고, 교황이나 주교들이 줄 수 있다. 특히 죽은 자는 연옥에서 스스로 보속을 할 수 없기에 대사를 통해서만 면제받는다.

그렇다면 대사의 근거는 무엇일까? 그리스도와 성인들이 쌓아 놓은 공로의 보고 寶庫, treasury이다. 이들은 이 공로를 성도들이 서로 나눌 수 있다고 본다. 이들은 이것을 통공 通功, communion of saints이라고 한다. 이미 천상 고향에 이른 사람들, 연옥에서 속죄하고 있는 사람들, 아직 지상에서 순례하고 있는 사람들이 모두 그리스도 안에서 결합되어 오직 하나의 교회를 이루면서 자신의 선행과 공로를 나누고, 기도 안에서 영적 도움을 주고받는다는 것이다. 이러한 놀라운 교류로 인하여 어느 한 사람의 죄가 다른 사람들에게 끼칠 수 있었던 손해보다는, 한 사람의 거룩함이 다른 사람들에게 끼치는 선익이 훨씬 더 크게 된다면서, 성인들의 통공에 의지하면 통회하는 죄인이 죄의 벌에서 더 일찍, 더 효과적으로 정화될 수 있다고 주장한다. 성인들의 공로의 보고에는 무엇보다도 복된 동정 마리아와 모든 성인의 기도와 선업이 포함되는데, 그들은 자신들의 구원을 얻었고 신비체의 일치 안에서 형제의 구원에 협력하였다고 주장한다. 정화 중에 있는 죽은 신자들도 성인들과 통공을 이루는 같은 지체들이므로, 지상에 있는 신자들이 그들의 잠벌을 사면해 주는 대사로써 그들을 도울 수 있다고 주장한다.[4]

로마 가톨릭에서 신자는 스스로 대사를 얻지 못하고, 교회의 행위를 통해서만 얻는다. 이에 비하여 우리는 아래서 살펴보겠지만 신자 스스로 하나님께 사적 고백을 통하여 용서함을 받고, 죽은 자를 위한 대사는 존재하지 않는다. 로마 가톨릭의 고해성사를 생각할 때에 회개의 교리는 믿음의 교리와 마찬가지로 모든 복음의 사역자에 의해 설교되고 널리 전파되어야 한다.

율법폐지론자는 믿음에 의한 칭의에 의해 신자들의 과거와 현재와 미래의 모든 죄가 사해졌으므로 신자들은 더 이상 율법을 지킬 필요가 없고, 회개할 필요도 없다고 주장한다. 율법준수와 회개를 전하는 것은 그리스도의 보혈의 피를 경시하

---

4 초대교회가 박해를 받을 때에 죄인은 자신의 죄를 보속하는 속죄기간(40일, 80일, 300일, 혹은 몇 년)을 거쳐야 그에 해당하는 벌을 사면 받았다. 그러나 박해기간처럼 이 규정을 지키기 힘든 특별한 경우에 주교들은 속죄기간을 단축하여 주었는데, 이것이 대사의 기원을 이룬다. 그 후 중세 초에 속죄기간의 단축 대신 속죄를 사면하는 관습이 생겨났고, 이것이 대사의 원형이다. 특별히 대사는 십자군에 참가한 군인들이나, 십자군을 위하여 재산을 헌금한 이들에게 주어졌고, 그 후에는 일정한 공익사업을 위해 헌금하는 자에게도 주어졌다. 중세 말에는 소위 "대사설교가"가 대사를 남용하면서 면죄부 증서를 발매하며 막대한 헌금을 끌어들임으로써 종교개혁의 큰 원인이 되었다. 트렌트 공회는 규정을 만들어 대사의 남용을 규제하였다. 교황 바오로 6세는 대사에 대한 법을 제정하여 대사의 의미와 규정을 명확히 하였다. 엄격한 보속은 폐지되었고, 신자들이 해야 할 의무들도 대폭 완화되었다. 이들은 대사가 벌의 사면에는 효과를 갖지만 죄 자체를 사면하는 효력은 없음을 강조한다. 따라서 이들의 관점에 의하면 면죄부보다 면벌부가 맞는 말이다. 통공에 대해서는 제31장 제1절의 해설을 참고하라.

거나 무시하는 것이고, 사람들을 그리스도에게서 멀어지게 만든다고 주장한다. 이들은 믿음을 통한 칭의 교리만 강조하고, 회개의 교리는 필요 없다고 여긴다. 하지만 제11장^{칭의} 제5절은 하나님께서는 의롭다 하심을 받은 자들의 죄를 계속하여 용서하시지만 그들은 자신들의 죄에 의해 하나님의 부성적 노여움을 받는 자리로 떨어질 수 있고, 자신들을 낮추며, 자신들의 죄를 고백하며, 용서를 구하며 자신들의 믿음과 회개를 새롭게 할 때에야 하나님의 얼굴이 자신들에게 비치는 것을 누릴 수 있다고 말한다. 하나님께서 선택된 자들의 죄를 모두 용서하심에도 불구하고 그들은 남아있는 부패를 인하여 죄를 짓게 되는데 그때 반드시 회개하여야 하는 것이다. 이런 면에서도 회개의 교리는 믿음의 교리와 마찬가지로 모든 복음 사역자에 의해 선포되어야 한다.

예수님께서도 "때가 찼고 하나님의 나라가 가까이 왔으니 회개하고 복음을 믿으라"는^{막 1:15} 선포로 공적 생애를 시작하셨다. 예수님은 부활하신 후에 제자들에게 나타나시어 "또 그의 이름으로 죄 사함을 받게 하는 회개가 예루살렘에서 시작하여 모든 족속에게 전파될 것이 기록되었으니"라고^{눅 24:47} 말씀하셨다. 오순절에 성령께서 오신 이후에 예루살렘에서부터 시작될 회개에 대하여 말씀하신 것이다. 복음을 세계에 열심히 전한 바울은 에베소 교회 장로들에게 자신이 지금까지 한 사역에 대하여 "유대인과 헬라인들에게 하나님께 대한 회개와 우리 주 예수 그리스도께 대한 믿음을 증언한 것이라"고^{행 20:21} 말하였다. 이처럼 회개의 교리는 예수님과 사도들에 의해 선포되었고, 앞으로도 예수님의 말씀에 따라 죄 사함을 받게 하는 회개가 모든 족속에게 선포되어야 한다.

15.2

이 회개에 의해 죄인은 자신의 죄가 하나님의 거룩한 본성과 의로운 율법에 상반되어서 위험할 뿐만 아니라 더럽고 혐오스럽다는 것을 보게 되고 인식함으로써 그리고 뉘우치는 자들이 갖게 되는 그리스도 안에 있는 하나님의 긍휼을 깨달음으로써 자신의 죄를 매우 탄식하고 미워하여 모든 죄에서 하나님께로 돌아선다.c 이때 하나님의 계명들의 모든 길을 그분과 같이 가기로 결심하며 노력한다.d

By it, a sinner, out of the sight and sense, not only of the danger, but also of the filthiness and odiousness of his sins, as contrary to the holy nature, and righteous law of God; and, upon the apprehension of his mercy in Christ to such as are penitent, so grieves for, and hates his sins, as to turn from them all unto God,c purposing and endeavoring to walk with him in all the ways of his commandments.d

c 겔 18:30-31;[5] 겔 36:31; 사 30:22; 시 51:4; 렘 31:18-19; 욜 2:12-13; 암 5:15; 시 119:128; 고후 7:11

d 시 119:6, 59, 106; 눅 1:6; 왕하 23:25

2. 회개의 정의

우리는 제3장 하나님의 영원한 작정 제5절 그리고 제9장 자유 의지 에서 구원의 순서에 대하여 살펴보았다. 하나님께서는 그리스도께서 획득하신 구원을 신자에게 성령을 통하여 적용하시는데, 이때 부르심, 칭의, 양자, 믿음, 성화, 회개, 견인 등과 같은 다양한 단계가 있다. 구원의 순서는 이것들이 이 순서대로 엄밀하게 순차적으로 적용된다는 것이 아니라, 구원의 적용이란 단일한 과정에 이러한 다양한 단계가 있다는 것이다. 하나님께서는 신자를 부르실 때에 동시에 중생시키시고, 의롭다 하시고, 양자로 삼으시고, 믿음도 주신다. 신자가 믿음으로 그리스도의 의를 받아들이지 않는데 어떻게 의롭다 하심을 받겠는가? 그리스도를 믿는 자는 당연히 죄에 대하여 회개하지 않겠는가? 이처럼 구원의 순서의 요소들은 동시에 발생하는 면이 있다. 그런데 동시 발생일지라도 부르심, 칭의, 양자, 믿음, 성화, 회개, 견인과 같은 다양한 단계로 구분이 된다는 것이고, 그것들에 일반적 순서가 대략

---

5   1647년 판에는 없고, 1651년판과 1658년판에는 있다.

적으로 있다는 것이다. 좋은 원두에서 추출한 커피는 쓴맛, 신맛, 단맛 등과 같은 다양한 맛으로 이루어지는데 이 맛들은 구분될 뿐이지 정밀하게 분리되지 않는다. 또 좋은 원두에서 뜨거운 물로 추출한 커피 원액은 처음에는 쓴맛이 나고, 그 후 신맛과 단맛이 나는 대략적인 순서가 있다.

이제 회개가 바로 앞장에서 다룬 믿음과 어떤 연관이 있는지 살펴보자. 믿음 없이 회개가 가능할까? 불가능하다. 또한 믿음이 있는데 회개가 없을 수 없다. 믿음과 회개는 무엇이 먼저라고 말할 수 없고 동시적인 측면이 있고 불가분의 관계이다. 웨스트민스터 대요리문답 제72문은 "의롭다 하시는 믿음은 하나님의 영과 말씀에 의해 죄인의 마음속에서 형성된 구원하는 은혜인데, 이것에 의해 죄인은 복음의 약속의 진리에 동의할 뿐만 아니라, 거기에 나타난 그리스도와 그의 의를 영접하고 신뢰한다."라고 말한다. 이러한 믿음을 가진 자는 바로 제15장 제2절이 말하는 회개를 하게 된다. 웨스트민스터 신앙고백은 믿음과 회개를 동시성으로 보면서 논리적 순서는 믿음을 회개보다 우선에 둔다. 그리고 믿음을 "복음의 진리에 동의하고, 그리스도와 그의 의를 영접하고 신뢰하는" 것으로 보고, 회개를 "죄에 대한 인식과 긍휼의 깨달음, 죄를 미워함, 죄로부터 하나님께로 돌이킴"으로 본다. 믿음이 그리스도를 영접하는 것에 방점이 있다면, 회개는 죄를 미워하여 하나님께로 돌아서는 것에 방점이 있다. 이런 내용의 차이가 있지만 그 구성 요소에 있어서는 믿음이나 회개나 모두 지성과 감성과 의지이다. 제2절을 회개의 요소란 측면에서 살펴보자.

❶ 회개의 지성적 요소: 죄의 인식과 긍휼의 깨달음

기독교인이 아닐지라도 털어서 먼지 안 나는 사람이 없다는 것을 알고, 너무 맑은 물에는 물고기가 못 산다는 것을 안다. 이들이 이것을 안다고 해서 죄에 민감해지기보다 어느 정도의 죄는 사람에게 당연하다고 여기며 오히려 둔감해지는 경향이 있다. 그런데 회개한 죄인은 죄에 대하여 민감해진다. 예전에는 죄로 여기지 않던 것들을 죄로 여겨 부끄러워한다. 자신의 죄가 하나님의 거룩한 본성과 의로운 율법에 어긋난다는 것을 알게 되고, 그래서 자신의 죄가 위험할 뿐만 아니라 더럽고 혐오스럽다는 것을 인식하게 된다. 실제로 사람의 목숨을 빼앗는 것만 살인이 아니라 형제에게 노하는 것과 욕하는 것과 멸시하는 것도 살인임을[마 5:22] 인식하게 되고, 음욕을 품고 여자를 보는 자마다 마음에 이미 간음한 것임을[마 5:28] 인식하게 된다. 생각과 말로도 죄를 짓지 않으려고 노력하게 된다. 죄에 대한 기준이 일반 법률이나 문화나 관습을 따르는 것이 아니라 하나님의 말씀에 따라 훨씬 높은 수준을 지향한다. 하나님의 거룩한 본성이 반영된 하나님의 의로운 율법에 맞추어 자신의 생각과 말과 행동을 거룩하게 만들어 간다.

    죄인이 여기에만 머물면 죄책감에 깊이 빠지고 죄에 빠진 자신을 미워하며 학대하게 된다. 죄의 위험과 더러움을 알면서 오히려 죄에서 헤어 나오지 못하고 자책에 빠져 우울한 삶을 살게 되거나 거룩하신 하나님을 피하게 된다. 제15장 제1절에서 살펴본 것처럼 가룟 유다가 이 경우에 속하고, 선악을 알게 하는 나무의 열매를 따먹은 아담이 여호와의 낯을 피하여 동산 나무 사이에 숨은 것도 이 경우에 속한다. 그런데 생명에 이르는 회개를 하는 자는 뉘우치는 자들을 향한 그리스도 안에 있는 하나님의 긍휼을 반드시 깨닫게 된다. 자신의 죄가 하나님의 거룩한 본성과 의로운 율법에 상반된다는 것을 진실로 깊이 인식하는 자는 사랑의 하나님께서 자신을 위하여 그 죄로부터 벗어나는 길을 마련하셨다는 것도 인식하게 되면서 예수 그리스도를 바라보게 된다. 자신의 죄가 현행 법률이나 문화가 아니라 하나님의 거룩한 본성과 의로운 율법에 상반된다는 것을 인식하는 자는 그 순간에 하나님의 거룩함과 의만이 아니라 하나님의 긍휼도 자연히 인식하게 된다.

    ❷ 회개의 감성적 요소: 죄들을 탄식하고 미워함

    회개하는 자는 죄에 대한 개념의 변화만이 아니라 감성의 변화도 겪게 되어, 자신의 죄를 매우 슬퍼하고 미워하고 애통하게 된다. 아래 성경구절들은 죄와 하나님의 긍휼에 대하여 분명하게 인식한 자가 죄를 감정적으로도 슬퍼하고 미워하는 것을 보여준다.

렘 31:19	내가 돌이킨 후에 뉘우쳤고 내가 교훈을 받은 후에 내 볼기를 쳤사오니 이는 어렸을 때의 치욕을 지므로 부끄럽고 욕됨이니이다 하도다
욜 2:12	여호와의 말씀에 너희는 이제라도 금식하고 울며 애통하고 마음을 다하여 내게로 돌아오라 하셨나니
암 5:15	너희는 악을 미워하고 선을 사랑하며 성문에서 정의를 세울지어다 만군의 하나님 여호와께서 혹시 요셉의 남은 자를 불쌍히 여기시리라
시 119:128	그러므로 내가 범사에 모든 주의 법도들을 바르게 여기고 모든 거짓 행위를 미워하나이다
고후 7:11	보라 하나님의 뜻대로 하게 된 이 근심이 너희로 얼마나 간절하게 하며 얼마나 변증하게 하며 얼마나 분하게 하며 얼마나 두렵게 하며 얼마나 사모하게 하며 얼마나 열심 있게 하며 얼마나 벌하게 하였는가 너희가 그 일에 대하여 일체 너희 자신의 깨끗함을 나타내었느니라
시 51:2, 10, 14	나의 죄악을 말갛게 씻으시며 나의 죄를 깨끗이 제하소서 10 하나님이여 내 속에 정한 마음을 창조하시고 내 안에 정직한 영을 새롭게 하소서 14 하나님이여 나의 구원의 하나님이여 피 흘린 죄에서 나를 건지소서 내 혀가 주의 의를 높이 노래하리이다

❸ 회개의 의지적 요소: 죄로부터 하나님께로 돌아섬

진정으로 죄의 위험성과 더러움 그리고 하나님의 긍휼에 대하여 인식할 뿐만 아니라, 죄를 탄식하고 미워하는 자는 죄에서 떠나 하나님께로 돌아서야 한다. 죄에 대한 올바른 인식이 생기고, 감정적으로도 죄가 미운데 계속하여 죄에 머문다면 그는 그의 인식과 감정의 변화가 참된 것이 아니거나, 아니면 그의 의지가 잘못된 것이다. 다윗은 밧세바와 간음한 것을 회개할 때에 "우슬초로 나를 정결하게 하소서 내가 정하리이다 나의 죄를 씻어 주소서 내가 눈보다 희리이다"라는 표현으로 정결을 추구하며 하나님께로 나아갔다. 예레미야 선지자는 여호와께서 이스라엘 백성이 각자의 악한 길과 악행을 버리고 돌아오기를 바라신다고 선포하였다 렘 25:5. 요엘 선지자는 옷을 찢지 말고 마음을 찢고 하나님 여호와께로 돌아오라고 말하였다 욜 2:13. 지성적 요소와 감성적 요소를 포함하는 의지적 요소는 회개의 가장 중요한 요소로서 죄를 떠나 하나님께로 돌아서는 것인데, 이것이 없으면 회개가 아니다.

❹ 회개의 목적: 하나님과 동행

모든 죄로부터 떠나 하나님께로 돌아온 자들은 어떤 길을 걸을까? 하나님의 계명들이 인도하는 모든 길을 걷는다. 제19장 하나님의 율법에 따르면 하나님께서는 아담에게 행위 언약으로써 율법을 주셨다. 아담이 그 율법을 다 지키면 생명을 받게 되고 그 율법을 위반하면 죽게 된다. 율법이란 이렇게 생명과 죽음을 가르는 중요한 내용이다. 이 율법은 하나님의 거룩한 본성을 담고 있으므로 아담이 타락한 후에도 계속하여 의에 관한 완전한 법칙이 되었다. 하나님께서는 이 율법을 자신의 자녀로 선택하신 이스라엘 백성에게 시내산에서 열 개의 계명으로 전달하셨다. 첫 네 계명은 하나님께 대한 우리의 의무를, 다른 여섯 계명은 사람에 대한 우리의 의무를 담고 있다. 그러므로 회개한 자는 하나님의 계명들이 인도하는 모든 길을 걸어야지 여기서 벗어나 악이 인도하는 길을 걸으면 안 된다. 악의 길에는 하나님께서 안 계시고, 하나님의 계명이 인도하는 길에는 하나님께서 계시므로, 이 길을 걷는 자는 하나님과 동행하는 것이 된다. 회개한 신자는 하나님과 동행하며 하나님의 계명이 인도하는 길을 걷는 것을 인생의 목적으로 삼아야 하고 이를 위해 노력해야 한다. 하나님을 즐거워하고 기뻐하는 자는 하나님의 계명의 가치를 알고 지키려고 한다.

시편 기자는 자신이 주의 모든 계명에 주의할 때에는 부끄럽지 아니하고, 주의 증거들을 향하여 자신의 발길을 돌이켰고, 주의 의로운 규례들을 지키기로 맹세하고 굳게 정하였다고 말한다시 119:6, 59, 106. 누가는 제사장 사가랴와 그의 아내 엘리사벳이 하나님 앞에 의인으로서 주의 모든 계명과 규례대로 흠이 없이 행하였다고 말한다눅 1:6. 성경은 요시야 왕이 마음과 뜻과 힘을 다하여 모세의 모든 율법을 따라 여호와께로 돌이켰다며 그를 여호와 보시기에 정직히 행하여 그의 조상 다윗의 모든 길로 행한 자로 평가한다왕하 23:25. 바울은 다메섹과 예루살렘에 있는 사람과 유대 온 땅과 이방인에게까지 회개하고 하나님께로 돌아와서 회개에 합당한 일을 하라고 전하였다행 26:20. 생명에 이르는 회개를 한 신자는 하나님의 계명의 모든 길을 걷는 것이다.

15.3

회개를 죄값에 대한 배상이나 죄를 용서하는 원인으로 여겨서는 안 된다.e 죄의 용서는 그리스도 안에서 하나님의 값없는 은혜의 행위이기 때문이다.f 그럼에도 불구하고 회개는 모든 죄인에게 너무나 불가결하여서 누구도 회개 없이 용서를 기대할 수 없다.g

Although repentance be not to be rested in as any satisfaction for sin, or any cause of the pardon thereof,e which is the act of God's free grace in Christ,f yet is it of such necessity to all sinners, that none may expect pardon without it.g

e 겔 36:31-32; 겔 16:61-63   f 호 14:2, 4; 롬 3:24; 엡 1:7
g 눅 13:3, 5; 행 17:30-31

3. 필수불가결한 회개

사람들이 지은 죄값의 지불은 오직 예수 그리스도에 의해서만 이루어진다. 하나님께서 우리의 죄를 예수 그리스도의 순종과 죽음을 인해 값없이 은혜로 용서하여 주시는 것 이외에 죄 용서의 다른 방법이 없다. 그러므로 회개는 절대로 죄값을 배상하는 근거가 될 수 없고, 죄 용서의 원인도 될 수 없다. 우리는 그리스도 예수 안에 있는 속량으로 말미암아 하나님의 은혜로 값없이 의롭다 하심을 얻은 자 되었고 롬 3:24, 우리는 그리스도 안에서 그분의 은혜의 풍성함을 따라 그의 피로 말미암아 속량 곧 죄 사함을 받았다 엡 1:7.

그럼에도 불구하고 회개가 없는 자는 죄에 대한 용서도 없다. 왜냐하면 어떤 자가 죄 용서함을 받는다는 것은 예수 그리스도의 의가 물리적인 현상으로써 기계적으로 그에게 주입된다는 것이 아니라, 그가 자신의 죄의 위험성과 더러움을 인식할 뿐만 아니라 회개하는 자에게 미치는 그리스도 안에 있는 하나님의 긍휼도 깨닫는 것이기 때문이다. 회개한다는 것은 예수 그리스도를 인정하고, 영접하고, 의지하는 것이기 때문에 회개하지 않는 자는 예수 그리스도를 인정도, 영접도, 의지도 하지 않는 것이다. 그런 자가 어찌 죄의 용서를 기대할 수 있겠는가? 회개는 속죄의 근거와 용서의 원인이 아니지만, 속죄와 죄의 용서를 진심으로 받아들이는 자는 진심으로 회개한다. "너희에게 이르노니 아니라 너희도 만일 회개하지 아니하면 다 이와 같이 망하리라" 눅 13:3. 회개 여부로 죄의 용서를 받았는지 여부를 알 수 있다.

하나님께서 우리를 위해 예수 그리스도를 통해 구원의 획득이 이루어지게 하실 뿐 아니라, 성령 하나님을 통해 그 획득된 구원이 우리에게 적용되게 하신다. 사람들은 전적으로 부패하여 스스로 믿을 수 없고, 회개할 수 없기 때문에 성령님을 통해 믿고 회개하게 하심으로 그 획득된 구원을 갖게 하신다. 그러므로 믿기 때문이거나 회개하기 때문에 죄의 속죄와 용서가 이루어지는 것은 아니지만, 믿음과 회개 없이 죄의 속죄와 용서를 기대할 수 없다. 그런데 사람들이 부분적으로나마 스스로의 힘으로 믿을 수 있고 회개할 수 있다고 여기는 이들은 믿음과 회개가 죄 값의 배상과 용서의 원인이 된다고 여긴다.

우리가 제15장 제1절에서 살펴본 것처럼 로마 가톨릭은 "회개는 하느님의 용서를 가져다주고 교회와 화해를 이루게 하며, 고해성사는 이를 전례적으로 표현하고 실현한다."고[6] 말한다. 회개가 죄의 용서의 원인이 되어버리는 것이다. 이들은 하나님께서만 죄를 용서하시는데, 죄를 용서하는 권한의 행사를 사도직을 맡은 이들에게 위임하셨다고 말함으로써 로마 가톨릭 교회가 이러한 죄의 용서를 행사한다고 주장한다. 로마 가톨릭은 이러한 죄의 용서를 실제로 고해성사라는 인위적인 제도를 만들어 시행함으로써 회개가 죄의 용서의 원인이 된다고 신자들에게 가르치고 신자들로 행하게 한다.

15.4

정죄 받지 않아도 되는 어떤 작은 죄도 없듯이,[h] 참으로 회개한 자를 정죄할 만한 어떤 큰 죄도 없다.[i]

As there is no sin so small, but it deserves damnation;[h] so there is no sin so great, that it can bring damnation upon those who truly repent.[i]

[h] 롬 6:23; 롬 5:12; 마 12:36   [i] 사 55:7; 롬 8:1; 사 1:16, 18

---

4. 모든 죄에 대한 회개의 필요성

제15장 제1절에서 살펴본 것처럼 로마 가톨릭은 죄를 소죄와 대죄로 나눈다. 『가톨릭 교회 교리서』에 나오는 소죄와 대죄에 대한 언급들을 모아 정리하면 아래

---

[6] 『가톨릭 교회 교리서』, 1440항, 560.

와 같다.

소죄 小罪, venial sin, 쓸데없는 말이라든가 비웃음 따위와 같이 그 자체로 무질서를 내포하기는 하지만 그래도 하느님에 대한 사랑이나 이웃에 대한 사랑에 어긋나지는 않는 죄이다. 가벼운 문제에 대해 도덕률이 정한 기준을 지키지 않거나, 중대한 문제에 대해 도덕률을 어겼지만 완전히 인식하지 못했거나 전적으로 동의하지 않은 경우에는 소죄가 된다. 소죄는 사랑을 약화시키고, 세상 재물에 대하여 지나친 애착을 보이며, 윤리적 선의 실천과 영혼의 진보를 방해하며, 잠벌을 받게 한다. 고의로 짓고도 뉘우치지 않은 소죄는 점점 대죄를 지을 수 있게 한다. 그렇지만 소죄는 하느님과 맺은 계약을 파기하지는 않는다. 남의 기분을 좋게 하기 위해, 악을 피하기 위해, 앞으로 있을 수 있는 필요에 대비하기 위해, 정당한 이익을 얻기 위해, 지나친 찬사를 했을 때에는 소죄가 된다. 거짓말 자체는 소죄에 지나지 않지만, 정의와 사랑의 덕을 심각하게 해칠 때에는 죽을죄가 된다. 소죄는 하느님의 은총으로 인간적으로 속죄할 수 있다. 소죄는 성화 은총, 하느님과 이루는 친교, 사랑과 영원한 행복을 박탈하지는 않는다. 하느님을 모든 것 위에 사랑하는 마음에서 나오는 통회를 '완전한' 통회(사랑의 통회)라 한다. 이 통회는 소죄를 용서해 주며, 가능한 한 속히 고해성사를 받겠다는 굳은 결심이 포함된 경우 죽을죄도 용서받게 해 준다. 소죄의 고백은 고해성사에서 필수는 아니지만 권장된다. 영성체는 소죄를 용서해 준다.

대죄 大罪, mortal sin, 어떤 죄가 대죄가 되려면 "중대한 문제를 대상으로 하고, 완전히 의식하면서, 고의로 저지른 죄"라는 세 가지 조건이 충족되어야 한다. 십계명 등과 같은 하느님의 법을 크게 거슬러 죽음에 이르게 하는 죄이다. 죽을죄(대죄)는 인간이 하느님보다 못한 것을 하느님보다 낫게 여김으로써 그의 최종 목적이며 행복이신 하느님께 등을 돌리게 한다. 대죄는 사랑의 상실과 성화 은총의 박탈, 곧 은총 지위의 상실을 초래한다. 만일 대죄가 뉘우침과 하느님 자비로 속죄되지 않는다면, 하느님 나라에서 추방되고 지옥의 영원한 죽음을 당한다. 대죄는 생명의 원리인 사랑을 해치는 것인 만큼, 하느님 자비의 주도적 간여와 인간 마음의 회개가 필요하다. 이 회개는 보통 고해성사로써 이루어진다. 대죄의 고백은 고해성사에서 필수적이고, 고해성사를 통하여 용서받는다. 개인적으로 대죄를 온전히 고백하고 그에 따른 사죄를 받는 개별 고백만이 하느님과 교회와 화해하는 유일한 통상적 방식이다. 영성체는 대죄에서 보호해 준다.

위에서 보는 것처럼 소죄는 하나님과 이루는 친교를 박탈하지 않아 통회와 영성체를 통해 용서받을 수 있지만, 대죄는 하나님께 등을 돌리게 하기 때문에 고해성사를 통하여 용서받는다. 로마 가톨릭은 소죄와 대죄에 대한 하나님의 반응이 각각 다르다고 보고, 이에 따른 용서의 방법도 다르다고 주장한다. 하지만 성경은 대죄만이 아니라 소죄의 삯도 사망이라고롬 6:23 말하고, 사람이 무슨 무익한 말을 하든지 심판 날에 이에 대하여 심문을 받는다고 말한다. 또한 악인이 자신의 생각과 길을 버리고 여호와께로 돌아오면 용서받는다고사 55:7 말하고, 어떤 큰 죄를 지었을지라도 회개하며 그리스도 예수 안에 있는 자에게는 결코 정죄함이 없다고롬 8:1 말한다. 소죄이든 대죄이든 모든 죄는 하나님의 영광에 이르지 못하는 것이고롬 3:23. 주홍 같이 아무리 큰 죄라도 회개하면 눈과 같이 희어지는 용서를 받는 것이다사 1:18.

웨스트민스터 대요리문답은 제150문에서 하나님의 율법을 위반하는 모든 것은 똑같이 나쁘지 않고, 어떤 죄들은 그 자체로 그리고 여러 악화의 이유 때문에 다른 죄들보다 하나님 보시기에 더 악하다고 말한다.[7] 그런데 제152문은 모든 죄는

---

[7] 제150문: All transgressions of the law of God are not equally heinous; but some sins in themselves, and by reason of several aggravations, are more heinous in the sight of God than others.

지극히 작은 것이라도 하나님의 주권과 선과 거룩함 그리고 그의 의로운 율법을 대항하는 것이므로 이생과 내생에서 하나님의 진노와 저주를 받아 마땅하고, 그리스도의 피가 아니고는 속죄될 수 없다고 말한다. 정리하면, 첫째로 지극히 작은 죄일지라도 지극히 큰 죄처럼 하나님의 진노와 저주를 받아 마땅한 것이고, 둘째로 지극히 작은 죄이든 큰 죄이든 용서받는 방법이 그리스도의 피로써 같다. 제153문은 죄를 지은 자가 하나님의 진노와 저주를 피하기 위해서는 하나님을 향한 회개와 예수 그리스도를 향한 믿음이 필요하다고 말한다. 참고로 제151문은 어떤 죄들이 더 가증스러운지에 대하여 아래처럼 말한다.

제151문　어떤 죄는 다른 죄보다 더 가증스러운데 이렇게 악화시키는 것들은 무엇입니까?

답　죄는 이럴 때 더 악화됩니다.

* 범죄자의 측면에서

범죄자가 연령이 더 많거나, 경험이나 은혜가 더 많은 경우이고, 직업과 재능과 직위와 직분이 탁월하거나, 타인을 이끄는 지도자이거나, 타인이 본받기 쉬운 모범을 보이는 자인 경우입니다.

* 범죄한 대상의 측면에서

범죄의 대상이 직접적으로 하나님과 그분의 속성과 예배인 경우이고, 그리스도와 그분의 은혜이거나 성령과 그분의 증거와 사역인 경우이고, 윗사람과 명성이 높은 자이거나 우리가 특별히 관계되거나 연관된 사람인 경우이고, 성도 중 누구이거나 그것도 특별히 약한 형제이거나 성도나 타인의 영혼이거나 모든 사람 또는 다수에게 속한 공동의 선인 경우입니다.

* 범죄의 성격과 질의 측면에서

범죄가 율법의 명백한 어구를 역행하거나, 많은 계명을 깨뜨리거나, 많은 죄를 포함하거나, 마음속에 품을 뿐만 아니라 말과 행동으로 분출시키거나, 타인을 분개시키거나, 배상을 거부하는 경우이고, 범죄가 은혜를 주시는 수단, 긍휼하심, 심판, 본성의 빛, 양심의 가책, 공적이거나 사적인 훈계, 교회의 권징, 국가의 형벌을 역행하는 경우이고, 우리의 기도와 목적과 약속과 서원과 언약 그리고 하나님이나 사람을 향한 우리의 의무를 역행하는 경우이고, 범죄가 계획 속에서, 의지에 따라, 고의로, 뻔뻔스럽게, 자랑하면서, 악독하게, 자주, 완고하게, 기뻐하면서, 연속적으로 이루어지는 경우이고, 회개 후에 또 죄를 짓는 경우입니다.

* 때와 장소라는 상황의 측면에서

범죄가 주일이나 다른 신성한 예배를 드릴 때에, 또는 이것들 직전이나 직후에, 또는 그런 과실을 미리 막거나 시정하는 도움이 있기 직전이나 직후에 이루어지는 경우입니다. 또한 범죄가 공개적인 곳이나 타인들 면전에서 이루어져 그들을 화나게 하거나 더럽히는 경우입니다.

15.5

사람은 대략적인 회개로 만족해서는 안 되고, 자신의 개별적인 죄들을 상세히 회개하려고 노력해야 할 의무가 있다.k

Men ought not to content themselves with a general repentance, but it is every man's duty to endeavor to repent of his particular sins, particularly.k

k 시 19:13; 눅 19:8; 딤전 1:13, 15

5. 특정한 죄들에 대한 상세한 회개

로마 가톨릭은 모든 신자가 사리를 분별할 나이에 이른 뒤에는 매년 적어도 한 번 자기의 대죄를 성실히 고백할 의무가 있다고 본다.[8] 일 년에 한 번이란 횟수는 이들이 정한 최소한의 횟수이기는 하지만, 일 년에 한 번 하는 고해성사 때 신자가 얼마나 자신의 죄를 상세히 나열하며 고백할 수 있겠는가? 대략적인 회개만 이루어지기 쉽다. 신자는 죄의 고백 이후에 주교와 사제로부터 보속의 방법을 듣는다. 주교와 사제는 신자가 지은 죄의 경중과 특성에 따라 기도, 헌금, 자선 행위, 이웃을 위한 봉사, 자발적인 절제, 희생 등 중에서 택하여 부과한다.

삭개오는 자신의 소유의 절반을 가난한 자들에게 주고, 만일 누구의 것을 속여 빼앗은 일이 있으면 네 갑절이나 갚겠다고 눅 19:8 상세히 회개하였다. 다른 누가 삭개오에게 회개의 구체적 내용을 부과하지 않았고 삭개오 스스로 결정하였다. 바울은 자신이 지은 죄에 대하여 자신을 "비방자요 박해자요 폭행자"라고 딤전 1:13 하면서 구체적으로 회개하였다. 우리도 자신의 개별적인 죄들에 대하여 삭개오와 바울처럼 구체적으로 회개할 줄 알아야 한다. 이렇게 할 때 그 죄들에 다시 빠지는 위험성이 크게 줄어든다. 예수 그리스도께서 신자의 과거와 현재와 미래의 죄들을 모두 용서하여 주었다는 논리로 자신의 과거와 현재와 미래의 모든 죄에 대하여 대략적으로 회개하고, 그 이후에는 자신이 짓는 개별적인 죄들에 대하여 구체적으로 회개하지 않는 것은 크게 잘못된 것이다. 이렇게 하는 자는 죄에 대하여 담대함이 생겨 죄책감과 죄의식이 약해지며 일반인도 짓지 않는 큰 죄를 지을 가능성이 높아진다.

따라서 주일 예배 때 "하나님! 지난 한 주간 지은 죄들을 용서하여 주시고, 다음 한 주간 여러 죄에서 보호하여 주십시오. 예수님의 이름으로 기도 드리옵니다!"라고 대략적으로 회개하고, 지난 한 주간 지은 죄들에 대하여 더 살피지 않고, 더

---

8 『가톨릭 교회 교리서』, 1457항, 565.

구체적으로 회개하지 않는 것은 바람직하지 않다. 죄들에 대하여 너무 민감하여 예수님께서 자신의 죄를 모두 용서하여 주셨음에도 불구하고 죄책감 속에 너무 깊이 머무는 것도 문제지만 일주일에 겨우 일이 분간 대략적인 회개로 때우는 것도 문제이다. 자신이 짓는 반복적인 죄를 결연히 떠나기 위하여 상세히 회개하여야 하고, 삭개오처럼 그 죄를 다시 지을 경우에 스스로 자신에게 벌을 주면서 죄에 대한 경각심을 크게 가져야 한다. 자신의 개별적인 죄들을 상세히 회개할 때에 그 죄에서 벗어날 가능성은 높아진다. 반면에, 대략적인 회개로 만족하는 자는 대략적인 경건의 삶을 살기 쉽다.

15.6

각 사람은 자신의 죄를 하나님께 사적으로 고백해야 하고, 죄를 용서받기 위해 기도해야 한다.l 각 사람이 이렇게 하면서 죄를 버리면 긍휼을 얻게 되듯,m 자신의 형제나 그리스도의 교회를 분개시킨 자는 자신의 죄를 사적 혹은 공적으로 고백하고 탄식함으로써 상처받은 자들에게 자신이 회개했음을 기꺼이 밝혀야 하고,n 이렇게 하면 그들은 그와 화해해야 하고 그를 사랑으로 받아들여야 한다.o

As every man is bound to make private confession of his sins to God, praying for the pardon thereof;l upon which, and the forsaking of them, he shall find mercy:m so he that scandalizeth his brother, or the Church of Christ, ought to be willing by a private or public confession, and sorrow for his sin, to declare his repentance to those that are offended,n who are thereupon to be reconciled to him, and in love to receive him.o

l 시 51:4-5, 7, 9, 14; 시 32:5-6　　m 잠 28:13; 요일 1:9
n 약 5:16; 눅 17:3-4; 수 7:19; 시 51:1-19　　o 고후 2:8

6. 사적 혹은 공적인 죄의 고백

제15장 제6절은 신자가 하나님과 사람에게 죄를 지었을 때에 어떻게 회개하여야 하는지에 대하여 다룬다.

❶ 하나님께 죄의 고백

신자는 죄를 지으면 그 죄는 우선적으로 하나님을 향한 죄이므로 먼저 하나님께 죄를 용서받기 위해 기도해야 한다. 모든 죄는 기본적으로 거룩하신 하나님을 향하여 짓는 것이고, 사람을 향해서는 상대적으로 짓는 것이다. "내가 주께만 범죄하여 주의 목전에 악을 행하였사오니 주께서 말씀하실 때에 의로우시다 하고 주께서 심판하실 때에 순전하시다 하리이다"시 51:4. 다윗은 밧세바와의 간음에 대하여 나단 선지자가 찾아와 지적하였을 때에 깨끗이 인정하고 이렇게 하나님께 간구하였다. "주의 얼굴을 내 죄에서 돌이키시고 내 모든 죄악을 지워 주소서 …… 하나님이여 나의 구원의 하나님이여 피 흘린 죄에서 나를 건지소서 내 혀가 주의 의를 높이 노래하리이다"시 51:9, 14.

각 신자는 자신의 죄를 하나님께 사적으로 고백하여야 한다. 로마 가톨릭처럼 고해성사를 통하여 신부에게 고백할 필요가 없다. 다윗은 "내가 이르기를 내 허물을 여호와께 자복하리라 하고 주께 내 죄를 아뢰고 내 죄악을 숨기지 아니하였더니 곧 주께서 내 죄악을 사하셨나이다"라고시 32:5 말했다. 구약시대에도 신자는 죄를 사적으로 여호와께 고백하였다. 신자가 성전에 제물을 가지고 가서 제사할 때에도 기본적으로 신자 자신의 죄를 하나님께 고백하였지, 제사장에게 죄를 고백하지 않았다. 신자는 소나 양의 예물을 성전에 가지고 가서 그것들의 머리에 안수하였다레 1:4. 자신의 죄를 하나님께 고백하며 안수할 때에 그 번제물은 전가된 죄를 짊어지고 그 신자를 대신하여 죽는 것이다. 이것은 당연히 사람의 죄를 짊어지고 대신 죽으실 그리스도를 상징하였다. 성전의 제사장은 신자의 이러한 제사를 주관하는 것뿐이지, 결코 신자의 죄를 듣지도 않았고, 용서하지도 않았고, 용서할 수도 없었다. 이러한 권한과 임무가 제사장에게 주어지지 않았다.

하물며 예수 그리스도께서 우리의 죄를 짊어지고 죽으신 신약시대에는 말해 무엇 하겠는가? 성전은 더 이상 존재하지도 않고, 제사장이란 제도도 없어졌고, 신자가 바로 제사장이 된다 벧전 2:9. 신자는 긍휼하심을 받고 때를 따라 돕는 은혜를 얻기 위하여 은혜의 보좌 앞에 담대히 나아간다 히 4:16. 신자의 이러한 권한을 그 누구도 빼앗을 수 없다.

로마 가톨릭은 하나님께서만 죄를 용서하시는데, 죄를 용서하는 권한의 행사가 사도직을 맡은 이들에게 위임되었다고 주장하며 그 근거구절로 다음을 든다. "모든 것이 하나님께로서 났으며 그가 그리스도로 말미암아 우리를 자기와 화목하게 하시고 또 우리에게 화목하게 하는 직분을 주셨으니"고후 5:18. 9 하지만 이것은 화목하게 하는 말씀이 고후 5:19 사도들에게 부탁되었다는 의미이지, 고해성사를 지지하지 않는다. 이들은 또 주님께서 죄를 용서하는 주님의 고유 권한을 베드로와 사도단에게 주시면서, 죄인들을 교회와 화해시키는 권한도 주신다며 근거성경 구절로 마태복음 16:19절과 18:18절을 든다. 10 이들은 "너희가 누구의 죄든지 사하면 사하여질 것이요 누구의 죄든지 그대로 두면 그대로 있으리라 하시니라"요 20:23 고해성사의 집전자가 주교들과 사제들임을 나타낸다고 주장한다. 11 그런데 이 구절들은 사도들이 신자의 행위가 죄가 되는지 아니 되는지 판단하고 결정할 권한과 분별력이 있다는 것이지, 역시 사도들이 신자의 죄를 고해성사를 통해 들어야 한다는 의미가 아니다. 교회 직원의 치리권에 대한 언급을 고해성사를 합리화하는 데 사용하면 안 된다.

각 신자가 자신의 죄를 사적으로 하나님께 고백하고 그 죄를 버리면 각 사람은 긍휼을 얻게 된다. "자기의 죄를 숨기는 자는 형통하지 못하나 죄를 자복하고 버리

---

9 『가톨릭 교회 교리서』, 1441항, 1442항, 560.
10 『가톨릭 교회 교리서』, 1444항, 561.
11 『가톨릭 교회 교리서』, 1461항, 567.

는 자는 불쌍히 여김을 받으리라"잠 28:13. "만일 우리가 우리 죄를 자백하면 그는 미쁘시고 의로우사 우리 죄를 사하시며 우리를 모든 불의에서 깨끗하게 하실 것이요"요일 1:9. 신자는 하나님께 자신의 죄를 고백할 뿐만 아니라 그 죄를 버려야 한다. 하나님께 죄의 용서를 구하며 죄를 고백할지라도 그 죄를 과감하게 버리지 않고, 다시 그 죄를 반복한다면 이것은 진정한 회개가 아니다. 간음을 회개한 자가 며칠 후 다시 간음한다면 그 회개는 감상적 후회에 지나지 않는다. 진정한 회개는 그 죄를 버리고 다시 행하지 않기 위하여 피를 흘리는 싸움을 하는 것이다. 진정한 회개를 하는 자에게 하나님의 풍성한 긍휼이 임한다.

❷ 형제나 교회에게 죄의 고백

신자가 짓는 대부분의 죄는 하나님께만 죄를 짓는 것이 아니라 동시에 자신의 형제나 그리스도의 교회에게도 죄를 짓는 것이다. 신자가 말이나 행동이 아니라 자신의 마음속으로만 여러 죄를 지을 수 있다. 이때에는 자신의 형제나 그리스도의 교회에게 피해를 직접 주지 않는다. 하지만 마음속으로 짓는 폭언과 살인과 간음은 적절한 상황이 되면 밖으로 말과 행동으로 표출이 된다. 그때는 자신의 형제나 그리스도의 교회에게 직접적인 피해를 준다. 이 경우에 신자는 자신의 죄를 사적 혹은 공적으로 고백하고 탄식함으로써 상처를 받고 실족한 대상자에게 자신이 회개하였음을 기꺼이 밝혀야 한다. 예수님은 예물을 제단에 드리려다가 자신의 형제에게 원망들을 만한 일이 있는 것이 생각나면, 예물을 제단 앞에 두고 먼저 가서 형제와 화목하라고 말씀하신다마 5:23-24. 예배도 중요하지만 형제에게 피해를 주었다면 그 형제와 화목하는 것이 더 필요하고 급한 것이다. 그러므로 형제나 교회에 피해를 주었다면 형제와 교회와 화목하는 것이 꼭 필요한 것임을 알고, 자신의 잘못을 인정하는 것을 부끄러워하지 말고 용기를 내어 회개와 사과를 나타내야 한다.

밀양이라는 영화에서 태권도장 관장이 주인공의 아들을 유괴 살인하여 감옥에 갇혔다. 주인공이 그 범인을 찾아갔을 때에 그는 감옥에서 예수님을 믿게 되었고, 하나님으로부터 죄의 용서를 받아 마음이 평안하다고 말하였다. 아들을 잃은 후 힘든 시간을 보내다 다소 평정을 찾아가던 주인공은 자신이 범인을 용서하지 않았는데 어떻게 범인이 용서를 받았다는 말을 할 수 있느냐며 분노하였다. 범죄한 그리스도인이 때때로 하나님께 용서받는 것만을 중요하게 생각하고 자신의 형제와 교회로부터 용서받는 것을 등한시 할 수 있다. 신자는 하나님께만 아니라 피해를 입은 자신의 형제와 교회로부터 용서받기 위하여 할 수 있는 행동을 해야 한다.

만약에 신자가 한 명의 사람에게만 피해를 주었고, 그 사실이 밖으로 알려지지 않았다면 피해를 입은 당사자에게 사적으로 자신의 죄를 고백하고 탄식함으로써 자신의 회개를 드러내면 된다. 만약에 피해를 준 행동이 공개적으로 이루어졌다면 자신의 죄를 공적으로 고백하여야 한다. 직접적인 피해를 입지 않은 사람들일지라도 그 피해 현장을 목격하였다면 그들 앞에서 자신의 죄를 공개적으로 고백함으로써 자신의 죄가 틀렸음을 명백하게 드러내어야 한다. 그래야 그들이 직접적인 피해를 입지 않았을지라도 무엇이 옳고 그름인지 확인하게 됨으로써, 그리고 잘못된 행위가 어떠한 처벌을 받는지 알게 됨으로써 그들의 마음이 진리 앞에 편해진다.

물론 죄의 고백은 단순히 미안한다는 표현에 그치는 것이 아니라 그 죄를 진심으로 뉘우치는 것과 그 죄를 탄식하는 것과 그 죄로 인한 피해가 타인이나 교회에 있다면 그 피해를 보상하는 것까지 포함한다. 삭개오는 회개할 때에 자신의 소유의 절반을 가난한 자들에게 주고, 만일 누구의 것을 속여 빼앗은 일이 있으면 네 갑절이나 갚겠다고 밝히 말하였다 눅 19:8. 이렇게 그 죄에 대한 피해를 보상하고 구체적인 벌을 받는 행위 없이 말로만 미안하다고 하는 것은 진정한 회개가 아니다.

동시에 피해를 준 신자가 자신의 죄를 진심으로 고백하고 탄식하는 것이 확인이 된다면, 피해를 받은 자들은 그와 화해해야 하고 그를 사랑으로 받아들여야 한다. 자신의 만 달란트에 해당하는 죄를 하나님께서 용서하여 주셨으므로 자신에게 죄 지은 자를 기꺼이 용서해야 한다. 하나님께서 우리를 불쌍히 여김과 같이 우리도 동료를 불쌍히 여김이 마땅하다. 우리가 마음으로부터 형제를 용서하지 아니하면 하늘 아버지께서도 우리를 용서하지 아니하신다^{마 18:33-35}. "너희는 스스로 조심하라 만일 네 형제가 죄를 범하거든 경고하고 회개하거든 용서하라 만일 하루에 일곱 번이라도 네게 죄를 짓고 일곱 번 네게 돌아와 내가 회개하노라 하거든 너는 용서하라 하시더라"^{눅 17:3-4}. 바울은 죄를 지은 사람이 많은 사람에게서 벌 받는 것이 마땅하지만, 그가 회개하면 그를 용서하고 위로하라고 말한다. 그가 너무 많은 근심에 잠길까 두려우니 사랑을 그에게 나타내라고 말한다^{고후 2:6-8}.

❸ 반복적 회개

예수님께서는 베드로에게 "시몬아, 시몬아, 보라 사탄이 너희를 밀 까부르듯 하려고 요구하였으나 그러나 내가 너를 위하여 네 믿음이 떨어지지 않기를 기도하였노니 너는 돌이킨 후에 네 형제를 굳게 하라"고^{눅 22:31-32} 말씀하셨다. 우리가 잘 아는 것처럼 베드로는 예수님을 세 번 부인했고 그 후에 돌이켜 다시 형제를 굳게 하는 일을 했다. 이런 사례를 통해 신자는 베드로처럼 악의 유혹을 받아 죄에 빠지고, 하나님의 은혜를 통해 죄에서 돌아와 하나님께로 돌아옴을 알 수가 있다. 생명에 이르는 구원적 의미의 회개는 단 한 번이지만, 신자가 남아있는 부패성 때문에 죄에 빠졌다가 하나님의 은혜로 죄에서 돌이키는 면에서 회개는 반복적이다.

예수님은 에베소 교회에게 "너를 책망할 것이 있나니 너의 처음 사랑을 버렸느니라 그러므로 어디서 떨어졌는지를 생각하고 회개하여 처음 행위를 가지라 만일 그리하지 아니하고 회개하지 아니하면 내가 네게 가서 네 촛대를 그 자리에서 옮기리라"고^{계 2:4-5} 말씀하셨다. 에베소 교회가 처음 사랑을 버리는 죄를 지었으므로 회개하여 처음의 사랑을 가지라는 말씀이다. 여기서의 회개도 구원의 의미의 회개가 아니라 반복적 의미의 회개이다.

이런 회개의 의미로 예수님은 버가모 교회에게도 "이와 같이 네게도 니골라 당의 교훈을 지키는 자들이 있도다 그러므로 회개하라 그리하지 아니하면 내가 네게 속히 가서 내 입의 검으로 그들과 싸우리라"고^{계 2:15-16} 말씀하셨고, 두아디라 교회에게도^{계 2:21-23} 반복적 의미의 회개에 대해 말씀하셨다. 앞에서 살펴본 누가복음

17:3-4도 반복적 회개에 속한다. 주일 예배 때 기도자가 지난 한 주일 동안 신자로서 적절하게 살지 못한 것들에 대하여 회개하며 용서를 구하는데, 이것도 반복적 회개에 속한다.

Of Good Works

제16장 선행

16.1

선행은 하나님께서 그의 거룩한 말씀으로 명하신 것들만 포함하지,[a] 말씀의 근거 없이 사람들이 맹목적인 열심이나 어떤 선한 의도를 핑계로 고안한 것들은 포함하지 않는다.[b]

Good works are only such as God hath commanded in his holy Word,[a] and not such as, without the warrant thereof, are devised by men, out of blind zeal, or upon any pretense of good intention.[b]

a 미 6:8; 롬 12:2; 히 13:21
b 마 15:9; 사 29:13; 벧전 1:18; 롬 10:2; 요 16:2; 삼상 15:21-23

---

1. 하나님의 말씀에 따른 선행

사도 바울은 회심 전에 하나님을 향한 열심이 대단하였다. 그는 나사렛 예수의 이름을 대적하여 많은 일을 행하는 것이 선행이라는 잘못된 열심으로 대제사장들에게서 권한을 받아 많은 성도를 옥에 가두었고, 죽일 때에 찬성투표를 하였고, 멀리 외국 성에까지 가서 박해하였다[행 26:9-11]. 이런 맹목적 열심에서 나오는 행위는 진리에서 벗어난 것이므로 선행이 아니다. 하나님께 열심이 있을지라도 올바른 지식을 따르지 않으면[롬 10:2] 선행이 아니다. 예수님께서는 맹목적 열심으로 사람들을 핍박하면서 이것이 하나님을 섬기는 일이라고 생각하는 자들이 있을 것이라고 살아계실 때에 이미 제자들에게 말씀하셨다. 예수님께서는 그들이 아버지와 그리스도를 알지 못하여 이런 일을 할 것인데 그 때에 제자들이 실족하지 않기를 바라셨다 요 16:1-3.

선한 의도를 구실삼아 행하는 것도 선행이 아니다. 사울 왕이 블레셋과 전쟁 중에 번제를 직접 드렸다. 사무엘이 책망하자 그는 백성이 자기에게서 흩어지고 사무엘은 정한 날 안에 오지 않고, 블레셋 사람들은 자신을 치러 길갈로 내려오겠으므로 자신이 여호와께 은혜를 간구하기 위하여 부득이 번제를 드렸다고 말하였다 삼상 13:11-12. 사울은 여호와께 은혜를 간구하기 위한 것이라는 선한 의도를 구실로 삼았지만 사울은 실은 여호와의 말씀을 경시하고 자신의 뜻대로 번제를 드렸다. 하나님께 번제를 드리는 것은 선행이지만, 그 번제를 드리는 방법이 성경의 말씀을 거역한 것이므로 사울의 제사는 선행이 아니다.

또 사울은 여호와의 말씀을 어기고 아말렉과의 전쟁에서 승리를 거둘 때에 양과 소 중 가치 없고 하찮은 것을 진멸하고, 가장 좋은 것을 남기고 진멸하지 않았다. 이에 대하여 사무엘이 책망하자 사울은 "백성이 당신의 하나님 여호와께 제사하려 하여 양들과 소들 중에서 가장 좋은 것을 남김이요 그 외의 것은 우리가 진멸하였나이다"고 삼상 15:15 대답하였다. 사울은 가장 좋은 양들과 소들로 여호와께 제사하려 한다는 선한 의도를 구실로 삼았지만, 여호와께서 아말렉의 모든 소유를 남기지 말고 우양과 낙타와 나귀를 죽이라는 말씀을 어겼으므로 사울의 행위는 선행이 아니다. 사무엘은 사울에게 여호와께서 번제와 다른 제사를 그의 목소리를 청종하는 것을 좋아하심 같이 좋아하시겠느냐고 반문하며 순종이 제사보다 낫고 듣는 것이 숫양의 기름보다 낫다고 말하였다 삼상 15:22.

이처럼 선행은 철저히 하나님의 말씀에 따라 행해야지 자신의 맹목적인 열심이나 위장된 선한 의도로 하면 안 된다. 하나님의 말씀을 거역하는 것은 점치는 죄와 같고 완고한 것은 우상에게 절하는 죄와 같다 삼상 15:23. 히틀러의 유대인 학살을 비롯해 얼마나 많은 악행이 맹목적 열심에서 비롯되는지 모른다. 진리에서 벗어난 맹목적 열심은 차라리 열심이 없는 것이 낫다. 기독교가 말하는 선행은 철저히 하나님께서 자신의 거룩한 말씀으로 명하신 것들이다.

16.2

하나님의 계명에 순종해서 하는 이러한 선행은 참되고 살아있는 믿음의 열매요 증거이다.ᶜ 선행에 의해 신자는 자신의 감사를 나타내고,ᵈ 자신의 확신을 강화하고,ᵉ 자신의 형제들을 교화하고,ᶠ 복음의 고백을 아름답게 하고,ᵍ 적들의 입을 막고,ʰ 하나님께 영광을 돌린다.ⁱ 신자는 하나님께서 만드신 바로, 그리스도 예수 안에서 선행을 하도록 지으심을 받았는데,ᵏ 이는 그가 거룩함에 이르는 열매를 맺어 그 마지막인 영생을 얻도록 하기 위함이다.ˡ

These good works, done in obedience to God's commandments, are the fruits and evidences of a true and lively faith:ᶜ and, by them, believers manifest their thankfulness,ᵈ strengthen their assurance,ᵉ edify their brethren,ᶠ adorn the profession of the gospel,ᵍ stop the mouths of the adversaries,ʰ and glorify God,ⁱ whose workmanship they are, created in Christ Jesus thereunto;ᵏ that, having their fruit unto holiness, they may have the end, eternal life.ˡ

c 약 2:18, 22 d 시 116:12-13; 벧전 2:9 e 요일 2:3, 5; 벧후 1:5-10
f 고후 9:2; 마 5:16 g 딛 2:5, 9-12; 딤전 6:1 h 벧전 2:15
i 벧전 2:12; 빌 1:11; 요 15:8 k 엡 2:10 l 롬 6:22

---

2. 믿음의 열매와 증거인 선행의 필요성

참되고 살아있는 믿음을 가진 신자는 하나님의 거룩한 말씀에 순종하여 선행을 한다. 거짓이 없는 믿음에서 사랑이 나온다 딤전 1:5. 영혼 없는 몸이 죽은 것 같이 행함이 없는 믿음은 죽은 것이기 약 2:26 때문에, 죽은 믿음이 아니라 산 믿음을 가진 자는 선행을 한다. 이런 면에서 선행은 믿음의 열매요 증거이다.

그런데 선행은 믿음만이 아니라 성화의 열매와 증거이기도 하다. 왜냐하면 참되고 산 믿음을 가진 자는 성화의 길을 걷기 때문이다. 제13장 성화 제1절은 중생된 자들은 참된 거룩함을 실천하는 데 이른다고 말한다. 참된 거룩함의 실천은 바로 선행을 뜻한다. 성화의 길을 걷는 자는 자연스레 선행이라는 열매를 산출하고, 선행의 열매가 없다는 것은 성화의 길을 걷지 않음을 나타내는 증거가 된다.

선행의 필요성은 무엇일까? 선행에 의해 신자는 첫째로 자신이 하나님께 감사하고 있음을 나타낸다. 신자가 하나님께 받은 구원과 영생의 은혜가 너무나 큰데 이 감사함을 무엇으로 여호와께 보답할 수 있겠는가? 신자는 구원의 잔을 들고 여호와의 이름을 부르며 선행을 함으로써 자신의 감사를 표현할 수 있다 시 116:12-13.

둘째로, 하나님에 대한 자신의 확신을 강화한다. 신자가 선행으로 하나님의 계명을 지키면 자신이 하나님을 알고 있음을 확신하게 된다. 누구든지 하나님의 말씀을 지키는 자는 하나님의 사랑이 참으로 그 속에서 온전하게 되면서, 자신이 그의 안에 있는 줄을 알게 된다 요일 2:3, 5. 하나님의 자녀라는 확신이 강화되는 것이다. 신자는 선행의 열매를 통해 자신의 부르심과 택하심을 굳게 한다 벧후 1:10.

셋째로, 같이 신앙생활을 하는 자신의 형제들을 교화한다. 신자는 타인의 선행을 보게 되면 분발하게 된다. 바울은 고린도교회의 열심이 퍽 많은 사람들을 분발하게 하였다고 말한다 고후 9:2. 선행을 통한 신자의 빛이 사람들 앞에 비치게 되면 그들은 신자의 착한 행실을 보고 하늘에 계신 아버지께 영광을 돌리게 된다 마 5:16. 신자의 선행은 주변 형제들에게 어떻게 행동해야 하는지 가르치고 분발하게 하는 효과가 있다.

넷째로, 복음의 고백을 아름답게 한다. 신자가 선행을 하면 하나님의 말씀이 비방을 받지 않고, 그 교훈이 빛나게 된다 딛 2:5, 10. 신자가 자기 상전을 범사에 공경할 자로 알면 하나님의 이름과 교훈이 비방을 받지 않는다 딤전 6:1. 신자는 선행으로써 자신이 믿는 복음의 아름다움과 가치를 널리 알려 전도에까지 이르게 한다.

다섯째로, 적들의 입을 막는다. 신자가 선행을 하면 지켜보는 어리석은 사람들이 할 말이 없어진다[벧전 2:15]. 그들의 논리와 주장과 행위가 빛을 잃기 때문에 그들은 스스로 무식한 말을 거둔다. 그들은 자신들이 옳고 신자가 악하다며 비방하였는데, 실제로 신자가 선행하는 것을 보게 되면 자신들이 옳다는 말을 할 수 없게 된다. 선행에 이렇게 강력한 힘이 있다.

여섯째로, 하나님을 영화롭게 한다. 신자가 선행의 열매를 많이 맺으면 하나님 아버지께서 영광을 받으신다[요 15:8]. 신자가 예수 그리스도로 말미암아 의의 열매가 가득하면 하나님의 영광과 찬송이 된다[빌 1:11]. 불신자는 신자의 선행을 보면 신자의 옳음을 인정하게 되면서 하나님께서 오실 때에 하나님께 영광을 돌린다[벧전 2:12]. 불신자는 신자의 선행을 자주 목격하게 되면 신자가 믿는 하나님께서 진실로 계실 수 있다는 두려움과 경외감에 빠진다.

우리 신자들은 하나님의 작품이다. 그리스도 예수 안에서 선행을 하도록 지으심을 받은 자들이다[엡 2:10]. 하나님께서 우리를 하나님의 형상대로 창조하신 목적은 우리가 하나님의 형상을 따라 선행을 하도록 하기 위함이다. 우리가 거룩함에 이르는 선행의 열매를 많이 맺을 때에 그 마지막 결과로써 영생을 얻게 된다[롬 6:22]. 사람들이 아담의 원죄와 자신들의 실제의 죄로 거룩함에 이르는 열매를 맺지 못하게 되자 예수 그리스도께서는 자신의 순종과 죽음으로 사람들을 위한 구원을 획득하셨다. 성령 하나님께서는 그 획득된 구원을 선택된 자들에게 적용하심으로써 하나님께서 사람들에게 처음 기대하시고 목표하셨던 거룩함에 이르는 열매의 실천이 이루어지게 하신다. 이처럼 선행은 신자들이 해도 되고 안 해도 되는 그런 일이 아니라, 신자들이 반드시 해야 하는 일이다.

16.3

선행을 하는 자들의 능력은 조금이라도 그들 자신에게서 나오지 않고, 전적으로 그리스도의 영에서 나온다.ᵐ 그리고 그들이 선행을 할 수 있기 위해서는 그들이 이미 받은 은혜 외에도 그들 안에서 자기의 기쁘신 뜻을 위하여 그들에게 소원을 두고 행하게 하시는 같은 성령의 실제적 감화가 필요하다.ⁿ 그럼에도 그들은 성령님의 특별한 활동이 없다면 어떠한 의무도 행하지 않아도 되는 양 게으름에 빠져서는 안 되고, 오히려 자신들 속에 있는 하나님의 은혜를 불일듯 하게 하기 위하여 부지런히 힘써야 한다.ᵒ

Their ability to do good works, is not at all of themselves, but wholly from the Spirit of Christ.ᵐ And that they may be enabled thereunto, besides the graces they have already received, there is required an actual influence of the same Holy Spirit, to work in them to will and to do, of his good pleasure:ⁿ yet are they not hereupon to grow negligent, as if they were not bound to perform any duty, unless, upon a special motion of the Spirit; but, they ought to be diligent in stirring up the grace of God that is in them.ᵒ

m 요 15:4, 6; 겔 36:26-27   n 빌 2:13; 빌 4:13; 고후 3:5
o 빌 2:12; 히 6:11-12; 벧후 1:3, 5, 10-11; 사 64:7; 딤후 1:6; 행 26:6-7; 유 1:20-21

3. 성령으로 인해 가능한 선행

선행을 할 수 있는 신자들의 능력이 신자들 자신으로 말미암은 것인지, 아니면 전적으로 성령으로 말미암은 것인지에 대하여 로마 가톨릭과 아르미니우스주의 및 우리는 의견이 다르다. 먼저 로마 가톨릭에 대하여 살펴보자. 그들도 그리스도인의 삶에서 선행의 공로는 먼저 하나님의 은총으로 돌려야 한다고 말한다. 그런데 그들은 여기에서 끝나지 않고, 그 다음으로 신앙인에게 돌려야 한다는 말을 덧붙인다. 이들은 인간의 공로 자체도 당연히 하나님께 돌려 드려야 한다며, 인간의 선행들은 그리스도 안에서, 성령의 주도와 도움에서 비롯되는 것이기 때문이라고 말한다.¹² 하지만 그들은 우리처럼 "전적으로 그리스도의 영으로 말미암은 것이다."라는 표현을 하지 않는다. 우리가 이미 제11장 칭의에서 살펴본 것처럼 그들은 인간들이 하나님의 은총에 자유 의지로 동의하고 협조하면서 자신의 고유한 의화를 위해 삶을 전환하는 태세를 갖출 수 있고, 심지어 이를 거부할 수도 있다고 말한다 트렌트 공의회, 칭의에 관한 교령, 제5장. 그들은 "최초의 은총을 받은 뒤 우리는 성령과 사랑의 인도를 받아, 우리 자신과 다른 이들을 위해, 우리의 성화를 위해, 은총과 사랑의 성장을 위해, 나아가 영원한 생명을 위해 필요한 은총을 받을 수 있게 하는 공로를 세울 수 있다. 지혜로우신 하느님의 뜻에 맞는 것이라면, 우리는 건강이나 우정과 같은 현세적 선익까지도 받게 하는 공로가 되는 일을 할 수도 있다."라고¹³ 말한다.

아르미니우스주의는 "중생되지 않은 사람은 정확하게 전적으로 죄에 있어서 죽은 것도 아니고, 영적 선행을 행할 모든 능력을 잃은 것도 아니라, 의와 생명에 대해 주리고 목말라할 수 있고, 하나님이 받으시는, 통회하는 상한 심령의 제사를 드릴 수 있다."라고¹⁴ 주장한다.

이에 반하여 우리는 다음 성경구절들에 의해 선행의 능력은 전적으로 성령으로 말미암은 것이라고 주장한다. "내 안에 거하라 나도 너희 안에 거하리라 가지가 포도나무에 붙어 있지 아니하면 스스로 열매를 맺을 수 없음 같이 너희도 내 안에 있지 아니하면 그러하리라, 사람이 내 안에 거하지 아니하면 가지처럼 밖에 버려져 마르나니 사람들이 그것을 모아다가 불에 던져 사르느니라"요 15:4, 6. "또 새 영을 너희 속에 두고 새 마음을 너희에게 주되 너희 육신에서 굳은 마음을 제거하고 부드러운 마음을 줄 것이며, 또 내 영을 너희 속에 두어 너희로 내 율례를 행하게

---

12 『가톨릭 교회 교리서』, 2008항, 734.
13 『가톨릭 교회 교리서』, 2010항, 735.
14 도르트 신경의 셋째와 넷째 교리에 대한 항론파의 주장 제4절

하리니 너희가 내 규례를 지켜 행할지라"겔 36:26-27.

이 뿐만 아니라 우리는 신자들이 선행을 하려면 그들이 이미 받은 은혜 외에도 같은 성령의 실제적 감화가 필요하다고 본다. 성령께서 그들 안에서 행하시며 자기의 기쁘신 뜻을 위하여 그들에게 소원을 두고 행하게 하셔야 신자들의 선행이 이루어지는 것이다. "너희 안에서 행하시는 이는 하나님이시니 자기의 기쁘신 뜻을 위하여 너희에게 소원을 두고 행하게 하시나니"빌 2:13. 신자들은 성령의 단 한 순간의 도움이 없이는 어떤 선행도 할 수 없다.

그렇다고 하여 성령께서 신자들에게 미치는 특별한 활동이 없다면 신자들은 어떠한 의무도 행하지 않아도 된다는 논리는 성립하지 않는다. 신자들이 마땅한 의무를 행하지 않는 것은 그들 자신의 잘못이지 절대로 성령 하나님의 잘못이 아니다. 그들은 하나님께서 주신 은혜를 최대한 감사하고 소중하게 여겨 그 은혜를 불일 듯 하게 하기 위하여 딤후 1:6 부지런해야 한다. 하나님의 은혜로만 선행이 가능하다고 하여 자신들이 선행을 하지 않는 것을 하나님의 은혜의 부재에 탓을 돌려서는 안 된다. 하나님께서는 사람들에게 주실 수 있는 최대한의 은혜를 주심에도 사람들이 거부하는 것이지, 사람들이 선행을 하는 데 부족하도록 하나님께서 은혜를 적게 주시는 것이 아니다. 사람들은 자신들의 부패와 게으름으로 선행을 안 하는 것이지 절대로 하나님의 은혜의 부재나 부족으로 안 하는 것이 아니다.

신자들은 항상 복종하여 두렵고 떨림으로 자신들의 구원을 이루어야 하고빌 2:12, 동일한 부지런함으로 끝까지 소망의 풍성함에 이르러, 게으르지 아니하고 믿음과 오래 참음으로 말미암아 약속들을 기업으로 받는 자들을 본받는 자가 되어야 한다히 6:11-12. 하나님께서는 자신의 신기한 능력으로 생명과 경건에 속한 모든 것을 우리에게 주셨으므로 우리는 더욱 힘써 믿음에 덕을, 덕에 지식을, 지식에 절제를, 절제에 인내를, 인내에 경건을, 경건에 형제 우애를, 형제 우애에 사랑을 더함으로써 우리의 부르심과 택하심을 굳게 하여야 한다벧후 1:3-10.

16.4

이생에서 가능한 최고의 경지에 이른 순종을 한 자들일지라도 결코 잉여 공로를 쌓을 수 없고, 하나님이 요구하시는 것보다 더 순종할 수는 없다. 오히려 그들은 의무로써 마땅히 해야 하는 바에도 훨씬 미치지 못한다.ᵖ

They, who in their obedience, attain to the greatest height, which is possible in this life, are so far from being able to supererogate, and to do more than God requires, as that they fall short of much which in duty they are bound to do.ᵖ

p 눅 17:10; 느 13:22; 욥 9:2-3; 갈 5:17

4. 잉여 공로에 이르지 못하는 순종

어떤 사람이 하나님의 법을 순종할 때에 이생에서 이룰 수 있는 최고의 경지에 이를지라도, 그 경지는 결코 천국에 들어가기에 필요한 공로를 넘어설 수 없고, 하나님께서 요구하시는 경지를 넘어설 수 없다. 넘어서기는커녕 그들이 의무로써 마땅히 해야 하는 순종의 수준에도 훨씬 미치지 못한다. 인생은 결코 하나님 앞에 의롭지 않고, 사람이 하나님께 변론하기를 좋아할지라도 천 마디에 한 마디도 대답하지 못하기 때문이고 욥 9:2-3, 육체의 소욕은 성령을 거스르고 성령은 육체를 거스르므로 신자가 원하는 것을 하지 못하기 때문이다 갈 5:17. 그러므로 모든 신자는 하나님께서 명령하신 것을 다 행한 후에도 자신은 무익한 종으로서 자신이 하여야 할 일을 한 것뿐이라고 겸손하게 인정해야 한다 눅 17:10.

로마 가톨릭은 신자가 천국에 들어가는 데 필요한 공로를 넘어서는 순종을 할 수 있다고 여긴다. 제15장 생명에 이르는 회개 제1절에서 살펴본 것처럼 이들은 그리스도와 성인들이 천국에 들어가고 남은 공로를 쌓아 놓을 뿐만 아니라, 이 공로를 성도들이 서로 나눌 수 있다고 본다. 신자가 자신의 선행과 공로를 나눈다는 통공

通功, communion of saints을 믿는다. 성인들의 공로의 보고寶庫에는 복된 동정 마리아와 모든 성인의 기도와 선업이 포함된다. 이들은 이것이 하나님 앞에서 헤아릴 수 없는 무한하고 새로운 가치를 지닌다고 본다. 이들은 동정 마리아와 모든 성인이 그리스도의 발자취를 따라 그분의 은총으로 거룩하게 살며 성부께서 맡기신 사명을 완수함으로써 자신들의 구원을 얻었고 신비체의 일치 안에서 형제의 구원에 협력하였다고 주장한다.15 로마 가톨릭은 신자의 순종 역량을 매우 긍정적으로 보아 신자들이 이러한 잉여 공로supererogatory merit를 쌓을 수 있고 서로 나눌 수 있다고 여긴다. 우리는 제13장 성화 제2절에서 완전 성화가 불가능함을 살펴보았기 때문에 잉여 공로가 불가능한 것도 자연히 받아들일 수 있다. 사람이 천국에 들어가고도 남을 잉여 공로를 쌓을 수 있다고 주장하는 자들은 서울대공원이나 디즈니랜드에 무료로 입장한 자들이 겨우 휴지를 한두 개 줍고서 입장료를 넘어서는 선행을 했다고 주장하는 것보다 더 어이없는 주장을 하는 것이다. 이런 주장은 하나님께서 얼마나 거룩하시고 얼마나 전능하신가를 몰라서, 자신들이 하나님께 받은 선물이 얼마나 큰가를 모르기 때문에 나오는 것인데 이에 대하여 다음 제5절이 잘 말해 준다.

16.5

우리는 우리의 최고의 선행에 의해서도 하나님의 손에서 죄의 용서나 영생을 공로로 얻을 수 없다. 이는 최고의 선행과 다가올 영광 사이에 존재하는 엄청난 부조화 때문이고, 우리와 하나님 사이에 존재하는 무한한 간격 때문이다. 우리는 최고의 선행에 의해서도 하나님을 유익하게 할 수도 없고, 우리가 이전에 지은 죄의 빚을 하나님께 배상할 수도 없다.q 오히려 우리가 할 수 있는 것을 다 행한 때라도 우리는 단지 우리의 의무를 다한 것뿐이고 무익한 종일뿐이다.r 왜냐하

---

15 『가톨릭 교회 교리서』, 1477항, 573.

면 선행이 선할수록 하나님의 영으로부터 나오기 때문이고,s 선행을 우리가 행할수록 너무나 큰 연약함과 불완전함으로 오염되고 혼합되어서 하나님의 심판의 엄정함을 견딜 수 없기 때문이다.t

We cannot, by our best works, merit pardon of sin, or eternal life at the hand of God, by reason of the great disproportion that is between them and the glory to come; and, the infinite distance that is between us and God, whom, by them, we can neither profit, nor satisfy for the debt of our former sins,q but when we have done all we can, we have done but our duty, and are unprofitable servants;r and, because, as they are good, they proceed from his Spirit;s and as they are wrought by us, they are defiled, and mixed with so much weakness and imperfection, that they can not endure the severity of God's judgment.t

q 롬 3:20; 롬 4:2, 4, 6; 엡 2:8-9; 딛 3:5-7; 롬 8:18; 시 16:2; 욥 22:2-3; 욥 35:7-8
r 눅 17:10   s 갈 5:22-23   t 사 64:6; 갈 5:17; 롬 7:15, 18; 시 143:2; 시 130:3

5. 죄 용서의 공로가 못 되는 최고의 선행

제16장 제4절이 최고의 경지에 이른 순종의 선행일지라도 필요 이상의 공로를 쌓기는커녕 의무로써 마땅히 해야 하는 것에도 훨씬 미치지 못한다고 말한다면, 제16장 제5절은 왜 그런지 그 이유에 대하여 말한다. 제5절은 우리가 우리의 최고의 선행에 의해서도 하나님에게서 죄의 용서나 영생을 공로로 얻을 수 없는 이유에 대하여 첫째로 그 선행과 다가올 영광 사이에 존재하는 큰 격차 때문이고, 둘째로 우리와 하나님 사이에 존재하는 무한한 간격 때문이라고 말한다.

첫째로 우리의 최고의 선행이 아무리 영광스러울지라도 하나님께서 우리에게 주시고자 하는 영광에 비하면 비교할 수 없을 정도로 작다. 사람이 아무리 멋진 공원을 지을지라도 하나님께서 지으신 자연과 우주에 비하면 아무 것도 아닌 것과 같다. 사람이 선행을 한다한들 자신의 것으로 하는 것은 아무 것도 없고 모두 하나님이 주신 몸과 영혼과 능력과 지혜로 하기 때문에, 사람의 선행이 영광스러울수록 하나님의 영광은 더욱 빛난다. 최고의 선행일지라도 하나님의 영광과 조금이라도 어울릴 수 없고 조화될 수 없다.

둘째로 사람과 하나님 사이에는 무한한 질적 간격이 존재하기 때문에 사람은 최고의 선행으로 하나님을 전혀 유익하게 할 수 없다. "사람이 어찌 하나님께 유익하게 하겠느냐 지혜로운 자도 자기에게 유익할 따름이니라 네가 의로운들 전능자에게 무슨 기쁨이 있겠으며 네 행위가 온전한들 그에게 무슨 이익이 되겠느냐"욥 22:2-3. "그대가 의로운들 하나님께 무엇을 드리겠으며 그가 그대의 손에서 무엇을 받으시겠느냐 그대의 악은 그대와 같은 사람에게나 있는 것이요 그대의 공의는 어떤 인생에게도 있느니라"욥 35:7-8. 파리가 동료 파리에게 음식을 건네준들 사람에게 아무 유익함이 없듯, 사람이 행한 최고의 선행일지라도 다른 사람에게나 도움이 될 뿐 하나님에게는 아무 도움이 되지 않는다. 하나님께서는 단지 그 사람의 선행을 기뻐해주시는 것뿐이다.

또한 그 무한한 질적 간격의 존재 때문에 사람은 최고의 선행으로도 그가 이전에 지은 죄들에 대해 하나님께 속죄할 수도 없다. "그러므로 율법의 행위로 그의 앞에 의롭다 하심을 얻을 육체가 없나니 율법으로는 죄를 깨달음이니라"롬 3:20. "만일 아브라함이 행위로써 의롭다 하심을 받았으면 자랑할 것이 있으려니와 하나님 앞에서는 없느니라"롬 4:2. "너희는 그 은혜에 의하여 믿음으로 말미암아 구원을 받았으니 이것은 너희에게서 난 것이 아니요 하나님의 선물이라"엡 2:8. "우리를 구원하시되 우리가 행한 바 의로운 행위로 말미암지 아니하고 오직 그의 긍휼하심을 따라 중생의 씻음과 성령의 새롭게 하심으로 하셨나니"딛 3:5. 사람은 최고의 선행을 하는 순간에도 더러움과 악의가 있기 때문에 자신이 지은 작은 죄에 대해서도 죗값을 지불할 수 없다.

그러므로 우리는 우리가 할 수 있는 것들을 다 행한 때라도 즉 최고의 선행을 행한 때라도 단지 우리의 의무를 다한 것이라고 여겨야 하고, 우리는 단지 무익한 종일뿐이라고 겸손히 인정해야 한다. "이와 같이 너희도 명령 받은 것을 다 행한 후에 이르기를 우리는 무익한 종이라 우리가 하여야 할 일을 한 것뿐이라 할지니라"눅 17:10. 우리가 선행을 하면 할수록 그 선행은 하나님의 영으로부터 나오는 것이지 우리에게서 나오는 것이 아니다. "오직 성령의 열매는 사랑과 희락과 화평과 오래 참음과 자비와 양선과 충성과 온유와 절제니 이같은 것을 금지할 법이 없느니라"갈 5:22-23. 그 선행을 우리가 행하면 할수록 그 선행은 너무나 큰 연약함과 불완전함으로 오염되고 혼합되어서 하나님의 심판의 엄정함을 견딜 수 없다. "무릇 우리는 다 부정한 자 같아서 우리의 의는 다 더러운 옷 같으며 우리는 다 잎사귀 같이 시들므로 우리의 죄악이 바람 같이 우리를 몰아가나이다"사 64:6. "육체의 소욕은 성령을 거스르고 성령은 육체를 거스르나니 이 둘이 서로 대적함으로 너희가 원하는 것을 하지 못하게 하려 함이니라"갈 5:17. 우리가 선행을 행할 때에 우리는 절대로 우리의 선행에 취하거나 감동을 받으면 안 된다. 우리가 행하는 최고의 선행도 하나님 보시기에는 더럽고 흠투성인 것을 명심하고, 선행을 할수록 지극히 거룩하신 하나님을 바라보며 우리로 선행의 가치를 깨닫고 행하게 하신 하나님께 감사하고 찬양해야 한다. 우리가 최고의 선행에 취하면 취할수록 우리는 예수 그리스도의 대속의 피를 소홀하게 다루는 것이다. 우리의 최고의 선행으로 우리가 천국에 들어갈 수 있다면 어찌 성자 하나님께서 자신을 낮추시며 이 땅에서 사람이 되시어 온갖 고난과 멸시를 받고 십자가에 피 흘려 죽으셨겠는가?

　이에 반하여 로마 가톨릭은 "만일 누가 인간이 받은 의로움이 하느님 대전에서 선행을 통해서는 보존되거나 증대되지도 않고, 선행은 얻은 의화의 열매와 표징에 지나지 않으며 의화의 증대 요인도 되지 못한다고 주장한다면 그는 파문받아야 한다."고트렌트 공의회, 의화에 관한 법규 24 16 말한다. 그들은 신자들의 의로움이 선행을 통해서 보존되고 증대된다고 믿는다. 우리가 최고의 선행일지라도 하나님이 원하시는 의로움에 비하면 큰 격차가 난다고 믿는데 반하여, 그들은 신자들의 선행을 칭

16　If anyone says that justice once received is neither preserved nor increased in the sight of God by good works, but that the works themselves are no more than the effects and signs of the justification obtained and not also a cause of its increase, let him be anathema.

의의 증대 요인으로 보는데, 이는 제11장 칭의에서 살펴본 것처럼 그들이 사람을 전적으로 부패한 존재로 보지 않기 때문이다. 사람들이 하나님의 은혜의 도움을 받아 선행을 할 수 있다고 여기고, 그 선행을 사람들의 공로로 보기 때문이다.

16.6

그럼에도 하나님께서 신자들의 인격을 그리스도로 말미암아 기쁘게 받으시므로 그들의 선행 역시 그리스도 안에서 기쁘게 받으신다.u 이는 선행이 이생에서 하나님 보시기에 전적으로 흠이 없고 책망 받을 것이 없어서가 아니라,w 연약함과 불완전함이 많이 있을지라도 하나님께서 선행을 자신의 아들 안에서 보심으로써 진실한 선행을 기쁘게 받으시고 상주시기를 기뻐하시기 때문이다.x

Yet notwithstanding, the persons of believers being accepted through Christ, their good works also are accepted in him,u not as though they were in this life wholly unblamable and unreprovable in God's sight;w but that, he looking upon them in his Son, is pleased to accept, and reward that which is sincere, although accompanied with many weaknesses and imperfections.x

u 엡 1:6; 벧전 2:5; 출 28:38; 창 4:4; 히 11:4   w 욥 9:20; 시 143:2
x 히 13:20-21; 고후 8:12; 히 6:10; 마 25:21, 23

---

6. 그리스도로 말미암아 받으시는 신자의 선행

제5절이 말하는 것처럼 신자의 최고의 선행과 다가올 영광 사이에 존재하는 큰 격차 그리고 우리와 하나님 사이에 존재하는 무한한 간격 때문에 우리는 최고의 선행이 우리의 공로가 됨으로써 하나님의 손에서 죄의 용서나 영생을 얻을 수 없다. 그렇다면 우리의 선행은 무의미한가라는 생각이 드는데 제6절이 이에 대하

여 답한다. 제3장 하나님의 영원한 작정 제5절이 말하는 것처럼 하나님께서는 우리 신자들을 자신의 순전히 값없는 은혜와 사랑으로 선택하셨지, 믿음이나 선행이나 믿음과 선행의 견인 등을 선택의 조건이나 원인으로 하여 선택하시지 않았다. 제11장 칭의 제1절이 말하는 것처럼 하나님께서 선택된 자들을 의롭다 하실 때에 믿음 자체나 믿음의 행위나 복음에 순종하는 다른 어떤 것을 그들의 의로 그들에게 전가하셔서가 아니라, 그리스도의 순종과 속죄의 만족을 그들의 의로 그들에게 전가하셔서 의롭다 하신다. 이것은 신자들의 인격이 그들의 선행이 아니라 그리스도로 말미암아 기쁘게 받아들여진다는 것을 의미한다.

신자들의 인격이 의롭다고 받아들여지면 그들의 선행 역시 그리스도 안에서 기쁘게 받아들여진다. 이는 아론이 "여호와께 성결"이라고 새긴 패를 이마에 두고서 이스라엘 자손이 거룩하게 드리는 성물과 관련된 죄책을 담당하면 여호와께서 그 성물을 받으시는 것과 출 28:38 같고, 아벨이 믿음으로 양의 첫 새끼와 그 기름을 여호와께 드렸을 때에 여호와께서 아벨과 그의 제물을 모두 받으셨던 것과 창 4:4; 히 11:4 같다.

하나님께서 신자들의 선행을 받으시는 이유는 그 선행이 하나님 보시기에 전적으로 흠이 없고 책망 받을 것이 없어서가 아니다. 주의 눈앞에는 의로운 인생이 하나도 없으므로 시 143:2 사람들이 행한 최고의 선행일지라도 흠투성이다. 하나님께서는 그 선행에 연약함과 불완전함이 많이 있음에도 불구하고 그 선행을 자신의 아들 그리스도 안에서 보시기 때문에 기쁘게 받으시고 보상하신다. 예수 그리스도께서 신자들의 연약함과 불완전함을 모두 짊어지고 죽으셨기 때문에 하나님께서 신자들을 자신의 아들 안에서 보시면 모든 신자가 완전하게 거룩한 것이다. 예수 그리스도라는 렌즈를 끼고 보면 신자들의 많은 연약함과 불완전함이 완전한 거룩함으로 보이는 것이다. 육신의 부모도 자녀들에게 연약함과 흠이 많이 있을지라도 그들이 조그마한 선행만 하여도 크게 칭찬하며 격려한다. 자녀들을 사랑하기 때문에 자녀들의 연약함과 흠 대신에 장점과 칭찬거리가 눈에 들어오기 때문이고, 자녀들이 칭찬과 격려를 통하여 더 큰 선행을 하도록 하기 위해서이다. 하나님께서는 모든 선한 일에 우리를 온전하게 하사 자기 뜻을 행하게 하시고 그 앞에 즐거운 것을 예수 그리스도로 말미암아 우리 가운데서 이루시고히 13:21, 우리 행위와 그의 이름을 위하여 나타낸 사랑으로 이미 성도를 섬긴 것과 이제도 섬기고 있는 것을 잊어버리지 아니하시고히 6:10, 우리가 적은 일에 충성하여도 우리를 착하고 충성된 종이라고 부르시고 많은 것을 우리에게 맡기시며 하나님의 즐거움에 참여하게 하신다마 25:21. 우리는 오직 예수 그리스도를 인하여 하나님께 용납되고, 선행도 인정을 받는다. 사랑은 허다한 죄를 덮는다벧전 4:8.

16.7

중생하지 않은 자들이 행한 일들은 그 내용이 하나님께서 명령하신 것일 수 있고, 자신들이나 타인들 모두에게 유익이 될 수 있다.y 그럼에도 그 일들은 믿음에 의해 정화된 마음에서 나온 것도 아니고,z 말씀에 따라서 옳은 방식으로 행해진 것도 아니고,a 하나님의 영광이라는 올바른 목적을 위한 것도 아니기 때문에b 죄가 되며, 하나님을 기쁘시게 할 수도 없고 사람을 하나님께 은혜 받기에 합당한 자로 만들 수도 없다.c 그럼에도 그들이 그것들을 무시하는 것은 더욱 죄가 되며 하나님을 더욱 노엽게 한다.d

Works done by unregenerate men, although for the matter of them, they may be things which God commands, and of good use both to themselves, and others:y yet, because they proceed not from a heart purified by faith;z nor are done in a right manner, according to the Word;a nor to a right end, the glory of God;b they are therefore sinful, and cannot please God, or make a man meet to receive grace from God.c And yet, their neglect of them is more sinful, and displeasing unto God.d

y 왕하 10:30-31; 왕상 21:27, 29; 빌 1:15-16, 18
a 고전 13:3; 사 1:12
z 창 4:5 with 히 11:4; 히 11:6
b 마 6:2, 5, 16

c 학 2:14; 딛 1:15; 암 5:21-22; 호 1:4; 롬 9:16; 딛 3:5
d 시 14:4; 시 36:3; 욥 21:14-15; 마 25:41-43, 45; 마 23:23

7. 비중생자들의 선행

비중생자들도 하나님께서 명령하신 것들과 자신들이나 타인들 모두에게 유익이 되는 것들을 행할 수 있다. 북이스라엘의 예후 왕은 여호와의 명령대로 아합에게 속한 모든 남자를 죽였고, 여호와께서는 이에 대한 보상으로 그의 자손이 이스라엘 왕위를 이어 사대를 지내게 하셨다 왕하 10:30-31. 아합은 하나님께서 보내신 엘리야 선지자의 경고를 들었을 때에 자신의 옷을 찢고 굵은 베로 몸을 동이고 금식하고 굵은 베에 누우며 풀이 죽어 다녔다. 하나님은 아합의 겸비함을 보시고 그에게 내릴 재앙을 그의 시대에는 내리지 아니하시고 그 아들의 시대에야 내리셨다 왕상 21:27-29.

그런데 비중생자들은 하나님에 대한 믿음이 없기 때문에 그 일들은 모두 믿음에 의해 정화된 마음에서 나오지 않는다. 가인이 땅의 소산으로 제물을 삼아 여호와께 드렸는데, 이런 행위 자체는 하나님의 명령에 속하고 자신이나 타인에게나 다 유익이 된다. 그럼에도 가인은 믿음에 의해 정화된 마음으로 제물을 드리지 않았다. 겉보기에는 똑같은 행위일지라도 그 행위를 하는 속마음이 믿음에 의해 정화되느냐 여부는 결정적으로 중요한 사항이다. 믿음이 없이는 하나님을 기쁘시게 하지 못한다. 하나님께 나아가는 자는 반드시 그가 계신 것과 또한 그가 자기를 찾는 자들에게 상 주시는 이심을 믿어야 한다 히 11:6.

말씀에 따라 옳은 방식으로 하나님의 영광이라는 올바른 목적을 위해서 행하지 않는 것들은 모두 잘못 된 것이다. 사람이 자신에게 있는 모든 것으로 구제하고 자신의 몸을 불사르게 내줄지라도 사랑이 없으면 그에게 아무 유익이 없다 고전 13:3. 구약 시대에 제사 드리는 자가 말씀에 따라 하나님의 영광을 위하여 제사지 않으면 그의 무수한 제물이 하나님께 아무 유익이 없다. 하나님께서 "나는 숫양의 번제와 살진 짐승의 기름에 배불렀고 나는 수송아지나 어린 양이나 숫염소의 피를 기뻐하지 아니하노라 너희가 내 앞에 보이러 오니 이것을 누가 너희에게 요구하였느냐 내 마당만 밟을 뿐이니라 헛된 제물을 다시 가져오지 말라 분향은 내가 가증히 여기는 바요 월삭과 안식일과 대회로 모이는 것도 그러하니 성회와 아울러 악을 행하는 것을 내가 견디지 못하겠노라"고사 1:11-13 말씀하셨다. 외식하는 자가 구제할 때에 사람에게서 영광을 받으려고 회당과 거리에서 구제하면 그는 하나님께 받을 상이 전혀 없고, 금식할 때에 슬픈 기색을 보임으로써 금식하는 것을 사람에게 보이는 자도 자기 상을 이미 받은 것이 된다마 6:2, 16.

믿음에 의해 말씀에 따라 옳은 방식으로 하나님의 영광이라는 올바른 목적을 위해서 행하지 않는 것은 죄 된 것으로써, 하나님을 기쁘시게 할 수도 없고, 사람을 하나님께 은혜 받기에 합당한 자로 만들 수도 없다. 더럽고 믿지 아니하는 자들에게는 아무 것도 깨끗한 것이 없고 오직 그들의 마음과 양심이 더러울 뿐이다딛 1:15. 믿는 자의 선행도 흠과 책망 받을 것과 연약함과 불완전함이 많은데, 비중생자의 행위는 얼마나 더 하겠는가? 우리가 구원받은 것은 절대로 우리가 행한 의로운 행위로 말미암지 않고, 오직 하나님의 긍휼하심을 따라 중생의 씻음과 성령의 새롭게 하심으로 말미암는다. 믿음이 없는 행위는 절대로 사람을 하나님께 은혜 받기에 합당한 자로 만들지 못한다. 오직 믿음만이 하나님의 은혜를 받기에 합당한 자로 만든다.

그렇다면 비중생자들이 하나님께서 명령하신 것들과 자신들이나 타인들 모두에게 유익이 되는 것들을 행하지 않으면 어떻게 될까? 그것들이 죄악된 것으로써 하나님을 기쁘시게 할 수 없다고 하여 그것들을 무시하는 것은 더욱 죄가 되고 하나님을 더욱 노엽게 한다. 비중생자들은 그나마 그것들을 행해야 하나님의 진노를 덜 사지, 그것마저 하지 않으면 더욱 죄악된 삶을 인하여 더 큰 징벌을 받는다. 예수님께서는 지극히 작은 자 하나가 주릴 때에 먹을 것을 주지 않거나, 목마를 때에 마시게 하지 않거나, 나그네 되었을 때에 영접하지 않거나, 헐벗었을 때에 옷 입히지 아니하거나, 병들었을 때와 옥에 갇혔을 때에 돌보지 아니하는 것은 바로 예수님께 하지 않은 것이라고 말씀하셨고⁽마 25:41-43, 45⁾, 박하와 회향과 근채의 십일조보다 정의와 긍휼과 믿음이 율법에서 더 중한 것이라고 말씀하셨다⁽마 23:23⁾. 종교적 선행이 아니라 일반적 선행을 하지 않는 것도 바로 하나님을 향하여 큰 죄를 짓는 것이고, 율법의 더 중한 바를 하지 않는 것이다.

미국 북장로교는 1903년에 열린 총회에서 웨스트민스터 신앙고백서를 개정하였다. 제16장 제7절, 제22장 제3절, 제25장 제6절 등을 삭제 혹은 일부 수정하였고, 선언적 진술문과 제34장 성령과 제35장 하나님의 사랑과 선교을 첨가하였다. 제16장 제7절은 서술된 문장의 순서를 약간 변경하면서, "they are therefore sinful, and cannot please God."을 "they come shorts of what God requires."으로 수정하였다.[17] 즉, 1647년판은 비중생자들의 선행에 대하여 "죄가 되며 하나님을 기쁘시게 할 수도 없다."라고 말하는 반면에, 1903년 수정판은 비중생자들의 선행에 대하여 "하나님께서 요구하시는 바에 부족하다."라고 말한다. 문장 순서의 변경과 수정의 동기는 비중생자들의 행위가 "죄가 되며 하나님을 기쁘시게 할 수도 없다."라는 분명한 표현을 완화시키려는 것이었다.

---

[17] 수정된 본문은 다음과 같다. "Works done by unregenerate men, although, for the matter of them, they may be things which God commands, and in themselves praiseworthy and useful, and although the neglect of such things is sinful and displeasing unto God; yet, because they proceed not from a heart purified by faith; nor are done in a right manner according to His Words; nor to a right end, the glory of God; they come shorts of what God requires, and do not make any man meet to receive the grace of God."

Of the Perseverance of the Saints

제17장 성도의 견인

17.1

하나님께서 자신이 사랑하시는 자 안에서 기쁘게 받으시고, 자신의 영에 의해 효과적으로 부르시고 거룩하게 하신 자들은 은혜의 상태에서 완전히도 최종적으로도 떨어져나갈 수 없다. 오히려 은혜의 그 상태에서 확실히 끝까지 견뎌낼 것이고, 영원히 구원될 것이다.[a]

They, whom God hath accepted in his Beloved, effectually called, and sanctified by his Spirit, can neither totally, nor finally, fall away from the state of grace: but shall certainly persevere therein to the end, and be eternally saved.[a]

[a] 빌 1:6; 벧후 1:10; 요 10:28-29; 요일 3:9; 벧전 1:5, 9

1. 은혜의 상태에서 끝까지 견뎌내는 신자들

미국 나사NASA는 2020년 7월 30일에 우주선을 발사하였다. 이 우주선은 6개월여 동안 4억 7100만㎞를 날아 2021년 2월 18일에 화성에 도착하여 로버rover를 착륙시켰다. 이 로버는 길이 3m의 자동차 크기로 6개의 바퀴와 카메라와 마이크와 레이저와 드릴 등을 장착하였고, 헬리콥터 인지뉴어티Ingenuity도 장착하였다. 로버는 6개의 바퀴로 돌아다니며 화성을 탐사하여 영상을 지구로 송신하고, 토양과 암석 샘플을 채취한다. 이 샘플을 수십 개의 티타늄 튜브에 담아, 약속된 장소에 놓아두면, 나사는 추후에 발사하는 로버로 수거하여 2031년 지구로 이송할 계획이다. 2020년부터 2031년까지 11년이란 기간과 4억 7100만㎞라는 먼 비행거리가 걸리기 때문에 로버는 "인내, 끈기, 견디어냄"이라는 의미의 퍼서비어런스Perseverance라는 이름이 부여되었다.

이 로버의 탐사와 토양 채취의 성공 여부는 어디에 달려있을까? 로버 자체의 능력에 달려있을까? 아니면 로버와 우주선을 제작하였고, 6개월여의 우주 비행 후 화성에 로버를 착륙시켰고, 그 이후로도 무선 송신으로 로버를 조정하는 미국 나사에 달려있을까? 당연히 로버 자체가 아니라 미국 나사이다. 만약에 화성에 생명체가 있어 로버를 본다면, 그 생명체는 로버가 스스로 움직이고, 토양을 채취하고, 튜브에 담아 어느 곳에 놓아두는 일을 10년 넘게 하는 것을 보면서 로버가 스스로 이 기간 동안 인내하며 그 엄청난 일들을 한다고 여길 것이다. 하지만 지구에 있는 사람들은 그 누구도 로버가 스스로의 능력과 인내로 자신의 일을 완수한다고 여기지 않는다. 미국 나사가 그것을 만들고 조종하는 것을 알기 때문이다.

그렇다면 신자가 은혜의 상태로부터 완전히 그리고 최종적으로 떨어져나가지 않고, 그 상태에서 확실하게 끝까지 견뎌내는persevere 것은 신자의 능력일까? 아니면 그 신자를 창조하시고, 자신이 사랑하시는 자 안에서 기쁘게 받으시고, 자신의 성령에 의해 효과적으로 부르시고 거룩하게 하시는 하나님으로 말미암는가? 당연히 하나님이시다. 신자와 로버의 차이는 신자는 자유 의지를 갖는 반면에 로버는 미국 나사에 의해 철저히 조종된다는 것이다. 제9장 자유 의지 제4절에서 살펴본 것처럼 하나님께서는 죄인을 회심시키시어 은혜의 상태로 옮기실 때에 본성적으로 죄 아래 속박된 데서 그를 자유롭게 하시고, 자신의 은혜에 의해 그로 영적으로 선한 것을 자유롭게 원하고 행할 수 있게 하신다. 신자는 영적으로 선한 것을 원하고 행하는 자유를 갖는 반면에 화성 탐사차는 그런 자유가 전혀 없고 미국 나사의 전적인 조정을 받는다.

그런데 하나님께서는 신자에게 이러한 자유를 허용하시면서도 하나님의 뜻을 이루신다. 신자의 자유 의지와 하나님의 뜻이 모순을 일으키지 않는다. 신자는 자유롭게 자신의 뜻에 따라 행하는데 그것이 하나님의 뜻 속에 있게 되는 것이다. 우리는 제5장 섭리 제1절에서 만물의 창조자이신 하나님께서 자신의 섭리에 의해 자신의 의지의 자유롭고 불변한 경륜을 따라서 모든 피조물과 행위와 일을 붙드시고, 이끄시고, 처리하시고, 통치하심을 이미 살펴보았다. 성도의 견인의 신비는 첫째로 하나님께서 사람을 하나님의 형상으로 만드시어 놀라운 차원의 자유를 주신 것에, 둘째로 하나님께서 사람의 그 자유를 전적으로 인정하시면서도 하나님의 놀라운 능력으로 그를 이끄시고 처리하시어 하나님의 뜻을 이루신다는 것에 있다. 이것은 하나님의 작정과 섭리가 갖는 신비와 같다.

그런데 사람의 전적 부패를 믿지 않고, 중생자의 자유 의지를 부당하게 크게 보는 아르미니우스주의는 참된 신자의 견인이 자유 의지에 달려있고, 따라서 실패하기도 한다고 주장한다. 로마 가톨릭도 같은 입장에서 신자의 견인이 확실하지 않다고 주장한다. 이들은 성경에 신앙생활을 잘 하던 이들이 도중에 포기하는 예들이 실제로 나오는 것을 그 증거로 삼는다. 그런데 이들은 처음부터 참된 믿음을 가진 자들이 아니라 일시적인 믿음을 가진 자들이다.

우리는 제14장 구원하는 믿음 제2절에서 믿음의 종류의 하나로써 일시적 믿음에 대하여 살펴보았다. 흙이 깊지 않은 돌밭에 뿌려진 씨는 곧 싹이 나나 해가 돋은 후에 타서 뿌리가 없으므로 말라버린다. 이 씨는 말씀을 듣고 즉시 기쁨으로 받으나 말씀으로 말미암아 환난이나 박해가 일어나면 넘어지는 자를 의미한다. 이 신앙을 위선적이라고만 할 수 없는데 그것은 그가 최소한 신앙생활을 하는 동안에는 동의와 감동과 양심의 자극에서 오는 확신을 갖기 때문에 겉으로 보기에는 참된 신자 같기 때문이다. 하지만 중생된 심령의 깊은 뿌리에서 나온 것이 아닌 인간적 차원의 종교적 확신인지라 환난이나 박해나 근심이 발생하면 그 믿음을 져버리므로, 마치 참된 신자도 도중에 은혜의 상태에서 떨어지는 것처럼 보인다. 일시적 믿음은 허구적이기는 하지만 그 기간 동안만은 확신에 찬 관심과 반응을 보이므로, 진정한 구원적 믿음과 구별하기가 힘들다. 그 지속 기간이 사람에 따라 다양하여 죽기 직전에야 정체가 드러나기도 한다. 바로 이러한 현상 때문에 참된 신자일지라도 은혜의 상태로부터 완전히 그리고 최종적으로 떨어져나갈 수 있다는 잘못된 주장이 발생한다.

마술사 시몬이 빌립의 전도를 받아 믿고 세례를 받은 후에 전심으로 빌립을 따라다니며 그 나타나는 표적과 큰 능력을 보고 놀랐다. 이때 시몬이 전심으로 빌립을 따라다녔지만 구원에 이르는 참된 믿음이 아니라 믿음으로 더 많은 돈을 벌려는 악독한 마음으로써 따라다녔다. 일시적 믿음에 속한다 행 8:13-24. 후메내오와 알렉산더는 믿음과 착한 양심을 버렸고, 그 믿음에 관하여는 파선하였는데, 이들 또한 처음부터 일시적 믿음을 가졌다 딤전 1:20. 일시적 믿음에 대하여 히브리서 6:4-6절은 한 번 빛을 받고 하늘의 은사를 맛보고 성령에 참여한 바 되고 하나님의 선한 말씀과 내세의 능력을 맛보고도 타락한 자들이 있다고 말한다. 이들은 다시 새롭게 하여 회개하게 할 수 없는데 그들이 하나님의 아들을 다시 십자가에 못 박아 드러내 놓고 욕되게 하였기 때문이다. 예수님을 배반하여 판 가룟 유다 같은 경우는 일시적 믿음일 수도 있고 눅 22:3, 처음부터 믿음이 없는 채로 예수님의 제자가 되었다고도 볼 수 있다 요 12:6.

하나님께서는 아무나 은혜의 상태로 부르시지 않고, 아무나 거룩하게 하시지 않는다. 오직 자신의 자녀로 선택하신 자들만 자신의 아들 예수 그리스도 안에서 기쁘게 받으시고, 자신의 성령에 의해 효과적으로 부르시고 거룩하게 하신다. 그리고 이들만 은혜의 상태에서 확실하게 끝까지 견뎌내고 영원히 구원된다.

성도의 견인에 대한 성경의 직접적 진술은 이와 같다. 신자들 안에서 착한 일을 한 번 시작하신 하나님께서는 절대로 중도에 그만두지 아니하시고 그리스도 예수의 날까지 이루신다 빌 1:6. 예수 그리스도께서 신자들에게 영생을 주실 때에 그리스도의 손에서 빼앗을 자가 없다. 왜냐하면 그리스도에게 신자들을 주신 하나님보다 더 큰 자가 없으므로 하나님의 손에서 신자들을 빼앗을 자가 없기 때문이다 요 10:28-29. 신자들은 모두 말세에 나타내기로 예비하신 구원을 얻기 위하여 믿음으로 말미암아 하나님의 능력으로 보호하심을 받는 자들이다. 모두가 믿음의 결국 곧 영혼의 구원을 받는다 벧전 1:5, 9. 주는 미쁘시어 신자들을 굳건하게 하시고 악한 자에게서 지키신다 살후 3:3. 바울은 "내가 또 이 고난을 받되 부끄러워하지 아니함은 내가 믿는 자를 내가 알고 또한 내가 의탁한 것을 그 날까지 그가 능히 지키실 줄을 확신함이라"고 딤후 1:12 말하고, "주께서 나를 모든 악한 일에서 건져내시고 또 그의 천국에 들어가도록 구원하시리니"라고 딤후 4:18 말한다.

성도의 견인 교리는 중생자가 사탄과 세상의 유혹 그리고 자신 안에 남아있는 부패의 만연으로 죄를 짓는다는 것을 전제한다. 도르트 신경 제4장 성도의 견인 제4절은 성도가 "끔찍한 죄에 빠져 들어갈 수 있을 뿐만 아니라, 때때로 하나님의 공의로운 허락에 의해 실제로 죄에 빠져 들어가고, 다윗과 베드로와 다른 성도들의 비통한 타락이 이것을 보여준다."라고 말하고, 제5절은 이러한 죄가 하나님을 몹시 해치고, 죽음의 죄를 초래하고, 성령을 근심하게 하고, 때때로 은혜의 감각을 한동안 잃어버리게 한다고 말한다.

그런데 성도의 견인 교리의 핵심은 그 잃어버린 은혜의 감각이 한동안만 지속되느냐 아니면 영원히 지속되느냐이다. 성도가 죄를 짓되 회복 가능한 범주에서 짓느냐, 아니면 회복 불가능한 범주에서 짓느냐의 여부이다. 이에 대하여 도르트 신경 제4장 제6절은 하나님께서 성도의 심각한 타락에도 불구하고 성령을 완전히 거두시지 않고, 이 정도로 떨어지는 것을 허락하시지 않는다며, "사망에 이르는 죄나 성령을 대항하는 죄를 짓지 않게 하시고, 자신을 영원한 파멸로 집어던져 그분에 의해 완전히 버림받게 하시지 않는다."고 말한다. 이것에 대하여 제17장 제1절도 중생자들은 은혜의 상태로부터 완전히도 최종적으로도 떨어져나갈 수 없다고 말하는 것이다. 제17장 제1절의 "완전히도 최종적으로도"는 바로 이런 의미이다.

17.2

이러한 성도의 견인은 성도 자신의 자유 의지에 달린 것이 아니라, 하나님 아버지의 값없고 변함없는 사랑에서 흘러나오는 선택의 작정의 불변성에,b 예수 그리스도의 공로와 간구의 유효성에,c 성령님과 하나님의 씨가 성도 안에 거하심에,d 그리고 은혜 언약의 본질에e 달린 것이다. 이 모든 것에서 견인의 확실성과 무오성이 생겨난다.f

This perseverance of the saints, depends not upon their own free will, but upon the immutability of the decree of election, flowing from the free and unchangeable love of God the Father;b upon the efficacy of the merit, and intercession of Jesus Christ;c the abiding of the Spirit, and of the seed of God within them;d and the nature of the covenant of grace:e from all which, ariseth also the certainty, and infallibility thereof.f

b 딤후 2:18-19; 렘 31:3
c 히 10:10, 14; 히 13:20-21; 히 9:12-15; 롬 8:33-39; 요 17:11, 24; 눅 22:32; 히 7:25
d 요 14:16-17; 요일 2:27; 요일 3:9   e 렘 32:40   f 요 10:28; 살후 3:3; 요일 2:19

2. 성도의 견인이 가능한 이유들

우리는 바로 위에서 성도의 견인에 대한 성경의 직접적 진술들에 대하여 살펴보았다. 아르미니우스주의와 로마 가톨릭은 이러한 성경 구절들을 보아도 우리와 다르게 성도의 견인을 믿지 않는다. 이것은 그들이 사람은 전적으로 부패하지 않고 부분적으로 부패하여 충분한 가능성을 지닌 자유 의지로 견인의 여부를 결정한다고 믿기 때문에 같은 성경 구절들을 보아도 다르게 해석하기 때문이다. 이것을 보아도 성경은 읽는 이가 전제로 갖고 있는 신학과 세계관에 따라 해석된다. 이에 반하여 우리는 중생자일지라도 남아 있는 부패성을 인하여 하나님의 은혜가 없이는 자신의 자유 의지로 견인할 수 없다고 본다. 성도의 견인 교리가 우리가 이미 앞에서 살펴본 교리들과 연관을 갖는데, 지금부터 이런 연관된 교리와 성경의 내용을 통해 성도의 견인에 대한 추론적 증명을 하고자 한다.

❶ 성부의 선택 작정의 불변성

성도의 견인은 그의 자유 의지에 달린 것이 아니다. 제9장 자유 의지 제4절에서 살펴본 것처럼 하나님께서는 죄인을 회심시키시어 은혜의 상태로 옮기실 때에 오직 자신의 은혜에 의해 그로 영적으로 선한 것을 자유롭게 원하고 행할 수 있게 하신다. 하지만 그렇게 됨에 있어서 그는 자신 속에 남아있는 그 부패 때문에 선한 것을 온전히 원하지 않는다. 즉, 선한 것을 원할 뿐만 아니라 악한 것도 원한다. 따라서 하나님의 은혜가 잠시라도 멈추면 그는 선한 것을 완벽하게 원하지 않고, 악한 것도 원하여, 그 은혜의 상태를 확실히 끝까지 견뎌내지 못한다.

하나님께서 어떤 자를 하나님의 자녀로 선택하실 때에 그의 행동거지 여부를 미리 보시고 선택하시지 않고, 오직 하나님의 사랑과 기뻐하심으로 선택하신다. 그렇게 선택하신 하나님께서 도중에 그 사람의 행동거지를 인하여 자녀삼음을 포기하시고 그를 버리시겠는가? 육신의 부모는 사랑과 인내의 부족으로 그런 변덕이 있지만, 신실하시고 사랑이 넘치시는 하늘 아버지께는 그런 변덕이 없다. 육신의 부모도 자녀가 방황하고 범죄하며 사람 구실을 제대로 못할 때에 설득과 협박과 회유 등의 온갖 방법을 통해 사람 구실을 하도록 시도한다. 화성에 도착하여 임무를 수행 중인 퍼서비어런스가 구덩이에 빠지거나 전복될 때에 미국 나사는 온갖 방법을 통해 정상 임무를 수행하도록 원격 조종한다. 육신의 부모와 미국 나사는 자식과 퍼서비어런스를 정상으로 돌리는 데 실패할 수 있지만, 전능하시고 지극히 지혜롭고 사랑이 많으신 하나님은 자신의 선택된 자들이 최종적으로 구원을 누리게 하시는 데 실패가 없다.

제3장 하나님의 영원한 작정 제5절은 하나님께서 생명에 이르도록 예정된 사람들을 자신의 영원하고 불변한 목적에 따라 그리고 자신의 의지에 따른 은밀한 경륜과 선한 기쁨을 따라, 자신의 순전히 값없는 은혜와 사랑으로 말미암아 선택하신

것이지 믿음이나, 선행이나, 믿음과 선행의 견인이나, 피조물에게 있는 어떤 것을 조건들로 하여 선택하신 것이 아니라고 말한다. 제3장 제5절에 따르면 하나님께서 일부의 사람을 자신의 영원하고 불변한 목적에 따라 생명으로 예정하셨는데 어찌 이 작정에 변화와 실패가 있겠는가? 또 피조물에게서 조건과 원인을 보지 않고, 오직 선한 기쁨을 따라 자신의 순전히 값없는 은혜와 사랑으로 말미암아 선택하신 것인데 어찌 성도의 견인이 피조물의 자유 의지에 따라 흔들리겠는가?

제3장 제6절은 하나님께서 선택된 자들을 영광에 이르도록 정하셨던 것처럼, 자신의 뜻의 영원하며 지극히 자유로운 목적에 의해 영광에 이르는 모든 수단도 미리 정하셨다고 말한다. 그러므로 선택된 자들이 효과적으로 불리고, 의롭다 하여지고, 양자가 되고, 거룩하게 되고, 구원에 이르도록 보호되는 것은 그들의 자유 의지에 의한 것이 아니라 하나님께서 미리 정하신 구원의 수단들에 의한 것이다. 이것들은 하나님께서 성령에 의해 선택된 자들에게 적용하시는 것이지, 그들이 스스로 취하는 것이 아니다. 따라서 제3장 제6절이 말하는 것처럼 선택된 자들 외에는 그 다른 누구도 그리스도에 의해 구속되거나, 효과적으로 불리거나, 의롭다 하여지거나, 양자가 되거나, 거룩하게 되거나, 최종적으로 구원되지 못한다. 이처럼 성도의 견인은 선택의 작정의 불변성으로부터 자연스럽게 논증된다.

로마 가톨릭은 트렌트 공의회에서 채택된 의화에 관한 교령 제12장^{예정설에 관한 무분별한 추정을 피해야 함}에서 이렇게 말한다. "아울러 그 누구도 이 세상에 살고 있는 동안에 의화한 자는 더는 죄를 지을 수 없다는 것이 마치 사실인 것처럼, 혹은 죄를 지을지라도 확실한 회개가 마치 자신에게 보장되는 것처럼, 자신이 예정된 자들의 수에 포함되어 있다고 확신을 갖는 식으로 신적 예정의 숨겨진 신비에 관해 추정해서는 안 된다. 왜냐하면 특별한 계시를 제외하고는, 하느님께서 누구를 선발하셨는지 알 수 없기 때문이다." 이들은 우리와 같은 의미로 예정을 믿지 않기 때문에 신자들이 구원에 대한 확신을 주장해서는 안 된다고 말한다.

이것은 당연히 견인 교리에도 적용되기 때문에 이들은 이어지는 제13장^{항구함의 은총}에서 이렇게 주장한다. "비슷한 관점에서, 인내의 은총에 관해 다음과 같이 쓰여 있다. '끝까지 참는 사람은 구원을 받을 것이다.' 그리고 과연 그 은총은 서 있는 자를 계속 서 있게 하고 넘어진 자를 다시 일어나게 하는 힘을 가지신 분께서 주시지 않으면 받을 수 없는 것이다. 모두가 하느님의 도우심에 대해 확고한 희망을 간직하고 거기에 의존해야 하지만, 그렇다고 해서 절대적인 확신을 가지고 자신에게 일정한 결실이 보장된다고 믿는 일이 그 누구에게도 없도록 해야 한다. 만일 인간들이 당신의 은총을 거부하지 않는다면 실로 하느님께서는 선업을 시작하셨던 것과 마찬가지로 그 선업을 완성하실 것인데, 그분께서는 그들에게 의욕을 일으켜주시고 실천할 힘을 주시면서 그렇게 하신다. ……"

로마 가톨릭은 아르미니우스주의처럼 신자가 하나님께서 주시는 은혜를 저항할 수 있다고 여기는 것이고, 하나님께서는 신자의 그러한 저항 여부를 미리 보시는 것에 따라 예정한다고 여기는 것이고, 따라서 성도의 견인이 성도 자신에게 달려 있다고 여기는 것이다. 하지만 우리는 제3장 하나님의 영원한 작정 제5절이 말하는 것처럼 하나님께서 자신의 순전히 값없는 은혜와 사랑으로 말미암아 선택하신 것이지 믿음이나, 선행이나, 믿음과 선행에 대한 견인이나, 피조물에게 있는 어떤 것을 자신으로 하여금 선택하게 한 조건들이나 원인들로 미리 보심으로써 선택하신 것이 아니라고 믿는다. 따라서 성도의 견인은 성도에게 달려있기 전에 그 성도를 자신의 자녀로 선택하시는 하나님께 달려있다.

❷ 그리스도의 공로와 간구의 효과성

제8장 중보자 그리스도 제5절은 주 예수께서 자신의 완전한 순종과 희생에 의해 하나님 아버지의 공의를 완전히 만족시키셨고, 아버지께서 자신에게 주신 모든 자를 위하여 화목만이 아니라 천국에 있는 영원한 기업도 획득하셨다고 말한다. 즉, 예수 그리스도께서 행하신 순종과 희생으로 공로를 얻으셨는데, 이 공로에 의해 하나님의 공의가 만족되었고, 선택된 자들을 위한 천국의 영원한 기업도 획득된 것이다. 선택된 자들의 죄에 대한 하나님의 공의가 만족되었는데, 그들이 다시 죄에 빠져 하나님을 떠남으로써 하나님과의 화목이 깨지고 천국의 영원한 기업도 잃

어버리는 일이 다시 있겠는가? 이런 일이 다시 발생한다면 이는 하나님의 공의가 완전히 만족된 것이라고 할 수 없다. 여기서 천국의 영원한 기업이 획득되었다는 것은 하나님 아버지께서 그리스도에게 주신 모든 자가 끝까지 견인하여 천국의 영원한 기업을 누리게 된다는 것이다. 이에 대한 근거성경구절들은 아래와 같다.

히 10:10, 14	이 뜻을 따라 예수 그리스도의 몸을 단번에 드리심으로 말미암아 우리가 거룩함을 얻었노라 14 그가 거룩하게 된 자들을 한 번의 제사로 영원히 온전하게 하셨느니라
히 13:20-21	양들의 큰 목자이신 우리 주 예수를 영원한 언약의 피로 죽은 자 가운데서 이끌어 내신 평강의 하나님이 21 모든 선한 일에 너희를 온전하게 하사 자기 뜻을 행하게 하시고 그 앞에 즐거운 것을 예수 그리스도로 말미암아 우리 가운데서 이루시기를 원하노라 영광이 그에게 세세무궁토록 있을지어다 아멘
히 9:12-15	염소와 송아지의 피로 하지 아니하고 오직 자기의 피로 영원한 속죄를 이루사 단번에 성소에 들어가셨느니라 13 염소와 황소의 피와 및 암송아지의 재를 부정한 자에게 뿌려 그 육체를 정결하게 하여 거룩하게 하거든 14 하물며 영원하신 성령으로 말미암아 흠 없는 자기를 하나님께 드린 그리스도의 피가 어찌 너희 양심을 죽은 행실에서 깨끗하게 하고 살아 계신 하나님을 섬기게 하지 못하겠느냐 15 이로 말미암아 그는 새 언약의 중보자시니 이는 첫 언약 때에 범한 죄에서 속량하려고 죽으사 부르심을 입은 자로 하여금 영원한 기업의 약속을 얻게 하려 하심이라

제8장 제4절은 주 예수께서 부활하시고 승천하신 후에 아버지 우편에 앉으시며 간구하신다고 말한다. 제8장 제8절은 그리스도께서 선택된 자들을 위해 구속을 획득하시고 같은 구속을 그 선택된 자들 모두에게 확실하고 효과적으로 적용하

시고 전달하시는데, 그 수단들 중 하나가 그들에 대해서 간구하시는 것이라고 말한다. 그리스도께서 우리를 위해 간구하시는데 우리가 도중에 은혜의 상태에서 떨어질 일이 있을 수 없다. 예수님은 베드로에게 "사탄이 너희를 밀 까부르듯 하려고 요구하였으나 그러나 내가 너를 위하여 네 믿음이 떨어지지 않기를 기도하였노니 너는 돌이킨 후에 네 형제를 굳게 하라"고 눅 22:31-32 말씀하셨다. 그러자 베드로는 예수님과 함께 옥에도, 죽는 데에도 가기를 각오하였다고 말했다. 하지만 그는 그 날 밤 닭 울기 전에 세 번 예수님을 모른다고 부인하였다. 이런 그가 예수님을 완전히 떠나지 않고 자신의 잘못을 회개하며 돌아올 수 있었던 것은 예수님께서 그의 믿음이 떨어지지 않기를 간구하셨기 때문이다. 예수님께서 이렇게 베드로를 위해서만 기도하시지 않고 신자 모두를 위해서 간구하시므로 신자들은 은혜의 상태에서 최종적으로 떨어지지 않는다. 이에 대한 근거성경구절들은 아래와 같다.

롬 8:33-39   누가 능히 하나님께서 택하신 자들을 고발하리요 의롭다 하신 이는 하나님이시니 34 누가 정죄하리요 죽으실 뿐 아니라 다시 살아나신 이는 그리스도 예수시니 그는 하나님 우편에 계신 자요 우리를 위하여 간구하시는 자시니라 35 누가 우리를 그리스도의 사랑에서 끊으리요 환난이나 곤고나 박해나 기근이나 적신이나 위험이나 칼이랴 36 기록된 바 우리가 종일 주를 위하여 죽임을 당하게 되며 도살 당할 양 같이 여김을 받았나이다 함과 같으니라 37 그러나 이 모든 일에 우리를 사랑하시는 이로 말미암아 우리가 넉넉히 이기느니라 38 내가 확신하노니 사망이나 생명이나 천사들이나 권세자들이나 현재 일이나 장래 일이나 능력이나 39 높음이나 깊음이나 다른 어떤 피조물이라도 우리를 우리 주 그리스도 예수 안에 있는 하나님의 사랑에서 끊을 수 없으리라

요 17:11, 24   나는 세상에 더 있지 아니하오나 그들은 세상에 있사옵고 나는 아버지께로 가옵나니 거룩하신 아버지여 내게 주신 아버지의 이름

	으로 그들을 보전하사 우리와 같이 그들도 하나가 되게 하옵소서 24 아버지여 내게 주신 자도 나 있는 곳에 나와 함께 있어 아버지께서 창세 전부터 나를 사랑하시므로 내게 주신 나의 영광을 그들로 보게 하시기를 원하옵나이다
눅 22:32	그러나 내가 너를 위하여 네 믿음이 떨어지지 않기를 기도하였노니 너는 돌이킨 후에 네 형제를 굳게 하라
히 7:25	그러므로 자기를 힘입어 하나님께 나아가는 자들을 온전히 구원하실 수 있으니 이는 그가 항상 살아 계셔서 그들을 위하여 간구하심이라

❸ 성령님과 하나님의 씨의 내주하심

제3장 하나님의 영원한 작정 제6절은 선택된 자들은 성령에 의해 효과적으로 불리고, 의롭다 하여지고, 양자가 되고, 거룩하게 되고, 구원에 이르도록 보호된다고 말한다. 성령께서는 이 일들을 성도들 안에 내주하시며 하신다. 내주하시는 성령께서는 성도들이 믿고 순종하도록 효과적으로 설득하시고, 그들의 마음을 통치하심으로써 제8장 제8절 이 일을 이루신다. 예수님은 세상을 떠나시기 전에 제자들에게 자신과 같은 다른 보혜사를 아버지께 구하겠다고 하셨다. 바로 성령을 의미하는데, 그 성령께서 성도들 안에 내주하신다. "내가 아버지께 구하겠으니 그가 또 다른 보혜사를 너희에게 주사 영원토록 너희와 함께 있게 하리니 그는 진리의 영이라 세상은 능히 그를 받지 못하나니 이는 그를 보지도 못하고 알지도 못함이라 그러나 너희는 그를 아나니 그는 너희와 함께 거하심이요 또 너희 속에 계시겠음이라" 요 14:16-17. 성령께서는 성도들 안에 거하시며 모든 것을 그들에게 가르치신다. "너희는 주께 받은 바 기름 부음이 너희 안에 거하나니 아무도 너희를 가르칠 필요가 없고 오직 그의 기름 부음이 모든 것을 너희에게 가르치며 또 참되고 거짓이 없으니 너희를 가르치신 그대로 주 안에 거하라" 요일 2:27. 바울은 "만일 너희 속에 하나님의 영이 거하시면 너희가 육신에 있지 아니하고 영에 있나니 누구든지 그리스

도의 영이 없으면 그리스도의 사람이 아니라"고 롬 8:9 말하는데, 성도들 안에 내주하시는 그리스도의 영께서 그들을 그리스도의 사람으로 만들어 가신다.

제17장 제2절에 나오는 하나님의 씨의 내주는 무슨 뜻일까? 이에 대한 근거성경구절은 "하나님께로부터 난 자마다 죄를 짓지 아니하나니 이는 하나님의 씨가 그의 속에 거함이요 그도 범죄하지 못하는 것은 하나님께로부터 났음이라"이다 요일 3:9. 하나님의 씨는 성도의 마음에 심겨진 하나님의 말씀임을 "너희가 거듭난 것은 썩어질 씨로 된 것이 아니요 썩지 아니할 씨로 된 것이니 살아 있고 항상 있는 하나님의 말씀으로 되었느니라"를 벧전 1:23 통해서 알 수 있다. 아래 말씀들도 이를 지지한다.

렘 31:33   그러나 그 날 후에 내가 이스라엘 집과 맺을 언약은 이러하니 곧 내가 나의 법을 그들의 속에 두며 그들의 마음에 기록하여 나는 그들의 하나님이 되고 그들은 내 백성이 될 것이라 여호와의 말씀이니라

약 1:18, 21   그가 그 피조물 중에 우리로 한 첫 열매가 되게 하시려고 자기의 뜻을 따라 진리의 말씀으로 우리를 낳으셨느니라 21 그러므로 모든 더러운 것과 넘치는 악을 내버리고 너희 영혼을 능히 구원할 바 마음에 심어진 말씀을 온유함으로 받으라

그런데 하나님의 말씀이 성도의 마음에 새겨지는 일은 하나님의 영의 역사 없이는 되지 않는다. 하나님의 말씀의 새김과 실천은 오직 내주하시는 성령님을 통해서만 가능하다. "또 새 영을 너희 속에 두고 새 마음을 너희에게 주되 너희 육신에서 굳은 마음을 제거하고 부드러운 마음을 줄 것이며 또 내 영을 너희 속에 두어 너희로 내 율례를 행하게 하리니 너희가 내 규례를 지켜 행할지라" 겔 36:26-27. 따라서 요한일서 3:9절의 하나님의 씨의 내주는 성도 안에 내주하시는 성령님의 역사에 의해 성도의 마음에 심겨진 말씀이고, 이 말씀으로 생성된 삶의 원리라고 할 수

있다. 성도는 때때로 죄를 짓기도 하지만, 하나님의 씨에 의해 은혜의 상태로부터 완전히 떨어질 정도로 죄를 짓지는 않는다. 내주하시는 성령님께서 마음에 심겨진 하나님의 말씀과 삶의 원리를 끊임없이 자극하시기 때문에 성도는 때때로 짓는 죄로부터 회개하며 하나님께로 돌아온다.

❹ 은혜 언약의 본질

제7장 사람과 맺으신 하나님의 언약 제3절은 "사람이 자신의 타락으로 행위 언약에 의해 스스로 생명을 얻을 수 없게 되었기 때문에, 주께서 보통 은혜 언약이라 불리는 둘째 언약을 맺으시기를 기뻐하셨다. 이 언약에서 주님은 죄인들에게 예수 그리스도에 의한 생명과 구원을 값없이 제공하셨는데, 이때 그들이 구원 받도록 그리스도에 대한 믿음을 그들에게 요구하셨으며 또한 생명에 이르도록 정해진 모든 이에게 자신의 성령을 주시어 그들로 하여금 믿기를 원하고 믿을 수 있도록 하시겠다고 약속하셨다."라고 말한다. 하나님께서 행위 언약 대신에 은혜 언약을 맺으신 이유는 죄인들이 타락에 의해 스스로 생명을 얻을 수가 없기 때문이다. 죄인들이 스스로 생명을 얻을 수 없기 때문에 하나님께서 생명 얻을 방법을 제공하셔야 하는데, 바로 예수 그리스도에 의한 생명과 구원을 값없이 제공하셨다. 하나님은 그 생명과 구원을 제공하시며 그리스도에 대한 믿음을 그들에게 요구하셨고, 동시에 그들이 타락으로 그리스도를 믿을 수 없으므로 하나님께서 선택된 자들에게 성령을 주시어 그들로 하여금 믿기를 원하고 믿을 수 있도록 하시겠다고 약속하셨다.

은혜 언약은 선택의 작정과 동떨어지지 않고, 선택의 작정 하에서 집행된다. 은혜 언약 또한 선택의 작정처럼 "생명으로 정해진 모든 이에게" 즉 선택된 이들을 주된 대상으로 한다. 그들을 향한 하나님의 뜻과 계획은 선택의 작정처럼 은혜 언약에서도 반드시 실행된다. 불변하신 하나님께서는 은혜 언약에서 선택된 자들에게 예수 그리스도에 의한 생명과 구원을 제공하시고, 성령님에 의해 그들로 그리스도를 믿고 그 생명과 구원을 받아들이게 하신다. 하나님께 실패가 있다면, 선택의 작정과 은혜 언약과 견인에도 실패가 있는 것이고, 하나님께 실패가 없다면 그것들도 실패가 없는 것이다.

지금까지 살펴본 것처럼 성도의 견인은 성도 자신의 자유 의지에 달려 있지 않고, 첫째로 하나님 아버지의 자유롭고 변함없는 사랑에서 흘러나오는 선택의 작정의 불변성에 달려있다. 둘째로 예수 그리스도의 공로와 간구의 효과성에 달려있는데, 이것은 선택의 작정에 따른 예수 그리스도의 사역이다. 셋째로 성령님과 하나님의 씨가 성도 안에 내주하심에 달려있는데, 이것은 예수 그리스도께서 획득하신 구원이 성령님에 의해 적용되는 것이다. 넷째로 은혜 언약의 본질에 달려있는데, 이것은 선택의 작정 그리고 성부와 성자와 성령의 사역을 종합한 것이다. 결론적으로 견인은 삼위일체 하나님께 달려있으므로 확실하고 무오할 수밖에 없다.

17.3

그럼에도 성도는 사탄과 세상의 유혹, 자신 안에 남아있는 부패의 만연, 자신을 보존하는 수단의 경시로 말미암아 심각한 죄에 빠질 수 있고,[g] 한동안 그 죄에 계속 머물러 있을 수 있다.[h] 이로 인해 그는 하나님의 노여움을 사며[i] 하나님의 성령을 근심하게 하고,[k] 은혜와 평안을 어느 정도 빼앗기게 되고,[l] 마음이 완고해지며[m] 양심에 상처를 입고,[n] 타인에게 아픔과 분노를 주고,[o] 자신에게는 현세의 심판을 불러온다.[p]

Nevertheless, they may, through the temptations of Satan and of the world, the prevalency of corruption remaining in them, and the neglect of the means of their preservation, fall into grievous sins;[g] and, for a time, continue therein:[h] whereby they incur God's displeasure,[i] and grieve his Holy Spirit,[k] come to be deprived of some measure of their graces and comforts,[l] have their hearts hardened,[m] and their consciences wounded,[n] hurt, and scandalize others,[o] and bring temporal judgments upon themselves.ᵖ

g 마 26:70, 72, 74   h 시 51편 표제, 51:14   i 사 64:5, 7, 9; 삼하 11:27   k 엡 4:30
l 시 51:8, 10, 12; 계 2:4; 아 5:2-4, 6   m 사 63:17; 막 6:52; 막 16:14
n 시 32:3-4; 시 51:8   o 삼하 12:14
p 시 89:31-32; 고전 11:32

3. 심각한 죄에 빠진 성도가 겪는 결과들

❶ 한동안 심각한 죄에 빠지는 성도

성도의 견인은 성도가 중생된 이후에 심각한 죄를 짓지 않는다는 것이 아니다. 성도는 은혜의 상태로부터 완전히도 최종적으로도 떨어져나갈 수 없기는 하지만, 한동안 심각한 죄에 빠질 수 있다. 이들이 한동안 심각한 죄에 빠지는 이유는 첫째로 외적 요인으로써 사탄과 세상의 유혹이다. 모세는 이방인과 혼인하지 말라고 하였는데, 이는 유대인과 결혼한 이방인이 유대인을 유혹하여 여호와를 떠나고 다른 신들을 섬기게 하기 때문이다ˢⁿ ⁷:⁴. 어떤 이는 말씀을 듣기는 하되 세상의 염려와 재물의 유혹과 기타 욕심이 들어와 말씀을 막아 결실하지 못하게 된다ᵐᵃᵏ ⁴:¹⁹. 예수님께서 잡히시던 날 밤에 감람산에서 제자들에게 "유혹에 빠지지 않게 기도하라"고ᴸᵘᵏ ²²:⁴⁰ 말씀하셨는데, 제자들은 이 말씀을 가볍게 여겼고, 그 유혹에 무너져 예수님을 놓고 모두 도망갔고, 특히 베드로는 예수님을 세 번이나 부인하였다. 바울은 에베소 교인들에게 사람의 속임수와 간사한 유혹에 빠져 온갖 교훈의 풍조에 밀려 요동하지 않도록 그리스도의 장성한 분량이 충만한 데까지 성장하라고 편지하였다ᵉᵖʰ ⁴:¹³⁻¹⁴. 이처럼 사탄과 세상의 유혹은 분명히 존재하여 성도들을 심각한 죄로 빠뜨린다.

성도가 한동안 심각한 죄에 빠지는 두 번째 이유는 내적 요인으로써 성도 안에 남아있는 부패의 만연이다. 사탄과 세상의 유혹이 성도에게 있을지라도 그가 그 유혹에 넘어가지 않는 거룩함을 유지한다면 죄에 빠질 일이 없다. 하지만 제13장 ˢᵃⁿᶜᵗⁱᶠⁱᶜᵃᵗⁱᵒⁿ 제2절이 말하는 것처럼 중생한 자에게도 부패의 일부 잔재들이 여전히 남아

있어서, 이로부터 계속적이며 화해할 수 없는 전쟁이 일어난다. 육체의 소욕은 성령을 거스르고 성령은 육체를 거스른다. 이 전쟁에서 성도는 때때로 패배하여 심각한 죄에 빠지는 것이다. 아브라함과 이삭이 아내를 누이라고 속인 것, 야곱의 얄팍한 꾀, 모세의 살인, 다윗의 간음과 살인교사, 솔로몬의 이방여인들과의 결혼, 베드로의 배신 등이 여기에 속한다.

성도가 한동안 심각한 죄에 빠지는 세 번째 이유는 성도가 자신을 보존하는 수단을 경시하는 것이다. 베드로는 대적 마귀가 우는 사자 같이 두루 다니며 삼킬 자를 찾으니 근신하고 깨어있으며, 믿음을 굳건하게 하여 그를 대적하라고 말한다 벧전 5:8-9. 제14장 구원하는 믿음 제1절이 말하는 것처럼 믿음의 증가와 강화는 말씀과 성례와 기도이다. 믿음을 굳건히 하려면 깨어서 말씀을 보고, 보이는 말씀인 성례에 참여하고, 기도해야 한다. 예수님은 겟세마네 동산에서 베드로에게 "시험에 들지 않게 깨어 있어 기도하라"고 눅 14:38 말씀하신 후에 땀이 피처럼 흘리며 기도하셨는데 베드로는 자고 있었다. 예수님은 같은 말씀을 세 번 하시며 기도하셨는데 베드로와 제자들은 그 때마다 자고 있었고, 얼마 후 베드로는 예수님을 세 번 부인하였다. 말씀과 기도를 무시하고 게을리 하는 것이 쌓이면 믿음이 약해지며 심각한 죄에 빠질 수 있는 것이다.

심각한 죄에 빠질 때에 한동안 심각한 죄의 상태에 지속하여 있을 수 있다. 다윗은 밧세바와 간음하고 그녀의 남편 우리야를 맹렬한 전쟁터에 보내어 죽인 후에 그 심각한 죄를 스스로 깨우치지 못하였다. 밧세바를 데려다 정식 아내로 삼으며 그녀가 낳은 아들을 기뻐하였다. 나단 선지자가 그를 찾아와 책망할 때에야 그는 회개하였다 시 51:14. 솔로몬은 많은 이방여인과 결혼하였는데 나이가 많을 때에 그 여인들로 말미암아 다른 신들을 따랐는데, 그 기간이 짧지 않았다. 따라서 우리는 주변의 신실한 성도가 심각한 죄에 한동안 빠져있다고 하여 그가 하나님을 완전히 배도하였다고 여기지 말고, 그가 그 죄에서 빠져나오도록 기도하여야 하고 말씀으로 권면하며 격려하여야 한다. 사람들은 어떤 성도가 자신의 입과 행동으로 완전한 배도를 표현하기 전까지 그를 배도자라고 단정할 능력과 자격이 없다. 대신 그 성도가 심각한 죄에서 벗어나도록 기도하고 권면하고 격려할 뿐만 아니라, 실제의 어려움을 해결하도록 실질적인 도움을 주어야 한다.

❷ 심각한 죄가 가져오는 결과들

성도가 짓는 심각한 죄는 첫째로 하나님의 노여움을 사며, 하나님의 성령을 근심하게 한다. 성도의 범죄에 주께서는 진노하시고 분노하시며, 성도에게 얼굴을 숨기신다사 64:5, 7, 9. 다윗은 밧세바의 남편 우리야의 장례가 끝나자 사람을 보내어 밧세바를 왕궁으로 데려와 아내로 삼았고, 그녀는 다윗에게 아들을 낳았다. 하나님께서는 다윗이 행한 그 일을 악하게 보셨고 기뻐하지 않으셨다삼하 11:27. 이사야 선지자는 이스라엘 백성이 반역하여 주의 성령을 근심하게 하였다고 말한다사 63:10. 바울은 여러 죄를 나열한 이후에 "하나님의 성령을 근심하게 하지 말라"고엡 4:30 말한다. 우리를 위하여 말할 수 없는 탄식으로 우리를 위하여 친히 간구하시는롬 8:26 성령 하나님은 우리가 심각한 죄를 지을 때에 크게 근심하시는 것이다.

둘째로 성도의 은혜와 평안을 완전히는 아니지만 어느 정도 빼앗아간다. 다윗은 밧세바와의 간음에 대하여 나단 선지자에게 책망을 받았을 때에 "내게 즐겁고 기쁜 소리를 들려 주시사 주께서 꺾으신 뼈들도 즐거워하게 하소서 … 하나님이여 내 속에 정한 마음을 창조하시고 내 안에 정직한 영을 새롭게 하소서 … 주의 구원의 즐거움을 내게 회복시켜 주시고 자원하는 심령을 주사 나를 붙드소서"라고시 51:8, 10, 12 간구하였다. 이것은 다윗이 심각한 죄로 즐겁고 기쁜 소리를 잃었다는 것이고, 자신의 뼈들이 꺾임을 당하였다는 것이고, 정한 마음과 정직한 영이 손상되었다는 것이고, 구원의 즐거워함과 자원하는 심령이 약해졌다는 것이다. 베드로가 예수님을 세 번 부인하였을 때에 닭이 곧 울었고, 그는 괴로워 밖에 나가서 심히 통곡하였다눅 22:62. 이렇게 심각한 죄는 은혜와 평안을 어느 정도 빼앗아간다.

셋째로 마음은 완고해지며 양심은 상처를 입는다. 다윗은 밧세바와 간음한 후에 오히려 마음이 완고해져 그녀의 남편을 맹렬한 전쟁터에 보내어 죽게 하였다. 이사야 선지자는 여호와께서 어찌하여 자신들의 마음을 완고하게 하시어 주를 경외하지 않게 하시는가라고 탄식하였다〈사 63:17〉. 히브리서 기자는 "오직 오늘이라 일컫는 동안에 매일 피차 권면하여 너희 중에 누구든지 죄의 유혹으로 완고하게 되지 않도록 하라"고〈히 3:13〉 말한다. 다윗은 죄를 지었을 때에 종일 신음하며 자신의 뼈가 쇠하였고, 주의 손이 주야로 자신을 누르시므로 자신의 진액이 빠져서 여름 가뭄에 마름 같이 되었다고 말한다〈시 32:3-4〉. 베드로가 밖에 나가서 심히 통곡한 것도 다윗과 같은 상처를 느꼈기 때문이리라.

넷째로 타인에게 아픔과 분노를 준다. 나단 선지자는 범죄한 다윗에게 "이 일로 말미암아 여호와의 원수가 크게 비방할 거리를 얻게 하였으니 당신이 낳은 아이가 반드시 죽으리이다"고〈삼하 12:14〉 말하였다. 성도의 심각한 죄를 지켜보는 다른 신실한 성도들은 얼마나 놀라며 분노하겠으며 그 마음은 얼마나 아프겠는가? 많은 백성이 다윗 왕이 어찌 이럴 수 있느냐며 크게 놀랐고, 분노하였다. 바울은 베드로의 외식이 유대인과 이방인에게 악영향을 끼치고 그들의 마음을 아프게 하였을 때에 이를 바로 잡고자 베드로를 대면하여 책망하였다〈갈 2:11-14〉. 성도의 심각한 죄는 그것을 지켜보는 타인에게 여러모로 악영향을 끼치는 것이다.

다섯째로 성도 자신에게 현세의 심판을 불러온다. 하나님께서는 성도가 율례와 계명을 깨뜨리고 지키지 아니하면 회초리와 채찍으로 그의 죄를 다스리시고 벌하신다고 말씀하신다〈시 89:31-32〉. 다윗은 간음의 죄로 말미암아 칼이 그의 집에서 영원토록 떠나지 아니하였고, 그의 집에 재앙이 일어났고, 그의 눈앞에서 그의 아내를 빼앗겼고, 밧세바가 낳은 아들이 죽는 심판을 당하였다〈삼하 12:10-14〉. 솔로몬은 이방의 많은 여인과 결혼한 죄에 대하여 그의 아들 르호보암 때에 열 지파를 여로보암에게 빼앗기며 나라가 두 개로 분열되는 심판을 당하였다.

❸ 게으름과 범죄를 초래하지 않는 견인 교리

성도가 짓는 심각한 죄가 위에처럼 크게 5가지의 안 좋은 결과를 가져온다는 것은 성도의 견인 교리가 결코 성도로 하여금 게으름과 범죄에 빠지게 하지 않는다는 것을 나타낸다. 견인 교리는 성도로 하여금 심각한 죄를 지어도 은혜의 상태로부터 최종적으로 떨어져나가지 않고, 구원될 것이라는 잘못된 안전의식을 심어준다는 반론이 있다. 하지만 위와 같은 심각한 결과들이 따르는데 참된 신자라면 누가 의도적으로 심각한 죄를 지으려고 하겠는가? 참된 신자는 사탄과 세상의 유혹, 남아있는 부패의 만연, 그리고 보존을 위한 수단의 무시로 심각한 죄를 지을 수 있지만, 다윗과 베드로처럼 회개하고 그 이후에 더 거룩한 삶을 위하여 정진한다. 오히려 견인 교리는 참된 신자에게 죄를 지었을 때에 하나님의 사랑과 신실함을 기억하며 빨리 죄를 뉘우치고 하나님께로 돌아오게 한다. 성화 교리가 성도로 하여금 나태함과 방종에 빠지게 하지 않고, 오히려 더 거룩하게 살려는 동기와 노력을 제공하듯, 견인 교리 또한 은혜의 상태에서 확실히 끝까지 견뎌내도록 동기와 노력을 제공한다. 거짓된 성도에게는 견인 교리가 게으름과 범죄의 이유가 되지만, 참된 성도에게는 범죄 시 회개의 동기가 되고, 거룩한 삶을 위한 정진의 이유가 된다.

참된 믿음의 성도는 죄의 유혹을 받고 한때 죄에 빠지기는 하지만, 죄 자체를 사랑하거나 육신의 안락함을 즐기지는 않는다. 범죄 후 어느 정도 시간이 흐르면 하나님께 너무 죄송하고 부끄러워 고개를 들지 못한다. 참된 믿음의 성도는 비록 죄를 짓지만 경건과 거룩함을 사랑한다. 참된 성도는 내주하시는 성령의 일하심을 인하여 몸과 영혼이 거룩함을 좋아하고 지향하기 때문에 경건을 향하여 열심을 내는 존재이다. 육신의 안락함에 때로 유혹을 받지만, 기본적으로 하나님의 거룩함을 추구한다. 이러한 성도에게 견인 교리는 큰 위로가 되고 자신의 구원에 대한 확신을 갖게 하여, 위로와 평안과 기쁨과 감사 속에서 경건을 더욱 실천하게 하지, 절대로 육신의 안락함에 빠지게 하지 않는다. 도르트 신경 제4장 제12절은 "이 견인의 확신은 참된 신자들을 거만하고 육신적으로 안일하게 하는 것은 결코 아니고, 반대로 겸손, 아이 같은 공경, 참된 경건, 모든 싸움에서의 인내, 열정어린 기도, 십자가를 견실하게 지고 진실을 견실하게 고백함, 하나님 안에서의 견고한 기쁨의 참된 원천이 된다. 그리고 이런 유익을 생각해보는 것은 진지하고 꾸준하게 감사하는 데, 그리고 선한 일들을 실천하는 데 자극이 된다. 이것은 성경의 증거들과 성도의 예들로부터 명백하다."고 말한다.

유아 세례를 받은 자나 한동안 열심히 교회를 다닌 자는 중간에 신앙을 버려도 다시 믿게 된다는 말이 항상 성립하는 것은 아니다. 성도의 견인 교리가 이것을 의미하는 것은 아니다. 유대인들은 예수님 당시에 자신들이 아브라함의 자손이라는 확신을 갖고서 "우리가 아브라함의 자손이라 남의 종이 된 적이 없거늘 어찌하여 우리가 자유롭게 되리라 하느냐?"고 요 8:31-33 예수님께 물었다. 예수님은 이들에게 "너희가 아브라함의 자손이면 아브라함이 행한 일들을 할 것이거늘 지금 하나님께 들은 진리를 너희에게 말한 사람인 나를 죽이려 하는도다 아브라함은 이렇게 하지 아니하였느니라"고 요 8:39-40 대답하셨다. 아브라함의 물리적 혈통이 중요하지 않고, 아브라함과 같은 믿음과 행함이 중요하다고 가르치신 것이다. 이렇듯 유아 세례를 받은 자와 열심히 교회를 다닌 자가 진정으로 믿음을 가진 자라면 한동안 신앙생활을 하지 않더라도 때가 되면 다시 신앙생활을 하게 되지만, 유아 세례를 받고 한동안 교회생활을 한 자가 부모의 결정과 간섭 때문에 한 것이라면 다시 신앙생활을 한다는 보장이 없다. 마찬가지로 한 때 열심히 교회를 다니며 봉사활동을 열심히 했을지라도 참된 믿음이 아니라 일시적 믿음으로 한 것이라면 역시 그 신앙생활이 오래 가지 못하고 중단된다. 따라서 견인 교리는 외형적으로 신앙생활을 한 때 했던 자들이 교회를 떠날지라도 다시 교회에 돌아와 신앙생활을 한다는 것을 의미하지 않고, 오직 참된 믿음으로 신앙생활을 했던 자들이 한동안 교회를 떠나 방황할지라도 때가 되면 다시 신앙생활을 하게 된다는 것을 의미한다.

❹ 성도의 견인 교리의 현실적 의미

성도는 사탄과 세상의 유혹, 남아있는 부패의 만연 때문에 자신의 힘에 맡겨진다면 하나님의 은혜에 계속해서 서 있을 수 없는데, 신실하신 하나님께서 그를 자비롭게 확증하시고, 끝까지 보존하신다는 성도의 견인 교리는 성도에게 많은 위로와 격려를 준다. 특히 성도가 다윗처럼 간음과 살인교사라는 심각한 죄를 지었을 때에도 하나님께서 은혜를 거두시지 않을 것이라는 확신을 갖게 된다. 만약에 가룟 유다에게 이러한 느낌과 확신이 있었다면 그는 자살 대신에 회개하며 예수님께로 돌아섰을 것이다.

성도의 견인 교리는 자기 자신만이 아니라 타인의 죄와 방황에 대해서도 오래 참으며 격려하고 권면하게 한다. 심각한 죄를 지은 성도일지라도 그가 하나님의 택하신 자라면 그는 다윗과 베드로처럼 회개하고 돌아올 것이기 때문에, 그 안에서 내주하시며 일하시는 성령 하나님을 바라본다. 그에게 말씀으로 훈계하고 권면하는 노력을 하면서 하나님의 은혜가 임하길 간절히 기도하게 된다.

성도의 견인 교리는 성도가 죄를 짓지 않는다고 말하는 것이 아니라, 죄를 짓지만 하나님의 은혜로 회개하며 하나님께 나아간다고 말한다. 바다를 항해하는 큰 여객선은 파도가 치고 강한 바람이 불면 흔들거리고, 배 안의 사람들은 넘어지고 토하기도 하지만 배 밖으로 떨어지지 않는다. 그런데 배가 파선되거나 전복되는 비율은 높지 않지만 전혀 없는 것은 아니다.

하지만 하나님의 구원 방주에 탄 성도에게는 절대로 파선이나 전복이 없다. 어떤 강력한 사탄과 세상의 유혹일지라도 하나님의 구원 방주는 거뜬하게 막아낸다. 노아의 방주는 40일 동안 내린 비로 말미암은 강한 파도와 바람을 이겨냈다. 성도는 사탄과 세상의 유혹이라는 파도와 강풍에 노출되지만, 그가 하나님의 보이지 않는 방주 속에 있기 때문에 간혹 넘어지고 심각하게 쓰러질지라도 하나님께서 안전하게 그 배를 목적지까지 항해하신다. 성도는 죄의 유혹과 맞서 싸우며 하나님 앞에서 겸손해지고, 육신을 점점 더 죽이고, 거룩함으로 점점 더 성장한다. 신자의 공로나 능력이 아니라 삼위 하나님의 자비에 의해 신자가 끝까지 보존됨을 도르트 신경 제4장 제8절은 이렇게 말한다. "그들 자신의 공로나 능력이 아니라 하나님의 값없는 자비를 인하여 그들은 믿음과 은혜에서 완전히 떨어지지 않고, 타락에 최종적으로 머물거나 사라지지 않는 것이다. 그들 자신에 대해서는 이런 것이 쉽게 발생할 수 있을 뿐만 아니라, 확실히 발생한다. 그러나 하나님에 대해서는 전적으로 발생할 수 없다. 왜냐하면 그분의 계획은 변할 수 없고, 약속은 실패할 수 없고, 목적에 따른 부르심은 철회될 수 없고, 그리스도의 공로와 중보와 보존은 무효로 포기될 수 없고, 성령의 인침은 무효화되거나 파기될 수 없기 때문이다."

Of the Assurance of Grace and Salvation

제18장 은혜와 구원의 확신

18.1

위선자들과 다른 비중생자들이 하나님의 은총과 구원을 받은 상태에 있는 양 거짓된 소망과 육적인 추정으로 자신들을 헛되이 속일 수 있지만,**a** 이러한 그들의 소망은 사라지고 만다.**b** 그러나 주 예수 앞에서 지극히 선한 양심으로 행하려고 노력하면서 그분을 참되게 믿고 진심으로 사랑하는 자들은 자신들이 은혜의 상태에 있음을 이 생애에서 확실하게 확신할 수 있고,**c** 하나님의 영광을 소망하는 가운데 기뻐할 수 있다. 이 소망은 결코 그들을 부끄럽게 하지 않는다.**d**

Although hypocrites and other unregenerate men may vainly deceive themselves with false hopes, and carnal presumptions of being in the favor of God, and estate of salvation;**a** which hope of theirs shall perish:**b** yet such as truly believe in the Lord Jesus, and love him in sincerity, endeavoring to walk in all good conscience before him, may, in this life, be certainly assured that they are in a state of grace,**c** and may rejoice in the hope of the glory of God, which hope shall never make them ashamed.**d**

a 욥 8:13-14; 미 3:11; 신 29:19; 요 8:41   b 마 7:22-23
c 요일 2:3; 요일 3:14, 18-19, 21, 24; 요일 5:13   d 롬 5:2, 5

1. 은혜의 상태에 있음에 대한 확신

　성도의 견인을 다루는 제17장 제1절은 중생자가 은혜의 상태로부터 완전히도 최종적으로도 떨어져나갈 수 없다고 말한다. 은혜와 구원의 확신을 다루는 제18장은 중생자가 자신이 이러한 은혜의 상태에 있음을 이 생애에서 확실하게 확신할 수 있는지 여부를 다룬다. 즉, 제17장이 중생자가 은혜의 상태에서 확실히 끝까지 견뎌낸다는 것을 다룬다면, 제18장은 중생자가 자신이 이러한 은혜의 상태에 있음을 확신하고 있음을 다룬다. 제17장과 제18장을 종합하면 성도의 견인에 있는 신자는 자신의 견인을 확신하며 그 길을 성공적으로 걸어간다는 것이다.
　높은 산을 등정하고 하산하는 등산가가 심한 눈보라를 맞이하였다고 하자. 그는 한치 앞을 볼 수 없었고, 한 발자국을 전진하기도 힘든 상황이었다. 그럼에도 그는 강한 체력과 의지로 포기하지 않고 한 발자국씩 전진하였다. 그는 안전하게 하산할 수 있을까? 그리고 그는 하산의 성공에 대해 확신할 수 있을까? 첫째로, 그가 강한 체력과 의지를 갖지 않았음에도 거짓으로 가진 척 하면서 자신의 능력을 벗어나는 높은 험한 산을 등정하였다면 그는 어떻게 오르는 것은 성공하였을지 모르지만 내려오는 길은 실패하기 쉽다. 강한 눈보라에 체력이 소진되고 의지마저 꺾이며 목숨이 위태롭게 된다. 둘째로, 그가 하산에 성공하고 남을 강한 체력을 가졌을 뿐만 아니라 날씨도 점점 좋아짐에도 불구하고, 그가 자신의 체력과 의지를 믿지 못할 뿐만 아니라 자꾸만 날씨와 환경 등에 대한 부정적 사고에 빠진다면, 그는 성공할 수 있는 체력과 날씨라는 환경 하에서도 내적인 불안과 염려를 인하여 실패하기 쉽다. 셋째로, 그는 현재 강한 눈보라로 하산하는 데 큰 어려움을 겪고 있지만 하나님께서 자신과 함께 하시어 자신에게 하산할 수 있는 체력과 의지를 주실 뿐만 아니라 날씨도 점차 양호하게 변할 것이란 확신 속에서 눈보라를 뚫고 전진한다면 하산에 성공하기 쉽다. 잠시 후 좋아지는 날씨를 보며 더욱 강한 확신을 가지며 힘차게 전진하여 끝내 성공한다. 제17장과 제18장은 위의 셋째 경우가 중생자의 삶이라고 말한다. 중생자는 견인에 성공할 뿐만 아니라, 자신이 은혜와 구원을 받은 상태에 있음을 확신하는 것이다.

위선자와 비중생자는 자신들이 하나님의 은혜와 구원을 받은 상태에 있는 양 자신들과 남들을 속일 수 있다. 이러한 소망 속에서 인생을 사는 것처럼 행동할 수 있고, 다른 신실한 신자들의 신앙생활 모습을 자신들 나름대로 추정하여 흉내 낼 수 있다. 하지만 거짓 소망과 육적인 추정에 의한 신앙생활은 거짓과 허점을 드러내기 마련이다. 설령 주변 사람들을 내내 속일 수 있을지라도 자신들의 깊은 양심까지 속일 수는 없다. 결정적으로 이들은 자신의 욕망과 신앙이 서로 대치될 때에 신앙과 경건 대신에 자신들의 사적 욕망과 이익을 선택한다. 야곱의 우두머리들과 이스라엘 족속의 통치자들은 뇌물을 위하여 재판하였으며, 그들의 제사장은 삯을 위하여 교훈하였으며, 그들의 선지자는 돈을 위하여 점을 쳤으면서도 "여호와께서 우리 중에 계시지 아니하냐 재앙이 우리에게 임하지 아니하리라"고 여호와를 의뢰하는 척 하였다^{미 3:11}. 이런 자들의 길은 일찍이 마르는 새 순 같고, 물 없는 데서 크게 자라지 못하는 갈대와 같다. 이들이 믿는 것은 끊어지기 마련이고 그들이 의지하는 것은 거미줄과 같다^{욥 8:11-14}. 위선자와 비중생자는 처음에는 자신들의 신앙이 거짓임을 알고 있지만, 그 거짓된 신앙으로 여러 이익을 보게 되면서 계속 위선의 행세를 하다보면 자신들이 참된 신앙의 소유자인 것으로 자신들마저 속이게 된다. 이들은 대심판 날 엄중한 판결을 받을 때에 "주여 주여 우리가 주의 이름으로 선지자 노릇 하며 주의 이름으로 귀신을 쫓아 내며 주의 이름으로 많은 권능을 행하지 아니하였나이까?"라고 반문하겠지만 주님은 그들에게 "내가 너희를 도무지 알지 못하니 불법을 행하는 자들아 내게서 떠나가라"고^{마 7:22-23} 말씀하신다. 그들의 소망은 반드시 사라지게 되어 있다.

그러나 주 예수를 참되게 믿고 진심으로 사랑하는 자들은 그 앞에서 지극히 선한 양심으로 행하려고 노력하면서 자신들이 은혜의 상태에 있음을 이 생애에서 확실하게 확신할 수 있다. 주 예수를 참되게 믿고 진심으로 사랑한다는 것은 먼저 주 예수께서 자신들을 진심으로 사랑하신다는 것을 체험하였다는 것이다. 사람들이 하나님으로부터 먼저 사랑을 받지 않고, 어떻게 하나님을 먼저 사랑할 수 있단 말인가? 사람들은 절대로 먼저 하나님을 사랑하지 않는다. 하나님으로부터 사랑을 먼저 받은 자들이 사랑을 알게 되고, 받은 사랑에 대한 반응으로 하나님을 사랑하고 이웃을 사랑하게 된다. 사람들은 하나님께서 자신들을 사랑하신다는 것을 깨닫는 만큼 하나님을 사랑하고 이웃을 사랑하지, 사랑을 받아보지도 않은 채 하나님을 사랑할 수 없다. "사랑은 여기 있으니 우리가 하나님을 사랑한 것이 아니요 하나님이 우리를 사랑하사 우리 죄를 속하기 위하여 화목 제물로 그 아들을 보내셨음이라 사랑하는 자들아 하나님이 이같이 우리를 사랑하셨은즉 우리도 서로 사랑하는 것이 마땅하도다"요일 4:10-11.

이런 자들은 주 예수 앞에서 지극히 선한 양심으로 행하려고 노력하면서 자신들이 은혜의 상태에 있음을 확신한다. 그들은 자신들이 선한 양심으로 행하는 것을 볼 때에 자신들이 주 예수를 인하여 선한 자로 변하였기 때문에 하나님을 사랑하는 마음으로 선한 행동을 하는 것임을 확인하게 된다. 자신들이 주 예수를 사랑하여 그의 계명도 기뻐하는 마음으로 선행을 하는 것임을 알기 때문에, 자신들이 은혜의 상태에 있음을 확신하게 된다. "우리가 그의 계명을 지키면 이로써 우리가 그를 아는 줄로 알 것이요"요일 2:3. "자녀들아 우리가 말과 혀로만 사랑하지 말고 행함과 진실함으로 하자 이로써 우리가 진리에 속한 줄을 알고 또 우리 마음을 주 앞에서 굳세게 하리니"요일 3:18-19. 물론 선한 양심으로 행하려고 노력하는 자들도 사탄과 세상의 유혹 그리고 남은 부패로 말미암아 죄를 지을 수 있지만, 선한 양심으로 행하려는 자세를 기본적으로 갖고 있기 때문에 이른 시간에 자신들의 죄를 크게 부끄러워하며 하나님께 회개한다. 하나님께서 자신들의 죄를 용서하여 주시고 계속 자신들을 자녀로 삼아주실 것을 믿기 때문에 기꺼이 회개하며 하나님께로 돌아와 다시 선한 양심으로 행하려고 노력한다.

하나님의 사랑을 받아서 하나님을 알고 사랑하는 자들은 은혜와 구원의 확신을 가질 뿐만 아니라, 앞으로 자신들에게 주어질 하나님의 영광을 소망하는 가운데 기뻐한다. 부모의 사랑을 크게 받으며 그 품안에서 평안과 돌봄을 누리는 자녀는 부모가 앞으로도 계속하여 자신을 사랑할 것임을 확신하는 것과 같다. 그런데 육신의 부모는 자녀의 이러한 소망을 때때로 배신한다. 육신의 부모는 자녀의 소망과 달리 병과 사고로 일찍 죽어 자녀를 끝까지 사랑하지 못하거나, 자녀에 대한 사랑이 식으며 학대로 변할 수 있다. 실제로 육신의 부모가 자녀를 학대하고 버렸다는 뉴스가 종종 들린다. 하지만, 하늘의 아버지는 불변하시고 신실하시기 때문에 자녀들에 대한 사랑이 식지 않으시고, 전능하시기 때문에 무능력으로 자녀들을 사랑하지 못하거나 지키지 못하는 상황에 빠지시지도 않는다. "또한 그로 말미암아 우리가 믿음으로 서 있는 이 은혜에 들어감을 얻었으며 하나님의 영광을 바라고 즐거워하느니라 소망이 우리를 부끄럽게 하지 아니함은 우리에게 주신 성령으로 말미암아 하나님의 사랑이 우리 마음에 부은 바 됨이니" 롬 5:2, 5.

18.2

이러한 확실성은 틀릴 수 있는 소망에 근거를 둔 단지 추측에 의한 있음직한 신념이 아니라,e 믿음에서 나오는 틀림없는 확신이다. 이 확신의 근거는 구원의 약속들이 갖는 신적인 진실성,f 이 약속들을 성취하는 은혜의 내적 증거,g 그리고 우리가 하나님의 자녀라고 우리의 영과 더불어 증언하시는 양자의 영의 증언이다.h 이 영께서는 우리 기업의 보증이신데, 그 안에서 우리는 구속의 날까지 인치심을 받는다.i

This certainty is not a bare conjectural and probable persuasion, grounded upon a fallible hope;e but an infallible assurance of faith, founded upon the divine truth of the promises of salvation,f the inward evidence of those graces unto which these promises are made,g the testimony of the Spirit of adoption witnessing with our spirits that we are the children of God;h which Spirit is the earnest of our inheritance, whereby we are sealed to the day of redemption.i

e 히 6:11, 19   f 히 6:17-18   g 벧후 1:4-5, 10-11; 요일 2:3; 요일 3:14; 고후 1:12

h 롬 8:15-16   i 엡 1:13-14; 엡 4:30; 고후 1:21-22

2. 믿음으로 인한 확신의 근거

제18장 제2절은 참된 중생자가 은혜와 구원에 대한 확신할 수 있는 근거들에 대하여 다루는데, 로마 가톨릭은 이러한 확신을 가질 수 없다고 주장한다. 그들은 트렌트 공의회 제6회기에서 채택한 의화에 관한 교령에서 아래처럼 주장한다.

* 의화에 관한 교령 제9장 이단자들의 헛된 믿음을 거슬러
그렇지만 진정으로 의화한 자들은 자신의 의화를 조금의 의혹도 없이 내적으로 확신해야 한다고 주장해서도 안 된다. … 사실 그 누구도 어떤 착오도 없는 신앙의 확신을 가지고 자신이 하느님의 은총을 차지했다는 것을 알 수는 없다.

* 의화에 관한 교령 제12장 예정설에 관한 무분별한 추정을 피해야 함
아울러 그 누구도 … 자신이 예정된 자들의 수에 포함되어 있다고 확신을 갖는 식으로 신적 예정의 숨겨진 신비에 관해 추정해서는 안 된다. 왜냐하면 특별한 계시를 제외하고는, 하느님께서 누구를 선발하셨는지 알 수 없기 때문이다.

* 의화에 관한 교령 제13장 항구함의 은총
비슷한 관점에서, 인내의 은총에 관해 다음과 같이 쓰여 있다. "끝까지 참는 사람은 구원을 받을 것이다." (그리고 과연 그 은총은 서 있는 자를 계속 서 있게 하고 넘어진 자를 다시 일어나게 하는 힘을 가지신 분께서 주시지 않으면 받을 수 없는 것이다). 모두가 하느님의 도우심에 대해 확고한 희망을 간직하고 거기에 의존해야 하지만, 그렇다고 해서 절대적인 확신을 가지고 자신에게 일정한 결실이 보장된다고 믿는 일이 그 누구에게도 없도록 해야 한다.

* 의화에 관한 법규 15
만일 누가 거듭나고 의화한 인간은 자신이 예정된 자들의 수에 확실히 속해 있다는 것을 신앙의 내용으로 믿어야 한다고 주장한다면, 그는 파문받아야 한다.

* 의화에 관한 법규 16
만일 누가 절대적이고 틀림없는 확신을 가지고, 자신은 끝까지 참아내게 하는 그 위대한 은총을 확실하게 갖게 될 것이라고 주장한다면, 특별한 계시에 의해서 그것을 알게 되는 경우가 아닌 한, 그는 파문받아야 한다.

위의 내용을 두 가지로 정리할 수 있다. 로마 가톨릭 신자들은 특별한 계시를 제외하고는 첫째로 자신들이 예정된 자들의 수에 포함되어 있다는 확신을 가질 수 없고, 둘째로 자신들이 끝까지 참아내게 하는 은총을 확실하게 갖는다는 확신을 가질 수 없다는 것이다. 이들이 말하는 확실성은 틀릴 수 있는 소망에 근거를 둔 단지 추측에 의한 있음직한 신념에 지나지 않는다. 로마 가톨릭은 제17장의 성도의 견인과 제18장의 은혜와 구원의 확신이 말하는 교리를 거부하는 것이고, 이것은 예정에 대하여 우리와 다르게 생각하기 때문이다. 우리는 제3장 하나님의 영원한 작정 제5절이 말하는 것처럼 하나님께서 인류 중 생명에 이르도록 예정된 사람들을 자신의 순전히 값없는 은혜와 사랑으로 말미암아 선택하신다고 믿는데 반해, 그들은 하나님께서 신자들의 믿음이나, 선행이나, 믿음과 선행에 대한 견인을 미리 보심으로써 선택하신다고 보기 때문이다. 따라서 그들의 주장에 따르면 신자들은 현재 아무리 강한 믿음을 가질지라도 내일 그 믿음이 약해지거나 없어지면 구원을 받은 자가 되지 못하므로, 신자들은 어떠한 상황과 순간에서도 은혜와 구원에 대하여 확신할 수 없다.

아르미니우스주의도 로마 가톨릭과 거의 같은 주장을 한다. 아르미니우스주의의 항론파는 도르트 총회에서 하나님의 선택과 유기 교리에 대하여 "영광에 이르는 불변의 선택에 대한 열매와 인식과 확신이 이 생애에서는 없고, 있다면 변하고 우연적인 조건으로부터 있다."항론파의 잘못된 주장 제7절라고 주장하였다. 이에 대하여 도르트 총대들은 "불확실한 확신을 설정하는 것은 어리석을 뿐만 아니라, 성도들의 경험에도 어긋난다. 성도들은 자신들의 선택에 대한 인식으로 말미암아 사도와 함께 기뻐하고, 하나님의 은혜를 찬양하고, 기뻐하고, 결국 선택의 인식으로 마귀들의 유혹의 불화살을 누가 능히 하나님께서 택하신 자들을 고발하리요?롬 8:33라고 물으며 저항한다."라고 대답하였다. 항론파는 성도의 견인 교리에 대하여도 "누구도 미래의 견인에 대한 확신을 이 생애에서는 특별한 계시 없이는 가질 수 없다."항론파의 잘못된 주장 제5절고 틀린 주장을 하였다. 이에 대하여 도르트 총대들은 "이 가르침 때문에 참된 신자들의 견고한 위로는 이 생애에서 빼앗기게 되고, 교황주의자들의 의심은 교회로 다시 들어오게 된다. 거룩한 성경은 도처에서 이 확신을 특별하고 비범한 계시로부터가 아니라, 하나님의 자녀들에게 적합한 표지들과 하나님의 가장 변함없으신 약속으로부터 이끌어낸다."라고 대답하였다.

로마 가톨릭과 아르미니우스주의가 얼마나 유사한 주장을 하는지 모른다. 이 것은 그들 양자가 죄를 지은 사람들이 전적으로 부패하였다고 보지 않아 사람들에게 자유 의지에 의한 선택의 가능성을 부여하기 때문이고, 따라서 사람 스스로 자신의 결정에 따라 하나님의 구원 사역에 협력할 수 있다고 여기기 때문이다. 이제부터 참된 중생자가 은혜와 구원에 대해 확신할 수 있는 근거들을 하나씩 살펴보자.

❶ 구원의 약속들이 갖는 신적인 진실성

하나님의 진리인 성경은 많은 곳에서 예수 그리스도에 의한 신자들의 구원에 대하여 말하고 있다. 또한 그 구원이 흔들리지 않는다고 다음처럼 여러 곳에서 말한다. "너희 안에서 착한 일을 시작하신 이가 그리스도 예수의 날까지 이루실 줄을 우리는 확신하노라"빌 1:6. "내가 그들에게 영생을 주노니 영원히 멸망하지 아니할 것이요 또 그들을 내 손에서 빼앗을 자가 없느니라"요 10:28. "너희는 말세에 나타내기로 예비하신 구원을 얻기 위하여 믿음으로 말미암아 하나님의 능력으로 보호하심을 받았느니라"벧전 1:5. 신실하신 하나님께서 한 번 택하시어 구원하신 자들을 끝까지 지키신다는 약속들을 하셨는데 어찌 그 약속들이 흔들릴 수 있겠는가? 하나님께서는 약속을 기업으로 받는 자들에게 그 뜻이 변하지 아니함을 충분히 나타내시려고 그 일을 맹세로 보증까지 하셨다. 이는 하나님께서 거짓말을 하실 수 없는 변하지 못할 사실로 말미암아 앞에 있는 소망을 얻으려고 피난처를 찾는 신자들에게 큰 안위를 받게 하려 하심이다. 신자들이 이 소망을 갖는 것은 영혼의 닻 같아서 튼튼하고 견고하다 히 6:13-19. 은혜와 구원에 대한 신자들의 확신은 절대로 사람들이 만든 가공의 이론이 아니라 이에 대한 하나님의 진리의 말씀에 근거를 둔다.

❷ 이 약속들을 성취하는 은혜의 내적 증거

하나님께서 구원의 약속들을 신자들에게 말씀하실 때에 단순히 말씀만 하시지 않고, 그들로 하나님의 말씀을 행하도록 은혜를 주신다. 신자들은 이 은혜에 의해 구원의 약속들을 행하면서 자신들이 은혜의 상태에 있음을 확신하게 된다. 베드로는 하나님께서 주신 약속으로 말미암아 신자들이 신성한 성품에 참여하는 자가 되고, 신자들이 그들의 부르심과 택하심을 굳게 하면 실족하지 아니하게 되고, 하나님께서 그리스도의 영원한 나라에 들어감을 넉넉히 주신다고 말한다 벧후 1:4-5, 10-11. 사도 요한은 우리가 하나님의 계명을 지키면 이로써 우리가 하나님을 아는 줄로 알게 된다고 요일 2:3 말하는데 이것이 은혜로 가능하다. 우리가 하나님이 주시는 은혜로 말미암아 형제를 사랑함으로써 사망에서 옮겨 생명으로 들어간 줄을 알게 된다 요일 3:14. 생명으로 들어간 줄을 알게 된다는 것은 구원의 확신을 갖게 된다는 것이다. 바울은 고린도교인들에 대하여 하나님의 거룩함과 진실함으로 행하는데, 이는 육체의 지혜로 하지 아니하고 하나님의 은혜로 행한 것이라고 말한다 고후 1:12. 성경 말씀들을 요약하면 첫째로 신자들은 하나님께서 주시는 은혜로 하나님의 구원의 약속들을 행하고, 둘째로 신자들은 그 은혜로 구원의 약속들의 행함을 통해 자신들이 하나님의 은혜의 상태에 있음을 확신한다.

❸ 양자의 영의 증언

성령께서 우리 안에 계셔서 우리의 구원의 보증이 되시고, 이에 의해 우리가 구속의 날까지 인침을 받은 것에 대하여 성경은 여러 곳에서 아래처럼 말한다. 우리 안에 내주하시는 성령 하나님께서 우리가 하나님의 자녀라고 우리의 영과 더불어 증언하시는데 롬 8:15-16 우리가 어찌 은혜의 상태에 있음을 확신하지 못하겠는가? 그 성령께서는 우리의 구속의 날까지 인치시므로 우리는 이 땅에 거주하는 동안 은혜와 구원에 대하여 확신할 수 있다.

고후 1:21-22	우리를 너희와 함께 그리스도 안에서 굳건하게 하시고 우리에게 기름을 부으신 이는 하나님이시니 22 그가 또한 우리에게 인치시고 보증으로 우리 마음에 성령을 주셨느니라
고후 5:5	곧 이것을 우리에게 이루게 하시고 보증으로 성령을 우리에게 주신 이는 하나님이시니라
엡 1:13-14	그 안에서 너희도 진리의 말씀 곧 너희의 구원의 복음을 듣고 그 안에서 또한 믿어 약속의 성령으로 인치심을 받았으니 14 이는 우리 기업의 보증이 되사 그 얻으신 것을 속량하시고 그의 영광을 찬송하게 하려 하심이라
엡 4:30	하나님의 성령을 근심하게 하지 말라 그 안에서 너희가 구원의 날까지 인치심을 받았느니라
요일 2:27	너희는 주께 받은 바 기름 부음이 너희 안에 거하나니 아무도 너희를 가르칠 필요가 없고 오직 그의 기름 부음이 모든 것을 너희에게 가르치며 또 참되고 거짓이 없으니 너희를 가르치신 그대로 주 안에 거하라
요일 3:24	그의 계명을 지키는 자는 주 안에 거하고 주는 그의 안에 거하시나니 우리에게 주신 성령으로 말미암아 그가 우리 안에 거하시는 줄을 우리가 아느니라

이상으로 우리가 하나님의 자녀라는 성령의 증언이 있다는 것은 확실하다. 그렇다면 성령께서는 어떻게 우리가 하나님의 자녀라고 증언하실까? 우리의 귀로 알아들을 수 있는 언어를 사용하여 직접적으로 "너는 내가 택한 나의 자녀이고, 네가 받은 구원은 어떠한 상황에서도 절대로 흔들리지 않을 것이니 구원에 대한 확신을 가져라!"고 우리에게 특별히 알려주실까? 성령께서 이렇게 하신다고 성경은 말하지 않을 뿐만 아니라, 실제로 우리의 경험도 이를 지지하지 않는다. 우리의 부모나 연인이 우리를 사랑한다고 직접 말로 표현하지 않아도, 그들의 표정이나 행동을 보면 우리에 대한 사랑을 알 수 있다. 성령께서도 직접 언어로 우리가 하나님의 자녀라고 우리의 귀에 말씀하시지 않아도, 성령께서 우리의 마음에서 작용하시면 우리는 하나님의 자녀라는 인식과 안정감에 이르게 된다. 우리는 무서워하는 종의 영이 아니라 양자의 영을 받았다롬 8:15. 우리가 종의 영을 받았으면 하나님을 종으로서 무서워하고 멀리하려고 한다. 종의 영은 본능적으로 이렇게 행한다. 그런데 우리는 양자의 영을 받았으므로 본능적으로 하나님을 아빠 아버지라고 부르짖으며 친근하게 나아간다. 우리는 긍휼하심을 받고 때를 따라 돕는 은혜를 얻기 위하여 은혜의 보좌 앞에 담대히 나아간다히 4:16. 하나님께서 아들의 영을 우리 마음 가운데 보내셨기 때문에 우리는 자연스럽게 아빠 아버지라고 부르는 것이지, 그 성령께서 직접적인 계시와 암시를 우리에게 주시기 때문에 아빠 아버지라고 부르는 것이 아니다.

제2절은 확신이 믿음에서 나오는 것으로 틀림없다고 말한다This certainty is an infallible assurance of faith. 즉 확신은 믿음을 가진 자들이 갖게 되는 것이다. 제2절은 틀림없는 확신이 믿음에서 나오는 근거를 크게 두 가지로 말한다. 첫째로 믿음에 대한 객관적 확신으로써 "구원의 약속들에 대한 신적인 진리"에 대한 확신이다. 성경은 예수 그리스도에 의한 신자들의 구원에 대하여 말할 뿐만 아니라 그 구원이 흔들리지 않는다고 말한다. 바로 이 하나님 말씀에 대하여 갖는 확신이 객관적 믿음의 확신이다. 이러한 객관적 확신이 믿음의 본질에 속한다는 것에 대해서 일반적으로 신자들의 의견이 같다.

둘째로 믿음에 대한 주관적 확신으로써 신자가 "은혜의 내적 증거"와 "양자의 영의 증언"으로 말미암아 갖는 안도감과 안전감이다. 이 확신은 신자가 내적으로 느끼는 확신이기에 주관적 믿음의 확신이라고 표현하지만, 우리 안에 내주하시는 성령께서 이 일을 하시기 때문에 단지 주관적인 느낌에 지나지 않는 것이 아니라, 반드시 실현되는 실제의 것이고, 느끼는 정도는 다양할지라도 매일의 삶에서 느낄 수 있다. 성령께서 이 일을 하시지 않으면 우리는 확신을 가질 수 없고, 구속의 날까지 견인할 수 없다. 물론 바로 이어지는 제3절이 말하는 것처럼 이 주관적 확신은 참된 신자가 이것에 참여하기까지 오랫동안 기다리지 않아도 되고 많은 어려움과 싸우지 않아도 될 정도로 믿음의 본질에 속한 것은 아니다. 즉 이 확신을 갖기 위해서 참된 신자일지라도 오랫동안 기다려야 하고 많은 어려움과 싸워야 한다. 주관적 믿음의 확신이 믿음의 본질에 속하는지에 대해서는 다음 제3절에서 살펴본다.

18.3

이러한 틀림없는 확신은 참된 신자가 이것에 참여하기까지 오랫동안 기다리지 않아도 되고 많은 어려움과 싸우지 않아도 될 정도로k 믿음의 본질에 속한 것은 아니다. 그럼에도 그는 하나님께서 자신에게 값없이 주신 것들을 성령에 의해 알 수 있게 되므로 특별한 계시 없이 통상적 수단을 올바로 사용하여 확신에 이를 수 있다.l 그러므로 더욱 힘써 자신의 부르심과 택하심을 굳게 하는 것이 각 사람의 의무이다.m 이렇게 할 때 그의 마음은 성령 안에서 누리는 평강과 기쁨으로, 하나님께 대한 사랑과 감사로, 그리고 순종의 의무를 힘써서 즐겁게 행하는 것으로 넓어진다. 바로 이것들이 확신의 고유한 열매들이다.n 그래서 확신은 결코 사람으로 방종에 빠지게 하지 않는다.o

This infallible assurance doth not so belong to the essence of faith, but that a true believer may wait long, and conflict with many difficulties before he be partaker of it:k yet, being enabled by the Spirit to know the things which are freely given him of God, he may, without extraordinary revelation, in the right use of ordinary means, attain thereunto.l And therefore it is the duty of every one to give all diligence to make his calling and election sure;m that thereby his heart may be enlarged in peace and joy in the Holy Ghost, in love and thankfulness to God, and in strength and cheerfulness in the duties of obedience, the proper fruits of this assurance:n so far is it, from inclining men to looseness.o

k 요일 5:13; 사 50:10; 막 9:24; 시 88:1-18; 시 77:1-11
l 고전 2:12; 요일 4:13; 히 6:11-12; 엡 3:17-19   m 벧후 1:10
n 롬 5:1-2, 5; 롬 14:17; 롬 15:13; 엡 1:3-4; 시 4:6-7; 시 119:32
o 요일 2:1-2; 롬 6:1-2; 딛 2:11-12, 14; 고후 7:1; 롬 8:1, 12; 요일 3:2-3; 시 130:4; 요일 1:6-7

3. 확신에 이르는 방법

바로 위에서 살펴본 것처럼 은혜와 구원의 확신은 믿음에서 나오는 틀림없는 확신이지만 참된 신자가 이것에 참여하기까지 오랫동안 기다리지 않아도 되고, 많은 어려움과 싸우지 않아도 될 정도로 믿음의 본질에 속한 것은 아니다. 이 확신을 가지려면 오랫동안 기다리기도 해야 하고, 많은 어려움과 싸우기도 해야 한다. 시편 기자는 이렇게 울부짖었다. "여호와여 어찌하여 나의 영혼을 버리시며 어찌하여 주의 얼굴을 내게서 숨기시나이까 내가 어릴 적부터 고난을 당하여 죽게 되었사오며 주께서 두렵게 하실 때에 당황하였나이다 주의 진노가 내게 넘치고 주의 두려움이 나를 끊었나이다 이런 일이 물 같이 종일 나를 에우며 함께 나를 둘러쌌나이다 주는 내게서 사랑하는 자와 친구를 멀리 떠나게 하시며 내가 아는 자를 흑암에 두셨나이다"시 88:14-18. 참된 신자일지라도 여호와께서 자신을 떠나고 자신은 버린 자 같은 느낌을 받는다. 여기서 회복하기 위하여 그는 오랫동안 기다리거나 많은 어려움과 싸워야 한다. 시편 기자는 "밤에 부른 노래를 내가 기억하여 내 심령으로, 내가 내 마음으로 간구하기를 주께서 영원히 버리실까, 다시는 은혜를 베풀지 아니하실까, 그의 인자하심은 영원히 끝났는가, 그의 약속하심도 영구히 폐하였는가, 하나님이 그가 베푸실 은혜를 잊으셨는가, 노하심으로 그가 베푸실 긍휼을 그치셨는가 하였나이다"라고 말한 후에 이것은 자신의 잘못이라며 주께서 옛적에 행하신 기이한 일을 기억하고, 주의 모든 일을 작은 소리로 읊조리고 되뇌이겠다고 고백한다시 77:1-12. 시편 기자는 이런 기억과 읊조림과 되뇜을 통하여 여호와의 존재와 자신에 대한 사랑을 확신하게 된다.

그렇다면 참된 신자는 어떤 수단들을 사용하여 확신에 이를 수 있을까? 앞에서 살펴본 것처럼 로마 가톨릭과 아르미니우스주의는 특별한extraordinary 계시를 통해서만 확신에 이른다고 주장한다. 하지만 우리는 참된 신자가 세상의 영이 아니라 오직 하나님으로부터 온 영을 받기 때문에 하나님께서 그에게 은혜로 주신 것들을 알게 된다고 여긴다. 하나님의 영을 받은 참된 신자는 특별한 계시 없이도 자연스럽게 자신의 구원에 대한 확신을 알게 되는 것이다. 성경은 여러 곳에서 이 자연스러운 확신에 대하여 말한다. "그의 성령을 우리에게 주시므로 우리가 그 안에 거하고 그가 우리 안에 거하시는 줄을 아느니라"요일 4:13. "우리가 간절히 원하는 것은 너희 각 사람이 동일한 부지런함을 나타내어 끝까지 소망의 풍성함에 이르러 게으르지 아니하고 믿음과 오래 참음으로 말미암아 약속들을 기업으로 받는 자들을 본받는 자 되게 하려는 것이니라"히 6:11-12. "믿음으로 말미암아 그리스도께서 너희 마음에 계시게 하시옵고 너희가 사랑 가운데서 뿌리가 박히고 터가 굳어져서 능히 모든 성도와 함께 지식에 넘치는 그리스도의 사랑을 알고 그 너비와 길이와 높이와 깊이가 어떠함을 깨달아 하나님의 모든 충만하신 것으로 너희에게 충만하게 하시기를 구하노라"엡 3:17-18.

도르트 신경은 앞에서 살펴본 것처럼 "성경은 도처에서 이 확신을 특별하고 비범한 계시로부터가 아니라, 하나님의 자녀들에게 적합한 표지들과 하나님의 가장 변함없으신 약속으로부터 이끌어낸다."견인의 교리에 대한 항론파의 잘못된 주장의 반박 제5절라고 말하며, 다음 두 개의 성경구절을 인용한다. "다른 어떤 피조물이라도 우리를 우리 주 그리스도 예수 안에 있는 하나님의 사랑에서 끊을 수 없으리라"롬 8:39. "그의 계명을 지키는 자는 주 안에 거하고 주는 그의 안에 거하시나니 우리에게 주신 성령으로 말미암아 그가 우리 안에 거하시는 줄을 우리가 아느니라"요일 3:24.

확신에 이르는 통상적 수단은 구체적으로 무엇일까? 믿음이 증가되고 강화되면 확신 또한 증가되고 강화된다고 할 수 있다. 제14장 구원하는 믿음 제1절은 믿음의 증가와 강화는 말씀의 사역과 성례의 시행과 기도에 의해 이루어진다고 말한다. 따라서 확신에 이르는 통상적 수단도 말씀과 성례와 기도이다. 신자는 이것들을 사용하여 더욱 힘써 자신의 부르심과 택하심을 굳게 하여야 한다. 이것은 해도 그만 안 해도 그만이 아니라, 신자의 의무이다. "그러므로 형제들아 더욱 힘써 너희 부르심과 택하심을 굳게 하라 너희가 이것을 행한즉 언제든지 실족하지 아니하리라"벧후 1:10.

신자가 확신에 이르는 통상적 수단을 사용하여 더욱 힘써 자신의 부르심과 택하심을 굳게 하면 그의 마음은 성령 안에서 평강과 기쁨으로 넓어진다. "소망의 하나님이 모든 기쁨과 평강을 믿음 안에서 너희에게 충만하게 하사 성령의 능력으로 소망이 넘치게 하시기를 원하노라"롬 15:13, "하나님의 나라는 먹는 것과 마시는 것이 아니요 오직 성령 안에 있는 의와 평강과 희락이라"롬 14:17. "그러므로 우리가 믿음으로 의롭다 하심을 받았으니 우리 주 예수 그리스도로 말미암아 하나님과 화평을 누리자"롬 5:1.

그의 마음은 하나님에 대한 사랑과 감사로도 넓어진다. "소망이 우리를 부끄럽게 하지 아니함은 우리에게 주신 성령으로 말미암아 하나님의 사랑이 우리 마음에 부은 바 됨이니"롬 5:5. "곧 창세 전에 그리스도 안에서 우리를 택하사 우리로 사랑 안에서 그 앞에 거룩하고 흠이 없게 하시려고"엡 1:4.

그리고 그의 마음은 순종의 의무를 힘차고 쾌활하게 행하는 것으로도 넓어진다. "또한 그로 말미암아 우리가 믿음으로 서 있는 이 은혜에 들어감을 얻었으며 하나님의 영광을 바라고 즐거워하느니라"롬 5:1. "주께서 내 마음에 두신 기쁨은 그들의 곡식과 새 포도주가 풍성할 때보다 더하니이다"시 4:7. "주께서 내 마음을 넓히시면 내가 주의 계명들의 길로 달려가리이다"시 119:32. 그는 순종의 의무를 마지 못해 의무감으로 하는 것이 아니라 즐거움과 기쁨으로 한다.

하나님은 솔로몬에게 지혜와 총명만이 아니라 넓은 마음도 주시어왕상 4:29 그는 주의 계명들을 알 뿐만 아니라 힘차고 쾌활하게 행하였다. 바울은 고린도 교인들에게 자신의 일행들의 마음이 넓어졌으니 그들도 마음을 넓히라고 말하였다. 바울은 이 권면을 하기 전에 자신들이 깨끗함과 지식과 오래 참음과 자비함과 성령의 감화와 거짓이 없는 사랑과 진리의 말씀과 하나님의 능력으로 의의 무기를 좌우에 가졌고, 근심하는 자 같으나 항상 기뻐하고 가난한 자 같으나 많은 사람을 부요하게 하고 아무 것도 없는 자 같으나 모든 것을 가진 자라고 말하였다고후 6:4-13. 바울은 어떤 상황에서도 말씀과 기도를 통하여 힘차고 쾌활하게 자신의 사역을 행하였다.

구원의 확신에 이른 참된 신자의 마음은 성령 안에 있는 평강과 기쁨, 하나님에 대한 사랑과 감사, 그리고 순종의 의무를 힘차고 쾌활하게 행하는 것으로 넓어진다. 이것들은 이러한 확신을 갖는 참된 신자에게 따르는 고유한 열매들이다. 확신은 사람으로 방종함에 빠지게 하는 것이 아니라, 오히려 고유한 열매를 맺게 한다. 확신 교리를 인하여 방종함에 빠지는 자는 참된 신자가 아니라 거짓 신자이다. 하나님의 은혜로 구원을 받는다는 교리에 의거하여 은혜를 더하게 하기 위하여 죄에 거하자고 주장하는 이는 참된 신자가 아니라 거짓 신자로 그 교리를 악용하는 것이다. 죄에 대하여 죽은 참된 신자가 어찌 죄 가운데 살자고 하겠는가?롬 6:1-2 하나님과 사귐이 있다 하고 어둠에 행하면 거짓말을 하고 진리를 행하지 아니하는 것이다요일 1:6. 구원의 확신을 가진 자가 구원을 즐기고 누리고 더욱 추구하지, 어찌 방종과 죄에 빠지겠는가? 구원을 확신할수록 선한 일을 더욱 열심히 하고딛 2:14, 하나님을 두려워하는 가운데서 거룩함을 온전히 이루어 육과 영의 온갖 더러운 것에서 자신을 깨끗하게 하고고후 7:1, 육신에게 져서 육신대로 살지 않는다롬 8:12.

❶ 확신에 대한 도르트 신경

도르트 신경은 하나님의 선택과 유기를 다루는 제1장에서 선택의 확신과 그 유익에 대하여 다음처럼 말하니, 제18장과 비교하며 살펴보자.

제12절   구원에 이르는 선택된 자들의 영원하고 불변한 선택에 대하여, 그들은 그분의 때에 다양한 단계와 여러 방법으로 확신이 주어지는 것이 허락된다. 이것은 하나님의 감춰진 깊은 일들을 호기심으로 캐서 주어지지 않고, 하나님의 말씀에 기술된 선택의 틀림없는 열매들을, 즉 그리스도에 대한 참된 믿음, 하나님의 자녀다운 경외감, 죄에 대한 하나님의 뜻대로의 근심, 의에 주리고 목마른 것 등을 자기 자신 속에서 영적인 기쁨과 거룩한 즐거움으로 관찰함으로써 주어진다.

제13절   이 선택을 인식하고 확신하는 것으로부터, 하나님의 자녀들은 자신들을 하나님 앞에서 겸손하게 할, 그분의 자비의 깊음을 찬양할, 자신들을 깨끗하게 할, 자신들을 먼저 매우 사랑하신 하나님께 보답하여 열렬하게 사랑할 더 큰 동기를 매일 찾게 된다. 이것은 선택에 대한 교리와 묵상이 하나님의 계명들을 더 게으르게 지키게 하고 육적인 안전감에 빠지게 한다는 것과 거리가 매우 멀다. 이런 것은 하나님의 공의로운 심판에 의해, 선택의 은혜를 경솔하게 여기거나, 빈둥거리며 무례하게 잡담하면서 선택의 길을 걷지 않으려는 자들에게 발생하곤 한다.

도르트 신경은 성도의 견인을 다루는 제4장에서 구원과 견인의 확신, 확신의 발생 방식, 견인의 확신이 주는 유익에 대하여 다음처럼 말한다.

제9절   이렇게 선택된 자들을 구원으로 보전하시는 것과 참된 신자들을 믿음 속에서 견인하시는 것에 대하여 신자들 자신이 믿음의 정도에 따라 확신

할 수 있고, 확신한다. 이에 따라 그들은 자신들이 교회의 참되고 살아있는 지체들이고, 끊임없이 지체들로 유지될 것을 그리고 죄의 용서와 영원한 생명을 갖고 있음을 굳건하게 믿는다.

제10절 따라서 이 확신은 어떤 은밀한 계시로부터 말씀을 넘어서, 말씀 밖에서 만들어지는 것이 아니라, 하나님이 우리의 위로를 위해 자신의 말씀으로 가장 풍성하게 계시하신 하나님의 약속들에 대한 믿음으로부터 만들어지고, 우리의 영과 함께 우리가 하나님의 자녀요 상속자라고(롬 8:16) 증언하시는 성령의 증거로부터 만들어진다. 마지막으로 선한 양심과 선한 행위를 향한 진지하고 거룩한 추구로부터 만들어진다. 그리고 만약에 승리의 획득에 대한 이러한 확실한 안도감과 영원한 영광에 대한 틀림없는 보증을 하나님의 선택된 자들이 이 세상에서 갖지 않는다면, 모든 사람 중에서 가장 불쌍한 자일 것이다.

제12절 그러나 이 견인의 확신은 참된 신자들을 거만하고 육신적으로 안일하게 하는 것은 결코 아니고, 반대로 겸손, 아이 같은 공경, 참된 경건, 모든 싸움에서의 인내, 열정어린 기도, 십자가를 견실하게 지고 진실을 견실하게 고백함, 하나님 안에서의 견고한 기쁨의 참된 원천이 된다. 그리고 이런 유익을 생각해보는 것은 진지하고 꾸준하게 감사하는 데, 그리고 선한 일들을 실천하는 데 자극이 된다. 이것은 성경의 증거들과 성도들의 예들로부터 명백하다.

항론파는 견인과 구원의 확신에 대한 교리를 부정하며 제6절에서 "그 교리는 그것의 본성과 특성을 인하여 육신의 안락함에 속하고, 경건, 선한 도덕, 기도, 다른 거룩한 실천에 해가 된다. 반대로 이것을 의심하는 것은 칭찬할 만하다."라고 주장하였다. 이 주장에 대하여 도르트 신경은 "이 사람들은 자신들이 하나님의 은혜의 효력과 내주하시는 성령의 일하심에 대하여 모르고 있음을 보여주는 것이고, 사도 요한이 명료한 말로써 정반대로 확증하는 것과 모순되는 것이다. '사랑하는 자들아 우리가 지금은 하나님의 자녀라 장래에 어떻게 될지는 아직 나타나지 아니하였으나 그가 나타나시면 우리가 그와 같을 줄을 아는 것은 그의 참모습 그대로 볼 것이기 때문이니 주를 향하여 이 소망을 가진 자마다 그의 깨끗하심과 같이 자기를 깨끗하게 하느니라' 요일 3:2-3. 게다가 그들은 구약과 신약 성경에 나오는 성도들의 예를 통해서도 논박되는데, 성도들은 비록 자신들의 견인과 구원에 대하여 확신하였을지라도 기도와 다른 경건을 변함없이 실천하였다."라고 반박하였다.

위에서 언급된 도르트 신경의 내용은 제18장과 거의 같다. 웨스트민스터 신앙고백과 도르트 신경은 전체적으로 겹치는 단어들과 내용들이 많다. 도르트 신경 작성 후 약 30년이 지나 작성된 웨스트민스터 신앙고백은 도르트 신경을 비롯하여 앞서 작성된 개혁주의 신앙고백들을 참고하여 작성하였기 때문에 이러한 현상이 발생한다. 당시 유럽의 많은 국가는 대부분 개혁주의를 지향하였고, 서로에게 선한 영향을 미치며 하나님의 말씀을 깊이 연구하였고, 그 결과 공통된 단어들과 문장들을 공유하는 신앙고백들을 채택하였다.

❷ 확신은 믿음의 본질인가?

제81문   모든 참 신자는 현재 그들이 은혜의 상태에 있는 것과 장차 그들이 구원 받을 것임을 늘 확신합니까?

Are all true believers at all times assured of their present being in the estate of grace; and that they shall be saved?

답   은혜와 구원의 확신은 믿음의 본질이 아니므로, 참된 신자들이라 할지라도 그것을 얻으려면 오래 기다려야 하고, 그것을 맛본 후에도 다양한 심신 이상(異常), 죄, 유혹, 황폐를 인해 그것은 약해지거나 중단되기도 합니다. 그러나 신자들로 완전한 절망에 빠지지 않게 하시는 하나님의 영의 임재와 도움이 그들을 떠나는 일이 결코 없습니다.

Assurance of grace and salvation not being of the essence of faith, true believers may wait long before they obtain it; and, after the enjoyment thereof, may have it weakened and intermitted, through manifold distempers, sins, temptations, and desertions; yet are they never left without such a presence and support of the Spirit of God as keeps them from sinking into utter despair.

웨스트민스터 대요리문답 제81문은 위와 같이 은혜와 구원에 대한 확신이 믿음의 본질이 아니라고 말한다. 대요리문답이 이렇게 말하는 의미는 예수 그리스도에 대한 믿음을 갖는 즉시 은혜와 구원에 대한 확신이 생기는 것은 아니라는 의미이다. 은혜와 구원에 대한 확신이 믿음의 본질이라면 어떤 사람이 예수님을 믿는 순간에 즉시 은혜와 구원에 대한 확신도 생겨야 하지, 오래 기다린 후에 생겨서는 안 된다는 의미이다. 또한 다양한 심신이상, 죄, 유혹, 황폐를 인해 확신이 약해지거나 중단돼서도 안 된다는 것이다. 사람이 빵을 먹으면 배고픈 것이 사라진다. 빵은 사람에게 영양을 공급하여 배고픈 것을 해결하여 준다. 사람의 배고픔을 해결해주는 것이 빵의 본질이라고 할 수 있다. 사람은 빵을 먹은 후에 배고픔을 해결하기 위해 오래 기다려야 하거나 많은 어려움과 싸울 필요가 없다. 빵을 먹는 즉시 배고픔이 사라지기 때문이다. 마찬가지로 은혜와 구원의 확신이 믿음의 본질이라면 사람이 예수님을 믿는 순간부터 늘 자신이 구원받았다는 확신이 따라야 한다. 하지만 실제로 참된 신자일지라도 오랫동안 기다린 후에 그리고 많은 어려움과 싸운 후에 그 확신을 갖는다. 이런 면에서 은혜와 구원의 확신은 믿음의 본질이 아니다.

이에 비하여 웨스트민스터 신앙고백 제18장 제3절은 확신은 참된 신자가 이것에 참여하기까지 오랫동안 기다리지 않아도 되고 많은 어려움과 싸우지 않아도 될 정도로 믿음의 본질에 속한 것은 아니라고 말한다. [18] 믿음을 갖는 즉시 확신이 생길 정도로 확신이 믿음의 본질인 것은 아니지만, 오래 기다리고 많은 어려움과 싸우면 확신이 생기는 정도로 확신이 믿음의 본질이라고 말한다. 즉 웨스트민스터 신앙고백은 참된 신자가 오래 기다리고 많은 어려움과 싸운 후에도 확신을 갖지 못한다면 확신이 믿음의 본질이 아니지만, 오래 기다리고 많은 어려움과 싸운 후에 확신을 갖는다는 측면에서는 확신이 믿음의 본질일 수 있다고 말하는 것이다.

웨스트민스터 신앙고백은 제3장 제8절 영원한 선택에 대한 확신, 제14장 제3절 충만한 확신에 이르기까지 크게 성장하는 믿음, 제16장 제2절 선행은 확신을 강화함, 제18장 제1절 신자는 은혜의 상태에 있음을 이 생애에서 확실하게 확신할 수 있음, 제18장 제2절 믿음에서 나오는 틀릴 수 없는 확신 등에서 신자가 확신을 갖는 것에 대하여 말한다. 믿음이 있는 신자는 분명히 자신이 은혜와 구원을 받은 상태에 있음을 확신한다. 하지만 확신은 제18장 제3절이 말하는 것처럼 믿음을 가진 참된 신자일지라도 오랫동안 기다려야 하고, 많은 어려움과 싸워야 얻을 수 있으며, 제4절이 말하는 것처럼 구원에 대한 확신이 다양한 방식으로 흔들리고, 감소하고, 일시 중단될 수 있다.

---

18 루이스 벌코프는 웨스트민스터 신앙고백이 확신에 대하여 말하는 이 부분에 관하여 이렇게 설명한다. "웨스트민스터 신앙고백은 믿음의 완전한 확신에 대하여 말하면서, 이 확신은 참된 신자일지라도 오래 동안 기다릴 필요가 없을 정도로 믿음의 본질에 속한 것은 아니라고 주장한다. 이것은 일부 장로교 신학자들에게 개인적 확신은 믿음의 본질에 속한다는 것을 부인하는 계기를 마련해주었다. 그러나 그 신앙고백은 이것을 말하고 있지 않으며, 또한 이것을 가르치는 것을 의도하지 않았다고 생각할 이유들이 있다. The Westminster Confession, speaking of the full assurance of faith, asserts that this does not so belong to the essence of faith that a true believer may not have to wait for it a long time. This has given some Presbyterian theologians occasion to deny that personal assurance belongs to the essence of faith. Yet the Confession does not say this, and there are reasons to think that it did not intend to teach this." Louis Berkhof, 508.

18.4

참된 신자일지라도 구원에 대한 확신이 다양한 방식으로 흔들리고, 약해지고, 일시 중단될 수 있다. 그 이유는 확신을 보존하는 일에 태만하거나, 양심에 상처를 내며 성령을 근심케 하는 어떤 특별한 죄에 빠지거나, 어떤 갑작스럽거나 격렬한 시험에 빠지기 때문이고, 하나님께서 그 얼굴빛을 거두시며 자신을 경외하는 자라도 어둠 속을 걷고 빛이 없도록 내버려두시기 때문이다.p 그럼에도 하나님의 씨와 믿음의 생명, 그리스도와 형제에 대한 사랑, 마음의 진실함과 의무에 대한 자각은 그에게서 결코 완전히 없어지지 않는다. 이것들로 말미암아 확신은 성령의 역사에 의해 적절한 때에 되살아날 수 있고,q 이것들에 의해 신자는 그 동안에도 버티어 완전한 절망에 빠지지 않는다.r

True believers may have the assurance of their salvation divers ways shaken, diminished, and intermitted, as, by negligence in preserving of it, by falling into some special sin, which woundeth the conscience, and grieveth the Spirit; by, some sudden, or vehement temptation, by God's withdrawing the light of his countenance, and suffering even such as fear him to walk in darkness and to have no light:p yet are they never utterly destitute of that seed of God, and life of faith, that love of Christ, and the brethren, that sincerity of heart, and conscience of duty, out of which, by the operation of the Spirit, this assurance may, in due time, be revived;q and by the which, in the mean time, they are supported from utter despair.r

p 아 5:2-3, 6; 시 51:8, 12, 14; 엡 4:30-31; 시 77:1-10; 마 26:69-72; 시 31:22; 사 50:10; 시88:1-18
q 요일 3:9; 눅 22:32; 욥 13:15; 시 73:15; 시 51:8, 12; 사 50:10
r 미 7:7-9; 렘 32:40; 사 54:7-10; 시 22:1; 시 88:1-18

4. 다양한 방식으로 흔들리는 확신의 되살아남

참된 신자의 구원에 대한 확신이 늘 같은 상태로 유지되는 것은 아니다. 다양한 방식으로 흔들리고 약해지고 심지어 잠시 중단되기도 한다. 바로 위의 제3절에서 살펴본 것처럼 구원의 확신은 참된 신자일지라도 오랫동안 기다려야 하고 많은 어려움과 싸워야 얻어진다. 그렇게 얻어질지라도 다양한 이유로 인하여 흔들리고, 약해지고, 일시 중단되기까지 한다.

이렇게 되는 이유는 첫째로, 그가 확신을 보존하는 일에 태만하기 때문이다. 구원의 확신은 특별한 계시 없이 평범한 수단들을 올바로 사용함으로 확신에 이를 수 있으므로 신자는 더욱 힘써 자신의 부르심과 택하심을 굳게 하여야 하는데 이러한 경건의 노력을 경시함으로써 확신이 약해진다. 참된 신자가 "내가 옷을 벗었으니 어찌 다시 입겠으며 내가 발을 씻었으니 어찌 다시 더럽히랴"라는 자세로 구원의 확신을 지키려는 노력을 게을리 하여 문을 늦게 열 때에 그의 사랑하는 이는 물러가버린다아 5:2-3, 6.

둘째로, 그가 양심에 상처를 내며 성령을 근심케 하는 어떤 특별한 죄에 빠지기 때문이다. 다윗이 전쟁에 나간 부하의 아내 밧세바와 간음하는 특별한 죄에 빠졌을 때에 그의 양심은 상처를 받았고 성령께서는 크게 근심하셨다. 다윗은 이로 인하여 구원의 확신에서 회복하려는 마음으로 "내게 즐겁고 기쁜 소리를 들려 주시사 주께서 꺾으신 뼈들도 즐거워하게 하소서 주의 얼굴을 내 죄에서 돌이키시고 내 모든 죄악을 지워 주소서 하나님이여 내 속에 정한 마음을 창조하시고 내 안에 정직한 영을 새롭게 하소서 나를 주 앞에서 쫓아내지 마시며 주의 성령을 내게서 거두지 마소서 주의 구원의 즐거움을 내게 회복시켜 주시고 자원하는 심령을 주사 나를 붙드소서"라고시 51:8-12 울부짖었다.

셋째로, 그가 어떤 갑작스럽거나 격렬한 시험에 빠지기 때문이다. 이 시험은 꼭 죄 짓는 것을 뜻하지 않는다. 신자는 자신이 감당하기 힘든 환난을 만날 때에 불안하고 근심하고 자신의 심령이 상하게 된다시 77:2-3. 잠을 잘 자지 못하고 음식을 잘 먹지 못하며 불안 속에서 "주께서 영원히 버리실까, 다시는 은혜를 베풀지 아니하실까, 그의 인자하심은 영원히 끝났는가, 그의 약속하심도 영구히 폐하였는가, 하나님이 그가 베푸실 은혜를 잊으셨는가, 노하심으로 그가 베푸실 긍휼을 그치셨는가"라고 시 77:6-9 부르짖을 수 있다. 베드로와 같은 경우는 잡히신 예수님이 걱정되어 예수님을 따라가는 것까지는 좋았지만 한 여종이 베드로에게 "너도 갈릴리 사람 예수와 함께 있었도다"고 마 26:69 말할 때에 그는 갑작스런 격렬한 시험에 빠졌다. 베드로는 이 시험을 이겨내고 예수님을 안다고 고백하여야 했지만 이 시험에 지고 말았다. 이렇게 갑작스럽거나 격렬한 시험은 신자의 신앙생활 동안 다양한 형태로 찾아오고, 신자가 이를 이겨내지 못할 때에 구원의 확신은 흔들린다.

넷째로, 하나님께서 자신의 얼굴빛을 신자에게 거두시며 자신을 경외하는 자라도 어둠 속을 걷고 빛이 없도록 내버려두시기 때문이다. 다윗은 신앙생활 중 자신이 주의 목전에서 끊어지는 것과 같은 경험을 하였다 시 31:22. 고라 자손은 아래처럼 주의 손에서 끊어지는 경험을 하였다.

시 88:3-7　　무릇 나의 영혼에는 재난이 가득하며 나의 생명은 스올에 가까웠사오니 4 나는 무덤에 내려가는 자 같이 인정되고 힘없는 용사와 같으며 5 죽은 자 중에 던져진 바 되었으며 죽임을 당하여 무덤에 누운 자 같으니이다 주께서 그들을 다시 기억하지 아니하시니 그들은 주의 손에서 끊어진 자니이다 6 주께서 나를 깊은 웅덩이와 어둡고 음침한 곳에 두셨사오며 7 주의 노가 나를 심히 누르시고 주의 모든 파도가 나를 괴롭게 하셨나이다 (셀라)

시 88:14-18　　여호와여 어찌하여 나의 영혼을 버리시며 어찌하여 주의 얼굴을 내게서 숨기시나이까 15 내가 어릴 적부터 고난을 당하여 죽게 되었사오며 주께서 두렵게 하실 때에 당황하였나이다 16 주의 진노가 내게 넘치고 주의 두려움이 나를 끊었나이다 17 이런 일이 물 같이 종일 나를 에우며 함께 나를 둘러쌌나이다 18 주는 내게서 사랑

하는 자와 친구를 멀리 떠나게 하시며 내가 아는 자를 흑암에 두셨나이다

그렇다면 이렇게 다양한 방식으로 흔들리고, 약해지고, 일시 중단되는 구원의 확신은 그 이후 어떻게 되는가? 성령의 역사에 의해 이 확신은 적절한 때에 소생될 수 있고, 참된 신자는 완전한 절망에 빠지지 않게 되는데 다음과 같은 이유들 때문이다. 첫째로, 그에게서 하나님의 씨와 믿음의 생명이 결코 완전히 없어지지 않기 때문이다. 하나님의 씨란 제17장 성도의 견인 제2절에서 성도들의 견인이 그들 자신의 자유 의지가 아니라, 하나님의 씨가 그들 안에 내주하심에 달려있다고 말할 때의 그 씨이다. 우리는 그 씨가 성도의 마음에 심겨진 하나님의 말씀이고 이로 인한 참된 삶의 원리임을 살펴보았다. 하나님께서 그 말씀을 신자들의 마음에 기록하셨기 때문에 렘 31:33 그 말씀은 어디로 사라질 수 없다. 신자 자신은 말씀을 잊어버려도 말씀은 여전히 그 신자의 마음에 남아 참된 삶의 원리를 이루어 그에게 선한 영향을 미친다.

믿음의 생명도 신자에게서 절대로 완전히 없어지지 아니한다. 예수님께서 베드로에게 그가 예수님을 세 번 부인할 것을 말씀하신 후에 "그러나 내가 너를 위하여 네 믿음이 떨어지지 않기를 기도하였노니 너는 돌이킨 후에 네 형제를 굳게 하라"고 눅 22:32 말씀하셨다. 베드로는 예수님의 이 기도를 인해 그의 믿음의 생명이 완전히 죽지 않게 되었다. 그는 그 이후에 예수님의 사도로서 초대교회의 안정과 확장에 큰 기여를 하였다. 이에 반하여 가룟 유다는 참된 신자가 아니었기 때문에 예수님이 죽어가는 것을 볼 때에 일순간 있었던 후회의 마음이 소진되며 완전한 절망에 빠져 스스로 목숨을 끊었다. 예수님께서 신자의 믿음이 떨어지지 않기를 지금 이 순간도 하나님 우편에서 기도하시기 때문에 믿음의 수명이 신자에게 다하는 경우가 절대로 없고, 완전한 절망에 빠지는 일도 없다.

둘째로, 그리스도와 형제에 대한 사랑이 결코 완전히 없어지지 않기 때문이다. 이 사랑은 제18장 제1절이 "주 예수를 참되게 믿고 진심으로 사랑하는 자들은 자

신들이 은혜의 상태에 있음을 이 생애에서 확실하게 확신할 수 있다."라고 말하는 사랑이다. 주 예수를 참되게 믿고 진심으로 사랑하는 자들은 형제를 당연히 사랑한다. 그리고 참된 신자는 구원의 확신이 아무리 흔들리고, 약해지고, 심지어 일시 중단될지라도 그리스도와 형제에 대한 그 사랑이 결코 완전히 없어지지 않는다. 그 남은 사랑이 회복되면서 구원의 확신 또한 회복된다.

셋째로, 마음의 진실함과 의무에 대한 자각이 결코 완전히 없어지지 않기 때문이다. 참된 신자는 악한 불신자처럼 대놓고 거짓말을 하거나 남의 마음을 아프게 하는 행동을 하지 못한다. 보는 사람이 아무도 없어도 하나님께서 보시는 줄 알고 진실함을 추구한다. 또한 양심이 없는 악한 자들은 자신들이 행해야 할 의무가 있다는 것을 자각하지 못하지만, 참된 신자는 자신이 어떤 의무를 행해야 하는지 늘 자각한다. 그는 진실을 말해야 하는 자리에 서면 자신도 모르게 마음의 진실함을 따라 진실을 말하려 하고, 도움을 필요로 하는 사람을 보면 의무감에 도우려고 한다. 그는 구원의 확신이 아무리 흔들리고, 감소하고, 심지어 일시 중단될지라도 마음의 진실함과 의무에 대한 자각은 결코 완전히 없어지지 않고, 이로 인해 성령의 역사에 의해 구원의 확신도 회복된다.

제18장 제3절과 제4절은 참된 신자가 실제로 신앙생활을 해나갈 때 크게 도움이 된다. 신자의 심리 상태는 육체적 건강, 재정상황, 인간관계, 직업, 주거상황 등의 주변 상황에 따라 크게 흔들린다. 이것은 자연스럽게 믿음에도 영향을 미쳐, 제14장 구원하는 믿음 제3절이 말하는 것처럼 믿음은 정도가 다양하여 약하거나 강하고, 자주 여러 방면으로 공격을 받아 약해진다. 이러할 때 우리가 제18장 제3절과 제4절을 기억한다면 우리는 이 상황을 잘 대처할 수 있다. 은혜와 구원의 확신은 참된 신자일지라도 오랫동안 기다려야 하고 많은 어려움과 싸워야 얻어지는 줄 알고, 자신의 믿음이 약해진 것을 자신에게 믿음이 없고 자신이 그리스도인이 아닌 증표라고 생각하지 않게 된다. 참된 신자일지라도 구원에 대한 확신이 다양한 방식으로 흔들리고, 약해지고, 일시 중단될 수 있는 것이다. 참된 신자일지라도 늘 꽃길만 걷는 것이 아닌 것을 알게 되므로 구원의 확신이 흔들리고, 약해지고, 일시

중단될 때에도 잘 버틸 수 있다. 희망의 끈을 절대로 놓치지 않고, 이 때도 지나가리라는 생각으로 자신의 어려운 때를 터벅터벅 걸어가며 견딜 수 있다.

미국 나사NASA가 2020년 7월 30일에 쏘아올린 우주선에 의해 2021년 2월 18일에 화성에 착륙한 퍼서비어런스Perseverance는 나사와의 통신 연락이 흔들리고, 감소하고, 일시 중단될 수 있다. 지구와 화성은 태양풍의 영향을 받기 때문에 지구와 화성 간에 통신 장애가 발생하여 그런 현상이 발생하기도 하고, 나사와 퍼서비어런스에 각각 기술적 문제가 생겨 그런 현상이 발생하기도 한다. 이럴 때마다 나사는 이런 여러 어려움을 뚫고 퍼서비어런스와 원활한 통신이 이루어지도록 모든 노력을 기울인다. 나사는 1977년에 쏘아올린 보이저 우주선과 45년이 지나서도 통신을 유지할 정도이다. 보이저는 초속 17km의 속도로 45년 넘게 달려 태양계를 벗어나 먼 우주로 계속 나아가고 있다. 나사는 이렇게 멀리 떨어진 보이저와 교신을 유지하고 있다. 앞으로 보이저의 에너지가 다 없어지면 더 이상 교신은 이루어지지 않는다. 하지만 하나님은 참된 신자를 향한 통신을 끊으시지 않는다. 하나님은 참된 신자의 생명과 에너지가 다 소진되지 않게 하시기 때문이고, 참된 신자가 아무리 하나님에게서 멀리 떨어지려고 하여도 성령에 의하여 계시의 감도를 더 강력하게 높여 그 흔들리고 감소하고 일시 중단된 구원의 확신이 다시 소생케 하시기 때문이다. 그러므로 신자는 어떠한 상황에서도 자포자기의 생각과 행동을 하면 안 되고 늘 견디고 버텨야 한다. 하늘이 무너져도 솟아날 구멍이 있고, 호랑이에게 물려가도 정신만 차리면 된다는 속담의 의미를 참된 신자가 가장 올바로 이해할 수 있고, 실제로 삶에 적용할 수 있다. 나사와 퍼서비어런스에는 실패가 있어도, 하나님과 신자에게는 실패가 없다.

참된 신자가 하나님의 씨와 믿음의 생명, 그리스도와 형제에 대한 사랑, 마음의 진실함과 의무에 대한 자각에 의해 완전한 절망에 빠지지 않고 기운을 내는 것에 대한 근거성경구절들은 아래와 같다.

미 7:7-9	오직 나는 여호와를 우러러보며 나를 구원하시는 하나님을 바라보나니 나의 하나님이 나에게 귀를 기울이시리로다 8 나의 대적이여 나로 말미암아 기뻐하지 말지어다 나는 엎드러질지라도 일어날 것이요 어두운 데에 앉을지라도 여호와께서 나의 빛이 되실 것임이로다 9 내가 여호와께 범죄하였으니 그의 진노를 당하려니와 마침내 주께서 나를 위하여 논쟁하시고 심판하시며 주께서 나를 인도하사 광명에 이르게 하시리니 내가 그의 공의를 보리로다
렘 32:40	내가 그들에게 복을 주기 위하여 그들을 떠나지 아니하리라 하는 영원한 언약을 그들에게 세우고 나를 경외함을 그들의 마음에 두어 나를 떠나지 않게 하고
사 54:7-10	내가 잠시 너를 버렸으나 큰 긍휼로 너를 모을 것이요 8 내가 넘치는 진노로 내 얼굴을 네게서 잠시 가렸으나 영원한 자비로 너를 긍휼히 여기리라 네 구속자 여호와께서 말씀하셨느니라 9 이는 내게 노아의 홍수와 같도다 내가 다시는 노아의 홍수로 땅 위에 범람하지 못하게 하리라 맹세한 것 같이 내가 네게 노하지 아니하며 너를 책망하지 아니하기로 맹세하였노니 10 산들이 떠나며 언덕들은 옮겨질지라도 나의 자비는 네게서 떠나지 아니하며 나의 화평의 언약은 흔들리지 아니하리라 너를 긍휼히 여기시는 여호와께서 말씀하셨느니라
시 22:1	내 하나님이여 내 하나님이여 어찌 나를 버리셨나이까 어찌 나를 멀리 하여 돕지 아니하시오며 내 신음 소리를 듣지 아니하시나이까
시 88:1-18	성경 참고

도르트 신경은 성도의 견인을 다루는 다섯 번째 교리에서 아래처럼 확신의 흔들림과 되살아난 신뢰의 효과에 대하여 말하니 참고하라.

제11절 한편 성경은 신자들이 이 생애에서 다양한 육신의 의심과 싸워야 하고, 심각한 유혹 하에서 믿음의 충만한 확신과 견인의 확신을 항상 느끼는 것은 아니라고 증언한다. 그러나 모든 위로의 아버지이신 하나님은 감당하지 못할 시험 당함을 허락하시지 않고, 시험과 함께 피할 길을 내신다(고전 10:13). 그리고 성령을 통하여 견인의 확신을 그들 안에 다시 일으키신다.

제13절 견인에 대하여 되살아난 신뢰는 실족에서 회복된 자들로 방종하지 않으며 경건을 무시하지 않게 하고, 더 많은 관심을 갖고 주님의 길을 주의 깊게 지키게 한다. 주님은 이를 미리 예비하시어, 그들로 그 길을 걸으며 그들의 견인의 확신을 붙들게 하시고, 그들이 아버지 같은 친절을 남용하여 자애로운 하나님의 얼굴이 한 번 더 그들로부터 돌아서지 않게 하시고 (경건한 자들에게 이것의 바라봄이 생명보다 더 달고, 이것의 숨김이 죽음보다 더 쓰다), 그들로 영혼의 더 큰 고통에 떨어지지 않게 하신다.

신

교회론

Of the Law of God

제19장 하나님의 율법

웨스트민스터 신앙고백의 구조

서론	1장	성경
신론	2장	하나님과 삼위일체
	3장	하나님의 영원한 작정
	4장	창조
	5장	섭리
인간론	6장	사람의 타락, 죄, 벌
	7장	하나님의 사람과의 언약
기독론	8장	중보자 그리스도
구원론	9장	자유의지
	10장	효과적 부르심
	11장	칭의
	12장	양자 삼으심
	13장	성화
	14장	구원하는 믿음
	15장	생명에 이르는 회개
	16장	선행
	17장	성도의 견인
	18장	은혜와 구원의 확신

교회론	19장	하나님의 율법
	20장	크리스천 자유와 양심의 자유
	21장	종교적 예배와 안식일
	22장	합법적 맹세와 서원
	23장	국가의 위정자
	24장	결혼과 이혼
	25장	교회
	26장	성도의 교통
	27장	성례
	28장	세례
	29장	주의 성찬
	30장	교회 권징
	31장	노회와 총회
종말론	32장	죽음 후의 사람의 상태와 죽은 자의 부활
	33장	마지막 심판

웨스트민스터 신앙고백의 구조는 위와 같다. 중보자 그리스도께서 획득하신 구원^{제8장}을 성령께서 선택된 자들에게 적용하시는 것을 제9장부터 제18장이 다룬다. 그렇다면 성령께서는 어떤 수단들을 통하여 구원을 적용하실까? 제14장 ^{구원하는 믿음} 제1절은 그리스도의 영께서 믿음의 은혜를 선택된 자들의 마음에서 말씀의 사역에 의해 주시고, 믿음의 증가와 강화를 말씀의 사역과 성례의 시행과 기도에 의해 하신다고 말한다. 제14장 제1절은 말씀이 은혜의 외적 수단과 통상적 수단이 되는 것에 대하여 살펴보고 있으니 참고하라. 웨스트민스터 신앙고백은 하나님께서 선택된 자들에게 은혜를 주시는 수단으로써 말씀과 성례에 대하여 각각 제19장과 제27장~제29장에서 다룬다. 제19장부터 제31장까지는 교회론에 대하여

다루는데, 그리스도께서 획득하신 구원이 성령에 의해 적용이 된 자가 어떻게 이 땅에서 신앙생활을 해야 하는지에 대하여 다룬다.

> ## 19.1
>
> 하나님께서 행위 언약으로써 율법을 아담에게 주셨는데, 그 언약에 의해 그와 그의 모든 후손에게 개인적으로, 온전히, 정확히, 영구히 순종해야 할 의무를 지우셨고, 그 율법을 다 지키면 생명을 얻을 것을 약속하셨고, 그 율법을 어기면 죽을 것을 경고하셨다. 그리고 그 율법을 지킬 능력과 재능을 그에게 부여하셨다.[a]
>
> God gave to Adam a law, as a covenant of works, by which he bound him, and all his posterity to personal, entire, exact, and perpetual obedience, promised life upon the fulfilling, and threatened death upon the breach of it: and endued him with power and ability to keep it.[a]
>
> [a] 창 1:26-27 with 창 2:17; 롬 2:14-15; 롬 10:5; 롬 5:12, 19; 갈 3:10, 12; 전 7:29; 욥 28:28

1. 행위 언약으로써 아담에게 주어진 율법

제7장 사람과 맺으신 하나님의 언약 제2절은 행위언약에 대하여 이렇게 말한다. "사람과 맺어진 첫 번째 언약은 행위 언약인데, 이 행위 언약에서 생명이 완전하며 개인적인 순종을 조건으로 하여 아담 및 아담 안에 있는 그의 후손에게 약속되었다." 제19장 제1절은 제7장 제2절의 행위언약에 대하여 더 자세하게 말해주는데 아래와 같이 정리할 수 있다.

행위 언약

> 조건 : 아담이 하나님께서 자신에게 주신 율법을 지키는 것
> 상급 : 생명
> 벌 : 죽음
> 아담의 상태 : 하나님의 율법을 지킬 능력과 재능이 주어짐

하나님께서 남자와 여자를 창조하실 때에 "하나님 자신의 형상을 따라 지식과 의와 진리의 거룩함을 그들에게 부여하시며 그들의 마음에 하나님의 법이 새겨지게 하셨고, 그 법을 완수할 능력을 부여하셨다. 그럼에도 그들은 변할 수 있는 그들 자신의 의지의 자유에 맡겨졌기 때문에 범법할 가능성 아래에 있었다."제4장 제2절. 아담과 하와는 지음을 받을 때에 이미 하나님의 법이 그들의 마음에 새겨져 있어서 따로 그 법을 배울 필요가 없었다. 게다가 하나님은 "선악을 알게 하는 나무의 열매는 먹지 말라 네가 먹는 날에는 반드시 죽으리라"창 2:17 명령도 직접 주셨다. 하나님은 이렇게 그들에게 하나님의 법을 주셨을 뿐만 아니라, 그 법을 완수할 능력과 재능도 주셨다. 하나님께서 아담과 하와를 하나님의 형상대로 만드셨고, 그들로 바다의 물고기와 하늘의 새와 가축과 온 땅과 땅에 기는 모든 것을 다스리게 하셨다창 1:26-27. 모든 것을 다스릴 수 있는 능력과 재능을 주신 것이다. 그런데 아담은 불변성이 주어지지 않았기 때문에 자신의 자유 의지에 따라 그 법을 성취할 수도 있었고, 위반할 수도 있었다. 그 율법을 다 지키면 생명을 갖게 되었고 그 율법을 위반하면 죽게 되었다.

행위 언약은 아담에게 주어졌지만, 개인 아담에게가 아니라 아담의 모든 후손을 포함하는 인류의 대표자 아담에게 주어졌다. 아담은 행위 언약에 의해 첫째로 개인적인 순종을 하나님께 해야 했다. 행위 언약은 자기 자신이 지키면 상급이 주어지고, 어기면 벌이 주어진다. 자신을 대신하여 타인이 순종을 한다고 하여 자신에게 상급이 주어지지 않는다. 이에 반하여 은혜 언약은 예수 그리스도께서 선택

된 자들을 위하여 순종하시고 죽으심으로써 그 상급이 선택된 자들에게 주어진다.

둘째로 온전한 순종을 해야 했다. 하나님께서 주신 율법 전체를 다 지켜야 하지 하나라도 어기면 행위 언약을 깬 것이 된다. "무릇 율법 행위에 속한 자들은 저주 아래에 있나니 기록된 바 누구든지 율법 책에 기록된 대로 모든 일을 항상 행하지 아니하는 자는 저주 아래에 있는 자라 하였음이라 … 율법은 믿음에서 난 것이 아니니 율법을 행하는 자는 그 가운데서 살리라 하였느니라"갈 3:10, 12. 율법 책에 기록된 대로 모든 일을 항상 행해야지 하나라도 어기면 안 되고, 한 순간이라도 어기면 안 된다.

셋째로 정확한 순종을 해야 했다. 아담은 하나님께서 주신 율법을 모두 정확하게 지켜야 했다. 가인은 땅의 소산으로 제물을 삼아 여호와께 드렸지만, 그의 제사는 외형적인 모습만 있었지, 하나님을 진심으로 사랑하며 자신의 전 인격을 바쳐 순종하려는 마음이 없었다. 그래서 하나님께서는 가인과 그의 제물을 받지 않으셨다. 사울은 아말렉과 전쟁을 하면서 양과 소의 가장 좋은 것은 남기고 가치 없고 하찮은 것은 진멸하였다. 이것은 모든 것을 진멸하라는 하나님의 말씀을 어긴 것이다. 이에 대하여 사무엘은 사울에게 여호와께서는 번제와 제사를 그분의 목소리를 청종하는 것을 좋아하심 같이 좋아하시지 않고, 순종이 제사보다 낫다고 말하였다삼상 15:22. 사울은 사무엘이 전한 하나님의 말씀을 정확하게 지키지 않아 그 벌로 비참한 죽임을 당하였다.

넷째로 영원히 순종해야 한다. 행위 언약은 아담과 그의 모든 후손에게 늘 하나님께 순종할 것을 요구한다. 한 순간이라도 어기면 안 된다. 우리가 제7장에서 살펴본 것처럼 아담이 행위 언약을 못 지켰을 때 하나님께서 아담과 그의 후손을 영원한 죽음에 방치하시지 않고 은혜 언약을 주셨다. 이 은혜 언약에 의해 하나님께서 선택된 자들에게 영생을 주시는데, 예수 그리스도는 영생이 가능하도록 사람들을 대신하여 행위 언약을 지키셨다. 즉 예수님은 살아 계신 동안 행위 언약에 속한 모든 율법을 지키시는 순종을 하신 것이다. 행위 언약 이후에 모든 사람은 은혜 언약 하에 있는데, 사람들은 자신들을 대신하여 모든 율법을 지키시고 십자가에 못박혀 죽으신 예수님을 믿어야 한다. 예수님을 믿지 않는 자들은 대신 행위 언약에 의해 하나님의 율법을 모두 늘 지키면 영생을 얻을 수 있다. "모세가 기록하되 율법으로 말미암는 의를 행하는 사람은 그 의로 살리라 하였거니와"^{롬 10:5}. 하지만 죄인으로 태어나 전적으로 부패한 사람들은 그렇게 할 능력과 재능이 없다. 이런 능력과 재능이 사람들에게 없기 때문에 예수 그리스도께서 사람이 되시어 모든 율법을 지키시고 십자가에 죽으신 것이다. "그러므로 한 사람으로 말미암아 죄가 세상에 들어오고 죄로 말미암아 사망이 들어왔나니 이와 같이 모든 사람이 죄를 지었으므로 사망이 모든 사람에게 이르렀느니라 … 한 사람이 순종하지 아니함으로 많은 사람이 죄인 된 것 같이 한 사람이 순종하심으로 많은 사람이 의인이 되리라" 롬 5:12, 19. 사람들이 행위 언약을 영원히 지켜야 하는데 모두 부패하여 지키지 못하므로 예수 그리스도께서 행위 언약을 개인적으로, 온전히, 정확히, 영원히 지키시어 행위 언약을 이루셨다.

19.2

이 율법은 아담이 타락한 후에도 여전히 의의 완전한 규범으로 존속하였고, 의의 완전한 규범으로써 하나님에 의해 시내산에서 십계명으로 전달되었으며 두 돌판에 기록되었다.b 첫 네 계명은 하나님을 향한 우리의 의무를 담고 있고, 다른 여섯 계명은 사람을 향한 우리의 의무를 담고 있다.c

This law, after his fall, continued to be a perfect rule of righteousness, and, as such, was delivered by God upon mount Sinai, in ten commandments, and written in two tables:b the four first commandments containing our duty towards God; and the other six, our duty to man.c

b 약 1:25; 약 2:8, 10-12; 롬 13:8-9; 신 5:32; 신 10:4; 출 34:1   c 마 22:37-40

2. 의의 완전한 규범인 율법

하나님께서 아담에게 행위 언약으로써 주신 율법의 성격은 무엇일까? 이 율법은 아담이 타락하기 전만이 아니라 타락한 후에도 계속하여 의에 관한 완전한 규범이 되었다. 하나님께서는 아담과 그의 후손에게 의의 완전한 규범을 율법으로 알려주심으로써 하나님의 형상으로 지음을 받은 사람이 어떻게 살아야할지를 알려주신 것이다. 율법이 의의 완전한 규범이 되기 때문에 그들이 율법을 다 지키면 생명을 얻고, 이 율법을 위반하면 죽게 된다. 율법은 하나님의 지혜와 지식과 거룩함과 같은 속성이 반영되어 있기 때문에 의의 완전한 규범이 되고 시 119:106, 142, 144, 160, 사람이 자신의 소견과 경험에 따라 만든 것이 아니라 하나님께서 만드신 것이므로 시대와 장소를 초월하여 언제 어디서나 영원한 진리가 된다 시 119:160. 율법은 사람들의 발에 등이고 사람들의 길에 빛이고 시 119:105, 사람들을 자유롭게 한다 약 1:25. 하나님의 속성이 반영된 율법을 깨닫고 실천하는 자는 신성한 성품divine nature 에 참여하게 된다 벧후 1:4. 모든 사람은 율법에 따라 행함으로써 좌로나 우로나 치우치지 않아야 한다 신 5:32.

하나님께서는 율법이 의의 완전한 규범이기 때문에 사람의 마음에 새겨놓으셨다. 이 율법을 직접 듣거나 읽지 않은 자도 이 율법이 사람의 마음에 새겨져있기 때문에 본성으로 율법의 일을 행한다. 자기 자신이 율법이 된다. 그 양심이 증거가 되어 그 생각들이 서로 혹은 고발하며 혹은 변명하여 그 마음에 새긴 율법의 행위를 나타낸다 롬 2:14-15.

하나님께서는 이 율법을 사람의 마음에 새겨놓으실 뿐만 아니라, 시내산에서 모세에게 두 돌판에 십계명으로 기록하시어 전달하셨다. 첫 네 계명은 하나님을 향한 우리의 의무가 무엇인지를 알려주고, 다른 여섯 계명은 사람을 향한 우리의 의무가 무엇인지 알려 준다. 온 율법이 말하는 바는 첫째로는 사람이 마음과 목숨과 뜻을 다하여 하나님을 사랑하는 것이고, 둘째로는 자신의 이웃을 자기 자신같이 사랑하는 것이다 마 22:37-40. 첫째 되는 계명이 십계명의 첫 네 계명에 들어있고,

둘째 되는 계명이 십계명의 다른 여섯 계명에 들어있다. 율법은 결국 하나님 사랑과 이웃 사랑인 것이다. 남을 사랑하는 자는 율법을 다 이룬 것이고, 간음하지 말라, 살인하지 말라, 도둑질하지 말라, 탐내지 말라와 그 외에 다른 계명이 있을지라도 네 이웃을 네 자신과 같이 사랑하라 하신 그 말씀 가운데 다 들어있다 롬 13:8-9.

십계명은 여전히 의의 완전한 규범이다. 헌법재판소가 2015년 2월에 간통죄를 위헌 판결하였다. 이제 우리나라에서 간통은 더 이상 형법상 죄가 아니므로 간통을 한 자라도 법적으로는 죄인이 아니다. 일반인은 이렇게 법률에 따라 의의 규범을 세운다. 하지만 신자는 십계명에 의해 의의 규범을 세우므로 간통은 신자에게 여전히 죄이다. 예수 그리스도에 의해 구원을 받은 신자도 십계명으로 대표되는 행위 언약의 율법을 여전히 지켜야 한다. 이 율법을 지켜 구원받기 때문이 아니라, 이미 구원을 받은 자로서 이 율법이 의의 완전한 규범이 되기 때문에 이 율법을 기뻐하며 지키는 것이다. 남아있는 부패를 인하여 온전히 지키지 못하지만, 온전히 지키기 위하여 늘 노력한다. 율법은 절대로 폐기되지 않았고, 여전히 의의 완전한 규범으로써 모든 이를 주님께로 이끈다.

19.3

보통 도덕법이라고 불리는 이 율법 외에 하나님께서는 미성년 교회로서의 이스라엘 백성에게 의식법을 주시기를 기뻐하셨다. 의식법은 몇몇 상징적 규례를 담고 있는데, 일부는 경배에 관한 것으로 그리스도와 그분의 은혜와 사역과 고난과 혜택을 예시하고,ᵈ 일부는 도덕적 의무에 관한 다양한 가르침을 제시한다.ᵉ 이 모든 의식적 율법은 지금 신약 아래에서는 폐기되었다.ᶠ

Beside this law, commonly called moral, God was pleased to give to the people of Israel, as a Church under age, ceremonial laws, containing several typical ordinances, partly of worship, prefiguring Christ, his graces, actions, sufferings, and benefits;ᵈ and partly,

> holding forth divers instructions of moral duties.e All which ceremonial laws are now abrogated, under the New Testament.f
>
> d 히 9:1-28; 히 10:1; 갈 4:1-3; 골 2:17　　e 고전 5:7; 고후 6:17; 유 1:23
> f 골 2:14, 16-17; 단 9:27; 엡 2:15-16

3. 신약 아래에서 폐기된 의식법

제19장 제1절과 제2절에서 살펴본 내용을 정리하면, 하나님께서는 아담에게 행위 언약으로써 율법을 주셨는데, 이 율법은 아담의 타락 후에도 계속하여 의의 완전한 규범이 되었고, 의의 완전한 규범으로써 하나님에 의해 시내산에서 십계명으로 전달되었다. 이 율법은 보통 도덕법이라고 불린다. 아담과 그의 모든 후손은 아담의 타락으로 말미암아 행위 언약으로 주신 율법을 모두, 늘 지키지 못하기 때문에 스스로 생명을 얻을 수가 없게 되었다. 이런 아담과 그의 후손을 긍휼히 여기신 하나님께서는 보통 은혜 언약이라고 불리는 둘째 언약을 맺으시기를 기뻐하셨다. 이 언약에 따라 예수 그리스도께서는 죄인들을 대신하여 모든 율법을 지키시고 죄를 짊어지고 십자가에서 죽으셨다. 주께서는 죄인들에게 예수 그리스도에 의한 생명과 구원을 값없이 제공하셨고, 그들이 구원 받도록 그리스도에 대한 믿음을 그들에게 요구하셨다.

구약 시대의 이스라엘 백성은 아직 성년에 이르지 못한 교회이었다. 예수 그리스도의 잉태와 출생과 사역과 고난과 혜택을 신약 시대의 백성처럼 성경을 통하여 명백하게 알지 못한다는 측면에서 성년에 이르지 못하였다. 주께서는 미성년 교회인 이스라엘 백성에게 몇 가지 상징적 규례를 담고 있는 의식법을 주셨다.

첫째로 의식법의 일부는 경배에 관한 것으로 그리스도와 그분의 은혜와 사역과 고난과 혜택을 예시한다. 구약 백성도 예수 그리스도에 대하여 알아야 하는데, 예수 그리스도께서 구약 시대에는 아직 사람이 되지 않으셨기 때문에, 주께서는 그리스도의 존재와 사역을 나타내는 자극적 의식을 주심으로써 미성년 교회인 이스라엘 백성을 가르치시기를 기뻐하셨다. 마치 유치원생이나 저학년의 초등학생을 위한 책에 삽화가 많이 들어가 그들의 이해를 돕는 것처럼, 구약시대의 규례도 짐승을 잡아 죽이는 것처럼 자극적이었고, 화려했고, 공감각 共感覺적이었다.

이것에 대하여 제7장 사람과 맺으신 하나님의 언약 제5절은 은혜 언약이 율법의 시대와 복음의 시대에 다르게 시행되었다고 표현한다. 유대 백성에게 주어진 율법 아래의 은혜 언약은 희생제물들, 할례, 유월절 양 그리고 이들 외의 예표들과 규례들에 의하여 시행되었고, 이 모든 것은 오실 그리스도를 예시한 것이다. 하나님께서는 할례창 17:11, 유월절 양출 12:27; 요 1:29, 희생제물레 1:4, 아사셀 염소레 16:8-10, 21, 22, 무교절, 칠칠절, 초막절 등을 통하여 오실 그리스도의 존재와 고난과 죽음을 미리 나타내셨다. 그 당시에는 성령의 사역으로 말미암아 약속된 메시아에 대한 믿음을 선택된 자들에게 가르치고 양육하기에 절대 부족하지 않았고 충분하였고 유효하였고, 이 메시야에 의해 그들은 온전한 사죄와 영원한 구원을 얻었지, 단순히 죄가 간과되는 정도가 아니었다. 구약 백성도 신약 백성과 똑같이 예수 그리스도에 의한 생명과 구원을 받았다.

둘째로 의식법의 일부는 도덕적 의무에 관한 다양한 교훈들에 대해 말해준다. 이스라엘은 칠일 동안 무교병을 먹어야했고, 그 첫날에 누룩을 각자의 집에서 제해야 했는데출 12:15. 누룩은 음행, 악, 악의 등을 의미한다고전 5:8. 이스라엘은 무교절을 지키며 누룩을 제할 때마다 자신들의 삶이 순전함과 진실함을 추구해야 함을 상기하였다. 이스라엘은 부정한 음식을 먹어서는 안 되고, 부정한 것을 만지면 안 되는데, 이 또한 악과 거짓을 멀리하며 구별된 삶을 살아야 한다는 의미이었다레 5:2; 고후 6:17.

이 모든 의식적 율법은 지금 신약 아래에서는 폐기되었다. 사도 바울은 골로새 성도들이 손으로 하지 아니한 할례, 즉 그리스도의 할례를 받았다며 손으로 하는 할례를 받아야 한다고 말하지 않는다. 그들이 세례를 통하여 그리스도와 함께 장사되고 그 안에서 함께 일으키심을 받았다고 말한다. 즉 그리스도의 고난과 죽음과 부활에 신자들이 동참하였으므로 신자들은 더 이상 그리스도의 고난과 죽음과 부활을 상징하는 것들을 지킬 필요가 없는 것이다. 그리스도께서는 우리를 거스르고 불리하게 하는 법조문으로 쓴 증서를 지우시고 제하여 버리사 십자가에 못 박으셨다. 그러므로 먹고 마시는 것과 절기나 초하루나 안식일을 이유로 신약의 성도들은 비판받지 않는다 골 2:11-16.

이것을 알지 못하는 유대인들이 안디옥 교회에 도착하여 모세의 법대로 할례를 받아야 구원을 받는다고 주장하여 큰 물의를 일으켰다. 이 문제에 관하여 사도들과 장로들이 예루살렘 교회에 모여 의논하였다. 바리새파 중에 어떤 자는 이방인이 할례를 행하고 모세의 율법을 지켜야 한다고 의견을 말하였다. 베드로는 조상과 자신들도 능히 메지 못하던 멍에를 제자들의 목에 둘 수 없다고 말하였다. 야고보를 비롯한 참석자들은 이방인 중에서 하나님께로 돌아오는 자들을 괴롭게 하지 않고, 다만 우상의 더러운 것과 음행과 목매어 죽인 것과 피를 멀리하는 것이 마땅하다고 결론지었다 행 15:27-29. 그러므로 신약 시대에 구약의 의식법을 지키는 것은 율법에 순종하는 것이 아니라 십자가의 고난과 죽음을 통해 의식법을 이루신 예수 그리스도의 사역을 경시하고 무시하는 것이다. 모든 의식적 율법은 지금 신약 아래에서는 폐기된 것이다.

19.4

또한 하나의 국가로서의 이스라엘 백성에게 하나님께서는 여러 가지 사법적 율법을 주셨다. 이 율법은 그 백성의 나라와 함께 만료되었고, 지금은 이 율법이 요구하는 일반적인 공정성 외에 어떠한 의무도 더 부과하지 않는다.g

To them also, as a body politic, he gave sundry judicial laws, which expired together with the state of that people; not obliging any other now, further than the general equity thereof may require.g

g 출 21:1-36; 출 22:1-28; 창 49:10 with 벧전 2:13-14; 마 5:17, 38-39; 고전 9:8-10

4. 시민법(사법적 율법)

이스라엘 백성은 하나의 국가에 해당한다. 국가로서 기능을 하려면 여러 가지 법률이 필요하다. 하나님께서는 이스라엘 백성에게 이러한 법률도 율법으로 주셨다. 이스라엘 백성은 히브리 종을 사면 여섯 해 동안만 종으로 부리고, 일곱째 해에는 몸값을 받지 않고 자유인으로 풀어줘야 했다. 사람을 쳐 죽인 자는 반드시 죽여야 했다. 과실치사인 경우에는 살인자가 도피성으로 도망할 수 있었다. 사람이 그의 이웃을 고의로 죽였으면 그를 하나님의 제단에서라도 잡아내려 죽여야 했다. 자기 아버지나 어머니를 친 자나 저주한 자는 반드시 죽여야 했다. 생명은 생명으로, 눈은 눈으로, 이는 이로, 손은 손으로, 발은 발로, 덴 것은 덴 것으로, 상하게 한 것은 상함으로, 때린 것은 때림으로 갚아야 했다. 사람이 소나 양을 도둑질하여 잡거나 팔면 그는 소 한 마리에 소 다섯 마리로 갚고 양 한 마리에 양 네 마리로 갚아야 했다. 도둑이 뚫고 들어오는 것을 보고 그를 쳐 죽이면 피 흘린 죄가 없으나, 해 돋은 후에는 피 흘린 죄가 있었다. 불이 나서 가시나무에 댕겨 낟가리나 거두지 못한 곡식이나 밭을 태우면 불 놓은 자가 반드시 배상하여야 했다. 사람이 약혼하지 아니한 처녀를 꾀어 동침하였으면 납폐금을 주고 아내로 삼아야 했다. 무당을 살려두면 안 되었다. 짐승과 행음하는 자는 반드시 죽여야 했다. 가난한 동족에게 돈을 꾸어 주면 그에게 채권자 같이 하지 말며 이자를 받지 말아야 했다. 이웃의 옷을 전당 잡으면 해가 지기 전에 그에게 돌려보내야 했다^{출 21:1-36, 22:1-28}.

이러한 시민법의 효력은 신약시대에서는 만료되었다. 복음이 단지 유대인에게만이 아니라 세계의 모든 민족과 국가에게 선포되었다. 복음을 받아들인 민족이나 국가 중 구약의 이스라엘처럼 전 시민이 모두 기독교 신자인 경우가 없다. 따라서 구약의 시민법을 신약시대에 법률로 받아들일 민족이나 국가가 없다. 대한민국만 해도 기독교인의 비율이 많아야 20%를 넘지 않는데, 어떻게 구약의 시민법을 국회가 법률로 제정하겠는가? 무당을 살려두면 안 된다는^{출 22:18} 구약의 시민법에 따라 현재 무당을 죽이는 신자가 있다면 그는 세계의 대부분의 나라에서 살인죄로

잡혀간다.

그렇다면 구약의 시민법은 신약시대에는 아무 의미가 없는가? 예수님께서는 눈은 눈으로, 이는 이로 갚으라는 출 21:24 율법이 악한 자를 대적하지 말라는 의미이고, 누가 자신의 오른편 뺨을 치거든 왼편도 돌려 대는 것이라고 가르쳐주셨다 마 5:38-39. 바울은 곡식을 밟아 떠는 소에게 망을 씌우지 말라는 구약의 시민법은 복음을 전하는 자가 육적인 것을 받아도 된다는 뜻이라고 설명하셨다 고전 9:8-10. 즉 구약의 시민법이 요구하는 일반적인 공정성이 신약시대에도 요구되고, 이것을 넘어서는 어떠한 의무도 시민법은 신약시대의 성도들에게 부과하지 않는다. 그런데 구약의 시민법이 지금 이 시대에도 그대로 요구되는 것으로 이해하는 과격한 일부 기독교인이 있다. 이들은 구약의 시민법에 따라 행동함으로써 현행법을 어겨 법의 징계를 받고, 뉴스로 알려져 많은 일반인을 놀라게 한다. 우리는 구약의 시민법이 신약시대에는 문자 그대로 적용되지 않고 그 일반적 공정성만 남는다는 것을 알음으로써 현행법의 테두리 내에서 행동해야 한다. 우리는 현행법 하에서도 구약의 시민법이 이 시대에 의미하는 바를 잘 실천할 수 있다.

19.5

도덕법은 외인들뿐만 아니라 의롭다 하심을 얻은 자들까지 모두에게 순종할 의무를 영원히 부과하는데,h 도덕법에 담긴 내용뿐만 아니라 도덕법을 주신 창조자 하나님의 권위 때문에 그러하다.i 그리스도께서도 복음 안에서 이 의무를 결코 폐하지 않으시고 오히려 더욱 강화하신다.k

The moral law doth forever bind all, as well justified persons as others, to the obedience thereof;h and that, not only in regard of the matter contained in it, but also in respect of the authority of God the Creator who gave it.i Neither doth Christ in the gospel, any way dissolve, but much strengthen this obligation.k h 롬 13:8-10; 엡 6:2; 요일 2:3-4, 7-8   i 약 2:10-11   k 마 5:17-19; 약 2:8; 롬 3:31

5. 영원한 도덕법

제19장 제3절이 말하는 것처럼 모든 의식적 율법은 지금 신약 아래에서는 폐기되었고, 제4절이 말하는 것처럼 시민법은 국가의 구성원이 전부 기독교인이 아닌 한 일반적인 공정성 외에 더 큰 의무를 시민에게 부과하지 않는다. 그렇다면 도덕법은 어떠할까? 도덕법은 두 가지 이유에서 영원히 유효하다. 첫째로 도덕법에 담긴 내용이란 측면에서 그러하다. 제2절이 말하는 것처럼 도덕법은 아담의 타락 후에도 계속하여 의의 완전한 규범이 되었고, 의의 완전한 규범으로써 하나님에 의해 시내산에서 십계명으로 전달되었다. 도덕법에 담긴 내용이 의의 완전한 규범이 되기 때문에 구약만이 아니라 신약에서도 유효하다. 도덕법은 하나님의 속성에 따라 만들어졌기 때문에 하나님의 속성이 영원하듯 도덕법 또한 영원한 것이다.

둘째로 도덕법을 주신 창조자 하나님의 권위란 측면에서 그러하다. 하나님은 영원하시고 지극히 지혜로우시고 지극히 거룩하시다. 이러한 속성들을 지니신 하나님께서 창조자로서 자신이 창조하신 피조물에게 도덕법을 주셨을 때에 하나님의 권위를 인하여 도덕법은 영원하다. 조선시대의 왕이나 대한민국의 대통령이 명령한 것은 왕과 대통령의 권위를 인하여 크게 유효하다. 더구나 그 명령이 내용에 있어서도 옳다면 모든 국민이 마음으로 따라야 하는 명령이 된다. 창조자로서의 권위를 지니신 하나님은 당연히 그 내용에 있어서도 의의 완전한 규범이 되는 도덕법을 주시기 때문에 도덕법은 영원히 모든 사람에게 순종할 의무를 부과한다.

그리스도께서도 복음 안에서 도덕법에 순종하는 의무를 결코 폐하지 않으시고 오히려 더욱 강화하신다. 그리스도께서 폐지하신 것은 모든 도덕법을 늘 지킴으로써 의롭다 하심을 받고 구원을 받으려는 율법주의이다. 어떠한 사람도 이것을 할 수 없기 때문에 예수 그리스도께서 사람이 되시어 모든 율법을 지키시고 사람들의 죄를 짊어지고 십자가에서 고난을 받고 죽으셨다. 성도는 예수 그리스도의 피로 이미 의롭다 하심을 얻은 자들이다. 성도는 이미 의롭다 하심을 받은 자로서 의의 완전한 규범이 되는 도덕법에 순종해야 한다. 모든 도덕법을 늘 지켜 의로워지려는 것이 아니라, 예수 그리스도를 인해 이미 의롭다 하심을 받은 성도가 자신의 신분에 맞게 도덕법을 지키는 삶을 사는 것이다. 율법은 좋은 것이고, 율법주의가 나쁜 것이다.

그리스도께서는 도덕법의 의미를 풍성히 드러내시며 도덕법을 더욱 강화하신다. 그분은 율법이나 선지자를 폐하러 온 것이 아니라 완전하게 하려 함이라고 하셨고, 천지가 없어지기 전에는 율법의 일점일획도 결코 없어지지 아니하고 다 이루신다고 하셨다. 누구든지 이 계명 중의 지극히 작은 것 하나라도 버리는 자는 천국에서 지극히 작다고 하셨다. 형제에게 노하고, 욕하고, 미련한 놈이라 하는 자도 지옥 불에 들어간다고 하셨다 마 5:17-22. 살인하지 말라는 도덕법의 참된 의미는 단순히 타인의 생명을 빼앗는 것만이 아니라 타인에게 노하고, 욕하고, 멸시하는 것도 살인이라고 하는 것이다. 도덕법을 모두 이루신 예수님께서는 도덕법의 참된 의미가 무엇인지를 이렇게 가르치셨다. 예수님의 예를 통해서도 알 수 있듯 도덕법은 모든 사람에게 순종할 의무를 영원히 부과한다.

> 도덕법 - 의의 완전한 규범 - 신약에서도 영원히 유지됨
> 의식법 - 그리스도의 은혜와 사역과 고난과 혜택을 예시 - 신약에서 폐기됨
> 시민법 - 국가 이스라엘에게 주어진 사법적 율법 - 신약에서 일반적 정당성만 남음

19.6

비록 참된 신자들은 행위 언약으로써의 율법 아래에 있지 않아서 율법에 의해 의로워지거나 정죄되지 않지만,l 그럼에도 율법은 외인들만이 아니라 그들에게도 크게 유용하다. 율법은 삶의 규범으로써 하나님의 뜻과 그들의 의무를 알려줌으로써 그들로 그에 따라 행하도록 지도하고 매이게 하는 면에서 유용하다.m 또한 그들이 율법에 의해 자신들의 본성과 마음과 삶이 악하게 오염된 것을 깨닫고,n 자신들을 살펴봄으로써 죄에 대하여 더 자각하고 죄를 인하여 더 겸손해지고 죄를 더 싫어하게 되는 면에서,o 아울러 자신들이 그리스도를 소유할 필요가 있고 그리스도의 순종이 완벽하다는 것을 더욱 분명히 인식하게 되는 면에서 유용하다.p 그뿐 아니라 율법은 중생자들이 부패를 억제하는 데 유용한데, 율법이 죄를 금지하고,q 그래서 비록 그들이 율법에서 말한 죄의 저주를 받을 것이라는 위협에서 자유롭기는 하지만 죄로 인하여 어떤 대가를 마땅히 받아야 하고 이생에서 어떤 고통을 예상해야 하는지를 율법의 위협이 보여주는 면에서 유용하다.r 같은 방식으로 율법의 약속은 중생자들에게 하나님께서 순종을 칭찬하신다는 것을 보여주고, 비록 행위 언약으로써의 율법에 의한 축복은 아닐지라도 그들이 율법을 행함으로 어떤 축복을 예상해야 하는지를 보여준다.s 그래서 율법이 선을 권장하고 악을 억제하기 때문에 사람이 선을 행하고 악을 삼가는 것이 그가 율법 아래에 있고 은혜 아래에 있지 않다는 것의 증거가 되지 않는다.u

Although true believers be not under the law, as a covenant of works, to be thereby justified or condemned;l yet is it of great use to them, as well as to others; in that, as a rule of life informing them of the will of God, and their duty, it directs and binds them to walk accordingly;m discovering also the sinful pollutions of their nature, hearts, and lives;n so as, examining themselves thereby, they may come to further conviction of, humiliation for, and hatred against sin;o together with a clearer sight of the need they have of Christ, and the perfection of his obedience.p It is likewise of use to the regenerate, to restrain their corruptions, in that it forbids sin;q and the threatenings of it serve to show, what, even their sins deserve; and, what afflictions, in this life, they may expect for them, although freed from the curse thereof threatened in the law.r The promises of it, in like manner, show them God's approbation of obedience, and what blessings they may expect upon the performance thereof;s although, not as due to them by the law, as a covenant of works.t So as, a man's doing good, and refraining from evil, because the law encourageth to the one, and deterreth from the other, is no evidence of his being under the law; and, not under grace.u

l 롬 6:14; 갈 2:16; 갈 3:13; 갈 4:4-5; 행 13:39; 롬 8:1
m 롬 7:12, 22, 25; 시 119:4-6; 고전 7:19; 갈 5:14, 16, 18-23
n 롬 7:7; 롬 3:20
o 약 1:23-25; 롬 7:9, 14, 24
p 갈 3:24; 롬 7:24-25; 롬 8:3-4
q 약 2:11; 시 119:101, 104, 128
r 스 9:13-14; 시 89:30-34
s 레 26:1-13; with 고후 6:16; 엡 6:2-3; 시 37:11 with 마 5:5; 시 19:11
t 갈 2:16; 눅 17:10
u 롬 6:12, 14; 벧전 3:8-12 with 시 34:12-16; 히 12:28-29

6. 율법의 삼중적인 용도

제7장 사람과 맺으신 하나님의 언약 제2절에 따르면 행위 언약에서 아담과 그의 후손은 완전하며 개인적인 순종을 할 때에 생명을 받을 수 있었다. 그런데 제7장 제3절에 따르면 아담의 타락으로 사람은 행위 언약에 의해 스스로 생명을 얻을 수가 없게 되었기 때문에, 주께서는 은혜 언약이라 불리는 둘째 언약을 맺으시고, 죄인들에게 예수 그리스도에 의한 생명과 구원을 값없이 제공하셨다. 그리스도께서 아담과 그의 후손이 지키지 못한 행위 언약을 대신 지키셨고, 그들이 지불해야 할 죄값을 대신 지불하신 것이다. 그러므로 참 신자들은 행위 언약에 해당하는 율법 아래에 매이지 않는다. 행위 언약이 요구하는 율법의 순종을 그리스도께서 이미 다 하셨으므로 그리스도와 연합되어 이미 의로워진 참된 신자들은 의로워지기 위하

여 율법을 지킬 필요가 없다.

그럼에도 참된 신자들은 도덕법을 지키는데, 이는 의로워지기 위해서도 아니고 정죄되지 않기 위해서도 아니다. 도덕법이 의의 완전한 규범이기 때문이다. 도덕법은 행위 언약에서만이 아니라 은혜 언약에서도 참된 신자들에게 의의 완전한 규범이 되어 크게 유용하다. 제5절이 도덕법이 영원하다고 말한다면, 제6절은 그 영원한 도덕법에 삼중적인 용도가 있다고 말한다. 세 가지 three 용도라는 표현보다 삼중적인 threefold 용도라고 하는 것은 각각의 용도가 정밀하게 분리되지 않고 대략적으로 구분된다는 의미이기도 하고, 사람이 율법을 행하면 동시에 세 가지 용도를 이룬다는 의미이기도 하다. 각각의 용도에 대하여 살펴보자.

❶ 삶의 규범의 용도 - 순종의 규범인 하나님의 영원한 도덕법

우리는 도덕법이 은혜 언약에서도 신자들에게 의의 완전한 규범이 됨을 살펴보았다. 의의 완전한 규범인 도덕법은 아래와 같이 세 가지를 신자들에게 알려줌으로써 삼중적인 용도를 갖는다. 의의 완전한 규범 a perfect rule of righteousness 은 첫째로 삶의 규범 a rule of life 이 되어 신자들에게 하나님의 뜻과 신자들의 의무가 무엇인지를 알려주는 면에서 유용하다. 신자들은 하나님의 뜻과 자신들의 의무가 무엇인지를 알게 되면 생활해 갈 때에 그에 따라 행하게 된다. 신자들은 인생을 사는 동안 선택하고 판단해야 할 일들이 많이 있다. 그 때에 판단할 수 있는 기준이 있다면 얼마나 편리한가? 성경은 제1장 성경 제2절이 말하는 것처럼 믿음과 생활의 규범 the rule of faith and life 이 되는데, 특별히 도덕법이 생활의 규범이 되는 것이다. 신자들은 생활 중에 판단할 일이 있을 때마다 도덕법에 근거해야 한다. 제1장 제6절이 말하는 것처럼 성경에 명백히 적혀 있지 않으면 적절하고 필연적인 논리귀결에 의해 성경으로부터 추론하여야 한다. 신자들은 본성의 빛과 기독교적 사려분별에 의해 그렇게 추론할 수 있는 논리력을 길러야 한다.

율법의 용도

```
율법              하나님의 뜻과 신자의 의무를 알려줌 - 생활의 규범
 ‖           ↗
의의 완전한 규범 ―  신자의 본성과 마음과 삶의 오염을 밝히며
             ↘  그리스도의 필요성을 알려줌
                 율법의 위협과 율법의 약속을 알려줌 - 선의 장려와 악의 억제
```

신자들은 신앙생활을 할수록 지각을 사용함으로 연단을 받아 도덕법에 의해 선악을 분별하는 자들로 성장해가야 한다. 젖을 먹는 자가 아니라 의의 말씀을 경험함으로 단단한 음식을 먹는 자가 되어야 한다 히 5:12-14. 그리스도인이 된다는 것은 단지 예수 그리스도를 알고 믿어 구원을 받는다는 차원만이 아니라, 하나님께서 예수 그리스도로 말미암아 성령 안에서 주신 도덕법을 경험하여 선악을 분별하는 자들로 성장해간다는 차원이기도 하다. 그런데 도덕법이 생활의 규범이 되는 것을 모르는 자들은 구원을 받은 후에는 율법이 더 이상 필요없다고 주장한다. 이런 율법폐기론자들은 칭의의 가치만 알고 성화의 가치를 모르는 이들이다. 신자들은 그리스도를 알고 믿는 것으로 그 신앙생활이 끝나는 것이 아니라 그 이후에도 복잡한 인생살이를 해야 하는데 그때 도덕법이 우리 발의 등과 길의 빛이 되어 시 119:105, 복잡한 상황을 어떻게 분별해야 하는지 알려준다. 참된 신자들은 신앙생활을 할수록 하나님의 말씀을 옆에 두고 하나님의 말씀에 따라 생각하고 판단하고 행하여야 한다. 성경이 가는 만큼 가고 멈추는 곳에 멈추어야 한다.

❷ 몽학(蒙學) 선생으로서의 용도 - 사람의 부패성과 그리스도의 필요성을 알려줌

의의 완전한 규범인 율법이 첫째로 삶의 규범으로써 하나님의 뜻과 신자들의 의무를 알려줌을 앞에서 살펴보았다. 둘째로 율법은 신자들의 본성과 마음과 삶이

악하게 오염된 것을 드러낸다. 신자들은 의의 완전한 규범에 따라 자신들의 본성과 마음과 삶을 비교하게 되면 이것들이 악하게 오염된 것을 알게 된다 롬 3:20. 이에 따라 자신들을 살펴봄으로써 죄가 존재하고 죄가 어떤 것인지 더 자각하게 되고, 자신들의 능력으로 죄를 극복할 수 없음을 알게 됨으로 죄에 대하여 더 겸손해지고, 죄가 하나님의 의에 어긋나는 것임을 더 알게 되며 죄를 더 싫어하게 된다 약 1:23-25; 롬 7:9, 14, 24. 신자들이 이렇게 죄에 대하여 더 자각하고 더 겸손해지고 더 싫어할수록 자신들의 능력으로 하나님의 의에 이르지 못함을 깨닫게 되므로 자연히 자신들이 그리스도를 소유해야할 필요성이 절대적임을 인식하게 되고 그리스도의 순종이 자신들이 의로워지고 구원받는 데 얼마나 완벽한가를 인식하게 된다.

율법은 사람들을 예수 그리스도께로 인도하는 몽학蒙學 선생의 역할을 한다. 헬라 시대에 귀족의 자녀가 육칠 세부터 성인이 될 때까지 의복과 식사의 시중을 들고 교양을 가르치고 학교까지 데려다주는 노예가 있었다. 이런 노예를 몽학 선생 supervision, schoolmaster, custodian이라고 한다. 귀족의 자녀가 몽학 선생의 시중과 가르침을 받는 것은 그 자체가 목적이 아니라, 성숙한 성인으로 자라 큰 역할을 하기 위해서이다. 신자는 율법을 통해 죄의 존재와 해악함과 사람의 자정 능력의 한계를 깨닫는다. 율법은 몽학 선생처럼 사람이 율법을 다 지킬 수 없어서 죄값으로 죽어야 한다는 것을 알게 하여 예수 그리스도에게로 인도한다 롬 7:9, 14, 24-25; 8:3-4; 갈 3:24. 몽학 선생이 귀족의 자녀를 성숙한 성인으로 인도하듯, 율법은 사람을 예수 그리스도에게로 인도한다. 귀족의 자녀가 몽학 선생에게 배운 것을 넘어서서 성인으로서의 역할에 관심을 가져야 하듯, 신자는 율법 자체에 머물면 안 되고 율법을 통하여 예수 그리스도의 필요성을 깨달아야 하고, 그후에는 율법을 삶의 규범으로 하여 더 성숙한 자로 성장해가야 한다.

❸ 세속적 용도 - 악을 억제하고 선을 권장

의의 완전한 규범인 율법이 첫째로 삶의 규범으로써 하나님의 뜻과 신자들의 의무를 알려주고, 둘째로 신자들의 본성과 마음과 삶이 악하게 오염된 것을 드러내며 신자들로 그리스도의 소유의 필요성을 인식하게 함을 앞에서 살펴보았다. 셋째로 율법은 죄를 짓는 신자들이 어떤 고통을 받고 율법을 지키는 자들이 어떤 축복을 받는지를 알려줌으로써 악을 억제하고 신 9:13-14; 시 89:30-34 선을 권장하는시 37:11; 마 5:5; 엡 6:2-3 세속적 혹은 정치적 역할을 한다. 율법은 죄를 짓는 신자들이 어떠한 대가를 마땅히 받는지를 그리고 어떤 고통을 이생에서 받게 되는지를 알려주며 죄를 짓지 말라고 위협한다. 신자들은 율법의 위협을 보며 죄를 억제하게 된다. 율법은 또한 율법에 순종하는 신자들이 어떤 풍성한 축복을 받는지를 알려준다. 신자들은 율법의 약속을 보며 선을 행하게 된다.

　율법은 사람의 죄에 따른 벌과 순종에 따른 축복이 무엇인지 보여줌으로써 악을 억제하고 선을 장려하는 것이다. 율법의 이런 용도를 통하여 사회와 국가의 도덕과 질서가 유지된다고 하여 율법의 이 용도를 세속적 혹은 정치적 용도라고 한다. 이러한 용도는 신자들에게만 국한되지 않는다. 하나님의 구체적인 율법을 모르는 비신자들도 자신들의 양심에 새겨진 하나님의 율법을 인하여 본성으로 율법을 알고 행한다. 이런 이들은 그 양심이 증거가 되어 그 생각들이 서로 고발하며 혹은 변명하여 그 마음에 새긴 율법의 행위를 나타낸다롬 2:14-15. 율법의 이런 작용을 통하여 비신자들도 극도로 악한 죄를 짓지 않게 되고 선도 행하게 된다. 비신자들이 다수를 차지하는 사회와 국가의 법과 제도와 윤리가 율법의 이러한 용도를 통하여 유지된다.

　신자들은 은혜 언약 아래에 있기 때문에 이미 예수 그리스도에 의해 구원과 생명을 얻었다. 따라서 그들이 죄를 짓는다고 하여 죄의 저주에 빠져 구원과 생명을 잃는 것도 아니고, 그들이 선을 행한다고 하여 그들의 선행으로써 구원과 생명을 얻는 것도 아니다. 하지만 이미 구원과 생명을 얻은 신자들일지라도 율법이 축복의 약속을 통해 선을 권장하고 고통의 위협을 통해 악을 억제하는 것을 보면서 선을 행하고 악을 삼가게 된다. 따라서 신자들이 선을 행하고 악을 삼간다고 하여 율법 아래에 있고 은혜 아래에 있지 않는 것이 아니다. 자신이 은혜 아래에 있음을 아는 신자일수록 선을 행하고 악을 삼간다.

19.7

앞서 말한 율법의 용도들은 복음의 은혜와 상반되지 않고, 오히려 복음의 은혜를 조화롭게 따르는 것이다.w 왜냐하면 그리스도의 영께서 사람의 의지를 다스리시어 율법에 계시된 하나님의 의지가 행하라고 요구하는 것을 자유롭게 그리고 기꺼이 행하도록 하시기 때문이다.x

Neither are the forementioned uses of the law contrary to the grace of the gospel, but do sweetly comply with it,w the Spirit of Christ subduing, and enabling the will of man, to do that, freely and cheerfully, which the will of God revealed in the law, requireth to be done.x

w 갈 3:21   x 겔 36:27; 히 8:10 with 렘 31:33

7. 복음의 은혜와 반대되지 않는 율법의 용도

의의 완전한 규범인 율법은 첫째로 삶의 규범으로써 하나님의 뜻과 신자들의 의무를 신자들에게 알려주면서 그들로 그에 따라 행하도록 지도한다. 신자들은 그렇게 행하도록 매이게 된다. 이것은 일견 복음의 은혜와 반대되는 것으로 보인다. 왜냐하면 복음의 은혜는 신자들이 모든 율법을 항상 지켜서 의로워지고 구원을 받은 것이 아니라, 예수 그리스도께서 모든 율법을 지키시고 사람들의 죄값을 짊어지고 십자가에 죽으셨는데, 그리스도의 이 순종과 죽음이 신자들의 것으로 여겨지는 것이기 때문이다. 복음의 은혜는 말 그대로 하나님의 은혜로 신자들의 구원과 영생이 이루어지는 것이지, 절대로 신자들의 행위가 아니다. 그런데 율법의 첫째 용도에서 보는 것처럼 신자들은 하나님의 뜻과 자신들의 의무를 행해야 한다. 행위가 따르는 것이다. 율법의 셋째 용도도 선을 권장하고 악을 억제하므로 신자들은 선을 행하고 악을 삼가야 한다. 역시 선을 행하는 율법의 행위가 따르니 일견 복음의 은혜와 반대되는 것으로 보인다.

하지만 신자들이 율법의 첫째 용도에서 하나님의 뜻과 신자들의 의무를 행하고, 셋째 용도에서 선을 행하고 악을 삼가는 것은 절대로 신자들의 행위로 구원과 영생을 얻으려는 것이 아니다. 이미 예수 그리스도의 순종과 죽음으로 의롭다 하심을 얻고 영생을 얻은 자들로서 그리스도의 순종을 따르는 것뿐이다. 하나님의 자녀가 되었으니 하나님의 자녀다운 삶을 더욱 삶아야 하지 않는가? 복음의 은혜로 구원을 받은 자로서 복음을 따르는 것이 바로 율법의 용도들이 말하는 바이다. 그러므로 율법의 용도들은 복음의 은혜와 상반되지 않고, 오히려 복음의 은혜를 조화롭게 따르는 것이다.

그렇다면 신자들이 율법의 용도들을 행할 때 이 일이 신자들의 의지와 능력으로 가능한가? 절대로 가능하지 않다. 제6장 사람의 타락과 죄와 형벌 제5절과 제13장 성화 제2절이 말하는 것처럼 중생한 신자들에게도 본성의 부패가 남아있기 때문에 그리스도의 영께서 같이 하시지 않는 한 신자들은 육체의 소욕을 자신의 의지와 능력으로 이길 수 없다. 성령께서 사람의 의지를 가라앉히시고 다스리시지 않는 한 누가 스스로 자신의 의지를 누그러뜨릴 수 있겠는가? 여러 종류의 짐승과 새와 벌레와 바다의 생물은 다 사람이 길들일 수 있고 길들여 왔지만, 혀는 능히 길들일 사람이 없다. 예수님께서는 입에서 나오는 것들이 마음에서 나오는 것인데 이것이야말로 사람을 더럽게 하는 것이라고 말씀하셨다 마 15:18. 혀를 길들이는 자는 마음을 길들이는 자이다. 하지만 마음을 길들일 자가 없어 혀는 쉬지 아니하는 악이 되고 죽이는 독이 가득하게 된다 약 3:7-8. 사람의 의지가 바로 그 혀로 하여금 쉬지 아니하는 악이 되게 하고 죽이는 독이 가득하게 한다. 혀를 능히 길들일 사람이 없는 것처럼 사람의 의지를 능히 길들일 자가 없다. 이 일은 오직 성령님만 하실 수 있다.

성령께서는 사람의 의지를 길들여 하나님의 의지뜻가 요구하는 것을 사람의 의지로 하여금 행하도록 하실 때에 사람의 의지로 자유롭게 그리고 기꺼이 행하도록 하신다. 제9장 자유 의지 제1절이 말하는 것처럼 하나님께서는 사람의 의지에 본성적 자유를 부여하셨다. 이 본성적 자유는 억지로 선이나 악을 지향하도록 강요 받지도 않고, 본성의 어떤 절대적인 필연성에 의해 선이나 악을 지향하도록 결정 되지도 않는다. 또한 제3장 하나님의 영원한 작정 제1절이 말하는 것처럼 하나님의 작정에 의해 피조물의 의지는 강요받지 않고, 제2원인들의 자유나 임의성이 제거되지도 않고 도리어 확립된다. 하나님의 성령께서 사람의 의지를 누그러뜨리시며 영향을 미치시는데 사람의 의지는 오히려 자유롭게 그리고 기꺼이 행하는 것이다. 이것이야말로 하나님의 신비이고 하나님께서만 하실 수 있는 일이다. 선택된 죄인들이 그리스도를 믿겠다고 원하는 것이나 실제로 믿을 수 있게 되는 것이나 믿은 후에 그리스도의 뜻대로 사는 것은 그들의 의지로 인한 것이 아니라 그들의 의지를 다스리시고 행하도록 하시는 성령님 때문이다 겔 36:27; 히 8:10 with 렘 31:33; 요 6:44-45. 복음의 은혜를 아는 자일수록 사람의 부패함이 중생한 신자들에게 남아있어 얼마나 크게 영향을 미치는지를 알고 동시에 하나님의 은혜와 능력이 얼마나 큰지를 안다. 사람의 전적 부패와 하나님의 전적 은혜와 전능하신 능력을 알수록 율법의 용도들은 복음의 은혜와 얼마나 조화를 이루는지를 안다 갈 3:21.

 신자들은 은혜 아래에 있음에도 불구하고 율법이 명하는 바를 행하고, 율법이 금하는 것을 삼가는 것은 율법이 의의 완전한 규범으로써 하나님의 영원한 성정을 나타내기 때문이고, 자신들을 위하여 죽으신 예수 그리스도께서 율법의 순종의 모범을 보이시며 거룩함을 좋아하시기 때문이고, 율법의 위협이 말하는 고통과 율법의 약속이 말하는 축복을 알기 때문이다. 자신들이 율법 아래가 아니라 복음의 은혜 아래에 있음을 진정으로 아는 자들일수록 선을 행하고 악을 삼간다. "그러므로 너희는 죄가 너희 죽을 몸을 지배하지 못하게 하여 몸의 사욕에 순종하지 말고 … 죄가 너희를 주장하지 못하리니 이는 너희가 법 아래에 있지 아니하고 은혜 아래에 있음이라" 롬 6:12, 14.

 참된 신자는 율법의 삼중적인 용도를 통해 율법이 주는 풍성한 유익을 알기 때문에 오직 여호와의 율법을 즐거워하여 그의 율법을 주야로 묵상하고, 악인들의 꾀를 따르지 아니하며 죄인들의 길에 서지 아니하며 오만한 자들의 자리에 앉지 아니한다 시 1:1-2. 율법을 마음에 새기고, 자녀에게 부지런히 가르치며 집에 앉았을 때에든지 길을 갈 때에든지 누워 있을 때에든지 일어날 때에든지 율법을 강론하고, 또 그것을 자신의 손목에 매어 기호를 삼으며 자신의 미간에 붙여 표로 삼고 또 자기 집 문설주와 바깥문에 기록한다 신 6:6-9. 복음의 은혜를 아는 신자일수록 구약의 이 말씀들을 책장에 꽂아두지 않고 마음 깊숙이 새겨 자신의 삶에서 풍성하게 사용하여 율법의 삼중적인 용도를 크게 누린다. 예수 그리스도의 은혜를 아는 자일수록 율법의 가치와 용도를 크게 누린다.

Of Christian Liberty, and Liberty of Conscience

제20장 그리스도인의 자유와 양심의 자유

20.1

그리스도께서 복음 아래 신자들을 위해 사신 자유는 그들이 죄책과 하나님의 정죄의 진노와 도덕법의 저주로부터 해방된 것에 있고,[a] 이 악한 현세대와 사탄의 종노릇하는 것과 죄의 지배로부터[b] 또한 고난의 악과 사망의 쏘는 것과 무덤의 승리와 영원한 정죄로부터 건짐을 받은 것에 있고,[c] 그들이 하나님께 자유롭게 나아가며[d] 종의 무서움이 아니라 어린아이 같은 사랑과 자원하는 마음으로 하나님께 기꺼이 순종하는 것에 있다.[e] 이 모든 것은 율법 아래 신자들에게도 공통적이었다.[f] 그러나 신약 아래에서 그리스도인의 자유가 더 확장되는데, 그들이 유대 교회가 종속되었던 의식법의 멍에로부터 해방된 면에서,[g] 그리고 율법 아래의 신자들이 통상적으로 누렸던 것보다 더 담대히 은혜의 보좌 앞에 나아가며[h] 더 충만히 하나님의 자유의 영과 교통하는 면에서 그러하다.[i]

The liberty which Christ hath purchased for believers under the gospel, consists in their freedom from the guilt of sin, the condemning wrath of God, the curse of the moral law,[a] and in their being delivered from this present evil world, bondage to Satan, and dominion of sin;[b] from the evil of afflictions, the sting of death, the victory of the grave, and everlasting damnation;[c] as also in their free access to God,[d] and their yielding obedience unto him, not out of slavish fear, but a childlike love and willing mind.[e] All which were common also to believers under the law.[f] But under the New Testament the liberty of Christians is further enlarged in their freedom from the yoke of the ceremonial law, to which the Jewish Church was subjected;g and in greater boldness of access to the throne of grace,h and in fuller communications of the free Spirit of God, than believers under the law did ordinarily partake of.i

a 딛 2:14; 살전 1:10; 갈 3:13
c 롬 8:28; 시 119:71; 고전 15:54-57; 롬 8:1
e 롬 8:14-15; 요일 4:18
g 갈 4:1-3, 6-7; 갈 5:1; 행 15:10-11
i 요 7:38-39; 고후 3:13, 17-18
b 갈 1:4; 골 1:13; 행 26:18; 롬 6:14
d 롬 5:1-2
f 갈 3:9, 14
h 히 4:14, 16; 히 10:19-22

1. 복음 아래 신자의 자유

제9장^{자유 의지} 제1절이 말하는 것처럼 하나님께서는 사람의 의지에 본성적 자유를 부여하셨다. 이 본성적 자유는 억지로 선이나 악을 지향하도록 강요받지도 않고, 본성의 어떤 절대적인 필연성에 의해 선이나 악을 지향하도록 결정되지도 않는다. 사람은 자신의 무죄의 상태에서는 하나님께 선하고 기쁨이 되는 것을 원하고 행할 자유와 능력을 갖고 있었지만, 가변적이라 거기로부터 타락할 수도 있었다^{제9장 제2절}. 자신의 타락에 의해 죄의 상태에 빠진 사람은 구원을 동반하는 영적 선을 원하는 모든 능력을 전적으로 잃어버렸다. 그래서 본성적 사람은 선을 완전히 싫어하고 죄 가운데 죽었다^{제9장 제3절}. 그는 본성이 타락하며 본성적 자유도 잃어버려, 선을 원하고 행할 자유를 잃어버린 것이다. 죄인은 자기 자신의 힘에 의해 자신을 회심시킬 수도 없고, 자신을 회심에 이르도록 준비시킬 수도 없게 되었다. 하나님께서 예수 그리스도의 순종과 죽음에 의해 이러한 죄인을 회심시키시어 은혜의 상태로 옮기셨다. 즉 그를 본성적 속박에서 자유롭게 하신 것이다. 이때부터 그는 영적으로 선한 것을 자유롭게 원하고 행할 수 있게 되었다. 하지만 그는 자신 속에 남아있는 부패 때문에 선한 것을 온전히 원하지 않고, 선한 것을 원할 뿐만 아니라 악한 것도 원한다^{제9장 제4절}. 제20장은 이렇게 그리스도께서 자신의 순

종과 죽음에 의해 획득하신 신자의 자유에 대하여 다룬다. 복음 아래의 신자들이 자유를 누릴 수 있는 것은 그리스도께서 자신의 순종과 죽음을 통해 먼저 그 자유를 획득하셨기 때문이다.

❶ 죄책과 하나님의 정죄의 진노와 도덕법의 저주

아담의 원죄로 인해 그의 후손은 모두 죽음이라는 죄책을 갖는다. 그런데 그리스도께서 그 죄책을 짊어지시고 대신 죽으셨다. 그리스도와 연합된 신자들은 그리스도의 대속의 죽음을 인해 죄책으로부터 자유로워진다 딛 2:14. 그리스도께서 대속의 죽음을 죽으시지 않았다면 사람들이 어떤 노력을 하여도 죽음이라는 죄값으로부터 자유로울 수 없다. 절대 영생의 자유를 누리지 못한다.

아담의 죄로 그 후손은 모두 정죄에 이른다 롬 5:18. 또 사람은 자신이 짓는 죄에 대하여 정죄 당한다. 사람이 무슨 무익한 말을 하든지 심판 날에 이에 대하여 심문을 받고 정죄함을 받는다 마 12:36-37. 예수님을 믿지 않는 자는 자신의 행위가 악하므로 빛보다 어둠을 더 사랑한 것인데 이에 대하여 정죄 받는다 요 3:18-19. 음란과 부정과 사욕과 악한 정욕과 탐심과 같은 땅에 있는 지체를 죽이지 않는 자에게 하나님의 진노가 임하고 골 3:5-6, 고집과 회개하지 아니한 마음을 따르는 자에게 진노가 임하여 쌓인다 롬 2:5. 그런데 하나님의 정죄하시는 진노 역시 예수 그리스도께서 신자의 죄를 짊어지고 죽으시므로 신자에게 임하지 않는다. 그리스도는 장래의 노하심에서 우리를 건지신 것이다 살전 1:10.

제19장 하나님의 율법 제2절에 의하면 도덕법은 아담의 타락 전이나 후나 모든 사람이 하나님 앞에서 지켜야 할 의의 완전한 규범이다. 도덕법의 모든 내용을 항상 행하지 아니하는 자는 저주 아래에 있다 갈 3:10. 이것이 바로 도덕법을 지키지 않는 자를 향한 도덕법의 저주이다. 그런데 예수 그리스도께서 생애와 죽음을 통하여 신자를 위하여 도덕법의 모든 내용을 지키셨고, 도덕법의 저주로 인한 죄값을 대신 짊어지심으로 도덕법의 저주를 해결하셨다 갈 3:13. 따라서 신자는 도덕법의 저주로부터도 자유로워졌다.

❷ 악한 현세대와 사탄의 종노릇하는 것과 죄의 지배

그리스도께서 우리 죄를 대속하시기 위해 자기 몸을 주심으로 하나님 아버지의 뜻을 따라 이 악한 세대에서 우리를 건지셨다갈 1:4. 그리스도께서 우리를 건지시기 전에는 우리가 모두 허물과 죄로 죽었었다. 허물과 죄 가운데서 행하여 이 세상 풍조를 따르고, 공중의 권세 잡은 자 곧 지금 불순종의 아들들 가운데서 역사하는 영을 따랐다. 우리는 다 그 가운데서 우리 육체의 욕심을 따라 지내며 육체와 마음의 원하는 것을 하여 다른 이들과 같이 본질상 진노의 자녀이었는데, 그리스도께서 자신의 몸을 십자가에서 내주심으로 우리를 악한 현세대에서 건지셨다엡 2:1-5. 우리가 이 악한 세대에 빠져들지 않고, 세상 풍조를 따르지 않는 것은 우리 자신의 의지와 능력으로 되는 것이 아니라 예수 그리스도께서 이 악한 현세대에서 우리를 건지셨기 때문에 가능하다. 우리가 이 세상 풍조와 공중의 권세 잡은 자를 따르지 않아서 이 악한 현세대에서 건지심을 받는 것이 아니라, 그리스도께서 대속의 죽음을 죽으시므로 이 악한 현세대에서 건지심을 받는 것이고, 이 세상 풍조와 공중의 권세 잡은 자를 따르지 않는 자유를 누리는 것이다.

사람들이 스스로의 힘으로 어둠에서 빛으로, 사탄의 권세에서 하나님께로 나갈 수 있을까? 절대 로 없다. 사람은 어둠과 빛의 정확한 정체를 모르기 때문에 어떻게 빠져나가고 어떻게 도달하는지를 모르고, 설령 정체를 안다고 하여도 흑암과 사탄의 권세가 너무나 강하므로 스스로 벗어나지 못한다. 오직 하나님께서 예수 그리스도의 죽음에 의거하여 사탄의 종노릇하는 것으로부터 하나님의 사랑의 아들의 나라로 옮기셔서골 1:13; 행 26:18 우리가 이 자유를 누린다.

아이작 뉴턴은 사과나무에서 사과가 떨어지는 것을 보고 모든 물체 사이에는 서로 끌어당기는 힘이 존재함을 발견했다. 지구상에 있는 모든 물건은 지구의 중력의 영향을 받아 모두 위에서 아래로 떨어진다. 그렇듯 지구상에 사는 모든 사람은 죄의 지배를 받는다. 중력이 눈에 보이지 않지만 지구상의 모든 존재에 영향을 미치듯, 이 땅에 사는 사람들은 모두 죄의 지배를 받는다. 죄는 실제로 존재하는 것이지 절대로 추상적 개념으로 존재하는 것이 아니다. 죄는 우리를 실제로 주장하여 이 땅에서 비참한 삶을 살게 하고 끝내 죽게 한다. 그런데 예수 그리스도의 죽음으로 우리는 죄의 지배에서 벗어나 은혜 아래에 있는 자유를 누리게 된다롬 6:14.

❸ 고난의 악과 사망의 쏘는 것과 무덤의 승리와 영원한 정죄

인생을 살며 겪는 고난을 우리는 최대한 피하고 싶어 한다. 고난을 좋아할 자가 어디 있을까? 그런데 우리가 고난을 견딜 수 있는 것은 고난을 통해 연단되어 주님을 더욱 알기 때문이다. 시편 기자는 고난을 통해 주의 율례들을 배우게 되므로 고난을 당한 것이 자신에게 유익이라고 말했다시 119:71. 그런데 왜 신자들은 고난을 통해 좌절과 자포자기에 빠져 그 생이 구렁으로 빠지지 않고 오히려 주의 율례들을 배우게 될까? 왜 고난을 통해 성숙에 이를까? 그것은 그리스도께서 고난의 악으로부터 우리를 건지셨기 때문이다. 원래는 고난이 사람들에게 악영향을 끼치는데 그리스도께서 그 악영향을 제거해버리시고 오히려 우리에게 선한 영향이 되게 하신 것이다. 그래서 하나님을 사랑하는 자 곧 그의 뜻대로 부르심을 입은 자들에게는 고난을 포함한 모든 것이 합력하여 선을 이룬다롬 8:28.

바울은 "사망아 네가 쏘는 것이 어디 있느냐?"라고 묻고, "사망이 쏘는 것은 죄요 죄의 권능은 율법이라"고 대답한다. 사망에게는 쏠 것이 없다. 사망이 쏘는 것은 죄이다. 죄를 짓는 자에게나 사망이 영향력이 있지, 죄가 없는 자에게는 사망이 아무 영향력이 없다. 신자들은 예수 그리스도의 보혈의 피로 죄가 없는 자들이기 때문에 사망이 신자들에게 아무 것도 쏘지 못한다.

무덤 또한 승리할 것이 없다. 무덤은 썩을 것을 가두는 곳이지 썩지 않는 것을 가두지 못 한다. 우리 신자들은 예수 그리스도의 대속의 죽음과 부활을 인하여 썩을 육신이 썩지 아니함을 입고, 죽을 육신이 죽지 아니함을 입는다, 그리스도께서 죽은 자 가운데서 다시 살아나시어 잠자는 자들의 첫 열매가 되셨으므로, 우리 또한 그와 연합하여 부활한다. 아담 안에서 모든 사람이 죽은 것 같이 그리스도 안에서 모든 사람이 무덤에 승리하여 삶을 얻는다고전 15:20-22. 우리는 사망을 삼키고 이기게 된다^{고전 15:54}. 더 이상 무덤과 사망의 영향을 받지 않고 이들을 향해 완전한 승리를 얻는다.

죄는 사람과 피조물을 향하여 정죄한다. 죄는 사람과 피조물에게 있는 정돈된 질서와 조화와 원리를 깨뜨리며, 끝내 죽음과 소멸에 이르기까지 정죄한다. 그 어떠한 사람도 죄의 정죄에서 벗어날 자가 없고, 죄의 정죄에 맞서 승리할 자가 없다. 그런데 그리스도께서 죄의 정죄를 짊어지고 십자가에서 대신 죽으심으로 죄는 더 이상 사람과 피조물을 향하여 정죄하지 못한다. 그리스도 예수 안에 있는 자에게는 결코 정죄함이 없는 것이다. 그리스도 예수 안에 있는 생명의 성령의 법이 죄와 사망의 법에서 우리를 해방하였기 때문이다^{롬 8:1-2}. 하나님을 믿는 자는 영생을 얻고 심판에 이르지 아니한다^{요 5:24}.

❹ 하나님께 자유롭게 나아감과 기꺼이 순종함

일반인은 대통령에게 자유롭게 나아갈 수 없다. 청와대 입구부터 삼엄한 경비가 서고, 청와대 내에서 대통령이 거주하는 공간에 가까이 갈수록 경비는 더 심해지고, 경호원들이 밀착하여 경호한다. 그런데 대통령에 대한 경비가 삼엄하다 할지라도 대통령의 존재는 눈에 보이기라도 하지만, 하나님은 보이시지 않는다. 하나님께 어떻게 가까이 나아가는지 사람은 알 수도 없다. 그런데 하나님께서 우리가 나아가는 것을 허락하신다. 예수 그리스도의 대속의 죽음으로 우리의 죄가 없어지며 하나님께서는 아예 우리 안에 내주하신다. 우리가 하나님의 성전이고, 하나님의 성령이 우리 안에 계신다^{고전 3:16}. 우리는 예수 그리스도로 말미암아 하나님과 화평을 이루어^{롬 5:1}, 성령 안에서 하나님께 언제든 자유롭게 나아갈 수 있다.

로마 시대에 종들은 주인에게 자발적으로 기뻐하는 마음으로 순종하는 것이 아니라 순종하지 않으면 생명과 안위를 빼앗기기 때문에 어쩔 수 없이 순종하였다. 하지만 우리가 하나님께 순종하는 것은 종의 무서움이 아니라, 어린아이 같은 사랑과 자원하는 마음으로 기꺼이 순종하는 것이다. 종은 주인이 나타나면 징계를 두려워하는 마음으로 열심히 순종하는 척 한다. 어서 주인이 사라져 쉴 수 있기를 바란다. 하지만 그 주인의 자녀는 주인이 나타나면 기쁜 마음으로 달려가 안긴다. 부모가 자신에게서 떠나지 않기를 바란다. 이와 같이 신자도 무서워하는 종의 영을 받지 아니하고 양자의 영을 받았으므로 하나님의 임재와 말씀을 두려워하지 않고 오히려 기뻐한다. 하나님에게서 아빠 아버지를 느낀다 롬 8:15. 하나님께서 자신의 독생자를 내어주실 정도로 자신을 사랑하심을 알기 때문에 아무 두려움이 없다. 신자가 져야 할 형벌을 예수 그리스도께서 하나님의 사랑을 인하여 지셨으므로 신자는 온전한 사랑을 인하여 두려움을 내쫓고 기꺼이 하나님께 나아간다 요일 4:18.

❺ 율법 아래보다 은혜 아래의 신자들에게 더 확장된 자유

지금까지 살펴본 자유는 그리스도께서 복음 아래의 신자들을 위하여 획득하신 자유이다. 그런데 이 모든 것은 또한 율법 아래의 신자들에게도 공통적이었다. 제7장 사람과 맺으신 하나님의 언약 제6절이 말하는 것처럼 실체가 다른 두 개의 은혜 언약이 있는 것이 아니라, 하나의 똑같은 은혜 언약이 다양한 경륜 아래에 있는 것이기 때문이다. 구약이나 신약이나 하나님께서 죄인들에게 예수 그리스도에 의한 생명과 구원을 값없이 제공하셨기 때문에 제7장 제3절, 구약 백성이나 신약 백성이나 그리스도에 의한 생명과 구원으로 말미암는 자유를 똑같이 누린다 제7장 제5절. 구약 시대의 아브라함과 그 후손이 받은 복이나 신약 시대의 신자들이 받는 복이나 같다 갈 3:9, 14.

그러나 신약에서 그리스도인의 자유가 더 확장되었다. 첫째로 그들이 유대 교회가 종속되었던 의식법의 멍에로부터 해방되었기 때문이다. 구약 백성은 할례, 유월절, 성전에서의 희생 제사 등을 지켜야 하였다 제7장 제5절. 제19장 하나님의 율법 제3절이 말하는 것처럼, 하나님께서는 미성년 교회에 해당하는 이스라엘 백성에게 의식법을 주셨고, 이 모든 의식적 율법은 지금 신약 아래에서는 폐기되었다 갈 4:1-3, 6-7, 5:1; 행 15:10-11. 실체實體이신 그리스도께서 신약 시대에 나타나셨기 때문에 신약 백성은 의식법의 멍에로부터 자유로워졌고, 의식법 대신에 말씀의 선포,

그리고 세례와 주의 만찬이란 성례의 집행을 지키고 누린다제7장 제6절.

둘째로 그들이 은혜의 보좌 앞에 더 담대히 나아가기 때문이다. 구약 백성은 하나님께 아무 때나 어디서나 나아갈 수 없고, 오직 성전에서 제사장을 통해서만 나아갈 수 있었다. 하나님께서는 구약 시대에 이스라엘 백성을 성전에서 희생 제사를 통해서 만나주셨다. 그런데 신약 시대에서는 실체이신 그리스도께서 십자가에서 피 흘려 죽으심으로 우리의 죄를 대속하셨기 때문에 성전과 제사장이 더 이상 필요하지 않다. 예수님이 직접 우리에게 큰 대제사장이 되시기 때문에 우리는 구약 시대보다 더 긍휼하심을 받고 때를 따라 돕는 은혜를 얻기 위하여 은혜의 보좌 앞에 담대히 나아갈 수 있다히 4:14, 16. 예수님이 십자가에서 죽으실 때에 성소 휘장이 위로부터 아래까지 찢어져 둘이 되었다마 27:51. 이것은 성전의 용도가 더 이상 필요하지 않음을 나타낸다. 우리는 예수님의 피를 힘입어 성소에 들어갈 담력을 얻는다. 그 길은 우리를 위하여 휘장 가운데로 열어 놓으신 새로운 살 길이고, 휘장은 곧 그의 육체이다. 하나님의 집 다스리는 큰 제사장이 계시므로 우리가 마음에 뿌림을 받아 악한 양심으로부터 벗어나고, 몸은 맑은 물로 씻음을 받았으므로 참 마음과 온전한 믿음으로 하나님께 나아갈 수 있다히 10:19-22.

셋째로 그들이 율법 아래의 신자들이 통상적으로 누렸던 것 보다 더 충만히 하나님의 자유의 영과 교통하기 때문이다. 예수님께서는 자신을 믿는 자는 성경에 이름과 같이 그 배에서 생수의 강이 흘러나온다고 말씀하셨다. 이것은 예수님을 믿는 자들이 받을 성령을 가리켜 말씀하신 것이다요 7:38-39. 실제로 예수님께서 영광을 받으시고 승천하신 후 성령께서 이 땅에 오시어 신자들 안에 내주하신다. 주의 영이 계신 곳에는 자유가 있다고후 3:17. 예수님께서는 공생애 동안에 제자들에게 자신이 떠나가는 것이 그들에게 유익이라고 말씀하셨다. 자신이 떠나가지 아니하면 보혜사가 그들에게로 오시지 아니하고, 자신이 가면 자신이 그를 그들에게로 보내신다고 말씀하셨다요 16:7. 구약 백성보다 신약 백성이 성령과 교통하는 면에서 더 큰 자유를 누린다.

20.2

오직 하나님만 양심의 주이시다.k 하나님은 무슨 일에서든 사람의 교훈과 계명이 자신의 말씀에 어긋나거나, 믿음과 예배의 문제에서 자신의 말씀에 덧붙여진다면 양심을 사람의 교훈과 계명으로부터 자유롭게 하셨다.l 그래서 양심으로 그런 교훈을 믿거나 그런 계명에 순종하는 것은 양심의 참된 자유를 져버리는 것이며,m 무조건적 믿음 및 절대적이며 맹목적인 순종을 요구하는 것은 양심의 자유 그리고 이성의 자유도 파괴하는 것이다.n

God alone is Lord of the conscience,k and hath left it free from the doctrines and commandments of men, which are in any thing contrary to his Word; or beside it, if matters of faith or worship.l So that, to believe such doctrines, or to obey such commands out of conscience, is to betray true liberty of conscience:m and the requiring of an implicit faith, and an absolute and blind obedience, is, to destroy liberty of conscience, and reason also.n

k 약 4:12; 롬 14:4
l 행 4:19; 행 5:29; 고전 7:23; 마 23:8-10; 고후 1:24; 마 15:9
m 골 2:20, 22-23; 갈 1:10; 갈 2:4-5; 갈 5:1
n 롬 10:17; 롬 14:23; 사 8:20; 행 17:11; 요 4:22; 호 5:11; 계 13:12, 16-17; 렘 8:9

2. 양심의 유일한 주이신 하나님

입법부는 국가의 권력체계 가운데 입법을 담당하는 국가기관으로 국회가 여기에 해당한다. 사법부는 국회가 만든 법에 따라 어떤 문제에 대해 적법한지 위법한지 판단함으로써 법질서를 유지하는 기능을 행사한다. 행정부는 법을 구체화하고 집행함으로써 현실적으로 국가목적을 실현시키는 행정권의 주체이다. 이렇게 사람들은 입법부와 사법부와 행정부를 통하여 법을 만들고 판단하고 구체화하는데 이 모든 것이 궁극적으로는 하나님께서 사람들에게 주신 율법과 이성과 손발과 믿음에 근거한다. 하나님께서 사람들에게 지정의를 주시지 않고 통찰을 주시지 않는다면 사람들은 학문도 정부도 법률도 가질 수 없다. 오직 하나님만 진리이시고, 지극히 선하시고, 지극히 거룩하시고, 지극히 자유로우시다. 그러므로 오직 하나님만 양심의 주이시고, 사람의 양심의 기준이 된다. 입법자와 재판관은 오직 한 분 하나님이시다. 하나님만 가장 올바른 법을 만드실 수 있고, 하나님만 가장 정확히 재판하실 수 있다. 하나님만 가장 자유롭고 가장 정확하게 구원하기도 하시며 멸하기도 하신다. 사람은 이렇게 정확하게 할 수 있는 능력이 없으므로 하나님께서 가장 정확하게 만드신 율법을 준행하는 자가 되어야지 함부로 그 율법을 판단하는 자가 되면 안 된다약 4:11-12; 롬 14:4.

양심의 유일한 주이신 하나님께서 자신의 뜻을 선지자와 사도에게 계시하시어 기록되게 하셨다. 그 기록된 말씀이 믿음과 생활의 유일한 규범이 되고제1장 제2절, 우리 양심의 유일한 기준이 된다. 그러므로 사람의 교훈과 계명이 어떤 일에서든 하나님의 말씀에 어긋나거나, 믿음과 예배의 문제에서 하나님의 말씀에 덧붙여진다면, 사람은 그 교훈과 계명으로부터 자유로워진다. 그 교훈과 계명을 지키지 않아도 되는 것이고, 지키지 않아도 아무 양심의 가책을 느낄 필요가 없다. 사람의 양심은 하나님의 말씀에 맞는 것을 결정할 자유를 갖고, 하나님의 말씀에 어긋난 것을 거절할 자유를 갖는다. 사람의 양심은 진리를 향한 자유이지 다수결이나 강압으로 결정된 사람의 교훈과 계명이 아니다. 그 진리는 오직 하나님의 말씀에 담겨있다.

예수님께서는 사람의 계명으로 교훈을 삼아 가르치는 것이 예수님을 헛되이 경배하는 것이라고 하셨다마 15:9. 예루살렘 관리들이 베드로와 요한을 붙잡아 위협하면서 이 후에는 예수님의 이름으로 아무에게도 말하지 말라고 하였을 때에 베드로와 요한은 "하나님 앞에서 너희의 말을 듣는 것이 하나님의 말씀을 듣는 것보다 옳은가 판단하라!"고 대답하였다행 4:19. 사도 바울은 고린도 교인들에게 "우리가 너희 믿음을 주관하려는 것이 아니요 오직 너희 기쁨을 돕는 자가 되려 함이니 이는 너희가 믿음에 섰음이라"고고후 1:24 말하였다.

그래서 하나님의 말씀에 어긋나거나 덧붙여진 교훈이나 계명을 따르는 것은 참되게 순종하는 자가 아니라, 양심의 참된 자유를 져버리고 종의 멍에를 메는 자이다갈 5:1. 이는 그리스도 예수 안에서 우리가 가진 자유를 빼앗기고 종이 되는 것이다갈 2:4. 하나님의 말씀에 어긋난 사람의 명령과 가르침은 결국 자의적 숭배와 겸손과 몸을 괴롭게 하는 데는 지혜 있으나 오직 육체 따르는 것을 금하는 데는 조금도 유익이 없다골 2:23. 참된 신자는 사람들에게 좋게 하면 안 되고, 하나님께 좋게 하여야 한다. 사람들에게 기쁨을 구하면 안 되고, 하나님께 기쁨을 구하는 그리스도의 종이 되어야 한다갈 1:10.

하나님의 말씀에 어긋나는 것인데도 불구하고 무조건적으로 믿으라고 요구하는 것 그리고 절대적이며 맹목적으로 순종하라고 요구하는 것은 양심의 자유와 이성의 자유를 모두 파괴하는 것이다. 어떤 일이든 양심과 이성에 맞아야 믿고 순종하는 것이지, 양심과 이성을 떠나서 무조건적으로 절대적으로 맹목적으로 믿고 순종하라는 것은 매우 잘못된 것이다. 베뢰아 사람들은 간절한 마음으로 말씀을 받고 이것이 그러한가 하여 날마다 성경을 상고하였지행 17:11, 무조건적으로 맹목적으로 믿지 않았다. 믿음은 들음에서 나며 들음은 그리스도의 말씀으로 말미암으로롬 10:17 모든 신자는 늘 그리스도의 말씀에 따라 옳고 그름을 판별해야 한다. 어떤 사람이 신접한 자와 마술사에게 물으라 하면, 이스라엘 백성은 마땅히 율법과 증거의 말씀을 따라야 했다. 그들이 말하는 바가 이 말씀에 맞지 아니하면 그들은 정녕 아침빛을 보지 못하였다사 8:19-20.

제1장 성경 제2절에서 살펴본 것처럼 로마 가톨릭은 성전聖傳을 성경과 같은 위치에 둔다. 이뿐만 아니라 성경과 성전을 "올바로 해석하는 직무는 예수 그리스도의 이름으로 권한을 행사하는 교회의 살아 있는 교도권에만 맡겨져 있다. 곧 로마 주교인 베드로의 후계자와 일치를 이루는 주교들에게 맡겨져 있는 것이다."고[19] 말한다. 이들은 "너희 말을 듣는 자는 곧 내 말을 듣는 것이요"라는눅 10:16 말씀을 인

---

[19] 『가톨릭 교회 교리서』 85항, 70.

용하면서 "신자들은 이 말씀을 명심하여 그들의 목자들이 여러 형태로 주는 가르침과 지도를 온순하게 받아들인다."고 말한다.[20] 이들은 교황과 주교들이 그리스도의 권위를 지닌 스승이라고 말하면서, 이들의 "교도권은 신자들에게 믿어야 할 진리, 실천해야 할 사랑, 그리고 희망해야 할 참 행복을 가르친다."고 말한다.[21] 이들은 그리스도의 권위에 참여하는 가장 높은 단계가 무류성無謬性의 은사로 보장된다며, "무류성은 윤리를 포함해서, 구원을 위한 신앙 진리들을 지키고 설명하며 보존하는 일에 필요한 모든 교리 조항에까지"[22] 미칠 뿐만 아니라, 자연법의 특정한 규정들에도 미친다. 왜냐하면 이들은 창조주께서 요구하시는 이 규정들의 준수가 구원에 필요하다고 보기 때문이다.[23]

이들은 이어서 각자의 양심이 교도권의 권위 있는 가르침에 표현되어 있는 공동선을 지향할 수 있어야 하고, 개인의 양심이나 이성을 도덕률이나 교회의 교도권과 대립시키는 것은 옳지 않다고 말한다.[24] 이어서 각자가 따라야 할 교회의 법규에 대하여 다섯 가지로 말한다. 첫째 법규는 주일과 의무축일 주님과 복되신 동정 마리아와 성인들의 신비를 공경하는 축일들에는 미사에 참여하는 것이다. 둘째 법규는 일 년에 한 번은 자기의 죄를 고백하는 고해성사를 받는 것이다. 셋째 법규는 적어도 한 번 부활 시기에 성체를 받아 모시는 것이다. 넷째 법규는 교회가 정한 날에 금식재와 금욕재를 지키는 것이다. 다섯째 법규는 신자들이 자신의 능력에 따라 교회의 물질적 필요를 지원하는 것이다. 로마 가톨릭은 주교단이 정한 교회 법규에는 무류성이 존재한다며 무조건적 믿음과 절대적이며 맹목적 순종을 요구하는 것이고, 이것은 양심의 자유와 이성의 자유를 파괴하는 것이다. 이에 반해 제31장 대회와 공의회 제4절은 교직자들이 모여서 중요한 일을 결정하는 대회와 공의회가 틀릴 수

---

20 『가톨릭 교회 교리서』, 87항, 70.
21 『가톨릭 교회 교리서』, 2034항, 741.
22 『가톨릭 교회 교리서』, 2035항, 741.
23 『가톨릭 교회 교리서』, 2035항, 741.
24 『가톨릭 교회 교리서』, 2039항, 743.

있으므로 어떠한 대회나 공의회도 믿음이나 행위의 규범이 되어서는 안 되고, 단지 이 둘에 대한 도움으로 이용되어야 한다고 말한다.

> **20.3**
>
> 그리스도인의 자유를 구실로 무슨 죄를 범하거나 무슨 정욕을 품는 자들은 그리스도인의 자유의 목적을 파괴하는 것이다. 그 자유의 목적은 우리가 원수의 손에서 건져졌으므로 종신토록 주님 앞에서 성결과 의로 두려움 없이 주를 섬기는 것이다.o
>
> They, who upon pretense of Christian liberty, do practice any sin, or cherish any lust, do thereby destroy the end of Christian liberty, which is, that being delivered out of the hands of our enemies, we might serve the Lord without fear, in holiness and righteousness before him, all the days of our life.o
>
> o 갈 5:13; 벧전 2:16; 벧후 2:19; 요 8:34; 눅 1:74-75

3. 그리스도인의 자유의 목적

우리는 제20장 제1절에서 그리스도께서 복음 아래 신자들을 위하여 사신 자유가 무엇인지 살펴보았다. 그런데 이러한 자유를 신자들이 가졌다고 하여 어떤 죄를 범하거나 어떤 정욕을 품는 것은 자유를 즐거워하고 누리는 것이 아니라, 그리스도인의 자유의 목적을 파괴하는 것이다. 죄를 범하는 자마다 죄로부터 자유로운 자가 되는 것이 아니라 죄의 종이 되는 것이다.요 8:34 그리스도인의 자유는 도덕법의 저주로부터 해방된 것에 있지, 도덕법으로부터 해방된 것에 있지 않다. 그리스도인의 자유는 정욕의 지배로부터 건져짐을 받은 것에 있지, 정욕을 자유롭게 발

산하는 것에 있지 않다. 복음 아래 신자들은 의식법의 멍에로부터 해방되었지, 절대로 도덕법으로부터 해방되지 않았다.

신자들이 자유롭게 되었다는 것은 자신들을 죄와 정욕으로 유혹하고 지배하려는 원수의 손에서 건짐을 받았다는 것이지, 마음대로 죄와 정욕을 추구해도 된다는 것이 절대 아니다. 오히려 죄와 정욕이 나쁜 것이고 더러운 것임을 더욱 깊이 깨달아 더욱 싫어하게 된다. 다만 제6장 사람의 타락, 죄, 그리고 죄의 형벌 제5절이 말하는 것처럼 신자들일지라도 본성의 부패가 사는 동안에는 남아 있어 죄를 짓기 마련이다. 다윗도 간음과 살인교사의 죄를 범했고, 베드로도 예수님을 배반하는 죄를 범했다. 하지만 이들은 죄를 지은 이후 자신들의 죄를 깨달았을 때에 깊이 회개하며 주님께로 돌아왔다. 신자도 죄를 짓지만 그 죄에 오래 머물지 않고 크게 부끄러워하고 불편해하며 죄로부터 벗어나려고 노력한다. 죄로부터 회개한 이후 다윗은 여호와의 말씀과 사랑으로 이스라엘을 다스려 여호와 보시기에 정직하게 행한 자라는 평을 들었고, 베드로는 주님께 충성하며 많은 사람을 주님께로 인도하고 굳게 하였다. 이들은 자유를 위하여 부르심을 입었으나, 그 자유의 진정한 의미를 깨달았을 때에 그 자유로 육체의 기회를 삼지 않고 사랑으로 종노릇 하였다 갈 5:13.

신자들은 원수가 다스리는 흑암의 권세에서 하나님께서 다스리시는 그의 사랑의 아들의 나라로 옮김을 받은 자들이다. 그 나라는 성결과 의로 진행되는 나라이다. 그러므로 신자들은 이 땅에서 사는 동안에 종신토록 주의 앞에서 성결과 의로 두려움 없이 주를 섬기는 것이고, 섬겨야 한다 눅 1:74, 75. 신자들은 이것을 위해 자유를 그리스도에 의해 갖게 된 것이지, 더러움과 불의를 추구하도록 자유로 초대된 것이 아니다. 신자들은 그 자유로 악을 가리는 데 쓰지 않고 오직 하나님의 종과 같이 해야 한다 벧전 2:16.

20.4

그리고 하나님께서 자신이 정하신 권세와 그리스도가 사신 자유가 서로를 파괴하는 것이 아니라 상호간에 서로를 붙들고 지키도록 의도하셨기 때문에, 그리스도인의 자유를 구실로 국가 권세이든 교회 권세이든 합법적 권세에 대항하거나 그 권세의 합법적 집행에 대항하는 이들은 하나님의 명을 거스르는 것이다.ᵖ 그리고 그들이 믿음이나 예배나 생활태도와 관련하여 본성의 빛이나 널리 알려진 기독교 원리에 어긋나거나, 경건의 능력에 어긋나는 견해를 공표하거나 그런 행위를 고수하는 이유로 인하여, 또는 그런 잘못된 견해나 행위가 그것들 자체의 성격이나 그것들을 공표하고 고수하는 방식에서 그리스도께서 교회에 세우신 외적 평화와 질서를 파괴하는 이유로 인하여, 그들은 교회의 권징에 의해ᑫ 그리고 국가 통치자의 권세에 의해ʳ 소명하도록 적법하게 소환될 수 있고 피소될 수 있다.

And because the power which God hath ordained, and the liberty which Christ hath purchased, are not intended by God, to destroy, but mutually to uphold and preserve one another; they, who upon pretense of Christian liberty, shall oppose any lawful power, or the lawful exercise of it, whether it be civil or ecclesiastical, resist the ordinance of God.ᵖ And, for their publishing of such opinions, or maintaining of such practices, as are contrary to the light of nature, or to the known principles of Christianity; whether concerning faith, worship, or conversation, or to the power of godliness; or, such erroneous opinions or practices, as either in their own nature, or in the manner of publishing or maintaining them, are destructive to the external peace and order which Christ hath established in the Church, they may lawfully be called to account, and proceeded against by the censures of the Church,ᑫ and by the power of the Civil Magistrate.ʳ

p 마 12:25; 벧전 2:13-14, 16; 롬 13:1-7; 히 13:17
q 롬 1:32 with 고전 5:1, 5, 11, 13; 요이 1:10-11 & 살후 3:14 & 살전 6:3-5 & 딤 1:10-11, 13 & 딛 3:10 with 마 18:15-17; 딤전 1:19-20; 계 2:2, 14-15, 20; 계 3:9

r 신 13:6-11; 롬 13:3-4; with 요이 1:10-11; 스 7:23, 25-28; 계 17:12, 16-17; 느 13:15, 17, 21-22, 25, 30; 왕하 23:5-6, 9, 20-21; 대하 34:33; 대하 15:12-13, 16; 단 3:29; 딤전 2:2; 사 49:23; 슥 13:2-3

4. 하나님이 정하신 권세와 그리스도가 사신 자유 간의 관계

❶ 권세와 자유 간의 관계

제3절이 그리스도인의 자유 그리고 그리스도인의 죄와 정욕 간의 관계에 대하여 말한다면 제4절은 하나님께서 정하신 권세 그리고 그리스도께서 사신 자유 간의 관계에 대하여 말한다. 신자들이 그리스도인의 자유를 구실로 죄를 범하고 정욕을 품는다면 이는 그리스도인의 자유의 목적을 파괴하는 것이듯, 신자들이 그리스도인의 자유를 구실로 합법적인 국가권세나 교회권세에 또는 그 권세의 합법적 집행에 대항하면 이는 하나님의 명을 거스르는 것이다.

왜냐하면 하나님께서 그 권세를 세우셨기 때문이다. 첫째로, 국가 권세에 대하여 알아보자. 사도 바울은 하나님으로부터 나지 않는 권세가 없고 하나님께서 모든 권세를 다 정하셨다고 말한다. 그러므로 각 사람은 위에 있는 권세들에게 복종해야 하고, 권세를 거스르는 자는 하나님의 명을 거스르는 것이다. 신자들은 권세자의 진노 때문이 아니라 자신들의 양심을 따라 그 권세에 복종해야 한다. 신자들은 조세를 받을 자에게 조세를 바치고 관세를 받을 자에게 관세를 바치고 두려워할 자를 두려워하며 존경할 자를 존경해야 한다 롬 13:1-7. 베드로 사도는 신자들이 인간의 모든 제도를 주를 위하여 순종해야 한다고 말한다. 위에 있는 왕이나 총독에게 순종해야 한다. 자신들에게 있는 자유로 악을 가리는 데 쓰지 말고 오직 하나님의 종과 같이 하라고 말한다 벧전 2:13-14, 16.

둘째로, 교회 권세에 대하여 알아보자. 예수님은 열두 사도에게 천국 열쇠를 주셨다. 이들이 무엇이든지 땅에서 매면 하늘에서도 매이고 무엇이든지 땅에서 풀면 하늘에서도 풀린다 마 18:18. 예수님은 사도와 선지자와 복음 전하는 자와 목사와 교사를 주셨다. 이렇게 교회 권세는 하나님께서 세우신 것이지 사사로이 세워진 것이 아니다. 하나님은 교회에 이런 권세자들을 주시어 이들이 성도를 온전하게 하여 봉사의 일을 하게 함으로써 그리스도의 몸을 세우려 하신다 엡 4:11-12. 그러니 신자들이 교회 권세에 복종하는 것은 당연하다. 신자들은 잘 다스리는 장로들을 배나 존경하여야 하고 말씀과 가르침에 수고하는 장로들에게는 더욱 그리하여야 한다 딤전 5:17. 히브리서 기자는 신자들이 자신들을 인도하는 자들에게 순종하고 복종함으로써 그들로 하여금 근심이 아니라 즐거움으로 자신들을 인도하게 하여 유익을 얻으라고 말한다 히 13:17.

하나님께서 세우신 권세와 그리스도께서 사신 자유가 서로를 파괴한다면 이는 하나님 아버지와 예수 그리스도가 서로를 파괴하는 것처럼 있을 수 없는 일이다. 하나님께서는 그 권세와 자유가 서로를 파괴하는 것이 아니라 상호간에 서로를 붙들고 지키도록 의도하셨다. 예수님께서는 스스로 분쟁하는 나라마다 황폐하여지고, 스스로 분쟁하는 동네나 집마다 서지 못한다고 말씀하셨다 마 12:25. 신자들이 그리스도인의 자유를 구실로 합법적인 국가권세나 교회권세에 대항한다면 어찌 그런 그리스도인들이 속한 나라가 건전하게 서겠는가?

❷ 교회의 권징과 국가 통치자의 권세에 의한 소환과 피소

사람들이 첫째로 믿음이나 예배나 생활태도와 관련하여 본성의 빛에 어긋나는, 둘째로 널리 알려진 기독교의 원리에 어긋나는, 셋째로 경건의 능력에 어긋나는 견해를 공표하고 그런 행위를 고수하는 이유로 인하여, 그리고 넷째로 사람들의 그런 잘못된 견해와 행위가 이들 자체의 성격 면에서나 이것들을 공표하고 고수하는 방식 면에서 그리스도께서 교회에 세우신 외적 평화와 질서를 파괴하는 이유로 인하여, 교회와 국가는 그들을 소명하도록 적법하게 소환할 수 있고, 경우에 따라 피소할 수 있다.

국가는 그런 견해의 공표와 행위의 고수가 국가의 정한 법률에 어긋나면, 그리고 교회는 그것들이 널리 알려진 기독교의 원리와 경건의 능력에 어긋나거나 그리스도께서 교회에 세우신 외적 평화와 질서를 파괴하면 소환하거나 피소한다. 본성의 빛에 의해 만들어진 법률은 널리 알려진 기독교의 원리나 경건의 능력이나 교회의 외적 평화와 질서에 일치하기도 하고 안 하기도 한다. 예를 들면 주일 성수는 널리 알려진 기독교의 원리나 경건의 능력이나 교회의 평화와 질서에 속하지만, 대부분의 국가는 주일 성수를 법률로 명시하지 않는다. 따라서 교회는 주일 성수를 의도적으로 하지 않는 자에 대하여 권징을 하지만, 국가는 법률로 처벌하지 않는다. 십계명에 나오는 부모를 공경하지 않는 것과 살인과 간음과 도둑질과 거짓 증거와 이웃의 집을 탐내는 것 등에 대해서도 교회와 국가가 정확하게 같은 견해를 유지하지는 않는다.

본성의 빛을 하나님의 말씀에 따라 조명하려는 사람들이 많을수록 그 사회와 국가는 하나님의 말씀에 맞는 법률과 제도와 문화를 안정적으로 유지하지만, 그런 사람들이 적을수록 그 사회와 국가는 사람의 소견에 옳은 대로 법률과 제도와 문화를 형성하고, 갈수록 실험정신이 강해지면서 시행착오로 인한 혼란과 극도의 파괴를 두려워하지 않고 막연히 잘 될 것이라는 낙관주의로 거침없이 새로운 시도들을 해나간다. 신자들은 국가가 본성의 빛과 기독교 원리와 경건의 능력에 맞는 법률과 제도와 문화를 만들고 유지하도록 노력하여야 한다. 신자들이 국가와 사회를 향하여 이러한 관심과 노력이 없다면 나쁜 법률과 제도와 문화를 인하여 사회생활을 하는 데 큰 어려움을 겪게 된다. 신자는 교회에서만 생활하는 것이 아니라 그보다 더 많은 시간을 사회와 국가에서 보내는 줄 알고 자신이 속한 사회와 국가가 하나님의 말씀에 따라 건전해지도록 큰 노력을 해야 한다.

국가 통치자가 권세로 이들을 소환할 수 있고 피소할 수 있다고 하여 국가가 교회의 일에 간섭하거나 통제할 수 있다는 의미가 아니다. 단지 국가의 통치자는 자신의 권세를 올바로 사용하여 하나님의 법에 맞게 작성된 법률에 의거하여 범법자를 소환하고 피소할 수 있다는 의미이다. 이에 대해서는 제23장 국가의 통치자을 참고하라. 만약에 국가가 성경에 어긋나는 법률과 제도를 신자들에게 지키도록 강요한다면 신자들은 하나님의 말씀을 우선적으로 따르면서도 동시에 국가의 권세도 존중해야 하는 딜레마에 빠지게 된다. 이런 일이 발생하지 않도록 신자들은 좋은 정부가 들어서고, 좋은 법률과 제도와 문화가 형성되도록 국민의 본성의 빛에 호소하며 설득하는 선한 노력을 기울여야 한다.

성경이 교회의 권징에 대해 언급한 것을 살펴보자. 요한 사도는 "누구든지 이 교훈을 가지지 않고 너희에게 나아가거든 그를 집에 들이지도 말고 인사도 하지 말라"고 말한다. 그에게 인사하는 자는 그 악한 일에 참여하는 자라며 요이 1:10-11 그런 자를 교회에 들이지 말라고 말한다. 신자들은 틀린 교훈을 주장하고 행하는 자들과 사귀지 않음으로써 이들이 틀린 자라는 것을 명백히 하며 이들을 부끄럽게 하여 이들로 돌아오게 해야 한다. 바울도 누가 자신의 편지에 있는 말을 순종하지 아니하면 사귀지 않음으로서 그를 부끄럽게 하라고 말한다 살후 3:14. 바울은 디도에게 불순종하고 헛된 말을 하며 속이는 자의 입을 막고 엄히 꾸짖고 딛 1:10-11, 13, 이단에 속한 사람을 한두 번 훈계한 후에 멀리하라고 딛 3:10 말한다. 바울은 고린도 교인들에게 음행자와 탐욕자와 우상 숭배자와 모욕하는 자와 술 취한 자와 속여 빼앗는 자와 사귀지도 말고 먹지도 말라고 편지하였다. 바울은 교회가 교회 밖의 사람에 대해서는 상관하지 않을지라도 교회 내의 교인들에 대해서는 권징해야 한다고 말한다 고전 5:1, 5, 11, 13. 바울은 디모데에게 양심을 버리고 믿음에 있어 파선한 후메내오와 알렉산더를 사탄에게 내주어 그들로 훈계를 받아 신성을 모독하지 못하게 하였다고 말한다 딤전 1:19-20. 사도 요한은 에베소 교회가 악한 자들을 용납하지 아니한 것과 거짓 사도를 시험하여 드러낸 것에 대하여 칭찬하였고 계 2:2, 버가모 교회가 발람과 니골라 당의 교훈을 지키는 자들을 징계하지 않은 것에 대하여 책망하였고 계 2:14-15, 두아디라 교회가 자칭 선지자라 하는 여자 이세벨을 용납한 것에 대하여 책망하였다 계 2:20. 교회는 이렇게 다양한 형태로 틀린 교훈을 주장하고 행하는 자들을 징계하였다.

예수님은 이런 징계를 하는 절차에 대하여 가르쳐주셨다. 첫째, 형제가 죄를 범하면 그 사람과만 상대하여 권고한다. 그 사람을 부끄럽게 하지 않도록 주변에 널리 알리지 않고 그 사람과만 상대하여 권고하는 것이다. 둘째, 그 사람이 듣지 않으면 한두 사람을 데리고 가서 두세 증인의 입으로 말마다 확증한다. 사람은 권고자가 혼자일 때와 두세 사람일 때에 받는 압력의 강도가 다르다. 권고자가 혼자일 때는 자신의 견해가 옳을 수 있겠다는 생각도 들고, 상대방 한 명만 어떻게든 제압하면 자신의 의도대로 살 수 있겠다는 생각도 든다. 그런데 두세 명의 권고자가 오면 여러 사람이 자신의 주장을 틀린 것으로 여긴다는 것을 알게 되며 여러 사람을 맞서 싸워야 한다는 큰 부담을 갖는다. 셋째, 그래도 그 사람이 듣지 않으면 교회에 말한다. 교회가 예배 중에 그 사람의 주장과 행위가 틀렸음을 공포하고 그에 따른 벌을 내리면 그 사람이 받는 압박은 매우 커진다. 공동체의 낙인을 받았으니 얼마나 부끄럽겠고 얼마나 교제의 폭이 좁아지겠는가? 믿음이 있는 신자라면 교회의 이런 결정을 큰 무게로 받아들이며 하나님의 결정으로 알고 순종한다. 자신의 주장과 행동을 고치려고 노력한다. 넷째, 교회의 말마저도 듣지 않으면 이방인과 세리와 같이 여긴다마 18:15-17. 자기 양심이 화인을 맞아서 외식함으로 거짓말하는 자들이 있다. 믿음에서 떠나 미혹하는 영과 귀신의 가르침을 따르는 자들이 교회 내에 있으므로딤전 4:1-2 교회의 말도 듣지 않는 자들은 이방인과 세리와 같이 여겨야 한다. 보다 자세한 내용은 제30장의 교회 권징을 참고하라.

　이제 성경이 국가의 소환과 피소에 대하여 언급한 것을 살펴보자. 구약의 이스라엘은 자체가 종교국가이어서 시민법이 작동되었다. 시민법에 따라 이들은 여호와 외에 다른 신을 섬기자고 하는 자들을 용서 없이 돌로 쳐죽였다신 13:6-11. 에스라는 하나님의 율법을 아는 자를 법관과 재판관으로 삼아 하나님의 명령과 왕의 명령을 준행하지 아니하는 자를 죽이거나 귀양 보내거나 가산을 몰수하거나 옥에 가두었다스 7:23, 25-28. 느헤미야는 안식일에 음식물을 파는 자들을 엄히 경계하였고, 자녀를 이방인에게 배우자로 주고받은 자들을 책망하고 저주하며 그들 중 몇 사람을 때리고 그들의 머리털을 뽑았다느 13:15, 17, 21-22, 25, 30. 요시야 왕은 우상을 섬기게 한 제사장들을 폐하였고, 산당의 제사장들을 다 제단 위에서 죽였고, 뭇 백성에게 명령하여 유월절을 지키게 하였다왕하 23:5-6, 9, 20-21. 신약의 바울은 다스리는 자들이 악한 일에 대하여 칼로 보응하니 신자들은 권세를 두려워하여 선을 행하라고 말하였다롬 13:3-4. 바울은 디모데에게 임금들과 높은 지위에 있는 모든 사람은 우리가 경건과 단정함으로 고요하고 평안한 생활을 하게 하는 이들이라고 말하였다 딤전 2:2.

국가 통치자가 이런 선한 목적과 의도로 신자들을 소환하고 피소하는 것은 바람직하지만, 이런 선한 목적과 의도가 국가 통치자의 권한과 의무라는 것을 아는 자가 많지 않다. 오히려 권력을 가진 자는 자신의 사적 이익을 위해 권력을 더 강하게 사용하고 구축하려고 하기 때문에 교회를 향해서도 나쁜 목적과 의도로 간섭할 수 있다. 이런 위험성을 제거하기 위해 미국장로교회는 1788년에 아예 제4절의 마지막 표현 "국가 통치자의 권세에 의해서"and by the power of the Civil Magistrate 라는 부분을 삭제하였고, 같은 차원에서 국가와 교회 간의 관계에 대해 서술한 제22장 제3절과 제23장 제3절을 수정했고, 제31장 제2절을 삭제하였다.

Of Religious Worship, and the Sabbath Day

제21장 신성한 예배와 안식일

21.1

본성의 빛은 만물에 대한 지배권과 주권을 갖고 계시고, 선하시고, 만물에게 선을 행하시는, 그래서 사람이 온 마음과 온 영혼과 온 힘을 다해 경외하며, 사랑하며, 찬송하며, 이름을 부르며, 의지하며, 섬겨야 하는 하나님께서 존재하신다는 것을 보여준다.[a] 그러나 참되신 하나님을 예배하는 방식으로써 인정할 수 있는 것은 하나님 자신이 제정하셔야 하고, 따라서 그분 자신이 계시하신 뜻으로 제한된다. 이는 하나님을 사람의 상상과 고안이나 사탄의 제안에 따라서 눈에 보이는 형상이나 성경이 규정하지 않은 어떤 다른 방식으로도 예배하지 않기 위함이다.[b]

The light of nature showeth that there is a God, who hath lordship and sovereignty over all, is good, and doeth good unto all, and is therefore to be feared, loved, praised, called upon, trusted in, and served, with all the heart, and with all the soul, and with all the might.[a] But the acceptable way of worshiping the true God, is instituted by himself, and so limited to his own revealed will, that he may not be worshiped according to the imaginations and devices of men, or the suggestions of Satan, under any visible representations, or any other way not prescribed in the Holy Scripture.[b]

[a] 롬 1:20; 행 17:24; 시 119:68; 렘 10:7; 시 31:23; 시 18:3; 롬 10:12; 시 62:8; 수 24:14; 막 12:33
[b] 신 12:32; 마 15:9; 행 17:25; 마 4:9-10; 신 4:15-19; 출 20:4-6; 골 2:23

1. 하나님에 대한 예배의 당위성과 방식

제1장 성경 제1절은 "본성의 빛, 그리고 창조와 섭리의 일들이 하나님의 선과 지혜와 능력을 너무나 크게 나타내어 사람들로 핑계할 수 없도록 한다."고 말한다. 사람들은 본성적으로 하나님께서 존재하신다는 것을 아는 것이다. 제21장 제1절은 이에 덧붙여 "본성의 빛은 …… 사람이 온 마음과 온 영혼과 온 힘을 다해 경외하며, 사랑하며, 찬송하며, 이름을 부르며, 의지하며, 섬겨야 하는 하나님께서 존재하신다는 것을 보여준다."고 말한다. 즉 사람들은 본성적으로 하나님께 예배해야 한다는 것을 아는 것이다. 사람들은 하나님의 존재와 예배에 대하여 알 기회가 없었다고 핑계할 수 없다. 창세로부터 하나님의 보이지 아니하는 영원하신 능력과 신성이 하나님께서 만드신 만물에 분명히 보여 알려져서 사람들이 핑계하지 못하기 때문이다 롬 1:20. 바울은 아덴 사람들에게 전도할 때에 "우주와 그 가운데 있는 만물을 지으신 하나님께서는 천지의 주재시니 손으로 지은 전에 계시지 아니하시고 또 무엇이 부족한 것처럼 사람의 손으로 섬김을 받으시는 것이 아니니 이는 만민에게 생명과 호흡과 만물을 친히 주시는 이심이라"고 행 17:24-25 말하였다. 바울이 이렇게 말한 것은 아덴 사람들이 이러한 내용을 들으면 본성적으로 받아들이고 마음에 찔림을 받기 때문이다.

제1장 제1절은 이어서 본성의 빛, 그리고 창조와 섭리의 일들이 구원에 이르는데 필요한 하나님과 그의 뜻에 관한 지식을 주기에는 충분하지 않으므로 주님께서는 여러 때에 여러 모양으로 자신의 교회에게 자신을 계시하시고 자신의 뜻을 선포하시기를 기뻐하셨다고 말한다. 하나님은 너무나 크신 분이시라 사람이 그 본질과 속성을 다 알지 못하기 incomprehensible 때문에 사람은 참되신 하나님을 예배하는 인정할 수 있는 방식에 대해서 스스로 충분히 알 수 없다. 하나님께서 제정해주셔야만 사람은 알 수 있다. "여호와는 위대하시니 크게 찬양할 것이라 그의 위대하심을 측량하지 못하리로다"시 145:3. 사람은 하나님을 예배할 때에 자신의 방식으로 하면 안 되고 하나님께서 계시하여 주신 뜻대로 해야 한다.

하나님을 예배하는 방식을 하나님께서 제정하여주시지 않으면 사람은 하나님을 자신의 상상이나 고안에 따라서 형상으로 만들어 예배하거나, 하나님께서 기뻐하시지 않는 방식으로 예배한다. 무한하시고 영원하시고 불변하신 영이신 하나님을 유한한 사람이 어떻게 정확히 알 수 있겠는가? 그러니 정확하게 예배하는 방식 또한 모른다. 사람들은 눈에 보이는 형상을 통해 하나님을 섬기려는 경향이 있다. 이러한 사람의 약점을 사탄은 파고들어 충동질하여 사람으로 눈에 보이는 형상으로 하나님을 축소하며 하나님께서 기뻐하시지 않는 방식으로 예배하도록 이끈다.

모세는 하나님의 말씀을 이스라엘 백성에게 전하며 그것에 가감하지 말라고 말하였다신 12:32. 사람이 자신의 소견에 옳은 대로 하나님의 말씀에 덧붙이거나 빼면 안 되고, 그대로 지켜 행해야 한다. 일반적으로 동서고금을 막론하고 사람은 신이 무엇이 부족한 줄로 여겨 웅장한 제단과 많은 음식과 화려한 꽃으로 신을 섬기려고 한다. 하지만 참되신 하나님은 부족한 것이 없고, 따라서 사람의 손으로 섬김을 받으시지 않는다. 하나님께서 부족해서 사람의 예배를 받으시는 것이 아니라, 하나님께서 사람으로 하나님 자신에게 다가와 예배하도록 허락하시는 것이다. 만민에게 생명과 호흡과 만물을 친히 주시는 분께서 무엇이 부족하여 사람의 섬김을 받으려고 하시겠는가행 17:25?

모세는 십계명을 전하며 이스라엘 백성에게 "스스로 부패하여 자기를 위하여 어떤 형상대로든지 우상을 새겨 만들지 말라 남자의 형상이든지, 여자의 형상이든지, 땅 위에 있는 어떤 짐승의 형상이든지, 하늘을 나는 날개 가진 어떤 새의 형상이든지, 땅 위에 기는 어떤 곤충의 형상이든지, 땅 아래 물 속에 있는 어떤 어족의 형상이든지 만들지 말라 또 그리하여 네가 하늘을 향하여 눈을 들어 해와 달과 별들, 하늘 위의 모든 천체 곧 너희의 하나님 여호와께서 천하 만민을 위하여 배정하신 것을 보고 미혹하여 그것에 경배하며 섬기지 말라"고신 4:16-19 형상 금지에 대하여 크게 강조하였다. 눈에 보이는 형상으로 하나님을 예배하는 것은 무한하시고 영원하시고 불변하신 하나님을 피조물의 수준으로 떨어뜨리는 것이고, 따라서 그것은 하나님을 예배하는 것이 아니라 하나님을 모독하는 것이다. 사람이 하나님을 상상과 고안으로 섬기는 만큼 사람은 하나님을 괴물로 만들어 섬기는 것이고, 사람의 마음을 흡족해하는 방식으로 하나님이 아니라 사람을 섬기는 것이다. 다른 종교인과 우상숭배자는 참된 신이 아니라 자신이 만든 신을 섬기는 것이므로 사람의 상상과 고안으로 눈에 보이는 형상으로 섬기는 것이 당연하지만, 신자들은 무한하시고 영원하시고 불변하신 신을 섬기는 것이므로 섬기는 방식 또한 철저히 하나님께서 성경을 통해 알려주신 방식으로 섬겨야 한다.

21.2

신성한 예배는 성부, 성자, 성령 하나님께 드려야 하고, 오직 그분께만 드려야 하지,c 천사나 성인(聖人)이나 다른 어떤 피조물에게 드려서는 안 된다.d 타락 이후에는 중보자 없이는 안 되는데, 그리스도 한 분을 제외하고는 다른 어떤 이의 중보로도 안 된다.e

Religious worship is to be given to God, the Father, Son, and Holy Ghost; and to him alone;c not to angels, saints, or any other creature:d and since the fall, not without a Mediator; nor in the mediation of any other, but of Christ alone.e

c 마 4:10 with 요 5:23 & 고후 13:13;   d 골 2:18; 계 19:10; 롬 1:25
e 요 14:6; 딤전 2:5; 엡 2:18; 골 3:17

2. 예배의 유일한 대상자이신 삼위 하나님

우리는 국가의 영웅이 나라를 위해 행한 업적을 기릴 수 있고, 조상이 후손을 위해 헌신한 수고를 존경할 수 있지만, 종교적인 의미에서 예배할 때에 그 대상은 오직 성부, 성자, 성령 하나님뿐이시다. 우리는 오직 삼위일체 하나님께만 예배를 드려야 한다. 예수님께서는 "주 너의 하나님께 경배하고 다만 그를 섬기라"고 마 4:10 하셨다. 제2장 하나님과 성 삼위일체 제3절이 말하는 것처럼 성자 하나님과 성령 하나님은 성부 하나님과 같은 하나의 실체와 능력과 영원성을 지니시므로, 성부 하나님과 똑같은 예배의 대상이시다. 모든 사람은 아버지를 공경하는 것 같이 아들을 공경하여야 한다 요 5:23.

천사나 성인이나 다른 어떤 피조물도 예배의 대상이 되어서는 안 된다. 모든 피조물은 하나님의 지음을 받은 존재라는 피조성에 있어서 본질적으로 같다. 천사나 성인일지라도 하나님께서 주시는 은혜와 능력으로 어떤 업적과 인품을 이루는 것이지, 절대로 자신의 힘으로 이루지 못한다. 따라서 우리의 경배의 대상은 유일하게 창조자이시고 섭리자이시고 구원자이신 하나님뿐이시다. 천사가 사도 요한에게 "기록하라 어린 양의 혼인 잔치에 청함을 받은 자들은 복이 있도다. 이것은 하나님의 참되신 말씀이라"고 말하였을 때, 요한은 그 발 앞에 엎드려 경배하려고 하였다. 그러자 천사는 요한에게 "나는 너와 및 예수의 증언을 받은 네 형제들과 같이 된 종이니 삼가 그리하지 말고 오직 하나님께 경배하라"고 말하였다 계 19:9-10. 천사도 우리 사람과 같은 종이므로 우리는 절대로 천사에게 경배하면 안 되고, 오직 하나님께만 하여야 한다.

아담의 타락 이후에 사람은 중보자 없이 하나님께 예배할 수 없고, 예수 그리스도 한 분만 우리의 유일한 중보자이시다. 아담의 타락 이후 모든 사람은 전적으로 더러워져서 하나님 앞에 설 수 없다. 오직 예수 그리스도께서 우리의 유일한 중보자가 되시어 대속의 죽음을 죽으시고 여전히 지금도 하나님 우편에서 우리를 위해 기도하시기 때문에 우리는 하나님께 예배할 수 있다. 하나님께서는 그리스도의 중보로 사람들의 예배를 받아주심을 구약 시대 때 성전을 통해서 보여주셨다. 타락한 사람은 하나님을 만날 수 없고, 경배할 수 없다. 그는 너무나 더럽기 때문에 하나님께 나아갈 수 없다. 그런데 하나님께서 특별히 아브라함과 그의 후손을 성전에서 만나주셨다. 이 때 사람은 자신의 죄를 대신 짊어지는 양과 소를 희생제물로 바쳐야 했다. 이 희생 제사 없이 하나님을 만날 수 없었다.

신약시대에서는 예수 그리스도께서 우리의 죄를 대신 짊어지고 죽으셔서 단번에 제사를 완성하셨다. 그리스도께서는 염소와 송아지의 피로 하지 아니하고 오직 자기의 피로 영원한 속죄를 이루사 단번에 성소에 들어가셨다 히 9:11-12. 자기를 단번에 제물로 드려 우리의 죄를 없이 하셨다 히 9:26. 우리는 이것에 근거하여 하나님께 담대히 나아갈 수 있다 히 4:16.

그리스도께서만 유일한 중보자이시다. 예수님은 자신이 길이고 진리이고 생명이므로 자신으로 말미암지 않고는 아버지께로 올 자가 없다고 하셨다 요 14:6. 하나님과 사람 사이에 중보자는 한 분이시니 곧 사람이신 그리스도 예수시다 딤전 2:5. 사람들은 그리스도로 말미암아 한 성령 안에서 아버지께 나아간다 엡 2:18.

그런데 로마 가톨릭은 동정녀 마리아도 공경의 대상으로 본다. 이들은 마리아가 잉태되는 첫 순간부터 하나님의 특별한 은총과 특권으로 원죄에 조금도 물들지 않게 보호되었고,[25] 일생 동안 어떠한 죄도 범하지 않았고,[26] 평생 동정이었고,[27] 순종하여 자신과 온 인류에게 구원의 원인이 되었고, 하와를 통하여 죽음이 왔고, 마리아를 통하여 생명이 왔다고[28] 주장한다. 이들은 마리아가 지상 생활의 여정을 마친 후 육신과 영혼이 하늘의 영광으로 올림을 받고, 주님께 천지의 모후로 들어 높여지고, 예수님과 더욱 완전히 동화되어서, 그녀의 승천은 예수님의 부활에 특별

---

25 『가톨릭 교회 교리서』, 491항, 213.
26 『가톨릭 교회 교리서』, 493항, 214.
27 『가톨릭 교회 교리서』, 499항, 217.
28 『가톨릭 교회 교리서』, 494항, 214.

히 참여한 것이며 다른 그리스도인들의 부활을 앞당겨 실현한 것이라고[29] 주장한다. 이래서 이들은 마리아가 신앙과 사랑의 모범이 되고, 교회의 가장 뛰어나고 유일무이한 지체가 되고, 교회의 전형이 되고,[30] 올림을 받은 후에 구원 임무를 그치지 않고 계속하여 그녀의 수많은 전구轉求로 사람들에게 영원한 구원의 은혜를 얻어 준다고 본다. 이래서 이들은 그녀를 교회 안에서 변호자, 원조자, 협조자, 중개자라는 칭호로 부른다.[31]

따라서 로마 가톨릭은 "복되신 동정 마리아에 대한 교회의 신심은 그리스도교 예배의 본질적 요소"라며, 그녀가 교회에서 특별한 공경으로 당연히 존경을 받는다고 주장한다. 이들의 마리아 공경은 그녀에게 바쳐진 전례 축일들과 복음 전체의 요약인 묵주 기도와 같은 마리아께 드리는 기도에 나타난다. 물론 이들도 이 공경이 성부와 성자와 성령께 드리는 흠숭欽崇과는 본질적으로 다른 것이며 그 흠숭을 최대한 도와주는 것이라고 말하기는[32] 하지만 그녀를 교회 안에서 변호자, 원조자, 협조자, 중개자라고 부를 정도로 너무 높임으로써 그녀에 대한 공경이 성부와 성자와 성령께 드리는 흠숭과 본질적으로 다르지 않게 만들어버렸다. 그들은 마리아를 예수 그리스도와 거의 같은 중보자 수준으로까지 높여버린 것이다.

로마 가톨릭은 천사를 순수한 영적 피조물이라고 하면서, 죽지 않는 피조물이고, 보이는 모든 피조물보다 훨씬 더 완전하다고 본다.[33] 따라서 로마 가톨릭 교회는 삶의 모든 면에서 천사의 신비하고 능력 있는 도움을 받으므로, 교회는 천사의 도움을 청하며, 특별히 몇몇 천사 성 미가엘, 성 가브리엘, 성 라파엘과 수호천사를 기념하며 그 축일을 지낸다.[34] 이들에게 천사는 삼위 하나님에 대한 경배의 수준은 아니지만

---

29 『가톨릭 교회 교리서』, 966항, 398.
30 『가톨릭 교회 교리서』, 967항, 399.
31 『가톨릭 교회 교리서』, 969항, 399.
32 『가톨릭 교회 교리서』, 971항, 400.
33 『가톨릭 교회 교리서』, 330항, 156.
34 『가톨릭 교회 교리서』, 334, 335항, 159.

숭배의 대상이 된다.

    로마 가톨릭은 성인聖人에 대해서도 기억하고 공경한다.[35] 이들은 대림, 성탄, 사순, 성주간, 부활, 성령강림과 같은 절기를 지키고, 이 전례주년 안에서 순교자와 다른 성인을 기념한다. 일 년 중 특정 달을 예수님과 동정녀 마리아와 성인에게 봉헌하고 특별한 전구와 은혜를 청하며 신심 행사를 갖는 '성월'도 있다. 한국의 로마 가톨릭 교회는 3월 성 요셉 성월, 5월 성모 성월, 6월 예수 성심 성월, 9월 순교자 성월로 정하였다. 이들은 성 요셉 순교자와 같은 성인을 기념할 때에 "그리스도와 함께 고통을 받고 함께 영광을 받은 성인들 안에서 파스카 신비를 선포하며, 모든 사람을 그리스도를 통하여 하느님 아버지께 인도하는 그들의 모범을 신자들에게 보여 주고, 그들의 공로로 하느님의 은혜를 간청하여 받는다."고 주장한다.[36] 그들은 신자가 죽을 때에 죽음을 앞둔 이의 수호자인 요셉 성인에게 자신을 맡기라고 권고한다.[37] 요셉 성인에게 죽은 신자를 인도할 능력이 있다는 것이다. 로마 가톨릭 교회는 '모든 성인의 통공'에 힘입어 죽은 이들을 하나님의 자비에 맡겨 드리고, 그들을 위하여 기도하며, 특히 미사성제를 드린다.[38] 이들에게 성인은 천사처럼 삼위 하나님에 대한 경배의 수준은 아니지만 숭배의 대상이 된다.

    이들은 마리아와 천사와 성인의 성화상을 만들 뿐만 아니라, 이 성화상을 통하여 성화상이 나타내는 바로 그들을 공경한다고 서슴없이 말한다.[39] 하나님께 대한 흠숭과 이들에 대한 공경을 구별하기는 하지만, 상당 부분 이들을 예배의 대상으로 삼는 것 또한 확실하다. 이에 비하여 제21장 제2절은 명확하게 신성한 예배는 삼위 하나님께만 드려야 하고, 오직 그리스도 한 분을 중보자로 하여 드려야 한다고 말한다. 예배의 대상자는 오직 삼위 하나님이시고, 중보자는 오직 예수 그리스

---

35 『가톨릭 교회 교리서』, 1090항, 445.
36 『가톨릭 교회 교리서』, 1173항, 474.
37 『가톨릭 교회 교리서』, 1014항, 415.
38 『가톨릭 교회 교리서』, 1055항, 430.
39 『가톨릭 교회 교리서』, 1192항, 479.

도이시다.

> **21.3**
>
> 감사함으로 드리는 기도는 신성한 예배의 한 특별한 요소인데,f 하나님께서 모든 사람에게 요구하신다.g 하나님께서 기쁘게 받으시는 기도가 되려면 아들의 이름으로,h 그분의 영의 도움에 의해,i 그분의 뜻에 따라,k 이해, 경건, 겸손, 열정, 믿음, 사랑, 인내로 해야 하고,l 소리를 낸다면 알려진 언어로 해야 한다.m
>
> Prayer, with thanksgiving, being one special part of religious worship,f is by God required of all men;g and that it may be accepted, it is to be made in the name of the Son,h by the help of his Spirit,i according to his will,k with understanding, reverence, humility, fervency, faith, love, and perseverance;l and if vocal, in a known tongue.m
>
> f 빌 4:6   g 시 65:2   h 요 14:13-14; 벧전 2:5   i 롬 8:26
> k 요일 5:14   m 고전 14:14
> l 시 47:7; 전 5:1-2; 히 12:28; 창 18:27; 약 5:16; 약 1:6-7; 마 6:12, 14-15; 골 4:2; 엡 6:18

3. 신성한 예배의 특별한 요소인 기도

❶ 신성한 예배의 특별한 요소인 기도

　전쟁에서 승리한 장군을 높이는 개선식이나 공무원과 교사의 은퇴식에는 기도라는 요소가 없다. 또 대통령이나 장관이나 국회의원과 같이 높은 신분의 사람을 독대하는 자리에도 기도의 요소는 없다. 이에 비해 하나님을 개인적으로나 공적으로 예배할 때에 기도의 요소가 빠지지 않는다. 예배의 대상자이신 하나님은 창조자와 섭리자와 구원자이시고 예배를 드리는 신자는 사람이다. 하나님과 사람 간의 무한한 격차를 인하여 유한한 사람은 무한하신 하나님의 지혜와 능력 없이는 한 순간도 존재할 수 없고 무엇 하나 할 수 없기에, 신자는 하나님께 기도를 통하여 자신이 드리는 예배를 하나님께서 받아주시기를 간구한다. 사람이 하나님께 예배를 드린다는 것은 그 자체로 엄청난 복이기 때문에 신자는 기도를 통하여 감사함을 표하고 하나님을 찬양한다. 이런 면에서 기도는 신성한 예배의 특별한 요소이고, 기도 없는 예배란 있을 수 없다.

하나님은 신자가 아무 것도 염려하지 말고 그의 구할 것을 기도와 간구로 아뢰라고 말씀하신다 빌 4:6. 신자가 이렇게 기도하면 하나님은 그 기도를 들으시는 시 65:2 것이다. 하나님께서 기도를 들으신다는 것은 그 기도를 중요하게 여기시고 가장 적절한 때에 가장 적절한 방법으로 응답하신다는 것이다. 예수님은 "구하라 그러면 너희에게 주실 것이요 찾으라 그러면 찾아낼 것이요 문을 두드리라 그러면 너희에게 열릴 것이니 구하는 이마다 받을 것이요 찾는 이는 찾아낼 것이요 두드리는 이에게는 열릴 것이니라"고 말씀하셨다. 육신의 아버지는 악할지라도 아들이 생선을 달라 하는데 뱀을 주지 않고, 좋은 것을 자식에게 줄 줄 안다. 하물며 하늘 아버지께서 구하는 자에게 성령을 주시지 않겠는가 눅 11:9-13? 하나님은 신자를 사랑하시어 그의 필요를 정확히 아시고 채워주시고, 신자는 하나님께 자신의 필요를 채워주시기를 구하여야 하고 겔 36:37, 채워주신 것에 대하여 기도로 감사와 찬송을 드려야 한다.

❷ 아들의 이름으로 기도

그러면 신자가 어떻게 기도할 때에 하나님은 기쁘시게 받으시는가? 먼저 아들의 이름으로 기도해야 한다. 바로 앞의 제2절에서 타락 이후에 하나님께 드리는 예배는 중보자 없이는 안 됨을 살펴보았다. 기도가 예배의 한 특별한 요소이므로, 기도 또한 중보자 없이는 하나님께 할 수 없다. 모든 기도는 예수 그리스도의 대속의 죽음과 중보를 통하여 가능하다. 예수님은 신자가 자신의 이름으로 무엇을 구하든지 자신이 행하시겠다고 하셨다 요 14:13-14. 신자는 예수 그리스도로 말미암아 하나님이 기쁘게 받으실 신령한 제사를 드리는 거룩한 제사장이 된다 벧전 2:5. 예수 그리스도의 이름으로 기도한다는 것은 기도 말미에 "예수님의 이름으로 기도합니다!"라고 표현하는 것만으로는 충분하지 않고, 그리스도께서 신자를 향한 큰 사랑을 인하여 자신의 순종과 죽음으로 신자의 구원을 이루시고, 지금도 하나님 우편에서 신자를 위하여 기도하시기 때문에 하나님께서 신자의 기도를 들으시고 응답하신다는 것을 철저히 인정하는 것이다.

로마 가톨릭은 "모든 그리스도인은 천주의 모친이시며 사람들의 어머니이신 성모님께 간절한 기도를 바쳐야 한다. 당신의 기도로 교회의 시작을 도와주시고 이제 모든 성인과 천사들 위에 들어 높여지신 성모님께서 모든 성인의 통공 안에서 당신 아드님께 전구하시어, 그리스도인의 이름을 지녔든 아직 자기 구세주를 모르든, 모든 인류 가족이 평화와 화합 속에서 하느님의 한 백성으로 행복하게 모여 지극히 거룩하신 불가분의 삼위일체 하느님께 영광을 드리게 되도록 기도하여야 한다."고[40] 말한다. 이들은 마리아가 기도로 교회의 시작을 도왔고, 예수님께 사람들을 대신하여 기도하였다며, 마리아를 기도의 대상자로 삼는다. 마리아에게 간절한 기도를 바치라고 말한다. 이들은 "하느님의 은총을 통하여 성자 다음으로 모든 천사와 사람 위에 들어 높임을 받으신 마리아께서는 그리스도의 신비에 참여하신 지극히 거룩한 천주의 성모로서 교회에서 특별한 공경으로 당연히 존경을 받으신다."고[41] 말하기 때문에 마리아를 기도의 대상자로 삼는 것 또한 당연하다. 이에 비하여 우리는 기도란 피조물이 창조자이신 주 하나님께 유일한 중보자이신 예수 그리스도의 이름으로 우리의 원하는 바를 우리의 죄를 고백하고 그분의 자비를 감사히 인정하면서 드리는 것이라고 웨스트민스터 소요리문답 제98문 보기 때문에 사람인 마리아에게 기도할 수 없고, 마리아를 통해 하나님께 기도할 수 없다.

---

40 제2차 바티칸 공의회 문헌, 교회 헌장, 69항.
41 교회 헌장, 66항.

❸ 하나님의 영의 도움으로 기도

우리가 제13장 성화에서 살펴본 것처럼 신자의 성화는 전 인격에 걸쳐 이루어지지만 이생에서는 불완전하다. 부패의 일부 잔재들이 신자에게 남아있기 때문에 육체는 성령을 거스르고 성령은 육체를 거스른다 제13장 제2절. 이 싸움에서 신자가 승리할 수 있는 것은 그리스도의 영으로부터 나오는 힘의 계속적인 공급을 통해서이다 제13장 제3절. 신자가 기도할 때도 남아있는 부패성 때문에 계속적이며 화해할 수 없는 전쟁이 육체와 성령님 간에 벌어진다. 신자가 성령님의 도움 없이 이 싸움에서 승리할 수 없다. 신자가 육신의 정욕과 안목의 정욕과 이생의 자랑에 따라 기도함으로 마땅히 기도할 바를 알지 못할 때에 성령께서 말할 수 없는 탄식으로 신자를 위하여 친히 간구하심으로 그의 연약함을 도우신다. 성경은 여러 곳에서 성령님의 도움으로 기도하라고 말한다. "모든 기도와 간구를 하되 항상 성령 안에서 기도하고"엡 6:18. "사랑하는 자들아 너희는 너희의 지극히 거룩한 믿음 위에 자신을 세우며 성령으로 기도하며"유 1:20. "마음을 살피시는 이가 성령의 생각을 아시나니 이는 성령이 하나님의 뜻대로 성도를 위하여 간구하심이니라"롬 8:27. 신자는 자신의 힘으로는 잘못된 것을 구하기 쉬운 줄을 알고 늘 겸손히 성령님의 도움에 의지하며 기도해야 한다.

❹ 하나님의 뜻에 따라서 기도

신자가 하나님께 기도하는 모든 내용이 하나님의 응답을 받는 것은 아니다. 잘못된 것을 간구하는 신자에게 하나님께서 응답하신다면, 그것은 오히려 신자에게 해롭다. 따라서 하나님은 잘못된 내용의 간구에 응답하시지 않고, 하나님의 뜻대로 구할 때에 들으시고 응답하신다 요일 5:14. 동화 속에 나오는 도깨비방망이나 알라딘의 요술램프는 이것들을 소유한 자가 원하는 것을 말하면 그대로 응답이 된다. 우리는 기도를 이렇게 생각하기 쉽다. 전능하신 하나님께서 신자가 무엇을 간구하든 지극 정성으로 간구하면 그 기도에 응답하신다고 생각하기 쉽다. 기도 응답이 없는 것은 간구자의 정성 부족이라고 생각하여 그 기도의 내용에 대해서는 잘 따져보지 않는다. 하지만 기도 내용의 옳고 그름을 따지지 않고 응답하는 신은 참된 신이 아니다. 참된 신은 제2장 하나님과 성 삼위일체 제1절이 말하는 것처럼 거룩하시고, 지혜로우시고, 선하시고, 진실하시고, 모든 죄를 미워하시고, 공의로우시고, 벌 받을 자를 결코 내버려두지 아니하신다. 하나님께서는 신자가 이러한 신성한 성품에 참여하기를 바라신다 벧후 1:4. 이러하신 하나님께서 신자가 하나님의 뜻에 반하는 기도내용에 응답하시겠는가? 하나님께 기도하는 열심과 인내는 분명 중요하지만, 옳은 기도내용이 없는 열심과 인내를 하나님께서는 기뻐하시지 않는다. 신자가 예수님 안에 거하고, 예수님의 말씀이 신자 안에 거할 때에 신자가 무엇이든지 원하는 대로 구하면 응답이 된다 요 15:7. 신자가 예수님의 말씀에 따라 기도하고 살아갈 때에 자연스레 성령의 열매를 많이 맺게 되고, 하나님 아버지께서는 영광을 받으신다 요 15:8. 이것이 최대의 기도응답이다.

❺ 이해, 경외, 겸손, 열정, 믿음, 사랑, 인내의 기도

신자가 이해를 갖고 기도할 때에 하나님께서 그 기도를 기쁘시게 받는다. 시편 47:7은 "하나님은 온 땅의 왕이심이라 지혜의 시로 찬송할지어다"라고 말한다. 킹 제임스 성경번역본은 지혜를 이해 understanding 로 번역하였다. 기도는 절대로 주문이 아니다. 이성을 버리고 황홀경에 빠져 중언부언하는 것이 아니다. 갈멜산에서 엘리야와 영적대결을 벌렸던 바알 선지자들은 기도응답을 위해 아침부터 낮까지 바알의 이름을 부르며 쌓은 제단 주위에서 뛰놀았다. 응답이 없자 큰 소리로 부르고 피가 흐르기까지 칼과 창으로 그들의 몸을 상하게 하였고, 정오가 지나서는 미친 듯이 떠들었다. 이에 반하여 엘리야는 "아브라함과 이삭과 이스라엘의 하나님 여호와여 주께서 이스라엘 중에서 하나님이신 것과 내가 주의 종인 것과 내가 주의 말씀대로 이 모든 일을 행하는 것을 오늘 알게 하옵소서 여호와여 내게 응답하옵소서 내게 응답하옵소서 이 백성에게 주 여호와는 하나님이신 것과 주는 그들의 마음을 되돌이키심을 알게 하옵소서"라고 왕상 18:36-37 기도하였다. 엘리야는 하나님이 어떠하신 분인지, 그리고 자신들에게 무엇을 요구하시는지 이해하고서 기도

하였다. 이해 없이 주문을 외우듯 하는 기도는 이방인의 중언부언 기도에 지나지 않는다. 이방인은 말을 많이 하여야 하나님께서 들으시는 줄로 생각하여 중언부언한다 마 6:7.

신자가 경건하게 기도할 때에 하나님께서 기쁘시게 받는다. 신자는 하나님의 집에 들어갈 때에 발을 삼가야 한다. 가까이 하여 말씀을 듣는 것이 우매한 자들이 제물 드리는 것보다 낫다. 신자는 하나님 앞에서 함부로 입을 열면 안 되고, 급한 마음으로 말을 내면 안 된다. 하나님은 하늘에 계시고 신자는 땅에 있는 줄 알고 마땅히 말을 적게 하여야 한다 전 5:1-2. 기도할 때에 생각나는 대로 가볍게 말하면 안 되고 하나님을 경외하는 마음으로 진지하고 신중하게 말하여야 한다. 신자는 경건함과 두려움으로 with reverence and godly fear 하나님을 기쁘시게 섬겨야지 히 12:28, 하늘에 계신 하나님을 땅에 있는 힘이 센 피조물 정도로 여기며 가볍게 기도해서는 안 된다.

신자가 겸손하게 기도할 때에 하나님께서 기쁘시게 받는다. 아브라함은 "나는 티끌이나 재와 같사오나 감히 주께 아뢰나이다"라는 창 18:27 자세로 기도하였다. 하나님께서 우리에게 기도를 허락하시고 응답하시는 것은 하나님의 긍휼함에 있지, 절대로 우리의 능력과 행위에 있지 않다. 신자는 기도하는 자체가 하나님의 은혜인 줄 알고 늘 겸손으로 하나님께 나아가 기도해야지, 자신이 하나님께 나아가 기도할 자격과 능력이 있는 것으로 교만하게 굴면 안 된다.

신자가 열정으로 기도할 때에 하나님께서 기쁘시게 받는다. 야고보서는 신자가 병들었을 때에 죄를 서로 고백하며 병이 낫기를 위하여 서로 기도하라고 말한다. 의인의 간구 fervent prayer 는 역사하는 힘이 크기 때문이다 약 5:16. 엘리야는 우리와 성정이 같은 사람이었다. 그런데 그가 비가 오지 않기를 간절히 기도하자, 3년 6개월 동안 땅에 비가 오지 아니하였다 약 5:17. 그의 열정적인 기도를 하나님께서 들으신 것이다. 우리도 기도할 때에 하나님께서 들으시고 응답하여 주신다는 확신 속에서 열정적으로 간절히 기도하면 하나님께서 기쁘시게 받는다.

신자가 믿음으로 기도할 때에 하나님께서 기쁘시게 받는다. 믿음 없이 의심으로 기도하는 자는 마치 바람에 밀려 요동하는 바다 물결 같다. 이런 사람은 무엇이든지 주께 얻을 수 없다^{약 1:6-7}. 신자가 조금의 의심 없이 오직 믿음으로 구하면 기도응답을 받는다. 예수님께서는 신자들이 믿음이 있고 의심하지 아니하면 산더러 들려 바다에 던져지라 하여도 된다고 하셨다. 무엇이든지 믿고 구하는 것은 다 받는다고 말씀하셨다^{마 21:21-22}.

신자가 사랑으로 기도할 때에 하나님께서 기쁘시게 받는다. 하나님께 큰 사랑을 받은 줄로 알고 남을 사랑하며 기도할 때에 그 기도는 응답을 받는다. 우리가 사람의 잘못을 용서하면 하늘 아버지께서도 우리 잘못을 용서하시고, 우리가 사람의 잘못을 용서하지 아니하면 아버지께서도 우리 잘못을 용서하지 아니하신다^{마 6:12, 14-15}. 6조원에 해당하는 일만 달란트의 빚을 탕감 받은 자가 천만 원에 해당하는 백 데나리온의 빚을 진 자를 심하게 대할 때에 임금은 그 자를 다시 불러 꾸짖고 그 빚을 다 갚도록 그를 옥졸들에게 넘겼다. 예수님께서는 "각각 마음으로부터 형제를 용서하지 아니하면 나의 하늘 아버지께서도 너희에게 이와 같이 하시리라"고 말씀하셨으므로^{마 18:23-35} 우리는 기도할 때에 큰 사랑으로 우리의 마음을 넓히며 기도해야 한다.

신자가 인내로 기도할 때에 하나님께서 기쁘시게 받는다. 바울은 "기도를 계속하고 기도에 감사함으로 깨어 있으라"고 말하였다^{골 4:2}. 예수님은 항상 기도하고 낙심하지 말아야 한다고 말씀하셨다. 하나님께서는 그 밤낮 부르짖는 택하신 자들의 원한을 오래 참으시지 않고 속히 풀어 주신다. 문제는 인내하지 못하는 우리에게 있다. 하나님을 두려워하지 않고 사람을 무시하는 재판장도 과부의 인내어린 청에 응답하는데 하물며 신자들을 자녀로 받아주신 하나님께서는 얼마나 속히 응답하시겠는가? 우리는 사랑과 능력의 하나님께서 우리의 기도를 들으시고 응답하시는 줄로 확신하고 응답이 있을 때까지 기도를 멈추지 않아야 한다.

❻ 소리를 낸다면 알려진 언어로 기도

신자가 공적 모임에서 알려진 언어로 기도할 때에 하나님께서 그 기도를 기쁘시게 받는다. 우리는 앞에서 신자가 이해understanding로 기도해야 함을 살펴보았다. 기도를 하는 자가 다른 참석자들이 이해하지 못하는 언어로 기도한다면 그들이 어떻게 그 기도를 이해할 수 있고 아멘 할 수 있겠는가? 그 자신은 하나님으로부터 은혜를 받을지 모르지만 그들은 전혀 이해하지 못하기 때문에 이해에서 오는 은혜와 깨달음은 없다. 바울은 신자가 교회에서 남을 가르치기 위하여 깨달은 마음으로 다섯 마디 말을 하는 것이 일만 마디 방언으로 말하는 것보다 낫다고 말한다고전 14:19. 로마 가톨릭은 공적 예배에서 라틴어 사용을 천 년 동안 고집하였다. 라틴어를 모르는 일반 성도는 미사에 참여하여 뜻도 모른 채 라틴어를 단지 외워 미사 순서에 화답하였다. 이러니 신부의 라틴어 설교와 기도에 무조건 아멘 하였고, 이러니 미사를 통하여 그들이 어떻게 하나님의 말씀을 배울 수 있었겠는가? 신부들은 신자들이 설교를 못 알아들으므로 말씀을 깊이 연구하지 않았고, 설교 시간이 그저 형식적 순서로 흘러버렸고, 눈으로 확연히 보이는 성찬이 점점 중요한 순서가 되었다.

　기도는 절대로 주문이 아니다. 기도는 신자가 원하는 바를 하나님의 뜻에 맞추어 드리는 것이다. 그러므로 공적 모임에서 기도하는 자는 참여자들에게 널리 알려진 언어로, 그래서 누구나 아는 말로 기도해야 한다. 말의 뜻을 알지 못하면 서로가 서로에게 외국인이 된다. 기도하는 자가 참석자들의 언어를 알지 못한다면 통역자를 세워야 한다. 방언으로 말하는 자도 통역하기를 기도해야 한다. 방언으로 말하는 자가 영으로 축복할 때에 알지 못하는 처지에 있는 자는 그 방언의 말을 알지 못하므로 기도하는 자의 감사에 아멘 할 수 없다. 기도자는 감사를 잘하였으나 다른 사람들은 덕 세움을 받지 못한다고전 14:11-17. 방언으로 말하는 자는 통역이 있어야 하고, 만일 통역하는 자가 없으면 교회에서는 잠잠하고 자기와 하나님께 말하여야 한다고전 14:27-28. 바울은 신자가 교회에서 행하는 기준으로 "모든 것을 덕을 세우기 위하여 하라"고 말한다고전 14:26. 신자는 자신의 덕이 아니라 남의 덕을 먼저 생각해야 한다.

> ## 21.4
>
> 기도는 적법한 일들을 위해서,n 그리고 살아있거나 앞으로 살아갈 모든 부류의 사람을 위해서 해야 한다.o 하지만 죽은 자들을 위해서나p 사망에 이르는 죄를 지은 것으로 알려진 자들을 위해서 하면 안 된다.q
>
> Prayer is to be made for things lawful,n and for all sorts of men living, or that shall live hereafter:o but not for the dead,p nor for those of whom it may be known, that they have sinned the sin unto death.q
>
> n 요일 5:14
> p 삼하 12:21-23 with 눅 16:25-26; 계 14:13
> o 딤전 2:1-2; 요 17:20; 삼하 7:29; 룻 4:12
> q 요일 5:16

4. 기도의 내용

신자는 무엇을 위해서 기도해야할까? 첫째로 적법한 일들이다. 적법한[lawful] 일들이란 제21장 제3절이 말하는 것처럼 하나님의 뜻에 따른[according to his will] 일이다. 하나님의 뜻이 법[law]으로 신자에게 주어졌고, 성경에 기록되었다. 사도 요한은 아래처럼 하나님의 뜻대로 무엇을 구하면 하나님께서 들으신다고 말한다. 이것은 하나님의 뜻에 어긋나는 것을 기도하면 안 된다는 의미이다. 우리가 하나님의 뜻대로 무엇을 구하면 무엇이든지 구하는 바를 하나님께서 들으신다. 따라서 우리는 하나님께 구한 그것을 얻은 줄로 알아야 한다. 이만큼 기도는 적법한 일들을 위해 해야 한다는 의미이고, 적법한 일들을 위해 기도하였다면 그것은 응답된 것과 같다는 의미이다.

> 요일 5:14-17   그를 향하여 우리가 가진 바 담대함이 이것이니 그의 뜻대로 무엇을 구하면 들으심이라 15 우리가 무엇이든지 구하는 바를 들으시는 줄을 안즉 우리가 그에게 구한 그것을 얻은 줄을 또한 아느니라

16 누구든지 형제가 사망에 이르지 아니하는 죄 범하는 것을 보거든 구하라 그리하면 사망에 이르지 아니하는 범죄자들을 위하여 그에게 생명을 주시리라 사망에 이르는 죄가 있으니 이에 관하여 나는 구하라 하지 않노라 17 모든 불의가 죄로되 사망에 이르지 아니하는 죄도 있도다.

둘째로 신자는 살아있거나 앞으로 살게 될 모든 사람을 위해서 기도해야 한다. 바울은 모든 사람을 위하여 간구와 기도와 도고와 감사를 하라고 말한다. 우리가 모든 경건과 단정함으로 고요하고 평안한 생활을 하도록 임금들과 높은 지위에 있는 모든 사람을 위하여 기도하라고 말한다 딤전 2:1-2. 단지 자신들을 위해서만 기도하면 안 되고, 가능한 여러 부류의 사람들을 위해 다 기도해야 한다. 웨스트민스터 대요리문답 제183문은 우리가 누구를 위하여 기도해야 하는가라는 질문에 대해 "지상에 있는 그리스도의 전체 교회를 위하여, 국가 관리들과 교역자들을 위하여, 우리 자신들과 우리 형제들뿐만 아니라 심지어 원수들을 위해서" 기도하라고 답한다. 그 근거구절로 야곱이 형 에서를 위해 기도한 것을 들고 있다 창 32:11. 예수님께서 지금 자신을 믿는 사람들만 위해서 기도하시지 않고, 그들의 말로 말미암아 자신을 믿는 사람들을 위해서도 기도하셨다 요 17:20. 다윗은 자신만을 위하여 기도하지 않고, 자신의 후손을 위해서도 기도하였다 삼하 7:29. 보아스와 같은 성에서 살던 모든 백성과 장로들은 보아스를 축복하면서 "여호와께서 이 젊은 여자로 말미암아 네게 상속자를 주사 네 집이 다말이 유다에게 낳아준 베레스의 집과 같게 하시기를 원하노라"고 룻 4:12 말하였다. 이들은 앞으로 태어날 자녀를 위해서 기도한 것이다.

살아있거나 앞으로 살 사람들을 위해서 기도한다는 것은 죽은 자들을 위해서 기도하면 안 된다는 의미이기도 하다. 죽은 자들을 위한 산 자들의 기도는 효력이 없다. 사랑하는 가족이 죽었을 때에 그 가족이 죽어서 하나님의 사랑과 은혜를 더 받으며 더 행복하고 기쁘게 살기를 바라는 마음은 인지상정에 속한다. 하지만 이 땅에서 산 자가 기도한다고 하여 죽은 자에게 영향이 미치지 않는다. 성경에는 죽은 자를 위하여 기도하라는 말씀도 없고, 죽은 자를 위하여 기도한 사례도 없고, 하나님께서 그런 기도에 응답하셨다는 사례도 없다. 다윗은 밧세바와 간음하여 난 아이가 심히 앓았을 때에 그 아이를 위하여 금식하며 밤새도록 땅에 엎드려 하나님께 간구하였다. 이레 만에 그 아이가 죽었다. 이 사실을 안 다윗은 땅에서 일어나 몸을 씻고 기름을 바르고 의복을 갈아입고 여호와의 전에 들어가서 경배하고 왕궁으로 돌아와 음식을 먹었다. 다윗은 아이가 살았을 때에는 자신의 금식과 울음으로 혹시 여호와께서 자신을 불쌍히 여기시어 아이를 살려 주실 것을 기대하였다. 하지만 아이가 죽은 후에는 금식을 하며 간구하여도 아이가 다시 살아나게 할 수 없으므로 그는 금식을 풀었다삼하 12:15-23. 한 부자가 죽어서 음부에서 고통 중에 있었다. 그 부자의 상에서 떨어지는 것으로 배를 채우던 거지 나사로도 죽어서 아브라함의 품에 안겼다. 부자는 고통 중에서 이 장면을 보고서 "아버지 아브라함이여 나를 긍휼히 여기사 나사로를 보내어 그 손가락 끝에 물을 찍어 내 혀를 서늘하게 하소서 내가 이 불꽃 가운데서 괴로워하나이다"라고 말했다. 아브라함은 "너희와 우리 사이에 큰 구렁텅이가 놓여 있어 여기서 너희에게 건너가고자 하되 갈 수 없고 거기서 우리에게 건너올 수도 없게 하였느니라"고 대답하였다눅 16:19-26. 이처럼 죽은 자가 간 곳은 이 땅의 기도가 영향을 미치지 못하고, 천국과 지옥 간에도 서로 건너가지 못할 정도로 큰 간격이 존재한다. 죽은 자의 상황은 이 땅에서 그가 행한 일에 따라 결정되지계 14:13, 그가 죽은 이후에 이 땅에서 산 자의 기도로 결정되지 않는다.

로마 가톨릭은 죽은 이들을 위하여 그들이 죄에서 벗어나도록 기도한다는 것은 거룩하고 유익한 생각이기 때문에2마카 12,45 참조, 교회는 죽은 이들을 위하여 대리 기도를 바쳤다며, 그들을 위한 기도는 그들을 도울 뿐 아니라 우리를 위한 그들의 전구를 효과 있게 할 수 있다고 주장한다.[42] 이들은 이에 대한 근거성경구절을

---

42 『가톨릭 교회 교리서』, 958항, 395.

마카비 2서 12:45절에 있는 "그가 경건하게 죽은 사람들을 위한 훌륭한 상이 마련 되어 있다는 생각을 하고 있었으니 그것이야말로 갸륵하고 경건한 생각이었다. 그 가 죽은 자들을 위해서 속죄의 제물을 바친 것은 그 죽은 자들이 죄에서 벗어날 수 있게 하려는 것이었다."를 든다. 우리는 마카비 1서와 2서를 외경으로 분류하는데, 이들은 정경으로 인정한다. 이에 대해서는 제1장^{성경} 제2절을 참고하라. 로마 가 톨릭은 하나님의 은총과 사랑 안에서 죽었으나 완전히 정화되지 않은 사람들이 거 하는 곳으로 연옥을 인정한다. 교회가 그들을 위해 기도하며 특히 미사성제를 드 렸는데, 이는 그들이 정화되어 지복 직관에 다다를 수 있도록 하기 위함이라고 주 장한다.[43] 이에 대해서는 제32장^{죽은 후의 사람의 상태와 죽은 자의 부활} 제1절을 참고하 라. 로마 가톨릭이 죽은 자를 위한 기도와 장소를 주장하는 것은 외경에 의한 주장 에 지나지 않고, 죽은 자를 그리워하는 인지상정에 기대어 만든 감상적인 논리에 지나지 않는다.

우리가 또 기도해서 안 되는 사람들은 죽음에 이르는 죄를 지은 것으로 알려 진 자들이다. 위에서 사도 요한이 말한 것처럼 모든 불의가 죄인데 사망에 이르는 죄도 있고, 사망에 이르지 아니하는 죄도 있다. 사도 요한은 형제가 사망에 이르지 아니하는 죄를 범하면 그를 위하여 기도하라고 말한다. 그러면 하나님께서 그에게 생명을 주신다. 하지만 요한은 사망에 이르는 죄에 대해서는 구하라고 말하지 않 는다. 하나님께서는 우상숭배에 빠져있고, 새벽부터 부지런히 말하여도 듣지 아니 하는 이스라엘 백성을 위하여 기도하지 말라고 예레미야에게 이렇게 말씀하셨다. "그런즉 너는 이 백성을 위하여 기도하지 말라 그들을 위하여 부르짖어 구하지 말 라 내게 간구하지 말라 내가 네게서 듣지 아니하리라"^{렘 7:16}. 여호와께서 다른 신 들을 따라 섬기는 유다인과 예루살렘 주민에게 재앙을 내리시는데, 그들이 자신에 게 부르짖을지라도 자신이 듣지 아니함으로 그들이 피할 수 없는 재앙이라고 말씀 하셨다^{렘 11:11}. 예수님께서도 "사람에 대한 모든 죄와 모독은 사하심을 얻되 성령

---

43 『가톨릭 교회 교리서』, 1032항, 422.

을 모독하는 것은 사하심을 얻지 못하겠고 또 누구든지 말로 인자를 거역하면 사하심을 얻되 누구든지 말로 성령을 거역하면 이 세상과 오는 세상에서도 사하심을 얻지 못하리라"고 마 12:31-32 말씀하셨다. 히브리서도 이런 죄에 대하여 이렇게 말한다. "한 번 빛을 받고 하늘의 은사를 맛보고 성령에 참여한 바 되고 하나님의 선한 말씀과 내세의 능력을 맛보고도 타락한 자들은 다시 새롭게 하여 회개하게 할 수 없나니 이는 그들이 하나님의 아들을 다시 십자가에 못 박아 드러내 놓고 욕되게 함이라"히 6:4-6. 이처럼 사망에 이르는 죄란 여호와를 전적으로 반역할 뿐만 아니라, 회개의 기회를 철저하게 거부하는 것으로 이들을 위하여 기도하는 것은 오히려 하나님의 명예를 떨어뜨리고 영광을 훼손하는 것이 되므로 이들을 위해서 기도하면 안 된다.

21.5

경외심으로 성경을 읽는 것,r 말씀을 바르게 설교하고s 양심적으로 듣되 하나님께 순종하며 이해와 믿음과 경건함으로 듣는 것,t 그리고 감사하는 마음으로 시편을 찬송하는 것은u 그리스도께서 제정하신 성례를 올바로 집행하고 합당하게 받는 것처럼 모두 다 하나님을 신성하게 예배하는 정규적인 예식의 요소들이다.w 그 밖에도 여러 경우에 하는 신성한 맹세,x 서원,y 엄숙한 금식,z 감사가a 있는데, 이 것들은 각각 적절한 여러 시기와 때에 거룩하고 신성한 방식으로 행해야 한다.b

The reading of the Scriptures with godly fear,r the sound preaching,s and conscionable hearing of the Word, in obedience unto God, with understanding, faith, and reverence;t singing of psalms with grace in the heart;u as also, the due administration, and worthy receiving of the sacraments instituted by Christ; are all, parts of the ordinary religious worship of God:w besides religious oaths,x vows,y solemn fastings,z and thanksgivings, upon several occasions,a which are, in their several times and seasons, to be used, in an holy and religious manner.b

r 행 15:21; 계 1:3
t 약 1:22; 행 10:33; 마 13:19; 히 4:2; 사 66:2
w 마 28:19; 고전 11:23-29; 행 2:42
y 사 19:21 with 전 5:4-5
a 시 107:1-43; 에 9:22
s 딤후 4:2
u 골 3:16; 엡 5:19; 약 5:13
x 신 6:13 with 느 10:29
z 욜 2:12; 에 4:16; 마 9:15; 고전 7:5(KJV)
b 히 12:28

5. 예배의 요소들

하나님께 드리는 예배는 개인이 혼자서 드릴 수 있고, 가족이 같이 모여 드릴 수 있고, 교회에서 공적으로 모여 드릴 수 있다. 개인이나 가정이 예배할 때에도 성경을 읽고 기도하고 찬양하는 요소들이 있을 것이다. 하지만 확정된 통상적 요소들이 개인과 가정 예배에 있지는 않다. 개인과 가정이 상황과 필요에 따라 적절한 요소들을 취하면 된다. 하지만 교회에서 공적으로 예배할 때에는 개인이 임의적으로 예배 요소들을 정하면 안 되고, 교회가 공적으로 성경 전체의 내용에 따라 요소들을 정해야 한다. 제5절은 교회가 공적으로 예배할 때에 통상적으로 취하는 요소들이 무엇인지 먼저 살펴보고, 그 후에 특별한 경우들이 발생했을 때 하는 맹세와 서원과 금식과 감사를 어떻게 행해야 하는지 살펴본다.

1643년 6월 12일에 잉글랜드 의회는 국교회의 운영 체제와 예배의식에 관한 문제를 결정하기 위해서 학식 있고 경건한 사람들을 회집하는 법령을 통과시켰고, 이에 따라 웨스트민스터 총회 Westminster Assembly가 7월 1일에 처음으로 열렸다. 웨스트민스터 총회의 결과물들 중 잉글랜드 의회가 처음으로 승인한 것이 1645년 1월 3일에 하원에서 인준한 "하나님의 공 예배에 대한 지침서" The Directory for the Publick Worship of God, 이하 예배모범이다. 예배모범은 아래와 같은 주제들을 다룬다.[44]

---

[44] 이에 대한 영어제목은 다음과 같다. Of the Assembling of the Congregation, and their Behaviour in the Publick Worship of God, Of Publick Reading of the Holy Scriptures, Of Publick Prayer before the Sermon, Of the Preaching of the Word, Of Prayer after Sermon, Of

공적 예배를 위한 회중의 모임과 태도

공적 성경 읽기

설교 전의 공적 기도

말씀 설교

설교 후의 기도

성례 집행

세례

성만찬

주일 성수

결혼식 거행

병자 심방

죽은 자의 장사

엄숙한 공적 금식

공적 감사일의 준수

시편 찬송

부록: 공적 예배를 위한 날과 장소

❶ 통상적 예배의 요소들

가. 경외심으로 성경 읽기

성경 읽기는 설교 전에 설교 본문을 봉독하는 것과 다르다. 성경 읽기는 신자

---

the Administration of the Sacraments: Of Baptism, Of The Celebration of the Communion, or Sacrament of the Lord's Supper, Of the Sanctification of the Lord's Day, The Solemnization of Marriage, Concerning Visitation of the Sick, Concerning Burial of the Dead, Concerning Publick Solemn Fasting, Concerning the Observation of Days of Publick Thanksgiving, Of Singing of Psalms, APPENDIX: Touching Days and Places for Publick Worship.

들의 성경 지식이 증가하도록 매 주일 예배 때마다 꾸준히 성경을 읽어나가는 것을 뜻한다. 이 순서는 초대교회 전부터 있어왔다. 사도행전 15:21절은 예로부터 각 성에서 모세를 전하는 자가 안식일마다 회당에서 구약성경을 읽었다고 말한다. 바울 일행이 비시디아 안디옥에 도착하여 안식일에 회당에 들어가 앉았을 때에 회당장들은 율법과 선지자의 글을 읽었다.

성경 읽기 때 그 분량은 예배 시간과 상황과 성경의 장의 길이에 따라 정하는데 보통 구약 1장, 신약 1장을 읽는다. 이렇게 꾸준히 읽어나가면 신자들은 몇 년에 걸쳐 성경 전체를 읽는 것이 된다. 특히 인쇄술이 발달하지 않았을 때는 성경의 가격이 너무나 비싸서 개인이 성경을 소유할 수 없었다. 성경을 보고 싶어도 볼 수가 없었고 교회에나 와야 성경을 보던 시절이 있었다. 그 시절에는 많은 신자가 이 순서를 통하여 성경 지식을 크게 얻었다.

지금은 개인이 성경을 몇 권씩 소유하는 시대이다. 성경을 읽고 싶으면 언제나 읽을 수 있다. 그럼에도 성경을 잘 읽지 않는 것은 다른 것들에 시간을 빼앗기기 때문이다. 컴퓨터와 텔레비전과 스마트폰에 시간을 빼앗기고 학업과 취직과 바쁜 사회생활로 성경을 읽을 시간이 없다. 이런 신자들에게 주일 예배의 성경 읽기 순서는 여전히 성경을 경건하게 꾸준히 접하는 시간이 되어 크게 유익하다.

예배모범은 목사나 목사후보생이 성경을 낭독하고, 그 후 필요가 있다면 읽은 부분에 대하여 해설할 수 있는데, 다른 예배 순서들에 지장을 주지 않고 지루하게 만들지 않아야 한다고 말한다. 요사이 성경 낭독자는 대표 기도자처럼 목회자가 아니라 일반 성도가 하는 경향이 있다. 예배 중에 성경 낭독 순서를 두는 교회는 대표 기도자를 연초에 미리 선정하는 것처럼 낭독자도 미리 선정한다. 낭독자는 기도자처럼 경건한 자세로 주일 예배를 준비하고, 성경을 읽을 때에는 성경책만 들여다보며 읽지 않고, 눈을 들어서 회중을 가끔 주목하면서 분명한 발음으로 읽어야 한다. 이렇게 경외심으로 성경을 읽고 들을 때에 복을 받는다.계 1:3. 예배모범은 교회가 성경에서 읽을 부분을 선정하는데 특히 시편을 자주 낭독하라고 권한다.

그런데 지금은 성경 읽기 순서를 찬송가 뒤편에 있는 교독문을 목사와 회중이 번갈아 읽는 순서가 대체하고 있다. 교독문을 통해서도 성경 지식을 얻을 수 있지만 첫째로 교독문은 성경 읽기보다 분량이 크게 짧아 성경지식을 충분히 습득하기 어렵고, 둘째로 교독문의 내용은 주로 시편에 집중되어 구약과 신약을 균형 있게 읽는 성경읽기보다 편중적이다.

장로교 교단들은 헌법에 예배모범을 두는데, 주로 웨스트민스터 총회의 예배모범에 근거하여 작성하였다. 주요 장로교단들의 예배모범이 "공예배 시에 설교 본문 이외의 성경봉독"이란 항목에서 말하는 바는 주로 아래와 같다.

1. 회중 가운데서 성경을 봉독함은 공예배 순서의 한 부분이다(느 8:1-3). 이것은 설교 본문 봉독과는 달리 회중의 성경 지식의 자라남을 목적한 것으로써 성경 어느 부분을 매주 얼마씩 계속 읽어 가도록 함이다. 그 읽는 분량에 있어서는 예배시간에 맞추어 적절히 정할 것이다.
2. 봉독할 성경은 신구약 성경이고(가경은 제외됨), 가장 잘 번역된 한글 성경으로써 분명히 읽음으로 온 회중으로 하여금 잘 알도록 해야 된다.
3. 낭독자는 성경책만 들여다보고 읽을 것이 아니라, 머리를 들고 회중을 가끔 주목하기도 하면서 알아듣도록 분명히 읽어야 된다. 이처럼 정신 차려서 성경을 "읽는 자와 듣는 자들"이 복을 받는다(계 1:3).
4. 예배 순서에 있어서 설교 본문과 별도로 가지는 성경봉독은 초대 교회 때부터 있어 왔다. 고대 교회는 이 순서를 중요시하였으니 그 이유는, 회중에게 성경전서를 골고루 알도록 하기 위한 좋은 방법이기 때문이다.

나. 말씀을 바르게 설교하고 양심적으로 듣기

설교와 그 설교를 듣는 것은 예배의 중요한 요소이다. 로마 가톨릭은 예배에서 설교보다 성찬을 중요하게 여긴다. 이들은 화체설을 믿기 때문에 신자가 받아먹는 떡을 통해 실제로 그리스도의 몸을 모시고 그리스도의 의를 받게 된다고 주장한다. 하지만 우리는 말씀 설교를 더 중요하게 여기고, 성찬은 그 말씀을 보여주는 한 형태라고 생각한다.

제5절은 목사가 말씀을 바르게 설교하는 것만이 아니라, 그 설교된 말씀을 예배하는 자들이 양심적으로 듣는 것도 똑같이 예배의 요소라고 말한다. 바르게 설교하는 것만을 예배의 요소라고 여기면 설교 시간이 목사의 설교 준비와 능력에 달려있게 된다. 하지만 설교 시간에는 설교를 하는 자만이 아니라 설교를 듣는 자들도 올바르게 임해야 한다. 하나님께 순종하는 자세로 이해와 믿음과 경건함을 갖고 설교자의 설교를 들어야 한다. 제5절은 설교를 하는 것과 설교를 듣는 것을 동시에 이루어지는 순서로 표현하지, 두 개의 구별된 순서로 표현하지 않는다. 말씀을 바르게 설교하는 것은 설교를 올바로 듣는 청중과 조화를 이룬다.

웨스트민스터 총회의 예배모범은 말씀 설교 the Preaching of the Word 에 대하여 길게 다루는데 주요 내용만 살펴보면 다음과 같다. 이것이 바로 설교자가 말씀을 바르게 설교하는 것에 해당한다.

- 말씀 설교는 구원에 이르게 하는 하나님의 능력이고, 복음의 직무에 속하는 가장 위대하고 가장 탁월한 사역이다.
- 사역자는 원어, 인문학과 과학, 신학 전반, 특히 성경 등에 대하여 잘 알아야 한다.
- 설교하는 성경본문은 신앙의 원리와 항목을 나타내거나 또는 긴급한 상황에 적합한 성경의 일정 본문이어야 한다. 또는 성경의 어떤 장이나 시편이나 책을 조금씩 설교해나간다.
- 설교 본문의 서론은 간단하고 명료해야 한다.
- 본문에서 도출한 교리의 주요 항목들과 근거들을 가리켜 드러내야 한다.
- 본문을 분석하고 나눌 때에 너무 많이 나눔으로써 듣는 자들의 기억력에 부담을 주면 안 된다.
- 본문에서 교리를 도출할 때에 첫째로 교리의 내용이 하나님의 진리이어야 하고,

둘째로 교리의 내용이 본문에 담겨있거나 본문에 근거한 진리이어야 하고, 셋째로 설교자는 주로 본문이 의도한 주요 교리를 강조해야 한다.

- 교리는 쉬운 용어로 설명해야 한다.
- 실례는 어떤 종류이건 빛으로 가득차고, 청중의 마음에 영적 기쁨이 있는 진리를 나타내야 한다.
- 의무 수행을 권면할 때에 설교자는 의무 수행에 도움이 되는 방법도 가르쳐야 한다.
- 설교자는 설교 본문에 있는 모든 교리를 늘 드러낼 필요는 없고, 자신이 목회하는 성도들에게 가장 필요하고 적절한 교리를 드러내야 한다.
- 설교자는 자신의 설교 방법이 어떠하든지 간에 자신의 설교 사역을 아래처럼 수행해야 한다.

  1. 많은 노력을 기울여(Painfully) 주의 사역을 수행해야지, 태만히 하면 안 된다.
  2. 쉽게(Plainly) 설교하여 가장 뒤떨어진 사람이라도 이해하도록 해야 한다.
  3. 진실하게(Faithfully) 그리스도의 영광과 회중의 회심과 건덕과 구원을 바라보아야지, 자기 자신의 이익이나 영광을 바라보면 안 된다.
  4. 지혜롭게(Wisely) 자신의 모든 교리와 권면과 특별히 책망을 구성함으로써 설복이 가장 잘 되게 해야 한다.
  5. 장중하게(Gravely) 설교하여 하나님의 말씀이 되게 해야 한다. 사람의 부패로 말미암아 설교자와 설교자의 사역을 경멸하게 하는 모든 제스처와 목소리와 표현을 피해야 한다.
  6. 사랑하는 마음으로(With loving affection) 임하여, 회중이 설교자의 모든 일은 그의 경건한 열정과 그들에게 선한 것을 하려는 따스한 의도에서 오는 것임을 보도록 해야 한다.
  7. 자신이 가르치는 모든 것은 그리스도의 진리라고 하나님께 배웠고 마음으로 확신하는 바이니, 자신의 양떼에게 본이 되도록 행해야 하고, 사적이든 공적이든 자신의 수고를 하나님의 복주심이 있도록 진심으로 맡겨야 하고, 자기 자

신과 주께서 자신을 감독으로 삼은 양떼를 면밀하게 살펴야 한다. 그러면 진리의 교리는 부패하지 않게 보존되고, 많은 영혼이 회심하며 든든히 세워지고, 그 자신은 이 생애에서 수고에 대한 여러 위로를 받고, 오는 세상에서 자신을 위해 준비된 영광의 면류관을 받게 된다.

주요 장로교단들의 예배모범이 설교에 대하여 언급하는 내용은 주로 아래와 같다.

1. 설교의 중요성 - 하나님의 말씀은 구원의 능력이다. 그것을 전달하는 설교는 복음 사역에 있어서 가장 위대한 일이다. 설교자가 그것을 잘함으로 부끄러울 것이 없는 일꾼이 되며(딤후 2:15), 자기 자신과 듣는 자들을 구원한다(딤전 4:16).
2. 설교자의 자격
    1) 성경 원어에 대한 지식이 있어야 되며,
    2) 신학을 전반적으로 알고,
    3) 또한 신학에 수종 드는 학문(문학과 과학)에도 상당한 지식이 있어야 되며,
    4) 무엇보다도 성경에 대한 지식이 일반 신자들의 수준 이상이어야 하며,
    5) 늘 기도로 구해야 할 성령의 조명과 기타 건덕상 필요한 인격이 갖추어져야 한다.
3. 설교 조직 - 서론은 간단명료해야 되며, 그것은 본문에서 끌어내야 된다. 본문을 분해함에 있어서 대소지를 많이 내놓으면 청중이 기억하기 어려우며, 명확하지 않은 문구를 사용함은 청중의 마음에 부담만 된다.
4. 설교의 명백성 - 이 점에 있어서 예화 등이 사용된다. 예화는 무엇보다 진리를 깨닫도록 밝히는 종류여야 하며, 영적 감동을 주는 것이라야 한다. 그리고 사람의 편견 때문에 본문에 의심날 만한 것이 발견될 경우, 그것을 잘 해명해야 한다.
5. 일반적 주의 사항

1) 진리를 바로 분변할 것(딤후 2:15)

2) 교리와 행위에 대하여 밝히 지도해 줄 것

3) 목적은 명확히 한 가지로 정하고, 그 설명은 쉬운 말로 할 것

4) 시간을 지나치게 길게 잡지 말 것

5) 설교자는 자기의 지식이나 재능을 자랑하지 말 것

6) 설교자는 그 행실로 모본이 될 것

7) 지교회의 설교는 노회에서 보낸 사람과 당회나 그 교회 담임 목사가 허락한 사람만이 할 수 있다.

이제 설교자가 바르게 설교한 말씀을 청중이 하나님께 순종하며 이해와 믿음과 경건함으로 양심적으로 듣는 것에 대하여 살펴보자. 첫째로 제5절의 근거성경 구절들을 중심으로 살펴보면, 설교를 듣는 자는 듣기만 하는 것이 아니라 실천에 옮기려는 자세로 들어야 하고 약 1:22, 주께서 설교자를 통하여 주시는 모든 것을 들으려는 자세를 가져야 하고 행 10:33, 말씀을 듣고 깨닫지 못하면 악한 자가 그 마음에 뿌려진 것을 빼앗는 줄 알아야 하고 마 13:19, 믿음과 결부시켜 들어야 유익이 있는 줄 알아야 하고 히 4:2, 마음이 가난하고 심령에 통회하며 말씀을 듣고 떠는 자를 하나님께서 돌보시는 줄 알아야 한다 사 66:2.

둘째로 웨스트민스터 총회의 예배모범을 통해 살펴본다. 예배모범은 이에 대한 항목이 없지만 "설교 전의 공적 기도"Of Publick Prayer before the Sermon라는 항목에서 어느 정도 다룬다. 이 항목의 분량은 앞에서 살펴본 "말씀 설교"보다 5분지 1이 더 많을 정도이다. 이 항목은 설교자가 자신과 청중의 마음이 죄에 대하여 옳게 인식하고, 그들 모두가 주님 앞에서 죄를 느끼며 탄식하고, 예수 그리스도 안에 있는 하나님의 은혜를 굶주리며 목말라 하고, 죄에 대하여 더 깊이 고백하며 부끄러워하도록 노력해야 하고, 이러한 효과가 있도록 설교 전에 기도해야 한다고 말한다. 주요한 기도 내용만 살펴보면 다음과 같다. 아래에서 보는 것처럼 설교자는 청중의 설교를 잘 듣는 것에 관하여 특히 더욱 기도해야 한다.

- 원죄와 자범죄로 인한 우리의 큰 죄악상을 고백한다.
- 맹목적인 생각, 강퍅한 마음, 불신, 완고함, 안일함 등을 탄식한다.
- 우리는 가장 작은 은총도 받을 자격이 없고, 하나님의 가장 격렬한 진노와 율법의 모든 저주를 받아야 하고, 가장 무거운 심판을 받아야 함을 인정하고 고백한다.
- 이 모든 것에도 불구하고 예수 그리스도의 속죄와 중보라는 유일한 희생의 부요함과 충족성으로 은혜의 보좌에 가까이 나아간다.
- 주께서 성령에 의하여 우리의 마음에 사랑을 한없이 부어주시고, 죄사함과 화해를 얻었다는 확신을 갖도록 인쳐주시기를 바란다.
- 성령에 의한 거룩하게 하심을 기도한다.
- 그리스도의 복음과 왕국이 온 나라에 전파되고, 유대인이 회심하고, 이방인의 충만한 수가 차고, 적그리스도가 멸망하고 주님의 재림이 속히 이루어지도록 기도한다.
- 모든 권력자, 특히 왕을 위해, 그리고 모든 목사와 교사를 위해, 그리고 대학교들과 모든 학교와 신학교를 위해, 그리고 말씀과 성례와 권징에 축복이 있도록 도시와 회중을 위해, 그리고 계절 날씨와 풍성한 수확을 위해, 그리고 기근과 전염병과 전쟁이 없도록 기도한다.
- 하나님의 거룩한 규례들과 주일 성수를 위해 기도한다.
- 우리 주 예수 그리스도를 아는 지식이 탁월해지도록 기도한다.
- 설교자가 하나님의 말씀을 잘 전달하도록 하나님께서 설교자에게 지혜와 충성과 열심과 표현력을 주시도록 더욱 기도한다.
- 청중이 선포된 말씀을 겸손하게 듣고 사랑하고 받아들이도록 하나님께서 청중의 귀와 마음을 할례하시기를 더욱 기도한다. 청중이 말씀의 좋은 씨앗을 받아들이는 좋은 땅이 되게 해달라고 기도한다. 청중이 사탄의 유혹, 세상 염려, 강퍅한 마음, 그리고 자신들을 유익하게 하고 구원에 이르게 하는 들음을 방해하는 것이라면 무엇이든 저항할 수 있게 청중을 강하게 해달라고 기도한다. 그래서 그들이 모든 생각을 사로잡아 그리스도께 복종하고, 마음을 모든 좋은 말과 행동으로 영원

히 채우기 위하여, 그리스도께서 그들 안에 형성되고, 그들 안에 사시도록 기도한다.

셋째로 제5절에 있는 "그 말씀을 하나님께 순종하며 이해와 믿음과 경건함으로 양심적으로 듣는 것"을 통해 살펴본다. 회중은 하나님께 순종하는 마음으로 설교를 들어야 한다. 하나님께 순종하는 마음이 있어야 설교를 하나님께서 주시는 마음으로 알고 받으려고 한다. 하나님께 순종하는 마음이 없으면 설교를 받아들이려는 마음도 없다. 회중은 설교를 이해하려고 하면서 들어야지 맹목적으로 들으면 안 된다. 이해 없이 분별력이 없고, 분별력이 없으면 실천 또한 맹목적으로 되어 미신과 이단에 빠지기 쉽다. 회중은 들은 말씀을 믿음과 결부시켜야 한다. 들은 말씀을 믿음과 결부시키지 않는 자는 그 말씀이 그들에게 유익하지 않고^{히 4:2}, 그저 일순간의 감동이나 교훈에 지나지 않게 된다. 회중은 설교를 경건하게 들어야 한다. 하나님께서 주시는 말씀인 줄 알고 무겁게 들어야지 자신도 아는 내용으로 생각하여 인본적으로 들으면 안 된다. 회중은 설교를 양심적으로 들어야 한다. 양심적으로 듣는다는 것은 양심에 맞추어 올바로 듣는다는 것이다.

넷째로 기존 장로교 교단들의 헌법에 있는 예배모범을 통해 살펴본다. 예배모범은 설교를 듣는 자세에 관하여 주로 "교회 회집과 예배 석상에서의 신자들의 행위"라는 항목에서 다루는데 다음과 같다. "예배시간은 주로 신자들이 하나님의 말씀을 듣는 긴장된 기회이다. 전도서 5:1-2절에 말하기를, '너는 하나님의 전에 들어갈 때에 네 발을 삼갈지어다 가까이하여 말씀을 듣는 것이 우매자의 제사드리는 것보다 나으니 저희는 악을 행하면서도 깨닫지 못함이니라 너는 하나님 앞에서 함부로 입을 열지 말며 급한 마음으로 말을 내지 말라 하나님은 하늘에 계시고 너는 땅에 있음이니라 그런즉 마땅히 말을 적게 할 것이라'고 한다. 하박국 2:20절에 말하기를, '오직 여호와는 그 성전에 계시니 온 천하는 그 앞에서 잠잠할지니라'고 하였고, 스가랴 2:13절에 말하기를, '무릇 혈기 있는 자들이 여호와 앞에서 잠잠할 것은 여호와께서 그 성소에서 일어나심이니라'고 하였다. 이 두 구절은 구약의 말씀이지만 신약의 말씀도 예배 석상의 질서를 명한다. 고린도전서 14:40절에 말하기를, '모든 것을 적당하게 하고 질서대로 하라'고 한다. 여기 '적당하게'라는 헬라어 원어 εύσχημόνως 는 '합당하게', 혹은 '존경스럽게'란 뜻을 가진다. 이것은 규모 있게 행함을 가리킨다."

다. 감사하는 마음으로 시편을 찬송하는 것

웨스트민스터 총회의 예배모범은 마지막 장에서 시편 찬송에 대하여 다음처럼 말한다. "회중이 함께 시편을 공적으로 찬송함으로써 그리고 가정이 또한 시편을 사적으로 찬송함으로써 하나님을 찬양하는 것은 그리스도인의 의무이다. 시편을 찬송할 때에 목소리는 곡조에 맞추어 장중하여야 한다. 그러나 최고의 관심은 이해하며 감사하는 마음으로 찬송하는 것이고, 주님께 멜로디를 맞추는 것이어야 한다. 온 회중이 이 일에 참여하기 위하여 읽을 수 있는 자들은 모두 시편 책을 소유하여야 하고, 나이나 다른 이유로 읽을 수 없는 자들은 읽는 것을 배울 것을 권면 받아야 한다. 그러나 현재 많은 회중이 읽을 수 없으므로 목사나 혹은 목사와 장로가 지목한 적합한 사람이 시편 찬송 때에 한 절씩 미리 읽어주는 것이 적절하다." 제21장 제5절은 이것을 종합하여 "감사하는 마음으로 시편을 찬송하는 것"이라고 표현한다.

웨스트민스터 총회 당시는 예배 중 찬송할 때 시편을 주로 불렀다. 현재 일반적으로 사용하는 찬송가는 그 이후에 보편화되었다. 시편은 성경에 읽는 말씀을 그대로 가사로 사용한다는 장점이 있다. 단점은 신약 성경에 있는 예수 그리스도에 대한 풍성한 복음을 담지 못한다는 것이다. 이런 필요성도 한 이유가 되어 찬송가가 생겼다. 요사이 많이 불리는 복음성가나 현대기독교음악 ccm, Contemporary Christian Music 중 일부는 성경의 말씀에 근거하기보다 사람의 생각과 감정을 다소 가볍고 자극적이고 감상적인 가사와 음률로 담아내어 비판을 받기도 한다. 회중은 예배 중 찬송할 때에 예배모범이 말하는 것처럼 이해하면서 시 47:7; 고전 14:15 감사하는 마음으로 찬송해야 하고 골 3:16 , 주님께 멜로디를 맞추어야 한다. 단순히 입으로

만 찬송해서는 안 되고, 주님을 마음에 담아 찬송해야 한다 엡 5:19. 곡조에 감정적으로 신이 나 자신의 기분에 취하면 안 되고, 꼭 주님께 멜로디를 맞추어야 한다.

주요 장로교 교단들의 예배모범은 "시와 찬송"이라는 항목에서 아래처럼 말한다.

1. 거룩한 음악이 예배에 사용된 것은 성경에 있는 사실이다.
   1) 이스라엘의 출애굽 운동과 또는 광야 여행 때에 나타남(출 15:1-21; 민 21:17; 신 32:1-43).
   2) 예루살렘에서 예배할 때에 나타남(삼하 6:5; 대하 5:11-14; 시 150:1-5).
   3) 성전이 정화된 때에 나타남(대하 29:25-30).
   4) 둘째 성전이 세워진 때에 나타남(스 3:10-13; 7:7-10).
   5) 예수님이 성만찬을 잡수시던 때에 나타남(마 26:26-30).
   6) 사도 시대의 교회에 나타남(행 2:47; 고전 14:26; 엡 5:19; 골 3:16-17; 히 13:15).
2. 예배당에서 공동으로 시와 찬미로 하나님을 찬송하는 것은 모든 신자의 책임이다. 찬송가에는 성경에 합한 말과 하나님께 영광을 돌리는 언사가 사용되어야 한다(엡 5:19).
3. 하나님을 찬송하는 노래를 부를 때에 무엇보다 중요한 것은 신자들이 그 부르는 찬송의 뜻을 깨닫고 은혜롭게 찬송하여 진정으로 하나님을 상대한 찬송이 되도록 하는 것이다. 온 교우들이 반드시 찬송책을 준비하여 함께 찬송하는 것이 마땅하다.
4. 공식 예배 때에 찬송하는 시간은 목사 혹은 교역자가 조심하여 정할 것이다. 그 시간을 적절히 배정하여 교인 전체로 하여금 하나님을 찬송하는 순서를 통하여 귀한 은혜를 받도록 함이 중요하다.
5. 교회가 찬송가를 배우는 것은 중요하다. 교역자는
   1) 교인으로 하여금 은혜로운 찬송가를 반복하여 부르게 함으로 그 가사를 익히

도록 하고, 그 가사의 뜻도 깨닫게 해야 된다.
2) 교인들에게 곡조도 가르쳐서 그들로 하여금 찬송가를 바로 부르도록 훈련시켜야 된다.
3) 찬송 부르는 기회에 교인에게 실생활의 성화(聖化)를 격려해야 된다. 하나님께서 받으시는 아름다운 찬송은 일상생활에서 신앙을 지켜 경건하게 사는 자의 거짓되지 않은 입술의 찬송이다.

라. 그리스도께서 제정하신 성례를 올바로 집행하고 합당하게 받는 것

앞에서 살펴본 성경 읽기, 설교 하기와 듣기, 시편 찬송은 모두 하나님의 말씀과 관련된 것이다. 하나님의 말씀을 읽는 것이고, 하나님의 말씀을 설교하고 그 설교를 듣는 것이고, 하나님의 말씀인 시편을 찬송하는 것이다. 이에 반하여 성례의 집행은 하나님의 말씀이 눈에 보이는 형태로 펼쳐지는 것이다. 따라서 우리는 아래 표처럼 성례를 보이는 말씀이라고 부르며 말씀을 더 우선적인 것으로 여긴다. 말씀에 대한 이해에 따라 성례를 이해하게 된다고 여긴다. 말씀은 필수불가결한 것이지만 성례는 없어도 되고, 말씀은 믿음을 강화시킬 뿐만 아니라 믿음을 일으키기도 하는데 성례는 믿음을 강화하기만 한다.

말씀과 성례의 비교

		말씀	성례
공통점	제정자	하나님	
	중심 내용	그리스도	
	참여하는 유일한 길	믿음	
차이점	필수불가결 여부	필수불가결	없어도 됨
	믿음의 발생과 강화	믿음을 일으키고 강화	믿음을 강화
	적용 대상	신자를 포함해 불신자들에게도	교회 안에 있는 자들에게

그런데 로마 가톨릭은 성례를 말씀보다 중요하게 여긴다. 특히 이들은 성례의 하나인 성찬을 가장 핵심적인 것으로 여긴다. 이들은 "교회의 존재 자체를 이루고 있는 하느님 생명의 친교와 하느님 백성의 일치는 성찬례로 적절히 상징되고 놀랍게 실현된다. 그리스도를 통하여 세상을 성화하시는 하느님의 활동과, 인간이 성령 안에서 그리스도께 드리는 예배와 그리스도를 통하여 성부께 드리는 예배는 성찬례에서 그 정점에 이른다."고[45] 주장한다. 이에 맞서 제5절은 성례만이 아니라 성경 읽기와 설교와 시편 찬송이 모두 다 예배의 요소들이라고 말한다.[46]

성례가 예배의 정규적인 요소이지만 요사이 주일 예배에서 성례가 매주 실행되는 것은 아니다. 세례는 세례를 받는 대상자가 있을 때에 실행된다. 성찬은 많은 교회들이 부활과 추수를 감사하며 예배하는 주일에 행하는 경향이 있다. 즉 성찬을 일 년에 두 번 정도 실행한다. 말씀이 눈에 보이는 형태로 나타나는 성찬을 통하여 성도들은 많은 은혜를 받으므로 교회들은 횟수를 늘리는 것에 관하여 고려해야 한다.

이상으로 예배의 정규적인 요소들에 대해서 살펴보았다. 성경 읽기와 설교와 시편 찬송과 성례는 정규적인 예배의 요소들이다. 주일에 회중이 교회당에 모여서 공적으로 드리는 정규 예배는 위의 4가지 요소들을 포함하여야 한다. 제3절에서 살펴본 것처럼 기도도 예배의 요소이므로 역시 정규 예배에 포함하여야 한다. 그 외에 헌금과 축도도 예배의 정규 요소들이다. 이들에 대하여 간단히 살펴보자.

마. 헌금

신자는 자신이 가진 모든 것이 하나님으로 인한 것임을 헌금을 통하여 표현한다. 십일조는 자신의 소득 중 십분지 일을 바치는 것이고, 감사헌금은 감사한 일이 있을 때 바치는 것이다. 그 외 선교헌금이나 장학헌금과 같은 특정한 목적의 헌금

---

45 『가톨릭 교회 교리서』, 1325항, 520.
46 성례와 세례와 성찬에 대해서는 제27장-29장을 참고하라.

이 있다. 이렇게 다양한 이름의 헌금이 있을지라도 헌금의 기본적 의미는 자신이 가진 모든 재산은 전적으로 주님으로 인한 것임을 인정하면서 하나님께 감사하고 하나님을 찬양하는 것이다. 따라서 헌금은 감사하는 마음으로 자발적으로 드려야 한다. 교회는 성도들의 헌금으로 교역자의 생활비와 교회 운영비와 구제지출을 충당한다. 교인들 중 어려운 이를 돕고, 미자립교회나 선교사를 돕고, 홍수나 화재나 태풍으로 피해를 입은 국민을 돕는다.

주요 장로교단들의 예배모범이 헌금에 관하여 아래처럼 말하니 참고하라.

1. 성경이 가르치는 대로 모든 사람과 물건의 소유주는 하나님이시다. 우리는 우리의 생명이나 재산을 관리하는 관리인에 불과하며, 그 소유권은 하나님께만 있다. 이 사실을 인정하는 신자는 예수 그리스도의 교회를 통해서 주님의 사업이 널리, 올바로 성취되도록 하기 위하여 자기 수입 중 얼마(적어도 10분지 1이상)를 헌금함으로 하나님을 경배하는 일단(一端)으로 삼는다. 그리고 나머지는 그리스도 신자답게 바로 사용해야 한다(고후 9:5-7).

2. 국내외에 복음을 전파하는 선교사업을 위하여 또 빈민 구제를 위하여 분에 맞는 연보를 규칙적으로 바치는 것은 성경이 분명히 명령하는 의무인 동시에 그것은 신자의 특권이다(고전 16:1-2).

3. 헌금 경영은 제직회의 결의대로 할 것이요, 목사는 헌금하는 일을 예배의 일부분이 되게 하기 위하여 헌금 전이나 혹은 헌금 후에 간단한 기도로 감사할 것이다.

4. 그 수납금은 공동의회에서 통과된 예산대로 제직회가 지출하되, 교회 각 부서와 기타 자선사업과 신령한 사업을 위하여 할 것이다. 혹, 헌금하는 교우가 특별한 소원이 있을 때에는 그의 원에 따라 실행할 것이다.

5. 주일학교나 기타 부속회와 기관에서 기관 사업이나 기타 목적으로 헌금하는 일은 당회의 허락을 받아야 한다. 그리고 당회의 허락 없이 헌금이나 모금하는 것을 금한다.

6. 목사마다 그의 섬기는 교회가 감사한 마음으로 헌금하도록 성경으로 양육하는 것이 마땅하니, 신도마다 다소를 물론하고 자기의 힘대로 바치게 할 것이다.

7. 성경은 가난한 자를 위한 헌금에 대하여 많이 말한다(행 11:27-30; 롬 15:25-29; 고전 16:1-4; 고후 8:1-15; 갈 2:10). 그리고 기타 주님의 일을 위한 헌금에 대하여도 성경은 말한다(마 6:20; 막 12:41-44; 눅 8:3).

8. 헌금 행위에 대한 성경의 교훈은 헌금자의 자의적 헌납을 강조한다(출 25:2, 35:5, 21-22, 29, 36:3; 대상 29:14, 16; 대하 31:5-6; 느 13:12; 눅 21:3-4; 행 4:34-37; 고후 8:11, 9:7). 강요에 의해 헌금하거나, 인색한 마음으로 헌금하거나, 의식에 매어 헌금하는 것은 하나님께 합당치 않다(사 1:11-13; 마 23:23; 행 5:1-11).

바. 축도

축도문은 고린도후서 13:13절 "주 예수 그리스도의 은혜와 하나님의 사랑과 성령의 교통하심이 너희 무리와 함께 있을지어다"에서 유래된다. 헬라어 원문은 동사가 없이 명사로만 이루어진 희구법 문장이다. 따라서 "있을지어다"에 해당하는 단어가 성경 원어에는 없다. 한글로 번역할 때 희구법이란 문장 성격을 감안하여 "있을지어다"란 단어를 집어넣어 뜻을 살렸다. 영어는 기원문에 사용되는 "may" 란 조동사를 사용하여 표현한다.

축도를 하는 목사에게 어떤 능력이 있다는 오해가 있다. 구약의 제사장처럼 목사를 통하지 않고는 하나님께 예배를 드릴 수 없고, 기도를 할 수 없고, 축복을 받을 수 없다고 생각하는 이들이 있다. 이런 오해를 하는 성도와 목사에게는 축도가 거의 절대적이다. 이런 분들은 예배에 참석하여 아무리 열심히 예배를 드리고, 설교를 통하여 큰 은혜가 있어도, 축도가 없으면 마치 큰 일이 일어나는 것처럼 여기고, 성도의 길흉화복을 목사의 축도와 연결시킨다. 구약 백성은 제사장을 통해 성전에서 하나님께 제사를 드리고 제사장의 축복 기도를 받았다. 하지만 그렇다고 해서 제사장이 죄를 용서하는 것도 아니고 복을 내려주는 것도 아니다. 하나님께서 구약시대에는 이스라엘 백성으로 제사장을 통하여 제사를 드리고 축복의 기도를 받도록 정하신 것뿐이지, 제사장에게 실제로 능력이 있는 것이 아니다. 신약시대의 목사도 마찬가지이다. 목사는 단지 하나님께 복을 빌 뿐이지 목사에게 복을 줄 권한과 능력이 있는 것이 아니다.

많은 교단이 목사만 축도하도록 하고 있다. 이것은 교회 회중에게 축도를 할 때의 경우이지 꼭 목사에게만 축복을 비는 권한이 있다는 의미는 아니다. 성도가 자신의 자녀에게 축복의 기도를 할 때 굳이 고린도후서 13:13절의 내용을 쓸 필요가 없다. 그냥 하나님께서 자녀에게 여러 면에서 복을 주시기를 기도하면 된다. 군대 입대를 앞둔 아들을 위해서 어떠한 부모라도 군대 생활을 잘 하고 돌아오도록 하나님께 빌 수 있다. 대입과 취직 시험을 앞둔 자녀를 위해서도 부모가 하나님께 복을 빌며 합격의 기쁨을 달라고 할 수 있다. 부모와 자녀간의 관계만이 아니라, 성도 간에도 서로를 위하고 서로를 사랑하는 마음에서 언제든 하나님께 복을 빌 수 있다. 하나님은 성도의 그러한 기도를 누가 하든 기쁘게 들으신다.

다만 교회의 질서를 위해서 공적인 자리에서 고린도후서 13:13절의 형태로 축도를 하는 경우에만 목사에게 한정된다. 아무나 축도한다면 질서가 없어지고, 영적 권위가 안 서기 때문이다. 축복의 기도는 어느 성도나, 아무 때나, 아무 장소에서나 할 수 있지만, 축도는 교회의 질서를 위해서 목사만 한다. 예배 인도를 아무나 하지 않고, 대표 기도를 아무나 하지 않고, 설교를 아무나 하지 않고, 세례와 성만찬을 아무나 집례하지 않는 것과 같다. 아래에서 보는 바와 같이 이스라엘 자손을 위하여 축복하는 기도를 아무나 하지 않고 아론과 그 아들들만 하듯이, 신약시대에도 공적인 자리에서 일반 성도를 위하여 축복하는 기도는 아무나 하지 않고 교역자에게 한정된다. 하나님 말씀을 전하는 목사가 축도를 하는 것이 자연스럽다.

민 6:22-27   여호와께서 모세에게 말씀하여 이르시되 23 아론과 그의 아들들에게 말하여 이르기를 너희는 이스라엘 자손을 위하여 이렇게 축복하여 이르되 24 여호와는 네게 복을 주시고 너를 지키시기를 원하며 25 여호와는 그의 얼굴을 네게 비추사 은혜 베푸시기를 원하며 26 여호와는 그 얼굴을 네게로 향하여 드사 평강 주시기를 원하노라 할지니라 하라 27 그들은 이같이 내 이름으로 이스라엘 자손에게 축복할지니 내가 그들에게 복을 주리라

축도 시 목사들은 팔을 위로 왜 높이 들까? 이것은 복이 하늘에 계시는 하나님으로부터 내려온다는 것을 나타낸다. 결코 목사로부터 나오는 복이 손바닥을 통하여 성도들에게 전해지는 것을 형상화한 것이 아니다. 그러므로 손바닥이 꼭 성도들을 쳐다보아야 하는 것은 아니다. 손바닥이 하늘을 쳐다보아도 되고, 90도 직각으로 서도 되고, 손바닥이 성도들을 향해도 된다. 중요한 것은 하늘에 계시는 하나님께서 복을 주신다는 것이다.

축도는 결코 주술적 효과가 아니다. 마치 주문을 외우면 효력이 발생하듯, "주 예수 그리스도의 은혜와 하나님의 사랑과 성령의 교통하심이 너희 무리와 함께 있을지어다"라고 말하기만 하면 즉시 축도의 효과가 나타나는 것이 아니다. 하나님은 축도문 때문에 복을 주시는 것이 아니라, 우리를 사랑하시기 때문에 주신다. 주기도문이나 사도신경을 주문처럼 단숨에 외우는 것이 아니라 단어 하나하나를 깊이 생각하며 고백해야 하듯, 축도도 그러하다. 축도를 하는 자나 받는 자가 진심으로 복이 사랑과 진리의 하나님으로부터 나오는 것임을 알 때에 하나님의 복이 주어지지, 축도를 한다고 무조건 주어지지 않는다.

또한 고린도후서 13:13절의 내용처럼 축도는 "주 예수 그리스도의 은혜와 하나님의 사랑과 성령의 교통하심"을 비는 것이지 물질적 축복을 비는 것이 아니다. 하나님께서 우리에게 주시는 최대의 복은 "주 예수 그리스도의 은혜와 하나님의 사랑과 성령의 교통하심"이다. 이 땅위에서 받는 물질적 축복은 이것을 상징하고 가리킨다. 하나님께서 우리에게 복을 주시고, 그 복의 내용은 예수 그리스도의 은혜와 하나님의 사랑과 성령의 교통하심이라는 것을 보여주는 것이 바로 축도이다.

그러니 축도가 매우 풍성한 것이다. 축도가 있음으로 해서 예배는 더욱 풍성해진다. 목사가 하는 축도는 결코 교황처럼 사람들에게 복을 줄 수 있는 권능이 목사에게 있다는 개념도 아니고, 목사가 복을 축도하는 순간에 받는 자의 자세에 상관없이 복이 무조건 주어진다는 것도 아니다. 철저히 복의 근원이신 하나님께서 예수 그리스도를 통하여 성령 안에서 자신의 자녀들에게 주신다.

주요 장로교단들의 예배모범은 축도에 관하여 주로 아래처럼 말한다.

1. 구약시대 축복 기도의 유래 - 축복은 높은 자가 낮은 자의 잘됨을 기원함이다. 멜기세덱은 아브라함보다 높은 자로서 그를 축복하였다(창 14:18-19; 히 7:1, 7). 멜기세덱은 그리스도의 모형이었으니 만큼 아브라함보다 큰 자였다. 그리고 아론은 대제사장이었던 점에서 역시 그리스도의 모형이었다(히 9:9-10). 그러니 만큼 그도 이스라엘을 축복할 수 있었다(민 6:22-27). 그뿐 아니라 족장들도 그 가족들에게 제사장 격이었다. 그들은 그 자손들을 축복하였다(히 11:20-21). 그러나 신약시대 일반 신자들이나 일반 목사들은 위에 언급된 자들과 같이 동급이 있는 것이 아니다. 칼빈주의 교회가 사용하는 하이델베르크 신앙고백서에 우르시누스(Ursinus)는 주석하기를, 목사를 제 3위치에 놓았다는 뜻으로 말한다. 즉,

   1) 선지자와 사도: 이들은 하나님과 예수님이 직접 불러서 썼는데 그들이 성경도 기록하였다.

   2) 사도의 동역자들: 이들은 사도가 직접 불러 동역한 사람들인데 디모데, 누가, 디도 등이다.

   3) 교회가 불러서 세운 자들: 이는 목사, 장로, 집사 등이다. 목사들이 교회보다 높은 자들이 아니고 교회의 지체들 중 하나로서 예수님이 하시는 말씀 사역과 치리 사역을 받들어 교회를 섬기는 자이다(고후 4:5).

2. 신약시대 축도의 유래 - 성경의 예배 순서로서의 축도란 것이 기록된 데가 없다(고전 14:26-33). 다만 고린도후서 13:13에 교회 상대 서신의 결론적 축사로 나와 있으니 "주 예수 그리스도의 은혜와 하나님의 사랑과 성령의 교통하심이 너

희 무리와 함께 있을 지어다"라고 되어 있다. 여기 "있을 지어다"란 말은 헬라 원문에는 없는 것인데 보역한 것이다. 우리 장로교회에서는 개역 성경의 번역대로 축도해 온 것이 통례이다. 목사는 교회가 세웠으니 하나님이 직접 세우신 사도와 다르다. 그의 위치는 일반 교우와 마찬가지이고(벧전 2:9), 다만 가르치는 은사에 의해 인도자격으로 봉사한다(벧전 4:10-11,5:3). 그의 인도자격은 안내자의 성질을 지녔고 지배자는 아니다.

3. 축도자의 자격 - 장로교에서는 목사만이 축도할 수 있다고 믿어 온다. 인도자 위치에 있는 목사가 그런 기도를 하는 것이 합리적이다. 그러나 목사의 직위 그것에서만 그런 기도 행위가 정당화된다고 하면 안 된다. 그런 사상은 사제주의이다. 목사의 직위는 그의 겸손으로 뒷받침되어야 한다. '나는 높기 때문에 축도를 한다'고 생각하는 목사가 있다면 사실상 그에게는 축도할 자격이 없다. 교회의 세움을 받아 교회를 봉사하는 사역자는 약할 그 때에 강해지고(고후 12:10), 겸손할 때에 존귀해지고(잠 15:33), 충성할 때에 하나님에게 쓰임이 된다(잠 25:13; 고전 4:1-2). 평소에 겸손한 목사라도 시험을 받아서 심령에 흔들림을 받았을 때에는 축도 대신에 주기도로 예배를 폐할 수 있다.

❷ 적절한 시기와 때에 하는 예배의 요소들

가. 맹세와 서원

제22장 적법한 맹세와 서원 제1절에 따르면 적법한 맹세는 신성한 예배의 한 요소이기 때문에 예배 중에 맹세라는 순서를 갖는다. 이때 정당한 경우에 엄숙하게 맹세하는 사람은 하나님을 불러서 자신이 주장하고 약속한 것에 대해 증인이 되어주시고 자신이 맹세한 것이 참인지 거짓인지에 따라 자신을 심판하여 달라고 하는 것이다. 제22장 제5절에 따르면 서원은 약속이 딸리는 맹세와 같은 성격이기 때문에 서원도 예배의 한 요소로 예배 중에 행한다. 맹세와 서원은 예배 때마다 갖는 순서가 아니고, 맹세와 서원을 해야 할 경우가 발생할 때에 예배 중에 갖는다. 이

것들도 정규적인 요소처럼 거룩하고 신성한 방식으로 행해야 한다. 맹세와 서원에 대해서는 제22장을 참고하라.

나. 엄숙한 금식

제5절이 금식에 대하여 언급하는 것은 금식이 예배의 한 요소이기 때문이 아니라, 금식을 해야 할 경우가 있을 때 금식하면서 예배를 드린다는 측면이다. 요엘 선지자는 "여호와의 말씀에 너희는 이제라도 금식하고 울며 애통하고 마음을 다하여 내게로 돌아오라 하셨나니"라고 욜 2:12 말하였다. 에스더는 모르드개에게 "당신은 가서 수산에 있는 유다인을 다 모으고 나를 위하여 금식하되 밤낮 삼 일을 먹지도 말고 마시지도 마소서 나도 나의 시녀와 더불어 이렇게 금식한 후에 규례를 어기고 왕에게 나아가리니 죽으면 죽으리이다"라고 에 4:16 말하였다. 예수님께서도 혼인집 손님들이 신랑과 함께 있을 동안에 슬퍼하지 않으나 신랑을 빼앗길 날이 이르면 금식한다고 말씀하셨다 마 9:15. 이처럼 회개해야 할 일이 있거나, 개인이나 민족이 중대한 일이나 슬픈 일을 맞이하게 될 때 구성원들은 금식하면서 하나님의 은혜를 간구하였다. 따라서 신자는 전쟁, 코로나19 대감염과 같은 전염병, 기근과 같은 재앙이 있을 때나 하나님을 진노하게 할 엄청난 죄악이 교회나 국가에서 발생하였을 때나 교회에 핍박과 순교와 같은 슬픈 일이 발생하였을 때에 금식의 예배를 통해 하나님께 회개하며 간절히 은혜를 구해야 한다. 금식을 통해 간절한 마음을 하나님께 전해야 한다.

다. 감사

에스더는 모르드개와 더불어 금식하며 유대인에게 닥친 학살의 위험이 해결되기를 하나님께 간구하였다. 그녀는 금식의 기도 중에 왕에게 나아가 자신의 민족에게 닥친 위험을 말하였고, 하나님의 은혜로 이 문제가 극적으로 해결되었다. 그때 유대인들이 대적에게서 벗어나서 평안함을 얻어 슬픔이 변하여 기쁨이 되었고 애통이 변하여 길한 날이 되었다. 유대인들은 이 두 날을 지켜 잔치를 베풀고 즐기며 서로 예물을 주며 가난한 자를 구제하였다 에 9:22. 이때 유대인들이 술과 음식으로 잔치를 베풀며 즐기기만 하면 안 되고, 하나님께 감사의 예배를 드려야 한다. 예배 중에 기도자나 설교자는 자신들이 지금 누리고 있는 감사한 일에 대하여 하나님께 아뢰고 크게 감사함을 드리며 하나님을 찬양하여야 한다. 시편 107편은 여호와의 인자하심과 인생에게 행하신 기적을 인하여 여호와를 찬송하고, 감사제를 드리며 노래하여 그가 행하신 일을 선포하라고 시 107:21-22 말한다. 그런데 일반 신자는 하나님의 은혜와 능력으로 주어진 이 감사의 일을 그저 우연한 일로 받아들이며 하나님께 크게 감사하지 않을 수 있다. 이런 부주의와 무관심이 감사의 예배를 통하여 고쳐지고, 신자의 마음이 하나님의 은혜와 능력에 대한 감사와 찬양으로 가득 찰 수 있다. 그러므로 교회는 감사한 일이 발생하였을 때 신자 각자에게 감사를 맡기지 말고 교회 차원에서 특별히 감사의 예배를 드리는 것이 좋다. 금식과 감사의 예배는 당연히 정규적인 예배처럼 거룩하고 신성하게 드려야 한다. 모든 예배는 같으신 한 하나님께 드리는 것이므로 예배에는 더 중요하고 덜 중요한 차이가 없다.

주요 장로교단들의 예배모범은 "금식일과 감사일"이라는 항목에서 아래처럼 말한다.

> 금식일은 언제 선포되어야 하는가? 어떤 위급한 심판이 국민에게 임할 때나 전 교회적으로 시행해야 할 중대한 일을 위하여 하나님의 은혜를 간구할 만한 때이다 (에 4:16; 행 13:2).
>
> 1. 하나님의 뜻이 지시하는 대로 금식일과 감사일을 지키는 것은 성경과 도리에 합당한 일이다.
> 2. 금식일과 감사함은 신자 개인이나 가정이 지킬 수도 있으며, 한 지교회가 단독으로, 혹은 인근 지교회들이 공동으로, 혹은 한 노회 또는 교단 전체의 지교회들이 일제히 지킬 수도 있다.
> 3. 신자 개인이나 가정이 사사로이 금식일이나 감사일을 지킬 때에는 적당한 시일

의 결정을 그들의 자유에 맡겨야 한다. 지교회의 경우에는 당회에, 광범한 지역인 경우에는 노회들에 맡긴다. 금식일이나 감사일을 교단적으로 지키는 것이 마땅하다고 인정할 때에는 총회가 결정 공포해야 한다. 정부 당국이 그리스도교의 신앙과 일치하는 금식일이나 감사일을 지정할 때에는 목사들과 신자들이 합당한 경의를 전적으로 표시할 의무가 있다(욘 3:5-9).

4. 금식일이나 감사일이 결정되면, 충분한 시간적 여유를 두고 공포하여, 교우들로 하여금 신변을 정돈하고 그 날의 의무를 다할 수 있도록 해야 한다.

5. 이와 같은 날에는 기도, 찬송, 교독문, 그리고 설교, 모두를 그 날에 적합하도록 마련해야 한다.

6. 금식일에는 목사가 이 날을 지키는 근거와 특수 사정을 지적하고, 일반 예배일보다 넉넉히 시간을 잡아 엄숙한 기도 중에 온 교우가 죄를 자복하며, 종일 기도와 묵상으로 보내야 한다.

7. 감사일에는 목사가 그 날을 지키게 된 근거와 사정을 알리고, 평상시보다 넉넉히 시간을 잡아 그 날에 합당한 감사를 드리며, 시편이나 찬송을 불러야 한다. 이런 날에 신자들은 거룩하고 기쁜 마음으로 즐거워하되 기쁜 가운데도 경건을 지키며 방종과 경박과 불미한 행위를 취하지 말아야 한다.

21.6

지금 복음 아래서는 기도나 신성한 예배의 어떤 요소들을 특정 장소에서 또는 특정 장소를 향하여 행해야 하는 것도 아니고, 그렇게 한다고 해서 더 기쁘게 받아지는 것도 아니다.c 즉, 하나님은 모든 곳에서d 영과 진리로e 예배해야 한다. 개인의 가정이f 매일,g 그리고 각 개인이 홀로 은밀한 곳에서h 예배해야 하는 것처럼, 공적 모임은 더 엄숙하게 예배해야 한다. 하나님께서 자신의 말씀이나 섭리에 의해 예배로 부르실 때에 부주의나 고의로 무시하거나 저버리면 안 된다.i

Neither prayer, nor any other part of religious worship, is now under the gospel, either tied unto, or made more acceptable by any place in which it is performed, or towards which it is directed:c but God is to be worshiped every where,d in spirit and truth:e as in private Families,f daily,g and in secret, each one by himself;h so, more solemnly, in the public Assemblies, which are not carelessly, or willfully to be neglected, or forsaken, when God, by his Word or Providence, calleth thereunto.i

c 요 4:21   d 말 1:11; 딤전 2:8   e 요 4:23-24
f 렘 10:25; 신 6:6-7; 욥 1:5; 삼하 6:18, 20; 벧전 3:7; 행 10:2   g 마 6:11
h 마 6:6; 엡 6:18
i 사 56:6-7; 히 10:25; 잠 1:20-21, 24; 잠 8:34; 행 13:42; 눅 4:16; 행 2:42

6. 예배의 장소

구약 시대 아래에서는 제사가 성전에서 이루어졌다. 하나님은 노아 때에 홍수로 모든 사람을 죽이시고 오직 8명만 살려두셨다. 그 8명의 후손이 번성하였지만 다시 부패하여 바벨 성과 탑을 쌓으며 하나님을 반역하였다. 이때 하나님은 아브라함과 그 후손을 택하시어 만나주셨고, 아브라함의 후손인 이스라엘 백성을 특별히 성전에서 만나주셨다. 하나님께서 거하실 곳이 없어서 성전을 필요로 하셨던 것이 아니라, 사람들이 죄로 부패하여 도저히 하나님을 만날 자격과 능력이 없는데, 하나님께서 특별히 성전을 택하시어 그곳에서 이스라엘 백성을 만나주시는 것이었다. 하나님은 능력이 부족하여 성전에서만 이스라엘 백성을 만나신 것이 아니라, 은혜로 이스라엘 백성을 특별히 택하시어 특별히 성전에서 만나주셨다. 그래서 구약 백성은 성전에서 예배하였고, 성전을 향하여 예배하였다. 다니엘은 포로로 잡혀간 곳에서 예루살렘으로 향한 창문을 열고 하루 세 번씩 무릎을 꿇고 기도하며 하나님께 감사하였다 단 6:10.

그런데 복음 아래에서 예수 그리스도는 선택된 자녀들의 죄값을 짊어지고 죽으셨다. 그 죗값의 지불로 선택된 자들은 모두 의롭다 하심을 얻는다. 이때부터 성령께서 신자들 안에 내주하신다. 하나님은 성전이란 장소에서만 신자들을 만나시는 것이 아니라, 이제 어디에서나 만나주신다. 구약의 성전은 예수 그리스도의 대속의 죽음으로 용도가 폐기되었다. 예수님이 십자가에서 죽으실 때에 성소 휘장이 위로부터 아래까지 찢어져 둘이 되었다마 27:51. 성소 휘장이 찢어졌다는 것은 성전의 용도가 이제 더 이상 쓸모없다는 의미이다. 따라서 신약 백성은 성전에서 혹은 성전을 향하여 예배할 필요가 없다.

제2장하나님과 성 삼위일체 제1절에서 살펴본 것처럼 하나님은 영이시라 장소에 갇히거나 장소의 제한을 받지 않고 장소를 초월하시므로 신자들이 어디에서나 영과 진리로 하나님께 예배를 드릴 수 있다요 4:24. 영은 장소에 갇히지 않고, 피조물과 같은 형상을 갖지 않고신 4:15, 살과 뼈가 없고눅 24:39, 외부의 영향에 결정되는 감정이 없다행 14:15. 하나님은 구약 시대에도 영이셨다. 그런데 그 때에는 예수 그리스도께서 아직 십자가에서 죽지 않으셔서 하나님은 한시적으로 이스라엘 백성을 성전에서 만나주셨으므로, 그들은 성전에서 또는 성전을 향하여 예배해야 했다. 하지만 복음 아래에서 예수님이 십자가에서 대속의 피를 흘리셨으므로 더 이상 성전이 존재할 필요가 없다. 하나님은 성전에서만 신자들을 만나주시지 않고, 언제나 어디에서나 만나주신다. 동시에 하나님의 구원의 은혜가 유대인에게서 모든 민족에게로 확장되었다. 그러므로 위에서 살펴본 예배의 모든 요소는 어떤 특정 장소에서 행한다고 하여 또는 어떤 특정 장소를 바라보며 행한다고 하여 하나님께서 더 기쁘게 받으시지 않는다. 하나님은 모든 곳에서 드리는 예배를 기쁘시게 받는다. 예배의 어떤 요소도 어떤 특정 장소에 절대로 얽매이지 않는다.

제6절은 첫째로 각 가정이란 장소에서 하나님께 예배할 수 있다고 말한다. 각 가정은 매일 자신들이 거하는 곳에서 예배할 수 있다. 각 가정은 평상시에는 거주하는 집에서, 휴가를 가서는 휴가지에서 예배할 수 있다. 둘째로 각 개인이 홀로 은밀한 곳에서 예배할 수 있다. 모든 신자는 자신이 있는 그 곳에서 예배할 수 있다. 하나님은 영이시라 각 개인이 어디서 예배하든 받으신다. 그곳은 자신의 골방

일 수도 있고, 직장의 사무실일 수 있고, 여행지의 숙소일 수 있고, 우주인이라면 우주선일 수 있고, 해군이라면 바다 깊은 잠수함일 수 있다. 각 개인이 그 어디에 있든 예배할 수 있고, 하나님은 그곳에 임재하여 그 예배를 받으신다. 셋째로 공적 모임에서 교인들이 같이 모여 예배할 수 있다. 교회는 주일에 교회당에 모여 예배하는데 이때는 더 엄숙하게 예배하여야 한다. 공적 모임은 평상시에는 자신들의 교회당에서 모이고, 수련회를 가서는 수련회 장소에서 모이는데 교회가 어느 장소에서 예배하든 하나님은 받으신다. 하나님은 자신의 말씀이나 섭리에 의해 각 개인과 가정과 교회를 예배로 부르신다. 이때 기쁨과 감사함으로 예배에 참여해야 하지, 부주의나 고의로 예배를 무시하거나 아예 불참하면 안 된다. 신자는 홀로 있거나 가정이나 교회의 일원으로 있거나 어디에서든지 예배로 부름을 받을 때에 영과 진리로 예배해야 한다.

> **롬 12:1-2** 그러므로 형제들아 내가 하나님의 모든 자비하심으로 너희를 권하노니 너희 몸을 하나님이 기뻐하시는 거룩한 산 제물로 드리라 이는 너희가 드릴 영적 예배니라 2 너희는 이 세대를 본받지 말고 오직 마음을 새롭게 함으로 변화를 받아 하나님의 선하시고 기뻐하시고 온전하신 뜻이 무엇인지 분별하도록 하라

바울은 위에서 신자에게 신자의 몸을 하나님이 기뻐하시는 거룩한 산 제물로 드리라고 말한다. 이것이 신자가 드려야 하는 영적 예배라고 말한다. 영적 예배의 내용은 신자가 이 세대를 본받지 않고 오직 마음을 새롭게 함으로 변화를 받아 하나님의 선하시고 기뻐하시고 온전하신 뜻이 무엇인지 분별하는 것이다. 신자가 하나님께 드리는 가정예배와 개인예배와 공적예배는 다른 사람들과 분리된 특정 장소에서 기도와 성경읽기와 찬송 등의 순서로 이루어진다. 그런데 신자는 이런 예배들보다 더 많은 시간을 일상의 생활로 보낸다. 즉 가정생활과 직장생활과 사회생활이 있다. 신자는 이 때에도 예배를 드리듯 자신의 몸을 하나님이 기뻐하시는

거룩한 산 제물로 드려야 한다. 자신의 삶 자체가 거룩하게 될 때에 이것이야 말로 하나님께서 기뻐하시는 영적 예배가 된다. 육체의 욕심을 따라 육체와 마음의 원하는 것을 하면서 이 세상 풍조를 따르는 것이 아니라 엡 2:2-3, 하나님의 선하시고 기뻐하시고 온전하신 뜻을 따르는 것이다. 우리가 하나님께 예배하는 것은 이런 삶을 살기 위해서이다. 절대로 예배와 삶이 분리되어서는 안 되고, 예배를 드리는 자세와 목적 그대로 일상의 삶을 살아내야 한다. 하나님은 영이시니 우리가 모든 곳에서 늘 영적 예배를 드리기 위하여 노력할 때에 그 삶을 크게 흠향하시며 기쁘게 받으신다.

사 1:11-17	여호와께서 말씀하시되 너희의 무수한 제물이 내게 무엇이 유익하뇨 나는 숫양의 번제와 살진 짐승의 기름에 배불렀고 나는 수송아지나 어린 양이나 숫염소의 피를 기뻐하지 아니하노라 12 너희가 내 앞에 보이러 오니 이것을 누가 너희에게 요구하였느냐 내 마당만 밟을 뿐이니라 13 헛된 제물을 다시 가져오지 말라 분향은 내가 가증히 여기는 바요 월삭과 안식일과 대회로 모이는 것도 그러하니 성회와 아울러 악을 행하는 것을 내가 견디지 못하겠노라 14 내 마음이 너희의 월삭과 정한 절기를 싫어하나니 그것이 내게 무거운 짐이라 내가 지기에 곤비하였느니라 15 너희가 손을 펼 때에 내가 내 눈을 너희에게서 가리고 너희가 많이 기도할지라도 내가 듣지 아니하리니 이는 너희의 손에 피가 가득함이라 16 너희는 스스로 씻으며 스스로 깨끗하게 하여 내 목전에서 너희 악한 행실을 버리며 행악을 그치고 17 선행을 배우며 정의를 구하며 학대 받는 자를 도와 주며 고아를 위하여 신원하며 과부를 위하여 변호하라 하셨느니라

여호와께서 이사야 선지자에게 신자의 삶이 뒷받침 되지 않는, 즉 영적 예배가 결여된 무수한 제물을 기뻐하시지 않는다고 말씀하셨다. 하나님의 선하시고 기뻐하시고 온전하신 뜻을 추구하지 않으며 단순히 제사 때 바치는 숫양의 번제와 짐승의 기름과 피는 아무 의미가 없는 것이다. 이것을 바치기 위해 모이는 각종 월삭과 안식일과 대회를 하나님께서는 싫어하신다. 하나님은 성회와 아울러 악을 행하는 것을 견디지 못하신다. 하나님은 신자가 스스로 씻으며 스스로 깨끗하게 하여 악한 행실을 버리며 선행을 배우며 정의를 구하며 학대 받는 자와 고아와 과부를 도와주기를 바라신다. 이것이 바로 하나님의 선하시고 기뻐하시고 온전하신 뜻인 것이다. 예배를 특정 장소에서 드리는 것은 분명히 중요하지만 자신이 있는 곳에서 늘 예배를 드리는 마음가짐으로 거룩하게 살는 것은 더 중요하다.

21.7

사람이 하나님을 예배하기 위해 일반적으로 적절한 분량의 시간을 따로 떼어 두는 것이 바로 본성의 법으로 인한 것처럼, 하나님께서 칠 일 중 하루를 안식일로 특별히 지정하시어 자신 앞에서 거룩하게 지키도록 하신 것은 바로 자신의 말씀에서, 모든 시대에 모든 사람에게 구속력이 있는 "실정법적이며 도덕적이며 영구적인" 계명에 의해 하신 것이다.k 그 하루는 창세부터 그리스도의 부활까지는 한 주의 마지막 날이었고, 그리스도의 부활 이후에는 한 주의 첫째 날로 바뀌었다.l 성경에서 주일이라 불리는 이날은m 세상 끝날까지 기독교 안식일로 계속되어야 한다.n

As it is of the law of nature, that, in general, a due proportion of time be set apart for the worship of God; so, in his Word, by a positive, moral, and perpetual commandment, binding all men, in all ages he hath particularly appointed one day in seven, for a Sabbath, to be kept holy unto him:k which, from the beginning of the world to the

> resurrection of Christ, was the last day of the week; and, from the resurrection of Christ, was changed into the first day of the week,l which, in Scripture, is called the Lord's day,m and is to be continued to the end of the world, as the Christian Sabbath.n
>
> k 출 20:8, 10-11; 사 56:2, 4, 6-7   l 창 2:2-3; 고전 16:1-2; 행 20:7
> m 계 1:10   n 출 20:8, 10 with 마 5:17-18

7. 예배의 시간

제21장 제6절이 예배의 장소에 대한 서술이라면 제7절은 예배의 시간에 대한 서술이다. 사람들은 본성적으로 하나님을 예배하여야 한다는 것을 알고, 그 예배를 위해 시간을 적절하게 따로 마련한다. 그런데 우리가 제21장 제1절에서 살펴본 것처럼, 하나님을 예배하는 인정할 수 있는 방식을 하나님께서 직접 제정하시고 그리고 계시하신 뜻으로 제한하신다. 따라서 예배하는 시간에 대해서도 하나님께서 직접 자신의 말씀으로 알려주셨다. 그 말씀은 제19장 하나님의 율법에서 살펴본 것처럼, 첫째로 당연히 의식법이나 시민법이 아니고, 도덕법 moral commandment 이다. 둘째로 의식법이나 시민법이 아니기에 모든 사람이 영원히 지켜야 하는 계명 perpetual commandment 이다. 셋째로 도덕법 중에서도 사람이 본성적으로 알기 힘들고 하나님께서 특별히 지정해주셔야만 아는 실정법 positive commandment 이다. 도덕법 중에 부모를 공경하는 법이나 살인과 간음과 도둑질과 거짓증거를 금하는 법은 사람이 본성적으로 이해하기 쉽다. 하지만 칠 일 중 하루를 안식일로 지키는 것에 대해서는 사람이 왜 칠 일 중 하루이어야 하는지 그리고 그 칠 일 중 하루가 왜 마지막 날이어야 하는지를 본성적으로 이해하기 힘들다. 이것은 하나님께서 천지만물을 육일 동안에 심히 좋게 창조하시고 제 칠일 째에 쉬신 것을 반영한 것으로 성경을 통해서만 알 수 있다. 이렇게 하나님의 도덕법 중 사람이 본성의 빛으로 알 수 없고, 하나님께서 특별히 지정하시어 알려주셨기 때문에 사람이 알게 되고 받

아들이는 도덕법을 실정법 positive commandment 이라고 한다.[47]

안식일은 창세부터 그리스도의 부활까지는 한 주의 마지막 날이었다. 이는 엿새 동안에 여호와께서 하늘과 땅과 바다와 그 가운데 모든 것을 만드시고 일곱째 날에 쉬셨기 때문이다. 이를 인하여 여호와께서는 안식일을 복되게 하시어 그 날을 거룩하게 하셨다 출 20:11; 창 2:2-3. 그런데 안식일이 그리스도의 부활 이후에는 한 주의 첫째 날로 바뀌었다. 예수님의 부활 이후 바울 사도는 고린도 교인들에게 매주 첫날에 연보를 수입에 따라 모아 두라고 말하였다 고전 16:1-2. 바울 일행은 드로아에서 주간의 첫날에 떡을 떼려고 모였고, 바울은 밤중까지 강론하였다 행 20:7. 예수님의 부활 이후 신자들은 토요일 대신에 예수님이 부활하신 것을 기념하며 일요일에 모여 예배하였다. 사도 요한은 한 주의 첫째 날을 "주의 날" 主日, the Lord's day 이라고 불렀다 계 1:10. 이 날은 세상 끝날까지 기독교 안식일로 계속 지켜야 한다.

---

47 positive의 사전적 뜻은 "긍정적인, 양성의, 적극적인, 확신하는, 확실한, 분명한, 절대적인, 명문화된, 실정법(實定法)의"이다. 자연법(natural law)과 달리 실정법(positive law)은 국회나 대통령과 같은 권세가 요구하여 만든 법이다. 실정법이 신학에서 사용되면 당연히 하나님께서 요구하시어 만든 율법인데, 하나님께서 도덕적 측면에서 선과 악이 드러나지 않는 것에 대하여 특별히 지정하시어 만든 율법을 뜻한다. 신학에서 실정법은 하나님께서 지정하셨기 때문에 선한 것이다. 예를 들면 창 2:16-17절에서 하나님은 아담에게 선악을 알게 하는 나무의 열매를 먹지 말라는 실정법을 주셨다. 그 나무의 열매를 먹는 것이 나쁜 것은 하나님께서 자신의 주권으로 그렇게 정하셨기 때문이지, 그 나무의 열매 자체가 나쁜 것은 아니다. 일곱째 되는 날을 안식일로 지키는 것이 하나님의 실정법이 되는 이유는 첫째로 하나님께서 칠일 중에 하루를 특별히 지정하셨기 때문이고, 둘째로 하나님께서 그 날이 일곱째 되는 날로 특별히 지정하셨기 때문이다. 팔일이나 구일이 아니라 칠일 중에 하루를 쉬는 것은 그 자체로 선과 악이 아니고, 또한 그 날이 첫째 날이나 여섯째 날이 아니라 일곱째 날이 되는 것도 그 자체로 선과 악이 아니다. 물론 하나님께서 일곱째 날을 안식일로 지정하신 것은 하나님께서 만물을 육일 동안에 다 창조하시고 일곱째 날에 쉬신 것을 반영한다. 이런 면에서 안식일에 대한 실정법은 창 2:16-17절의 실정법보다 사람들이 이해하기 쉽다.

일	월	화	수	목	금	토
1	2	3	4	5	6	7
신약의 주일						구약의 안식일
부활하신 날						죽으신 날

이제 안식일의 의미와 안식일을 지키는 이유에 대하여 살펴보자. 하나님께서 태초에 무에서 천지만물을 보시기에 심히 좋게 창조하셨다. 완벽한 창조인지라 성경은 "천지와 만물이 다 이루어지니라"고 창 2:1 말한다. 사람이 만든 모든 것에는 부족함이 있고, 시간이 흐를수록 흠이 크게 드러난다. "다 이루어지니라"는 표현은 오직 하나님만 하실 수 있다. 하나님께서 일곱째 날에 안식하신 것은 모든 일을 다 이루셨기 때문이지, 할 일이 남아 있는데도 지치셔서 쉬신 것이 아니다. 모든 것이 완벽하였기 때문에 그 날을 기념하시고, 복되게 하사 거룩하게 하셨다.

심히 좋게 만들어진 천지만물이 아담의 죄로 깨지며, 땅은 저주를 받아 가시덤불과 엉겅퀴를 내었다. 사람이 행하는 모든 일에는 가시덤불과 엉겅퀴가 발생하여 이제 평생에 걸쳐 땀을 흘려 수고하여야 그 소산을 먹게 되었다. 100% 만족스러운 것이 세상 어디에도 없게 되었다. 바로 이 문제를 해결하시러 하나님의 아들이 사람이 되시어 이 땅에 오셨다. 예수님은 십자가에서 죽으시기 직전에 "다 이루었다"고 요 19:30 말씀하셨다. "다 이루었다"라는 말은 이렇게 하나님만이 하실 수 있다. 예수님은 아담의 죄로 일그러진 인류와 세상을 회복하시는 모든 일을 하신 것이다.

창조자와 구속자이신 하나님은 지금도 이 세상을 보존하시고 통치하시며 자신의 뜻을 이루신다. 우리는 바로 이것에 의거하여 이 땅에서 안식할 수 있다. 우리의 생명을 구원하여 주신 하나님께서 지금 이 순간도 우리를 지켜주시니 안식하지 않을 수가 없다. 하나님의 보호와 통치를 더욱 분명하게 확인하며 누리는 것이 안식일 준수이다.

　안식일 준수에 대한 십계명은 출애굽기 20장과 신명기 5장에 나온다. 출애굽기 20장은 안식일을 지키는 이유를 "이는 엿새 동안에 나 여호와가 하늘과 땅과 바다와 그 가운데 모든 것을 만들고 일곱째 날에 쉬었음이라 그러므로 나 여호와가 안식일을 복되게 하여 그 날을 거룩하게 하였느니라"고 출 20:11 말한다. 신명기 5장은 "너는 기억하라 네가 애굽 땅에서 종이 되었더니 네 하나님 여호와가 강한 손과 편 팔로 거기서 너를 인도하여 내었나니 그러므로 네 하나님 여호와가 네게 명령하여 안식일을 지키라 하느니라"고 신 5:15 말한다. 출애굽기 20장은 여호와의 창조자 되심에 근거하여, 신명기 5장은 여호와의 구원자 되심에 근거하여 안식일을 지키라고 말한다.

　안식일에 쉬지 않고 일을 하면 처음에는 많은 성과와 돈을 얻는 것처럼 보이지만, 이렇게 쉬지 않고 5년씩, 10년씩 일하면 건강과 가정에 병이 생긴다. 병에 걸리면 그간 정성스럽게 모은 돈을 치료비로 날리게 되고, 죽게 되면 그 돈이 누구에게 흘러가게 될지 아무도 모른다. 가정도 화합과 안정을 위해 노력해야 건강하게 유지되지 구성원들이 일에만 몰두하면 가정에 병이 들기 쉽다. 주일까지 일하는 사람은 부부와 자녀 관계를 건강하게 유지할 가능성이 상대적으로 줄어든다. 부부 관계가 깨어지고 자식 농사가 실패하면 힘들게 번 돈의 의미가 퇴색된다. 또한 갑자기 사건, 사고가 발생하는 경우에도 많은 돈을 날리게 된다. 결론적으로 안식일에 쉬지 않고 일한다고 하여 큰돈을 버는 것이 절대 아니고, 설령 많은 돈을 벌어도 건강하고 행복하게 삶을 누리는 것이 아니다.

　하나님은 만나를 주실 때 매일 들에 나가 한 오멜씩 취하고, 다음날 아침까지 남겨두지 말라고 하셨다. 남겨두면 벌레와 냄새가 생겼다 출 16:20. 그런데 제 육일에는 만나를 두 오멜씩 취해도 그 다음 아침에 냄새와 벌레가 생기지 않았다. 그런데 일부 백성은 안식일에 들에 나가 신선한 만나를 먹으려고 했고 출 16:27, 하나님은 이들이 하나님의 계명을 지키지 않은 것에 대하여 진노하셨다. 안식일에 들에 나가는 것은 여호와께서 전능하신 창조자와 구원자임을 알지 못하는 불신의 행위이다. 하나님은 안식일에는 일을 하지 않아도 살 수 있도록 전날에 두 배의 양식을 주셨다. 하나님이 안식일을 허락하셨다는 것은 다른 날들에만 일을 해도 먹고 살 수 있다는 것이다. 안식일은 사람을 위한 축복의 날이지, 사람을 귀찮게 하고 힘들게 하는 날이 아니다. 안식일을 지킨다는 것은 하나님께서 생명과 진리와 길이시라는 것에 대한 적극적인 인정이다. 안식일은 우리의 자유를 제한하는 나쁜 율법이 아니라, 오히려 우리를 자유하게 하고 쉼을 주는 좋은 율법이다.

출애굽기 20장의 십계명은 출애굽기 16장의 만나에 관한 내용 후에 나온다. 이것은 이스라엘 백성이 안식일 준수를 십계명 말씀 전에 알고 있었다는 의미이다. 앞에서 살펴본 것처럼 하나님은 아담을 성인으로 만드시어 에덴동산을 경작하며 지키게 하셨다. 아담은 경험과 교육을 통해 에덴동산을 지킨 것이 아니라, 하나님께서 그의 마음에 심어주신 지식과 능력으로 지켰다. 하나님은 사람을 하나님의 형상을 따라 지식과 의와 진정한 거룩함으로 입히시고 창 1:26; 골 3:10; 엡 4:24, 그 마음에 하나님의 법을 기록하시고 롬 2:14-15, 그 법을 행할 능력을 주셨다 전 7:29. 그래서 안식일을 비롯한 하나님의 율법은 아담과 그의 후손의 마음에 흐릿하게나마 기록되어 있었고, 필요한 사항들에 대해서는 하나님께서 직접 말씀으로 알려주셨다.

아담은 자기의 마음에 새겨진 말씀과 하나님께서 직접 주신 말씀을 인하여 하나님이 어떠하신 분인지 알고 있었고, 사람이 어떻게 살아야 하는지에 대하여 알고 있었다. 그래서 하나님께서 왜 선악의 열매를 따먹으면 안 된다고 하는지에 대해서도 충분히 그 이유와 목적을 알고 있었다. 안식일에 대해서도 알고 있었고, 아담에게 가르침을 받은 아담의 후손도 안식일에 대해서 알고 있었다. 이런 안식일에 대하여 하나님께서는 출애굽기 20장의 십계명을 통하여 다시금 확인시키셨다. 십계명은 아담 때부터 있어왔던 하나님의 율법을 하나님께서 열 가지로 축약하여 주신 것이지, 이스라엘 백성이 전혀 듣지도 보지도 못한 생소한 율법을 새삼스럽게 강요한 것이 아니다.

21.8

이 안식일은 다음과 같이 거룩하게 지켜야 한다. 즉, 사람들이 마음을 적절하게 준비하고 일상사를 미리 정돈한 후에, 세상의 생업과 오락에 관한 일과 말과 생각을 그치고 온종일 거룩한 안식을 취할 뿐만 아니라,o 전체 시간을 하나님께 공적 예배와 사적 예배를 드리는 데에, 그리고 불가피한 일을 행하고 긍휼을 베푸는 데에 써야 한다.p

This Sabbath is then kept holy unto the Lord, when men, after a due preparing of their hearts, and ordering of their common affairs beforehand, do not only observe an holy rest, all the day, from their own works, words, and thoughts about their worldly employments, and recreations,o but also are taken up the whole time in the public and private exercises of his worship, and in the duties of necessity, and mercy.p

o 출 20:8; 출 16:23, 25-26, 29-30; 출 31:15-17; 사 58:13; 느 13:15-19, 21-22
p 사 58:13; 마 12:1-13

8. 안식일을 거룩하게 지키는 법

제8절은 제7절이 언급한 안식일을 거룩하게 지키는 법에 대하여 말하는데 요약하면 거룩한 안식과 예배이다. 첫째로 안식일에는 온종일 거룩하게 쉬어야 한다. 생업과 오락에 관한 일을 하지 않을 뿐만 아니라 말과 생각도 그쳐야 한다. 안식일에 직장에 출근하지 않고 사업체를 운영하지 않을지라도 이에 대하여 관계자들과 깊이 논의하거나 혼자서 골똘히 구상한다면 안식일을 거룩하게 지키는 것이 아니다. 몸만이 아니라 입과 마음도 모두 세속적인 일에서 멀어져야 한다. 생각까지 거룩하게 쉬는 것은 쉽지 않다. 생각까지 하나님 앞에서 거룩하게 쉰다는 것은 자신의 생업과 관심사보다 하나님 자체가 자신의 삶에서 가장 소중하고 가치가 있

음을 실천하는 것이다. 인생에서 가장 큰 목적이 하나님을 영화롭게 하고 즐거워하는 것임을 전적으로 인정하는 것이다. 안식일마다 자신의 생업과 관심사 대신에 하나님을 향하여 집중하며 쉬는 자는 하나님의 축복하심으로 더 큰 창의력과 통찰과 기이한 도움을 갖게 된다.

하나님께서는 안식일을 잘 지키는 훈련을 이스라엘 백성에게 시키시기 위하여 광야에서 만나를 주실 때에 여섯째 날에는 이틀 양식을 주셨고, 남은 것들이 칠일째에는 냄새도 나지 않고 벌레도 생기지 않게 하셨다 출 16:29-30. 느헤미야는 안식일을 지키지 않는 유대인들을 경계하고 가르치기 위하여 안식일 전에 예루살렘 성문을 닫고 안식일이 지나기 전에는 열지 못하게 명령하였다. 매매하려고 성 밑에서 자는 자들에게는 다시 이같이 하면 잡아들이겠다고 경고하였다 느 13:19-21. 이사야 선지자는 이스라엘 백성이 안식일에 발을 금하여 자신의 길로 행하지 아니하고, 오락을 구하지 아니하며 사사로운 말을 하지 아니하면 여호와 안에서 즐거움을 얻을 것이고, 여호와께서 그를 땅의 높은 곳에 올릴 것이라고 말하였다 사 58:13-14.

둘째로 안식일에는 전체 시간을 하나님께 공적으로, 사적으로 예배하는 데에 사용해야 한다 겔 46:3; 민 28:9-10. 하나님께 예배한다는 것은 크게는 영과 마음이 거룩하게 쉼을 얻는다는 것이다. 신자는 하나님께 예배할 때에 영과 마음이 가장 크고 깊게 쉼을 얻고 결과적으로는 몸도 쉼을 얻는다. 신자는 몸과 입과 마음으로 세속적인 일을 그만 두는 대신에 공적 예배와 사적 예배를 하나님께 드림으로써 하나님께서 주시는 말씀과 은혜로 그 몸과 입과 마음이 가득차야 한다. 그러할 때 하나님을 크게 즐거워하며 큰 쉼을 얻는다. 여기서 사적 예배란 제6절에서 살펴본 것처럼 가족이 모여서 드리는 가정 예배와 개인 혼자서 드리는 예배이다. 안식일을 지킨다는 것은 단순히 공적 예배를 드리는 것만을 뜻하지 않고 사적 예배까지 포함한다.

안식일에도 불가피한 일을 행하고 긍휼을 베풀 수 있다. 사람은 안식일에도 먹어야 하고, 몸이 아프면 치료를 받아야 하고, 본인이 의사라면 급한 환자를 발견하였을 때에 치료하여야 한다. 불이 나면 꺼야 하고, 긴급한 도움을 주고받는 것이 발생하면 즉시 대처하여야 한다. 또 교회의 목사와 장로와 집사는 주일 예배와 교회의 운영을 위해 설교와 회의 등의 불가피한 일을 하여야 한다. 안식일일지라도 오히려 이런 불가피한 일을 행하고 긍휼을 베풀어야 안식일을 거룩하게 지키는 것이다. 예수님의 제자들은 안식일에 시장하자 밀밭 사이로 갈 때에 이삭을 잘라 먹었는데, 예수님은 이것을 불가피한 일과 긍휼의 일로 보시어 책망하시지 않았다. 예수님은 이를 책망하는 바리새인들을 향하여 "나는 자비를 원하고 제사를 원하지 아니하노라 하신 뜻을 너희가 알았더라면 무죄한 자를 정죄하지 아니하였으리라"고 마 12:7 말씀하셨다. 또한 예수님은 안식일에 회당에서 한쪽 손 마른 사람을 고치셨다. 이에 대하여 시비 거는 사람들에게 예수님은 "너희 중에 어떤 사람이 양 한 마리가 있어 안식일에 구덩이에 빠졌으면 끌어내지 않겠느냐? 사람이 양보다 얼마나 더 귀하냐? 그러므로 안식일에 선을 행하는 것이 옳으니라"고 마 12:11-12 대답하셨다.

신자들은 주일 예배를 드린 이후에 교인들 중에 아픈 이나 상심한 이나 경제적으로 어려운 이가 없는지 살펴 격려하고 도울 줄 알아야 한다. 주일 오전예배를 드렸다고 하여 주일성수를 한 것이 아니다. 예배 후에도 격려하고 위로해야 할 교인들이 있는지 살펴서 실행에 옮겨야 한다. 어떤 이들은 주일에 가장 일찍 시작하는 예배를 드린 이후에 골프를 치거나 여행을 간다. 예배하지 않고 그냥 골프를 치러 가면 골프공이 날아와 맞을 것 같고, 그냥 여행을 떠나면 도중에 사고를 당할 것 같은 마음 때문이다. 하나님께서 이런 마음을 귀엽게? 받으시겠지만 바람직한 주일성수는 단순히 예배만 드리는 것이 아니라 그 이후의 시간도 거룩하게 보내는 것이다.

예배에는 공적 예배만 아니라 가정예배와 개인예배가 있다. 교회의 공적 예배 이후에 집으로 돌아와 가정예배를 하고, 그 이후에는 산책을 하면서 또는 자신의 방에서 사적 예배를 하여야 한다. 가정예배를 드리면 가족이 같이 말씀을 읽고 나누는 유익만이 아니라 각 식구가 지난 주간에 어떤 일들을 겪었고 다음 주간에 어떤 계획들을 갖는지 알 수 있다. 각 식구가 자신의 아픔과 기쁨과 계획과 기도제목을 나누며 서로를 깊이 이해하고 서로를 위해 간절히 기도하며 한 가족이란 의식을 강하게 가질 수 있다. 안식일에 가정예배를 지혜롭게 잘 드리는 가정은 그 결속력과 안정성이 단단해진다. 자녀가 성인으로 성장해갈수록 가족이 같이 한 자리에 모여 같은 정신과 가치관을 나누고 다지고 서로를 향한 애정을 표현하는 일이 쉽지 않다. 바로 이 일이 주일에 드리는 가정예배를 통해 이루어진다. 가정예배는 자녀가 어릴 때 일찍 시작하는 것이 좋다. 자녀가 가정예배를 당연한 가정문화로 받아들여 꼭 참여해야 하는 것으로 인식해야 가능하다. 요사이 스마트폰과 게임을 인하여 자녀가 갈수록 혼자서 시간 보내기를 선호하고, 한국 사회가 개인주의가 심화해지며 자녀는 가정보다 자기 자신을 우선시한다. 자녀가 이런 문화의 영향을 크게 받는데 주일성수와 가정예배는 이것을 방어하고 이기는 데 크게 도움이 된다.

가정예배 이외에 각 개인은 자신의 방에서나 아니면 산책하며 지난 일주일의 삶을 돌아보며 반추하고, 다음 일주일 계획을 하나님의 말씀과 사랑 안에서 세워야 한다. 여러 인간관계에서 자신이 고치고 향상시켜야 할 점들을 돌아본다. 마음 아프게 한 사람들을 위하여 회개하며 기도하고, 격려하고 위로해야 할 사람들을 위해서 간절히 기도한다. 사람은 자신의 말과 행동과 생각을 하나님의 말씀과 사랑에 근거하여 살피는 시간이 필요하다. 이런 시간이 많을수록 올바른 생각과 판단을 할 수 있고, 하나님의 사랑으로 여러 사람을 용서하고 사랑하며 자신의 마음을 넓힐 수 있다. 사람은 얼마나 자기중심적이고 어리석고 강퍅한지 마음을 1㎜ 넓히는 데 1년이 아니라 10년이 걸리기도 한다. 마음이 넓어지고 시야가 넓어질수록 우리 앞에 놓인 여러 문제를 얼마나 쉽게 해결할 수 있는지 모른다. 사람의 지혜와 안목과 마음씀씀이와 포용성은 개인예배를 통해 하나님을 얼마나 깊이 교제하는가에 달려있다. 골방과 산책에서 이루어지는 개인의 예배와 묵상은 육신의 정욕과 안목의 정욕과 이생의 자랑에서 벗어나 하나님의 순수한 말씀과 사랑으로 모든 것을 바라보고 대처하게 함으로써 진정한 안식을 가져다준다.

유대인은 몇 천 년 간 나라를 잃어버린 채 각 나라를 전전하며 살았다. 그럼에도 이들이 종교와 문화와 가치관을 잃어버리지 않은 데는 안식일 준수가 큰 역할을 하였다. 유대인은 안식일을 지켰고, 안식일은 유대인을 지켰다는 격언이 있을 정도이다. 안식일은 절대로 신자를 귀찮게 하거나 힘들게 하거나 하고 싶은 일을 하지 못하게 하는 율법이 아니다. 안식일은 말 그대로 신자에게 안식을 주는 율법이다. 안식일을 잘 지키는 자일수록 하나님이 주시는 안식을 깊이 누릴 수 있고, 안식일을 지키지 않는 자일수록 자신이 만든 안식의 허상에 사로잡혀 쓸데없이 바쁘게 산다. 안식일을 잘 지키는 자일수록 하나님의 능력과 섭리에 자신을 맡겨 하나님만이 주시는 평안을 누리고, 안식일을 지키지 않는 자일수록 자신의 능력과 꾀에 자신을 맡겨 세상의 불안 속에서 초조하게 산다. 안식일을 잘 지키는 자일수록 죽을 때 영원한 안식을 믿으며 육신마저도 편한 표정과 자세로 기꺼이 죽을 수 있고, 안식일을 지키지 않는 자일수록 죽을 때 처리하지 못한 여러 일과 풀지 못한 회한과 복수심 등으로 육신마저도 격한 표정과 자세로 죽는다.

느헤미야는 안식일을 지키지 않는 유다의 모든 귀인을 꾸짖으며 "너희가 어찌 이 악을 행하여 안식일을 범하느냐 너희 조상들이 이같이 행하지 아니하였느냐 그래서 우리 하나님이 이 모든 재앙을 우리와 이 성읍에 내리신 것이 아니냐 그럼에도 불구하고 너희가 안식일을 범하여 진노가 이스라엘에게 더욱 심하게 임하도록 하는도다"라고는 13:17-18 말하였다. 유대인이 안식일만 범하여 나라를 잃고 포로가 되어 끌려가는 아픔과 수모를 당한 것은 아니다. 안식일 이외에도 우상숭배를 비롯한 여러 죄를 범하였다. 그럼에도 안식일을 범하는 것이 대표적인 죄에 속하기 때문에 느헤미야는 위에처럼 말하였다. 안식일을 잘 지키려면 엿새 동안은 힘써 모든 일을 행하여야 한다. 일상사를 미리 잘 정돈해야 주일에 거룩하게 쉬고 예배에 집중할 수 있다. 안식일은 단지 하루를 지키는 것이 아니라 이 하루를 잘 지키기 위하여 다른 엿새를 하나님의 말씀과 사랑으로 규모 있게 지키는 것이다. 안식일에 아무리 많은 돈을 벌 수 있고 아무리 화려하고 자극적인 일이 있어도 하나님께 예배하고 거룩하게 쉬는 것을 택하는 것이다. 안식일 준수는 자신 앞에 놓인 시간을 하나님 앞에서 어떻게 사용하느냐의 문제이므로 하나님을 얼마나 잘 섬기는

가와 직결된다. 자신의 마음을 적절하게 잘 준비하여 안식일에 하나님으로부터 큰 안식을 누림으로써 하나님 나라에서 누릴 큰 안식을 미리 즐기는 성도가 되어야 한다.

Of Lawful Oaths and Vows

제22장 합법적 맹세와 서원

22.1

적법한 맹세는 신성한 예배의 한 요소이다.ᵃ 예배 중 정당한 경우에 엄숙하게 맹세하는 사람은 자신이 주장하고 약속한 것에 대해 하나님께서 증인이 되시도록 그리고 자신이 맹세한 것이 참인지 거짓인지에 따라 자신을 심판하시도록 하나님을 부르는 것이다.ᵇ

A lawful oath is a part of religious worship,ᵃ wherein, upon just occasion, the person swearing solemnly calleth God to witness what he asserteth or promiseth; and to judge him according to the truth or falsehood of what he sweareth.ᵇ

a 신 10:20   b 출 20:7; 레 19:12; 고후 1:23; 대하 6:22-23

1. 맹세의 의미

정당한 사항에 대하여 엄숙하게 맹세하는 것은 신성한 예배의 한 요소이다. 맹세가 예배의 한 요소라는 것은 하나님께서 신자가 맹세하는 것을 인정하시고 허락하신다는 것이다. 신명기 10:20절은 "네 하나님 여호와를 경외하여 그를 섬기며 그에게 의지하고 그의 이름으로 맹세하라"고 말한다. 신자가 하나님의 이름으로 맹세할 때 혼자서 사적으로 하지 않고 예배 중에 하나님과 성도들 앞에서 한다면 그 맹세는 사적인 맹세보다 무게와 중요성이 더욱 커진다.

어떤 성도가 정당한 사항에 대하여 엄숙하게 맹세하는 것은 하나님을 증인과 재판관으로 초청하는 것이다. 첫째로 초청받은 하나님께서 자신이 주장하고 약속한 사항에 대하여 증인이 되어달라는 것이다. 자신이 무엇을 주장했고 약속했는지에 대하여 다른 사람들은 다 잊어버리고 잊어버릴 수 있는데 전지하신 하나님께서 정확하게 기억하시며 증인이 되어 달라는 것이다. 바울은 "내가 내 목숨을 걸고 하나님을 불러 증언하시게 하노니 내가 다시 고린도에 가지 아니한 것은 너희를 아끼려 함이라"고 고후 1:23 말하였다. 바울은 맹세할 때에 하나님을 불러 증언하시게 하였다. 그리고 바울은 이렇게 한 것을 자신의 목숨을 걸고 한 것이라고 말했다. 하나님 앞에서 맹세하는 것은 자신의 목숨을 거는 것이다. 자신의 맹세를 지키지 않거나 틀린 사항에 대하여 맹세하면 자신의 목숨을 내놓는 것이다.

둘째로 초청받은 하나님께서 자신이 맹세한 것을 옳게 이루면 의롭다 하시며 그 의로운 대로 갚으시고, 자신이 틀리게 행하면 그 행위대로 자신의 머리에 죄를 돌리시라는 것이다. "만일 어떤 사람이 그의 이웃에게 범죄하므로 맹세시킴을 받고 그가 와서 이 성전에 있는 주의 제단 앞에서 맹세하거든 주는 하늘에서 들으시고 행하시되 주의 종들을 심판하사 악한 자의 죄를 정하여 그의 행위대로 그의 머리에 돌리시고 공의로운 자를 의롭다 하사 그 의로운 대로 갚으시옵소서" 대하 6:22-23. 십계명의 세 번째 계명은 "너는 네 하나님 여호와의 이름을 망령되게 부르지 말라 여호와는 그의 이름을 망령되게 부르는 자를 죄 없다 하지 아니하리라"이다 출 20:7. 여호와의 이름을 가볍게 취급하는 자를 하나님은 죄 없다 하지 아니하신다. 사람은 이런 일에 대하여 중요하게 생각하지 않고, 어떤 사람이 거짓 맹세한 것을 주목하지 않고 간과할지라도 하나님은 홀로 모두 지켜보시고 정확하게 응징하신다. 하나님은 여호와의 이름으로 거짓 맹세하는 것은 하나님의 이름을 욕되게 하는 것이라고 하셨다 레 19:12. 우리가 부모의 이름이나 국가의 이름을 욕되게 하여도 심한 비난과 처벌을 받는데 하나님의 이름을 욕되게 한다면 얼마나 큰 처벌을 하나님께 직접 받겠는가?

신자가 맹세하는 그 순간에 하나님께서 사람의 눈에 보이는 형태로 나타나시지 않는다하여 하나님께서 그 자리에 계시지 않는 것은 아니다. 세속 법정에서 중요한 일의 진위를 가릴 때 증언자의 증언은 중요한 역할을 한다. 해당 사건의 현장에서 직접 목격한 자들 서너 명이 일치된 증언을 한다면 그 사건에 대한 판단은 매우 쉬워진다. 사람은 재판에서 이기고 싶을 때에 증언자를 매수하기도 하여 유리한 증언을 받아내고자 한다. 사람은 눈에 보이는 증언자를 중요하게 여기면서도 눈에 보이지 않는다고 하여 하나님을 가볍게 여기는 경향이 있다. 하지만 눈에 보이지 않는다고 하여 공기와 중력과 전자파가 없는 것이 아니고 큰 역할을 하지 않는 것이 아니듯, 하나님께서 눈에 보이시지 않는다고 하여 실제로 안 계신 것도 아니고 큰 역할을 하시지 않는 것도 아니다. 하나님의 이름으로 맹세하는 자는 하나님을 증언자와 재판관으로 초청하는 것인 줄 알고 자신의 목숨을 내놓는 결연한 자세로 맹세해야 한다.

22.2

사람은 오직 하나님의 이름으로만 맹세해야 하고, 하나님의 이름을 부를 때는 지극히 거룩한 두려움과 경건함으로[48] 불러야 한다.c 그러므로 그 영광스럽고 황공한 이름으로 망령되고 경솔하게 맹세하거나 다른 대상으로 조금이라도 맹세하는 것은 죄악이고 혐오해야 한다.d 그럼에도 하나님의 말씀이 구약 아래서만 아니라 신약 아래서도 비중 있고 중요한 일들에 대해 맹세를 보장하는 만큼,e 적법한 권위가 그런 일들에 대해 적법한 맹세를 요구하면 맹세해야 한다.f

The name of God only, is that by which men ought to swear; and,

---

[48] 히 12:28절 "그러므로 우리가 흔들리지 않는 나라를 받았은즉 은혜를 받자 이로 말미암아 경건함과 두려움으로 하나님을 기쁘시게 섬길지니"에서 "경건함과 두려움으로"는 KJV의 "with reverence and godly fear"에 해당한다. 이를 참고하여 제22장 제2절의 "with all holy fear and reverence"를 "지극히 거룩한 두려움과 경건함으로"으로 번역한다.

> therein it is to be used with all holy fear and reverence.c Therefore to swear vainly or rashly, by that glorious and dreadful name; or to swear at all, by any other thing, is sinful, and to be abhorred.d Yet, as in matters of weight and moment, an oath is warranted by the Word of God, under the New Testament, as well as under the Old;e so, a lawful oath, being imposed by lawful authority, in such matters ought to be taken.f
>
> c 신 6:13
> e 히 6:16; 고후 1:23; 사 65:16
> d 출 20:7; 렘 5:7; 마 5:34, 37; 약 5:12
> f 왕상 8:31; 느 13:25; 스 10:5

2. 오직 하나님의 이름으로 하는 맹세

사람이 하나님의 이름으로만 맹세해야 하는 것은 오직 하나님께서만 유일하고 완전한 증언자와 심판자가 되시기 때문이다. 하나님을 제외한 그 어떤 대상도 맹세자의 맹세 내용을 정확하게 살피지 못하고 기억하지 못하고 옳고 그름을 정확하게 판단하지 못하고 따라서 그 이행 여부에 따라 심판할 수 없다. 하지만 하나님은 전능하시고 전지하시기 때문에 그 맹세 내용을 정확하게 아시고 기억하시고 판단하시고 그 이행여부에 따라 심판하신다. 따라서 어떤 다른 대상으로 조금이라도 맹세하는 것은 그 대상을 창조자와 섭리자로 여기는 것이다. 일종의 우상숭배이다. 따라서 사람은 오직 하나님의 이름으로만 맹세하여야 한다.

이때 하나님의 이름을 지극히 거룩한 두려움과 경건함으로 대해야 한다. 왜냐하면 제2장 하나님과 성 삼위일체 제1절에서 살펴본 것처럼 하나님은 존재와 완전함에서 무한하시며, 전능하시며, 지극히 거룩하시며, 자기를 찾는 자들에게 상주시며, 심판에 있어서 지극히 공의로우시고 두려우시며, 벌 받을 자를 결코 내버려두지 아니하시기 때문이다. 이러한 속성의 하나님께서 자신의 이름을 망령되게 부르는 자를 죄 없다 하지 아니하신다 출 20:7. 예레미야 선지자는 비록 여호와께서 살아 계심을 두고 맹세할지라도 실상은 거짓으로 맹세하는 이스라엘 백성이 있는데, 이들은 비천하고 어리석은 것뿐이고, 여호와의 길, 자기 하나님의 법을 알지 못한다고 말하였다. 신이 아닌 것들로 맹세하는 자들을 하나님께서 용서하시지 않는다고 말하였다 렘 5:2-7. 그 영광스럽고 황공한 여호와의 이름으로 망령되게나 경솔하게 맹세하는 자들과 어떤 다른 대상으로 조금이라도 맹세하는 자들은 큰 죄악을 짓는 것이다.

어떤 자들은 여호와의 이름을 피하여 하늘이나 땅으로 맹세하면 맹세한 내용을 지키지 않아도 된다고 여겼다. 이에 대하여 예수님께서 하늘은 하나님의 보좌이고, 땅은 하나님의 발등상이고, 예루살렘은 큰 임금의 성이므로 이것들로 맹세하여도 하나님과 관계되므로 맹세한 것을 지켜야 한다고 하셨다. 즉 이행하겠다는 진실성 없이 함부로 맹세하면 안 된다고 말씀하셨다. 자신의 머리로도 맹세하면 안 되는데 이는 사람이 한 터럭도 희고 검게 할 수 없기 때문이다. 사람은 그 무엇으로 맹세할지라도 그 무엇에 사람의 권한과 능력으로 어떠한 본질적 영향도 미치지 못하므로 그 무엇을 무시하면 안 된다. 그 무엇으로 맹세하여도 그 무엇을 인하여 맹세한 것을 지켜야 한다. 예수님께서는 사람이 헛맹세를 하느니 도무지 맹세하지 말아야 하고, 단지 옳은 것은 옳다 하고 아닌 것은 아니라고 해야 한다고 말씀하셨다 마 5:33-37; 약 5:12. 도무지 맹세하지 말라는 마태복음 5:34절이나 맹세하지 말라는 야고보서 5:12절은 정당한 맹세까지 하지 말라는 것이 아니라 맹세를 가볍게 여겨 함부로 남발하는 행위와 피조물로 맹세한 후 지키지 않는 행위를 금한 것이다. 헛된 맹세는 하지 말아야 하고 적법한 맹세는 해야 한다.

하나님의 말씀은 구약과 신약 아래에서 비중 있고 중요한 일들에 관한 맹세를 보장한다. 레위기 5:1절은 "만일 누구든지 저주하는 소리를 듣고서도 증인이 되어 그가 본 것이나 알고 있는 것을 알리지 아니하면 그는 자기의 죄를 져야 한다"고 말한다. 하나님께서 이사야 선지자를 통하여 땅에서 맹세하는 자는 진리의 하나님으로 맹세하라고 말씀하셨다 사 65:16. 요나단은 다윗에 대한 사랑으로 다윗에게 맹세를 요구하였고 삼상 20:17, 사울이 다윗에게 맹세를 요구하였을 때 다윗은 기꺼이 사울에게 맹세하였다 삼상 24:21-22. 솔로몬 왕은 성전 완공 후 "만일 어떤 사람이 그 이웃에게 범죄함으로 맹세시킴을 받고 그가 와서 이 성전에 있는 주의 제단 앞에서 맹세하거든 주는 하늘에서 들으시고 행하시되 주의 종들을 심판하사 악한 자의 죄를 정하여 그 행위대로 그 머리에 돌리시고 의로운 자를 의롭다 하사 그의 의로운 바대로 갚으시옵소서"라고 왕상 8:31-32 기도하였다. 에스라가 제사장들과 레위 사람들과 온 이스라엘에게 약속한 말대로 행하기를 맹세하라고 하였을 때 무리는 맹세하였다 스 10:5; 느 13:25. 사도 바울은 자신의 목숨을 걸고 하나님을 불러 증언하시게 하였고 고후 1:23, 자신이 그리스도 안에서 참말을 하고 거짓말을 아니한다고 말하였다 롬 9:1. 히브리서 기자는 사람들이 자기보다 더 큰 자를 가리켜 맹세하고, 맹세는 그들이 다투는 모든 일의 최후 확정이 된다고 말하였다 히 6:16. 성경에 이렇게 맹세의 정당성과 실례들이 나오므로 신자는 비중 있고 중요한 일들에 관하여 맹세할 수 있고, 적법한 권위가 비중 있고 중요한 일들에 관하여 적법한 맹세를 신자에게 요구하면 신자는 맹세하여야 한다.

퀘이커 교도는 맹세를 거부한다. 창시자 조지 폭스 George Fox, 1624~1691는 영국 국왕의 주권과 그에 대한 충성의 맹세를 요구받았을 때에 자신은 모든 사람을 존중하므로 왕을 더욱 존중하는 것은 당연하고, 진리에만 충성하고, 그리스도께서 맹세하지 말라고 하였으므로 맹세할 수 없다고 하였다. 퀘이커 교도는 성경의 구절을 전후 문맥과 성경 전체의 내용에 따라 해석해야 하는데, 마태복음 5:34절과 야고보서 5:12절을 문자주의로 해석하여 맹세를 거부하였다. 이렇게 올바른 성경 해석과 교리이해는 실제의 삶에 큰 영향을 미친다. 우리가 신앙고백과 교리를 공부하는 것은 성경의 한 구절을 전후문맥에 의해서만이 아니라 성경 전체라는 문맥에 의해서도 해석하기 위해서이다. 신앙고백과 교리는 성경의 모든 각 구절을 전체적으로 더 잘 이해하기 위하여 존재한다. 성경에 나오는 한두 내용으로 교리화하면 안 되고, 성경에 나오는 모든 내용을 하나도 빠뜨리지 않고 전체가 조화를 이루도록 교리화해야 한다.

22.3

맹세하는 자는 누구든지 그 행위가 갖는 매우 엄숙한 무게감을 충분히 고려해야 하고, 옳은 것이라고 전적으로 확신하는 것 이외에는 어떤 것도 공언해서는 안 된다.g 어떤 사람도 선하고 공의로운 것, 그리고 자신이 그렇게 믿는 것, 그리고 자신이 이행할 수 있고 이행하기로 결심한 것 이외의 것을 맹세하여 자신을 속박해서는 안 된다.h 그런데 적법한 권위가 선하고 공의로운 것에 대해 맹세하기를 요구할 때에 거절하는 것은 죄이다.i

Whosoever taketh an oath, ought duly to consider the weightiness of so solemn an act; and therein to avouch nothing, but what he is fully persuaded is the truth.g Neither may any man bind himself by oath to any thing, but what is good and just, and what he believeth so to be, and what he is able and resolved to perform.h Yet it is a sin, to refuse an oath touching any thing that is good and just, being imposed by lawful authority.i

g 출 20:7; 렘 4:2   h 창 24:2-3, 5-6, 8-9   i 민 5:19, 21; 느 5:12; 출 22:7-11

3. 오직 옳은 것에 대한 맹세

제1절에서 살펴본 것처럼 맹세는 하나님을 증언자와 심판자로 부르는 것이다. 하나님은 전능하시고 전지하시므로 가장 공정한 심판자가 되시어, 거짓으로 맹세한 자를 징계하신다. 그러므로 아무 말이나 하듯 쉽게 맹세해서는 안 되고, 제2절이 말하는 것처럼 하나님의 이름을 부를 때는 지극히 거룩한 두려움과 경건함으로 불러야 한다. 그 영광스럽고 황공한 이름으로 맹세하는 행위가 갖는 엄숙한 무게감을 충분히 고려해야 한다. 따라서 맹세할 때에 옳은 것이라고 전적으로 확신하는 것에 대해서만 공언해야 한다. 옳은지 그른지 확실하지 않은 것에 대해서는 분명한 판단이 설 때까지 기다려야지 경솔하게 맹세하는 것은 죄악이고 혐오스러운

것이다.

그렇다면 어떤 내용들에 대하여 맹세해야 하는가? 첫째로, 선하고 공의로운 것에 대해서 맹세해야 한다. 제2장 하나님과 성 삼위일체 제1절은 하나님께서 선하시고 공의로우시다고 말한다. 신자는 하나님의 형상으로 지음을 받았으므로 선하고 공의로운 것을 지향해야 하고 따라서 선하고 공의로운 것만 맹세해야 한다. 둘째로 자신이 선하고 공의롭다고 믿는 것에 대해서 맹세해야 한다. 첫째의 경우는 자기 자신이 도둑질을 하지 않겠다고 맹세하는 것이다. 도둑질을 하지 않는 것은 너무나 분명하게 선하고 공의로운 일에 속하므로 맹세를 해도 된다. 둘째의 경우는 자기 자신이 우연히 갑이 도둑질을 하는 것을 보았는데, 을이 도둑으로 몰려 경찰에게 잡혀갔을 때에 자기 자신이 증인으로 나서서 을이 도둑이 아님을 공언하는 것이다. 갑과 을 중 누가 도둑인지는 도둑질 한 것을 지켜본 자만 안다. 이처럼 자기 자신이 선하고 공의롭다고 확신하는 일에 대하여 맹세할 수 있다. 셋째로 자신이 이행할 수 있고 이행하기로 결심한 것에 대해서 맹세해야 한다. 신자는 자신의 능력으로 이행할 수 없는 것에 대하여 호기이든 선한 동기이든 맹세하면 안 된다. 신자는 하나님을 초청하면서 맹세하는 것이므로 자신의 맹세를 지켜야 한다. 그런데 자신이 이행할 수 없는 것을 맹세하면 당연히 이행할 수 없어서 하나님께 죄가 된다. 또한 자신이 이행할 수 있을지라도 자신이 이행하기로 결심도 하지 않은 상태에서 주변의 권유나 압력에 못 이겨 맹세해서는 안 된다. 맹세는 절대로 사람들과 하는 것이 아니고 하나님 앞에서 하는 것이므로 사사로운 감정이나 혈기나 주변의 압력에 이끌려 맹세해서는 안 된다.

그런데 적법한 권위가 신자에게 맹세를 요구할 때에 신자가 선하고 공의로운 것에 관한 맹세를 거절하는 것은 죄이다. 첫째로 적법한 권위는 하나님께서 세우신 것이기 때문이다. 따라서 그 권위가 요구한 맹세를 거절하는 것은 하나님이 세우신 권위를 부인하는 것이고, 하나님의 명을 거스르는 것이다 롬 13:1-2. 조직폭력배나 우상숭배자와 같은 불법적인 권위가 사사로운 목적과 동기로 맹세를 요구하면 응하지 않아도 되지만, 적법한 권위가 옳은 내용에 대하여 맹세를 요구하면 신자는 응해야 한다. 둘째로 선하고 공의로운 것에 대한 맹세이기 때문이다. 적법한 권위가 선하고 공의로운 것을 요구하는데 신자가 거절할 이유가 있겠는가? 맹세에 대한 막연한 거부감이나 자기 자신의 게으름이나 사사로운 이익 등 때문에 선하고 공의로운 것을 거부하는 것은 죄이다. 우리는 바로 위 제2절에서 적법한 권위가 적법한 맹세를 요구하면 맹세해야 하는 근거를 살펴보았으니 참고하라.

미국장로교회는 1903년에 "그런데 적법한 권위가 맹세를 요구한다면, 선하고 공의로운 것에 관한 맹세를 거절하는 것은 죄이다."라는 문장을 빼버렸다. 이들은 이 문장이 국가와 같은 권위가 신자들에게 맹세를 요구할 수 있다는 정당성을 너무 크게 부여하고, 국가로 신앙생활에 개입하게 하는 근거를 준다고 여겨서 이 문장을 삭제하였다.

성경에 나오는 맹세의 예들을 제3절의 근거성경구절들에 의거하여 살펴보자. 아브라함이 자기 집 모든 소유를 맡은 늙은 종에게 자신의 아들의 아내로 이 지방 가나안 족속의 딸 중에서가 아니라 자신의 고향 자신의 족속에게로 가서 택하라고 하였을 때 그 늙은 종이 기꺼이 맹세하였다 창 24:2-9. 남편이 아내에게 간음의 의심이 생길 때 제사장은 그 여인을 가까이 오게 하여 여호와 앞에 세우고 쓴 물을 자기 손에 들고 여인에게 맹세하게 한다. 그 여인이 탈선하였다면 그 쓴 물을 먹을 때에 넓적다리가 마르고 배가 붓게 되고, 탈선하지 않았으면 쓴 물의 해독을 면하게 된다는 맹세이다 민 5:19-21. 유다 백성이 느헤미야 총독에게 그들의 형제인 유다 사람들을 원망하였다. 흉년에 먹을 것이 없어서 밭과 포도원과 집을 저당 잡혔는데 높은 이자를 인하여 종으로 팔리게 되었다는 원망이었다. 느헤미야는 귀족들과 민장들을 꾸짖어 그들의 밭과 포도원과 감람원과 집 등을 돌려보내고 그들에게서 아무것도 요구하지 아니하여야 한다고 맹세하게 하였다. 느헤미야는 옷자락을 털며 "이 말대로 행하지 아니하는 자는 모두 하나님이 또한 이와 같이 그 집과 산업에서 털어 버리실지니 그는 곧 이렇게 털려서 빈손이 될지로다"라고 말하자, 회중이 다 아멘 하고 그 말한 대로 행하였다. 즉 백성들이 기꺼이 맹세하고 그 맹세를 지켰다는 5:1-13. 사람이 나귀나 소나 양이나 다른 짐승을 이웃에게 맡겨 지키게 하였다가 죽거나 상하거나 끌려가도 본 사람이 없으면, 두 사람 사이에 맡은 자가 이웃의 것에 손을 대지 아니하였다고 여호와께 맹세하여야 한다. 그러면 그 임자는 그대로 믿어야 하고, 그 사람은 배상하지 아니해도 된다 출 22:7-11. 신자가 하나님 앞에서 이렇게 정직하게 말하고 맹세하고, 다른 사람들은 그 맹세를 믿어주면 그 사회는 얼마나 투명하고 효율적으로 작동이 되겠는가? 현대 사회에서도 정직한 시민이 많을수록 그 사회는 경제적으로도 효율적으로 작동된다. 신중하게 맹세하고 맹세한 것을 지키는 시민이 많을수록 그 사회는 도덕적으로 투명하고 깨끗하고 경제적으로 생산성이 높아진다. 신자가 바로 이러한 일이 풍성하게 일어나도록 자신이 속한 사회에서 역할을 해야 하고, 바로 이런 것들이 신자가 사회와 국가에 할 수 있는 큰 기여이다.

22.4

맹세는 얼버무림이나 마음에 감추는 것 없이 명백하고 평범한 의미의 말로 해야 한다.k 맹세는 죄를 지으면서까지 지킬 의무는 없다. 하지만 죄가 아닌 것을 맹세하였다면 비록 자신에게 해로울지라도 이행할 책임이 있고,l 이단자나 불신자에게 맹세했을지라도 어겨서는 안 된다.m

An oath is to be taken in the plain and common sense of the words, without equivocation, or mental reservation.k It can not oblige to sin: but, in any thing not sinful, being taken, it binds to performance, although to a man's own hurt.l Nor is it to be violated, although made to heretics or infidels.m

k 렘 4:2; 시 24:4 l 삼상 25:22, 32-34; 시 15:4
m 겔 17:16, 18-19; 수 9:18-19 with 삼하 21:1

4. 맹세의 주의할 점들

제4절은 맹세할 때 주의해야 할 점들에 대하여 말한다. 첫째로 맹세하는 자는 자신이 맹세하는 내용과 의미가 무엇인지 명백하게 표현해야 하고, 일부 사람만 아는 의미가 아니라 일반 사람이 아는 평범한 의미의 말로 나타내야 한다. 얼버무리거나 마음속에 다른 뜻을 숨긴 채 맹세하여 나중에 다른 말을 하면 안 된다. 사람이 얼버무리거나 마음속에 다른 뜻을 숨긴 채 맹세하는 것은 맹세의 대상자가 궁극적으로 하나님이심을 모르기 때문에 행하는 짓이다. 얼버무림과 숨김으로 사람을 속일 수 있지만 사람을 만드시고 사람의 속을 아시는 하나님까지 속일 수 없다. 맹세는 사람들 앞에서 하지만 궁극적으로 하나님께 하는 것임을 안다면 절대로 조금의 얼버무림이나 숨김없이 투명하고 순결하게 해야 한다. 얼버무림과 숨김으로 사람들을 속이는 데 성공할지라도 이 모든 것을 지켜보시는 하나님께서 매우 싫어하시고 진노하시므로 그렇게 하면 안 된다. 얼버무림과 숨김으로 하려면 아예 맹세하지 않는 것이 좋다. 일부러 어려운 말이나 몇 가지 의미를 갖는 단어를 사용해서도 안 되고 모두가 명확하게 아는 단어와 표현을 사용해야 한다. 예레미야는 진실과 정의와 공의로 여호와의 삶을 두고 맹세하라고 말한다 렘 4:2. 다윗은 여호와의 산에 오르고, 그의 거룩한 곳에 설 자는 손이 깨끗하며 마음이 청결하며 뜻을 허탄한 데에 두지 아니하며 거짓 맹세하지 아니하는 자라고 말한다 시 24:3-4. 맹세는 이렇게 진실과 정의와 공의와 깨끗한 손과 청결한 마음과 어울려 같이 간다.

둘째로 맹세하였다고 하여 죄를 지으면서까지 그 맹세를 지킬 의무가 있는 것은 아니다. 맹세를 지키지 않는 것도 나쁘지만 맹세를 지키기 위해 죄를 짓는 것은 더 나쁘다. 자신이 맹세를 지키지 않으면 그것에 대하여 하나님께 책망을 받으면 되지만, 죄를 범하면서까지 맹세를 지키면 하나님께서는 그 범죄를 인하여 진노하시고, 맹세를 위해 범죄하는 어리석은 결정에 슬퍼하신다. 범죄하지 않기 위해 맹세를 지키지 않을 때에 다른 선한 일로 그 맹세를 대신하면 하나님께서 용납하신다. 나발이 자신에게 큰 친절과 도움을 준 다윗을 모독하였을 때에 다윗은 "내가 그에게 속한 모든 남자 가운데 한 사람이라도 아침까지 남겨 두면 하나님은 다윗에게 벌을 내리시고 또 내리시기를 원하노라"고 공언하였다. 그런데 나발의 아내가 급히 떡 이백 덩이와 포도주 두 가죽 부대와 양 다섯 마리와 볶은 곡식 다섯 세아와 건포도 백 송이와 무화과 뭉치 이백 개를 가지고 다윗 일행을 찾아와 용서를 구하며 "내 주여 여호와께서 살아 계심을 두고 맹세하노니 내 주도 살아 계시거니와 내 주의 손으로 피를 흘려 친히 보복하시는 일을 여호와께서 막으셨으니 내 주의 원수들과 내 주를 해하려 하는 자들은 나발과 같이 되기를 원하나이다"라고 말하였다. 다윗은 "오늘 너를 보내어 나를 영접하게 하신 이스라엘의 하나님 여호와를 찬송할지로다 또 네 지혜를 칭찬할지며 또 네게 복이 있을지로다 오늘 내가 피를 흘릴 것과 친히 복수하는 것을 네가 막았느니라 나를 막아 너를 해하지 않게 하신 이스라엘의 하나님 여호와의 살아 계심을 두고 맹세하노니 네가 급히 와서 나를 영접하지 아니하였더면 밝는 아침에는 과연 나발에게 한 남자도 남겨 두지 아니하였으리라"고 말하며 용서하였다. 하나님은 나발의 아내를 다윗에게 보내어 친히 복수하는 것을 막으셨고, 그가 맹세한 것을 지키지 않은 것에 대하여 전혀 책망하지 않으셨고, 오히려 열흘 후에 나발을 치심으로 나발이 죽었다. 다윗은 나발이 죽은 후에 그의 아내를 자신의 아내로 맞아들였다 삼상 25장.

셋째로 죄가 아닌 것을 맹세하였다면 비록 자신에게 해로울지라도 실행할 책임이 있다 시 15:4. 이단자나 불신자에게 맹세했을지라도 지켜야 한다. 맹세는 사람에게 할지라도 하나님을 증언자와 심판자로 부르는 것이므로 하나님께 하는 것이다. 그러므로 이단자나 불신자에게 맹세했을지라도 하나님께 맹세한 것이므로 반드시 지켜야 한다. 죄가 되는 것을 맹세하였다면 안 지켜도 되지만, 죄가 아닌 것을 맹세하였다면 맹세한 대상자가 누구인지에 상관없이 지켜야 한다. 이단자나 불신자에게 맹세한 것을 지키지 않아서 하나님께 벌을 받은 실례들을 살펴보자. 바벨론 왕이 예루살렘을 정복한 후에 왕족 중에서 하나를 택하여 언약을 세우고 그에게 맹세하게 하였다. 그런데 그가 사절을 애굽에 보내 말과 군대를 구함으로 바벨론 왕을 배반하였다. 이에 대하여 하나님께서는 누군가를 배반하고 언약을 배반한 자가 형통하고 피하겠느냐고 말씀하셨다. 이에 대한 벌로 그가 바벨론에서 왕과 함께 있다가 죽게 되고, 대적이 토성을 쌓고 사다리를 세우고 많은 사람을 멸절하려 할 때 애굽의 바로가 그 큰 군대와 많은 무리로도 그 전쟁에 그를 도와주지 못한다고 말씀하셨다. 하나님께서는 "내가 나의 삶을 두고 맹세하노니 그가 내 맹세를 업신여기고 내 언약을 배반하였은즉 내가 그 죄를 그 머리에 돌리되 그 위에 내 그물을 치며 내 올무에 걸리게 하여 끌고 바벨론으로 가서 나를 반역한 그 반역을 거기에서 심판"하신다고 겔 17:19-20 하셨다.

멀리서 온 것처럼 모양을 꾸민 기브온 사신들이 여호수아와 이스라엘 사람들에게 화친의 조약을 요구하였을 때 이들은 기브온 주민이 멀리서 사는 줄 알고 그들을 살리리라는 조약을 맺고 회중 족장들이 그들에게 맹세하였다. 사흘이 지나 그들이 이웃에 사는 것을 알았지만 이미 여호와로 그들에게 맹세했기 때문에 이스라엘 자손이 그들을 치지 못하였다 수 9장. 그런데 다윗의 시대에 연속하여 삼 년 기근이 있었다. 하나님은 사울 집안이 맹세를 어기고 기브온 사람을 죽였기 때문이라고 다윗에게 알려주셨다. 다윗은 기브온 사람들에게 그들을 학살한 사울의 자손 일곱 사람을 건네주었고, 그들은 그 일곱 명을 산 위에서 여호와 앞에 목매어 달았다. 이렇게 여호와는 한 번 맹세한 것을 지키지 않으면 몇 백 년에 후에라도 그 후손에게 엄중한 벌을 내리시므로, 신자는 맹세가 갖는 엄숙한 무게감을 충분히 고려하여 신중하게 맹세하여야 한다. 자신이 가족이나 단체의 대표로 한 맹세는 그 후손에게까지 책임이 이어지는 줄 알고 함부로 맹세하면 안 된다.

22.5

서원은 약속이 딸린 맹세와 같은 성격을 지니므로, 맹세할 때와 똑같이 신성하게 주의하여 서원해야 하고, 똑같이 신실하게 이행해야 한다.[n]

A vow is of the like nature with a promissory oath, and ought to be made with the like religious care, and to be performed with the like faithfulness.n

n 사 19:21; 전 5:4-6; 시 61:8; 시 66:13-14

5. 서원의 의미

맹세와 서원은 본질적으로 같다. 차이가 있다면 서원에는 약속이 딸린다는 점이다. 예를 들어 야곱의 서원을 살펴보자. 야곱은 외삼촌에게 가는 도중에 벧엘에서 잠을 자며 하나님을 만났다. 잠에서 깬 야곱은 "하나님이 나와 함께 계셔서 내가 가는 이 길에서 나를 지키시고 먹을 떡과 입을 옷을 주시어 내가 평안히 아버지 집으로 돌아가게 하시오면 여호와께서 나의 하나님이 되실 것이요 내가 기둥으로 세운 이 돌이 하나님의 집이 될 것이요 하나님께서 내게 주신 모든 것에서 십분의 일을 내가 반드시 하나님께 드리겠나이다"라고 창 28:20-22 서원하였다. 야곱은 십일조를 바치겠다는 약속과 함께 맹세하였기 때문에 야곱의 이 표현은 서원이 된다. 야곱은 자신의 소유물에 대하여 서원했는데, 평생의 삶을 두고 서원하는 경우도 있다. 바로 나실인의 서원이다. 나실인으로 서원한 자는 자기 몸을 구별하는 모든 날 동안에 포도나무 소산은 씨나 껍질이라도 먹지 않아야 하고, 삭도를 절대로 그의 머리에 대지 말아야 하고, 그의 부모 형제자매가 죽은 때에라도 시체를 가까이 하지 말아야 한다민 6:1-7. 나실인의 서원은 이러한 약속을 수행하겠다는 맹세이다. 한나는 앞으로 태어날 자녀에 대한 서원을 하였다. 한나는 하나님께서 자신에게 아들을 주시면 그의 평생에 그를 여호와께 드리고 삭도를 그의 머리에 대지 아니하겠다고 서원하였다. 한나의 서원에는 역시 아들을 주님께 바치고 삭도를 아들의 머리에 대지 않겠다는 약속이 딸린다.

서원은 약속이 딸린다는 것을 제외하고는 맹세와 본질적으로 같으므로 서원을 하는 자는 맹세처럼 똑같이 신성한 태도로 주의하여 해야 하고, 서원을 했다면 맹세처럼 똑같이 신실하게 그 서원을 이행해야 한다. 모세는 "네 하나님 여호와께

서원하거든 갚기를 더디하지 말라 네 하나님 여호와께서 반드시 그것을 네게 요구하시리니 더디면 그것이 네게 죄가 될 것이라 내가 서원하지 아니하였으면 무죄하리라 그러나 네 입으로 말한 것은 그대로 실행하도록 유의하라"고 신 23:21-23 말한다. 하나님께서 사람의 맹세처럼 사람의 서원을 기억하시고 갚을 것을 요구하시므로 서원한 자는 반드시 실행하도록 유의해야 한다. 서원을 이행할 자신이 없으면 아예 하지 않아야 한다. 전도서도 서원의 빠른 이행과 무분별한 서원의 금지에 대하여 이렇게 말한다. "네가 하나님께 서원하였거든 갚기를 더디게 하지 말라 하나님은 우매한 자들을 기뻐하지 아니하시나니 서원한 것을 갚으라 서원하고 갚지 아니하는 것보다 서원하지 아니하는 것이 더 나으니 네 입으로 네 육체가 범죄하게 하지 말라 천사 앞에서 내가 서원한 것이 실수라고 말하지 말라 어찌 하나님께서 네 목소리로 말미암아 진노하사 네 손으로 한 것을 멸하시게 하랴" 전 5:4-6. 잠언은 "함부로 이 물건은 거룩하다 하여 서원하고 그 후에 살피면 그것이 그 사람에게 덫이 되느니라"고 잠 20:25 말한다. 신자는 경솔하게 서원하여 덫에 빠져서는 안 되는 것이다. 레위기 22장은 서원을 갚을 때 눈가림의 갚음이 아니라 진정성이 담겨야 한다고 말한다. 서원제물을 바칠 때에 소나 양이나 염소의 흠 없는 수컷으로 드려야 하지, 흠 있는 것은 안 된다. 즉 눈 먼 것이나 상한 것이나 지체에 베임을 당한 것이나 종기 있는 것이나 습진 있는 것이나 비루먹은 것을 여호와께 드리면 안 된다 레 22:18-25. 즉 서원을 이행할 때에 눈가림으로 형식적으로 하면 안 되고 진정성이 담겨야 한다. 단순히 제물을 바쳤다는 형식이 아니라 어떤 제물을 바쳤는가라는 신실함이 서원 이행에 중요한 것이다.

22.6

서원은 어떤 피조물에게도 해서는 안 되고, 오직 하나님께만 해야 한다.○ 서원이 기쁘게 받아들여지려면 자발적으로, 믿음과 책임감으로, 입은 긍휼이나 우리가

> 원하는 바를 얻은 것에 대하여 감사하는 태도로 서원해야 한다. 이로써 우리 자신이 필수적인 의무들이나 다른 일들에 더 엄중히 매이게 되는데, 이 다른 일들이 필수적인 의무들을 적절하게 돕는 만큼 그리고 돕는 동안에 그러하다.p
>
> It is not to be made to any creature, but to God alone:o and, that it may be accepted, it is to be made voluntarily, out of faith, and conscience of duty, in way of thankfulness for mercy received, or for the obtaining of what we want; whereby we more strictly bind ourselves to necessary duties; or, to other things, so far, and so long, as they may fitly conduce thereunto.p
>
> o 시 76:11; 렘 44:25-26
> p 신 23:21-23; 시 50:14; 창 28:20-22; 삼상 1:11; 시 66:13-14; 시 132:2-5

6. 서원의 대상과 태도와 결과

우리는 바로 위 제5절에서 서원이 맹세와 본질적으로 같음을 살펴보았다. 따라서 제2절이 "사람들은 오직 하나님의 이름으로만 맹세하여야 한다."라고 말하듯이, 서원 또한 어떤 피조물에게도 해서는 안 되고, 오직 하나님께만 해야 한다. "너희는 여호와 너희 하나님께 서원하고 갚으라 사방에 있는 모든 사람도 마땅히 경외할 이에게 예물을 드릴지로다"시 76:11.

서원은 약속이 딸린 맹세이므로, 서원할 때에 무엇을 하겠다는 약속을 하나님께 맹세하게 된다. 이 약속을 다음과 같은 태도로 할 때 하나님께서는 기쁘게 받으신다. 첫째로 자발적으로 서원하여야 한다. 다른 사람들의 압력 때문에 억지로 하면 안 되고, 다른 사람들의 환호를 받고 싶은 욕망 때문에 하기 싫은데도 하면 안 되고, 하나님의 축복을 서원에 대한 보상으로 받으려는 이기적이고 계산적인 욕망으로 하면 안 된다.

둘째로 믿음과 책임감으로 서원하여야 한다. 하나님께서 자신을 돌보시어 서원을 이행하도록 이끌어 가심을 믿으며 서원해야 하고, 자신이 서원한 것을 책임 있게 이행하겠다는 태도로 서원해야 한다. 우리는 앞에서 야곱이 "하나님이 나와 함께 계셔서 … 내가 평안히 아버지 집으로 돌아가게 하시오면 … 하나님께서 내게 주신 모든 것에서 십분의 일을 내가 반드시 하나님께 드리겠나이다"라고 창 28:20-22 서원한 것을 살펴보았다. 이때 야곱은 하나님께서 자신을 향한 행동 여하에 따라 십일조 여부를 하겠다고 서원한 것이 아니다. 야곱은 살아계신 하나님께서 반드시 자신이 가는 길에서 자신을 지키시고 먹을 떡과 입을 옷을 주시어 자신이 평안히 아버지 집으로 돌아가게 하실 것을 믿었다. 그는 하나님에 대한 강한 믿음으로 앞으로 당연히 십일조를 하겠다고 서원한 것이지, 하나님의 사랑과 능력을 시험해본 것이 아니다. 위에서 신명기 23:21-23절과 전도서 5:4-6절을 통해서 살펴본 것처럼 하나님께서는 서원을 이행할 것을 요구하시므로 서원하는 자는 반드시 책임감으로 해야 한다.

셋째로 하나님께 이미 입은 궁휼이나 우리가 원하는 바를 얻게 된 것에 대하여 감사하는 마음으로 서원해야 한다. 서원은 하나님께서 이미 주신 것들이 너무나 풍성하고 이를 인하여 만족하고 기뻐하고 감사하는 마음으로 해야 한다. 하나님을 향한 감사하는 마음을 이기지 못하여 어떻게든 하나님께 보답하고 싶은 마음으로 서원해야 한다. "감사로 하나님께 제사를 드리며 지존하신 이에게 네 서원을 갚으며"시 50:14. 시편 기자는 주께서 자신을 끌어내시어 풍부한 곳에 들이셨으므로 번제물을 가지고 주의 집에 들어가서 자신의 서원을 주께 갚겠다고 말하였다. 풍부한 곳에 들이신 것에 대한 감사와 찬양의 마음으로 그는 번제물을 바치며 서원을 갚은 것이다시 66:12-14.

이러한 태도로 서원하게 되면 어떤 결과가 발생하는가? 서원하게 되면 서원한 자들은 첫째로 "필수적인 의무들"에, 둘째로 "다른 일들"에 자신들을 더 엄중히 매게 된다. 먼저 필수적인 의무들에 대하여 살펴보자. 신자는 살인과 간음과 도둑질과 거짓 증거를 하지 않겠다고 서원하지 않을지라도 마땅히 이것들을 지켜야 한다. 그런데 서원하게 되면 이것들을 행해야 하는 필수적인 의무들에 자신을 더 엄격하게 매게 된다. 더 강한 의무감이 생기는 것이다.

둘째로 다른 일들에 대하여 살펴보자. 예를 들면 한나는 오랫동안 자식이 없었다. 이 일로 그녀의 적수인 브닌나가 그녀를 심히 격분하게 하여 괴롭게 하였다. 그녀는 제사하러 여호와의 집에 올라가 마음이 괴로워서 여호와께 기도하고 통곡하였다. 그녀는 하나님께서 아들을 주시면 그의 평생에 그를 여호와께 드리고 삭도를 그의 머리에 대지 않겠다고 삼상 1:11 서원하였다. 여기서 삭도를 그의 머리에 대지 아니하겠다고 약속한 것이 "다른 일들"에 속한다. 삭도를 그의 머리에 대지 않는다는 것은 그를 나실인으로 삼는다는 것이다. 어떤 아이를 나실인으로 서원하면 구별하는 모든 날 동안은 삭도를 절대로 그의 머리에 대지 말아야 한다 민 6:5. 한나가 태어난 아들의 머리에 평생에 삭도를 대지 않는다는 것은 그를 하나님께 드린다는 의미이다. 그런데 한나가 이런 의미를 모르고 단지 미용과 건강상의 이유로 삭도를 머리에 대지 않는다면 이것은 아무 의미가 없다. 나실인이 되려면 머리에 삭도를 대지 않는 것만이 아니라, 포도주와 독주를 멀리해야 하고, 시체를 가까이 하지 말아야 한다. 만약 그녀가 아들을 여호와께 드리지 않는다면 그의 머리에 삭도를 대지 않는 것이 아무 의미가 없다. "다른 일들"은 "필수적인 의무들"을 이행하는 데 도움이 되는 만큼 그리고 도움이 되는 동안에 서원한 자가 "다른 일들"에도 엄중히 매이게 된다.

야곱의 서원을 통해서도 살펴보자. 야곱은 "내가 평안히 아버지 집으로 돌아가게 하시오면 여호와께서 나의 하나님이 되실 것이요 내가 기둥으로 세운 이 돌이 하나님의 집이 될 것이요 하나님께서 내게 주신 모든 것에서 십분의 일을 내가 반드시 하나님께 드리겠나이다"라고 창 28:20-22 서원하였다. 여기서 "여호와께서 나의 하나님이 되실 것이요"가 필수적인 의무에 해당한다. 야곱이 여호와를 자신의 하나님으로 전적으로 인정하여 평생에 여호와의 말씀을 떠나지 않고 여호와를 마음과 목숨과 힘을 다하여 사랑하겠다는 맹세인 것이다. 그리고 이 맹세를 실천하는 차원에서 십일조를 하나님께 드리는데 이것이 다른 일들에 속한다. 야곱이 십일조를 하나님께 드린다는 것은 하나님을 전적으로 따르고 사랑한다는 의미이다. 만약에 야곱이 십일조를 하나님께 드리는데 하나님을 건성으로 믿는다면 십일조를 드리는 것은 큰 의미가 없다. "다른 일들"은 "필수적인 의무들"을 이행하는 데 도움이 되는 만큼 그리고 도움이 되는 동안에 서원한 자가 "다른 일들"에도 엄중히 매이게 된다.

22.7

어떤 사람도 하나님의 말씀이 금지한 것이나, 말씀이 명령한 의무를 수행하는 데 방해되는 것이나, 자기 자신의 능력 밖에 있는 것을 하겠다고 서원하면 안 되고, 하나님으로부터 받지 않은 약속이나 능력을 이행하겠다고 서원해도 안 된다.q 그런 점에서 종신 독신 생활과 청빈 서약과 수도원의 순명을 하겠다는 천주교의 수도 서원들은 결코 더 높은 완벽함의 정도에 이른 것이 아니고 미신과 죄악의 올무에 지나지 않으므로 어떤 그리스도인도 이것들에 얽매이면 안 된다.r

No man may vow to do any thing forbidden in the Word of God, or what would hinder any duty therein commanded, or which is not in his own power, and for the performance whereof he hath no promise or ability from God.q In which respect, popish monastical vows of perpetual single life, professed poverty, and regular obedience, are so far from being degrees of higher perfection, that they are superstitions and sinful snares, in which no Christian may entangle himself.r

q 행 23:12, 14; 막 6:26; 민 30:5, 8, 12-13
r 마 19:11-12; 고전 7:2, 9; 엡 4:28; 벧전 4:2; 고전 7:23

7. 금지된 서원의 내용

제7절은 서원해서는 안 되는 내용에 대하여 다룬다. 첫째로 하나님의 말씀이 금지한 것을 하겠다고 서원하면 안 된다. 하나님의 말씀이 금지한 것은 불법에 해당한다. 불법을 하겠다는 서원은 있을 수 없다. 둘째로 하나님의 말씀이 명령한 의무를 수행하는 데 방해가 되는 것을 하겠다고 서원하면 안 된다. 하나님의 말씀이 명령한 의무를 수행하는 것은 하나님을 기쁘시게 하고, 그 수행을 방해하는 것은 하나님을 슬프시게 한다. 신자는 하나님을 기쁘시게 하는 것들을 행해야 한다. 셋째로 자기 자신의 능력 밖에 있는 것을 하겠다고 서원하면 안 된다. 자기 자신의 능력 밖에 있다는 것은 행할 수 없다는 의미이므로, 능력 밖에 있는 것을 서원하면 이행하지 못한다는 의미이다. 예를 들면 교회당 건축 때 건축헌금을 하는데, 자신의 재산 범위를 넘어서서 과도하게 건축헌금을 하겠다고 서원하는 것이다. 아예 서원하지 않는 것은 하나님께 죄가 되지 않지만, 서원하고 갚지 않는 것은 하나님께 죄가 된다 신 23:21-23. 넷째로 하나님께서 자신에게 주시지 않은 약속이나 능력을 이행하겠다고 서원하면 안 된다. 하나님께서 자신에게 주시지 않은 약속과 능력이므로 서원할지라도 이행할 수 없다. 예를 들면 하나님께서 자신에게 일 년 안에 십억 원을 벌게 하시겠다는 약속도 하시지 않았고 그 돈을 벌 수 있는 능력도 주시지 않았는데, 교회에 일 년 안에 십억 원의 건축헌금을 하겠다고 서원하거나 일억 원의 십일조를 하겠다고 서원하는 것이다.

종신 독신 생활, 청빈 서약, 수도원의 순명, 이 3가지를 로마 가톨릭의 수도 서원이라고 부른다. 이들은 "그리스도의 모든 제자는 다양한 복음적 권고를 받고 있다. 모든 신자는 완전한 사랑으로 부름 받는다. 이 사랑은 봉헌 생활의 소명을 자유로이 받아들이는 사람들에게 하느님 나라를 위한 독신 생활의 정결, 청빈, 순명의 의무를 지운다. 교회가 인정하는 일정한 생활 신분에서, 바로 이 복음적 권고의 서원이 하느님께 '봉헌된 생활'의 특징이다."라고[49] 말한다. 이들은 이 3가지의 봉헌 생활을 통하여 그리스도 신자가 그리스도를 더욱 가까이 따르기로 다짐하게 되고, 모든 것 위에 사랑하는 하느님께 자신을 봉헌하게 되고, 하느님 나라를 위해 봉사하는 애덕의 완성을 추구함으로써 교회에서 미래 세계의 영광을 예고하고 보여 주게 된다고 주장한다.[50] 또한 이들은 "사도 시대부터 더욱 자유로운 마음과 몸과 정신으로 전적으로 주님과 일치하도록 부름을 받은 동정녀들과 과부들이 교회의 인정을 받아, '하늘나라 때문에'마 19:12 평생 동정이나 정결의 신분으로 살아가겠다는 결단을 내렸다."고[51] 주장한다. 이들은 수도 생활이 높은 단계라고 말한다. "수도 생활은 교회의 신비에서 나오는 것이다. 수도 생활은 교회가 주님께 받은 선물이며, 복음적 권고를 실천하는 생활로 하느님의 부름을 받은 신자들에게 교회가 항구한 생활양식으로 제공하는 선물이다. 그럼으로써 교회는 그리스도를 드러낼 수 있고 동시에 스스로 구세주의 신부임을 인정하는 것이다. 수도 생활은 다양한 형태를 통해 이 시대의 언어로 하느님의 사랑을 드러내도록 초대받는다."[52]

하지만 이 3가지는 하나님의 말씀이 금지한 것들이고, 하나님의 말씀이 명령한 의무를 수행하는 데 방해되고, 사람이 행할 수 있는 능력 밖에 있다. 또한 하나님께서 이런 것들을 행하라고 신자에게 말씀하시지 않았고, 이것들을 행할 능력도 주시지 않았다. 이것들은 신자가 성령의 성화를 통하여 더 높은 완벽함으로 나아가는 단계가 아니고, 첫째로 더 높은 완벽함의 단계라고 유혹하는 미신에 지나지 않고, 둘째로 이것들을 행하면 오히려 더 큰 죄를 짓게 되는 올무에 지나지 않는다. 따라서 신자는 겉으로 멋있어 보이고 경건해 보이는 이것들에 유혹을 받아 빠져 들어가지 않도록 주의해야 한다.

독신으로 지내며 주님의 일에 더욱 헌신하는 것은 좋지만, 정욕이 불 같이 타

---

49 『가톨릭 교회 교리서』 915항, 383.
50 『가톨릭 교회 교리서』 916항, 384.
51 『가톨릭 교회 교리서』 922항, 385.
52 『가톨릭 교회 교리서』 926항, 386.

는 것보다 결혼하는 것이 낫다. 그러므로 독신 생활을 절제할 수 없는 이들은 결혼해야 한다 고전 7:9. 청빈하게 살며 주님의 일에 집중하고 재산을 선한 데 사용하는 것이 좋지만, 기독교는 절대로 금욕주의가 아니다. 사도 바울은 어떠한 형편에든지 자족하였다. 그는 비천에 처할 줄도 알고 풍부에 처할 줄도 알아서 모든 일 곧 배부름과 배고픔과 풍부와 궁핍에도 처할 줄 아는 일체의 비결을 배웠다. 그는 능력 주시는 자 안에서 모든 것을 할 수 있었다 빌 4:11-13. 청빈 생활만 좋은 것이 아니다. 하나님께서 풍부하게 주실 때에는 그것을 누리는 것이 바른 믿음 생활이다. 수도원에 살면서 수도원의 여러 규칙과 생활에 순종하는 것이 절제와 수련과 봉사에 큰 도움이 되지만, 신자마다 은사와 성향이 다르기 때문에 어떤 신자에게는 그런 삶이 너무나 힘든 것이 될 수 있다. 또 인생의 몇 년 간은 그러한 수도원 생활이 인격의 수양과 상처의 치유와 내면의 평화에 도움이 될 수 있지만, 그 이후에는 역시 너무나 힘든 생활이 될 수 있다. 이상에서 살펴본 것처럼 로마 가톨릭의 수도 서원은 결코 더 높은 완벽함의 정도에 이른 것이 될 수 없고, 미신과 죄악의 올무에 지나지 않으므로 어떤 그리스도인도 이것들에 얽매이면 안 된다.

Of the Civil Magistrate

제23장 국가 통치자

> **23.1**
>
> 온 세상의 최고의 주요 왕이신 하나님께서는 자기 자신의 영광과 공공의 선을 위해 국가 통치자들이 자기 밑에 그리고 국민 위에 있도록 정하셨다. 이 목적을 위해 그들이 선한 자들은 보호하고 격려하도록, 악행하는 자들은 징벌하도록 칼의 권세로 그들을 무장시키셨다.ᵃ
>
> God the Supreme Lord and King of all the world, hath ordained civil magistrates to be under him, over the people, for his own glory, and the public good, and to this end hath armed them with the power of the sword, for the defense and encouragement of them that are good, and for the punishment of evil-doers.ᵃ
>
> a 롬 13:1-4; 벧전 2:13-14

1. 국가 통치자를 세우신 하나님

하나님께서는 교회에서만 최고의 주와 왕이 아니시라, 온 세상에서도 최고의 주와 왕이시다. 제25장(교회) 제3절이 말하는 바처럼 하나님께서는 교회를 붙드시고 다스리시기 위해 교회에 하나님의 사역자와 말씀과 규례를 주셨다면, 자기 자신의 영광과 공공의 선을 위해 세상에 국가 통치자들을 주셨다. 무정부보다 독재가 낫다는 말이 있듯이 이들이 없다면 세계는 무질서에 빠져버린다.

이들은 자신들의 노력과 지략과 리더십으로 국가 통치자들이 되었다고 생각하겠지만, 이것은 가까운 원인에 지나지 않고, 먼 원인은 하나님이시다. 사람이 다 헤아릴 수 없는 차원의 섭리로 하나님께서 어떤 자들을 국가 통치자로 세우시고 어떤 자들을 그 자리에서 내리신다. 바벨론 왕 느부갓네살은 큰 바벨론을 자신의 능력과 권세로 건설하여 자신의 도성으로 삼고 이것으로 자신의 위엄의 영광을 나타내었다고 생각하였다. 이렇게 교만이 심해질 때에 하늘에서 "느부갓네살 왕아 네게 말하노니 나라의 왕위가 네게서 떠났느니라 네가 사람에게서 쫓겨나서 들짐승과 함께 살면서 소처럼 풀을 먹을 것이요 이와 같이 일곱 때를 지내서 지극히 높으신 이가 사람의 나라를 다스리시며 자기의 뜻대로 그것을 누구에게든지 주시는 줄을 알기까지 이르리라"는 소리가 들렸다. 그대로 일이 이루어져 그는 사람에게 쫓겨나 소처럼 풀을 먹으며 몸이 하늘 이슬에 젖고 머리털이 독수리 털과 같이 자랐고 손톱은 새 발톱과 같이 되었다. 그 기한이 찰 때에 느부갓네살이 하늘을 우러러 보았더니 그의 총명이 다시 그에게로 돌아오며 자신의 나라에서 다시 세움을 받았고 또 지극한 위세가 그에게 더하였다. 그 때에 그는 하나님께서 지극히 높으시고 영생하시며, 그 권세는 영원한 권세이고 그 나라는 대대에 이르며, 땅의 모든 사람을 없는 것 같이 여기시고 하늘의 군대에게든지 땅의 사람에게든지 자기 뜻대로 행하심을 깨닫고 찬양하며 칭송하며 경배하였다 단 4장.

이렇게 하나님께서 자기 자신의 영광과 공공의 선을 위해 국가 통치자들을 자기 밑에 두시어 국민을 통치하게 하시고, 이 목적이 이루어지도록 선한 자들을 보호하고 격려하도록, 악행하는 자들을 징벌하도록 칼의 권세로 통치자들을 무장시키셨다. 국민은 칼의 권세 없이는 통치자의 통치를 따르지 않기 때문이다. 통치자가 말로 하여도 국민이 잘 따른다면 국민은 통치자가 없어도 사회의 질서와 능률을 도모할 수 있다. 하지만 사람은 이렇게 선한 존재가 아니기 때문에 예수 그리스도께서 십자가에 피 흘려 죽으셔야만 했고, 국가 통치자는 칼의 권세로 무장해야만 한다.

국가 통치자는 기본적인 업무가 하나님의 영광을 드러내고 공공의 선을 도모하는 것이다. 하나님께서 이를 위해 칼의 권세를 그에게 주었지, 절대로 통치자 자신의 영광과 이익을 도모하라고 주시지 않았다. 각 사람은 하나님께서 위에 있는 권세를 세우신 줄로 알고 복종해야 한다. 권세는 하나님으로부터 나지 않음이 없다. 모든 권세는 다 하나님께서 정하신 바이다. 그러므로 권세를 거스르는 자는 하나님의 명을 거스르는 것이고, 거스르는 자는 심판을 자초하는 것이다. 독재자일지라도 기본적으로 국민에게 법을 지킬 것을 명령하고 법을 지키는 자들을 격려하고 지키지 않는 자들을 징계한다. 국가 통치자는 기본적으로 선한 일에 대하여 두려움이 되지 않고 악한 일에 대하여 된다. 신자들은 일반인보다 권세를 두려워하며 선을 행함으로 권세에게 칭찬을 받아야 한다. 권세는 기본적으로 하나님의 사역자가 되어 국민에게 선을 베푸는 자이다. 그는 공연히 칼을 가지지 아니하였으니 곧 하나님의 사역자가 되어 악을 행하는 자에게 진노하심을 따라 보응하는 자이다롬 13:1-4. 베드로도 "인간의 모든 제도를 주를 위하여 순종하되 혹은 위에 있는 왕이나 혹은 그가 악행하는 자를 징벌하고 선행하는 자를 포상하기 위하여 보낸 총독에게 하라"고벧전 2:13-14 말한다.

그런데 땅 위의 통치자들 중 얼마나 많은 이가 하나님께서 자신을 세우신 줄로 알고 하나님의 영광과 공공의 선을 도모하겠는가? 그렇지 않은 통치자가 더 많을 것이다. 하지만 그렇게 하지 않는 자들을 하나님께서 느부갓네살을 치시고 세우시는 것처럼 징계하신다. 세상의 군왕들과 관원들이 서로 꾀하여 여호와와 그의 기름 부음 받은 자를 대적하며 "우리가 그들의 맨 것을 끊고 그의 결박을 벗어 버리자"고 할 때에 하늘에 계신 이가 웃으시고 비웃으시며 분을 발하고 진노하시어 그들을 징계하신다. 하나님께서 철장으로 그들을 깨뜨리시고 질그릇 같이 부수신다시 2편. 신자는 잘못 행하는 통치자에 대한 징계와 심판은 하나님께 맡기고 우리에게 주어진 책무를 그대로 행하면 된다. 곧 위에 있는 권세에게 복종하여 하나님께 칭찬을 받는 것이다.

23.2

그리스도인들이 통치자의 직분으로 부름을 받을 때 그것을 수용하고 실행하는 것은 적법하다.b 그들이 이 직분을 수행할 때에 각 나라의 건전한 법에 따라 특별히 경건과 공의와 평화를 유지해야 하는 것처럼,c 그 목적을 위해 공의롭고 필요한 경우에 현재 신약 하에서 적법하게 전쟁을 벌일 수도 있다.d

It is lawful for Christians to accept and execute the office of a magistrate when called thereunto:b in the managing whereof, as they ought especially to maintain piety, justice, and peace, according to the wholesome laws of each commonwealth:c so, for that end, they may lawfully now under the New Testament, wage war upon just and necessary occasion.d

b 잠 8:15-16; 롬 13:1-2, 4   c 시 2:10-12; 딤전 2:2; 시 82:3-4; 삼하 23:3; 벧전 2:13
d 눅 3:14; 롬 13:4; 마 8:9-10; 행 10:1-2; 계 17:14, 16

2. 신자로서 국가 통치자의 업무

국가 통치자의 직분을 하나님께서 세우셨으므로 그리스도인도 통치자의 직분으로 부름을 받으면 이것을 기꺼이 수용하고 실행해야 한다. 이것은 그리스도인의 권리이고 의무이다. 그리스도인이 하나님의 말씀에 따라 국가를 통치하면 하나님께서 통치자의 직분을 세운 목적이 더 크게 드러난다. 신자가 이 직분을 수행한다면 다른 이들보다 더욱 나라의 건전한 법에 따라 특별히 경건과 공의와 평화를 유지하기 위해 노력하기 때문이다. 기독교 통치자는 자신이 속한 나라의 법이 하나님의 말씀에 따라 만들어지도록 나라를 이끌어야 하고, 그 건전한 법에 따라 무엇보다 경건과 공의와 평화를 도모해야지 자신의 사사로운 이익과 권력을 추구하면 안 된다. 바울은 신자가 임금들과 높은 지위에 있는 모든 사람을 위하여 기도해야 하는데 이는 신자가 모든 경건과 단정함으로 고요하고 평안한 생활을 하기 위함이라고 말한다 딤전 2:2. 또한 시편 기자는 신자에게 가난한 자와 고아를 위하여 판단하며 곤란한 자와 빈궁한 자에게 공의를 베풀며 가난한 자와 궁핍한 자를 구원하여 악인들의 손에서 건지라고 말한다 시 82:3-4. 따라서 신자는 통치자가 되면 신자들이 모든 경건과 단정함으로 고요하고 평안한 생활을 하도록 그리고 약자를 위하여 판단하고 공의를 베풀도록 노력해야 한다.

때로는 나라들 간에 전쟁이 벌어진다. 기독교 통치자는 이때에 자신의 나라를 지킴으로 경건과 공의와 평화를 유지하기 위해 전쟁도 수행해야 한다. 자국의 영토와 세력을 넓히기 위해 다른 나라들을 일부러 침략하는 전쟁을 벌이는 것은 옳지 않지만, 다른 불순한 의도로 전쟁을 벌이는 나라들에 맞서 전쟁을 수행하는 것은 적법하다. 군인들이 세례 요한에게 어떻게 생활해야 하느냐고 물었을 때에 요한은 "사람에게서 강탈하지 말며 거짓으로 고발하지 말고 받는 급료를 족한 줄로 알라"고 눅 3:14 말하였다. 요한은 군인들에게 군복무를 그만두라고 하거나 전쟁에 참여하지 말라고 말하지 않았다. 예수님께서는 백부장이 "나도 남의 수하에 있는 사람이요 내 아래에도 군사가 있으니 이더러 가라 하면 가고 저더러 오라 하면 오고 내 종더러 이것을 하라 하면 하나이다"라고 말하였을 때에 "내가 진실로 너희에게 이르노니 이스라엘 중 아무에게서도 이만한 믿음을 보지 못하였노라"고 마 8:9-10 말씀하시며 그의 믿음을 칭찬하셨지 그에게 군복무를 그만 두라거나 전쟁에 참여하지 말라고 말씀하시지 않았다. 하나님께서는 이달리야 부대라 하는 군대의 백부장인 고넬료의 경건과 많은 구제를 칭찬하셨지 그의 직업을 비판하시지 않았다 행 10:1-2.

그런데 성경을 주관적으로 그리고 문자적으로 해석하는 경향이 있는 재세례파는 아래의 성경구절들도 그렇게 해석하여 교회와 국가를 이분법적으로 보았다. 그들은 성경해석만이 아니라 역사해석에서도 이분법적인 경향을 보였다. 그들은 기독교 역사에서 교회가 국가와 타협하여 국가교회제도를 갖게 되면서 교회의 심각한 타락이 발생하였다며, 교회는 국가와 철저히 분리되어야 한다고 주장하였다.

눅 17:21	또 여기 있다 저기 있다고도 못하리니 하나님의 나라는 너희 안에 있느니라
요 6:15	그러므로 예수께서 그들이 와서 자기를 억지로 붙들어 임금으로 삼으려는 줄 아시고 다시 혼자 산으로 떠나 가시니라
요 18:36	예수께서 대답하시되 내 나라는 이 세상에 속한 것이 아니라 만일 내 나라가 이 세상에 속한 것이었더라면 내 종들이 싸워 나로 유대인들에게 넘겨지지 않게 하였으리라 이제 내 나라는 여기에 속한 것이 아니니라
단 2:44	이 여러 왕들의 시대에 하늘의 하나님이 한 나라를 세우시리니 이것은 영원히 망하지도 아니할 것이요 그 국권이 다른 백성에게로 돌아가지도 아니할 것이요 도리어 이 모든 나라를 쳐서 멸망시키고 영원히 설 것이라

이들도 불완전한 이 땅에서 정부가 필요하다는 것을 인정하나 이 둘이 서로 혼합되는 것을 인정하지 않았고, 따라서 교회에 속한 신자가 국가의 권세에 참여하는 것을 옳지 않다고 보았다. 이들은 기독교의 이름으로 수행된 전쟁들을 통해서도 교회가 심각하게 타락했다고 보았기 때문에 그리고 아래와 같은 신약성경의 구절들을 문자 그대로 해석하여 신자는 폭력을 어떠한 경우에도 사용해서는 안 된다고 보았기 때문에 비폭력과 무저항과 절대 평화주의를 주장하였다. 따라서 이들은 병역도 전쟁도 사형제도도 반대하였다. 이들은 믿는 자들의 모임인 교회를 신자가 이끌어야 한다며 국가나 사회의 통제와 간섭을 철저하게 거부했고 독립을 추구했다. 이들은 이런 분리주의 경향 때문에 여러 국가로부터 탄압을 받았고, 사회로부터 멀리 떨어진 곳에서 자기들끼리 모여 단체생활을 하는 경향이 있고, 권징을 통해 엄격하게 공동체의 규율을 유지하였다. 재세례파의 영향을 받은 퀘이커교도도 이들처럼 맹세와 군복무와 전쟁에 참여하지 않는다.

마 5:39	나는 너희에게 이르노니 악한 자를 대적하지 말라 누구든지 네 오른편 뺨을 치거든 왼편도 돌려 대며
마 26:52	이에 예수께서 이르시되 네 칼을 도로 칼집에 꽂으라 칼을 가지는 자는 다 칼로 망하느니라
벧전 2:23	욕을 당하시되 맞대어 욕하지 아니하시고 고난을 당하시되 위협하지 아니하시고 오직 공의로 심판하시는 이에게 부탁하시며
사 50:6	나를 때리는 자들에게 내 등을 맡기며 나의 수염을 뽑는 자들에게 나의 뺨을 맡기며 모욕과 침 뱉음을 당하여도 내 얼굴을 가리지 아니하였느니라
마 26:67	이에 예수의 얼굴에 침 뱉으며 주먹으로 치고 어떤 사람은 손바닥으로 때리며

23.3

국가 통치자는 말씀과 성례의 집행 권한이나 천국 열쇠의 권세를 자신의 것으로 삼아서는 안 된다.e 그럼에도 그는 일치와 평화가 교회에서 보존되도록, 하나님의 진리가 순수하고 온전하게 유지되도록, 모든 신성모독과 이단이 진압되며 예배와 권징에서 모든 부패와 남용이 방지되거나 개혁되도록, 그리고 하나님의 모든 규례가 적절하게 확립되고 집행되고 지켜지도록 하는 권한을 갖고 있고, 그런 조치를 취할 의무가 있다.f 그는 이것들을 더 잘 수행하기 위해 교회 회의를 소집할 권세와 거기에 참석할 권세와 회의에서 처리된 것은 어떠한 것이든 하나님의 마음에 맞도록 정할 권세를 갖고 있다.g

The civil magistrate may not assume to himself the administration of the Word and Sacraments, or the power of the keys of the kingdom of heaven:e yet he hath authority, and it is his duty to take order, that unity and peace be preserved in the Church, that the truth of God be kept pure and entire, that all blasphemies and heresies be suppressed, all corruptions and abuses in worship and discipline prevented or reformed: and all the ordinances of God duly settled, administered, and observed.^f For the better effecting whereof he hath power to call synods, to be present at them, and to provide that whatsoever is transacted in them be according to the mind of God.^g

e 대하 26:18 with 마 18:17 & 마 16:19; 고전 12:28-29; 엡 4:11-12; 고전 4:1-2; 롬 10:15; 히 5:4

f 사 49:23; 시 122:9; 스 7:23, 25-28; 레 24:16; 신 13:5-6, 12; 왕하 18:4; 대상 13:1-8; 왕하 23:1-25; 대하 34:33; 대하 15:12-13

g 대하 19:8-11; 대하 29장-30장; 마 2:4-5

3. 국가 통치자의 교회를 향한 권한과 의무

하나님께서 공공의 선에 기여하라고 국가 통치자를 세우셨고, 제30장 교회 권징 제1절이 말하듯 주 예수께서 교회의 왕과 머리로서 국가 통치자와 구별되는 교회 직원의 손에 정치가 있도록 교회에 정하셨다. 따라서 국가 통치자는 말씀과 성례의 집행이나 천국 열쇠의 권세를 자기 것으로 삼아서는 안 되고, 이것들은 모두 교회 직원의 손에 맡겨야 한다. 구약의 웃시야 왕이 강성하여지자 마음이 교만하여지며, 여호와의 성전에 들어가서 향단에 분향하려고 하였다. 제사장 아사랴는 웃시야 왕에게 "여호와께 분향하는 일은 왕이 할 바가 아니요 오직 분향하기 위하여 구별함을 받은 아론의 자손 제사장들이 할 바니 성소에서 나가소서 왕이 범죄하였으니 하나님 여호와에게서 영광을 얻지 못하리이다"라고 말하였다. 웃시야는 손으로 향로를 잡고 분향하려 하다가 제사장에게 화를 내었는데 그 때에 그의 이마에 나병이 생겼다. 그는 급히 쫓겨났고, 죽는 날까지 나병환자가 되어 별궁에 살았다 대하 26:16-21. 구약의 왕도 제사장에게 맡겨진 일을 침범하지 못하고, 신약의 국가 통치자도 목사와 장로와 집사에게 맡겨진 일을 침범하지 못한다. 교회를 섬기는 직분의 존귀는 아무도 스스로 취하지 못하고 오직 아론과 같이 하나님의 부르심을 받은 자라야 할 수 있고 히 5:4, 국가 통치자는 그에 대한 부르심을 받지 못하였으므로 할 수 없다. 예수님은 천국 열쇠를 국가 통치자가 아니라 사도들에게 주셨고 마 16:19, 교회에서 성도를 온전하게 하고 그리스도의 몸을 세우시려고 사도와 선지자와 복음 전하는 자와 목사와 교사의 직분을 교회에 주셨다 엡 4:11-12. 성도의 영적 상황에 대한 징계는 교회에 있다 마 18:17.

에라스투스주의 Erastianism는 종교 문제에서 국가가 교회보다 우위에 있어야 한다고 주장한다. 스위스의 의사이자 츠빙글리의 성찬론 기념설을 지지한 에라스투스 Thomas Erastus, 1524-1583는 교회가 어떤 신자를 성경에 어긋난다는 이유로 파문하는 것을 반대했고, 대신 국가가 처벌해야 한다고 주장했다. 모든 시민이 하나의 종교를 신봉하는 국가에서는 국가가 민법뿐 아니라 교회법 위반까지도 처벌할 권리와 의무를 갖는다고 주장한 것이다. 이런 에라스투스주의에 맞서 제3절은 국가 통치자가 교회에서 사역하고 권징할 권리와 의무를 갖지 않는다고 말한 것이다.

그러면 국가 통치자가 교회를 향해 갖는 권한과 의무는 무엇인가? 첫째로 교회의 화합과 평화, 둘째로 하나님의 진리의 순수하고 온전한 유지, 셋째로 신성모독과 이단들의 진압, 넷째로 예배와 권징의 부패와 남용 방지 및 개혁, 다섯째로 하나님의 규례들의 확립과 집행에 대한 권한을 갖고 있고, 그렇게 되도록 조치를 취해야 하는 의무를 갖고 있다. 통치자는 교회를 통치하거나 간섭하는 차원이 아니라 교회가 본래의 목적을 실현하도록 옆에서 돕는 권한과 의무를 갖는다. 통치자에게 이런 권한과 의무가 있다는 것을 아는 통치자가 얼마나 될까? 비기독교권 나라들은 이런 개념조차 없을 것이고, 기독교권 나라들일지라도 이런 개념이 강하지 않다. 하지만 이에 대하여 가르침을 받은 기독교인이 국가의 통치자가 된다면 이런 개념을 국가 행정에 반영할 수 있다. 이런 면에서도 신자가 국가의 통치자가 되는 것이 필요하다.

바사 왕 아닥사스다는 율례 학자이며 제사장인 에스라에게 이렇게 말했다. "에스라여 너는 네 손에 있는 네 하나님의 지혜를 따라 네 하나님의 율법을 아는 자를 법관과 재판관을 삼아 강 건너편 모든 백성을 재판하게 하고 그 중 알지 못하는 자는 너희가 가르치라 무릇 네 하나님의 명령과 왕의 명령을 준행하지 아니하는 자는 속히 그 죄를 정하여 혹 죽이거나 귀양 보내거나 가산을 몰수하거나 옥에 가둘지니라"스 7:25-26. 아닥사스다는 이방 왕임에도 하나님으로부터 깨달음과 겸손의 은혜를 받을 때 자신이 왕으로서 하나님의 교회인 이스라엘을 위해 무엇을 해야 하는지 알았다.

구약 시대에 이스라엘 백성은 거류민이든지 본토인이든지 여호와의 이름을 모독하는 자가 있으면 그를 돌로 쳐 죽였고레 24:16, 다른 신들을 섬기자고 꾀는 선지자나 꿈꾸는 자나 일가친척을 죽였다신 13:5-6, 12. 히스기야와 요시야와 아사와 같이 이스라엘의 참된 왕들은 즉위하는 동안 여러 산당과 주상과 아세라 목상을 제거하며 우상숭배를 없앴고, 하나님께 참된 제사가 되도록 노력하였다왕하 18:4; 대하 34:33, 대하 15:12-13. 구약 시대의 이스라엘 국가는 비록 영적으로 부패하였을지라도 기본적으로 하나님께서 모세에게 주신 율법에 따라 통치되는 나라였기 때문에, 참된 왕이 즉위하면 위에서 말한 5가지의 권한과 의무를 잘 수행하였다. 신약 시대에도 국가의 통치자는 이렇게 해야 하는데 이때 구약시대처럼 우상숭배자나 거짓 선지자나 꿈꾸는 자를 죽이면 안 된다. 제19장하나님의 율법 제4절에서 살펴본 것처럼, 하나님께서 한 국가에 해당하는 이스라엘 백성에게 여러 가지 사법司法적 율법을 주셨는데, 이 율법은 그 백성의 나라와 함께 만료되었기 때문이고, 지금은 이 율법이 요구하는 일반적인 공정성 외에 어떠한 의무도 더 부과하지 않기 때문이다. 다만 국가 통치자는 현행법을 위의 5가지를 구현하도록 만들어가야 하고, 현행법 내에서 5가지를 실행하여야 한다.

국가 통치자는 5가지 목표를 더 잘 수행하기 위해 첫째로 교회 회의들을 소집할 권세, 둘째로 그 회의들에 참석할 권세, 셋째로 회의들에서 처리된 것은 어떠한 것이든 하나님의 마음에 맞도록 규정할 권세를 갖고 있다. 유다 왕 여호사밧은 예루살렘에서 레위 사람들과 제사장들과 이스라엘 족장들 중에서 사람을 세워 여호와께 속한 일과 예루살렘 주민의 모든 송사를 재판하게 하였고, 그들에게 명령하여 "너희는 진실과 성심을 다하여 여호와를 경외하라 … 여호와께 속한 모든 일에는 대제사장 아마랴가 너희를 다스리고 왕에게 속한 모든 일은 유다 지파의 어른 이스마엘의 아들 스바댜가 다스리고 레위 사람들은 너희 앞에 관리가 되리라"고 말하였다.대하 19:8-11. 25세에 왕이 된 히스기야는 첫째 해 첫째 달에 여호와의 전 문들을 열고 수리하였고, 제사장들과 레위 사람들을 동쪽 광장에 모으고 "레위 사람들아 내 말을 들으라 이제 너희는 성결하게 하고 또 너희 조상들의 하나님 여호와의 전을 성결하게 하여 그 더러운 것을 성소에서 없애라"고 말하였다. 그후 성읍의 귀인들을 모아 여호와의 전에 올라가서 말씀에 따라 제대로 된 제사를 드렸고, 레위 사람들을 여호와의 전에 두어서 하나님 말씀대로 제금과 비파와 수금을 잡게 하였다. 그때 온 회중은 번제를 마치기까지 경배하며 노래하는 자들은 노래하고 나팔 부는 자들은 나팔을 불었다. 회중은 또한 히스기야 왕의 말에 따라 제물과 감사제물을 여호와의 전으로 가져왔다. 이와 같이 하여 여호와의 전에서 섬기는 일이 순서대로 갖추어졌다.대하 29장. 히스기야 왕은 이스라엘의 모든 백성이 유월절을 온전히 지키게 하여서 그들이 다 즐거워하였고 예루살렘에는 큰 기쁨이 있었다.대하 30장.

구약의 이스라엘의 참된 왕들은 레위 사람들과 제사장들을 모으고 제사와 규례가 온전히 이루어지도록 개혁을 하였다. 신약의 국가 통치자들은 교회 회의들을 소집하여 참석할 권세가 있고, 그 회의들이 처리한 것들이 하나님의 마음에 맞도록 정할 권세를 갖고 있다. 이때 통치자는 절대로 교회를 지배하고 장악하려는 목적이 아니라, 위의 5가지가 더 잘 수행되도록 하려는 목적으로 교회 회의에 임하여야 한다. 하나님의 마음에 맞도록 규정해야지 자신의 마음과 욕구에 맞도록 규정하면 안 된다. 교회를 돕고 섬기려는 낮은 자세로 해야지 교회를 장악하고 통치하려는 높은 마음으로 해서는 안 된다. 구약의 왕도 레위 사람들과 제사장들을 자신들 아래에 있는 이들로 알아 함부로 대하거나 명령하면 하나님께서 기뻐하시지 않았고 큰 벌을 내리셨다. 하물며 신약시대에 국가의 통치자가 교회를 향하여 함부로 권세를 휘두르면 하나님께서 얼마나 더 진노하시겠는가?

국가 통치자가 이러한 3가지 권세를 갖는다는 제22장 제3절이 불러올 수 있는 오해를 염려한 미국 장로교회는 1788년에 아래처럼 크게 수정하였다. 제3절을 잘못 해석하면 마치 국가 통치자가 교회의 동의와 허락 없이 교회 회의를 언제든 마음대로 소집할 수 있고, 얼마든지 거기에 참석할 수 있고, 교회 회의가 결의한 모든 내용까지도 국가 통치자의 마음에 따라 규정할 권세가 있는 것처럼 보인다. 1788년의 미국 장로교회는 이런 오해를 없애기 위해 아래처럼 대폭 수정하였다.

1788년에 수정된 미국 장로교회의 제23장 제3절

23.3

국가 통치자는 말씀과 성례의 집행이나 천국 열쇠의 권세가 자신에게 있는 것으로 삼아서는 안 되고, 조금이라도 신앙의 일에 간섭해서는 안 된다(대하 26:18; 마 16:19; 고전 4:1; 요 18:36; 엡 4:11-12). 그러나 보살피는 아버지로서, 국가 통치자가 어느 교파를 다른 교파들보다 우대하지 않으며 우리 공동의 주님의 교회를 보호하는 것은 그의 의무이다. 이때 어떤 교직자이든 모두가 폭력이나 위험에 처함이 없이 자신의 신성한 사역을 빠짐없이 할 수 있는 자유를 온전히, 자유롭게, 의심할 바 없이 누리도록 해야 한다(사 49:23). 그리고 예수 그리스도께서 자신의 교회에 표준적인 정치와 권징을 정하셨으므로, 기독교의 각 교파가 자신의 고백과 신념에 따라 자발적인 회원에게 그 정치와 권징을 적절하게 시행할 때에 어떤 국가도 법으로 간섭하거나 강요하거나 방해해서는 안 된다(시 105:15; 행 18:14-16). 국가 통치자가 어떤 사람도 종교나 불신앙을 구실로 하여 모욕, 폭력, 학대, 상해를 다른 어떤 사람에게도 가하지 않는 효과적인 방식으로 국민 모두의 인격과 명예를 보호하는 것은 그의 의무이다. 또한 모든 신앙적인 교회 모임들이 간섭과 방해 없이 열리도록 조치를 취하는 것도 그의 의무이다(삼하 23:3; 딤전 2:1-2; 13:4).

Civil magistrates may not assume to themselves the administration of the Word and sacraments; or the power of the keys of the kingdom of heaven; or, in the least, interfere in matters of faith. Yet, as nursing fathers, it is the duty of civil magistrates to protect the church of our common Lord, without giving the preference to any denomination of Christians above the rest, in such a manner that all ecclesiastical persons whatever shall enjoy the full, free, and unquestioned liberty of discharging every part of their sacred functions, without violence or danger. And, as Jesus Christ hath appointed a regular government and discipline in his church, no law of any commonwealth should interfere with, let, or hinder, the due exercise thereof, among the voluntary members of any denomination of Christians, according to their own profession and belief. It is the duty of civil magistrates to protect the person and good name of all their people, in such an effectual manner as that no person be suffered, either upon pretense of religion or of infidelity, to offer any indignity, violence, abuse, or injury to any other person whatsoever: and to take order, that all religious and ecclesiastical assemblies be held without molestation or disturbance.

23.4

통치자들을 위해 기도하고,h 그들의 인격을 존중하고,i 그들에게 조세와 다른 부과금을 납부하고,k 그들의 적법한 명령에 순종하고, 양심에 따라 그들의 권한에 복종하는 것은 국민의 의무이다.l 불신앙이나 종교의 차이를 이유로 통치자들의 정당하고 적법한 권한이 무효가 되지 않고, 국민이 그들에게 정당하게 순종해야 하는 의무가 없어지는 것도 아니다.m 교회의 주요 인물들도 이것들에서 면제되지 않는다.n 교황이 통치자들의 영토에서 그들이나 그들의 국민 중 누구 위에 어떤 권세나 사법권을 갖는 것은 더욱 있을 수 없는 일이고, 교황이 통치자들을 이단이라고 판정하거나 다른 어떤 구실을 붙여서 그들의 지배권이나 목숨을 빼앗을 권세나 사법권을 갖는 것은 가장 있을 수 없는 일이다.o

It is the duty of people to pray for magistrates,h to honor their

> persons,i to pay them tribute and other dues,k to obey their lawful commands, and to be subject to their authority for conscience' sake.l Infidelity or difference in religion doth not make void the magistrate's just and legal authority, nor free the people from their due obedience to him;m from which ecclesiastical persons are not exempted;n much less hath the Pope any power or jurisdiction over them, in their dominions, or over any of their people; and least of all to deprive them of their dominions or lives, if he shall judge them to be heretics, or upon any other pretense whatsoever.o
>
> h 딤전 2:1-2 i 벧전 2:17 k 롬 13:6-7 l 롬 13:5; 딛 3:1
> m 벧전 2:13-14, 16 n 롬 13:1; 왕상 2:35; 행 25:9-11; 벧후 2:1, 10-11; 유 1:8-11
> o 살후 2:4; 계 13:15-17

4. 통치자에 대한 국민의 의무

통치자들을 위해 국민이 해야 하는 의무는 무엇일까? 첫째로 그들을 위해 기도하는 것이다. 바울은 신자가 모든 사람을 위하여 간구와 기도와 도고와 감사를 하되 임금들과 높은 지위에 있는 모든 사람을 위하여 하라고 말한다. 이는 신자가 모든 경건과 단정함으로 고요하고 평안한 생활을 하기 위함이다 딤전 2:1-2. 신자가 국민으로서 통치자들을 위하여 기도하는 것은 바로 신자의 평안한 신앙생활을 위한 것이기도 하다.

둘째로 통치자들의 인격을 존중하는 것이다. 베드로는 "뭇 사람을 공경하며 형제를 사랑하며 하나님을 두려워하며 왕을 존대하라"고 벧전 2:17 말한다. 바울은 위에 있는 권세는 하나님으로부터 나지 않음이 없고, 모든 권세는 다 하나님께서 정하신 바라며 각 사람은 권세들에게 복종하라고 말한다 롬 13:1. 권세들에게 복종할 때 겉으로 존중하는 척이 아니라 그들의 인격을 기본적으로 존중해야 한다.

셋째로 통치자들에게 조세와 다른 부과금을 납부하는 것이다. 예수님은 세금 납부의 정당성에 대하여 질문하는 바리새인들에게 "가이사의 것은 가이사에게, 하나님의 것은 하나님께 바치라"고 마 22:21 말씀하셨고, 실제로 가이사에게 세금을 내셨다 마 17:27. 바울은 통치자들이 하나님의 사역자가 되어 악을 행하는 자에게 진노하심을 따라 보응하면서 국가를 통치해가고, 국민이 바치는 조세가 바로 이 일에 사용된다며 조세와 관세를 바치라고 말한다 롬 13:6-7. 국민이 바치는 조세와 다른 부과금 없이 국가는 운영되지 않으므로 국민이라면 마땅히 조세를 바쳐야 한다.

넷째로 통치자들의 적법한 명령에 순종하고, 양심을 따라 그들의 권한에 복종하는 것이다. 바울은 통치자들이 하나님의 사역자가 되어 악을 행하는 자에게 진노하심을 따라 보응하니, 신자는 복종하지 아니할 수 없다고 말한다. 그런데 진노 때문에 복종할 것이 아니라, 양심을 따라 선을 행함으로 통치자들에게 칭찬을 받는 형태로 복종하라고 말한다 롬 13:5. 바울은 신자가 통치자들과 권세 잡은 자들에게 복종하며 모든 선한 일 행하기를 준비해야 한다고 말한다 딛 3:1.

이러한 국민의 의무는 통치자가 믿지 않는 자이고, 국민과 다른 종교를 갖는다고 하여 없어지지 않는다. 하나님께서는 불신앙과 종파의 차이에 상관없이 통치자를 국민 위에 세우셨으므로 그의 정당하고 적법한 권한은 무효화되지 않는다. 국민은 이것들에 상관없이 통치자에게 정당한 순종을 해야 한다. 베드로는 인간의 모든 제도를 주를 위하여 순종하는데, 왕이나 총독에게 순종하고, 자신이 가진 자유로 악을 가리는 데 쓰지 말고 오직 하나님의 종과 같이 하라고 말한다 벧전 2:13-14, 16.

이러한 국민의 의무는 교회의 주요한 인물들도 지켜야 한다. 목사나 노회장이나 총회장이나 신학교의 총장이나 그 어떤 교회의 인물도 국민의 의무에서 면제되지 않는다. 이들은 모두 교회의 인물이기도 하지만 동시에 국민의 한 명이므로, 국가를 향해서 국민의 의무를 다 해야 한다. 사도 바울도 로마의 시민으로서 로마의 법제도를 철저히 따랐고, 적절히 이용하였다. 그는 로마의 재판 제도를 따르며 가이사에게 상소하여 로마까지 가서 재판을 받으며 복음을 전할 기회를 얻었다 행 25:9-11. 베드로와 유다는 권위를 업신여기는 이들을 크게 비난하였다 벧후 2:1, 10-11; 유 1:8-11.

로마 가톨릭의 교황도 교회의 주요한 인물들 중 한 명으로서 국민의 의무를 지켜야 한다. 그런데 로마 가톨릭은 교황이 교회의 우두머리일 뿐만 아니라 지상의 권세에 있어서도 왕으로 여기는 경향이 있어서, 교황이 통치자들에 대해서나 통치자들이 다스리는 국민에 대해서 권세나 사법권을 갖는다고 여긴다. 실제 역사에 있어서 교황은 통치자들을 이단이라고 판정하거나 다른 어떤 구실을 붙여서 이들의 통치권이나 목숨을 빼앗았다. 이들은 교황이 그렇게 할 수 있는 권세나 사법권을 갖는다고 여긴다. 이런 주장에 대하여 종교 개혁가들과 웨스트민스터 총회 총대들은 교황이 신이라고 불리는 모든 것과 숭배함을 받는 것에 대항하여 그 위에 자기를 높이고 하나님의 성전에 앉아 자기를 하나님이라고 내세우는 것이라고 비난하였다 살후 2:4.

중세 때 권력이 강해진 교황들은 교회만이 아니라 세상을 이끄는 지도자도 되려고 했다. 교황 그레고리 7세 1020~1085는 세속 서임 lay investitures 에 반대하여 1075년에 교황 이외의 어느 누구도 주교나 수도원장을 임명할 수 없다는 포고를 내렸다. 게르만 왕 하인리히 4세 1050~1106가 이에 반발하며 왕이 주교 임명권을 가져야 한다고 주장하였다. 교황은 하인리히 4세를 파문하고 그가 폐위되었다고 공포하였다. 하인리히 4세는 그레고리 7세에게 사면을 간청해 사면되었다. 하지만 힘을 기른 하인리히 4세는 1084년에 그레고리 7세를 교황에서 폐위시키고 라벤나의 대주교 기베르를 교황 클레멘스 3세로 옹립하였다. 이처럼 교회와 국가가 자신의 영역에 머물지 않고 서로를 침범하면 서로에게 큰 상처를 주며 국민과 신자들로부터 신뢰와 권위를 상실한다. 하나님께서 국가에는 통치자를, 교회에는 사역자를 주셨음을 서로가 알고서, 서로가 서로에 대하여 권세나 사법권을 행사하려고 하는 어리석음과 욕망을 통제해야 한다.

Of Marriage and Divorce

제24장 결혼과 이혼

24.1

결혼은 한 남자와 한 여자 사이에서 이루어져야 한다. 한 남자가 한 명이 넘는 아내를 동시에 두는 것이나, 한 여자가 한 명이 넘는 남편을 동시에 두는 것은 적법하지 않다.[a]

Marriage is to be between one man and one woman: neither is it lawful for any man to have more than one wife, nor for any woman to have more than one husband at the same time.[a]

[a] 창 2:24; 마 19:5-6; 잠 2:17

1. 한 남자와 한 여자 사이의 결혼

결혼이 한 남자와 한 여자 사이에서 이루어져야 한다는 것은 첫째로 일부다처나 일처다부가 안 된다는 것이고, 둘째로 같은 동성끼리 결혼하면 안 된다는 것이다. 그런데 웨스트민스터 신앙고백이 만들어졌을 당시에 동성결혼은 생각지도 못할 내용인지라 근거성경구절에 동성애에 관한 내용은 포함되어 있지 않다. 요사이 동성애에 대한 논의와 합법화 운동이 강하기 때문에 우리는 동성애에 대한 성경의 가르침도 살펴보아야 한다.

창 2:24	이러므로 남자가 부모를 떠나 그의 아내와 합하여 둘이 한 몸을 이룰지로다
마 19:5-6	말씀하시기를 그러므로 사람이 그 부모를 떠나서 아내에게 합하여 그 둘이 한 몸이 될지니라 하신 것을 읽지 못하였느냐 6 그런즉 이제 둘이 아니요 한 몸이니 그러므로 하나님이 짝지어 주신 것을 사람이 나누지 못할지니라 하시니
잠 2:17	그는 젊은 시절의 짝을 버리며 그의 하나님의 언약을 잊어버린 자라

성경은 "둘이 한 몸을" 이루어야 한다고 말하고, "짝"이라고 단수로 말한다. 성경이 말하는 부부는 셋이나 넷이나 그 이상이 아니라 둘이다. 그러므로 일부다처와 일처다부는 성경이 말하는 부부의 이상적 모습이 아니다. 그런데 구약 성경에는 일부다처의 경우가 자주 나온다. 아브라함도 아내 사라가 내준 여종 애굽 사람 하갈을 취하여 이스마엘을 낳았다. 그런데 아브라함과 사라의 이런 행동은 하나님을 온전히 믿지 못하고 자신들의 방법으로 아들을 얻으려는 인간적 꾀였다. 하갈은 임신하자 사라를 멸시하였다. 사라가 이삭을 낳자 이스마엘이 이삭을 놀렸고, 아브라함은 하갈과 이스마엘을 쫓아내었다. 아브라함이 하갈을 취함으로 여러 문제가 발생한 것이다.

야곱은 레아와 라헬을 아내로 취했고, 두 아내가 자신들의 여종을 내주어 빌하와 실바를 통하여 아들들을 낳았다. 레아와 라헬은 남편 야곱의 사랑을 더 받으려는 경쟁심이 얼마나 강했는지 자신이 낳은 아들들의 이름을 모두 이런 경쟁의 관점에서 지었다. 예를 들면 레아는 첫째 르우벤을 "여호와께서 나의 괴로움을 돌보셨으니 이제는 내 남편이 나를 사랑하리로다"라는 의미로 지었고, 둘째 시므온을 "내가 사랑 받지 못함을 들으셨으므로 내게 이 아들도 주셨도다"라는 의미로 지었고, 셋째 레위를 "내 남편이 지금부터 나와 연합하리로다"라는 의미로 지었고, 넷째 유다를 "내가 이제는 여호와를 찬송하리로다"라는 의미로 지었다. 야곱이 한 여자만을 아내로 취하였다면 이런 일이 발생하지 않았다. 하나님께서 네 여자에게서 낳은 열 두 아들을 오래 참으시며 성숙한 자로 길러 열 두 지파의 조상이 되게 하신 것이지, 하나님의 이런 은혜와 관여가 없었다면 야곱 가문은 불행한 일을 많이 경험했을 것이다. 일부다처를 취한 다윗과 솔로몬도 그로 인한 불행한 일을 많이 겪었다. 그러므로 구약 성경에 일부다처의 예들이 나온다고 일부다처가 적법한 것이 아니고, 하나님께서 원하시는 기본적 결혼은 일부일처이다.

이제 둘째로 동성결혼에 대하여 살펴보자. 동성애와 동성 결혼이 많은 나라에서 이성애와 이성 결혼처럼 합법으로 여겨지고, 우리나라에서도 다양한 사랑과 결혼의 하나로 점점 여겨지고, 법률로 보장되기를 요구하는 움직임이 커지고 있다. 일반인은 절대적 가치를 모르고 상대적 가치로 판단하기 때문에 동성애와 동성 결혼이 주변에 큰 피해를 주지 않는다면 용인하려는 경향이 있다. 하지만 성경은 여러 곳에서 아래처럼 동성애를 죄라고 말한다. 동성애가 죄라면 당연히 동성 결혼은 죄이다. 성경 어디에도 동성 결혼에 대한 언급이 없다.

레 18:22	너는 여자와 동침함 같이 남자와 동침하지 말라 이는 가증한 일이니라
레 20:13	누구든지 여인과 동침하듯 남자와 동침하면 둘 다 가증한 일을 행함인즉 반드시 죽일지니 자기의 피가 자기에게로 돌아가리라
신 23:17-18	이스라엘 여자 중에 창기가 있지 못할 것이요 이스라엘 남자 중에 남창이 있지 못할지니 18 창기가 번 돈과 개 같은 자의 소득은 어떤 서원하는 일로든지 네 하나님 여호와의 전에 가져오지 말라 이 둘은 다 네 하나님 여호와께 가증한 것임이니라
왕상 15:12	남색하는 자를 그 땅에서 쫓아내고 그의 조상들이 지은 모든 우상을 없애고
롬 1:26-27	이 때문에 하나님께서 그들을 부끄러운 욕심에 내버려 두셨으니 곧 그들의 여자들도 순리대로 쓸 것을 바꾸어 역리로 쓰며 27 그와 같이 남자들도 순리대로 여자 쓰기를 버리고 서로 향하여 음욕이

	불 일듯 하매 남자가 남자와 더불어 부끄러운 일을 행하여 그들의 그릇됨에 상당한 보응을 그들 자신이 받았느니라
고전 6:9	불의한 자가 하나님의 나라를 유업으로 받지 못할 줄을 알지 못하느냐 미혹을 받지 말라 음행하는 자나 우상 숭배하는 자나 간음하는 자나 탐색하는 자나 남색하는 자나
딤전 1:10	음행하는 자와 남색하는 자와 인신매매를 하는 자와 거짓말하는 자와 거짓맹세하는 자와 기타 바른 교훈을 거스르는 자를 위함이니
유 1:7	소돔과 고모라와 그 이웃 도시들도 그들과 같은 행동으로 음란하며 다른 육체를 따라 가다가 영원한 불의 형벌을 받음으로 거울이 되었느니라

성경은 이렇게 명백히 동성애가 죄라고 말한다. 그러므로 성경을 통하여 동성애를 적법한 것으로 하려는 시도는 옳지 않다. 성경이 동성애를 가장 큰 죄라고 말하지는 않지만 명백하게 죄라고 말하므로 동성애를 합법화하려는 시도를 우리는 반대해야 한다. 설령 간통죄가 자기결정권과 행복추구권과 과잉금지원칙이라는 헌법 정신에 따라 법률에서 사라지는 것처럼, 동성애나 동성 결혼이 법률화될지라도 신자는 이것들을 성경의 죄라고 여겨야 한다.

동성애가 선천적이냐 후천적이냐는 논쟁이 여전히 벌어지고 있다. 설령 동성애가 선천적이라고 할지라도 합리화될 수 없다. 이성애자들 중에 성욕이 선천적으로 강한 자들이 있다고 하여, 그들이 간통과 강간과 성추행을 한다고 하여 죄가 면제되지 않는다. 선천적으로 성욕이 강한 자들일지라도 이것을 통제하기 위하여 노력해야 하듯이, 선천적으로 동성애 성향을 타고난 이들도 이것을 통제하기 위하여 노력해야 한다.

간통한 자가 교회에 와서 신앙생활을 하기를 원하면 우리는 어떻게 하는가? 그가 교회에 정착하여 하나님을 깊이 믿고 믿음이 성장하도록 도와야 할 것이다. 그가 하나님을 경외하며 하나님의 말씀을 삶의 기준으로 삼으려고 할 때 교회는 간통이 죄임을 가르치며 그가 회개하도록 이끌어야 한다. 궁극적으로 간통을 청산하고, 간통으로 인해 상처 입은 이들에게 용서를 구하고, 하나님의 거룩함에 맞는 삶을 살도록 이끌어야 한다. 동성애자가 교회에 와서 신앙생활을 하기를 원할 때에도 이런 과정을 밟아야 한다.

동성애는 성경이 말하는 큰 죄로 국가와 사회의 부패성을 나타내는 중요한 척도가 된다. 살인과 도둑과 간음과 거짓말 등을 행하는 자는 자신이 죄를 범한다는 의식이 있다. 그런데 동성애를 추구하고 합법화하려는 이들은 동성애가 죄라는 의식이 없거나 약하거나, 아예 여러 성생활들 중의 하나로 여긴다. 이것은 마음의 판단과 감정의 느낌이 왜곡되어 있다는 것이다. 이런 면에서 동성애는 다른 죄들과 비교하여 특별하다. 우리는 동성애의 불법성만 강조하며 다른 죄들을 간과해서도 안 되며, 또한 동성애를 다른 죄들과 같은 하나쯤으로 여겨서도 안 된다. 그리스도인은 동성애의 이러한 특별한 죄성을 사회를 향하여 주장할 때 교회 내에서 발생하기 쉬운 성추행, 간음, 재정 횡령, 담임목사직의 세습 등을 하지 않으려고 크게 노력해야 한다. 이러한 죄들을 교회가 많이 지으면서 동성애 반대를 외치면 설득력이 떨어진다. 요사이 간통죄가 법률에서 없어지고, 순결 개념이 약해지면서 간통과 간음이 죄라는 의식이 약해지고 있다. 마치 동성애가 죄가 아니라는 의식이 있듯이 간통과 간음도 결혼에 지장을 주지 않는 범위 내에서 할 수 있는 일로 여겨진다. 이렇게 도덕의식이 날로 성경의 개념으로부터 멀어지고 있다. 이런 때일수록 신자는 죄에 대한 올바른 기준과 생활을 유지하여 사회에 빛과 기준이 되어야 한다.

24.2

결혼은 남편과 아내가 서로 돕도록,b 합법적인 후손으로 인류가 증가하며 거룩한 자손으로 교회가 성장하도록,c 그리고 부정을 방지하도록 제정되었다.d

> Marriage was ordained for the mutual help of husband and wife,b for the increase of mankind with a legitimate issue, and of the Church with an holy seed,c and for preventing of uncleanness.d
>
> b 창 2:18   c 말 2:15   d 고전 7:2, 9

2. 결혼의 목적

결혼의 목적은 무엇일까? 배우자나 배우자의 집안을 통한 신분 상승도 아니고, 배우자의 노동력을 확보하여 가문을 일으키는 것도 아니다. 제2절이 말하는 것처럼 세 가지인데, 세 가지 중 한두 가지만 충족해서는 안 되고, 세 가지 모두 충족해야 한다.

❶ 남편과 아내의 상호 도움을 위해서

이에 대한 관련성경구절은 "여호와 하나님이 이르시되 사람이 혼자 사는 것이 좋지 아니하니 내가 그를 위하여 돕는 배필을 지으리라 하시니라"이다 창 2:18. 이 구절은 하나님께서 첫째로 사람이 혼자 사는 것이 좋지 않아서, 둘째로 혼자 사는 사람이 돕는 배필을 필요로 하여 배우자를 만드신 것을 나타낸다.

첫째로, 혼자 있는 것은 좋지 않다. 창세기 1장과 2장에서 "좋다"라는 단어가 연속하여 7번 나온다. "좋지 않다"라는 단어가 사람이 혼자 사는 것에서 처음 나온다. 하나님도 삼위로 존재하신다. 성부와 성자와 성령께서 각각 서로 안에 거하신다.

요 17:21-23   아버지여, 아버지께서 내 안에, 내가 아버지 안에 있는 것 같이 그들도 다 하나가 되어 우리 안에 있게 하사 세상으로 아버지께서 나를 보내신 것을 믿게 하옵소서 22 내게 주신 영광을 내가 그들에게 주었사오니 이는 우리가 하나가 된 것 같이 그들도 하나가 되게 하려 함이니이다 23 곧 내가 그들 안에 있고 아버지께서 내 안에 계시어 그들로 온전함을 이루어 하나가 되게 하려 함은 아버지께서 나를 보내신 것과 또 나를 사랑하심 같이 그들도 사랑하신 것을 세상으로 알게 하려 함이로소이다

성부께서 성자 안에 계시고, 성자께서 성부 안에 계시어 하나가 되신다. 예수 그리스도는 사람들도 하나가 되고, 자신이 사람들 안에 계시고, 사람들이 예수 그리스도와 성부 안에 있기를 원하신다. 하나님도 성자와 성령 없이 성부만 계신다면 좋지 않았을 것이고, 성부와 성자와 성령이 서로 안에 거하며 하나가 될 때 좋은 것이다. 사람도 혼자만 있는 것은 좋지 않고 서로 거하며 어울릴 수 있는 배필이 있어야 한다. 하나님께서는 아담의 배필을 만드신 후에 "이러므로 남자가 부모를 떠나 그의 아내와 합하여 둘이 한 몸을 이룰지로다"라고^{창 2:24} 말씀하셨다. 남자와 부모는 매우 가까운 관계이지만, 남자는 그의 아내와 합하여 하나가 된다. 이 땅에서 남편과 아내보다 더 가까운 관계가 없고, 남편과 아내보다 하나가 더 될 수 있는 관계가 없다. 이 땅에서는 오직 남편과 아내만이 영과 육 모두에 걸쳐 하나가 된다. 사람은 이런 하나됨의 관계와 체험을 인하여 다른 사람들과 긴밀하게 하나가 되는 관계를 형성할 줄 알게 된다.

둘째로 서로 하나가 되는 남편과 아내는 서로에게 돕는 자가 된다. 아내가 남편을 돕는 배필이 되고, 남편도 아내를 돕는 배필이 된다. 여기서 돕는다는 것은 보조적인 존재라는 의미가 아니라, 혼자 있음의 좋지 않음을 해결하는 존재라는 의미이다. 혼자 있으면 사랑을 공유할 수 없다. 누군가를 사랑하고 누군가에게 사랑을 받는 것보다 더 좋은 것이 이 세상 어디에 있는가? 혼자 있으면 이 좋은 사랑을 할 수 없다. 사랑할 자가 없다는 것은 자신의 성공과 실패를 공유하며 같이 기뻐하고 같이 슬퍼할 자가 없다는 것이고, 자신의 넉넉함을 나누어주거나 자신의 부족함을 채울 자가 없다는 것이다. 돕는 배필이란 좋지 않은 혼자 있음을 깨뜨려 더불어 있게 하는 존재이고, 결과적으로 성공과 실패를 공유하며 같이 기뻐하고

슬퍼하는 존재이고, 배우자의 넉넉함과 부족함을 나누고 채우는 존재이다. 이삭이 리브가를 맞이하여 아내로 삼고 사랑할 때에 그의 어머니를 잃은 슬픔으로부터 위로를 얻었다 창 24:67. 두 사람이 한 사람보다 나음은 그들이 수고함으로 좋은 상을 얻기 때문이고, 그들이 넘어지면 하나가 그 동무를 붙들어 일으키고, 또 두 사람이 함께 누우면 따뜻하지만 한 사람이면 따뜻하지 않기 때문이다 전 4:9-11.

여기서 남편과 아내 간의 동등 속의 질서에 대하여 살펴볼 필요가 있다. 성부와 성자와 성령은 하나의 같은 실체와 능력과 영원성을 지니신다. 그럼에도 성부께서 성자를 영히 낳으시므로, 위격 간의 관계에서는 성부가 성자의 근원이시다. 성령은 성부와 성자로부터 영원히 나오시므로, 위격 간의 관계에서는 성부와 성자가 성령의 근원이시다. 삼위는 실체에서는 동등하시지만, 위격에서는 질서와 순서가 있다. 남편과 아내도 마찬가지이다. 남편과 아내는 하나님의 형상으로 지음을 받은 영육의 실체에서 같다. 하지만 남자로부터 여자가 나왔으므로 남자는 여자의 근원이다.

창 2:23	아담이 이르되 이는 내 뼈 중의 뼈요 살 중의 살이라 이것을 남자에게서 취하였은즉 여자라 부르리라 하니라
고전 11:3-9	그러나 나는 너희가 알기를 원하노니 각 남자의 머리는 그리스도요 여자의 머리는 남자요 그리스도의 머리는 하나님이시라 …… 7 남자는 하나님의 형상과 영광이니 그 머리를 마땅히 가리지 않거니와 여자는 남자의 영광이니라 8 남자가 여자에게서 난 것이 아니요 여자가 남자에게서 났으며 9 또 남자가 여자를 위하여 지음을 받지 아니하고 여자가 남자를 위하여 지음을 받은 것이니
엡 5:23	이는 남편이 아내의 머리 됨이 그리스도께서 교회의 머리 됨과 같음이니 그가 바로 몸의 구주시니라
딤전 2:12-14	여자가 가르치는 것과 남자를 주관하는 것을 허락하지 아니하노니 오직 조용할지니라 13 이는 아담이 먼저 지음을 받고 하와가 그

후며 14 아담이 속은 것이 아니고 여자가 속아 죄에 빠졌음이라

창세기 2:23절에서 여자가 남자에게서 취하여졌으므로, "여자"라는 이름을 갖는다. 여자라는 이름은 남자에게서 취하였다는 의미를 갖는다. 바울은 이것에 근거하여 여자의 머리는 남자이고, 여자는 남자의 영광이라고 말한다. 바울은 남자가 여자에게서 난 것이 아니고 여자가 남자에게서 났고, 또 남자가 여자를 위하여 지음을 받지 아니하고 여자가 남자를 위하여 지음을 받은 것이라고 말한다. 그는 이러한 창조 원리와 질서에 근거하여 남자가 여자의 머리이므로, 여자가 남자를 주관하는 것을 허락하지 아니한다. 바울은 그리스도의 머리는 하나님이시라고 말한다. 성부 하나님과 예수 그리스도는 신성의 실체라는 측면에서는 같으나, 위격의 원리와 질서라는 측면에서는 성부께서 그리스도의 머리이시다. 이러한 위격 간의 원리와 질서가 삼위 하나님의 바깥을 향한 사역에도 반영되어, 성부께서는 머리로서 작정과 창조와 섭리의 일을 주로 하시고, 사람이 되시어 고난을 받고 죽으시는 일은 성자께서 하신다. 우리는 성부와 성자 간에 있는 위격의 질서라는 관점에서 남자가 여자의 머리가 되는 원리를 이해해야지, 사람의 실체라는 측면에서까지 남자가 여자의 머리인 것이 절대 아니다. 기독교는 절대로 근본적인 남녀차별을 지지하지 않고, 다만 남자와 여자 사이에 있는 원리와 질서를 강조할 뿐이다.

❷ **후손에 의한 인류의 증가와 자손에 의한 교회의 성장을 위해서**

하나님께서 큰 바다 짐승들과 물의 모든 생물과 모든 새를 창조하신 후에 그들에게 복을 주시며 "생육하고 번성하여 여러 바닷물에 충만하라 새들도 땅에 번성하라"고 창 1:22 말씀하셨다. 노아의 홍수 이후에도 모든 혈육 있는 새와 가축과 땅에 기는 모든 것이 생육하고 번성할 것이라고 창 8:17 말씀하셨다. 하나님께서 사람을 만드시고 복을 주시며 "생육하고 번성하여 땅에 충만하라, 땅을 정복하라 Be fruitful, and multiply, and replenish the earth, and subdue it. , 바다의 물고기와 하늘의 새와 땅에 움직이는 모든 생물을 다스리라"고 창 1:28 말씀하셨다.

그런데 모든 생물이 생육하고 번성하는데 사람은 생육하고 번성하지 못한다면 어떻게 사람이 모든 생물을 다스릴 수 있겠는가? 물론 사람의 생육과 번성과 다스림은 단순히 물리적인 숫자의 총합에서 오는 강압적인 힘을 의미하지 않고, 하나님의 형상이 풍성하게 드러나도록 하나님의 사랑과 뜻에 따라 관계와 문화와 법과 학문을 이루는 것을 의미하지만, 사람의 숫자가 적으면 이를 나타낼 수 없다. 그러므로 사람의 숫자가 증가하는 것은 중요하고, 이때 결혼이 아닌 다른 부정한 방법으로 자녀가 태어나는 것은 바람직하지 않다. 결혼은 합법적인 자녀를 얻는 가장 적합한 방법이다. 하나님께서 한 남편과 한 아내의 결혼을 통하여 경건한 자손이 태어나기를 바라시므로 신자는 심령을 삼가 지켜 배우자에게 거짓을 행하지 말아야 한다 말 2:15.

결혼을 통해 정당한 자녀를 얻을지라도 그 자녀가 하나님을 알지 못하는 자라면 큰 의미가 없다. 하나님을 알고 하나님의 뜻에 따라 살려는 거룩한 자손이 많아질 때 참된 의미에서 사람의 생육과 번성과 다스림이 이루어진다. 사람이 땅 위에 번성하기 시작할 때에 사람의 죄악이 세상에 가득하였고, 그의 마음으로 생각하는 모든 계획이 항상 악하여, 하나님께서는 땅 위에 사람 지으셨음을 한탄하셨고 마음에 근심하셨다 창 6:1-6. 단순히 사람이 땅 위에 번성하는 것이 중요하지 않기 때문에 하나님께서는 대홍수로 모든 사람을 죽이시고 오직 노아와 그 가족 8명만 살려두시고, 그들에게 "생육하고 번성하여 땅에 충만하라"고 창 9:1 말씀하셨다. 하나님은 거룩한 자손에 의한 교회의 성장을 바라신 것이다. 믿지 않는 불신자는 생육하고 번성하여 땅에 충만한데, 신자는 숫자적으로 너무 적다면 어떻게 그들을 맞서 하나님의 진리를 이 땅에 드러내고 구현할 수 있겠는가? 신자의 질적 성장도 중요하지만 양적 성장이 뒷받침 되어야만 질적 성장이 현실에서 풍성하게 구체화된다. 신자는 자녀가 여호와의 기업이고 태의 열매는 그의 상급인 시 127:3 줄 알고, 결혼하여 얻게 되는 태의 열매를 귀중하게 알고 정성을 다하여 키워야 한다. 자식을 낳고 기르는 것은 매우 귀중한 일로 기독 신자에게 주어진 책임이고 동시에 권리이다.

❸ 부정의 방지를 위해서

결혼의 세 번째 목적은 부정의 방지이다. 바울은 "음행을 피하기 위하여 남자마다 자기 아내를 두고 여자마다 자기 남편을 두라"고 고전 7:2 말한다. 사람은 약하다. 특히 성에 있어서 약하다. 바울은 결혼한 부부에게 분방하지 말라고 말한다. 다만 기도할 틈을 얻기 위하여 합의상 얼마 동안은 분방할 수 있지만, 다시 합하라고 말한다. 이는 신자일지라도 절제 못함으로 말미암아 사탄이 그를 시험하기 때문이다 고전 7:5. 독신으로 있는 자는 주의 일을 염려하여 어떻게 하면 주를 기쁘시게 할까에 대하여 생각하지만, 결혼한 자는 어떻게 하면 배우자를 기쁘게 할까 하여 마음이 갈라진다. 그러므로 독신으로 주를 기쁘게 하는 것이 좋으나, 각각 하나님께 받은 각자의 은사가 있으므로 모든 신자가 독신으로 거할 수 없다. 바울은 "만일 절제할 수 없거든 결혼하라 정욕이 불 같이 타는 것보다 결혼하는 것이 나으니라"고 고전 7:9 말한다. 그러므로 정욕이 불 같이 타는데 결혼하지 않는 것을 하나님께서 기뻐하시지 않는다. 정욕이 불 같이 타는 이들은 어서 결혼하여 부정을 방지하여야 한다. 또 결혼한 부부는 장기간 분방하면 안 된다. 자신의 절제력을 과신하면 안 되고, 특별한 사정이 없는 한 성경 말씀에 따라 배우자와 같이 살아야 한다.

이상으로 결혼의 세 가지 목적에 대하여 살펴보았다. 신자는 결혼의 세 가지 목적 중 한둘만 충족하면 되지 않고, 세 가지 모두 충족하여야 한다. 신자는 배우자를 고를 때 상호 도움과 자녀 출산과 부정의 방지에 도움이 되는 이성을 골라야지, 단순히 외모나 학벌이나 경제력과 같은 외적 요인만을 중시하면 안 된다. 세 가지 목적을 다 충족하여야 한다고 해서 태생적으로 불임자는 결혼을 하면 안 된다는 의미가 전혀 아니다. 세 가지 목적을 다 충족할 수 있는 신자가 다른 건전하지 못한 동기로 세 가지 목적을 달성하기 위해 노력하지 않는 것을 의미한다. 육체적으로 임신이 가능하지 못한 부부는 입양을 통하여 가슴으로 낳은 자식을 거룩한 자손으로 키울 수 있는 현실적 방법이 있다. 세 가지 목적을 실현하려는 마음이 있으면 달성할 수 있는 방법은 다양하게 존재한다.

24.3

판단력을 갖고 동의 여부를 나타낼 수 있는 사람이라면 누구든지 결혼하는 것이 적법하다.e 그럼에도 주 안에서만 결혼하는 것이 그리스도인의 의무이다.f 따라서 참된 개혁 신앙을 고백하는 자가 불신자나 천주교인이나 우상 숭배자와 결혼해서는 안 되고, 또한 경건한 자가 사악한 생활로 악명이 높은 자나 저주받을 이단을 주장하는 자와 결혼함으로써 불균형한 멍에를 메어서도 안 된다.g

It is lawful for all sorts of people to marry who are able with judgment to give their consent.e Yet it is the duty of Christians to marry only in the Lord.f And therefore such as profess the true reformed religion should not marry with infidels, Papists, or other idolaters: neither should such as are godly be unequally yoked, by marrying with such as are notoriously wicked in their life, or maintain damnable heresies.g

e 히 13:4; 딤전 4:3; 고전 7:36-38; 창 24:57-58   f 고전 7:39
g 창 34:14; 출 34:16; 신 7:3-4; 왕상 11:4; 느 13:25-27; 말 2:11-12; 고후 6:14

3. 결혼자의 자격

❶ 판단력을 갖고 결혼에 대한 동의 여부를 나타낼 수 있는 자

어떠한 사람들이 결혼할 수 있을까? 제3절은 결혼 여부를 분별 있게 판단할 수 있는 자라면 누구든지 결혼할 수 있다고 말한다. 우리나라 민법은 2006년까지 남자 18세, 여자 16세면 결혼이 가능하다고 했으나, 2007년에 개정된 민법 제807조 혼인 적령는 "만 18세가 된 사람은 혼인할 수 있다."이고, 민법 제808조 동의가 필요한 혼인는 "미성년자가 혼인을 하는 경우에는 부모의 동의를 받아야 하며, 부모 중 한쪽이 동의권을 행사할 수 없을 때에는 다른 한쪽의 동의를 받아야 하고, 부모가 모두 동의권을 행사할 수 없을 때에는 미성년후견인의 동의를 받아야 한다."이다. 참고로 미국은 남자 16세, 여자 14세부터 부모의 허락이 있으면 결혼이 가능하고, 남자

21세, 여자 18세부터 부모의 허락이 없어도 가능하다. 독일과 프랑스 등은 18세부터, 중국은 남자 22세, 여성 20세부터, 일본은 남자 18세, 여자 16세부터 가능하다. 이에 반하여 성경은 특정 나이를 결혼 적령으로 명시하지 않는다. 제3절은 성경의 이런 특성을 따라 결혼 적령을 특정하지 않고, "판단력을 갖고 동의 여부를 나타낼 수 있는 사람"으로 표현한다.

우리나라 현행 민법이 18세를 결혼에 관한 판단을 내릴 수 있는 연령으로 보고 있고, 공직선거법 제15조 선거권도 "18세 이상의 국민은 대통령 및 국회의원의 선거권이 있다."로써 역시 18세를 선거에 관한 판단을 내릴 수 있는 연령으로 본다. 교회는 어떨까? 교회는 대부분 세례자에게 교회의 정식 회원권을 부여하여 공동의회에서 결의권을 행사하게 한다. 세례를 받는 나이는 15세 전후이므로, 교회가 사회보다 사람이 더 어린 나이에 판단력을 갖고 동의할 수 있다고 본다.

어떤 자들이 판단력을 갖고 동의할 수 있을까? 근거성경구절들에 의하면 첫째, 결혼을 하나님께서 제정하신 제도인 줄로 알고 감사함으로 받는 자이다 딤전 4:3. 둘째, 하나님께서 음행하는 자들과 간음하는 자들을 심판하시는 줄 알고 결혼을 귀히 여기고 침소를 더럽히지 않는 자이다 히 13:4. 셋째, 결혼하는 것보다 독신으로 지내는 것이 주를 더 기쁘게 하지만, 자신에게 독신의 은사가 있는지 여부에 따라 결혼을 결정하는 자이다 고전 7:36-38. 넷째, 리브가처럼 누구와 결혼하는 것이 좋은지 아닌지를 신앙으로 판단하여 가부를 표현하는 자이다 창 24:57-58.

❷ 주 안에서만 결혼하는 것이 그리스도인의 의무

신자는 결혼할 때 주 안에서만 결혼해야 한다. "아내는 그 남편이 살아 있는 동안에 매여 있다가 남편이 죽으면 자유로워 자기 뜻대로 시집 갈 것이나 주 안에서만 할 것이니라" 고전 7:39. 주 안에서 결혼한다는 것은 같은 신자와 결혼한다는 뜻이다.

고후 6:14-18 너희는 믿지 않는 자와 멍에를 함께 메지 말라 의와 불법이 어찌 함께 하며 빛과 어둠이 어찌 사귀며 15 그리스도와 벨리알이 어찌 조화되며 믿는 자와 믿지 않는 자가 어찌 상관하며 16 하나님의 성전과 우상이 어찌 일치가 되리요 우리는 살아 계신 하나님의 성전이라 이와 같이 하나님께서 이르시되 내가 그들 가운데 거하며 두루 행하여 나는 그들의 하나님이 되고 그들은 나의 백성이 되리라 17 그러므로 너희는 그들 중에서 나와서 따로 있고 부정한 것을 만지지 말라 내가 너희를 영접하여 18 너희에게 아버지가 되고 너희는 내게 자녀가 되리라 전능하신 주의 말씀이니라 하셨느니라

신자가 믿지 않는 자와 결혼하면 안 되는 이유는 의와 불법이 함께 할 수 없고, 빛과 어둠이 사귈 수 없고, 그리스도와 벨리알(귀신)이 조화될 수 없고, 하나님의 성전과 우상이 일치될 수 없기 때문이다. 신자는 살아 계신 하나님의 성전으로, 하나님께서 신자 안에 내주하신다. 하나님은 신자 가운데 거하시고 두루 행하시어 그의 하나님이 되어 주시고 신자가 그 분의 백성이 되게 하여 주신다. 이에 비하여 불신자는 비록 짐승보다 뛰어난 지정의를 갖고 있지만, 하나님의 사랑과 말씀을 모른다. 신자와 불신자는 이렇게 공존할 수 없는 큰 질적 차이가 있다. 빛이 있는 곳에 어둠이 있을 수 없다. 어둠이 있는 곳에 빛이 다가오면 어둠이 달아나기 바쁘다. 만약에 신자가 불신자와 어울리는 것이 편하고 즐겁다면, 그 신자는 불신자이거나 아니면 신자일지라도 아직 의와 빛이 풍성하게 자리 잡지 못한 미성숙한 신자이다. 신자는 하나님의 사랑과 말씀을 알아가고 닮아갈수록 불법과 어둠과 귀신과 우상을 접하면 불편하고 분노가 일어야 한다. 신자가 불신자인 이성과 사귈 때에 이성에게서 느끼는 다양한 매력에 빠져 연애할 수 있고 결혼하는 것까지 생각할 수 있지만, 하나님에 대한 믿음과 성경의 내용으로 결혼하는 것을 과감히 단념해야 한다.

결혼은 짧은 기간의 달콤한 연애가 아니라, 사오십 년이 넘는 긴 세월을 같이

사는 것이다. 결혼 후 부부가 같이 의사결정 해야 할 일은 차고 넘친다. 자녀의 출산과 양육, 경제와 여가 생활, 양쪽 집안과의 관계, 대인 관계 등 매순간이 결정의 연속이다. 주일이면 신자는 교회에서 시간을 보내려 하고, 불신자는 나름의 여가 생활을 하려고 한다. 신자는 월급을 받으면 먼저 십일조를 헌금하려고 하고, 불신자는 나름의 경제계획이 있다. 신자와 불신자는 빛과 어둠처럼 공유할 부분이 점점 없어진다. 때로 불신자가 하나님께서 주신 일반은총으로 성품이 부드럽고 타인에 대한 배려가 커서 배우자의 신앙생활을 간섭하지 않고 오히려 도와주기도 하지만, 그런 경우는 많지 않고, 그럴지라도 하나님의 깊은 말씀을 영적으로 나누는 기쁨은 없다. 결혼은 절대로 낭만이나 환상이 아니라, 긴 시간을 같이 이해하고 인내하고 존중하며 살아야 하는 매우 막중한 일이므로 냉철하게 판단해야 한다.

신자가 주 안에서만 결혼해야 하는 것은 첫째로 성경이 그렇게 말하기 때문이고, 둘째로 불신자와의 결혼은 조화되지 않음에서 오는 불편과 갈등이 매우 크고 이혼에 이르는 경우도 많기 때문이고, 셋째로 부부의 다른 가치관을 인해 자녀 양육에 혼란이 발생하고 자녀도 안정된 가치관을 갖기 어렵기 때문이고, 넷째로 신자가 불신자 배우자의 영향을 받아 배도할 수 있기 때문이다.

> 신 7:3-4 또 그들과 혼인하지도 말지니 네 딸을 그들의 아들에게 주지 말 것이요 그들의 딸도 네 며느리로 삼지 말 것은 4 그가 네 아들을 유혹하여 그가 여호와를 떠나고 다른 신들을 섬기게 하므로 여호와께서 너희에게 진노하사 갑자기 너희를 멸하실 것임이니라

솔로몬은 위의 신명기 말씀에 해당하는 자로 그는 바로의 딸 외에 이방의 많은 여인을 사랑하였다. 그의 후궁이 칠백 명이고 첩이 삼백 명이었는데, 그 여인들이 왕의 마음을 돌아서게 하였다. 솔로몬이 젊을 때에는 여인들의 영향에서 벗어났지만, 나이가 많아지자 여인들이 그의 마음을 돌려 다른 신들을 따르게 하였다. 그는 모압의 가증한 그모스와 암몬 자손의 가증한 몰록 등을 위하여 예루살렘 앞산에

산당을 지었다. 여인들은 자기의 신들에게 분향하며 제사하였다. 여호와께서 일찍이 두 번이나 그에게 나타나시어, 다른 신을 따르지 말라 하셨으나 그는 여호와의 명령을 지키지 않았다. 이방 여인에게 빠지면 여호와께서 두 번씩이나 나타나 명령하셔도 귀에 들어오지 않는 것이다. 신자가 왜 불신자와 결혼하여 이런 위험하고 불행한 일을 자초해야 하겠는가?

이스라엘이 나라를 잃고 포로로 잡혀갔을 때 백성과 제사장들과 레위 사람들이 가나안과 헷과 브리스와 여부스와 암몬과 모압과 애굽과 아모리 사람들의 딸을 맞이하여 아내와 며느리로 삼아 거룩한 자손이 그 지방 사람들과 서로 섞이게 하였다. 방백들과 고관들이 이 죄에 더욱 으뜸이 되었다. 이들이 포로지에서 예루살렘으로 돌아왔을 때에 에스라는 이 소식을 듣고 속옷과 겉옷을 찢고 머리털과 수염을 뜯으며 기가 막혀 앉아 있었다. 저녁 제사를 드릴 때 그는 근심 중에 일어나서 무릎을 꿇고 "나의 하나님이여 내가 부끄럽고 낯이 뜨거워서 감히 나의 하나님을 향하여 얼굴을 들지 못하오니 이는 우리 죄악이 많아 정수리에 넘치고 우리 허물이 커서 하늘에 미침이니이다"라고 스 9:6 말하였다. 그는 포로로 사로잡혔던 자들의 자손들에게 삼일 내에 예루살렘으로 모이게 한 후에 "너희가 범죄하여 이방 여자를 아내로 삼아 이스라엘의 죄를 더하게 하였으니 이제 너희 조상들의 하나님 앞에서 죄를 자복하고 그의 뜻대로 행하여 그 지방 사람들과 이방 여인을 끊어 버리라"고 스 10:10-11 명하였다. 모든 회중이 큰 소리로 "당신의 말씀대로 우리가 마땅히 행할 것이니이다"라고 대답하였다. 불신자와 결혼하는 것은 이렇게 하나님께서 기뻐하시지 않는 죄이고, 에스라와 같이 깨어있는 자라면 기가 막혀 앉아 있을 일이다.

지금 시대는 갈수록 개인주의가 심하여지면서 자녀도 부모의 지도와 권고를 받기보다 스스로 결정하여 행복을 추구하려 한다. 부모의 지도와 훈계를 과잉간섭으로 여긴다. 심지어 목사와 교회의 가르침마저도 과잉간섭으로 여기며, 목사는 단지 주일 예배의 진행자가 되고, 자신의 삶에 간섭하지 않기를 원한다. 하지만 신자는 젊든 늙든 결혼할 때 하나님의 말씀에 따라 의사결정 해야 한다. 자신의 소견에 옳은 대로 결혼하였다가 별거와 이혼이라는 아픔을 당하면 얼마나 불행한가! 인생에서 결혼처럼 중요한 일도 별로 없으니 결혼할 때 이성에 대한 감정에 빠져 하나님의 말씀을 분별하지 못하는 우를 범하면 안 된다.

❸ 천주교인이나 우상 숭배자와의 결혼

신자가 불신자나 우상 숭배자와 결혼하면 안 되는 것에 대해서는 바로 앞에서 살펴보았다. 참된 개혁 신앙the true reformed religion 을 고백하는 자는 천주교인과도 결혼해서는 안 된다. 개혁 신앙reformed religion 을 엄밀히 번역하면 "개혁된" 신앙이다. 그렇다면 개혁된 신앙이란 무엇일까? 개혁의 사전적 의미는 한글로나 영어로나 "제도나 기구 따위를 새롭게 뜯어고침"이다. 개신교는 로마 가톨릭의 잘못된 성경 해석에 대항하여 참된 성경 해석을 주장하며 개혁을 일으켰다. 그 참된 성경 해석에 근거하여 교회의 예배와 정치와 행정까지도 개혁하였다. 유럽의 몇 나라는 성경 전체를 올바로 해석하여 주제별로 정리한 내용을 신앙고백이나 요리문답이란 이름으로 발표하였다. 제네바 요리문답The Geneva Catechism, 1541, 스코틀랜드 신앙고백 The Scots Confession, 1560, 벨직 신앙고백Belgic Confession, 1561, 하이델베르크 요리문답The Heidelberg Catechism, 1563, 제2 스위스 신앙고백The Second Helvetic Confession, 1566, 도르트 신경Canon of Dort, 1619, 웨스트민스터 신앙고백1647 등이 그때 작성된 신앙고백들이다. 이 신앙고백들은 모두 성경 전체를 잘 해석하여 주제별로 정리한 것으로 "개혁된 성경 해석"을 담고 있다. "개혁된reformed"이란 사람의 소견이나 철학이나 경험이나 학문에 의해서 개혁한 것이 아니라 성경의 참된 해석에 의해서 개혁한 것들을 뜻하고, 그 개혁된 바에 따른 신앙을 개혁된 신앙reformed religion 이라고 한다.

웨스트민스터 신앙고백과 같이 성경의 참된 해석에 따라 신앙생활을 하는 자는 성경의 틀린 해석에 따라 신앙생활을 하는 자들과 최대한 결혼해서는 안 된다. 불신자와의 결혼보다는 갈등과 불편함이 적겠지만, 참된 신앙을 깊이 추구할수록 그 갈등과 불편함은 커진다. 요사이 개신교인이 천주교인과 결혼하는 것이 종교

개혁 당시보다 많이 허용되고 있다. 종교 개혁 이후 수백 년의 시간이 흐르면서 개혁 신앙 고백자와 천주교인 간에 어떤 큰 차이가 실제로 있는가에 대하여 개신교인이나 천주교인이나 중요하게 생각하지 않기 때문이다. 이것은 실제로 양자 간에 큰 차이가 없다는 것이 아니라, 양쪽의 신자들이 그런 차이를 대수롭지 않게 여길 정도로 신앙이 많이 세속화되었다는 것이다. 주일에만 예배나 미사를 드리거나, 유아 세례나 결혼식이나 장례식 때만 교회나 성당을 찾는 형식적 신자들이 증가하였고, 아예 신앙이 없다고 말하는 비율도 높아졌다. 자신의 자녀가 불신자나 불교나 이슬람이나 힌두교인과 결혼하지 않고 그나마 천주교인과 결혼하면 감사하다고 여기는 시대가 되다 보니, 개혁 신앙의 고백자가 천주교인과 결혼해서는 안 된다는 제3절이 낯설기까지 하다. 하지만 제3절은 지금도 여전히 유효하고 개혁 신앙의 고백자는 같은 신앙의 고백자와 결혼하도록 최대한 노력하여야 한다.

❹ 사악한 생활자나 이단 주장자와의 결혼

"너희는 믿지 않는 자와 멍에를 함께 메지 말라"에서 고후 6:14, "멍에를 메다"에 해당하는 헬라어 원어는 ἑτεροζυγοῦντες이다. 이 단어의 원뜻은 "불균형하게 멍에를 메다"이다. 흠정역 KJV은 원뜻에 충실하게 "Be ye not unequally yoked together with unbelievers."로 번역하였고, 제3절은 흠정역에 맞추어 "경건한 자가 사악한 생활로 악명이 높은 자나 저주받을 이단을 주장하는 자와 결혼함으로써 불균형한 멍에를 메어서는 안 된다."라고 말한다. 경건한 자가 사악한 생활로 악명이 높은 자와 결혼하면 어떻게 될까? 이것은 불균형한 멍에를 메는 것이다. 불균형한 멍에를 소에 메우면 멍에가 한쪽으로 쏠려 소는 수레나 쟁기를 잠시 동안은 끌 수 있지만, 오래도록 힘차게 끌 수는 없다. 부부는 일이 년 같이 사는 것이 아니라 죽을 때까지 평생 산다. 오래도록 힘차게 서로를 사랑하고 격려하려면 서로가 균형 잡힌 멍에를 메야 한다. 신혼 몇 년 동안은 배우자의 사악한 생활을 사랑으로 감쌀 수 있으나, 자식들을 낳고 기르며 많은 돈이 들어갈 때에 배우자의 사악함을 계속해서 사랑으로 감싸기는 힘들어 별거나 이혼으로 끝나기 쉽다. 실제로 주변에 이런 사례들이 많다.

저주받을 이단을 주장하는 자와의 결혼도 불균형한 멍에를 메는 것으로, 오히려 불신자와의 결혼보다 더 힘들 수 있다. 일부 불신자는 배우자의 신앙생활에 간섭하지 않거나 심지어 거룩한 생활로 여기어 존중하기도 한다. 하지만 이단 주장자는 자신의 잘못된 신념을 강하게 주장하고 배우자에게 강요하기 쉽다. 과격한 이단에 빠진 자들은 폭력을 행사하고 자녀를 배우자에게서 격리시키고 돈을 독점한다. 자신의 이단 사상을 위해서라면 별거와 이혼과 가출도 가볍게 여긴다. 신천지와 같은 이단에 빠져 가정이 파탄이 난 사례들을 주변에서 어렵지 않게 찾을 수 있다. 결혼은 절대로 낭만과 환상이 아니라 다른 배경에서 자란 두 사람이 사오십 년 넘게 여러 일을 같이 하면서 살아내는 것이니 최대한 신중해야 하고 최대한 하나님 말씀에 따라 행해야 한다.

24.4

결혼은 말씀이 금지한 혈족이나 인척의 범주 내에서 하면 안 된다.[h] 혈족이나 인척이 남편과 아내로서 함께 사는 근친결혼은 인류의 어떠한 법에 의해서나, 당사자들의 동의에 의해서나 결코 적법하게 될 수 없다.[i] 남편은 결혼할 수 있는 자신의 혈족보다 더 가까운 촌수 내에서 아내의 혈족과 결혼해서는 안 되고, 아내 또한 결혼할 수 있는 자신의 혈족보다 더 가까운 촌수 내에서 남편의 혈족과 결혼해서는 안 된다.[k]

Marriage ought not to be within the degrees of consanguinity or affinity forbidden in the Word:[h] nor can such incestuous marriages ever be made lawful by any law of man, or consent of parties, so as those persons may live together as man and wife.[i] The man may not marry any of his wife's kindred nearer in blood than he may of his own: nor the woman of her husband's kindred, nearer in blood than of her own.k

h 레 18:1-30; 고전 5:1; 암 2:7   i 막 6:18; 레 18:24-28   k 레 20:19-21

4. 근친 간의 결혼 금지

❶ 근친혼의 금지

근친상간近親相姦에 대해서 고대로부터 여러 나라는 일종의 자연법自然法, 인간 이성을 통해 발견한 인간 사회에 관한 법으로 금지하여 왔다. 우리나라는 민법 제809조로 근친혼 등을 세 가지 항목으로 나누어 아래처럼 금지한다.

1. 8촌 이내의 혈족(친양자의 입양 전의 혈족을 포함한다) 사이에서는 혼인하지 못한다.
2. 6촌 이내의 혈족의 배우자, 배우자의 6촌 이내의 혈족, 배우자의 4촌 이내의 혈족의 배우자인 인척이거나 이러한 인척이었던 자 사이에서는 혼인하지 못한다.
3. 6촌 이내의 양부모계(養父母系)의 혈족이었던 자와 4촌 이내의 양부모계의 인척이었던 자 사이에서는 혼인하지 못한다.

요사이 이 조항이 결혼의 자유를 침해하여 위헌이라고 주장하는 이들은 첫째로 독일, 스위스, 오스트리아는 3촌 이상 방계혈족 사이의 혼인을 허용하고 있고, 미국, 영국, 프랑스, 이탈리아, 일본은 4촌 이상 방계혈족 사이의 혼인을 허용하고 있고, 둘째로 유전학적 관점에서 6촌 내지 8촌과의 근친혼이 유전질환의 발병률을 높인다는 인과관계가 없다는 논리를 전개한다. 합헌이라고 주장하는 이들은 첫째로 이 조항은 입법 당시 유전학적 목적을 고려하지 않았고, 둘째로 이 조항은 대한민국의 역사적 그리고 문화적 배경 하에서 나온 것이므로 외국 사례와 단순 비교하면 안 된다는 논리를 전개한다. 그렇다면 성경은 어떻게 말할까?

레 18:6-18　각 사람은 자기의 살붙이를 가까이 하여 그의 하체를 범하지 말라 나는 여호와이니라 7 네 어머니의 하체는 곧 네 아버지의 하체이니 너는 범하지 말라 그는 네 어머니인즉 너는 그의 하체를 범하지 말지니라 8 너는 네 아버지의 아내의 하체를 범하지 말라 이는 네 아버지의 하체니라 9 너는 네 자매 곧 네 아버지의 딸이나 네 어머니의 딸이나 집에서나 다른 곳에서 출생하였음을 막론하고 그들의 하체를 범하지 말지니라 10 네 손녀나 네 외손녀의 하체를 범하지 말라 이는 네 하체니라 11 네 아버지의 아내가 네 아버지에게 낳은 딸은 네 누이니 너는 그의 하체를 범하지 말지니라 12 너는 네 고모의 하체를 범하지 말라 그는 네 아버지의 살붙이니라 13 너는 네 이모의 하체를 범하지 말라 그는 네 어머니의 살붙이니라 14 너는 네 아버지 형제의 아내를 가까이 하여 그의 하체를 범하지 말라 그는 네 숙모니라 15 너는 네 며느리의 하체를 범하지 말라 그는 네 아들의 아내이니 그의 하체를 범하지 말지니라 16 너는 네 형제의 아내의 하체를 범하지 말라 이는 네 형제의 하체니라 17 너는 여인과 그 여인의 딸의 하체를 아울러 범하지 말며 또 그 여인의 손녀나 외손녀를 아울러 데려다가 그의 하체를 범하지 말라 그들은 그의 살붙이이니 이는 악행이니라 18 너는 아내가 생존할 동안에 그의 자매를 데려다가 그의 하체를 범하여 그로 질투하게 하지 말지니라

한 남자와 한 여자는 결혼을 통하여 한 몸이 됨을 앞에서 살펴보았다. 자신의 살붙이골육지친, any that is near of kin to him를 가까이 하면 그 살붙이와 하나가 되는 것인데, 이는 성경이 악행으로 간주하는 바이다. 왜냐하면 자신의 어머니를 가까이 한 자는 이미 자신의 어머니와 한 몸이 된 아버지를 가까이 한 셈이 된다. 어찌 아들이 자신의 아버지와 하나가 될 수 있는가? 손녀나 외손녀는 자신의 피가 들어간 후손으로 자신과 같다고 할 수 있으므로 그들과 가까이 하는 자는 바로 자신과 하

나가 되는 셈이다. 살붙이를 가까이 하면 그 살붙이와 관계된 자와 하나가 되는 셈인데, 그 관계된 자와의 하나 됨을 성경이 악행으로 규정하고 있으므로 살붙이를 가까이 하면 안 된다는 것이 근친혼 금지에 대한 성경의 이유이다. 레위기 18장과 20장은 금지하는 근친혼의 범주를 어머니, 계모, 누이, 손녀, 이복누이, 고모, 이모, 숙모, 며느리, 형수, 한 여인과 그녀의 딸이나 그녀의 손녀, 아내의 자매, 장모라고 말한다.

❷ 배우자의 근친과의 결혼 금지

레위기 18장과 20장은 남편이 아내의 근친 중 아내의 딸과 손녀와 자매와 어머니와 결혼하면 안 된다고 말한다. 제3절은 남편이 결혼할 수 없는 혈족을 어머니, 계모, 누이, 손녀, 이복누이, 고모, 이모, 숙모, 며느리, 형수라고 말하는데, 이 촌수를 그대로 아내의 친족에게도 적용한다. 즉 남편은 단순히 아내의 딸과 손녀와 자매와 어머니만이 아니라, "아내의" 어머니, 계모, 누이, 손녀, 이복누이, 고모, 이모, 숙모, 오빠의 아내 등과 결혼하면 안 된다. 이러한 금혼의 촌수는 아내가 결혼해서는 안 되는 남편의 근친에게도 그대로 적용된다. 성경이 이에 대하여 명시하지 않지만, 이러한 적용은 제1장 "성경" 제6절이 말하는 것처럼 생활에 필요한 것들은 적절하고 필연적인 논리귀결에 의해 성경으로부터 추론할 수 있는 사항에 해당된다.

미국장로교회는 1887년에 제4절의 마지막 문장이 근친결혼을 가까운 촌수 내에서는 금지하지만 먼 촌수 내에서는 허용하는 것이 되므로 아예 빼버렸다. 빼버린 문장은 "남편은 결혼할 수 있는 자신의 혈족보다 더 가까운 촌수 내에서 아내의 혈족과 결혼해서는 안 되고, 아내 또한 결혼할 수 있는 자신의 혈족보다 더 가까운 촌수 내에서 남편의 혈족과 결혼해서는 안 된다."이다.

24.5

약혼 후에 간음이나 음행을 한 것이 결혼 전에 드러나면 순결한 당사자는 그 약혼을 깰 정당한 근거를 갖는다.l 결혼 후에 간음한 경우에는 순결한 당사자가 이혼을 소송하여 받아내도 적법하고,m 이혼 후에는 범죄한 당사자를 마치 죽은 것처럼 여겨 다른 이와 결혼하여도 적법하다.n

Adultery or fornication committed after a contract, being detected before marriage, giveth just occasion to the innocent party to dissolve that contract.l In the case of adultery after marriage, it is lawful for the innocent party to sue out a divorce:m and after the divorce to marry another, as if the offending party were dead.n

l 마 1:18-20   m 마 5:31-32   n 마 19:9; 롬 7:2-3

5. 간음으로 인한 파혼과 이혼

요셉과 마리아가 약혼한 후 동거하기 전에 마리아가 성령으로 잉태된 것이 나타났다. 이를 알게 된 요셉은 공개적으로 드러내지 않고 가만히 끊고자 하였다. 신명기 22장에 의하면 처녀가 약혼한 후에 어떤 남자와 동침하면 그들은 돌에 맞아 죽었다. 이것은 약혼한 후에 간음이나 음행한 자가 마땅히 받아야 할 벌이 죽음이라는 것이다. 그런데 로마의 지배를 받는 신약의 유대 사회는 로마의 법률의 영향을 받으므로 구약의 율법에 따라 돌로 쳐 죽이는 징계를 함부로 시행할 수 없었다. 유대인들은 예수님을 죽이고자 할 때에도 총독 빌라도의 판결이라는 공적 판결을 통해 예수님을 십자가에 못 박아 죽였다. 요셉은 게다가 의로운 사람인지라 마리아를 공개적으로 부끄럽게 만들기보다 드러내지 아니하고 가만히 끊고자 하였다.

신 22:23-24	처녀인 여자가 남자와 약혼한 후에 어떤 남자가 그를 성읍 중에서 만나 동침하면 24 너희는 그들을 둘 다 성읍 문으로 끌어내고 그들을 돌로 쳐죽일 것이니 그 처녀는 성안에 있으면서도 소리 지르지 아니하였음이요 그 남자는 그 이웃의 아내를 욕보였음이라 너는 이같이 하여 너희 가운데에서 악을 제할지니라

간음과 음행을 한 당사자들은 서로 한 몸이 된다. 성경이 남자가 부모를 떠나 그의 아내와 합하여 둘이 한 몸을 이룬다고 하였기 때문에 창녀와 합한 자는 그와 한 몸이 된다. 부부가 되는 결혼을 한다는 것은 둘이 한 몸을 이룬다는 것이다. 그런데 간음과 음행을 한 자는 배우자와 한 몸이 되는 것을 깨고 다른 당사자와 한 몸이 되는 행위를 하였으므로 순결한 당사자는 약혼 전이라면 파혼할 수 있고, 결혼 후라면 이혼할 수 있다.

고전 6:15-18	너희 몸이 그리스도의 지체인 줄을 알지 못하느냐 내가 그리스도의 지체를 가지고 창녀의 지체를 만들겠느냐 결코 그럴 수 없느니라 16 창녀와 합하는 자는 그와 한 몸인 줄을 알지 못하느냐 일렀으되 둘이 한 육체가 된다 하셨나니 17 주와 합하는 자는 한 영이니라 18 음행을 피하라 사람이 범하는 죄마다 몸 밖에 있거니와 음행하는 자는 자기 몸에 죄를 범하느니라

신자는 그리스도와 합하여 하나가 된다. 하나님을 거부하고 우상숭배를 한다는 것은 이 한 몸 됨을 깨는 영적 간음에 해당한다. 하나님은 호세아 선지자에게 "너는 가서 음란한 여자를 맞이하여 음란한 자식들을 낳으라 이 나라가 여호와를 떠나 크게 음란함이니라"고호 1:2 하셨다. 호세아 선지자는 이스라엘 백성이 하나님을 떠나 다른 신을 섬기는 것에 대한 상징으로 음란한 여자와 결혼했다. 그 여자가 자녀 셋을 낳고 음행하며 남편을 떠났을 때 하나님은 호세아에게 타인의 사랑

을 받아 음녀가 된 그 여자를 사랑하라고 하셨다. 이것은 "이스라엘 자손이 다른 신을 섬기고 건포도 과자를 즐길지라도 여호와가 그들을 사랑하시는" 것을 나타냈다호 3:1-3. 사랑하는 약혼자나 배우자가 자신의 사랑과 헌신을 거부하고 다른 사람과 간음한다면 얼마나 힘들겠는가? 하나님께서 지금 신자들을 사랑하시는 것이 신자들의 영적 간음을 용서하시고 사랑하시는 것이다.

신자는 사람이 범하는 죄마다 몸 밖에 있지만, 음행하는 자는 자기 몸에 죄를 범하는 것이고, 상대방과 하나 됨을 깨는 것인 줄 알고 간음하지 않아야 한다. 또 하나님을 온전히 사랑하지 않고 피조물을 더 사랑하는 것이 영적 간음을 행하는 것으로 하나님의 마음을 몹시 아프게 하는 것인 줄 알고 우상숭배 하지 않아야 한다. 자신의 배우자가 간음하였을 때에 용서하기가 매우 힘들지만 하나님께서 우리의 영적 간음을 용서하시고 사랑하여 주심으로 하나님과 자신이 하나가 된 줄 알고, 간음한 배우자를 용서하기 위하여 노력해야 한다. 신자가 아무리 노력하여도 간음한 배우자를 용서하고 같이 살기 힘들 때에는 이혼하여도 적법하다. 이는 예수님께서 "내가 너희에게 말하노니 누구든지 음행한 연고 외에 아내를 내어버리고 다른데 장가드는 자는 간음함이니라"고마 19:9 말씀하셨기 때문이다. 이런 말씀은 신자가 이혼하여도 된다는 당위성을 먼저 말하는 것이 아니라, 최대한 간음한 배우자를 용서하고 인내하며 다시 사랑하여 한 부부로 살라는 의미이다. 하나님께서는 실제로 이렇게 하셨다. 우리가 하나님을 배반하고 다른 우상들과 영적 연애와 사랑에 빠졌을 때 우리를 버리시지 않고 오히려 자신의 아들을 내어주면서까지 우리를 사랑하셨다. 신자는 자신의 사랑과 의리를 배신한 이들을 경험하면서 마음이 찢어지듯 아프고 배신감에 분노가 치밀 때 하나님께서 우리로 인하여 아프신 것과 분노하시는 것을 생각할 줄 알아야 한다. 하나님의 오래 참음과 분노와 사랑을 너무 쉽게 생각하면 안 된다. 신자는 결혼 생활을 통해서도 하나님께서 우리를 얼마나 크게 사랑하셨는가를 배운다. 신자는 이 땅에서 어떤 어려움과 시련과 경험을 할지라도 자신의 부족함을 깨닫고 회개하는 기회로 삼아 하나님의 우리를 향한 사랑을 실천해가는 자가 된다면 그게 바로 인생의 승리가 된다. 신자에게는 이 땅에서 얼마나 많은 업적을 누렸는가도 중요하지만 자신이 얼마나 능력과 자격이 없는 피조물인가를 알고 하나님의 은혜에 풍덩 빠져 하나님의 성품을 닮아가는 자가 되는 것은 더욱 중요하다.

신자가 이혼한 후에 간음한 배우자를 마치 죽은 것처럼 여겨 다른 이와 결혼하여도 적법한데, 이는 "아내는 그 남편이 살아 있는 동안에 매여 있다가 남편이 죽으면 자유로워 자기 뜻대로 시집 갈 것이나 주 안에서만 할 것이니라"는 고전 7:39 말씀 때문이다. 로마서 7장도 같은 의미로 "남편 있는 여인이 그 남편 생전에는 법으로 그에게 매인 바 되나 만일 그 남편이 죽으면 남편의 법에서 벗어나느니라 그러므로 만일 그 남편 생전에 다른 남자에게 가면 음녀라 그러나 만일 남편이 죽으면 그 법에서 자유롭게 되나니 다른 남자에게 갈지라도 음녀가 되지 아니하느니라"고 롬 7:2-3 말한다. 남편이나 아내는 배우자가 살아 있는 동안에 그 배우자와 한 몸으로 매여 있고, 배우자가 죽으면 한 몸이 되는 것으로부터 자유로워져, 다른 이와 결혼하여 한 몸이 될 수 있다.

24.6

사람의 부패성은 하나님께서 결혼으로 짝지어 주신 이들을 부당하게 나누려는 논리적 근거를 고안하기 쉽다. 하지만 간음이 아닌 한, 또는 교회나 국가 통치자가 회복할 수 없을 정도로 의도적인 유기가 아닌 한, 그 어떤 것도 결혼으로 묶인 것을 풀만한 충분한 이유가 되지 못한다.º 그런 경우들에도 공적이고 질서 있는 진행 과정을 밟아야 하고, 당사자들이 그들 자신의 뜻과 재량으로 그들의 일을 처리하도록 내버려둬서는 안 된다.P

Although the corruption of man be such as is apt to study arguments unduly to put asunder those whom God hath joined together in marriage; yet nothing but adultery, or such willful desertion as can no way be remedied by the Church, or civil magistrate, is cause sufficient

> of dissolving the bond of marriage:o wherein a public and orderly course of proceeding is to be observed; and the persons concerned in it not left to their own wills and discretion in their own case.p
>
> o 마 19:8-9; 고전 7:15; 마 19:6   p 신 24:1-4

6. 부득이한 이혼의 경우와 그 과정

부패한 사람은 하나님의 말씀에 명시된 내용을 본래의 의미가 무엇인지 새기며 지키려하기보다 그 내용을 형식적으로만 지키며 자신의 욕구를 충족하려고 기묘한 논리를 만들어낸다. 모세의 율법은 "사람이 아내를 맞이하여 데려온 후에 그에게 수치되는 일이 있음을 발견하고 그를 기뻐하지 아니하면 이혼 증서를 써서 그의 손에 주고 그를 자기 집에서 내보낼 것이요 그 여자는 그의 집에서 나가서 다른 사람의 아내가 되려니와"라고 신 24:1-2 말한다. 이 말씀은 남편이 아내에게 수치되는 일이 있을 때에도 사랑하는 마음으로 참고 살아야 하는데 사람의 마음이 완악하여 아내의 수치를 감당하지 못하고 미워하게 되므로 이혼할 수 있으나 반드시 이혼 증서를 써서 그녀를 자기 집으로 보내야 한다는 의미이다. 수치 되는 일을 인하여 미워하는 마음으로 이혼 증서 없이 그녀의 집으로 보내면 그녀는 여전히 그 남편에게 속한 여자이므로 다른 사람에게 시집을 갈 수도 없어 불행한 삶을 살게 되므로 이혼 증서를 써서 주어야 한다는 의미이다. 그런데 부패한 사람은 이 말씀을 형식적으로 이용하여 아내와 같이 살기 싫으면 사소한 일을 수치 되는 일이라고 구실을 붙여 이혼 증서를 써서 그녀의 손에 주면서 이혼해버리는 것이다. 이것이 조금 더 논리적으로 악용되면, 이혼증서만 써주면 언제든 이혼할 수 있다는 규칙이 되어버린다.

예수님은 사람의 부패성으로 고안된 이런 논리적 근거들이 틀렸다 하시며 "누구든지 음행한 이유 없이 아내를 버리면 이는 그로 간음하게 함이요 또 누구든지 버림받은 여자에게 장가드는 자도 간음함이니라"고 마 5:31-32 본래의 의미를 드러내셨다. 예수님께서 이미 사역 초기에 이렇게 가르치셨음에도 후에 바리새인들은 예수님께 "어떤 이유가 있으면 그 아내를 버리는 것이 옳으니이까?"라고 시험하여 물었다. 예수님은 "사람을 지으신 이가 본래 그들을 남자와 여자로 지으시고 말씀하시기를 그러므로 사람이 그 부모를 떠나서 아내에게 합하여 그 둘이 한 몸이 될지니라 하신 것을 읽지 못하였느냐 그런즉 이제 둘이 아니요 한 몸이니 그러므로 하나님이 짝지어 주신 것을 사람이 나누지 못할지니라"고 대답하셨다. 즉 결혼하면 둘이 아니고 한 몸이므로 나눌 수 없다고 대답하셨다. 바리새인들은 "그러면 어찌하여 모세는 이혼 증서를 주어서 버리라 명하였나이까?"라고 계속 물었다. 예수님은 "모세가 너희 마음의 완악함 때문에 아내 버림을 허락하였거니와 본래는 그렇지 아니하니라 내가 너희에게 말하노니 누구든지 음행한 이유 외에 아내를 버리고 다른 데 장가 드는 자는 간음함이니라"고 마 19:3-9 대답하셨다. 예수님은 모세가 아내 버림을 허락한 것은 사람들 마음의 완악함 때문이지, 수치스러운 일이 있다고 아내를 바로 버리는 것이 원래 율법의 뜻이 아니라고 말씀하신 것이고, 한 몸 됨을 부정하는 음행 정도가 수치 되는 일에 속한다고 말씀하신 것이다.

바울은 "혹 믿지 아니하는 자가 갈리거든 갈리게 하라 형제나 자매나 이런 일에 구애될 것이 없느니라 그러나 하나님은 화평 중에서 너희를 부르셨느니라"But if the unbelieving depart, let him depart. A brother or a sister is not under bondage in such cases: but God hath called us to peace. 고전 7:15고 말함으로써 이혼이 가능한 경우를 하나 더 말하였다. 믿지 않는 배우자가 믿는 신자와 결혼하여 살다가 이혼하기를 원할 때에 그 이혼이 가능하다는 것이다. 이런 때에도 무조건 이혼하는 것이 아니라, 믿지 않는 자가 술, 도박, 폭언, 폭력, 게으름 등으로 배우자를 몹시 힘들게 하고, 교회나 국가 관리가 개입하여 조정하고 권면하여도 더 이상 회복의 기미가 없을 때에야 비로소 이혼이 가능해진다. 믿지 않는 배우자가 강력한 의지로 배우자와 자녀를 유기하려고 할 때에만 믿는 배우자는 이혼해야 한다. 이럴 때에도 하나님은 화평으로 우리를 부르신 줄 알고, 신자는 배우자의 의도적인 유기 상황에서도 배우자의 마음을 돌려 화평한 가정생활이 되도록 최대한 노력해야 한다. 이혼은 이렇게 하나님께서 허락하시기를 원하지 않는 일이므로, 신자는 결혼할 때에 변하기 쉬운 감정에 이끌려 배우자를 선택하면 안 되고, 교회와 가족과 주변에 계신 어른들의 경험과 조언을 참고하고 냉철한 이성을 사용하여 누가 오래도록 서로를 사랑하며 살아갈 배우자로 적합한지 잘 분별해야 한다. 감정에 충실하여 이성의 일시적인 외적 매력에 이끌리어 판단하는 자는 그 몇 배의 감정 소모를 결혼 내내 해야 하는 것임을 명심해야 한다.

요사이 갈수록 개인주의가 옹호되고, 각 개인이 자신의 일을 자신의 행복을 위하여 자신의 뜻대로 결정하면 된다는 자기결정권과 행복추구권이 강조되지만, 각 개인은 배우자와 가족과 친지와 이웃과 친구 없이 존재하지 않고 자신의 행동 하나하나가 모두 주변에 영향을 미치고 가까운 관계일수록 크게 영향을 미친다. 결혼과 이혼은 당사자들만이 아니라 온 가족과 가까운 지인에게까지 영향을 미치는 큰일이다. 당사자들이 결혼하거나 이혼하면 당사자들을 인하여 가족이나 지인은 새로운 인간관계를 갖거나 잃게 된다. 특히 신자는 하나님의 뜻대로 살아야 하는 존재인데, 결혼과 이혼을 자신의 소견과 감정에 따라 행한다면 지켜보는 교인들이 얼마나 마음이 불편하고 상하겠는가? 신자는 단순히 자기 혼자가 아니라 교회의 일원임을 알아야 한다. 부득이 이혼할 때에 이혼하는 당사자들은 자신들의 일이라고 자신들의 뜻과 재량으로 함부로 처리하면 안 되고, 교회와 부모와 가족과 반드시 상의해야 한다. 이혼을 하는 것이 안 좋은 일이지만 그 안 좋은 일을 처리할 때도 성경에 따라 공적이고 질서 있는 진행 과정을 준수하여야 한다. 그런 과정을 준수하면 당시에는 다소 복잡함과 번거로움이 따르지만 시간이 흐를수록 좋은 결과가 나온다. 이 세상의 모든 일은 뿌린 대로 반드시 거두게 된다. 신자는 결혼과 이혼과 같은 인생의 중요한 일을 교회 지도자에게 사후 통보하면 안 되고 중요한 결정을 내리기에 앞서 상의하며, 목사의 영적 지도를 받아야 한다. 목사와 장로의 지도를 받는다는 것은 권위에 순종하고 하나님의 말씀을 따르는 자세를 갖는다는 것이다. 신자가 이런 자세만 가져도 인생에서 큰 실수 없이 여러 중요한 일에 잘 대처할 수 있다.

교회와 부모는 결혼과 이혼을 당사자들에게 전적으로 맡기면 안 되고, 그들이 찾아오기만을 기다릴 것이 아니라 적절하게 개입하여 하나님의 말씀과 사랑으로 당사자들을 선하게 이끌어야 한다. 교회는 연애와 결혼에 관하여 평상시에 성도에게 교육하여야 하고, 특히 결혼 적령기에 이른 청년에게 집중적으로 가르쳐야 한다. 요사이 혼전 성관계가 활발히 이루어지므로 성에 대한 적절한 가르침도 필요하고, 출산율이 저하되는 때에 자녀 출산의 의미와 목적과 가치와 자녀양육법에 대해서도 잘 가르쳐야 한다.

신자는 또 국가의 법률을 준수해야 한다. 국가는 이혼이 감정으로 성급하게 발생하는 것을 막기 위해 협의 이혼을 하려는 부부에게 일정한 기간이 지난 뒤 이혼을 허가한다. 이혼 숙려 기간은 자녀가 있거나 임신 중이면 3개월이다. 신자는 이혼할 때에 3개월의 숙려 기간 동안 기도하며, 필요할 때는 금식도 하며 정말 이혼할 것인지 깊이 생각해야 한다. 이혼 숙려 기간을 형식적으로 보내면 안 되고 진지하게 보내야 한다. 부득이 이혼을 하게 되면 재산분할과 자녀양육에 있어서 법이 정한 범위보다 더 많은 의무를 행하려고 해야 한다. 이혼 과정을 지켜보는 이들에게 불편함과 분노를 선사하는 것이 아니라 부득이한 이혼이지만 이혼과정 중에 신자의 양심과 자기희생과 상대방에 대한 배려와 존중이 있다는 느낌을 주어야 한다. 이것이 이혼에 임하는 신자의 승리이지, 단순히 배우자와의 이혼 소송에서 좋은 결과를 얻어내는 것이 승리가 아니다. 이혼한 자는 자녀의 성장에 특히 관심을 기울여야 한다. 이혼한 부부의 자녀는 아버지와 어머니의 갈등과 갈라섬을 경험하며 큰 상처를 받는다. 가정은 안정과 따스함과 배려가 있는 곳이란 느낌 대신에 갈등과 미움과 분리와 폭력이 있는 부정적 느낌을 갖기 쉽다. 성장해서도 결혼에 대한 소망과 의지가 없고, 결혼을 하더라도 갈등이 발생했을 때 어떻게 문제를 해결하는 것인지 학습하지 못하였기 때문에 미숙하게 처리하기 쉽다. 성장 과정에서 아버지와 어머니의 좋은 역할을 경험하지 못하기 때문에 이들이 결혼해서 아버지와 어머니로서의 역할을 수행할 때도 원숙함과 자연스러움이 없기 쉽다. 이렇게 이혼한 가정의 자녀는 여러 상처와 약점을 가지므로 이혼한 부부는 이혼 후에도 자녀에게 더 큰 관심을 기울여야 한다. 교회도 이혼한 집의 자녀를 그 집의 문제로만 여기면 안 되고, 교회의 일로 여겨 건전하게 성장하도록 큰 관심을 기울여야 한다. 교회와 가정의 구성원은 이렇게 서로가 서로에게 관심을 갖고 돌보는 한 형제의 관계 속에서 존재하지 절대로 아무 관계없이 홀로 존재하지 않는다.

Of the Church

제25장 교회

> **25.1**
>
> 보이지 않는 보편적 또는 우주적 교회는 교회의 머리이신 그리스도 아래에 하나로 모였고, 모이고, 모일 선택된 자들의 전체 수로 구성된다. 이 교회는 만물 안에서 만물을 충만하게 하시는 이의 신부이고 몸이고 충만함이다.[a]
>
> The catholic or universal Church which is invisible, consists of the whole number of the elect, that have been, are, or shall be gathered into one, under Christ the head thereof; and is the spouse, the body, the fullness of him that filleth all in all.[a]
>
> a 엡 1:10, 22-23; 엡 5:23, 27, 32; 골 1:18

1. 보이지 않는 보편적 교회

보이지 않는 교회란 사람 눈에는 보이지 않지만, 하나님에게는 보여 참된 성도로만 구성된 교회이다. 엘리야가 하나님께 다른 사람들이 모두 바알에게 무릎을 꿇었다고 말했을 때에 하나님은 바알에게 무릎을 꿇지 않은 7천명을 남겨 두셨다고 하셨다. 바로 이들이 보이는 교회의 회원은 아니지만, 보이지 않는 교회의 회원이다. 이에 대하여 바울은 로마서 11장에서 아래처럼 말한다.

롬 11:5-7　그런즉 이와 같이 지금도 은혜로 택하심을 따라 남은 자가 있느니라 6 만일 은혜로 된 것이면 행위로 말미암지 않음이니 그렇지 않으면 은혜가 은혜 되지 못하느니라 7 그런즉 어떠하냐 이스라엘이 구하는 그것을 얻지 못하고 오직 택하심을 입은 자가 얻었고 그 남은 자들은 우둔하여졌느니라

　참된 성도로만 구성된 보이지 않는 교회의 성도는 하나님의 은혜로 택하심을 받은 자들이다. 자기 행위로 말미암아 선택을 받는 것이 아니라, 하나님의 은혜로 선택을 받는다. 하나님의 택함을 받은 자들은 과거와 현재와 미래에 걸쳐 때가 되면 하나님의 부름을 받아 교회의 머리이신 그리스도 아래에 하나로 과거부터 모였고, 현재도 모이고, 미래도 모일 것이다. 하나님께서 이들을 영원 전에 택하시고, 이 땅에서 때를 따라 보이지 않는 교회로 부르시므로, 제1절은 선택된 자들의 전체 수가 모였고, 모이고, 모일 것이라고 하나님을 주체로, 선택된 자들을 객체로 표현한다. 하나님께서 주체로서 모으시니 그 모으시는 일에 어찌 실패가 있겠으며 조금의 하자나 흠이 있을 수 있겠는가? 제3장 하나님의 영원한 작정 제4절은 "이렇게 예정되고 미리 정해진 이 천사들과 사람들은 개별적으로 그리고 변치 않게 계획되고, 그들의 수효가 너무나 분명하고 확정적이어서 늘어나거나 줄어들 수 없다."라고 말한다. 이는 하나님께서 선택하신 자들은 반드시 이 땅에서 하나님의 자녀로 부름을 받는다는 뜻을 담고 있다.

　보이지 않는 교회란 명칭은 크게 네 가지 경우에 사용되곤 한다. 첫째로 앞에서 예로 든 것처럼 엘리야 시대와 같이 교회가 핍박을 받을 때에 숨어서 신앙생활을 하는 신자들을 가리킨다. 이들은 교회를 통해 주어지는 말씀과 성례의 은혜를 비롯해 여러 유익을 누리지 못한다. 그럼에도 하나님의 택함을 받은 자들은 핍박 속에서도 몰래 하나님을 경외하고 예배하는 믿음 생활을 유지한다. 둘째로 전 세계 곳곳 모든 지역을 아우르는 교회를 가리킨다. 이런 교회는 너무나 방대하기 때문에 사람들이 볼 수 없다는 면에서 보이지 않는 교회이고, 이런 측면에서 우주적

universal 교회라고도 한다. 셋째로 종말에 이루어지는 완성된 이상적인 교회를 가리킨다. 이 땅에 있는 교회는 흠이 있는 반면에 예수 그리스도의 재림 때에 이루어지는 교회는 흠이 없는 완벽한 교회이다. 지상의 교회들은 보이지 않는 완벽한 교회의 모습을 닮아가기 위하여 노력한다. 넷째로 이 땅에 있는 교회들은 늘 거짓과 핍박과 유혹에 맞서 싸워야 하는 전투하는 교회라면, 하늘에 있는 교회는 예수 그리스도로 말미암아 모든 적을 물리친 승리하는 교회인데, 보이지 않는 교회가 이를 가리키기도 한다.

예수 그리스도는 교회의 머리이신데, 이는 그리스도께서 교회의 기원과 생명이 되신다는 의미이다. 각 남자의 머리는 그리스도이시고, 여자의 머리는 남자이고, 그리스도의 머리는 하나님이신 고전 11:3 것에서 알 수 있는 것처럼, 하나님께서 그리스도를 영원히 낳으시기 때문에 그리스도의 머리는 하나님이시고, 신자는 그리스도께서 사람이 되시어 고난을 받고 십자가에 죽으시고 부활하심으로 말미암아 새 생명을 갖기 때문에 신자의 머리는 그리스도이시다. 그리스도께서 죽은 자들 가운데서 먼저 나시었기 때문에 신자의 근본이시고 머리가 되신다 골 1:18 그는 몸인 교회의 머리시라 그가 근본이시요 죽은 자들 가운데서 먼저 나신 이시니 He is the head of the body, the church: who is the beginning, the firstborn from the dead.

온 몸이 머리로 말미암아 마디와 힘줄로 공급함을 받고 연합하여 하나님이 자라게 하시므로 자란다 골 2:19. 하나님은 예수 그리스도의 성육신과 고난과 죽음과 부활을 통하여 신자를 하나님의 자녀로 삼아주시고, 계속하여 그리스도를 통하여 성령 안에서 양육 받고 성장하도록 신자를 교회로 모아주시며, 그분을 만물 위에 교회의 머리로 삼으셨다. 물론 만물을 그의 발 아래에 복종하게 하심으로써 교회의 머리이신 그리스도께서 교회를 온전히 보호하게 하셨다. 만물을 자신의 발 아래에 두시고 통치하시는 그리스도는 만물 안에서 만물을 충만하게 하시는 분이고, 교회는 충만하게 하시는 분이 머리이시므로 그분의 충만함이 된다 엡 1:10, 22-23. 부모가 자녀를 위해 해야 하는 큰일들 중 하나는 자녀의 역량을 최대치로 계발하는 것이다. 인생에서 어떤 스승을 만나느냐에 따라 진로와 역량이 크게 달라진다. 예수 그리스도는 만물을 만드신 분이기에 만물의 존재 목적과 형태를 규정하시고 이 땅에서 그대로 드러나게 하실 수 있다. 우리 각자의 성향과 역량과 리더십이 가장 긍정적이고 가장 아름답게 구현된다고 생각해보자. 자신의 존재감과 역량이 크게 드러나는 순간처럼 이 땅에서 기쁘고 보람 있는 일도 많지 않다. 바로 이 일을 예수 그리스도께서 만물을 향하여 하시는 것이다. 교회는 바로 이 일을 하시는 분의 신부이고 몸이고 충만함이다.

> 엡 5:28-32 **이와 같이 남편들도 자기 아내 사랑하기를 자기 자신과 같이 할지니 자기 아내를 사랑하는 자는 자기를 사랑하는 것이라 29 누구든지 언제나 자기 육체를 미워하지 않고 오직 양육하여 보호하기를 그리스도께서 교회에게 함과 같이 하나니 30 우리는 그 몸의 지체임이라 31 그러므로 사람이 부모를 떠나 그의 아내와 합하여 그 둘이 한 육체가 될지니 32 이 비밀이 크도다 나는 그리스도와 교회에 대하여 말하노라**

바울은 위의 말씀에서 남편이 아내와 합하여 한 몸이 되는 것을 그리스도와 교회가 하나 되는 것에 비유한다. 그리스도는 교회를 자신의 몸처럼 미워하시지 않고 양육하여 보호하시는데, 그리스도와 교회는 서로 남편과 아내로 한 몸이기 때문이다. 성경은 곳곳에서 그리스도와 교회를 신랑과 신부로 나타내는데 마 9:15, 25:1; 막 2:19; 요 3:29; 계 21:9, 그리스도께서 교회를 그렇게 여기시고 실제로 사랑하시어 교회를 위하여 자신을 주셨다 엡 5:25. 신자는 그리스도와 하나인 것이다. 신자는 그리스도의 신부로서 그리스도의 충만함으로 가득 찰 수밖에 없다. 하나님은 택하신 자들을 구원하신 후에 고아처럼 내버려두시지 않고 이렇게 그리스도의 신부로 삼으셔서 그리스도의 충만함으로 가득 채우시며 보호하시고 성장시키신다.

남편이 아내를 사랑한다는 것의 의미는 그리스도께서 교회를 사랑하시고 그 교회를 위하여 자신을 주심 같이 한다는 것이다. 남자는 결혼할 때에 아내를 자기 자신을 사랑하듯 사랑하겠다는 자세로 임해야 하고, 자기 자신을 내어주면서까지 아내를 사랑하겠다는 각오로 결혼 서약을 해야 한다. 예수 그리스도께서 교회를 얼마나 사랑하셨는지를 알려면 그 사랑을 나 자신이 바로 실천하겠다는 자세를 가질 때에 그 사랑이 얼마나 자기희생적인 것이고 얼마나 어렵고 지고한 것인가를 알게 된다. 교회는 그리스도의 그 큰 사랑을 인하여 존재했고, 존재하고, 존재할 것이다. 신자의 인생의 목적은 바로 이 큰 사랑을 알고 받고 배우고 실천하며 하나님께 영광과 찬송을 드리는 것이다.

25.2

보이는 교회는 복음 아래에서 역시 보편적이거나 우주적인데 (이전에 율법 아래에서처럼 한 나라에 국한되지 않으며), 전 세계에 걸쳐서 참된 신앙을 고백하는 모든 자와[b] 그들의 자녀로 구성된다.[c] 이 교회는 주 예수 그리스도의 왕국이고[d] 하나님의 집과 가족이니,[e] 이 교회 밖에서는 구원받을 가능성이 통상적으로 없다.[f]

The visible Church, which is also catholic or universal under the gospel (not confined to one nation, as before under the law) consists of all those, throughout the world, that profess the true religion;[c] and of their children;[c] and is the kingdom of the Lord Jesus Christ,[d] the house and family of God,[e] out of which there is no ordinary possibility of salvation.[f]

[b] 고전 1:2; 고전 12:12-13; 시 2:8; 계 7:9; 롬 15:9-12
[c] 고전 7:14; 행 2:39; 겔 16:20-21; 롬 11:16; 창 3:15; 창 17:7
[d] 마 13:47; 사 9:7   [e] 엡 2:19; 엡 3:14-15   [f] 행 2:47

2. 보이는 보편적 교회

❶ 보이는 교회

하나님의 택함을 받은 참된 성도로만 구성된 보이지 않는 교회에는 거짓 교인들이 없다. 그러나 땅위의 보이는 교회에는 거짓 성도들이 섞여 있다. 사람의 판별력은 한계가 있어 가라지를 뽑으려다 알곡까지 뽑을 수 있고 또한 가라지로 보이는 사람이 미래에 어떻게 변화될지 모르므로, 사람이 보이는 교회의 교인들의 진위 여부를 함부로 가려내서는 안 된다. 우리 자신도 자신의 의지와 행위로 구원받은 것이 아니라 하나님의 은혜로 구원받은 것임을 알면 알수록, 현재 아무리 강퍅한 자일지라도 하나님의 은혜가 그에게 임하면 변할 것을 아는 것이므로 그에 대하여 오래 기다리는 자세를 가지려고 해야 한다. 개신교는 어떤 사람에 대해서도 포기하지 않고 하나님의 은혜를 바라는 가운데 복음을 전하고 권면하며 오래 기다린다.

보이는 교회에 가라지가 섞여 있다고 하여 보이는 교회가 참된 신앙을 고백하지 않는 자를 일부러 교회 회원에 들이는 것은 아니다. 교회는 최대한 올바른 믿음을 고백하는 자들만 회원으로 받아들이려 하지만, 거짓으로 믿음을 고백하며 들어오려는 자들을 분별할 능력이 없는 것뿐이다. 하나님께서 보이지 않는 교회가 자연히 보이는 교회로 구체화되게 하신다. 그 일치율이 100%가 아닐 뿐이고, 제4절이 말하는 것처럼 어느 시대에 그 일치율이 떨어질 수 있고, 어느 특정의 교회들은 덜 순수하기도 하지만 참된 신자들이 보이는 교회에 늘 존재한다. 보이지 않는 교회가 보이는 교회로 구체화되지 않는다면 그것은 하나님의 실패인데 있을 수 없는 일이고, 가장 부패한 시대들 중 하나인 노아의 시대에도 하나님은 노아와 그의 가족 총 8명을 보이는 교회의 회원으로 남겨두셨다. 하나님은 사람을 영혼과 육체로 만드셨고, 보이지 않는 교회를 영혼과 육체를 가진 사람들로 이루어지게 하셨다. 사람의 영혼이 이 땅에서 육체를 통하여 구체화되듯, 보이지 않는 교회는 이 땅에서 영혼과 육체를 가진 사람들로 이루어진 보이는 교회를 통하여 구체화된다.

보이는 교회는 첫째로 참된 종교를 고백하는 모든 자로 구성된다. 바울은 "고린도에 있는 하나님의 교회 곧 그리스도 예수 안에서 거룩하여지고 성도라 부르심을 받은 자들과 또 각처에서 우리의 주 곧 그들과 우리의 주 되신 예수 그리스도의 이름을 부르는 모든 자들에게"에서 고전 1:2 교인의 수동성과 능동성의 성격을 잘 나타내었다. 첫째, 바울은 고린도 교회를 "그리스도 예수 안에서 거룩하여지고 성도라 부르심을 받은 자들"이라고 말함으로써 교인의 수동성을 먼저 나타내었다. 교인은 하나님에 의해서 거룩하여지는 것이고 성도라고 부르심을 받는 자들이지, 스스로의 힘으로 거룩하게 되는 것이 아니고 성도라고 부르는 것이 아니다. 둘째 바울은 고린도 교회를 "또 각처에서 우리의 주 곧 그들과 우리의 주 되신 예수 그리스도의 이름을 부르는 모든 자들"이라고 말함으로써 교인의 능동성을 나타내었다. 하나님의 택함을 받아 예수 그리스도를 통하여 성령 안에서 거룩하여지고 부르심을 받은 자들은 때가 되면 자신들의 믿음으로 예수 그리스도의 이름을 부른다. 여기서 "예수 그리스도의 이름을 부르는 모든 자들"이 바로 제2절이 말하는 "참된 신앙을 고백하는 모든 자"에 해당한다.

보이는 교회는 둘째로 참된 종교를 고백하는 모든 자의 자녀로도 구성된다. 여기서 자녀란 아직 어려서 자신의 판단력으로 참된 믿음의 여부를 공적으로 교회에서 고백하지 않고 부모를 따라 신앙생활을 하는 이들이다. 요사이 교회는 15세 전후에 자녀가 공적 신앙을 고백하면 세례나 입교를 통하여 교회의 정식 회원으로 받아들인다. 베드로는 "너희와 너희 자녀"라고 행 2:39 하여 자녀도 교회에 포함시킨다. 자녀를 교회에 포함시키는 성경의 지지 구절들은 근거성경구절들을 참고하라. 보이는 교회는 최대한 참된 믿음을 고백하는 자들과 그들의 자녀로만 회원을 구성하려고 노력하지만, 사람에게 있는 분별력의 한계로 참된 믿음을 갖지 않은 이들이 교회에 들어오는 것을 걸러내는 데 한계가 있다.

보이는 교회는 주 예수 그리스도께서 왕으로 다스리시는 나라이다. 전능하신 하나님과 영존하시는 아버지와 평강의 왕으로서 그 정사와 평강의 더함이 무궁하며, 다윗의 왕좌와 그의 나라에 군림하여 그 나라를 굳게 세우시고, 영원히 정의와 공의로 그것을 보존하신다^{사 9:7}. 그리스도께서 왕이시니 그 나라를 침범할 외부의 적들이 없고, 침범하여도 백전백패할 수밖에 없다. 나라 안에서 혼란과 불안과 전복을 꾀하는 자들도 왕의 감시와 세력을 벗어날 수 없고 역시 백전백패할 수밖에 없다. 이 땅에서 능력 있는 왕이나 대통령도 한 나라를 부강하게 하는데 하물며 전능하신 주 예수 그리스도께서 교회를 왕으로 다스리시니 교회는 승리할 수밖에 없고 부강과 평안과 질서와 조화가 영원히 유지될 수밖에 없다. 하나님께서 택하시고 구원하신 자들은 홀로 자신들의 힘으로 이 땅에서 살아가지 않고, 하나님께서 이렇게 교회로 모으시어 그리스도의 왕국에서 보호받고 성장케 하신다. 적들이 침입할 때에 튼튼한 왕국에 거하는 자는 적들보다 힘이 더 센 군사들의 보호를 받는다. 우리 신자들은 예수 그리스도의 왕국에서 전능하신 하나님의 보호를 받으며 영적으로 성장하고 삶을 즐기고 누리는 것이다.

또 보이는 교회는 하나님의 집이다. "사람에게는 버린 바가 되었으나 하나님께는 택하심을 입은 보배로운 산 돌이신 예수께 나아가 너희도 산 돌 같이 신령한 집으로 세워지고"^{벧전 2:4-5}. 그리스도께서 머릿돌이 되시고 신자들은 그 머릿돌 같이 신령한 집으로 세워지는데, 그 집이 바로 이 땅에서 보이는 교회이다. 또 보이는 교회는 하나님의 가족이다. 하나님의 가정에 속한 가족이 이 땅에서 보이는 교회에 속해 있다^{엡 2:19, 3:14}. 하나님께서 주인이시고 가장이시니 그 가족은 영양과 안전과 행복과 기쁨에서 부족한 것이 없다. 하나님께서 책임지시고 자신의 능력으로 가족을 돌보시고, 각 가족이 성숙한 자로 자라가게 하신다. 따라서 우리가 이 땅에서 눈에 보이는 교회를 볼 때 눈에 보이는 회원들만 보아서는 안 되고 그 뒤에 보이지 않게 존재하시어 교회를 돌보시고 양육하시는 하나님과 주 예수 그리스도를 보아야 한다. 교회는 주 예수 그리스도의 왕국이고, 하나님의 집과 가족이니 주 예수 그리스도와 하나님을 인하여 교회는 얼마나 안전하고 강력한지 모른다. 교회의 회원들인 신자들을 인해서도 교회는 강하지만, 사람들을 교회의 회원들로 만드시고 보호하시고 기르시는 하나님을 인하여 교회는 정말 강하다. 하나님께서 신자들을 위하여 이 땅에 교회를 세우셨으니 모든 신자는 교회의 회원이 되어 보호 받아야 하고 영적으로 공급받아 성장해야 한다.

❷ 보편적 또는 우주적(catholic or universal) 교회

사도신경 끝 부분에 "거룩한 공회公會와 성도가 서로 교통하는 것"을 믿는다는 표현이 있다. 이때 "공회"에 해당하는 영어 단어가 "the catholic church"이다. 그런데 천주교의 영어 이름이 "Catholic Church"이다. 천주교는 첫째로 공간에 있어서 전 세계에 걸쳐 퍼져있을 뿐 아니라 다양한 정부 형태를 지닌 전 세계의 나라들과 관계를 유지하고 있기 때문에, 둘째로 시간에 있어서 예수님의 승천이후 지금까지 항상 존재하여 왔기 때문에, 셋째로 규모에 있어서 다른 기독교 분파들을 합친 것보다 더 크기 때문에 천주교만이 보편적인 교회라고 주장한다. 천주교는 초대교회 때부터 현재까지 로마가 기독교의 중심이었고, 그래서 로마를 담당하는 사도는 초대교회 때부터 사도들 중 으뜸인 베드로였다며 "로마 가톨릭"Roman Catholic Church 이라고도 부른다.53

로마 가톨릭은 교회의 보편성을 물리적인 면에서 찾는다. 이에 반하여 개신교는 보편성을 보이지 않는 교회에 주로 적용한다. 보이지 않는 교회는 첫째로 공간에 있어서 특정한 장소에 제한되지 않고 전 세계를 포함하기 때문에, 둘째로 시간에 있어서 과거와 현재와 미래를 모두 포함하기 때문에, 셋째로 규모에 있어서 특정한 연령이나 계층이나 조건을 요구하지 않고 하나님의 택함을 받은 모든 사람을 포함하기54 때문에 진정한 의미에서 보편적이고 우주적인 교회이다.

개신교가 그렇다고 하여 보편성을 보이지 않는 교회에만 국한하지 않는다. 복음 아래에서 교회는 이스라엘이라는 한 나라에만 국한되지 않고 사마리아와 땅 끝

---

53 천주교는 한국에서 카톨릭이란 단어 대신에 가톨릭이란 단어를 정부에 등록하여 사용한다. 가나다라 순으로 종교를 나열할 때 개신교나 기독교보다 앞에 두기 위해서 카톨릭 대신에 가톨릭이란 단어를 택했다는 설명이 있기도 한다.

54 행 10:34-35 베드로가 입을 열어 말하되 내가 참으로 하나님은 사람의 외모를 보지 아니하시고 각 나라 중 하나님을 경외하며 의를 행하는 사람은 다 받으시는 줄 깨달았도다

까지 퍼져나간 면에서 구약 시대와 비교할 때에 보편적이고 우주적이다. 구약 시대에 보이는 교회는 유대인이 아닌 이방인을 정식 교인으로 수용하지 않았지만 신약 시대에는 예수님께서 사마리아와 땅 끝까지 복음을 전하라고 하셨다. 헬라인과 종이고전 12:13, 이방 나라가시 2:8, 각 나라와 족속과 백성과 방언이계 7:9, 이방인들과 열방이롬 15:9-12 하나님의 백성이 된다.

하나님께서 복음 아래에서 온 나라와 온 백성에게 예수님의 제자들을 통하여 복음을 전하게 하시고 구원 받는 사람을 날마다 더하게 하시므로행 2:47 보이는 교회 밖에는 구원을 받을 가능성이 통상적ordinary으로 없다. 하나님은 보이는 교회에서 통상적으로ordinarily 말씀과 성례의 수단을 통하여 신자들에게 은혜를 베푸시고 성숙하게 하신다. 하나님께서 사람들에게 구원을 주실 때 그들을 통상적으로 교회로 모으시고 은혜를 베푸신다. 하지만 이것은 통상적인 방법이고 드물지만 특별하게extraordinarily 교회 밖에서도 구원을 주신다. 북한과 같은 공산권이나 이슬람 국가들에서는 신앙의 자유가 없거나 있어도 심한 핍박과 견제가 따르기 때문에 그곳의 신자들은 교회로 모여 통상적 신앙생활을 할 수 없다. 하나님은 그런 곳에서 교회에 모이는 통상적 방법이 아니라 교회 밖에서 신앙생활을 하는 비범한 extraordinary 방법으로 신자들에게 은혜를 주시며 신앙을 잃지 않도록 이끄신다. 또 어떤 사람은 강퍅한 삶을 살다가 중병에 걸렸을 때 가족의 전도로 회개하고 죽음 직전에 예수님을 믿을 수 있는데 이런 이도 보이는 교회에 속하지 않고, 비범한 방식으로 구원 얻은 자이다. 반면에 가족의 성화나 압력 때문에 교회에 나와 세례까지 받고 거짓으로 교회 생활을 하거나, 교회의 회원으로 있으면 자신에게 여러 현실적 이익이 있어 거짓으로 교회 생활을 하는 자는 비록 교회 안에 있지만 구원을 받을 가능성이 없다.

로마 가톨릭은 "교회 밖에는 구원이 없다."Outside the Church there is no salvation.라고 말한다. 이들은 이 말을 적극적으로 이해하여 머리이신 그리스도의 모든 구원이 당신의 몸인 교회를 통해 주어지는 것으로 본다. 이들은 세례를 필수적인 것으로 보아 세례와 교회 내의 구원을 연결시키어, "사람들은 마치 문과 같은 세례를 통하여 교회로 들어오는 것이다. 그러므로 하느님께서 예수 그리스도를 통하여 가톨릭 교회를 필요한 것으로 세우신 사실을 모르지 않으면서도 교회에 들어오기를 싫어하거나 그 안에 머물러 있기를 거부하는 저 사람들은 구원받을 수 없을 것이다."라고 말한다.55 이들은 로마 가톨릭을 유일한 교회로 보고, 여기에 들어오려면 세례를 거쳐야 하는데, 교회 밖에 있는 이들은 세례를 받지 않았기 때문에 구원이 없다는 논리를 전개한다.

이들도 이 단언이 지나치다고 생각하는지 바로 이어서 "이 단언은 자신의 잘못 없이 그리스도와 그분의 교회를 알지 못하는 사람들에게는 해당되지 않는다. 사실, 자기 탓 없이 그리스도의 복음과 그분의 교회를 모르지만, 진실한 마음으로 하느님을 찾고 양심의 명령을 통하여 알게 된 하느님의 뜻을 은총의 영향 아래에서 실천하려고 노력하는 사람은 영원한 구원을 얻을 수 있다."라고 말한다.56 그런데 이 말은 개신교 신자들이 로마 가톨릭이 유일한 교회가 됨을 부인한다면 그들에게는 구원이 없다는 의미를 강하게 내포한다. 로마 가톨릭이 얼마나 자신만을 유일한 교회로 여기는지 알 수 있다.

25.3

그리스도께서 이 보편적인 보이는 교회에 하나님의 사역자들과 계시들과 규례들을 주셔서 현세에서 세상 끝날까지 성도들을 모으고 온전하게 하도록 하셨고, 자기 자신의 임재와 영에 의해 자신의 약속에 따라 이것들이 그 일에 효력이 있게 하신다.g

Unto this catholic visible Church, Christ hath given the ministry, oracles, and ordinances of God, for the gathering and perfecting of

---

55 『가톨릭 교회 교리서』, 846항, 359.
56 『가톨릭 교회 교리서』, 847항, 359.

> the saints, in this life, to the end of the world: and doth by his own presence and Spirit, according to his promise, make them effectual thereunto.9
>
> g 고전 12:28; 엡 4:11-13; 마 28:19-20; 사 59:21

3. 교회에 주신 사역자와 말씀과 규례

❶ 성도들을 모으고 온전하게 하는 수단

그리스도는 하나님께서 선택하신 자들을 이 세상에서 보이는 교회로 모으시고 온전하게 하신다. 이 일을 하실 때에 하나님의 사역자들을 통하여 하시고, 사역자들이 일을 할 수 있도록 내용물과 지침을 주신다. 어떤 사람이 회사를 창업한다고 생각해보자. 그때 회사가 잘 되려면 무엇이 있어야 할까? 무엇보다 유능한 직원들이다. 회사의 주요품목을 생산하고 광고하고 판매할 유능한 직원들이 필수적이다. 그리고 그 직원들에게 회사의 운영 목적과 정신과 지침을 명확히 알려주어 그에 따라 행하도록 해야 한다. 이렇듯 교회도 성도들을 모으고 온전하게 하려면 무엇보다 하나님의 사역자들이 필요하다. 사역자 없이 교회는 돌아가지 않고, 어떤 일도 체계적으로 할 수 없기 때문이다. 그리고 성도와 사역자가 교회의 존재 목적과 운영 방법과 여러 지침을 알고 행하도록 하나님께서 이를 계시해주셔야 한다.

그런데 하나님의 사역자들이 하나님의 계시들에 따라 하나님의 규례들을 행하며 사람들에게 전도하고 가르칠지라도 강퍅한 사람들의 마음이 쉽게 감동을 받아 교회에 나오거나 온전하여 지는 것은 아니다. 그리스도께서 임재하시고 그리스도의 영께서 역사하실 때에야 교회에 주어진 하나님의 사역자와 계시들과 규례들은 효력이 있게 된다. 그리스도의 임재와 성령에 의한 영향력이 없으면 사람들은 교회에 오지 않고, 교회에 오더라도 쉽게 교회를 떠난다. 사람의 마음을 바꾸고 성장시키는 일은 그 어떤 일보다도 힘이 드는데, 예수님께서 도우시겠다고 했으므로 하나님의 사역자와 계시와 규례는 효력을 발휘한다.

하나님은 노아에게 여러 번 나타나시어 그를 사역자로 삼으시고 여러 말씀을 주심으로써 홍수 전후를 대비하게 하셨다. 아브라함과 이삭과 야곱과 요셉과 모세와 여호수아가 노아를 잇는 교회의 사역자들이고, 하나님은 이들에게 계시해주셨고, 여러 규례들을 주셨고, 이들의 사역이 효력 있게 하셨다. 모세 때에는 온전하도록 성장시킬 백성이 많아지자 천부장과 백부장과 오십부장과 십부장을 주셨고, 아론과 같은 제사장도 주셨다. 그 후 다윗과 같은 왕도 주셨고, 이스라엘 백성이 타락하여 하나님의 말씀을 소홀히 여겨도 계속하여 선지자와 제사장을 보내시어 말씀으로 가르치시고 꾸짖으시며 온전하게 하시는 일을 멈추지 않으셨다. 하나님은 구약 시대에도 분명히 이렇게 사역자들과 계시들과 규례들을 주셨지만, 이스라엘이란 한 나라에 국한하시어 주셨으므로 구약의 교회를 보편적인 교회라고 말할 수 없다.

하나님께서 신약 시대에 모든 민족과 나라에게 구원을 확장하였으므로 신약 시대의 교회를 보편적인 교회라고 할 수 있다. 신약 시대에 예수 그리스도는 어떤 사람은 사도로, 어떤 사람은 선지자로, 어떤 사람은 복음 전하는 자로, 어떤 사람은 목사와 교사로 삼으시어, 성도를 온전하게 하여 봉사의 일을 하게 하시며 그리스도의 몸을 세우셨다 엡 4:11-12. 같은 내용을 고린도전서 12:28절은 "하나님이 교회 중에 몇을 세우셨으니 첫째는 사도요 둘째는 선지자요 셋째는 교사요 그 다음은 능력을 행하는 자요"라고 말한다.

예수님은 부활 후 열한 제자들에게 "너희는 가서 모든 민족을 제자로 삼아 아버지와 아들과 성령의 이름으로 세례를 베풀고 내가 너희에게 분부한 모든 것을 가르쳐 지키게 하라"고 마 28:19-20 말씀하심으로 제자들에게 성도를 모으고 가르치는 일을 맡기셨다. 예수님은 이 일을 맡기실 때에 "볼지어다 내가 세상 끝날까지 너희와 항상 함께 있으리라"는 약속을 덧붙이셨다. 제자들로 홀로 이 일을 하게 하시지 않고 그리스도께서 그들과 함께 계심으로 그들의 일이 가능하게 하시겠다고 약속하셨다. 예수님은 잠시 그들과 함께 하시지 않고 "세상 끝날까지 항상" 함께 하시기 때문에 그들의 일은 효력 있게 될 수밖에 없다.

그리스도께서는 이 일을 자신의 임재와 자신의 영에 의해 하시겠다고 구약 시대에도 약속하셨다. "여호와께서 이르시되 내가 그들과 세운 나의 언약이 이러하니 곧 네 위에 있는 나의 영과 네 입에 둔 나의 말이 이제부터 영원하도록 네 입에서와 네 후손의 입에서와 네 후손의 후손의 입에서 떠나지 아니하리라 하시니라 여호와의 말씀이니라"사 59:21. 이스라엘 백성 위에 계신 여호와의 영과 그들의 입에 두신 여호와의 말씀이 영원하도록 그들의 입과 그들의 후손의 입에서 떠나지 아니하신다. 결론적으로 그리스도는 보편적인 보이는 교회에 주신 사역자와 계시와 규례를 통하여 자신의 임재와 영에 의해 성도들을 모으시고 온전하게 하신다. 그리스도께서 이 일을 하시기 때문에 반드시 이루어진다.

❷ 은혜의 수단: 말씀과 성례

그리스도께서 보편적인 보이는 교회에 주신 하나님의 규례들은 무엇을 의미할까? 웨스트민스터 소요리문답 제88문을 통해 그 규례들은 말씀과 성례와 기도임을 알 수 있다.[57]

> **제88문** 그리스도께서 구속의 유익을 우리에게 전하시는 외적 수단은 무엇입니까?
> What are the outward means whereby Christ communicates to us the benefits of redemption?

---

[57] 보통 객관적인 은혜의 수단은 말씀과 성례이다. 웨스트민스터 신앙고백 제14장 제1절과 소요리문답 제88문과 대요리문답 제154문은 말씀과 성례와 기도라고 말한다. 대요리문답 제154문은 소요리문답 제88문과 거의 비슷하다. 제154문: 그리스도께서 자신의 중보의 유익들을 우리에게 전하시는 외적 수단은 무엇입니까? What are the outward means whereby Christ communicates to us the benefits of his mediation? - 답: 그리스도께서 자신의 중보의 유익들을 자신의 교회에게 전하시는 외적 그리고 통상적 수단은 자신의 모든 규례들인데, 특별히 말씀, 성례, 기도입니다. 이 모든 것은 선택된 자들에게 그들의 구원을 위해 효과적인 것들로 만들어집니다(마 28:19-20; 행 2:42, 46-47). The outward and ordinary means whereby Christ communicates to his church the benefits of his mediation, are all his ordinances; especially the Word, sacraments, and prayer; all which are made effectual to the elect for their salvation.

답　그리스도께서 구속의 유익을 우리에게 전하시는 외적 그리고 통상적 수단은 자신의 규례들인데, 특별히 말씀, 성례, 그리고 기도입니다. 이 모든 것은 선택된 자들에게 구원을 위해 효과적인 것들로 만들어집니다(마 28:19-20; 행 2:42, 46-47).

The outward and ordinary means whereby Christ communicates to us the benefits of redemption, are his ordinances, especially the Word, sacraments, and prayer; all which are made effectual to the elect for salvation.

그리스도께서 획득하신 구속을 자신의 영을 통하여 신자들에게 적용하신다는 것을 앞에서 살펴보았다. 그 적용된 것들이 그리스도와의 연합, 효과적 부르심, 칭의, 양자, 성화, 믿음, 회개 등이다. 그런데 그리스도께서 성령을 통해 이것들을 은혜로 우리에게 전하실 때 외적이고 통상적인 수단 outward and ordinary means 을 사용하신다. 우리는 이것을 보통 "은혜의 수단"이라고 한다. 이에 대해서는 제14장 제1절이 "은혜의 통상적 수단"이라는 항목에서 자세히 살펴보니 참고하라.

25.4

이 보편 교회는 때로는 더 잘 보였고, 때로는 잘 안 보였다.h 그리고 보편 교회의 지체들인 특정의 교회들은 얼마나 순수하게 복음의 교리를 가르치고 받아들이는가, 얼마나 순수하게 규례들을 집행하는가, 얼마나 순수하게 공 예배를 드리는가에 따라 더 순수하기도 하고 덜 순수하기도 하다.i

This catholic Church hath been sometimes more, sometimes less visible.h And particular churches, which are members thereof, are more or less pure, according as the doctrine of the gospel is taught and embraced, ordinances administered, and public worship performed more or less purely in them.i

h 롬 11:3-4; 계 12:6, 14   i 계 2장-3장; 고전 5:6-7

4. 교회의 표지: 보편 교회의 나타남과 특정 교회의 순수함

앞에서 살펴본 것처럼 엘리야는 아합 왕이 주의 선지자들을 죽여서 자신만 남았다고 생각했는데 하나님께서는 바알에게 무릎을 꿇지 아니한 칠천 명을 남겨 두셨다. 아합 왕도, 그의 아내 이세벨도, 그의 부하들도 그리고 엘리야를 비롯한 이스라엘 백성도 하나님의 교회에 엘리야만 남았다고 생각했다. 하지만 그들의 눈에는 보이지 않았지만 하나님의 눈에는 칠천 명이 보였고, 하나님께서 자신을 위하여 손수 칠천 명을 남겨두셨다. 요한계시록 12장은 교회를 상징하는 여자가 큰 붉은 용의 박해를 피하여 광야 자기 곳으로 날아가 한 때와 두 때와 반 때를 양육 받은 것을 보여준다. 이처럼 핍박을 받아 숨어있는 교인들이 있기 때문에 보이는 교회에 참된 성도들이 모두 들어가 있지 않다. 보이는 교회는 비록 보편적이기는 하지만 보이지 않는 교회와 성도 수에 있어서 일치할 정도로 참된 모든 성도를 포함하지 않는다. 보이는 교회는 시대에 따라 어떤 때는 참된 성도들이 대부분 포함되어 더 분명하게 보이고, 어떤 때는 적게 포함되어 덜 분명하게 보인다. 여기서 보인다는 것은 당연히 눈에 드러난 것만 볼 수 있는 사람에게 보인다는 의미이지, 보이지 않는 것까지도 모두 아시는 하나님께 보인다는 의미가 아니다.

보편 교회의 지체들인 특정의 교회들은 그 교회 사정에 따라 순수의 정도가 달라진다. 요한계시록은 2장과 3장에서 일곱 개 교회의 장점과 단점이 무엇인지 상세하게 말한다. 어떤 교회가 어떤 면에서 칭찬을 받고, 다른 교회가 다른 면에서 책망을 받는다. 바울은 고린도교회가 음행을 하는 것에 대하여 책망하며, 적은 누룩이 온 덩어리에 퍼지지 않도록 묵은 누룩을 내버리라고 권면하였다 고전 5:6-7. 제4절은 교회가 얼마나 순수한가를 나타내는 세 가지 표지가 복음의 교리의 선포와 규례의 집행과 공예배의 시행이라고 본다. 교회에서 이것들이 얼마나 순수하게 이루어지는가에 따라 그 교회는 더 순수하기도 하고 덜 순수하기도 하다.

제3절에서 말씀과 성례가 은혜의 수단이 됨을 살펴보았는데, 말씀과 성례는 은혜의 수단이면서 동시에 교회의 표지 標識, mark가 된다. 어떤 교회가 하나님의 교회인지 아닌지를 판별하는 징표가 보통 말씀과 성례이다. 교회당 건물, 주일학교, 크리스마스 행사, 아름다운 화음의 성가대 여부 등이 참된 교회인지를 판별하는 징표가 아니다. 교회당 건물이나 주일학교나 성가대 등은 말씀과 성례가 올바로 서면 자연스럽게 나오는 현상들에 속한다.

이단 교회는 성경을 가르치지만, 성경 본연의 뜻이 아니라 자신의 교묘한 주장을 가르친다. 종교개혁자들이 중요한 모토로 삼았던 "전체 성경" tota scriptura이 아니라 "부분 성경"에 충실한 자들이다. 말씀이 교회의 표지라는 것은 단순히 교회에서 말씀이 가르쳐지느냐의 유무가 아니라, 올바로 가르쳐지느냐에 있다. 참된 교회는 이단들처럼 자신들의 주장을 합리화하는 구절들을 단편적으로 공부하고 선포하는 것이 아니라 성경 전체의 내용을 공부하고 선포한다. 교회가 성경을 편식하여 왜곡하는 것은 아무리 성경공부 시간이 많아도 참된 말씀이 그 교회에 존재한다고 할 수 없다.

세례와 성찬으로 이루어진 성례도 마찬가지로 올바로 집행되느냐가 중요하다. 로마 가톨릭처럼 떡과 포도주가 실제로 예수님의 살과 피로 변한다고 주장하는 화체설에 근거한 성찬은 올바른 성례 집행이 아니다. 그런 곳은 예수님의 살과 피로 변한 떡과 포도주를 먹기만 하면 자동적으로 은혜를 받는다고 미신적으로 생각한다. 성례를 통해 은혜를 받으려면 하나님의 말씀에 의거하여 성례의 의미가 먼저 올바로 드러나야 한다. 이에 대해서는 제27장 성례, 제28장 세례, 제29장 주의 성찬을 참고하라.

성도는 출석 교회를 정할 때 무엇보다 은혜의 수단과 교회의 표지가 분명하게 드러나는 교회를 정해야 한다. 좋은 교회당 시설, 다양한 프로그램, 성가대의 화음, 넓은 주차장 등도 무시할 수 없지만 가장 중요한 것은 은혜의 수단과 교회의 표지이다. 이것들이 약한 채 다른 것들이 풍성한 것은 큰 의미가 없다.

제4절은 교회의 세 번째 표지로 공예배가 얼마나 순수하게 드려지는가를 든다. 공예배에 대해서는 제21장 신성한 예배와 안식일이 잘 설명하고 있으니 참고하라. 특히 제21장 제5절이 말하는 정규적正規的 종교적 예배의 요소들인 성경 읽기, 설교, 말씀 듣기, 시편 찬양, 성례, 종교적 맹세, 서원, 엄숙한 금식, 감사 등이 거룩하게 행해져야 한다. 제21장 제2절이 말하는 것처럼 공예배는 성부, 성자, 성령 하나님께만 드려야 하고, 천사들이나 성인들에게 드리면 안 되고, 왕이나 교황이나 대통령이나 국회의원과 같은 고위 인사에게 은근히 칭송과 영광을 돌리는 행위가 예배 중에 일어나서는 안 된다.

보통 권징의 시행도 교회의 표지로 여긴다. 이것은 말씀의 순수함과 성례의 거룩함을 지키기 위해 필요하다. 국가는 범죄에 대하여 검찰과 경찰과 사법부를 통하여 엄격하게 죄를 묻는다. 진리를 갖고 있는 교회가 진리를 침범하는 행위를 징계하지 않으면 교회의 진리는 흐려진다. 무엇이 진리인지를 성도가 잘 판단하지 못하게 되고, 범죄하여도 징계가 없으므로 범죄에 대한 담대함이 생겨 더 큰 범죄를 저지르게 된다. 그러므로 교회는 징계함으로 하나님이 주신 진리를 지키고, 하나님이 값 주고 사신 성도를 보호해야 한다.

성경에 나오는 교회들은 실제로 권징을 통하여 성도를 판단하고 내쫓았다. 고전 5:2, 7, 13 바울은 데살로니가 교인들에게 보내는 편지에서 "누가 이 편지에 한 우리 말을 순종하지 아니하거든 그 사람을 지목하여 사귀지 말고 그로 하여금 부끄럽게 하라"고살후 3:14 말했다. 단, 이렇게 할 때 원수와 같이 생각하지 말고 형제 같이 권면하라고 이어서 말했다. 바울은 디모데전서 1:20절에서 양심을 버리고 믿음에 있어서는 파선한 후메내오와 알렉산더를 사탄에게 내주어 그들로 훈계를 받아 신성을 모독하지 못하게 했다고 말한다. 디도서 3:10절은 이단에 속한 사람은 한두 번 훈계한 후에 멀리하라고 말한다.

> ## 25.5
>
> 하늘 아래서는 가장 순수한 교회일지라도 혼합과 그릇됨이 있기 쉽고,k 어떤 교회는 너무나 타락하여 그리스도의 교회가 아니라 사탄의 회당이 되고 만다.l 그러할지라도 땅 위에는 하나님의 뜻에 따라 하나님을 경배하는 교회가 항상 있을 것이다.m
>
> The purest churches under heaven are subject both to mixture, and error:k and some have so degenerated, as to become no churches of Christ, but synagogues of Satan.l Nevertheless, there shall be always a Church on earth, to worship God according to his will.m
>
> k 고전 13:12; 계 2장-3장; 마 13:24-30, 47   l 계 18:2; 롬 11:18-22
> m 마 16:18; 시 72:17; 시 102:28; 마 28:19-20

5. 혼합과 오류가 있기 쉬운 교회

땅은 아담의 죄로 말미암아 저주를 받아 가시덤불과 엉겅퀴를 낸다 창 3:18. 이것은 하늘 아래 가장 순수한 교회에게도 적용되어, 가시덤불과 엉겅퀴에 해당하는 혼합과 그릇됨이 교회에 있기 마련이다. 원수는 늘 사람이 잘 때에 곡식 가운데 가라지를 덧뿌리고 간다. 교회에는 각종 물고기가 있어 좋은 것도 있고 못된 것도 있다 마 13:24-30, 47. 분별력이 부족한 사람은 어떤 것이 가라지이고 못된 물고기인지 정확히 분별할 수 없지만, 천사가 가라지와 못된 물고기로 표현된 악인을 세상 끝에 의인 중에서 갈라낸다.

요한계시록에서 에베소 교회는 행위와 수고와 인내 등에서 칭찬을 받았지만 처음 사랑을 버린 것에서 책망을 받았다. 버가모 교회는 굳센 믿음으로 칭찬을 받았지만 발람의 교훈을 지킨 것에서 책망을 받았다. 두아디라 교회는 사업과 사랑과 믿음과 섬김과 인내에 있어서 나중 행위가 처음 것보다 많은 것에 대하여 칭찬을 받았지만, 자칭 선지자라 하는 여자 이세벨을 용납한 것에 대하여 책망을 받았다.

이처럼 교회는 혼합과 그릇됨이 있기 마련이므로, 이 땅에서 교회 생활을 할 때 혼합과 그릇됨을 발견하였다고 하여 그 교회를 거짓 교회라고 단정 짓고서 비판하며 교회를 떠나서는 안 된다. 그 혼합과 그릇됨이 더 심해지지 않도록 노력하고, 나아가 약화되고 제거되도록 순수한 교인과 힘을 합쳐 노력해야 한다. 순수한 교회일지라도 혼합과 그릇됨이 있음을 아는 신자는 당황하지 않고 잘 대처할 수 있지만, 이것을 모르는 신자는 혼합과 그릇됨을 발견하면 교회에 어찌 이런 일이 있을 수 있느냐며 크게 실망하고 분노하여 교회를 심히 비판하며 교회를 떠나기 쉽다. 하지만 하늘 아래에 혼합과 그릇됨이 없는 교회가 없고, 설령 있더라도 그 비판한 신자가 들어가는 순간 순수함은 흐려질 것이다. 더 순수한 교회를 찾아 쇼핑하는 이들은 그러한 교회를 발견하지 못하며 오히려 신앙생활이 약화될 수 있다. 또 비판을 받은 교회의 성도들은 상처를 받고 의기소침해지고, 순수한 자들이 교회를 떠날수록 오히려 혼합과 그릇됨에 물든 자들이 득세하며 교회의 영적 상태는 더 악화될 수 있다. 그러므로 교회에 혼합과 그릇됨은 있기 마련임을 알고, 순결하고 지혜롭게 대처하는 것이 중요하다.

서머나 교회에는 자칭 유대인이라 하는 자들의 비방이 있었는데, 실상은 유대인이 아니라 사탄의 회당이었다. 사데 교회는 살았다 하는 이름은 가졌으나 죽은 자인 것을 인하여 크게 책망을 받았다. 그럼에도 사데에 그 옷을 더럽히지 아니한 자 몇 명이 있었다. 이처럼 어떤 교회는 너무나 타락하여 그리스도의 회가 아니라 사탄의 회가 되기도 한다. 귀신의 처소와 각종 더러운 영이 모이는 곳과 각종 더럽고 가증한 새들이 모이는 곳이 된다계 18:2. 구약의 유대인들은 하나님께서 숱한 선지자들과 제사장들과 사사들을 보내시며 가르치시고 책망하셨지만 숱한 선지자들을 죽였고 마침내 예수 그리스도까지도 죽였다. 하나님은 이들의 거듭되는 악행과 불신에 이들을 아끼지 아니하셨고롬 11:21, 하나님의 말씀과 구원을 온 세계의 이방인에게 확장하셨다.

가장 순수한 교회에 혼합과 그릇됨이 있고, 어떤 교회는 사탄의 회들이 됨에도 불구하고, 지상에는 하나님의 뜻에 따라서 하나님을 경배하는 교회가 항상 있다. 예수 그리스도께서 자신의 교회를 세우시어 음부의 권세가 이기지 못하기 때문이고마 16:18, 세상 끝날까지 신자들과 항상 함께 계시어 지키시기 때문이다마 28:20. 주의 종들의 자손은 항상 안전히 거주하고 그의 후손은 주 앞에 굳게 선다시 102:28. 하나님은 아무리 부패한 시대에도 교회에 남은 자를 남겨 두시고, 남은 자는 다시 아래로 뿌리를 내리고 위로 열매를 맺게 하신다. 이러한 일을 여호와의 열심이 이루시는 것이지 절대로 사람의 열심이 이루지 않는다왕하 19:30-31. 이 일이 변화가 많고 능력이 부족한 사람의 열심에 달려 있지 않고, 불변하시고 전능하신 여호와께 달려 있으니 이루어지기 마련이다. 그러므로 주변에 참된 교회가 없어 보여도 하나님께서 그 어딘가에 참된 교회를 숨겨두신 줄 알고 현실의 부족함을 인하여 크게 실망하면 안 된다. 신자는 늘 하나님께서 살아계시어 일하고 계심을 바라보며 기대해야지 주변의 관찰되는 현실이 전부인 줄로 알고 낙담하면 안 된다. 사람은 모두 먹고 자고 깰 뿐이지만 하나님은 신실하시게 그 넓은 우주를 한 치의 오차도 없이 운행하시고 전 지구의 동식물을 기르신다. 사람이 살지 않는 남극과 북극과 같은 오지에서도 하나님은 동식물을 키우신다. 이런 신실하심이 하나님의 교회를 향해서는 더욱 크게 드러나므로 땅위에는 하나님의 뜻에 따라서 하나님을 경배하는 교회가 항상 존재한다.

25.6

주 예수 그리스도 외에는 교회의 머리가 없다.[n] 즉, 로마의 교황은 어떤 의미로도 교회의 머리일 수 없고, 오히려 그리스도를 대적하고 신이라고 불리는 모든 것을 대적하며 교회에서 자기를 높이는 바로 그 적그리스도이고, 저 불법의 사람 곧 멸망의 아들이다.[o]

There is no other head of the Church, but the Lord Jesus Christ:[n]

> nor can the Pope of Rome, in any sense be head thereof: but is that Antichrist, that man of sin, and son of perdition, that exalteth himself, in the Church against Christ, and all that is called God.o
>
> n 골 1:18; 엡 1:22   o 마 23:8-10; 살후 2:3-4, 8-9; 계 13:6

6. 교회의 유일한 머리이신 예수 그리스도

주 예수 그리스도만이 교회의 유일한 머리이시다. 하나님께서 만물을 그리스도의 발아래에 복종하게 하시고 그를 만물 위에 교회의 머리로 삼으셨다 엡 1:22. 자신을 교회의 머리라고 하는 자는 바로 그리스도를 인정하지 않거나 자신을 그리스도와 대등하다고 하는 자이므로 그리스도를 대적하는 자이다. 제21장 제2절은 "신성한 예배는 성부, 성자, 성령 하나님께 드려야 하고, 오직 그분께만 드려야 하지, 천사들이나 성인들이나 어떤 다른 피조물에게 드려서는 안 된다. 타락 이후에는 중보자 없이는 안 되는데, 그리스도 한 분을 제외하고는 다른 어떤 이의 중보로도 안 된다."라고 말한다. 오직 그리스도만 교회의 머리가 될 수 있고, 천사들이나 성인들이나 교황과 같은 어떤 다른 피조물도 교회의 머리가 될 수 없고 경배될 수 없다. 타락 이후에는 중보자 없이는 예배가 되지 않는다. 타락한 죄인이 어떻게 하나님 앞에 서서 신성한 예배를 드릴 수 있단 말인가? 죄인들을 위하여 피흘려 죽으심으로 죄인들을 의롭게 하신 유일한 중보자 예수 그리스도를 통해서만 신자의 예배가 가능하다. 그리스도께서는 중보자로서 교회의 머리가 되시어 우리를 하나님과 화목하게 하신다. 다른 존재를 교회의 머리라고 하는 것은 그 존재가 우리의 죄를 짊어지고 십자가에서 죽었다고 말하는 것과 같은 어리석음이다.

이런 면에서 로마의 교황이 어찌 교회의 머리가 될 수 있겠는가? 그는 어떤 의미로도 교회의 머리가 될 수 없다. 로마 가톨릭도 "그리스도인은 그리스도를 머리로 하는 몸의 지체들이기 때문에"라는[58] 표현으로 그리스도께서 교회의 머리가 됨을 인정한다. 하지만 그들은 교황과 주교들이 그리스도의 권위 the authority of Christ 를 지닌 스승이므로 "교황과, 그와 일치해 있는 주교들의 보편적이고 통상적인 교도권 the ordinary and universal Magisterium 은 신자들에게 믿어야 할 진리, 실천해야 할 사랑, 그리고 희망해야 할 참 행복을 가르친다."고[59] 말함으로써 교도권이라는 의미로 교황을 그리스도의 권위를 지닌 스승으로 높인다. 이어서 그들은 "그리스도의 권위에 참여하는 가장 높은 단계는 무류성無謬性의 은사로 보장된다. 무류성은 교회가 거룩하게 보전하고 충실히 설명하여야 할 하느님 계시의 위탁이 펼쳐지는 그 만큼 펼쳐진다. 또한 무류성은 윤리를 포함해서, 구원을 위한 신앙 진리들을 지키고 설명하며 보존하는 일에 필요한 모든 교리 조항에까지 미치는 것이다."라고[60] 말함으로써 어느새 교황을 교회의 머리로 여긴다. 그들은 신자들이 판단력을 맑게 하고 상처 입은 인간의 이성을 치유하기 위하여 교육을 받을 권리가 있다고 말함으로써[61] 신자들이 스스로 판단할 능력이 없고 교황과 주교들의 교도권을 받아야 하는 미약한 존재로 만들며, 은연 중 교회를 머리로 여기게 한다.

이들은 "진리의 기둥이며 기초인 교회는 구원의 진리를 선포하라는 그리스도의 이 장엄한 명령을 사도들에게서 받았다."고 말함으로써 사도들이 교회에 권위를 선포하였다고 말하고, 사도들 중 수석 사도가 교황이므로 교황을 교회의 머리로까지 은연히 끌고 간다. 이들은 이어서 "교회는 윤리 원칙들을 사회 질서에 관한 것까지도 언제나 어디서나 선포하고, 인간의 기본권이나 영혼의 구원에 요구되는 한에서는 어떠한 인간사에 대하여서도 판단을 내릴 소임이 있다."고[62] 말한다. 이들은 첫째 교회가 사회 질서를 비롯해 어떠한 인간사에 대해서도 판단을 내릴 소

---

58 『가톨릭 교회 교리서』, 2045항, 745.
59 『가톨릭 교회 교리서』, 2034항, 741.
60 『가톨릭 교회 교리서』, 2035항, 741.
61 『가톨릭 교회 교리서』, 2037항, 742.
62 『가톨릭 교회 교리서』, 2032항, 740.

임right을 갖는다는 것이고, 둘째 이러한 소임은 궁극적으로 사도들에게서 받았다는 것이고, 셋째 이 사도들 중 수석 사도가 베드로이고 베드로는 초대 교황이라는 것이고, 넷째 그러므로 교황은 교도권의 의미에서 교회의 머리가 된다는 논리적 결론을 도출해낸다.

교황이 이런 교도권을 로마 가톨릭에서 갖는다고 해도 성경 전체의 내용을 선한 양심에 따라 잘 가르친다면 그나마 문제가 덜하지만, 교황과 주교들이 부패하여 자신의 이득을 채우기 위해 성경을 왜곡하고 남용하여 잘 못 가르친다면 교황의 권위와 권력이 강할수록 그 폐해는 커진다. 종교 개혁이 이루어진 중세 시대에는 그 폐해가 너무 컸고, 교황이 권위와 권력의 측면에서 거의 교회의 머리에 이르렀으므로 종교 개혁자들은 그를 그리스도를 대적하고, 신이라고 불리는 모든 것을 대적하는 자라고 보았다. 여러 시대에 걸쳐 많은 교황과 주교들이 교회와 신자와 일반인에게 악영향을 크게 미쳤지만 중세 시대는 더욱 심하여 교황은 자기를 높이는 바로 그 적그리스도와 저 불법의 사람 곧 멸망의 아들로 인식되었다.

미국 북장로교회는[63] "오히려 교황은 그리스도를 대적하고 신이라고 불리는 모든 것을 대적하며 교회에서 자기를 높이는 그 적그리스도이고, 저 불법의 사람이고, 멸망의 아들이다."라는 표현이 로마 가톨릭의 교황에 대하여 지나친 표현이라 생각하여 1903년에 이 표현을 없앴다. 1936년에 북장로교회에서 나온 정통장로교회Orthodox Presbyterian Church, OPC 도 이 표현이 삭제된 제6절을 채택하였다. 우리는 무류성의 은사로 보장되는 교도권의 교리를 가진 로마 가톨릭은 기본적으로 교황을 교회의 머리로 만들기 쉽고, 타락의 정도가 심해지면 로마의 교황이 언제든 적그리스도에 준하는 권력의 폐해를 발생하게 됨을 알되, 동시에 현대 사회에서 로마 가톨릭도 불교와 천도교와 유교와 이슬람처럼 세계 종교들 중 하나이고,

---

63 1789년에 설립된 미합중국 장로교회(PCUSA: Presbyterian Church in the United States of America)는 미국 남북전쟁 중 1861년도에 미국 남장로교회가 정치적, 지리적 이유로 분립되어 나가면서 보통 "북장로교회"라고 불린다. 초기 한국 선교 과정에서 미국 북장로교회는 평안도, 황해도, 경상북도를 중심으로 선교하였다.

일부 교황은 일반 은총의 선을 일부 행했음도 알아야 한다.

Of the Communion of Saints

제26장 성도의 교통

웨스트민스터 신앙고백은 아래에서 보는 것처럼 제25장부터 제31장까지 교회론에 대하여 다룬다. 제25장이 교회에 대한 일반론을 다루고, 제26장에서 성도들의 교통에 대하여 다룬다. 그만큼 성도들의 교통은 교회의 어떤 항목보다 중요하고 기본이기에 교회론의 앞부분에서 다룬다. 그 후에 성례를 다루는데 이때 성도들의 교통이란 관점에서 성례를 살펴보면 이해하는 데 크게 도움이 된다.

제25장: 교회	제26장: 성도들의 교통
제27장: 성례	제28장: 세례
제29장: 주의 성찬	
제30장: 교회 권징	제31장: 노회와 총회

26.1

자신의 머리이신 예수 그리스도에게 그분의 영에 의해 그리고 믿음에 의해 연합된 모든 성도는 그분의 은혜, 고난, 죽음, 부활, 영광 안에서 그분과 사귐을 갖는다.[a] 그리고 사랑 안에서 서로 연합되어 각자의 은사와 은혜 안에서 교통하며,[b] 속사람과 겉사람 모두에 걸쳐 그들에게 서로 선이 되도록 이끄는 공적인 의무와 사적인 의무를 수행할 책임이 있다.[c]

> All saints that are united to Jesus Christ their head, by his Spirit, and by faith, have fellowship with him in his graces, sufferings, death, resurrection, and glory:a and being united to one another in love, they have communion in each other's gifts and graces,b and are obliged to the performance of such duties, public and private, as do conduce to their mutual good, both in the inward and outward man.c
>
> a 요일 1:3; 엡 3:16-19; 요 1:16; 엡 2:5-6; 빌 3:10; 롬 6:5-6; 딤후 2:12
> b 엡 4:15-16; 고전 12:7; 고전 3:21-23; 골 2:19
> c 살전 5:11, 14; 롬 1:11-12, 14; 요일 3:16-18; 갈 6:10

1. 그리스도와의 연합에 의거한 성도들 간의 연합

사람은 머리와 여러 지체로 구성된다. 팔과 다리와 몸통 등이 머리와 연결되어 한 몸을 이룬다. 한 몸의 지체들 중 하나가 고통을 당하면 다른 지체들이 모두 고통을 당한다. 자동차는 부품 하나가 고장 나거나 교체 되어도 다른 부품들이 고통을 느끼지 못하지만, 몸은 새끼발가락 하나가 아파도 몸 전체가 고통을 느낀다. 그리스도와 성도들이 바로 그리스도를 머리로 하여 한 몸으로 연결되어 있다. 제1절은 이것을 모든 성도가 자신의 머리이신 예수 그리스도에게 그리스도의 영에 의해 그리고 믿음에 의해 연합되어 있다고 표현한다.

연합union에 대해서 웨스트민스터 대요리문답 제66문은 이렇게 말한다. "선택된 자들이 그리스도와 갖는 연합은 하나님의 은혜의 사역입니다 엡 1:22, 2:6-8. 이것에 의해 그들은 자신의 머리와 남편이신 그리스도에게 영적으로 그리고 신비하게, 그러나 실제적으로 그리고 분리되지 않게 결합됩니다 고전 6:17; 요 10:28; 엡 5:23, 30. 이것은 그들의 효과적 부르심 때 이루어집니다 고전 1:9; 벧전 5:10."64 선택된 자들은

---

64 The union which the elect have with Christ is the work of God's grace, whereby they are spiritually and mystically, yet really and inseparably, joined to Christ as their head and husband; which is done in their effectual calling.

그리스도께 육체적으로가 아니라 영적으로 결합된다. 물리적인 결합만을 인식하는 사람에게 영적인 결합은 매우 신비하다. 분리된 두 대상을 결합시키는 일은 간단하지 않다. 전봇대도 땅 깊숙이 박혀야 쓰러지지 않고, 나무도 땅 깊숙이 뿌리를 사방으로 내리지 않으면 태풍에 뿌리 채 뽑힌다. 본드, 나사, 못, 실리콘, 콘크리트 등이 결합에 사용되는 눈에 보이는 도구들이다. 사람의 눈에 보이지 않지만 분명히 존재하는 결합체도 있다. 지구와 태양의 거리는 1억 5천만 km이다. 1초에 30만 km를 가는 빛의 속도로도 8분 넘게 걸린다. 그런데 중력을 인하여 이 지구만이 아니라 수성과 금성과 화성과 목성과 같은 위성들도 태양을 벗어나지 않고 정기적으로 공전한다. 중력은 매우 신비하여 각 위성이 독립된 개체로 자유롭게 운행하면서 동시에 태양을 중심으로 작동하게 한다. 중력은 눈에 보이지 않지만 분명히 존재하고 존재하는 모든 것에 큰 영향을 미친다. 중력을 끊어버리고 통제하는 수단이 별로 없다. 유치원과 초등학교에 간 자녀는 학교가 끝나자마자 부모가 있는 집으로 달려오고, 사랑하는 연인도 멀리 떨어져있어도 다양한 방법으로 소통하고 틈만 나면 만난다. 이들은 서로 사랑하기 때문에 끈끈히 연결되어 있고 서로 가까이 있으려고 한다. 사랑은 그 어떤 것보다 강력한 결합체인 것이다.

중력과 사랑처럼 눈에 보이지 않는 결합체도 있다. 그리고 이것들보다 훨씬 더 강한 결합체가 있으니 바로 성령님에 의한 것이다. 예수 그리스도께서 우리의 죄를 짊어지고 죽으심으로 우리를 죄에서 구원하여 주셨고, 성령께서 우리를 예수 그리스도를 머리로 한 몸의 지체로 실제적으로 분리되지 않게 결합시켜 주신다. 이것을 끊을 자가 없다. 설령 지구와 태양을 결합시킨 중력을 끊을 자가 있더라도, 그리스도와 우리를 연합시키신 성령님을 대적할 자가 없다. 환난이나 곤고나 박해나 기근이나 적신이나 위험이나 칼도 끊을 수 없고, 사망이나 생명이나 천사들이나 권세자들이나 현재 일이나 장래 일이나 능력이나 높음이나 깊음이나 다른 어떤 피조물이라도 우리를 우리 주 그리스도 예수 안에 있는 하나님의 사랑에서 끊을 수 없다 롬 8:35-39.

지금까지 모든 성도가 그리스도에게 그의 영에 의해 연합되는 것을 살펴보았는데, 이제 믿음에 의해 연합되는 것을 간단히 살펴보자. "믿음에 의해"by faith라는 수동적 표현이 말해주는 것처럼 믿음은 하나님의 선물이다. 믿어서 구원받는 것이 아니라, 믿음을 통하여 구원받는다. 하나님께서 예수 그리스도를 통하여 구원을 선택하신 자들에게 주실 때 그들이 예수 그리스도라는 큰 선물을 인식하지 못하므로, 성령에 의해 믿음을 그들에게 주시면서 그들로 예수 그리스도를 영접하도록 하신다. 그때 선택된 자들은 주어진 믿음으로 예수 그리스도를 받아들이고 의지한다. 이처럼 믿음은 먼저 하나님께서 성령을 통하여 주시는 것이고, 그때 선택된 자들은 주어진 믿음에 의해 그리스도를 받아들이고 의지한다. 그러므로 제26장 제1절도 "믿음에 의해"라고 수동태로 표현한다.

모든 성도가 자신의 머리이신 예수 그리스도와 연합되어 있으므로 그리스도의 은혜, 고난, 죽음, 부활, 영광에 참여하게 된다. 아래에 있는 근거성경구절들이 이를 잘 말해준다. 성도는 그리스도와 연합하여 그리스도께서 하신 모든 일에 참여한 것이 되므로, 그리스도께서 당하신 고난과 죽음을 더 이상 겪지 않아도 되고, 그리스도께서 획득하신 부활과 영광에 참여하게 된다. 제8장 중보자 그리스도 제4절에서 살펴본 것처럼 그리스도께서 낮아지신 상태에서 율법 아래에 나심, 고난, 죽음, 장사의 사역을 하셨고, 높아지신 상태에서 부활, 승천, 우편에 앉으심, 재림의 사역을 하셨다. 모든 성도가 이 모든 일에 그리스도와 함께 참여하는 것이다. 그래서 그리스도께서 낮아지신 상태에서 하신 사역에 모든 성도가 참여함으로 인하여 모든 성도는 더 이상 율법과 고난과 죽음과 장사됨의 영향을 본질적으로 받지 않는다. 예수님께서 모든 성도를 대신하여 하셨으므로 모든 성도는 이것들의 본질적 영향을 받지 않는다. 또한 그리스도께서 높아지신 상태에서 사역하신 부활, 승천, 우편에 앉으심, 재림에 모든 성도가 참여하므로 이것들이 바로 성도의 것이 된다. 그래서 모든 성도는 앞으로 부활과 승천과 우편에 앉으심과 재림을 그리스도와 함께 누리게 된다. 이러니 모든 성도가 그리스도와의 연합을 인하여 갖게 되는 영광이 얼마나 큰지 모른다.

엡 3:16-18		그의 영광의 풍성함을 따라 그의 성령으로 말미암아 너희 속사람을 능력으로 강건하게 하시오며 믿음으로 말미암아 그리스도께서 너희 마음에 계시게 하시옵고 너희가 사랑 가운데서 뿌리가 박히고 터가 굳어져서 능히 모든 성도와 함께 지식에 넘치는 그리스도의 사랑을 알고
요 1:16		우리가 다 그의 충만한 데서 받으니 은혜 위에 은혜러라
엡 2:5-6		허물로 죽은 우리를 그리스도와 함께 살리셨고 (너희는 은혜로 구원을 받은 것이라) 6 또 함께 일으키사 그리스도 예수 안에서 함께 하늘에 앉히시니
빌 3:10		내가 그리스도와 그 부활의 권능과 그 고난에 참여함을 알고자 하여 그의 죽으심을 본받아
롬 6:5-6		만일 우리가 그의 죽으심과 같은 모양으로 연합한 자가 되었으면 또한 그의 부활과 같은 모양으로 연합한 자도 되리라 6 우리가 알거니와 우리의 옛 사람이 예수와 함께 십자가에 못 박힌 것은 죄의 몸이 죽어 다시는 우리가 죄에게 종 노릇 하지 아니하려 함이니
딤후 2:12		참으면 또한 함께 왕 노릇 할 것이요 우리가 주를 부인하면 주도 우리를 부인하실 것이라

모든 성도가 자신의 머리이신 예수 그리스도와 연합되어 있다는 것은 모든 성도가 그 몸의 지체로서 서로 간에 연합되어 있다는 의미이다. 손과 팔과 오장육부와[65] 몸통 등이 서로 간에 긴밀하게 연결되어 서로 많은 것을 주고받는다. 발이 "나는 손이 아니니 몸에 붙지 아니하였다"라고 하여도 몸에 붙지 않은 것이 아니다. 귀가 "나는 눈이 아니니 몸에 붙지 아니하였다"라고 하여도 몸에 붙지 않은 것이 아니다. 만일 온 몸이 눈이면 듣는 곳이 없고, 온 몸이 듣는 곳이면 냄새 맡는 곳이

---

65 오장육부(五臟六腑): 간·심·비·폐·신의 오장 그리고 담·위·대장·소장·방광·삼초의 육부를 뜻한다.

없다. 하나님께서 그 원하시는 대로 지체를 각각 몸에 두셔서, 지체는 많으나 몸은 하나이다. 눈이 손에게 "내가 너를 쓸 데가 없다."라고 하거나, 머리가 발에게 "내가 너를 쓸 데가 없다."라고 할 수 없다. 즉 하나님께서는 한 몸에 여러 지체가 있도록 하시어, 여러 지체의 다양한 기능을 통하여 그 몸이 살아가게 하신다^{고전 12:15-21}.

그리스도를 머리로 하여 연합된 모든 성도도 이와 같다. 한 몸의 각 지체가 각 기능을 갖고 서로를 돕듯이, 모든 성도도 하나님으로부터 받은 각자의 은사와 은혜로 서로 교제하여야 한다. 그리스도에게서 온 몸이 각 마디를 통하여 도움을 받음으로 연결되고 결합되어 각 지체의 분량대로 역사하여 그 몸을 자라게 하며 사랑 안에서 스스로 세운다^{엡 4:16}. 온 몸이 머리로 말미암아 마디와 힘줄로 공급함을 받고 연합하여 하나님이 자라게 하시므로 자란다^{골 2:19}. 그리스도께서 각 지체에게 도움을 주시는 것은 각 지체만 잘 먹고 잘 살라는 것이 아니라 다른 지체들과 서로 연합하여 각자의 분량대로 역사하여 다른 지체들을 도우라는 것이다. 이렇게 각 지체가 서로 도우면 그 몸이 자라게 되어 각 지체에게도 유익하다. 하지만 서로 돕지 않으면 결과적으로 각 지체에게도 해롭다.

하나님께 받은 은사와 은혜로 지체를 도울 때에 말로만 도우면 안 된다. 이 세상의 재물로 형제의 궁핍함을 보고도 도와 줄 마음을 닫으면 하나님의 사랑이 없는 것이다. 말과 혀로만 사랑하지 말고 행함과 진실함으로 해야 한다^{요일 3:16-18}. 형제나 자매가 헐벗고 일용할 양식이 없는데, "평안히 가라, 덥게 하라, 배부르게 하라"는 말만 하고 그 몸에 쓸 것을 주지 않으면 아무 유익이 없다. 그런 행위는 하나님께서 아무 대가도 받지 않고 자신을 구원하여 주신 것을 모르는 죽은 믿음이다^{약 2:15-17}.

제1절에 따르면 모든 성도는 다른 지체를 도울 때 첫째로 속사람과 겉사람 모두에 걸쳐 도움이 되도록 행해야지, 어느 하나에만 치중하면 안 된다. 둘째로 모든 성도는 모든 이에게 착한 일을 하여야 하되 믿음의 가정들에게 더욱 하여야 한다^{갈 6:10}. 믿음의 가정들이 성도의 지체이기 때문이다. 불신자는 한 몸의 지체는 아니지만, 하나님의 형상을 지닌 사람이기 때문에 그들에게도 도움을 베풀어야 한

다. 셋째로 공적이고 사적인 의무들을 수행해야 한다. 교회를 통하여 지체에게 공적인 도움을 베풀 뿐만 아니라, 개인적으로도 도울 필요가 있을 때에는 도와야 한다. 요사이 주변에 경제적으로 어려운 사람이 발생하면 자신이 돕기보다 주민센터와 구청과 중앙정부의 관련부처를 통하여 그들을 돕게 한다. 이런 공적인 도움이 중요하고 필요하지만, 동시에 각 개인도 직접 도우려고 해야 한다.

이렇듯 각 신자는 같이 신앙생활 하는 성도와 긴밀히 연합되어 있으므로 절대로 남으로 보면 안 되고, 자신의 일부로 알아야 한다. 닭이 소 보듯 다른 성도에게 무심하면 안 되고 나의 형제로 알아 유심히 보아야 한다. 각 성도는 주일 예배를 드린 뒤 성도와 인사를 나눌 때 깊은 눈으로 각 성도에게 기쁨과 슬픔이 있는지 살펴야 한다. 그들의 기쁨에 같이 동참하여 그 기쁨이 커지게 해야 하고, 그들의 슬픔에 같이 아파하여 그 슬픔이 작아지게 해야 한다. 신자는 주일에 예배를 드린 것만으로 주일성수를 한 것이 아니다. 다른 성도와 교제를 나누며 그들의 기쁨과 슬픔에 동참해야 주일성수를 제대로 한 것이다. 신자가 하나님과 이웃을 사랑할 때 모든 율법과 선지자의 가르침을 이룬 것이다 마 22:40. 아무리 예배를 공적으로, 사적으로 많이 드려도 성도에 대한 사랑이 풍성히 나타나지 않는다면 영과 진리로 드린 예배라고 하기 힘들다 요 4:23.

26.2

신앙을 고백한 성도는 거룩한 사귐과 교통을 유지할 책임이 하나님을 예배할 때에, 그리고 서로의 덕을 세우는 데 도움이 되는 영적 봉사를 할 때에 있다.ᵈ 또한 그들의 다양한 능력과 필요에 따라 서로를 육적인 것으로 구제할 때에도 있다. 이 교통은 하나님께서 기회를 주시는 대로 각처에서 주 예수의 이름을 부르는 모든 자에게로 퍼져나가야 한다.ᵉ

Saints by profession are bound to maintain an holy fellowship and

> communion in the worship of God; and in performing such other spiritual services as tend to their mutual edification;ᵈ as also in relieving each other in outward things, according to their several abilities, and necessities. Which communion, as God offereth opportunity, is to be extended unto all those, who, in every place call upon the name of the Lord Jesus.ᵉ
>
> d 히 10:24-25; 행 2:42, 46; 사 2:3; 고전 11:20
> e 행 2:44-45; 요일 3:17; 고후 8장-9장; 행 11:29-30

2. 성도의 교통이 나타나는 세 가지 경우

제1절은 보이지 않는 교회의 회원으로서 그리고 제2절은 보이는 교회의 회원으로서 교인이 지녀야 할 사귐과 교통에 관한 것이다. 성도는 자신이 출석하는 지교회에서 자신의 신앙을 고백하여 하나님의 자녀로 인정을 받으면 지교회의 회원이 된다. 그렇게 회원이 되면 그 지교회에 속한 다른 회원들과 세 가지 면에서 거룩한 사귐과 교통을 계속하여 유지할 책임을 갖게 된다.

첫째로 하나님을 예배할 때이다. 제25장 교회 제4절이 말하는 것처럼 복음의 교리를 가르치고 받아들이는 일, 규례의 집행, 공 예배의 행함이 순수하게 이루어지는 교회일수록 더 순수한 교회이다. 공 예배는 교회의 순수함을 측정하는 중요한 지표가 되고, 성도의 교통이 드러나는 중요한 순간이기도 하다. 신자는 공예배를 드릴 때에 단순히 하나님에게만 예배하는 것이 아니라 동시에 다른 성도들과 거룩한 사귐과 교통을 유지하는 것이다. 제21장 신성한 예배와 안식일 제5절은 성경읽기, 설교, 찬송, 성례, 맹세, 서원, 금식, 감사 등을 신성한 예배의 정규적 요소들이라고 말한다. 성도는 이 요소들을 같이 행하며 거룩한 사귐과 교통을 나눈다. 같은 성경 말씀을 읽고 같은 생각을 하고, 설교를 통해 같은 가르침과 은혜를 받고, 같은 찬송을 부르며 같은 감동을 받고, 같은 성례에 참여하여 같은 떡과 잔을 나누는 것처럼 거룩한 사귐과 교통도 없다. 한 나라의 시민이 같은 역사 속에서 같은 아픔과 기쁨을 공유하며 같은 민족과 시민임을 의식하며 동포애가 생기듯, 성도는 하나님께 예배하며 같은 성도이고 한 형제임을 강하게 느끼게 된다. 같은 내용으로 맹세하고 서원하고, 같은 일에 대하여 아파하며 금식하고 기뻐하며 감사할 때에 성도는 풍성하게 사귀고 교통한다.

둘째로 성도가 서로를 세우는 데 도움이 되는 영적 봉사를 할 때이다. 아래에 있는 근거성경구절들에서 보는 것처럼, 성도는 사적으로 이득이 없으면 모이기를 폐하는 어떤 사람들의 습관과 같이 하면 안 되고, 예배 이외에도 자주 모여 서로 돌아보며 사랑과 선행을 격려하고, 성경의 가르침을 받고 나누며, 서로 기도하여야 한다. 서로 초대하여 기쁨과 순전한 마음으로 서로 음식을 나누며 서로를 즐거워해야 한다. 하나님의 진리와 사랑에 따라 사는 모습을 서로에게서 보며 영감과 사랑을 주고받아야 한다. 신자는 영적인 존재인지라 서로 영적으로 섬길 때 그 영혼이 평안하고 서로에 대하여 깊이 신뢰할 수 있다.

히 10:24-25　　서로 돌아보아 사랑과 선행을 격려하며 25 모이기를 폐하는 어떤 사람들의 습관과 같이 하지 말고 오직 권하여 그 날이 가까움을 볼수록 더욱 그리하자

행 2:42, 46　　그들이 사도의 가르침을 받아 서로 교제하고 떡을 떼며 오로지 기도하기를 힘쓰니라 46 날마다 마음을 같이하여 성전에 모이기를 힘쓰고 집에서 떡을 떼며 기쁨과 순전한 마음으로 음식을 먹고

셋째로 자신의 다양한 능력과 필요에 따라 서로를 외적 물건들로 구제할 때이다. 제1절에서도 살펴본 것처럼 말과 혀로만 사랑하면 안 되고 하나님께 받은 능력으로 상대방의 필요를 물질로도 채워줘야 한다. 초대교회 성도는 사도들의 가르침을 받아 서로 교제할 때에 모든 물건을 서로 통용하고 재산과 소유를 팔아 각 사람의 필요를 따라 나눠 주었고^{행 2:44-45}, 믿는 무리가 한마음과 한 뜻이 되어 모든 물건을 서로 통용하고 자기 재물을 조금이라도 자기 것이라 하는 이가 하나도 없

었다행 4:32. 이 세상의 재물을 가지고 형제의 궁핍함을 보고도 도와 줄 마음을 닫는 자에게는 하나님의 사랑이 그 속에 거한다고 하기 힘들다요일 3:17. 돈을 사랑함이 일만 악의 뿌리이다. 어떤 사람의 믿음이 좋은지 여부는 그가 돈을 어떻게 대하고 사용하는지를 보면 알 수 있다. 돈을 탐내는 자들은 미혹을 받아 믿음에서 떠나 많은 근심으로써 자기를 찌른다. 이에 비하여 사람이 세상에 아무 것도 가지고 온 것이 없으므로 또한 아무 것도 가지고 가지 못 하는 줄로 아는 자는 먹을 것과 입을 것이 있으면 족한 줄로 알며 주변 성도를 기꺼이 물질로 돕는다딤전 6:7-10.

이러한 교통은 자신이 속한 지교회의 회원들에게만이 아니라 하나님께서 기회를 주시는 대로 각처에서 주 예수의 이름을 부르는 교인들에게로고전 1:2 퍼져나가야 한다. 바나바와 바울이 일 년간 안디옥 교회에서 가르쳤을 때에 그 교인들은 유대에 사는 형제들이 큰 흉년으로 힘들어하자 그들을 돕기로 결정했다. 그들이 바나바와 바울에게 하나님의 말씀을 잘 배웠음이 그들의 부조 실행으로 드러났다행 11:29-30. 마게도냐 지역은 로마의 식민지로 과도한 세금에 시달렸고, 특히 그리스도인들은 핍박으로 경제 사정이 더 열악하였다. 그럼에도 예루살렘 교회가 어렵다는 소식을 들었을 때에 풍성한 연보를 넘치도록 하였다. 환난의 많은 시련 가운데서도 그들의 넘치는 기쁨과 극심한 가난이 오히려 풍성히 돕게 하였다. 바울은 그들이 힘대로 할 뿐 아니라 힘에 지나도록 자원하여 참여하였고, 먼저 자신을 주께 드리고 하나님의 뜻을 따라 예루살렘 교회에게 주었다고 칭찬하였다고후 8:2-5. 고린도 교회도 예루살렘 교회를 돕는 일에 열심을 내어 퍽 많은 사람들을 분발하게 하였다고후 9:2. 바울은 이렇게 돕는 봉사의 직무가 고린도 교인이 그리스도의 복음을 진실히 믿고 복종하는 것을 나타내고, 그들의 후한 연보가 하나님께 영광을 돌리는 것이 된다고 말하였다고후 9:13.

하나님께서 기회를 주시는 대로 이러한 교통이 각처의 교인들에게로 널리 퍼져나가는 것이야말로, 전 세계에 흩어져 있는 모든 교인이 예수 그리스도를 머리로 하여 사랑 안에서 서로 연합된 한 형제임을 드러내는 것이다. 이것은 얼마나 순수하게 복음의 교리가 가르쳐지고 받아들여지는가를 나타내는 시금석의 하나에 속한다. 성도가 복음의 교리를 잘 받아들여 외적 물건들로 구제하는 교통이 주 예수의 이름을 부르는 세계의 모든 이에게 퍼져나갈 때에 제25장 제4절이 말하는 것처럼 보편 교회는 더 분명하게 보인다. 대한민국의 교회들은 다른 나라들의 교회가 경제적으로, 위생적으로, 신앙적으로 어려움에 처하였을 때에 풍성하게 도와야 한다. 실제로 우리나라 교회는 한국전쟁으로 폐허가 되었을 때에 세계의 교회로부터 많은 도움을 받았다. 이것을 보답하는 차원에서라도 한국 교회가 지닌 경제적 풍요를 다른 나라들의 교회에 건넬 줄 알아야 한다.

26.3

성도가 그리스도와 갖는 이 교통으로 말미암아 그분의 신성의 실체를 조금이라도 취하는 것이 결코 아니고, 그분과 동등하게 되는 것도 전혀 아니다. 둘 중 무엇을 주장하든 그것은 불경건하고 신성모독이다.f 또한 그들이 성도로서 서로 교통한다고 하여 각 성도가 자신의 재산과 소유물에 대해 갖는 소유권과 재산권이 빼앗기거나 침해받는 것도 아니다.g

This communion which the saints have with Christ, doth not make them, in any wise, partakers of the substance of his Godhead, or to be equal with Christ in any respect: either of which to affirm, is impious, and blasphemous.f Nor doth their communion one with another, as saints, take away, or infringe the title or propriety which each man hath in his goods and possessions.g

f 골 1:18-19; 고전 8:6; 사 42:8; 딤전 6:15-16; 시 45:7; 히 1:8-9
g 출 20:15; 엡 4:28; 행 5:4

3. 성도의 교통에 대한 두 가지 오해

❶ 그리스도의 신성의 실체에 참여하는가?

제26장 제1절이 "자신의 머리이신 예수 그리스도에게 그분의 영에 의해 그리고 믿음에 의해 연합된 모든 성도는 그분의 은혜, 고난, 죽음, 부활, 영광 안에서 그분과 사귐을 갖는다."라고 말한다 하여 성도가 그리스도의 신성의 실체를 조금이라도 취하는 것은 아니다. 성도는 그리스도께서 이루신 것들에 여전히 피조물로서 참여하는 것이지, 그리스도와 한 몸으로 연결되었다고 하여 그의 신성에까지 참여하는 것은 절대로 아니다. 유한은 무한을 받지 못한다.

제8장 중보자 그리스도 제2절은 "삼위일체의 제2위격이신 하나님의 아들은 …… 성령의 능력에 의해 처녀 마리아의 태 안에서 그녀의 본질로부터 잉태되었다. 그래서 두 개의 온전하며 완전하며 구별된 본성, 즉 신성과 인성이 함께 변질 없이, 합성 없이, 혼합 없이, 분리되지 않게 한 인격으로 연합되었다."라고 말한다. 그리스도의 인성도 신성과 합성되거나 혼합되지 않는다. 신성과 인성이라는 본성적인 측면에서 두 속성 간에 교류가 없다. 그리스도의 신성과 인성 간에 교류가 없는데, 하물며 성도가 어찌 그리스도의 신성의 실체를 취할 수 있겠는가? 그러니 모든 성도는 실체적인 면에서 그리스도와 어떠한 면에서도 동등하게 될 수 없다. 그리스도께서 인성에 속한 모든 본질적인 속성과 일반적 연약함을 취하셨던 면에서는 성도가 그리스도와 동등할 수 있다. 하지만 이것도 엄격하게 말하면 그리스도께서는 죄가 없는 채로 취하셨기 때문에 성도의 속성과 연약함과는 큰 차이가 있다.

그러므로 둘 중 무엇을 주장하든 그것은 불경건한 것이고 신성을 모독하는 것이다. 사람이 개를 반려견伴侶犬으로 대우하여 집에서 같이 살며 먹고 잔다고 하여 개가 어찌 인성의 실체에 참여자가 될 수 있겠는가? 사람과 개의 차이보다 훨씬 큰 것이 하나님과 사람 간의 차이이다. 하나님의 얼굴을 보고 살 자가 없다 출 33:20; 딤전 6:16. 그 정도로 하나님과 사람 간에는 건널 수 없는 본질적인 간격이 있다. 제2장에서 하나님의 속성을 살펴볼 때 확인한 것처럼 사람이 하나님과 공유하는 속성을 갖는다고 하지만 공유적인 속성에 있어서도 그 차이는 하늘과 땅의 차이보다 크다. 하나님은 스스로 존재하시고 죽지 아니하시는데, 사람이 존재한다고 하여 하나님과 같은 존재라고 한다면, 이것은 사람도 하나님처럼 스스로 존재하고 죽지 않는다는 뜻이다. 이것이 바로 불경건한 것이고 신성을 모독하는 것이다.

❷ 소유권과 재산권까지 공유하는가?

성도가 서로 교통한다고 하여도 각 성도가 자신의 재산과 소유물에 대해 갖는 소유권과 재산권은 여전히 그 성도의 것이다. 아나니아와 삽비라는 소유를 팔아 얼마를 감추고 일부만 사도들의 발 앞에 두면서 땅을 판 전부라고 속였다. 베드로가 이 거짓말은 사람이 아니라 하나님에게 한 것이라고 했을 때에 그들의 혼이 떠나 죽어버렸다. 베드로가 이들을 책망한 것은 땅 값 얼마만 내놓은 행위 때문이 아니라 거짓말한 행위 때문이었다. 베드로는 "땅이 그대로 있을 때에는 네 땅이 아니며 판 후에도 네 마음대로 할 수가 없더냐?"고 행 5:4 말함으로써 땅의 소유권이 아나니아에게 있고, 누구도 그 소유권에 대하여 이래라 저래라 할 수 없음을 나타내었다.

초대교회 때 믿는 무리가 한마음과 한 뜻이 되어 모든 물건을 서로 통용하고 자기 재물을 조금이라도 자기 것이라 하는 이가 하나도 없었다는 사실이 각 성도의 소유권과 재산권을 다른 성도들이 빼앗거나 침해할 수 있다는 것을 뜻하지 않는다. 이들은 이러한 일을 자발적으로 하였다. 자발적으로 한 행위에 대하여 남들이 그 소유권을 마음대로 할 수 있다고 해석하면 안 된다. 바울은 고린도 교인에게 남을 돕는 헌금을 할 때에 "각각 그 마음에 정한 대로 할 것이요 인색함으로나 억지로 하지 말지니 하나님은 즐겨 내는 자를 사랑하시느니라"고 고후 9:7 말하였다. 성도가 외적 물건으로 구제할 책임이 있다고 하여 그 구제의 행위가 절대로 외부의 강요나 물리적인 침해로 이루어지면 안 된다.

때때로 일부 성도가 신앙의 열광주의에 빠져 초대교회를 본받는다는 명분으로 단체 생활까지 하며 재산을 공유하기도 한다. 처음에는 거룩한 사귐과 교통을 유지하려는 순수한 마음으로 시작하겠지만, 완전히 성화되지 않은 성도가 재산을 공유하기 때문에 생활하면 할수록 서로에 대한 신뢰가 점점 깨지고, 서로 다른 성향과 가치관이 확인될수록 불편함과 미움은 차곡차곡 쌓이게 된다. 특히 재산 문제가 미움과 싸움과 분열의 원인이 되기 쉽다. 재산의 명의를 공동체에 넘기면 그곳이 이단이라는 것을 알게 되어도, 또 다른 구성원과 관계가 악화되어 같이 살기가 힘들어도 이미 바친 재산을 회수할 방법이 없고, 공동체를 나가서 바깥 사회에 정착할 재산이 없어서 계속 공동체에 머물러야 하는 최악의 상황이 발생한다.

어떤 교회는 전 교인이 각 가정의 재산을 공유하는 것이 초대교회의 가르침이라며 각 가정의 재산의 소유권을 교회에 넘기라고 은근히 강요한다. 이런 교회도 앞선 말한 어려움에 반드시 빠지게 된다. 모든 성도는 아나니아와 삽비라처럼 남에게 보이려는 위선의 행동을 하면 안 되고, 바울이 말한 것처럼 타인의 눈총이나 강요에 의해서가 아니라 자신의 신앙의 정도에 따라 즐겨 내는 자가 되어야 한다. 이 때 인색함이나 억지가 아니라 풍성하게 돕기 위하여 노력하여야지 순간의 감정에 빠져 함부로 자신의 재산권을 다른 성도나 교회에 넘기면 안 된다. 아브라함과 롯이 헤어진 이유가 그들의 소유가 각기 많아서 동거하기에는 기거하는 땅이 좁았기 때문이다. 그들은 삼촌과 조카의 관계일지라도 재산권을 공유하지 않았다. 야곱과 라반도 삼촌과 조카의 관계임에도 임금 문제로 자주 갈등하였고, 끝내 그 문제로 헤어졌다. 이스라엘이 여리고 성을 점령할 때에 아간이 하나님의 말씀을 어기고 외투와 은과 금을 훔쳐서 이스라엘은 그 벌로 아이 성에서 큰 패배를 당하였다.

초대교회 때 제자가 많아지면서 헬라파 유대인들이 자기의 과부들이 매일의 구제에 빠지므로 히브리파 사람을 원망하였다. 초대교회가 모든 물건을 서로 통용하며 자기 재물을 아까워하지 않은 기록이 성경에 나오지만 동시에 이렇게 구제에서 빠지는 일로 원망이 발생하기도 하였고, 아나니아와 삽비라 사건도 발생하였다. 이렇게 외적 물건은 사람의 관심사이고 범죄를 유발하기 쉽다. 일만 악의 뿌리가 되는 돈을 사랑하는 마음이 성도에게도 분명히 존재하는 줄 알고 함부로 소유권과 재산권을 공유하는 일을 시도하면 안 된다. 성도가 서로 간에 소유권과 재산권을 공유하지 않을수록 성도의 거룩한 사귐과 교통은 안정적으로 오래 유지됨을 역사에서도 배워야 한다.

Of the Sacraments

제27장 성례

27.1

성례는 은혜 언약의 거룩한 표지와 인장으로ª 하나님께서 직접 제정하셨는데,ᵇ 그리스도와 그분이 주시는 유익들을 나타내고, 우리가 그분과 관계있음을 확증하면서ᶜ 또한 교회에 속한 이들과 세상에 속한 나머지를 눈에 보이게 구별하고,ᵈ 그들로 하나님의 말씀에 따라 그리스도 안에서 하나님을 섬기는 일에 엄숙히 참여하게 한다.ᵉ

Sacraments are holy signs and seals of the covenant of grace,ª immediately instituted by God,ᵇ to represent Christ and his benefits, and to confirm our interest in him:ᶜ as also to put a visible difference between those that belong unto the Church, and the rest of the world:ᵈ and solemnly to engage them to the service of God in Christ, according to his Word.ᵉ

a 롬 4:11; 창 17:7, 10
b 마 28:19; 고전 11:23
c 고전 10:16; 고전 11:25-26; 갈 3:27
d 롬 15:8; 출 12:48; 창 34:14
e 롬 6:3-4; 고전 10:16, 21

1. 성례의 정의와 목적

❶ 표지와 인장

그리스도께서 구속의 유익들을 우리에게 전하시는 외적 그리고 통상적 수단은 앞에서 살펴봤듯이 우선적으로 하나님의 말씀이다. 언어 하나님의 말씀는 하나님께서 사람에게 전달하시고자 하는 내용을 가장 정확하고 상세하게 표현하는 수단이기 때문이다. 언어는 귀로 감각된다. 설교자가 하나님의 말씀을 낭독하거나 선포할 때에 성도는 귀로 듣는다. 이에 비하여 성례는 눈으로 본다. 사람은 외부로부터 정보를 받아들일 때에 시각을 통해서 약 80%를 받아들이고 처리한다. 그래서 하나님은 시각을 통해서도 하나님의 말씀을 더 강력하게 인식하도록 성례를 정하셨다.

눈에 보이는 성례는 하나님의 말씀이 의미하는 바를 눈에 보이는 형태로 상징하는 것이지 절대로 하나님의 말씀과 상관없이 무엇을 의미하지 않는다. 이런 의미에서 성례를 "보이는 말씀"이라고 한다. 성례는 시각 이외에도 다른 감각 도구들도 사용한다. 세례를 받는 자는 물이 주는 촉감을 느끼고, 성찬을 받는 자는 떡과 포도주를 먹고 마신다. 구약의 성례는 여러 감각을 더 자극적으로 사용한다. 할례를 받는 자는 살이 잘리는 고통을 받는다. 양을 잡아 죽이고 먹는 유월절과 각종 제사는 무고한 짐승을 죽이는 부담감과 실제로 짐승을 죽일 때 죽어가는 고통과 표정을 눈으로 보아야 하고, 피비린내를 맡아야 하고, 처절한 울음소리를 들어야 한다.

자동차는 신호등이 빨간 불이면 멈추고, 파란 불이면 진행한다. 신호등은 차의 멈춤과 진행 여부를 알려주는 표지 sign이다. 운전자는 빨간 불과 파란 불이 무엇을 의미하는지 사회적 약속에 따라 알고 있다. 신자는 세례의 물과 성찬의 떡과 포도주가 무엇을 상징하는지 성경을 통해 알고 있기 때문에, 이것들을 볼 때마다 사람이 죄인이라는 것과 오직 그리스도의 보혈의 피를 통하여 구속된다는 것을 상기하게 된다. 성례는 그리스도의 복음을 눈으로 보게 하는 표지인 것이다.

관공서에 자신이 작성한 문서를 제출할 때에 본인의 도장을 찍는다. 넓은 들에서 소를 방목할 때에 다른 소유자의 것들과 혼동하지 않기 위하여 자신의 도장을 자신의 소들의 엉덩이 부근에 찍는다. 사람들은 그 도장의 모양을 통하여 어떤 소가 누구의 소유인지를 분별한다. 세례와 성찬이 바로 그런 도장의 역할을 한다. 신자는 세례와 성찬을 통하여 자신이 그리스도의 자녀임을 확증한다.

롬 4:11절은 "아브라함이 할례의 표를 받은 것은 무할례시에 믿음으로 된 의를 인친 것이니"라고 말한다. 아브라함은 이미 믿음으로 의로운 자가 되었지만, 할례를 통하여 자신이 의롭다는 것을 더욱 확실하게 확인하였다. 아브라함은 99세에 포피를 베었고, 아들 이스마엘은 13세에 베었다. 아브라함은 할례를 하며 하나님의 은혜로 자신의 죄가 사해짐을 눈으로 확인하고 믿음이 강해졌다. 성례는 생성된 믿음을 강하게 하는 표지와 인장이다.

제7장 하나님의 언약 제3절은 "주께서는 은혜 언약에서 죄인들에게 예수 그리스도에 의한 생명과 구원을 값없이 제공하셨다."고 말한다. 성례는 이 은혜 언약이 제공하는 예수 그리스도에 의한 생명과 구원을 나타내는 표지와 인장이다. 구약과 신약에 있는 규례의 종류와 숫자에 대해서는 제7장의 제5절과 제6절을 참고하라.

❷ 성례의 제정자: 하나님

한 나라의 국경일도 아무나 결정하지 못하고 국가가 법률을 통해 결정하는데, 교회에서 지키는 예식은 얼마나 더 큰 권위를 필요로 하겠는가? 성례는 예수 그리스도께서 직접 제정하시어 신적 권위가 있다. 예수님은 마태복음 28:19절에서 "그러므로 너희는 가서 모든 민족을 제자로 삼아 아버지와 아들과 성령의 이름으로 세례를 베풀고"라고 말씀하시며 세례를 제정하셨다. 바울은 "내가 너희에게 전한 것은 주께 받은 것이니 곧 주 예수께서 잡히시던 밤에 떡을 가지사 축사하시고 떼어 이르시되 이것은 너희를 위하는 내 몸이니 이것을 행하여 나를 기념하라 하시고, 식후에 또한 그와 같이 잔을 가지시고 이르시되 이 잔은 내 피로 세운 새 언약이니 이것을 행하여 마실 때마다 나를 기념하라 하셨으니"에서 고전 11:23-25 예수님께서 성찬을 제정하셨다고 말한다. 이렇게 예수님께서 직접 성례를 제정하셨기 때문에 성례는 은혜의 효과적인 수단이 된다.

은혜의 수단인 말씀과 성례 사이에는 하나님께서 은혜의 수단으로 제정하신 점과 그리스도께서 내용의 중심이 되는 점과 믿음을 통하여 은혜에 참여한다는 점에서 공통점이 있다.

말씀과 성례 사이에는 이런 차이점이 있다. 첫째로 말씀은 꼭 필요하지만, 성례는 꼭 필요하지 않다. 예수님과 함께 십자가에 못 박힌 강도가 성례 없이 예수님의 말씀을 통하여 구원을 받은 것이 이를 말해준다. 둘째로 말씀은 믿음을 강화시킬 뿐만 아니라 믿음을 발생시키기도 하지만, 성례는 말씀에 의해 발생된 믿음을 강화시킬 뿐이다. 셋째로 말씀은 다양한 형태로 세상을 향하여 선포될 수 있는데, 성례는 오직 교회에서 성도에게 시행된다. 말씀은 하나님을 믿지 않는 자들에게도 진리가 무엇인지, 사람들이 왜 회개하여야 하는지 등을 선포할 수 있다. 하지만 성례는 믿음으로 복음을 받아들인 성도에게만 교회에서 시행된다. 성례는 말씀 없이 본래의 의미와 목적이 나타나지 않지만, 말씀은 성례 없이도 그 뜻과 목적을 성취한다. 하지만 로마 가톨릭은 말씀의 우월성을 인정하지 않고, 성례 자체에 사효적 事效的 효력를 부여함으로써 성례의 효력을 더 우선시하기까지 한다.

말씀과 성례의 비교

		말씀	성례
공통점	제정자	하나님	
	중심 내용	그리스도	
	참여하는 유일한 길	믿음	
차이점	필수불가결 여부	필수불가결	없어도 됨
	믿음의 발생과 강화	믿음을 일으키고 강화	믿음을 강화
	적용 대상	신자를 포함해 불신자들에게도	교회 안에 있는 자들에게

❸ 성례의 4가지 목적

성례는 첫째로 그리스도와 그분이 주시는 유익들을 나타내기 위하여 제정되었다. 제7장 하나님의 언약 제5절에서 예수님께서 오시지 않은 구약시대에는 실체이신 그리스도를 예시하는 약속들, 예언들, 희생제물들, 할례, 유월절 양, 다른 모형과 규례가 존재했음을 살펴보았다. 이 모든 것은 앞으로 오실 예수 그리스도께서 우리의 죄를 짊어지고 죽으실 것을 나타내었다. 실체이신 예수 그리스도께서 오신 신약시대에는 실체를 예표하는 것들은 모두 사라지고, 대신 말씀과 성례라는 2개의 규례가 새로 생겼다. 구약의 성례는 오실 그리스도를 예표한다면, 신약의 성례는 오신 그리스도를 나타낸다. 세례와 성찬으로 이루어진 신약시대의 성례는 구약시대의 성례보다 숫자는 적고, 더 단순하고 외면적 영광이 덜 드러나게 실행되지만, 더 충만하고 더 명백하게 영적 효력을 드러낸다. 신약성경이 예수 그리스도의 생애와 고난과 죽음과 이것들이 가져오는 유익에 대하여 말해주기 때문이고, 그리스도의 대속 사역을 세례와 성찬이 명확하게 보여주기 때문이다.

성례는 둘째로 우리가 그리스도와 관계가 있음을 확증하기 위하여 제정되었다. 성찬의 떡은 우리가 그리스도의 몸에 참여하는 것을 나타내고, 성찬의 잔은 우리가 그리스도의 피에 참여하는 것을 고전 10:16 나타낸다. 구약시대에 유대인이 유월절 양을 잡아서 먹듯이, 신약시대에 성도는 성찬의 떡과 피를 먹고 마신다. 구약의 유대인과 신약의 성도는 그리스도를 상징하는 유월절 양 그리고 성찬의 떡과 잔을 각각 먹는다. 이것은 그들이 그리스도의 몸과 피에 참여하는 것으로써 그리스도와 하나가 됨을 나타낸다. 세례를 받는 것도 그리스도와 합하는 것이라고 갈라디아서 3:27절이 말한다. 성도는 세례와 성찬에 참여하면서 자신이 그리스도와 하나가 됨을 확증하는 은혜를 얻는다.

성례는 셋째로 교회에 속한 이들과 세상에 속한 그 나머지를 보이게끔 구별하기 위하여 제정되었다. 성례에 참여하는 이들은 교회의 머리이신 그리스도께 속한 이들이고, 성례에 참여하지 않는 이들은 교회가 아니라 세상에 속한 이들이다. 성례에 참여하는 여부로 교회에 속한 자인지 아니면 세상에 속한 자인지 눈에 보이도록 쉽게 구별할 수 있다. 이것은 성례에 참여하는 자가 그리스도와 관계가 있는 것임이 확증되는 것과 같다. 성례는 누가 그리스도와 관계되어 있고, 누가 세상과 관계되어 있는지 육안으로 쉽게 구별하게 한다. 구약시대에도 타국인이 여호와의 유월절을 지키려면 그 모든 남자는 할례를 먼저 받아야 했다출 12:48. 타국인이 할례를 받는다는 것은 자신이 그리스도에게 속한 자라고 신앙을 고백함으로 인정을 받아 본토인의 무리에 들어가게 되는 것을 뜻한다. 야곱의 아들들은 누이가 이방인 히위 족속의 추장 세겜에게 강간당하였을 때에 "할례 받지 아니한 사람에게 우리 누이를 줄 수 없노니 이는 우리의 수치가 됨이니라"고창 34:14 말했다. 할례를 받았는지 여부 그리고 유월절에 참여하는지 여부는 누가 여호와 하나님께 속하고, 누가 세상에 속한 것인지 육안으로 쉽게 구별하게 한다.

로마 가톨릭은 1545년부터 1563년에 열린 트렌트 공의회Council of Trent 중 성례 일반을 다룬 제7차 회의에서 "만일 누가 새로운 법의 성례들은 성례들이 표지하는 은혜를 보유하고 있지 않다고 주장하거나, 마치 성례들이 믿음을 통해 이미 받은 은혜나 의로움의 단순한 외적 표지에 지나지 않으며, 사람들 사이에서 신자들과 비신자들을 구분하는 기독교 고백의 단순한 표시에 지나지 않아서 성례를 받기에 장애가 없는 이들에게 은혜를 부여하지 않는다고 주장한다면, 그는 파문되어야 한다."법령6 Canon VI. If any one saith, that the sacraments of the New Law do not contain the grace which they signify; or, that they do not confer that grace on those who do not place an obstacle thereunto; as though they were merely outward signs of grace or justice received through faith, and certain marks of the Christian profession, whereby believers are distinguished amongst men from unbelievers; let him be anathema. 라는 법령을 채택하였다. 제27장 제1절이 말하는 성례의 세 번째 목적은 이들의 법령6을 전적으로 비판하는 것이다.

성례는 넷째로 성도로 하여금 하나님의 말씀에 따라 그리스도 안에서 하나님을 섬기는 데 엄히 참여케 하기 위하여 제정되었다. 성도는 세례와 성찬을 통하여 그리스도와 하나가 되었으므로 이제 더 이상 주의 식탁과 귀신의 식탁에 겸하여 참여하지 못함을고전 10:21 명백히 확인한다. 오직 그리스도를 위하여 자신에게 유익히던 것을 무엇이든지 다 해로 여겨야 하고^{빌 3:7}, 먹든지 마시든지 무엇을 하든지 다 하나님의 영광을 위하여 해야 하고^{고전 10:31}, 새 생명 가운데서 행해야 함을 ^{롬 6:4} 더욱 깨닫는다. 성례에 참여하여 말씀과 성령에 의해 은혜를 받으면 받을수록 더욱 그리스도 안에서 하나님을 섬기는 데 열심을 내게 된다. 성례에는 예수 그리스도의 고난과 죽음이 나타나기 때문에 성례에서 은혜를 받는 자는 예수 그리스도를 더욱 확인하며 그분을 위하여 살려는 마음을 강하게 갖는다.

27.2

성례마다 표지와 표지가 가리키는 대상 사이에 영적 관계, 곧 성례전적 연합이 있다. 연합이 일어날 때에 표지의 이름과 효과는 그 대상으로 말미암는다.^f

There is in every sacrament a spiritual relation, or sacramental union between the sign and the thing signified: whence it comes to pass, that the names and the effects of the one are attributed to the other.^f

f 창 17:10; 마 26:27-28; 딛 3:5

---

2. 표지와 표지된 대상 간의 영적 관계

예수님께서 제자들과 유월절 식사를 하실 때에 떡을 가지시어 축복하시고 떼어 제자들에게 주시며 "받아서 먹으라 이것은 내 몸이니라"고 하셨고, 또 잔을 가지시어 감사기도 하시고 그들에게 주시며 "너희가 다 이것을 마시라 이것은 죄 사함을 얻게 하려고 많은 사람을 위하여 흘리는 바 나의 피 곧 언약의 피니라"고 하셨다^{마 26:26-28}. 성찬이 예수님의 이 말씀에서 유래되었는데, 성찬식의 떡은 십자가에서 찢기신 예수님의 몸을 표지^{標識}하고, 성찬식의 잔은 십자가에서 흘리신 예수님의 피를 표지한다. 하나님께서 아브라함에게 "너희 중 남자는 다 할례를 받으라 이것이 나와 너희와 너희 후손 사이에 지킬 내 언약이니라"고 창 17:10 하셨다. 할례는 아브라함의 후손이 지킬 언약을 표지한다. 바울은 "우리를 구원하시되 우리가 행한 바 의로운 행위로 말미암지 아니하고 오직 그의 긍휼하심을 따라 중생의 씻음과 성령의 새롭게 하심으로 하셨나니"라고 딛 3:5 말함으로써, 세례가 중생의 씻음과 성령의 새롭게 하심을 표지하는 것임을 우리에게 알려준다.

이처럼 할례의 포피, 세례의 물, 그리고 성찬의 떡과 포도주는 각각 하나님의 언약, 중생의 씻음과 성령의 새롭게 하심, 예수 그리스도의 희생된 몸과 피를 상징한다. 생식기의 포피 및 물 및 떡과 포도주는 평범한 물건에 지나지 않지만, 성례의 요소로 사용되면 그때부터 이 표지와 이 표지가 상징하는 하나님의 언약, 중생의 씻음과 성령의 새롭게 하심, 예수 그리스도의 희생된 몸과 피 사이에 영적 관계가 형성된다. 이 영적 관계는 성례를 통하여 형성된 연결이라는 의미에서 성례전적 연합이라고도 부른다.

표지의 이름과 효과는 하나님의 언약, 중생의 씻음과 성령의 새롭게 하심, 예수 그리스도의 희생된 몸과 피에서 오는 것이지 절대로 표지 자체에서 오지 않는다. 이것을 강조하는 것이 중요한 것은 제29장 주의 성찬 에서 살펴보겠지만 로마 가톨릭과 루터파는 표지의 이름과 효과가 표지 자체에 있다고 생각하기 때문이다. 로마 가톨릭은 신부가 미사 때 떡을 들고 "이것은 내 몸이니라"고 말하면 떡이 예수 그리스도의 몸으로 변한다고 주장한다. 그때부터 떡은 그리스도의 몸이 되어 누구나 그것을 먹으면 그리스도의 몸이 주는 효과를 누리게 된다. 떡이 가리키는 그리스도의 몸에서 효과가 나오는 것이 아니라, 떡 자체에서 효과가 나오는 것이다. 한편 루터파는 성례식 때 그리스도의 인성도 실제로 떡과 잔에 내려오신다고 생각한다. 루터파도 로마 가톨릭보다 덜 하기는 하지만 표지와 표지된 대상 사이에 영적 관계가 아니라 물리적 관계와 연합이 있다고 본다. 그들은 물리적 연합이 없다면 아무 의미가 없는 연합이라고 본다.

이에 비하여 종교개혁자들은 성례는 보이는 말씀으로 예수 그리스도께서 하신 말씀을 눈에 보이는 형태로 드러낸 것이라고 보았다. 말씀 없이 성례는 아무 의미가 없고, 말씀 없이 떡과 잔을 먹고 마시는 것은 일반인이 그냥 떡과 포도주를 먹고 마시는 것과 별 차이가 없다고 보았다. 성례의 떡과 포도주는 예수 그리스도의 말씀에 의해 비로소 의미를 갖고 말씀이 예수 그리스도의 몸과 피를 상징한다고 하였으므로 의미가 있다고 보았다. 종교개혁자들은 성례의 떡과 포도주는 단순히 상징만 하는 것이 아니라 "효과"가 있다고 보았다. 목사가 예수 그리스도의 말씀을 설교하면 그때 그리스도의 임재와 영에 의해 제25장 제3절 효력이 있듯, 성례도 마찬가지이다. 예수 그리스도께서 성례식이 행해질 때 영적으로 임재하시어 효력이 있게 하신다. 말씀 없이 물은 물이고, 떡은 떡이고, 잔은 잔이지만, 말씀이 있을 때에 물은 중생의 씻음이 되고, 떡은 그리스도의 몸의 찢김이 되고, 잔은 그리스도의 피의 흘림이 된다. 따라서 말씀 없이 성례를 바라보면 성례주의에 빠져 말씀까지 왜곡하게 되므로, 우리는 늘 말씀에 의해 성례를 바라보아야 한다.

27.3

올바로 사용한 성례 안에서 또는 성례에 의해 나타나는 은혜는 성례 안의 어떤 능력에 의해 주어지는 것도 아니고, 성례의 효력은 성례를 집례하는 자의 경건이나 의향에 달려있는 것도 아니라,[g] 성령의 사역과[h] 성례를 제정한 말씀에 달려 있다. 이 말씀은 합당한 수찬자가 유익을 받는다는 약속을 성례 사용에 정당성을 부여하는 규례와 함께 담고 있다.[i]

The grace which is exhibited in, or by the sacraments rightly used, is not conferred by any power in them: neither doth the efficacy of a sacrament depend upon the piety or intention of him that doth administer it;[g] but upon the work of the Spirit,[h] and the word of institution; which contains, together with a precept authorizing the use thereof, a promise of benefit to worthy receivers.[i]

g 롬 2:28-29; 벧전 3:21   h 마 3:11; 고전 12:13   i 마 26:27-28; 마 28:19-20

3. 성령의 사역과 제정의 말씀에 따른 성례의 효력

성례를 올바로 사용하면 성례 안에서 또는 성례에 의해 은혜가 나타난다. 로마 가톨릭은 이렇게 나타나는 은혜가 성례 안에 있는 어떤 능력 때문이라고 생각한다. 바로 앞절에서 살펴본 것처럼 로마 가톨릭은 신부가 떡을 들고 "이것은 내 몸이니라"고 말하면 떡이 예수 그리스도의 몸으로 실제로 변한다고 주장한다. 그들은 성례가 이렇게 떡을 그리스도의 몸으로 변하게 하는 능력을 갖는다고 여긴다. 그러므로 이들은 성례 예식 자체를 중요하게 여긴다. 성례를 객관적인 예식 순서에 따라 시행하면 성례 안의 능력에 의해 예수 그리스도의 살과 피로 실제로 변한 떡과 포도주를 통하여 성례에 참여한 모든 이에게 객관적으로 은혜가 주어진다고 여긴다. 배고픈 사람이 떡을 먹으면 배고픈 것이 사라지는 것처럼 성례에 참여한 모든 사람이 떡과 포도주를 먹으면 예수 그리스도의 살과 피를 실제로 먹는 것이 되어 능동적으로 거절하지 않는 한 큰 은혜를 받는다는 것이다. 이들은 "육체의 음식이 잃어버린 기력을 회복시키듯이, 성체는 일상생활에서 약해져 가는 사랑을 복돋아 준다. 그리고 이처럼 생기를 되찾은 사랑은 소죄를 없애 준다."고[66] 말한다.

제1절에서 살펴본 것처럼 로마 가톨릭은 트렌트 공의회에서 성례들이 표지하는 은혜를 보유하고 있다 The sacraments of the New Law contain the grace which they signify. 는 법령을 채택하였고, 또한 "만일 누가 언급된 새로운 법의 성사들에 의해서 은혜는 거행된 행위를 통하여 부여되는 것이 아니라, 하나님의 약속으로 오직 믿음만으로 은혜를 얻기에 충분하다고 주장한다면, 그는 파문되어야 한다."트렌트 공의회 제7차 회의 "성례 일반" 법령8, Canon VIII. If any one saith, that by the said sacraments of the New Law grace is not conferred through the act performed, but that faith alone in the divine promise suffices for the obtaining of grace; let him be anathema. 라는 법령도 채택하였다.

법령8은 사효적 事效的 효력 ex opere operato, from the work performed 을 말하는 것

---

66 『가톨릭 교회 교리서』, 1394항, 546.

으로 성례 시행 자체에 보장된 은혜를 뜻한다. 이들도 인효적人效的 효력ex opere operantis, from the agent's activity 이라고 하여 성례 참여자의 심적, 영적 준비 상태의 여부에 따라 주어지는 은혜를 말하지만 이것은 부차적이다. 그들은 성례의 결실이 성례를 받는 자의 마음가짐에도 달려있지만 약해지는 정도이지 절대로 성례 자체가 지닌 효력을 없이하지 못한다고 본다. 『가톨릭 교회 교리서』 1128항은 이렇게 말한다. "이러한 의미에서 교회는 다음과 같이 단언한다. 성사들은 '사효적으로'ex opere operato: '성사 거행 그 자체로' 효력을 가진다. 곧, 단 한 번에 영원히 성취된 그리스도의 구원 업적으로 효력을 가진다. 따라서 '성사는 그것을 주는 사람이나 받는 사람의 의로움이 아닌 하느님의 능력으로 이루어진다.' 성사가 교회의 의향에 따라 거행되면 집전자의 개인적인 성덕과 관계없이 그리스도와 그분 성령의 힘이 성사 안에서 성사를 통하여 작용한다. 그렇지만 성사가 맺는 결실은 그것을 받는 사람의 마음가짐에도 달려 있다."

이들은 또한 성례의 효력은 성례를 집례하는 자의 경건이나 의향에 달려있다고 여긴다. 이것은 얼핏 보면 바로 위에 있는 1128항과 모순되어 보인다. 하지만 이것은 성례 자체가 은혜를 보유한다는 이들의 주장을 부인하는 것이 아니라, 성례를 거행하는 과정 속에서 집례자의 경건과 의향이 성례의 효력에 영향을 미친다고 보는 것이다. 이들은 성례를 거행하기 전에 성당 제단에 놓인 떡과 포도주는 그대로 떡과 포도주이고, 성례를 거행하면서 떡과 포도주가 그리스도의 살과 피로 변화한다고 본다. 따라서 성찬 전의 떡과 포도주는 효력이 없고, 성례 거행을 통한 떡과 포도주가 그리스도의 살과 피로 변하여 효력이 있다. 이 성례 거행을 할 때에 집례자가 교회의 의향에 따른 경건과 의향을 취하는 것이 중요하다고 본다. 트렌트 공의회 제7차 회의 "성례 일반" 법령 11은 "만일 누가 성직자들이 성사들을 집전하고 베풀 때에 교회가 하는 바를 행한다는 최소한의 의향이 성직자들에게 필요하지 않다고 주장한다면, 그는 파문되어야 한다."Canon XI. If any one saith, that, in ministers, when they effect, and confer the sacraments, there is not required the intention at least of doing what the Church does; let him be anathema. 라고 말한다. 즉 집례자가 교회의 의향에 따른 최소한의 의향을 가져야 떡과 포도주가 그리스도의 살과 피로 변한다고 보는 것인데, 이것은 집례자가 이런 의향을 갖지 않으면 떡과 포도주가 그리스도의 살과 피로 변하지 않는다는 주장이다.

이들의 이런 주장이 무엇을 뜻하는지는 법령 13에서 노골적으로 드러난다. "만일 누가 가톨릭 교회로부터 부여받고 승인받았으며, 성사들의 장엄한 집전에서 관습적으로 사용되어온 예식들이 성직자들의 취향에 의하여 무시되거나, 죄 없이 생략될 수 있거나, 교회들의 각 목사에 의하여 다른 새로운 예식들로 바뀔 수 있다고 주장한다면, 그는 파문되어야 한다."Canon XIII. If any one saith, that the received and approved rites of the Catholic Church, wont to be used in the solemn administration of the sacraments, may be contemned, or without sin be omitted at pleasure by the ministers, or be changed, by every pastor of the churches, into other new ones; let him be anathema. 이들은 법령 13을 통하여 로마 가톨릭이 성례를 행할 때 사용해온 구체적 순서들이 무시되어서는 안 된다고 강력하게 주장하는 것이다. 로마 가톨릭이 아닌 루터파나 칼뱅주의에 속한 성직자들이 로마 가톨릭의 성례식의 구체적 요소들 중 하나라도 생략하거나, 로마 가톨릭의 사제들이 아닌 교회의 목사들이 자신들의 교리에 따라 새롭게 예식을 바꾸면 안 된다고 강력하게 주장하는 것이다. 이렇게 행하면 모두 파문되어야 한다는 것이고, 이단이라는 것이다. 이들은 오직 로마 가톨릭 교회의 의향에 따라 성직자들이 성례를 집례할 때만 성례 안의 어떤 능력이 효력을 발휘한다고 주장하니 얼마나 미신인지 모른다.

제3절은 이런 주장들을 배격하며 성례의 효력은 성령의 사역과 제정의 말씀에 달려 있다고 말한다. 이에 대한 근거성경구절들은 아래와 같다. 요한은 물로 세례를 베풀지만 예수 그리스도께서는 성령으로 세례를 베푸신다. 요한이 물로 세례를 베풀 때 물이 상징하는 성령께서 역사하심으로 그 물 세례에 효력이 발생한다. 예수 그리스도께서는 물이 상징하는 성령의 소유자이시고 성령을 베푸시는 이시다. 유대인이나 헬라인이나 종이나 자유인이나 다 한 성령으로 세례를 받아 한 몸이 되었다. 물로 이들은 세례를 받지만 그 때 성령께서 역사하시지 않으면 단지 물 뿐

림을 받은 것에 지나지 않는다. 그러므로 성례의 효력은 성령의 사역에 달려있지 절대로 성례에 사용되는 물이나 떡이나 포도주에 달려있지 않다.

마 3:11	**나는 너희로 회개하게 하기 위하여 물로 세례를 베풀거니와 내 뒤에 오시는 이는 나보다 능력이 많으시니 나는 그의 신을 들기도 감당하지 못하겠노라 그는 성령과 불로 너희에게 세례를 베푸실 것이요**
고전 12:13	**우리가 유대인이나 헬라인이나 종이나 자유인이나 다 한 성령으로 세례를 받아 한 몸이 되었고 또 다 한 성령을 마시게 하셨느니라**

로마 가톨릭도 성령의 사역을 중요하게 여겨 이렇게 말한다. "성령께서는 그리스도 신비를 성사적으로 베푸실 때에도 구원 경륜의 다른 때와 같은 방식으로 일하신다. 성령께서는 교회가 자기 주님을 만날 수 있도록 준비시키시고, 믿는 회중에게 그리스도를 상기시키고 나타내 주시며, 당신의 변화시키는 능력을 통해서 그리스도의 신비를 현존하게 하고 실현하신다. 그리고 끝으로 친교의 성령께서는 교회를 그리스도의 생명과 사명에 결합시키신다."[67] 이들은 이 서술이 무엇을 의미하는지 이후에 구체적으로 설명한다. 우리는 이후의 설명 중 "성령께서는 우리가 받아들이고 실천하도록 선포되는 하느님의 말씀이 살아 있는 말씀이 되게 하심으로써, 전례를 거행하는 회중에게 먼저 구원 사건의 의미를 상기시킨다."라든지, "성령께서는 독서자들과 청중들에게 그 마음가짐에 따라 하느님의 말씀에 대한 영적인 이해력을 주신다."라든지[68] 하는 성령의 사역에 대해서 동의할 수 있다.

하지만 "성령 청원 기도는 사제가 성부께 거룩하게 하시는 영을 보내시어 봉헌 제물을 그리스도의 살과 피가 되게 하시고 또 신자들이 그 살과 피를 받아 모심으

---

67 『가톨릭 교회 교리서』, 1092항, 446.
68 『가톨릭 교회 교리서』, 1100항과 1101항, 449.

로써 그들 스스로 하느님께 드리는 산 제물이 되게 하여 주시기를 간청하는 기도이다."라는 성령의 사역에 대해서는 동의할 수 없다. 이들은 '성령 청원 기도'는 성사, 특히 성체 성사 거행의 핵심이라며 아래와 같은 다마스쿠스의 성 요한의 말을 인용하여 성부께서 성령을 통하여 떡과 포도주를 그리스도의 살과 피로 변하게 하신다고 주장하는데 우리는 이것을 배격한다. 그들이나 우리나 성령의 사역이 성례의 효력에 중요하다고 말하지만, 그 내용에 있어서는 이렇게 큰 차이가 난다.

> 어떻게 빵이 그리스도의 몸이 되고, 포도주가 그리스도의 피가 되는지를 묻습니까? 나는 이렇게 대답하겠습니다. 성령께서 내려오셔서 모든 말과 생각을 초월하는 이 일을 이루신다고……. 주님께서 동정녀 안에서 성령을 통하여 스스로 육신을 취하신 것과 같이 이 일도 성령을 통하여 이루어진다는 대답으로 충분히 이해할 수 있기를 바랍니다.[69]

성례의 효력은 성례를 제정한 성경 말씀에 달려 있다. 아래 근거성경구절들에서 보는 것처럼 예수님은 제자들에게 잔을 주시며 죄 사함을 얻게 하려고 많은 사람을 위하여 흘리는 자신의 피라고 말씀하셨다. 이 잔을 합당하게 받는 자는 죄 사함을 받는 유익을 얻는 것이다. 성례 제정의 말씀에는 성례를 합당하게 받은 수찬자에게 유익이 돌아간다는 약속이 담겨있고, 아울러 성례 사용에 정당성을 부여하는 규례도 들어 있다.

마 26:27-28	또 잔을 가지사 감사 기도 하시고 그들에게 주시며 이르시되 너희가 다 이것을 마시라 28 이것은 죄 사함을 얻게 하려고 많은 사람을 위하여 흘리는 바 나의 피 곧 언약의 피니라
마 28:19-20	그러므로 너희는 가서 모든 민족을 제자로 삼아 아버지와 아들과

---

[69] 『가톨릭 교회 교리서』, 1105항과 1106항, 450.

성령의 이름으로 세례를 베풀고 20 내가 너희에게 분부한 모든 것을 가르쳐 지키게 하라 볼지어다 내가 세상 끝날까지 너희와 항상 함께 있으리라 하시니라

화폐에 대한 사전적 정의는 "상품의 교환 가치를 나타내고, 지불의 수단과 가치의 척도 및 저장과 축적의 수단이 되는 금화, 은화, 주화, 지폐, 은행권 따위의 돈"이다. 우리에게 5만원의 지폐가 있다고 하자. 그런데 그 지폐는 종이덩어리에 지나지 않는다. 그 지폐가 5만원의 교환 가치를 지니는 것은 한국은행의 총재가 그것을 보장하기 때문이다. 절대로 그 지폐 자체가 5만원의 능력을 갖지도 않고, 그 화폐를 소유한 자에게 5만원의 교환 가치를 부여하는 권한이나 능력이 없다. 한국은행에서 그 지폐에 5만원의 교환 가치가 있다고 선포하고 보장하기 때문이다. 물론 한국은행에 그런 자격과 능력이 있는 것은 대한민국이 그렇게 할 수 있는 능력과 자격을 갖고 있기 때문이고, 대한민국이 이러한 능력과 자격을 한국은행에게 위임하기 때문이다. 김광균 1914-1993 시인은 "추일서정" 秋日抒情 이란 시에서 "낙엽은 폴란드 망명정부의 지폐"라고 말하였다. 낙엽이란 망한 정부가 발행한 지폐처럼 아무 쓸모가 없다는 뜻이다. 미국도 정부가 망하면 그들이 발행한 달러가 낙엽처럼 교환 가치를 잃어버리고, 달러의 비축을 통해 부의 축적을 도모한 사람들은 낙엽을 비축한 것과 같게 된다.

세례와 성찬이 의미를 갖는 것은 하나님께서 직접 제정하셨기 때문이다. 5만원의 지폐가 5만원에 해당하는 교환 가치를 갖는 것은 한국은행이 발행하였기 때문이다. 한국은행이 발행하지 아니한 화폐는 모두 위조화폐가 되어 교환 가치를 전혀 갖지 못하고, 화폐 위조범은 국가의 경제에 혼란을 일으키고 문서를 위조한 죄로 크게 벌을 받는다. 한 국가가 화폐를 지불의 수단과 가치의 척도 및 저장과 축적의 수단이란 목적을 위하여 발행하듯, 하나님께서 제27장 제1절에 나오는 네 가지 목적을 위해서 세례와 성찬이란 성례를 제정하시고, 그 성례에 효력이 있게 하신다. 국가가 망하면 화폐가 낙엽처럼 쓸모없게 되듯, 하나님께서 성례를 취소

하시거나 성령을 통해 효력을 주시지 않으면 성례는 아무 효과가 없다.

27.4

우리 주 그리스도에 의해 복음 안에서 세워진 성례는 오직 두 가지이니, 곧 세례와 주의 성찬이다. 합법적으로 세워진 말씀의 사역자 외에 누구도 이 둘 중 어느 것도 집행해서는 안 된다.ᵏ

There be only two sacraments ordained by Christ our Lord in the gospel; that is to say, Baptism and the Supper of the Lord: neither of which may be dispensed by any, but by a minister of the Word lawfully ordained.ᵏ

k 마 28:19; 고전 11:20, 23; 고전 4:1; 히 5:4

---

4. 성례의 개수와 집례자의 자격

❶ 두 가지 성례: 세례와 성찬

제1절에서 살펴본 것처럼 성례의 제정자는 하나님이시다. 예수님께서 직접 세례와 성찬을 제정하신 것이 마태복음 28:19, 26:26-28절, 고린도전서 11:23-29절 등에 나온다. 우리는 이 구절들에 근거하여 예수 그리스도께서 복음 안에서 제정하신 성례는 세례와 성찬이라고 여긴다.

로마 가톨릭도 성례가 하나님의 말씀으로 제정되었다고 말한다. 그런데 그들은 세례와 성찬만이 아니라, 견진, 고해, 병자, 성품, 혼인의 5개의 성례를 더 인정한다. 그 각각에 대하여 근거성경구절들을 대는데 아래와 같다. 이들은 아래의 경우들이 세례와 성찬처럼 그리스도께서 제정하신 성례라고 보는데, 우리는 동의하기 어렵다. 아래의 경우들은 어느 특정 상황을 말하는 것이지, 온 신자가 성례로 행해야만 하는 일반 상황이 아니다. 사도행전 8:14-17절은 예수님의 승천 이후에 복음이 온 유대를 넘어 사마리아에도 복음이 전해지고 수용되는 특수한 상황을 말하고 있다. 사도들은 사마리아도 하나님의 말씀을 받았다 함을 들었을 때 놀랐고 기뻐하였다. 사도들은 그들을 격려하고 복음을 더 자세히 전하기 위하여 직접 방문하여 그들을 위하여 성령 받기를 기도하였다. 이는 아직 한 사람에게도 성령 내리신 일이 없고 오직 주 예수의 이름으로 세례만 받을 뿐이었기 때문이다. 예수 그리스도의 승천 이후 성령이 이 땅에 오셨고, 복음이 예루살렘과 온 유대를 넘어 사마리아와 땅끝까지 퍼져나가는 특수 상황에서 이루어진 일을 모든 시대, 모든 지역의 신자에게 적용하는 것은 아브라함에게 나타나신 하나님이 모든 시대, 모든 지역의 신자에게도 나타나셔야 한다고 말하는 것처럼 무모한 적용이다.

* **견진성사**

행 8:14-17   예루살렘에 있는 사도들이 사마리아도 하나님의 말씀을 받았다 함을 듣고 베드로와 요한을 보내매 15 그들이 내려가서 그들을 위하여 성령 받기를 기도하니 16 이는 아직 한 사람에게도 성령 내리신 일이 없고 오직 주 예수의 이름으로 세례만 받을 뿐이더라 17 이에 두 사도가 그들에게 안수하매 성령을 받는지라

* **고해성사**

요 20:22-23 이 말씀을 하시고 그들을 향하사 숨을 내쉬며 이르시되 성령을 받으라 23 너희가 누구의 죄든지 사하면 사하여질 것이요 누구의 죄든지 그대로 두면 그대로 있으리라 하시니라

* **병자성사**

약 5:14-15   너희 중에 병든 자가 있느냐 그는 교회의 장로들을 청할 것이요 그들은 주의 이름으로 기름을 바르며 그를 위하여 기도할지니라

15 믿음의 기도는 병든 자를 구원하리니 주께서 그를 일으키시리라 혹시 죄를 범하였을지라도 사하심을 받으리라

* **성품성사**

딤후 1:6	그러므로 내가 나의 안수함으로 네 속에 있는 하나님의 은사를 다시 불일듯 하게 하기 위하여 너로 생각하게 하노니
딤전 3:1	미쁘다 이 말이여, 곧 사람이 감독의 직분을 얻으려 함은 선한 일을 사모하는 것이라 함이로다
딛 1:5	내가 너를 그레데에 남겨 둔 이유는 남은 일을 정리하고 내가 명한 대로 각 성에 장로들을 세우게 하려 함이니

* **혼인성사**

엡 5:25, 32	남편들아 아내 사랑하기를 그리스도께서 교회를 사랑하시고 그 교회를 위하여 자신을 주심 같이 하라 32 이 비밀이 크도다 나는 그리스도와 교회에 대하여 말하노라

로마 가톨릭은 "가톨릭 전승은 안수를 견진堅振성사의 기원으로 당연히 인정하였으며, 이 견진으로써 성령 강림의 은총이 교회 안에 영속되고 있다 하겠습니다."라고[70] 말함으로써 견진성사의 안수가 자신들의 전승에서 나온 것이라고 말한다. 견진성사 때 축성 성유를 두 번 바르는 것에 대해서도 "로마 교회의 관습이 서방의 관행을 발전시켰다. 그것은 세례 후에 축성 성유를 두 번 바르는 관습이었다. 세례 받는 사람이 세례수에서 나온 직후에 사제가 발라 주는 첫 번째 도유는, 세례 받은 사람의 이마에 주교가 발라 주는 두 번째 도유로써 완결된다."라고[71] 말함으

---

[70] 『가톨릭 교회 교리서』, 1288항, 509.
[71] 『가톨릭 교회 교리서』, 1291항, 510.

로써 역시 자신들의 관습이라고 표현한다. 이들도 견진성사가 예수 그리스도께서 직접적으로 제정하신 것이 아니고, 자신들의 전승으로 세워진 것이라고 말하는 것이다. 종교개혁자들은 전승을 거부하고 오직 성경이 말하는 것만을 받아들이기 때문에 자연히 견진성사를 성례에서 제외하였다.

로마 가톨릭은 "물론 견진성사와 성체성사 없이도 세례성사는 유효하며 효과가 있지만, 그리스도교 입문은 미완성 상태로 남아 있기 때문이다."라고[72] 말한다. 견진성사가 없어도 세례성사는 유효하다고 말하면서도, 견진성사가 없으면 그리스도교에 입문하는 것이 미완성 상태라고 하여 신자들로 하여금 로마 가톨릭이 세운 일곱 가지 성사에 예속되게 한다. 종교개혁자들은 예수 그리스도와 같이 십자가에 못박혀 죽은 강도가 예수님을 믿고 죽었지만 세례를 받지 않은 경우를 들어 성례가 필요한 것이지만 필수적인 것은 아니라고 말한다. 성례는 하나님의 은혜로 예수 그리스도의 희생을 통해 받은 구원에 대한 거룩한 표지와 인장인 것이지, 절대로 구원 자체를 보조하거나 완성시키는 것이 아니다. 로마 가톨릭은 자신들의 전승을 교회의 교리와 성례와 실천 등에 끊임없이 도입함으로써 교황을 중심으로 한 사제들의 권위와 권한을 높이고 있다. 이 시도가 다단계의 은밀한 논리 전개로 이루어져 교리에 대한 정확한 분별력이 있지 않으면 밝혀내기가 쉽지 않기 때문에 로마 가톨릭의 평신도를 비롯한 많은 사람이 그저 옳은 것으로 받아들이고 있다.

❷ 트렌트 공의회의 "성례 일반"

성례 일반을 다룬 트렌트 공의회 제7차 회의는 다음과 같은 법령들을 채택하였다. 이것들을 제27장과 비교하면 양자가 어떤 면에서 같고 다른지를 이해하는 데 도움이 된다.

만일 누가 언급된 새로운 법의 성사들에 의해서 은혜는 거행된 행위를 통하여 부

---

72 『가톨릭 교회 교리서』, 1306항, 515.

여되는 것이 아니라, 신적인 약속으로 오직 믿음만으로 은혜를 얻기에 충분하다고 주장한다면, 그는 파문되어야 한다.

법령1 만일 누가 새로운 법의 성사들이 우리 주 예수 그리스도에 의해 모두 제정되지 않았다고 주장하거나, 또는 7가지 성사들 즉 세례, 견진, 성체, 고해, 병자, 성품, 그리고 혼인보다 많거나 적다고 주장하거나, 또는 이 7가지 중에 어떤 것은 참되고 적절한 성사가 아니라고 주장한다면, 그는 파문되어야 한다.

If any one saith, that the sacraments of the New Law were not all instituted by Jesus Christ, our Lord; or, that they are more, or less, than seven, to wit, Baptism, Confirmation, the Eucharist, Penance, Extreme Unction, Order, and Matrimony; or even that any one of these seven is not truly and properly a sacrament; let him be anathema.

법령2 만일 누가 이 언급된 새로운 법의 성사들이 예식과 외적인 예법에서 다르다는 것을 제외하고는 옛 법의 성사들과 다르지 않다고 주장한다면, 그는 파문되어야 한다.

If any one saith, that these said sacraments of the New Law do not differ from the sacramnets of the Old Law, save that the ceremonies are different, and different the outward rites; let him be anathema.

법령3 만일 누가 이 7성사들이 서로 간에 매우 동등해서, 어떤 한 성사가 다른 성사보다 결코 더 큰 가치가 있지 않다고 주장한다면, 그는 파문되어야 한다.

If any one saith, that these seven sacraments are in such wise equal to each other, as that one is not in any way more worthy than another; let him be anathema.

법령4 만일 누가 새로운 법의 성사들은 구원에 필요하지 않고 여분의 것이고, 사람들은 이 성사들 없이 혹은 이 성사들을 받을 원의(願意) 없이 오직 믿음을 통해서 하느님으로부터 의화의 은총을 얻는다고 주장한다면-모든 성사들이 각 개인에게 정말로 필요한 것들이 아니기는 하지만, 그는 파문되어야 한다.

If any one saith, that the sacraments of the New Law are not necessary unto salvation, but superfluous; and that, without them, or without the desire thereof, men obtain of God, through faith alone, the grace of justification;-though all (the sacraments) are not indeed necessary for every individual; let him be anathema.

법령5 만일 누가 이 성사들은 오직 믿음을 양육하기 위해서 제정되었다고 주장한다면, 그는 파문되어야 한다.

If any one saith, that these sacraments were instituted for the sake of nourishing faith alone; let him be anathema.

법령6 만일 누가 새로운 법의 성례들은 성례들이 표지하는 은혜를 보유하고 있지 않다고 주장하거나, 마치 성례들이 믿음을 통해 이미 받은 은혜나 의로움의 단순한 외적 표지에 지나지 않으며, 사람들 사이에서 신자들과 비신자들을 구분하는 기독교 고백의 단순한 표시에 지나지 않아서 성례를 받기에 장애가 없는 이들에게 은혜를 부여하지 않는다고 주장한다면, 그는 파문되어야 한다.

If any one saith, that the sacraments of the New Law do not contain the grace which they signify; or, that they do not confer that grace on those who do not place an obstacle thereunto; as though they were merely outward signs of grace or justice received through faith, and certain marks of the Christian profession, whereby believers are distinguished amongst men from unbelievers; let him be anathema.

법령7 만일 누가 모든 사람들이 성사들을 올바르게 받을지라도 은총은 하느님께 달려 있는 만큼 은총이 언급된 성례들을 통하여 항상, 모든 사람들에게 주어지지 않고 (오직) 때때로 일부에게 주어진다고 주장한다면, 그는 파문되어야 한다.

If any one saith, that grace, as far as God's part is concerned, is not given through the said sacraments, always, and to all men, even though they receive them rightly, but (only) sometimes, and to some persons; let him be anathema.

법령8 만일 누가 언급된 새로운 법의 성사들에 의해서 은혜는 거행된 행위를 통하여 부여되는 것이 아니라, 신적인 약속으로 오직 믿음만으로 은혜를 얻기에 충분하다고 주장한다면, 그는 파문되어야 한다.

If any one saith, that by the said sacraments of the New Law grace is not conferred through the act performed, but that faith alone in the divine promise suffices for the obtaining of grace; let him be anathema.

법령9 만일 누가 세례, 견진, 성품의 3가지 성사를 받을 때, 이 성사들이 반복될 필요가 없도록 영혼에 인호(印號)가, 즉 성령의 지워지지 않는 표지가 새겨지는 것은 아니라고 주장한다면, 그는 파문되어야 한다.

If any one saith, that, in the three sacrments, Baptism, to wit, Confirmation, and Order, there is not imprinted in the soul a character, that is, a certain spiritual and indelible Sign, on account of which they cannot be repeated; let him be anathema.

법령10 만일 누가 모든 그리스도인들이 말씀과 모든 성사들을 집전할 권한을 갖고 있다고 주장한다면, 그는 파문되어야 한다.

If any one saith, that all Christians have power to administer the word, and all the sacraments; let him be anathema.

법령11 만일 누가 성직자들이 성사들을 집전하고 베풀 때에 교회가 하는 바를 행한다는 최소한의 의향이 성직자들에게 필요하지 않다고 주장한다면, 그는 파문되어야 한다.

If any one saith, that, in ministers, when they effect, and confer the sacraments, there is not required the intention at least of doing what the Church does; let him be anathema.

법령12 만일 누가 성직자가 성사를 집전하고 베푸는 데 핵심적인 모든 것을 지켜서 행하더라도 대죄를 범한 상태에서는, 성사를 집전하는 것도 베푸는 것도 아니라고 주장한다면, 그는 파문되어야 한다.

If any one saith, that a minister, being in mortal sin,-if so be that he observe all the essentials which belong to the effecting, or conferring of, the sacrament,-neither effects, nor confers the sacrament; let him be anathema.

법령13 만일 누가 가톨릭 교회로부터 부여받고 승인받았으며, 성사들의 장엄한 집전에서 관습적으로 사용되어온 예식들이 성직자들의 취향에 의하여 무시되거나, 죄 없이 생략될 수 있거나, 교회들의 각 목사에 의하여 다른 새로운 예식들로 바뀔 수 있다고 주장한다면, 그는 파문되어야 한다.

If any one saith, that the received and approved rites of the Catholic Church, wont to be used in the solemn administration of the sacraments, may be contemned, or without sin be omitted at pleasure by the ministers, or be changed, by every pastor of the churches, into other new ones; let him be anathema.

법령1은 종교개혁자들이 오직 세례와 성찬이 주께서 제정하신 성례라고 주장한 것을 정죄하는 내용으로 7가지 성사들이 참되고 적절하다고 주장한다.

법령2는 제27장 제5절에 대한 반대이다.

법령3은 7성사들 간에 가치의 우열이 있다고 말한다. 제27장 제4절은 주 그리스도께서 세례와 성찬을 복음 안에서 정하셨으므로 세례와 성찬은 똑같이 가치가 있다고 말한다. 로마 가톨릭은 성체성사가 성사 중의 성사로서 특별한 위치를 차지하고, 다른 모든 성사는 마치 자신들이 목적을 향하듯 성체성사를 지향하고 있다고 말한다.[73] 이들은 심지어 교회가 특정 직무와 신분, 신자 생활의 매우 다양한 상황과 사람들에게 유익한 물건 등을 성화하고자 준성사를 제정했다며 이렇게 말한다. "준성사에는 언제나 기도가 포함되며, 흔히 안수, 십자 성호, 세례를 상기시키는 성수 뿌림 같은 일정한 표징이 따른다. …… 평신도들이 집전할 수 있는 축복 예식들도 있다. 그러나 교회 생활과 성사 생활에 더 밀접한 관계를 가진 축복은 서품 성직자들 주교, 사제, 부제만 할 수 있다."[74] 로마 가톨릭은 성례를 예수 그리스도께서 복음 안에서 직접 제정하신 것만이 아니라, 신자들의 신앙생활에 도움이 되는 것들이면 성례로 인정하는 경향이 있다. 실제로 이들은 이렇게 말한다. "성사와 준성사의 전례는 잘 준비된 신자들에게 생활의 거의 모든 사건이 그리스도의 수난과 죽음과 부활의 파스카 신비에서 흘러나오는 하느님의 은총으로 성화되게 한다. 이 신비에서 모든 성사와 준성사가 그 효력을 이끌어내는 것이다. 또한 거의 모든 사물을 목적에 맞게 올바로 사용하면 인간 성화를 이루고 하느님을 찬양하게 되어

---

[73] 『가톨릭 교회 교리서』, 1211항, 486.
[74] 『가톨릭 교회 교리서』, 1668항과 1669항, 634.

있다."⁷⁵ 우리도 생활의 거의 모든 사건이 하나님의 은총으로 성화되게 하고, 거의 모든 사물을 목적에 맞게 올바로 사용하면 인간 성화를 이루고 하나님을 찬양하게 된다는 것에 동의한다. 하지만 예수 그리스도께서 직접 제정하시지 않은 것을 은혜의 평범한 외적 수단으로 공인하는 것에 반대하고, 견진, 고해, 병자, 성품, 혼인 성사에 과도한 의미를 부여하는 것에 반대한다. 개신교도 성도들의 신앙을 강하게 하기 위하여 격려하고, 죄를 부끄러워하며 깊이 회개하게 하고, 병든 자를 찾아 기도하고 위로하고, 목사와 장로와 집사의 임직식을 갖고, 주안에서 결혼이 이루어지도록 가르치지만, 이것들을 성례라고 하지 않는다.

법령4는 7성사가 구원에 꼭 필요하고, 의화를 위해서 성찬이 꼭 필요한 것이라고 주장한다. 우리는 제11장 제1절과 제2절이 말하는 것처럼 사람들이 "그리스도와 그의 의를 받아들이고 의지하는" 믿음이 칭의의 유일한 도구라고 본다. 제14장 제1절이 말하는 것처럼 성례는 말씀에 의해 발생된 믿음을 증가시키고 강화시킨다. 따라서 성례들은 신자들의 구원에 필수적인 것이 아니라, 신자들에게 이루어진 구원을 강화시키는 데 필요한 여분의 것이다.

법령5는 제14장 제1절이 말하는 믿음의 발생은 통상적으로 말씀의 사역에 의하고, 믿음의 증가와 강화는 말씀과 성례와 기도에 의한 것이란 진술을 비난하는 것이다.

법령6은 성례들이 은혜를 자체적으로 보유하고 있다는 사효적事效的 효력을 주장한다.

법령7도 성사들을 올바르게 받은 자는 다 은총을 받는다는 사효적 효력을 주장한다.

법령8도 사효적 효력을 주장하면서 믿음만으로 은혜를 얻기에 충분하다는 주장을 비난한다.

법령9는 세례, 견진, 성품의 3가지 성사 시, 영혼에 성령의 지워지지 않는 표지

---

75 『가톨릭 교회 교리서』, 1670항, 635.

인호, 印號가 새겨져 이 성사들이 반복될 필요가 없다는 주장이다. 이들은 영혼에 인호가 새겨진다고 믿는다.

법령10은 신자들이 사고나 병으로 죽음을 앞둔 특별한 상황이 아니면 7성사가 사제들에 의해 이루어져야 한다는 주장이다.

법령11은 성직자들이 성례를 집례할 때 교회가 하는 바를 행한다는 최소한의 의향이 있어야만 그 성례가 효력을 발휘한다는 주장이다. 이들은 이런 주장을 통해 사제들로 이루어진 교회의 권위를 강화하고자 한다.

법령12는 성직자가 대죄를 범한 상태에서도 성례를 집전하고 베풀 수 있다는 주장인데, 성례의 사효적 효력을 믿기 때문에 큰 죄를 범한 성직자일지라도 교회가 하는 바를 행한다는 의향이 있으면 그 성례는 유효하다는 주장이다.

법령13은 로마 가톨릭의 성례 예식들이 그대로 지켜져야 한다는 것이고, 로마 가톨릭의 사제들 이외에 다른 성직자들 특히 개신교의 목사들이 자신들의 방식으로 성례를 시행하는 것은 옳지 않다는 주장으로 종교개혁 자체를 부정하는 주장이다.

❸ 집례자의 자격

세례와 성찬을 누가 집례할 수 있는가? 성례는 그리스도께서 복음 안에서 말씀으로 정하신ordain 것이다. 예수님의 부활 후 열한 제자가 갈릴리 산에 가서 예수님을 뵈옵고 경배하였다. 예수님은 그 열한 제자에게 "하늘과 땅의 모든 권세를 내게 주셨으니 그러므로 너희는 가서 모든 민족을 제자로 삼아 아버지와 아들과 성령의 이름으로 세례를 베풀고 내가 너희에게 분부한 모든 것을 가르쳐 지키게 하라 볼지어다 내가 세상 끝날까지 너희와 항상 함께 있으리라"고 마 28:16-20 말씀하셨다. 예수님은 세례 제정을 열한 제자들에게 말씀하셨다.

예수님은 유월절 식사를 열두 제자와 함께 하실 때에 떡을 가지사 축복하시고 떼어 제자들에게 주시며 "받아서 먹으라 이것은 내 몸이니라"고 하셨고, 또 잔을 가지사 감사기도 하시고 "너희가 다 이것을 마시라 이것은 죄 사함을 얻게 하려고 많은 사람을 위하여 흘리는 바 나의 피 곧 언약의 피니라"고 말씀하셨다. 성찬의 제정 또한 열두 제자에게 말씀하신 것이다.

말씀과 성례는 제25장 제3절에서 살펴본 것처럼 은혜의 수단이다. 모든 성도가 주변에 말씀을 선포하고 전할 수 있지만, 교회에서 예배 중 성도에게 설교하는 형태의 말씀 선포는 합법적으로 임직된 말씀의 사역자에 의해 가능하듯이, 모든 성도가 가족이나 교우와 식사를 하면서 떡과 포도주를 애찬 형태로 나눌 수 있지만, 교회에서 예배 중 성도에게 성찬을 베푸는 것은 합법적으로 임직된 말씀의 사역자에 의해 가능하다. 예수님께서 세례와 성찬의 제정과 집행을 제자들에게 말씀하셨기 때문에 예수님의 열두 제자들처럼 합법적으로 임직된 말씀의 사역자가 성례를 집행하는 것이 좋다. 말씀 선포가 합법적으로 임직된 말씀의 사역자에 의해야 한다면, 성례는 보이는 말씀이므로 성례 또한 합법적으로 임직된 말씀의 사역자에 의해야 한다.

합법적으로 임직된 말씀의 사역자가 구원 받은 신분에서 다른 일반 성도보다 더 높다거나 귀한 것은 아니지만, 사역의 차원에서는 일반 성도로부터 구별된다. 이들 스스로 취한 것이 아니라 하나님께서 이를 실행할 수 있는 은사를 주시며 말씀의 사역자로 부르신다. 바울은 고린도 교인에게 마땅히 자신과 같은 사역자를 그리스도의 일꾼과 하나님의 비밀을 맡은 자로 여겨야 한다고 편지하였다^{고전 4:1}. 히브리서 5:4절은 대제사장과 같은 직분을 아무도 스스로 취하지 못하고 오직 아론과 같이 하나님의 부르심을 받은 자가 취할 수 있다고 말한다. 신약시대에는 목사가 이런 부르심을 받는다.

로마 가톨릭은 7성사가 사제들에 의해 이루어져야 한다고 주장한다. 이들은 로마 가톨릭을 제외한 성직자들 특히 개신교의 목사들이 자신들의 예식 순서에 따르지 않고 임의로 성례 집행하는 것을 인정하지 않는다. 이들은 자신들의 사제에 의한 것만을 과도하게 인정하면서, 동시에 이들은 7성사가 구원에 필수적인 것으로 보기 때문에 사고와 병을 당한 긴박한 사람의 경우에는 옆에 있는 사람이 성례를 집행할 수 있다고 본다. 이들은 부득이한 경우에는 모든 사람이, 세례를 받지 않은 사람까지도, 세례 집전에 합당한 의향을 지니고 있는 경우, 성삼위의 이름이 명시된 세례 양식문을 사용하여 세례를 줄 수 있다고[76] 말하기까지 한다. 이들은 사효적 효력을 받아들이기 때문에 세례를 받지 않은 사람까지도 세례를 줄 수 있다고 말한다.

이들은 견진성사의 원집전자는 주교라고 본다. 그 이유를 "주교는 사도들의 후계자이며, 충만한 성품성사를 받았다. 주교의 견진성사 집전은, 견진 받는 사람들을 교회와 교회의 사도적 기원과 그리스도를 증언하는 사명에 더욱 긴밀히 결합시키는 것이 이 성사의 효과임을 잘 나타낸다."라고 말한다. 이들은 죽을 위협에 있는 신자에게는 아무 사제라도 견진을 줄 수 있다고 본다.[77]

이들은 베드로의 직무를 맡은 교황이 모든 성찬례의 거행과 결합되어 성찬례에서 보편 교회가 지닌 일치의 표지와 봉사자라고 주장한다. 그 교황 하에서 지역 주교가 성찬례를 집전하는 것이고, 사제가 성찬례를 집전하더라도 지역 주교의 책임 아래 집정하는 것이라고[78] 하여 교황과 지역 주교와 사제로 내려가는 계층 hierarchy 에 의한 권한을 강조한다.

고해성사는 누가 집전하는가? 이들은 그리스도께서 당신 사도들에게 화해의 직무를 맡기셨으므로 그들의 후계자인 주교들과 주교들의 협력자인 사제들이 이 직무를 계속 수행한다고 말한다. 실제로 주교와 사제들은 성품성사의 힘으로 성부와 성자와 성령의 이름으로 모든 죄를 용서할 권한을 가진다고 말한다.[79] 역시 교황과 지역 주교와 사제로 내려가는 계층 hierarchy 에 의한 권한을 강조한다.

---

76 『가톨릭 교회 교리서』, 1256항, 499. 이들은 이어서 이렇게 말한다: "합당한 의향이란 교회가 세례를 주면서 행하고자 하는 것을 하겠다는 것이다. 교회는 비신자라도 세례를 줄 수 있는 근거를 보편적 구원을 원하시는 하느님의 의지와 구원을 위한 세례의 필요성에서 찾는다." 하느님의 의지에 대한 근거성경구절은 딤전 2:4(하나님은 모든 사람이 구원을 받으며 진리를 아는 데에 이르기를 원하시느니라)이고, 세례의 필요성에 대한 근거성경구절은 막 16:16(믿고 세례를 받는 사람은 구원을 얻을 것이요 믿지 않는 사람은 정죄를 받으리라)이다.

77 『가톨릭 교회 교리서』, 1313항과 1314항, 517.

78 『가톨릭 교회 교리서』, 1369항, 535.

79 『가톨릭 교회 교리서』, 1461항, 567.

병자성사는 사제들 주교와 신부들만이 거행할 수 있다. 이들은 신자들에게 이 성사의 선익에 대해 가르치는 것은 사목자들의 의무라며 사제들에게만 병자성사를 거행할 권한을 부여한다.[80]

주교, 사제, 부제의 성품성사는 사도 계승을 한 주교가 유효하게 할 수 있다. 이들은 어떤 이들을 사도로, 어떤 이들을 목사로 세워 주시는 분은 그리스도이신데, 그리스도께서는 주교들을 통하여 계속 활동하신다고 보기 때문이다. 이들은 주교를 사도 계승자로 본다.[81]

혼인성사가 미사 중에 이루어진다고 이들은 주장하므로 혼인성사가 사제에 의해 집행된다고 주장하는 셈이다. "라틴 예법에서 두 가톨릭 신자 사이의 혼인은 그리스도의 파스카 신비와 모든 성사의 관련성을 고려하여 원칙적으로 미사성제 중에 거행한다. 성찬례는 새 계약의 기념제인데, 그리스도께서는 당신 목숨을 바쳐 사랑하신 신부 곧 교회와 새 계약으로 영원히 결합하셨다. 그러므로 부부는 생명을 바쳐 서로에게 자신을 내어 주겠다는 동의를, 성찬의 희생 제사 안에서 실현되는 교회를 위한 그리스도의 봉헌과 결합시킴으로써 확정하고, 영성체로 같은 그리스도의 몸과 피를 받아 모심으로써 그리스도 안에서 오직 한 몸을 이루는 것 또한 마땅하다." 이들은 혼인의 전례적 거행이 성화하는 성사적 행동인 까닭에 신랑 신부는 혼인을 거행하기 위한 준비로 고해성사를 받는 것이 마땅하다고 주장한다.[82]

27.5

구약의 성례들은 이것들이 표지하고 나타내는 영적인 대상들과 관련하여 실체에서 신약의 성례들과 같다.¹

---

80 『가톨릭 교회 교리서』, 1516항, 584.
81 『가톨릭 교회 교리서』, 1575항과 1576항, 603.
82 『가톨릭 교회 교리서』, 1621항과 1622항, 602.

> The sacraments of the Old Testament, in regard of the spiritual things thereby signified and exhibited, were, for substance, the same with those of the New.ᴵ
>
> I 고전 10:1-4

5. 실체에 있어서 신약의 성례들과 같은 구약의 성례들

제7장 사람과 맺으신 하나님의 언약 제5절은 율법 아래에서 은혜 언약이 약속들, 예언들, 희생제물들, 할례, 유월절 양, 다른 모형과 규례에 의해 시행되었다고 말한다. 이 모든 것은 오실 그리스도를 예시豫示하였다. 비록 그리스도가 실체實體로서 이 땅에 오시지 않았지만, 구약의 성례들은 성령의 사역으로 약속된 메시아에 대한 믿음을 선택받은 자들에게 가르치고 양육하기에 충분하고 유효하였고, 그들은 이 메시야에 의해 온전한 사죄와 영원한 구원을 얻었다. 신약 시대란 실체이신 그리스도께서 나타나신 것을 뜻한다. 그 복음 아래에서 은혜 언약이 시행되는 규례들은 말씀의 선포, 그리고 성례의 집행이다. 비록 신약의 성례가 숫자가 더 적고, 더 단순하게 실행될지라도 더 충만하게, 더 명백하게, 더 큰 영적 효력으로 모든 민족에게 제시된다.

비록 구약의 성례들이 오실 그리스도를 예시하지만 그렇다고 하여 구약 백성이 그리스도를 모르는 것이 절대 아니다. 다만 신약 백성이 실체이신 그리스도께서 나타나셨으므로 더 충만하고 더 명백하게 알 뿐이다. 그러므로 구약의 성례들과 신약의 성례들 간에 존재하는 차이점은 그리스도란 실체의 측면에서는 없고, 충만함과 명백성의 측면에서만 존재한다. 구약 아래에서 희생제물들, 할례, 유월절 양, 다른 규례는 다양한 영적 대상들을 나타내지만 궁극적으로는 실체이신 그리스도를 나타낸다. 당연히 신약의 성례에 해당하는 세례와 성찬도 몇 가지 영적인 대상들을 나타내지만 궁극적으로는 실체이신 그리스도를 나타낸다. 구약의 성례들보다 신약의 성례들이 더 충만하고 더 명백하게 영적인 대상들을 표지하고 나타내지만, 궁극적으로는 같은 실체이신 그리스도를 표지하고 나타낸다는 면에서는 두 성례들이 같다. 제7장 제6절은 결론적으로 "실체가 다른 두 개의 은혜언약이 있는 것이 아니라, 하나의 똑같은 은혜 언약이 다양한 경륜 아래에 있는 것이다."라고 말한다. 이렇게 우리는 구약과 신약의 연속성을 실체라는 측면에서 강조한다.

구약시대에 유대인은 할례를 통하여 하나님과 유대 백성 사이에 은혜 언약이 존재하고, 유대 백성은 그 언약을 지켜야 함을 상기하였다. 이들은 유월절을 지키며 자신들도 애굽 백성처럼 죽임을 당해야 마땅하지만 하나님의 은혜로 살림을 받음을 상기하였고, 자신들 대신에 어린 양이 대신 죽는 것이고, 이 어린 양은 앞으로 오실 그리스도를 나타냄을 인식하였다. 이들은 성전에서 소나 양이나 염소와 같은 희생제물을 바칠 때에 먼저 번제물의 머리에 안수하였다. 안수를 통해 자신들의 죄가 그 짐승에게 전가되고, 그 짐승은 자신의 죄를 짊어지고 죽는데, 바로 앞으로 오실 그리스도의 죽음을 상징하는 것임을 믿으며 제사하였다. 이들은 은혜 언약 속에서 자신들의 죄를 대신하여 희생제물을 바치며 그리스도를 바라보았고, 자신들이 오직 하나님의 은혜로 생명과 구원을 받음을 믿었다. 아사셀 염소, 무교절, 칠칠절, 초막절 등과 같은 다른 규례도 여러 영적 대상을 나타내지만 할례, 유월절 양, 희생제물들처럼 궁극적으로는 그리스도를 나타내었다. 신약시대에 세례는 제28장 제1절이 말하는 것처럼 세례 받은 당사자가 그리스도에게 접붙임 받고, 중생되고, 죄 사함 받았다는 것의 표지와 인장으로써 궁극적으로 예수 그리스도를 의미한다. 성찬은 제29장 제1절이 말하는 것처럼 예수님의 희생을 영원히 기념하는 것이고, 그 희생의 모든 유익을 신자들에게 인치는 것이고, 그들이 영적으로 성장하고, 그들이 모든 의무를 더 하도록 하기 위한 것이다. 성찬 또한 여러 영적 대상을 나타내지만 궁극적으로는 실체이신 예수 그리스도를 나타낸다. 구약의 성례들이나 신약의 성례들이나 여러 영적인 대상을 표지하고 나타내지만 궁극적으로는 실체이신 그리스도를 나타내는 점에서 같은 것이다.

로마 가톨릭은 "만일 누가 이 언급된 새로운 법의 성사들이 예식과 외적인 예법에서 다르다는 것을 제외하고는 옛 법의 성사들과 다르지 않다고 주장한다면, 그는 파문되어야 한다."트렌트 공의회 제7차 회의 "성례 일반" 법령2라고 말한다. 이들이 이런 주장을 하는 것은 구약의 율법을 거룩하고 영적이며 좋지만롬 7:12, 14, 16 아직 완전한 것이 아니라고 보기 때문이다. 율법은 후견인과 같이 무엇을 해야 하는지를 제시해 주지만, 그것을 행하기 위한 성령의 능력과 은총을 스스로 주지는 못했고, 율법은 죄를 없애지 못하기 때문에 결국은 예속의 법이었다고 본다.[83] 이에 반해 신약의 새 법은 그리스도에 대한 신앙을 통하여 신자들이 받게 되는 성령의 은총이고, 사랑을 통해 작용하고, 마땅히 해야 할 바를 사람들에게 가르치려고 주님의 산상 설교를 이용하며, 이를 행할 수 있는 은총을 사람들에게 주려고 성사들을 활용한다고 본다.[84]

이들은 새 법이 두려움 때문에 행동하기보다는 오히려 성령께서 불어넣어 주시는 사랑에 따라 행동하기 때문에 사랑의 법이라고 부르고, 신앙과 성사들로써 행동하도록 은총의 힘을 주기 때문에 은총의 법이라고 부르고, 의식적儀式的이고 법률 지상주의적인 율법 준수를 요구하던 옛 법에서 자신들을 해방시켜 사랑의 자극을 받아 기꺼이 행동하도록 자신들을 이끌어 주기 때문에 자유의 법이라고도 부른다. 이들에게는 새 법이 사랑과 은총과 자유의 법이라면 옛 법은 두려움과 행위와 구속拘束의 법이 되고, 새 법을 드러내는 성사들과 옛 법을 드러내는 성사들 간에는 넘지 못할 큰 간격이 있는 것이다. 이들은 옛 법을 새 법에 비하여 열등하게 보기 때문에 구약의 성례들 또한 신약의 성례들보다 예식과 외적인 예법에서 다른 정도가 아니라 이를 넘어서는 큰 차이가 있다고 본다.

이들은 제7장사람과 맺으신 하나님의 언약 제5절을 전적으로 부인한다. 이것은 그들이 율법의 시대를 복음의 시대보다 열등하게 보기 때문이다. 이들은 구약 시대의 유대인은 두려움으로 행했고, 신약 시대의 신자는 성령께서 불어넣어 주시는

---

83 『가톨릭 교회 교리서』, 1963항, 719.
84 『가톨릭 교회 교리서』, 1966항과 1967항, 720.

사랑에 따라 행동한다고 본다. 이들은 구약 백성 또한 성령의 사역으로 말미암아 약속된 메시아에 대한 믿음을 충분히 가졌다는 것을 부인한다. 구약 백성도 신약 백성과 똑같이 온전한 사죄와 영원한 구원을 얻었음을 경시한다. 이들은 하나님께서 아담에게 주신 율법이 아담의 타락 후에도 계속하여 의의 완전한 규범이 되고^{제19장 제2절}, 신약 시대에도 여전히 하나님과 사람에 대한 우리의 의무를 잘 담고 있음을 부인한다. 그리스도께서도 복음 안에서 이 의무를 결코 폐하지 않으시고 오히려 더욱 강화하셨음을^{제19장 제5절} 인정하지 않는다. 로마 가톨릭은 구약과 신약에 본질적인 차이가 있다고 보는 것이고, 구약 시대에 주어진 율법이 신약 시대에 선포된 복음과 본질적으로 다르다고 보는 것이다. 이들은 또한 구약 시대에도 성자 하나님과 성령 하나님이 존재하시어 사역하셨음을 경시하는 것이다.

Of Baptism

제28장 세례

28.1

세례는 신약의 성례로 예수 그리스도께서 세우셨는데,a 세례 받은 당사자를 보이는 교회에 엄숙히 들이는 것일 뿐만 아니라,b 그에게 은혜 언약과c 그리스도께 접붙임 됨과d 중생과e 죄 사함을f 나타내는 표지와 인장이 된다. 또한, 그가 새 생명 가운데서 행하도록 예수 그리스도를 통해 하나님께 드려진 것을 나타내는 표지와 인장이 된다.g 이 성례는 그리스도께서 친히 정하신 대로 그분의 교회에서 세상 끝날까지 계속되어야 한다.h

Baptism is a sacrament of the New Testament, ordained by Jesus Christ,a not only for the solemn admission of the party baptized into the visible Church:b but also to be unto him a sign and seal of the covenant of grace,c of his ingrafting into Christ,d of regeneration,e of remission of sins,f and of his giving up unto God, through Jesus Christ, to walk in newness of life,g which sacrament is by Christ's own appointment to be continued in his Church until the end of the world.h

a 마 28:19 b 고전 12:13 c 롬 4:11; 골 2:11-12 d 갈 3:27; 롬 6:5
e 딛 3:5 f 막 1:4 g 롬 6:3-4 h 마 28:19-20

1. 세례의 의미와 제정자와 역할

제27장 성례 제4절이 말하는 것처럼 우리 주 그리스도에 의해 복음 안에서 세워진ordained 신약의 성례는 세례와 성찬이므로, 제27장 제1절에 나오는 성례의 정의와 제정자와 목적이 세례에 그대로 적용된다. 성례가 세례보다 더 큰 개념인데 양자를 비교하면 아래와 같다.

성례와 세례의 비교

	성례 >	세례
의 미	은혜 언약의 거룩한 표지와 인장	신약의 성례로써 수세자를 보이는 교회에 들이기 위한 표지와 인장
제정자	예수 그리스도	
역 할	① 그리스도와 그의 유익을 나타냄 ② 우리가 그리스도와 관계가 있음을 확증 ③ 교회에 속한 이들과 세상에 속한 이들을 눈에 보이도록 구별 ④ 그들로 하나님을 섬기는 데 참여케 함	① 은혜 언약에 속한 것의 표지와 인장 ② 그리스도에게 접붙임된 것의 표지와 인장 ③ 중생된 것의 표지와 인장 ④ 죄 사함된 것의 표지와 인장 ⑤ 하나님께 드려진 것의 표지와 인장

어떤 사람이 보이는 교회의 회원이 되려면 세례를 받음으로써 자신이 은혜 언약에 속한 자임을 눈에 보이게 표현해야 한다. 제25장 교회 제2절이 말하는 것처럼 보이는 교회는 참된 신앙을 고백하는 자들로 구성된다. 어떤 자가 교회의 회원이 되려면 자신이 예수 그리스도를 믿는다는 신앙고백을 해야 하고, 교회는 이 사람의 이 신앙고백이 진실하다고 판단하면 세례를 통하여 그를 교회의 회원으로 받아들인다. 초대교회 때 사도신경이 바로 이 신앙고백에 사용되었다. 당시에 세례를 받고 교회의 회원이 되려는 자들은 사도신경의 내용으로 자신의 신앙을 표현했고, 교회는 사도신경의 내용에 따라 그 사람의 신앙 여부를 판단하였다. 지금도 각 교

회는 이러한 신앙고백의 중요성을 인식하여, 불신자가 교회에 출석하여 신앙생활을 시작하면 6개월 동안 하나님의 말씀을 가르친 후에 학습교인으로 받아들인다. 그 후 6개월 동안 하나님의 말씀과 교회생활에 대하여 다시 잘 가르친 후에 당회가 그의 신앙의 여부를 확인한다. 당회가 그의 신앙에 진정성이 있다고 판단하면 교회는 예배 중에 세례식을 갖는다. 먼저 세례식을 집례하는 목사는 세례를 받으려는 자에게 아래와 같은 신앙을 갖고 있는지 그로 하여금 스스로 하나님과 회중 앞에서 공적으로 고백하게 하고, 그 후에 목사는 손에 물을 취하여 세례 받을 자의 머리를 적시며 "주 예수를 믿는 ○○○에게 내가 성부와 성자와 성령의 이름으로 세례를 주노라. 아멘!"이라고 말한다. 그 뒤에 목사는 "하나님 아버지! 영원하신 경륜 속에서 귀한 권속들에게 세례를 주심을 감사합니다. 한평생 하나님만 경외하게 하시고 교회의 덕을 세우게 하시며 거룩한 삶을 살게 하옵소서! 주께서 은혜를 더하시고 성령으로 충만하게 하사 승리하는 그리스도인이 되게 하시어서 그리스도의 복음을 증거하며 하나님께 큰 영광을 돌리는 생애가 되게 하옵소서! 예수님의 이름으로 기도합니다. 아멘."이라고 기도한 후에 "□□□, ○○○, △△△씨 등은 대한예수교장로회 ◎◎교회의 세례교인이 된 것을 성부와 성자와 성령의 이름으로 공포하노라. 아멘."이라고 공포한다. 각 교회는 세례의 중요성을 인하여 세례 받을 자에게 6개월에서 1년이라는 상당한 기간을 주어 진리 지식을 배우게 하고 기도로 준비하게 한다.

1. 저는 하나님 앞에 죄인인 줄 알며 당연히 그의 진노를 받을 만하나, 그의 크신 자비하심으로 구원 얻을 것 밖에 소망이 없는 자인 줄 믿습니다.
2. 저는 주 예수 그리스도가 하나님의 아들 되심과 죄인의 구주 되시는 줄을 믿으며, 복음에 말한 바와 같이 구원하실 이는 다만 예수 그리스도 뿐이신 줄 알고 믿으며 그에게만 의지하기로 서약합니다.
3. 저는 지금 성령의 은혜만 의지하고 그리스도를 좇는 자가 되어 그대로 힘써 행하며 모든 죄를 버리며 그의 가르침과 모범을 따라 살기로 서약합니다.

4. 저는 교회의 관할과 치리를 복종하고 그 청결과 화평함을 위하여 힘쓰기로 서약합니다.

우리는 제27장 제1절에서 성례가 은혜 언약의 거룩한 표지와 인장임을 살펴보았다. 세례가 신약의 성례에 속하므로 세례 또한 은혜 언약의 거룩한 표지와 인장이다. 교회는 눈에 보이는 세례의식을 통하여 무엇을 표지하고 인치려고 하는가? 세례 받는 자는 그간의 성경공부를 통하여 자신이 하나님의 자녀임을 배우고 확신하고 스스로 고백한다. 또한 당회와 회중 앞에서 자신이 하나님의 자녀임을 믿는다고 실제로 스스로 고백한다. 그리고 목사가 "주 예수를 믿는 ○○○에게 내가 성부와 성자와 성령의 이름으로 세례를 주노라. 아멘!"이라고 말하는 세례문구를 통하여 자신이 삼위 하나님의 자녀임을 한 번 더 확인한다. 세례를 받는 자나 세례의식을 지켜보는 이들이나 모두 자신의 눈앞에서 펼쳐지는 이 세례의식이 무엇을 뜻하는지 자연히 생각하게 되고 의식하게 된다. 이런 일련의 과정을 통하여 세례는 여러 가지를 표지하고 인치게 된다. 첫째로 세례는 세례 받는 자에게 은혜 언약의 표지와 인장이 된다. 세례는 세례 받은 자가 은혜 언약에 속한 자임을 세례 받지 않은 자와 구별하고 확실히 한다. 둘째로 세례는 수세자가 그리스도에게 접붙임 되었다는 것의 표지와 인장이고, 셋째로 세례는 수세자가 중생을 받았다는 것의 표지와 인장이고, 넷째로 세례는 수세자가 죄 사함을 받았다는 것의 표지와 인장이고, 다섯째로 세례는 수세자가 새 생명 가운데서 행하도록 자신이 예수 그리스도를 통해 하나님께 드려졌다는 것의 표지와 인장이다. 세례는 바로 이 다섯 가지 역할에 대한 표지이고 인장이다. 세례의식 없이 말씀을 통한 설명만으로 위의 사항을 성도에게 가르칠 수 있지만, 세례의식을 통해서 눈에 보이는 형태로 위의 사항을 전하면 세례 받는 당사자나 지켜보는 이들에게 더 효과적이다. 세례는 말씀을 눈에 보이는 형태로 전하기 위해서 제정되었다. 위의 표에서 보는 것처럼 성례와 세례의 역할 간에는 큰 차이가 없다. 성례가 세례보다 더 큰 개념이기 때문에 세례는 성례의 역할들 중 물이란 요소를 사용함에서 오는 구체적인 역할을 세부적으로 더 가질 뿐이다.

그리스도께서 세례를 직접 제정하셨다. "그러므로 너희는 가서 모든 민족을 제자로 삼아 아버지와 아들과 성령의 이름으로 세례를 베풀고 내가 너희에게 분부한 모든 것을 가르쳐 지키게 하라 볼지어다 내가 세상 끝날까지 너희와 항상 함께 있으리라 하시니라"마 28:19-20. 그리스도께서 세상 끝날까지 우리와 항상 함께 계신다고 하였으므로 우리는 세례를 교회에서 계속해서 시행해야 한다. 그리스도께서 세례의 제정자이시고, 세례의 시행 기간에 대해서도 세상 끝날까지라고 명시적으로 말씀해주셨다.

28.2

이 성례에서 사용하는 외적 요소는 물이다. 이 물로 당사자는, 세례를 주도록 합법적으로 부름 받은 복음 사역자에 의해 아버지와 아들과 성령의 이름으로 세례를 받아야 한다.i

The outward element to be used in this sacrament is water, wherewith the party is to be baptized, in the name of the Father, and of the Son, and of the Holy Ghost, by a minister of the gospel lawfully called thereunto.i

i 마 3:11; 요 1:33; 마 28:19-20

---

2. 세례의 집행 방법

세례에서 사용하는 외적 요소는 물이다. 세례 요한이 물로 세례를 베풀었다. 세례 요한은 물로 세례를 베풀라는 하나님의 말씀에 의해 물을 세례의 외적 요소로 사용했지요 1:33, 자신이 임의로 사용하지 않았다. 빌립이 에디오피아 내시에게 예수님을 가르쳐 복음을 전하다가 물 있는 곳에 이르렀다. 그 내시는 "보라 물이 있으니 내가 세례를 받음에 무슨 거리낌이 있느냐?"고^{행 8:36} 말했다. 예수님의 승천 이후에도 세례는 물로 주는 것임이 보편적으로 알려졌다는 것을 알 수 있다.

물을 세례의 외적 요소로 사용한 것은 물이 더러운 것을 깨끗하게 씻는 기능 때문이다. 물이 더러운 것을 깨끗하게 씻듯, 예수 그리스도의 피와 성령께서 사람들의 죄를 깨끗하게 씻고 거룩한 삶을 살도록 이끄신다. 일반 사람까지도 물로 세례 받는 장면을 보면 물로 이 사람의 물리적인 더러움이 깨끗하게 되듯, 세례 의식으로 이 사람이 정신적으로, 영적으로 깨끗하게 되는 것임을 어렵지 않게 연상할 수 있다.

세례 요한은 "나보다 능력 많으신 이가 내 뒤에 오시나니 나는 굽혀 그의 신발끈을 풀기도 감당하지 못하겠노라 나는 너희에게 물로 세례를 베풀었거니와 그는 너희에게 성령으로 세례를 베푸시리라"고^{막 1:7-8} 말하였다. 요한은 예수 그리스도께서 자신보다 능력이 얼마나 높은지 자신은 그의 신발끈을 풀 수도 없다고 하였다. 이것은 궁극적으로 자신은 피조물이고, 예수 그리스도는 하나님이심을 나타낸다. 요한 자신은 물로 세례를 베풀지만 예수님은 성령으로 세례를 베푸신다는 것은 첫째로 자신이 세례에서 외적 요소로 사용하는 물은 성령을 의미한다는 것을 나타내고, 둘째로 예수 그리스도는 성령을 보유하시고 부리시는 분임을 나타낸다.

사람은 물을 언제든 바가지에 담아 원하는 곳에 부을 수 있다. 사람은 물을 자신의 생각대로 부릴 수 있다. 하지만 사람은 성령님을 자신 마음대로 다룰 수 없다. 오히려 성령께서 사람을 다루신다. 그리고 성자 하나님이신 예수 그리스도는 성령과 더불어 하나가 되신다. 성부가 성자 안에 성자가 성부 안에 있듯이 성령 또한 성부와 성자와 서로 간에 그러하다. 삼위 하나님께서 자신들의 밖을 향하여 창조와 섭리와 구원 사역을 하실 때에 성부와 성자와 성령께서는 분리되지 않고 통일되어 일하신다. 예수 그리스도는 사람들의 죄를 짊어지고 죽으시고, 성령 하나님은 그리스도의 그 피로 깨끗하게 된 이들을 거룩한 삶으로 이끄신다. 세례의 외적 요소인 물은 하나님께서 선택하신 자들의 죄값을 위하여 흘리신 예수 그리스도의 피를 나타내고, 그들을 거룩한 삶으로 이끄시는 성령을 나타낸다.

아래의 성경구절들을 살펴보자. 고린도전서 6:11절은 사람들이 예수 그리스도의 이름과 하나님의 성령 안에서 씻음과 거룩함과 의롭다 하심을 받는다고 말한다. 디도서 3:5절은 하나님께서 우리를 우리의 의로운 행위가 아니라 중생의 씻음과 성령의 새롭게 하심으로 구원하셨다고 말한다. 베드로전서 3:21절은 세례의 물이 예수 그리스도의 부활로 말미암아 사람들을 구원하는 표가 되었는데 이는 육체의 더러운 것을 제하여 버리는 것이 아니고, 하나님을 향한 선한 양심의 간구라고 말한다. 요한일서 1:7절은 예수 그리스도의 피가 우리를 모든 죄에서 깨끗하게 한다고 말한다. 요한계시록 1:5절은 우리가 그리스도의 피로 해방되었다고 말한다. 이러한 성경말씀에 근거하여 세례의 물은 예수 그리스도의 피와 성령이 우리의 모든 죄를 씻어줌을 나타낸다.

고전 6:11	너희 중에 이와 같은 자들이 있더니 주 예수 그리스도의 이름과 우리 하나님의 성령 안에서 씻음과 거룩함과 의롭다 하심을 받았느니라
딛 3:5	우리를 구원하시되 우리가 행한 바 의로운 행위로 말미암지 아니하고 오직 그의 긍휼하심을 따라 중생의 씻음과 성령의 새롭게 하심으로 하셨나니
벧전 3:21	물은 예수 그리스도께서 부활하심으로 말미암아 이제 너희를 구원하는 표니 곧 세례라 이는 육체의 더러운 것을 제하여 버림이 아니요 하나님을 향한 선한 양심의 간구니라
요일 1:7	그 아들 예수의 피가 우리를 모든 죄에서 깨끗하게 하실 것이요
계 1:5	또 충성된 증인으로 죽은 자들 가운데에서 먼저 나시고 땅의 임금들의 머리가 되신 예수 그리스도로 말미암아 은혜와 평강이 너희에게 있기를 원하노라 우리를 사랑하사 그의 피로 우리 죄에서 우리를 해방하시고

세례는 아버지와 아들과 성령의 이름으로 이루어진다. 위에서 보는 것처럼 한 사람이 의롭다 하심을 얻으려면 아버지의 자비와 사랑에 근거한 계획과 선택이 있어야 하고, 사람의 죄를 짊어지고 죽으시는 아들에 의한 중생의 씻음이 있어야 하고, 성령 하나님의 새롭게 하심이 있어야 한다. 삼위 하나님께서 사람의 구원에 통일되게 참여하심으로 세례는 삼위의 이름으로 이루어져야 한다. 실제로 예수님은 부활하신 후 열한 제자가 갈릴리 산에 와서 경배할 때에 "아버지와 아들과 성령의 이름으로 세례를 베풀라"고 마 28:19 구체적으로 알려주셨다. 이에 따라 목사는 교회에서 세례를 베풀 때에 "주 예수를 믿는 ○○○에게 내가 성부와 성자와 성령의 이름으로 세례를 주노라. 아멘."이라고 말한다. 그 후에 목사는 세례를 받은 자가 이제 그 교회의 정식 회원이 되므로 "세례 받은 이가 대한예수교장로회 ○○교회의 세례교인 됨을 공포하노라."고 말한다.

그런데 아래의 성경구절들처럼 사람들은 성령으로 세례를 받고, 예수 그리스도의 이름으로 세례를 받는다. 오히려 성부와 성자와 성령의 이름으로 세례를 받는 것은 마태복음 28:19절 한 군데에만 나온다.

고전 12:13	우리가 유대인이나 헬라인이나 종이나 자유인이나 다 한 성령으로 세례를 받아 한 몸이 되었고 또 다 한 성령을 마시게 하셨느니라
행 2:38	베드로가 이르되 너희가 회개하여 각각 예수 그리스도의 이름으로 세례를 받고 죄 사함을 받으라 그리하면 성령의 선물을 받으리니
행 8:16	이는 아직 한 사람에게도 성령 내리신 일이 없고 오직 주 예수의 이름으로 세례만 받을 뿐이더라
행 10:48	명하여 예수 그리스도의 이름으로 세례를 베풀라 하니라 그들이 베드로에게 며칠 더 머물기를 청하니라
행 19:5	그들이 듣고 주 예수의 이름으로 세례를 받으니

예수 그리스도나 성령으로 세례를 받는다 하여 오직 그 위격으로만 세례를 받는 것은 아니다. 삼위일체를 다루는 제2장 제3절에서 살펴본 것처럼 외부를 향한 삼위일체 하나님의 사역은 분리되지 않는 것이다. 성경에서 성부나 성자나 성령의 한 위격만 성경에 언급된다고 하여 다른 두 위격이 배제되지 않고, 성경의 한 위격이 어떤 사역을 하신다고 하여 다른 두 위격이 그 사역을 하시지 않는 것이 아니다. 시간과 공간의 이 땅에서는 사람이 "성부"라는 단어를 발음하면 다른 두 위격을 동시에 발음할 수가 없고, 어느 한 위격이 어떤 사역을 하는 그 순간에 다른 두 위격이 그 사역을 동시에 할 수 없다. 그래서 한 위격만 사역하시는 것으로 표현이 되지만 그 순간에도 실체에 있어서 같으시고, 영원과 무한과 불변이라는 속성을 공유하시는 다른 두 위격이 그 사역에서 절대로 배제되지 않는다. 그러므로 세례를 받는 자가 예수 그리스도의 이름으로 세례를 받는다고 하여 다른 두 위격은 그 세례에서 배제되지 않고 포함된다. 예수 그리스도의 이름으로 세례를 받는 것이나 성령으로 세례를 받는 것은 바로 성부와 성자와 성령의 이름으로 세례를 받는 것을 뜻한다.

세례 받는 자가 아버지와 아들과 성령의 이름으로 세례를 받는 것은 그 세례의 시작과 완성이 삼위 하나님께 있다는 것이다. 아버지의 사랑에 근거한 택하심과 아들의 죄를 짊어진 죽으심과 성령의 거룩하게 하심이 진심으로 신앙을 고백하면서 세례를 받는 자에게 임하는 것이다. 삼위 하나님의 계획과 사랑과 이룸을 방해할 자가 아무도 없다. 세례 받는 자가 다른 이름으로 세례를 받으면 다른 이름의 능력과 영원성만큼 보호를 받는데 전능하신 여호와 하나님보다 더 큰 자가 없다. 바울은 누가 우리를 그리스도의 사랑에서 끊겠느냐고 물은 후 어떤 피조물도 우리를 그리스도 예수 안에 있는 하나님의 사랑에서 끊을 수 없다고 단언한다롬 8:35-39. 아버지와 아들과 성령의 이름으로 세례를 받는다는 것은 사람의 구원이 자신의 의지와 결단과 능력에 달려있지 않고, 삼위 하나님의 계획과 사랑과 이룸에 달려있다는 의미이다.

성경에서 세례를 베푼 이들을 살펴보면 세례 요한, 예수님의 제자들, 사도들, 빌립 등이다. 이들은 모두 일반 성도가 아니라 하나님께서 구원 사역을 위하여 특별한 직무로 부르신 자들이다. 이들 스스로 이 직분을 취한 것이 아니라 하나님께서 불러서 주셨다. 이 존귀는 아무도 스스로 취하지 못하고 오직 하나님의 부르심을 받은 자라야 가능하다 히 5:4. 예수님의 승천 이후 교회가 처음으로 널리 세계로 퍼져가던 때에는 신학교에서 몇 년의 정규 과정으로 신학교육을 받고 사역자가 되지 않았다. 하지만 지금은 교회와 신학교가 대부분의 지역에서 안정적으로 자리를 잡고 있다. 이런 때에는 신학교의 정규 과정을 모두 마치고 교단에서 정식으로 안수 받은 목회자가 세례를 주어야지, 임의적으로 사역자가 된 사람이 세례를 줘서도 안 되고, 정식 사역자로 인정을 받아서도 안 된다. 세례를 주는 목회자는 신학교와 교회에서 하나님의 말씀을 잘 배워 성도에게 설교와 성경공부를 통하여 하나님의 말씀을 잘 선포하고 가르쳐야 하고, 보이는 말씀인 성례를 잘 거행해야 한다. 세례를 주도록 합법적으로 부름을 받은 복음의 사역자에 의해 세례가 이루어지지 않으면 교회의 질서가 깨지고, 성례의 가치가 가볍게 여김을 당한다.

로마 가톨릭은 어느 교파보다 사제에게 성례 집행의 권위를 부여하지만, 이들은 첫째로 7성사가 구원에 필수적인 것으로 보기 때문에, 둘째로 성례의 사효적 事效的 효력ex opere operato, from the work performed, 성례 시행 자체에 내재된 효력을 믿기 때문에, 사고와 병을 당한 긴박한 사람의 경우에는 옆에 있는 사람이 성례를 집행할 수 있다고 본다. 제27장 제4절에서 살펴본 것처럼 이들은 부득이한 경우에는 모든 사람이, 세례를 받지 않은 사람까지도, 세례 집전에 합당한 의향을 지니고 있는 경우에, 성삼위의 이름이 명시된 세례 양식문을 사용하여 세례를 줄 수 있다고 여긴다. 이들이 얼마나 성례를 그 자체로 효력이 있다고 보는지 모른다. 이들에게 이런 유물론적 측면이 강하게 있다.

28.3

당사자를 물속에 담그는 것은 필수가 아니며, 세례는 당사자에게 물을 붓거나 뿌림으로써 올바르게 집행된다.k

Dipping of the person into the water is not necessary: but baptism is rightly administered by pouring or sprinkling water upon the person.k

k 히 9:10, 19-22; 행 2:41; 행 16:33; 마 7:4

3. 세례에서 물의 사용법

세례의 방식은 크게 세 가지로 나뉜다. 첫째는 세례 받는 자가 강이나 세례탕에서 물속에 완전히 담기는 것이다. 둘째는 세례 받는 자가 물속에 반쯤 담기고 그 사람 위에 물을 붓거나 뿌리는 것이다. 셋째는 세례 받는 자에게 물을 붓거나 뿌리는 것이다.

침례교나 동방정교회나 순복음교단 등은 완전히 담기는 침례를 주장한다. 이들은 물속에 완전히 담기는 것이 죄로 물든 옛 사람의 죽음을 뜻하고, 물속에서 올라오는 것이 거룩하여진 새 사람으로 부활하여 예수 그리스도와 연합하는 것을 뜻한다고 말한다. 즉, 침례가 예수와 함께 죽고 예수와 함께 부활하는 의미를 담고 있어 가장 성경적이라며 아래와 같이 근거성경구절들을 든다. 그런데 이 구절들은 물의 세례의 방식에 대한 언급이 아니라, 세례의 영적 의미에 대한 언급이다. 죽었다가 살아나는 거듭남을 세례를 비유로 하여 말한 것이다.

롬 6:3-5   무릇 그리스도 예수와 합하여 세례를 받은 우리는 그의 죽으심과 합하여 세례를 받은 줄을 알지 못하느냐 4 그러므로 우리가 그의 죽으심과 합하여 세례를 받음으로 그와 함께 장사되었나니 이는 아버지의 영광으로 말미암아 그리스도를 죽은 자 가운데서 살리심과 같이 우리로 또한 새 생명 가운데서 행하게 하려 함이라 5 만일 우리가 그의 죽으심과 같은 모양으로 연합한 자가 되었으면 또한 그의 부활과 같은 모양으로 연합한 자도 되리라

골 2:12 너희가 세례로 그리스도와 함께 장사되고 또 죽은 자들 가운데서 그를 일으키신 하나님의 역사를 믿음으로 말미암아 그 안에서 함께 일으키심을 받았느니라

    침례를 시행하는 방식은 침례 집례자가 침례를 받는 성도의 머리 위에 손을 얹고 "내가 성부와 성자와 성령의 이름으로 침례를 주노라."고 선포하면서 성도의 목을 받치고 물속에 몸 전체를 몇 초간 담근다. 이때 목사가 완력이 부족하고 침례 받는 자가 몸이 거대할 때 목사가 침례 받는 자를 따라 물속에 빠지기도 하고, 목사가 물속에 잠긴 자를 적절히 일으키지 못하여 익사 사고가 드물게 일어나기도 한다. 그래서 목사를 도와 옆에서 침례 받는 자를 물속에 집어넣고 다시 일으키는 보조자가 대부분 있기 마련이다.

    세례 받는 자가 물속에 반쯤 담기고 그 사람 위에 물을 붓거나 뿌리는 방식은 건강상의 이유나 병 등으로 완전 침수를 할 수 없는 대상자에게 주어진다. 완전 침례를 주장하는 이들도 유아를 세례할 때에 완전 침수가 아이의 생명과 건강에 위험하므로 이런 중간 방식을 택하기도 한다.

    성경에서 세례의 방식을 살필 수 있는 구절들은 아래와 같다. 세례 요한은 요단강처럼 물이 많은 곳에서 세례를 주었다. 예수님께서 세례를 받으시고 물에서 올라오신 것을 보면 예수님께서 요단 강 물에 들어가셨음을 알 수 있다. 빌립이 에디오피아 내시에게 세례를 줄 때도 둘이 물에 내려가 빌립이 세례를 베풀었고 둘이 물에서 올라왔다. 그런데 이때도 예수님과 내시가 물속에 완전 담긴 것인지 아니면 몸의 일정 부분만 담긴 상태에서 물의 부음이나 뿌림을 받은 것인지 확실하지 않다.

마 3:13, 16	이 때에 예수께서 갈릴리로부터 요단 강에 이르러 요한에게 세례를 받으려 하시니 … 16 예수께서 세례를 받으시고 곧 물에서 올라오실새 하늘이 열리고 하나님의 성령이 비둘기 같이 내려 자기 위에 임하심을 보시더니
요 3:23	요한도 살렘 가까운 애논에서 세례를 베푸니 거기 물이 많음이라 그러므로 사람들이 와서 세례를 받더라
행 2:41	그 말을 받은 사람들은 세례를 받으매 이 날에 신도의 수가 삼천이나 더하더라
행 8:36-39	길 가다가 물 있는 곳에 이르러 그 내시가 말하되 보라 물이 있으니 내가 세례를 받음에 무슨 거리낌이 있느냐 37절 없음 38 이에 명하여 수레를 멈추고 빌립과 내시가 둘 다 물에 내려가 빌립이 세례를 베풀고 39 둘이 물에서 올라올새 주의 영이 빌립을 이끌어간지라 내시는 기쁘게 길을 가므로 그를 다시 보지 못하니라
행 16:33	그 밤 그 시각에 간수가 그들을 데려다가 그 맞은 자리를 씻어 주고 자기와 그 온 가족이 다 세례를 받은 후

사도행전 2:41절을 보면 세례를 받은 신도의 수가 삼천이나 되었다. 열 두 사도가 삼천 명을 완전 침수 형태로 세례를 베풀려면 막대한 물과 시간을 필요로 했을 것이므로 물의 부음이나 뿌림으로 세례를 베풀었다고 생각하는 것이 상식과 합리성에 맞다. 바울이 다메섹 도상에서 예수님을 만난 후 사람의 손에 끌려 다메섹으로 들어가 사흘 동안 보지 못하고 먹지도 마시지도 아니하였다. 이때 아나니아가 바울을 찾아와 안수하고 세례를 주었는데 행 9:18, 사흘 동안 먹지도 마시지도 아니한 자를 강가로 끌고 가 완전 침수로 세례를 베풀었다고 보기보다 그가 누운 방 안에서 물을 붓거나 뿌리는 방식으로 세례를 베풀었다고 보는 것이 합리적이다. 베드로가 고넬료와 그의 친척과 가까운 친구들에게 설교할 때에 성령이 말씀 듣는 모든 사람에게 내려오셨다. 이에 베드로가 물로 그들에게 세례를 베풀었는데 행

10:44-48 그들을 강가로 데려가기보다 고넬료 집안에서 물을 붓거나 뿌리는 형태로 세례를 베풀었을 것이다. 사도행전 16:33절에서 간수와 그 온 가족이 밤에 세례를 받았는데 밤중에 그 온 가족이 완전 침수할 수 있는 강이나 바다를 찾아 돌아다녔을까? 완전 침수의 방식보다 역시 물의 부음이나 뿌림이라고 생각하는 것이 합리적이다.

또 물이 부족한 사막 같은 경우나 추운 겨울만 있어 물이 꽁꽁 어는 남극이나 북극 같은 지역을 생각해보자. 이런 곳에서는 완전 침수보다 물의 부음과 뿌림을 물리적인 이유 때문에 택할 수밖에 없다. 또 유아 세례의 경우에 완전 침수는 아이의 건강과 생명에 해롭기까지 하다. 세례는 예배 중에 모든 성도 앞에서 행하여 수세자를 교회의 정식 회원으로 들이고, 세례를 받는 자나 지켜보는 자나 은혜를 받는데, 세례 때마다 모든 성도가 강으로 간다는 것은 자연스럽지 않다. 세례탕이 이런 단점을 극복하기는 하지만 세례탕을 기술적으로 건축하여 물을 풍족하게 채워두는 것이 과거에 건축기술이 부족하거나 물 자체가 귀한 사막 같은 곳에서는 힘든 일이다. 하나님은 건축 기술과 물이 부족한 시기와 장소에서도 세례가 이루어지기를 바라시므로 완전 침수의 방식을 모든 시대와 모든 지역에 요구하시지 않는다.

무엇이 세례의 적법한 방식인지는 세례의 의미와 상징이 무엇인지를 살피면 알 수 있다. 제1절에서 살펴본 것처럼 세례는 은혜언약의 표지와 인장이다. 즉 그가 그리스도에게 접붙임 된 것과 중생과 죄 사함을 받은 것의 표지와 인장이고, 그로 새 생명 가운데서 행하도록 그가 예수 그리스도를 통해 하나님께 드려진 것의 표지와 인장이다. 접붙임과 중생과 죄 사함과 새 생명 가운데서의 행함이 이루어지려면 예수 그리스도의 피에 의해 수세자가 의로워지고 성령에 의해 거룩해져야 한다. 세례는 바로 이것을 의미하는 것이다.

구약시대에 피에 의해 의로워지는 것이 어떻게 나타났는지 살펴보자. 모세는 송아지와 염소의 피 및 물과 붉은 양털과 우슬초를 취하여 그 두루마리와 온 백성에게 뿌렸고, 장막과 섬기는 일에 쓰는 모든 그릇에 뿌렸다. 성경이 거의 모든 물건이 피로써 정결하게 된다고 하였는데 이때 두루마리와 백성이 피 속에 완전히 담기는 것이 아니라 뿌림을 받았다. 피흘림이 있어야 사함이 있다는 것을 나타내는 데에 피뿌림의 방식이 취해진 것이다 히 9:19-22. 아래 구절들을 통해 구약시대에 정결의 표시로 물의 뿌림이 사용된 것을 확인할 수 있다. 에스겔 36:25-26절에서 물의 뿌림이 정결과 연결되고, 새 영의 임함이 부드러운 마음과 연결되므로 물의 뿌림이 성령님을 나타낸다고 볼 수 있다. 종합하면 물은 예수 그리스도의 피와 성령님을 나타내고, 정결의 대상자를 그 물속에 담그는 것이 아니라 그 물을 그 대상자에게 뿌린다.

민 8:7	너는 이같이 하여 그들을 정결하게 하되 곧 속죄의 물을 그들에게 뿌리고 그들에게 그들의 전신을 삭도로 밀게 하고 그 의복을 빨게 하여 몸을 정결하게 하고
민 19:13	누구든지 죽은 사람의 시체를 만지고 자신을 정결하게 하지 아니하는 자는 여호와의 성막을 더럽힘이라 그가 이스라엘에서 끊어질 것은 정결하게 하는 물을 그에게 뿌리지 아니하므로 깨끗하게 되지 못하고 그 부정함이 그대로 있음이니라
민 19:18-20	정결한 자가 우슬초를 가져다가 그 물을 찍어 장막과 그 모든 기구와 거기 있는 사람들에게 뿌리고 또 뼈나 죽임을 당한 자나 시체나 무덤을 만진 자에게 뿌리되 19 그 정결한 자가 셋째 날과 일곱째 날에 그 부정한 자에게 뿌려서 일곱째 날에 그를 정결하게 할 것이며 그는 자기 옷을 빨고 물로 몸을 씻을 것이라 저녁이면 정결하리라 20 사람이 부정하고도 자신을 정결하게 하지 아니하면 여호와의 성소를 더럽힘이니 그러므로 회중 가운데에서 끊어질 것이니라 그는 정결하게 하는 물로 뿌림을 받지 아니하였은즉 부정하니라
겔 36:25-26	맑은 물을 너희에게 뿌려서 너희로 정결하게 하되 곧 너희 모든 더러운 것에서와 모든 우상 숭배에서 너희를 정결하게 할 것이며,

	26 또 새 영을 너희 속에 두고 새 마음을 너희에게 주되 너희 육신에서 굳은 마음을 제거하고 부드러운 마음을 줄 것이며
히 9:19-22	모세가 율법대로 모든 계명을 온 백성에게 말한 후에 송아지와 염소의 피 및 물과 붉은 양털과 우슬초를 취하여 그 두루마리와 온 백성에게 뿌리며 20 이르되 이는 하나님이 너희에게 명하신 언약의 피라 하고 21 또한 이와 같이 피를 장막과 섬기는 일에 쓰는 모든 그릇에 뿌렸느니라 22 율법을 따라 거의 모든 물건이 피로써 정결하게 되나니 피흘림이 없은즉 사함이 없느니라

예수님 당시에 바리새인들과 모든 유대인은 장로들의 전통을 지키어 손을 잘 씻지 않고서는 음식을 먹지 아니하였다. 또 시장에서 돌아와서도 물을 뿌리지 않고서는 먹지 아니하였다 막 7:3-4. 이것은 그 당시에 물속에 완전히 잠기는 형태가 아니라, 손을 씻거나 물을 뿌리는 형태가 정결함을 나타냈다는 것이다.

이런 이유들 때문에 장로교, 감리교, 성결교, 루터교 등은 세례 시 물을 붓거나 뿌린다. 세례에서 물속에 완전히 잠기는 형태가 핵심이 아니라, 더러운 것을 씻어내는 물의 기능이 핵심이고, 그 물은 예수 그리스도의 피와 영을 상징한다. 그러므로 수세자가 물에 완전히 담기는 형태보다 수세자에게 물을 붓거나 뿌리는 형태가 그리스도의 피와 영에 의한 수세자의 중생과 죄 사함과 새 생명 가운데서의 행함을 더 잘 나타내므로 세례의 올바른 방식이다. 로마 가톨릭은 "이 세례는 세례수에 세 번 잠김으로써 의미 깊게 이루어진다. 그러나 오랜 관습에 따라 예비 신자의 머리에 세 번 물을 붓는 방식으로도 베풀 수 있다."라고 말함으로써 완전 침수를 더 바람직한 것으로 여긴다.[85] 성경은 직접적으로 세례의 방식에 대하여 말하지 않는다. 이것은 세례의 방식이 아주 중요한 것이 아니고, 정결케 하는 방식이면 물의 침수나 부음이나 뿌림이나 모두 가능함을 뜻하는 것이다. 세례의 방식을 무시해서

---

85 『가톨릭 교회 교리서』, 1239항, 495.

는 안 되지만, 어느 특정 방식만이 성경적이라고 단정하는 것은 성경의 전체 내용을 넘어서는 것이다.

28.4

그리스도에 대한 믿음과 순종을 실제로 고백하는 사람들뿐만 아니라,l 부모가 다 믿거나 한쪽이 믿으면 그 유아도 세례를 받아야 한다.m

Not only those that do actually profess faith in, and obedience unto Christ,l but also the infants of one, or both believing parents, are to be baptized.m

l 막 16:15-16; 행 8:37-38
m 창 17:7, 9; 갈 3:9, 14; 골 2:11-12; 행 2:38-39;롬 4:11-12; 고전 7:14; 마 28:19; 막 10:13-16; 눅 18:15

---

4. 세례 받는 대상

❶ 성인 세례

제1절에서 세례는 수세자를 보이는 교회에 엄숙히 들이는 것이라고 했으므로, 수세자는 먼저 신앙고백을 하여야 한다. 수세자는 눈에 보이지 않는 말씀에 의해 자신에게 생긴 믿음을 교회 앞에서 표현하여야 한다. 제14장 믿음 제1절이 말하는 것처럼 믿음은 말씀으로 말미암아 발생하고, 말씀과 성례로 말미암아 증가하고 강화된다. 그러므로 수세자는 자신 안에 믿음이 이미 발생하여 세례를 받고자 함을 고백해야 한다. 이때 수세자는 교회의 회원이 되는 것이므로 교회의 가르침과 치리를 받겠다는 고백도 하여야 한다.

막 16:16   믿고 세례를 받는 사람은 구원을 얻을 것이요 믿지 않는 사람은 정

행 2:41	죄를 받으리라 그 말을 받은 사람들은 세례를 받으매 이 날에 신도의 수가 삼천이나 더하더라
행 8:12	빌립이 하나님 나라와 및 예수 그리스도의 이름에 관하여 전도함을 그들이 믿고 남녀가 다 세례를 받으니
행 16:31-33	이르되 주 예수를 믿으라 그리하면 너와 네 집이 구원을 받으리라 하고 32 주의 말씀을 그 사람과 그 집에 있는 모든 사람에게 전하더라 33 그 밤 그 시각에 간수가 그들을 데려다가 그 맞은 자리를 씻어 주고 자기와 그 온 가족이 다 세례를 받은 후
행 18:8	또 회당장 그리스보가 온 집안과 더불어 주를 믿으며 수많은 고린도 사람도 듣고 믿어 세례를 받더라

위에서 보는 것처럼 세례를 받는 자들은 모두 자신의 믿음을 나타내었다. 세례는 어떤 사람에게 미래에 발생할 믿음을 보면서 교회가 그에게 베푸는 것이 아니라, 수세자가 자신이 하나님의 은혜와 그리스도의 희생으로 구원 받았다고 자신의 믿음을 고백할 때에 교회는 세례를 베푼다. 제1절이 말하는 것처럼 수세자가 그리스도에의 접붙임과 중생과 죄 사함을 받았다는 표시와 인장으로 세례를 받는 것이지, 이것들을 받기 위하여 세례를 받는 것이 아니다. 세례의 사효적 효과를 강하게 주장하는 이들은 믿음이 없는 사람에게 세례를 줌으로써 믿음을 발생시키려는 시도를 할 수 있고, 수세자의 믿음을 엄밀하게 확인하지 않은 채 세례 교육을 받은 것 등을 근거로 세례를 주려는 경향이 있다.

❷ 유아 세례

가. 신앙고백을 못하는 유아에게 세례를 주는 이유

제4절은 부모가 다 믿거나 한쪽이 믿으면 그 유아도 세례를 받아야 한다고 말

한다. 태어난 지 한두 살 되는 유아는 그리스도에 대한 믿음과 순종을 고백하지 못하는데 왜 세례를 주어야 하는가? 제1절이 세례가 당사자에게 은혜언약의 표지와 인장이 된다고 말하는데, 유아도 하나님의 언약과 교회에 속하기 때문이다. 하나님께서 아브라함에게 "내가 내 언약을 나와 너 및 네 대대 후손 사이에 세워서 영원한 언약을 삼고 너와 네 후손의 하나님이 되리라"고 창 17:7 말씀하셨다. 여기서 후손은 어른만이 아니라 당연히 유아도 해당된다. 하나님은 이어서 아브라함에게 유아가 태어난 지 8일 만에 할례를 행하라고 말씀하셨다. "그런즉 너는 내 언약을 지키고 네 후손도 대대로 지키라 너희 중 남자는 다 할례를 받으라 이것이 나와 너희와 너희 후손 사이에 지킬 내 언약이니라 너희는 포피를 베어라 이것이 나와 너희 사이의 언약의 표징이니라 너희의 대대로 모든 남자는 집에서 난 자나 또는 너희 자손이 아니라 이방 사람에게서 돈으로 산 자를 막론하고 난 지 팔 일 만에 할례를 받을 것이라" 창 17:9-12. 태어난 지 팔 일이 되는 아이는 죄와 할례와 구원의 의미를 알지 못한다. 그럼에도 성인이 아이에게 할례를 시켜 하나님의 백성이라고 선언한다.

이것은 사람의 구원이 근원적으로 죄를 자복하는 자에게 달려있지 않고, 은혜를 베푸시는 하나님에게 있음을 보여준다. 하나님의 은혜가 사람에게 임할 때에 그는 신앙고백을 할 수 있다. 하나님은 할례를 통해 사람의 구원이 전적으로 먼저 하나님의 은혜에 있음을 보여주신다. 할례는 믿는 백성의 자녀에게 행해진다. 창세기 17:7절처럼 하나님은 "너와 네 후손의 하나님"이 되시는 것이지, 믿지 않는 자들과 그들의 후손의 하나님이 되시는 것이 아니다. 따라서 구약시대에 태어난 지 팔 일이 되는 아이에게 할례를 주는 이유나 신약시대에 유아에게 세례를 베푸는 이유가 모두 자녀가 하나님의 언약에 속하기 때문이다.

그리스도의 피에 의한 구속과 믿음을 주시는 성령에 대한 약속이 성인만이 아니라 유아에게도 주어졌다. 시편 기자는 자신이 날 때부터 주께 맡긴 바 되었고 모태에서 나올 때부터 주는 자신의 하나님이 되셨다고 시 22:10 말했다. 이사야 44:2-3절에서 여호와 하나님은 이스라엘을 모태에서부터 지어 내셨고 도와주셨다고 말쏨하셨다. 베드로는 성령의 선물이 주어지는 일이 회개하여 예수 그리스도의 이름으로 세례를 받는 자들과 그들의 자녀에게 주어진다고 말했다^{행 2:38-39}.

일반인도 갓난아이가 똥오줌을 가리지 못하고, 상황판단을 하지 못해도 한 명의 인격체로 존중한다. 성인의 능력과 인격을 발휘하며 가정과 사회에 크게 기여할 수 있는 가능성이 그에게 있는데 아직 나타나지 않은 것뿐이므로 그를 존중한다. 믿는 부모의 자녀는 그가 비록 신앙고백과 죄의 자복이 없어도 하나님의 자녀에 속한다. 유아는 성장하여 때가 되면 그리스도가 십자가에서 흘린 피에 의한 죄로부터의 구속에 근거하여 신앙을 고백하고 죄를 자복하기 때문이다.

나. 유아는 세례에 의해 교회에 속하고, 불신자의 자녀와 구별된다.

나치가 할례 여부로 유대인 여부를 식별할 만큼 할례는 유대인의 특징이다. 구약시대에 태어난 지 8일이 되는 유아에게 할례를 행한 부모는 유아의 할례를 볼 때마다 자신들이 이방인과 구별된 민족이고 하나님의 선택을 받은 자녀임을 확인하였고, 이 내용을 할례를 받은 유아에게 가르쳤다.

"너희와 함께 거류하는 타국인이 여호와의 유월절을 지키고자 하거든 그 모든 남자는 할례를 받은 후에야 가까이 하여 지킬지니 곧 그는 본토인과 같이 될 것이나 할례 받지 못한 자는 먹지 못할 것이니라 본토인에게나 너희 중에 거류하는 이방인에게 이 법이 동일하니라"는^{출 12:48-49} 말씀처럼 구약의 사람들이 유월절에 참여하는 조건은 할례 여부이다. 하나님의 언약과 교회에 속한다는 표시로서 할례를 행한 자들만 유월절에 참여할 수 있었다.

구약의 신자가 유아의 할례를 통하여 그 유아가 하나님의 언약과 교회에 속함을 확인하였다면 신약의 신자는 유아 세례를 통해 이를 확인한다. 유아 세례는 할례와 달리 몸에 흔적이 남지 않으므로 부모는 구약시대의 할례의 경우보다 더 자주 자녀에게 유아 세례를 받은 것과 그 의미를 상기시켜 주어야 한다. 그가 비신자와 다른 신분이고 왜 구별된 삶을 살아야 하는지 유아 세례를 통해 설명해주어야 한다. 유아 세례를 받은 자녀는 13~15세와 같은 나이에 이르면, 교인들 앞에서 자신의 신앙을 스스로 고백하며 교회의 정식 회원이 되는 입교^{入敎} 의식을 치른다.

유아 세례를 반대하는 이들은 세례를 받은 이들 중 일부가 성장하여 예수 그리스도를 부인하거나 일반인보다 더 악한 행위를 하며 교회를 떠난다는 것이다. 그럴 때 신자로 주변에 인식된 그들의 행동을 인하여 하나님과 교회의 영광이 가려지고, 예수 그리스도께서 제정하신 세례의 성례가 짓밟힘을 당한다는 것이다. 분명 이런 면이 있지만, 이것은 성인이 되어 세례를 받은 이들에게도 발생하는 현상이다. 사람은 미래의 일을 알 수 없기 때문에 현재의 상황으로 성경이 말하는 성례를 시행해야지 완벽을 기하려고 하면 안 된다. 구약의 할례를 받은 유대인도 얼마나 많은 이가 하나님을 떠나 패역무도한 삶을 살았는가? 그럼에도 하나님께서 유아에게 할례를 행하라고 하셨다. 예수님께서도 열 두 제자를 택하셨지만 그들 중 한 명이 예수님을 배반하였다. 마술사 시몬이 빌립의 전도함을 믿고 세례를 받은 후 전심으로 빌립을 따라다니며 그 나타나는 표적과 큰 능력을 보고 놀라워했지만, 실상은 그는 하나님의 선물을 돈 주고 살 줄로 생각한 자였다. 베드로는 그를 "하나님 앞에서 네 마음이 바르지 못하니 이 도에는 네가 관계도 없고 분깃 될 것도 없느니라 … 내가 보니 너는 악독이 가득하며 불의에 매인 바 되었도다"고^행 8:21-23 말하였다. 사람의 능력으로는 한 길 사람 속을 알 수 없으므로, 교회는 최대한 사람들을 잘 분별한 후 성례를 시행하여야 하겠지만 완벽을 기하려고 하면 안 된다. 하나님께서 할례와 세례를 어떤 조건에서 행할 것을 명하시면 교회는 그 말씀대로 충실하게 시행하면 되고, 그렇게 한 후에 발생한 일들은 사람이 관여하거나 책임질 수준을 넘어선다.

다. 유아가 세례를 받은 기록이 성경에 있는가?

성경에 유아의 세례 기록이 있을까? 신약성경에는 유아가 세례를 받았다는 구절도 없고, 받지 않았다는 구절도 없다. 가족이 세례를 받았다는 구절들은 아래처럼 있다.

| 행 16:14-15 | 두아디라 시에 있는 자색 옷감 장사로서 하나님을 섬기는 루디아라 하는 한 여자가 말을 듣고 있을 때 주께서 그 마음을 열어 바울의 말을 따르게 하신지라 15 그와 그 집이 다 세례를 받고 우리에게 청하여 이르되 만일 나를 주 믿는 자로 알거든 내 집에 들어와 유하라 하고 강권하여 머물게 하니라 |

| 행 16:29-34 | 간수가 등불을 달라고 하며 뛰어 들어가 무서워 떨며 바울과 실라 앞에 엎드리고 30 그들을 데리고 나가 이르되 선생들이여 내가 어떻게 하여야 구원을 받으리이까 하거늘 31 이르되 주 예수를 믿으라 그리하면 너와 네 집이 구원을 받으리라 하고 32 주의 말씀을 그 사람과 그 집에 있는 모든 사람에게 전하더라 33 그 밤 그 시각에 간수가 그들을 데려다가 그 맞은 자리를 씻어 주고 자기와 그 온 가족이 다 세례를 받은 후 34 그들을 데리고 자기 집에 올라가서 음식을 차려 주고 그와 온 집안이 하나님을 믿으므로 크게 기뻐하니라 |

| 고전 1:15-16 | 이는 아무도 나의 이름으로 세례를 받았다 말하지 못하게 하려 함이라 16 내가 또한 스데바나 집 사람에게 세례를 베풀었고 그 외에는 다른 누구에게 세례를 베풀었는지 알지 못하노라 |

루디아가 마음을 열어 바울의 말을 따를 때에 자신만 세례를 받지 않고 그녀의 집이 다 세례를 받았다. 그 집이 다 세례를 받을 때에 유아들이 있었다면 세례를 받았다고 생각하는 것이 합리적이다. 성인이나 유아나 똑같이 하나님의 은혜로 구원을 받기 때문에 유아가 세례에서 빠질 이유가 없다. 바울로부터 주의 말씀을 들은 간수와 그 집에 있는 모든 사람은 다 세례를 받았는데 역시 그 온 가족에 유아가 빠질 특별한 이유가 없다. 바울이 스데바나 집 사람에게 세례를 베푼 것도 같은 관점으로 볼 수 있다.

유아 세례 찬성론자는 세례를 받은 온 가족에 유아를 포함시키고, 반대론자는 그 온 가족에 유아를 포함시키지 않는다. 찬성론자는 성경에 유아 때에는 세례를 받지 않다가 성인이 되어 신앙을 고백하며 세례를 받은 사례가 없다고 말한다. 온 가족이 세례를 받았다는 성경 구절만으로는 유아 세례의 정당성 여부가 판가름 나지 않는다. 자신의 신학적 견해에 따라 온 가족이 세례를 받았다는 구절에 유아 세례를 포함하기도 하고 안 하기도 하기 때문이다. 따라서 유아 세례에서 중요한 것은 유아가 스스로 신앙고백을 하지 못 해도 하나님의 은혜로 그들이 구원을 받을 수 있느냐 여부이다. 유아가 부모의 신앙에 따라 하나님의 언약과 교회에 포함되느냐 여부에 따라서 유아 세례의 정당성 여부가 결정된다.

라. 유아를 귀하게 여기신 예수님과 사도들

사람들이 예수님께서 만져 주심을 바라고 어린아이들을 데리고 오자 제자들이 꾸짖었다. 그런데 예수님은 오히려 노하시며 이들이 오는 것을 용납하셨고 안고 안수하시고 축복하셨다. 하나님의 나라는 이런 자의 것이라며 누구든지 그 나라를 어린아이와 같이 받들지 않는 자는 그곳에 들어가지 못한다고 하셨다 막 10:13-16. 이는 그들이 믿음을 고백하였기 때문이 아니라, 그들의 순수함과 부모에게 전적으로 의지하는 마음 때문이었다.

베드로는 사도행전 2장에서 유대인에게 회개하여 예수 그리스도의 이름으로 세례를 받고 죄 사함을 받아 성령의 선물을 받으라고 말했다. 이 약속은 그들과 그들 자녀와 모든 먼 데 사람 곧 하나님이 얼마든지 부르시는 자들에게 하신 것이라고 말했다 행 2:38-39. 이 약속은 베드로의 설교를 듣는 자들의 자녀에게도 주어진 것이다. 하나님이 부르시는 모든 자에게 성령의 선물은 주어진다.

> **고전 7:13-14** **어떤 여자에게 믿지 아니하는 남편이 있어 아내와 함께 살기를 좋아하거든 그 남편을 버리지 말라 14 믿지 아니하는 남편이 아내로 말미암아 거룩하게 되고 믿지 아니하는 아내가 남편으로 말미암아 거룩하게 되나니 그렇지 아니하면 너희 자녀도 깨끗하지 못하니라 그러나 이제 거룩하니라**

바울은 고린도전서 7장에서 믿지 아니하는 남편이 아내와 함께 살기를 좋아하면 아내로 말미암아 거룩하게 되므로 그 남편을 버리지 말라고 말한다. 믿지 아니하는 아내는 남편으로 말미암아 거룩하게 된다. 그렇지 않으면 부모의 자녀도 깨끗하지 못하다. 자녀는 부모를 인하여 하나님의 언약과 교회에 속하고, 부모의 양육과 교육을 통하여 믿음의 자녀로 자라간다. 유아 세례는 이런 것에 근거하여 이루어진다. 참고로 하이델베르크 요리문답 제74문은 유아가 세례를 받아야 하는 이유에 대하여 다음처럼 말한다.

* 하이델베르크 요리문답 제74답

어른들처럼 유아들도 하나님의 언약과 백성에 속하기 때문이고, 죄의 구속과 믿음을 작동시키는 성령이 그리스도의 피를 통해 부모 못지않게 유아들에게도 약속되었기 때문입니다. 그들도 언약의 표지인 세례에 의해 기독교 교회에 속해야 하고 불신자의 자녀들과 구별되어야 하는데, 이것이 구약에서는 할례로 이루어졌고, 신약에서 세례로 대치되었습니다.

For since they, as well as their parents, belong to the covenant and people of God, and both redemption from sin and the Holy Ghost, who works faith, are through the blood of Christ promised to them no less than to their parents: they are also by Baptism, as a sign of the covenant, to be ingrafted into the Christian Church, and distinguished from the children of unbelievers, as was done in the Old Testament by Circumcision, in place of which in the New Testament Baptism is appointed.

28.5

이 규례를 모욕하거나 무시하는 것은 큰 죄이지만,n 그럼에도 은혜와 구원이 세례와 뗄 수 없을 정도로 결합된 것은 아니어서, 누구도 세례 없이는 중생이나 구원을 얻지 못하는 것도 아니고o 세례 받은 이들이 다 의심 없이 중생되는 것도 아니다.p

Although it be a great sin to contempt or neglect this ordinance,n yet grace and salvation are not so inseparably annexed unto it, as that no person can be regenerated or saved without it:o or, that all that are baptized are undoubtedly regenerated.p

n 눅 7:30 with 출 4:24-26   o 롬 4:11; 행 10:2, 4, 22, 31, 45, 47   p 행 8:13, 23

5. 세례와 구원의 상관관계

세례를 모욕하거나 무시하는 것은 큰 죄이다. 이것은 세례를 직접 제정하신 예수 그리스도를 모욕하고 무시하는 것이고, 세례가 주는 유익을 사람의 소견으로 차버리는 것이다. 모든 백성과 세리는 요한의 세례를 받았으나 바리새인과 율법교사들은 그의 세례를 받지 아니하였는데, 이에 대하여 성경은 그들이 그들 자신을 위한 하나님의 뜻을 저버린 것이라고 말한다 눅 7:29-30. 예수님께서 성전에서 가르치실 때에 대제사장들과 장로들에게 "요한의 세례가 어디로부터 왔느냐? 하늘로부터냐 사람으로부터냐?"라고 물으셨다. 모든 사람이 요한을 선지자로 알아 세례를 받는데 그들은 하나님을 공경하는 마음이 없어 요한을 믿지 않으며 세례를 받지 않았기 때문에 마 21:23-27 예수님께서 이들에게 이 질문을 하셨다. 예수님이 세례를 직접 제정하시기 전임에도 요한의 세례는 이미 죄의 자복과 하나님께의 순종을 나타내는 표시이었다. 이러한 의미가 담긴 규례를 바리새인과 율법교사들이 거부했으므로 그들은 하나님의 뜻을 저버린 것이고, 하나님을 모욕하고 무시한 것이다.

모세가 그의 아내와 아들들을 나귀에 태우고 애굽으로 돌아가는 길을 가다가 숙소에 있을 때에 여호와께서 그를 만나사 그를 죽이려 하셨다. 십보라가 돌칼을 가져다가 그의 아들의 포피를 베어 그의 발에 갖다 대며 "당신은 참으로 내게 피 남편이로다"라고 하자, 여호와께서 그를 놓아 주셨다. 십보라가 피 남편이라 함은 할례 때문이었다 출 4:24-26. 모세가 미디안 광야에 있는 40년 동안 할례 의식을 등한시하였기 때문에 여호와께서 그를 향하여 진노하신 것이다. 모세는 하나님의 말씀을 받아 백성에게 전하고 가르치는 자이므로 그가 먼저 하나님의 말씀에 충실하여야 했는데 정작 기본이라 할 수 있는 할례를 경시하였기 때문에 여호와께서 그를 죽이려고까지 하셨다. 구약의 할례와 요한의 세례를 등한시하는 자들이 이러한 징벌과 비난을 받았는데 하물며 예수님께서 직접 제정하신 세례를 모욕하거나 무시하는 이들은 얼마나 더 큰 벌을 받겠는가?

하지만 그렇다고 하여 은혜와 구원이 세례와 떨어질 수 없을 정도로 결합된 것은 아니다. 그 누구도 세례 없이 중생과 구원을 얻지 못하는 것도 아니고, 세례를 받은 이들이 의심 없이 중생되는 것도 아니다. 첫째로, 세례는 수세자가 받은 은혜와 구원을 확인하고 표지하고 인치는 차원에서 이루어지는 것이지, 세례를 받으면 자동적으로 은혜와 구원이 따라오는 것이 아니다. 제1절이 말하는 것처럼 세례는 은혜 언약에 속함을 나타내는 표지와 인장이지, 세례를 받으면 은혜 언약에 들어가는 것이 아니다. 근거성경구절 로마서 4:11절은 아브라함이 할례의 표를 받은 것은 그가 무할례시에 이미 가진 믿음으로 된 의를 인친 것이라고 말한다. 사도행전 8장에 나오는 고넬료가 베드로에게 세례를 받은 것은 고넬료가 이미 하나님을 경외하였기 때문이고, 그의 경외함이 그의 기도와 구제로 나타나 하나님 앞에 상달되어 기억하신 바가 되었기 때문이고, 하나님께서 이를 인치는 차원에서 성령을 고넬료에게 부어주셨기 때문이다. 할례나 세례의 성례는 이미 받은 구원과 믿음을 나타내고 인치는 것이지 절대로 그 순서가 바뀌면 안 된다.

둘째로, 성경이나 실생활에서 세례를 받은 자가 이후에 예수 그리스도를 부인하며 교회를 떠나는 경우가 종종 발생한다. 앞에서 살펴본 것처럼 마술사 시몬은 세례를 받고 전심으로 빌립을 따라다녔지만 그는 실상은 믿음이 없는 자였다. 시몬은 씨 뿌리는 비유에서 돌밭에 뿌려진 씨앗에 해당한다. 말씀을 듣고 즉시 기쁨으로 받되, 그 속에 뿌리가 없어 잠시 견디다가 말씀으로 말미암아 어려움이 생기면 넘어지는 자이다. 이런 경우의 믿음을 일시적인 믿음이라고 하는데, 당사자 자신도 참된 믿음을 가진 것으로 오해하기까지 한다. 이런 자들이 교회에 들어오면 복음을 믿고 세례를 받으며 기쁨으로 한동안 신앙생활 하지만 이후에 교회를 떠난다. 바울은 데마가 이 세상을 사랑하여 자신을 버리고 떠났다고 말하는데 딤후 4:10 역시 일시적인 믿음의 소유자에 해당한다. 여러분도 신앙생활을 열심히 하다 어느 날 갑자기 교회를 떠나고 예수님을 부인하는 이들을 경험했을 것이다. 또 세례를 받지 않았지만 구원을 받은 사례도 있다. 예수님과 같이 십자가에 못 박힌 한 행악자는 "예수여 당신의 나라에 임하실 때에 나를 기억하소서"라고 말했고, 예수님은 "내가 진실로 네게 이르노니 오늘 네가 나와 함께 낙원에 있으리라"고 눅 23:43 말씀하셨다. 이 행악자는 세례를 받지 않았지만 구원을 받고 죽었다.

로마 가톨릭은 성례의 사효적 효과를 주장하기 때문에 세례에 대해서도 "만일 누가 세례는 구원에 있어서 자유롭다고 즉 구원에 필수적이지 않다고 주장한다면, 그는 파문되어야 한다. If any one saith, that baptism is free, that is, not necessary unto salvation; let him be anathema. 트렌트 공의회 제7차 회의 "세례" 법령5"라고 주장한다. 그들은 세례가 물과 성령으로 태어남을 의미하고, 이를 실제로 이루어주고, 이를 통하지 않고는 아무도 하느님 나라에 들어갈 수 없다고 말한다. 이에 대한 근거성경구절로 "예수께서 대답하시되 진실로 진실로 네게 이르노니 사람이 물과 성령으로 나지 아니하면 하나님의 나라에 들어갈 수 없느니라"를 요 3:5 든다.[86] 이들은 요한복음 3:5절을 문자적으로, 물리적으로 해석하여 세례가 이를 실제로 이룬다고 여긴다. 이래서 이들은 "세례는 복음을 듣고 이 성사를 청할 수 있는 사람들의 구원에 필수적이다."

---

86 『가톨릭 교회 교리서』, 1251항, 488.

라고[87] 결론짓는다. 이들은 세례의 필요성을 필수적이라고 보기 때문에 앞에서 살펴본 것처럼 세례 집례를 부득이한 경우에는 모든 사람이, 세례를 받지 않은 사람까지도 세례 집전에 합당한 의향을 지니고 있는 경우에 성삼위의 이름이 명시된 세례 양식문을 사용하여 세례를 줄 수 있다고 여긴다.

28.6

세례의 효력은 세례가 집행되는 그 순간에 얽매이지 않는다.q 그럼에도 이 규례를 올바로 사용하면 약속된 은혜가 제시될 뿐만 아니라, 하나님 자신의 의지의 경륜에 따라 하나님이 정하신 때에 (성인이든 유아이든) 그 은혜에 속한 이들에게 성령님에 의해 실제로 나타나고 주어진다.r

The efficacy of baptism is not tied to that moment of time, wherein it is administered:q yet, notwithstanding, by the right use of this ordinance, the grace promised is not only offered, but really exhibited and conferred by the Holy Ghost, to such (whether of age, or infants) as that grace belongeth unto, according to the counsel of God's own will, in his appointed time.r

q 요 3:5, 8　　　　r 갈 3:27; 딛 3:5; 엡 5:25-26; 행 2:38, 41

6. 세례의 효력 시점

배고픈 자가 빵을 먹으면 먹는 그 순간에 빵의 효력이 나타나 배고프지 않게 된다. 로마 가톨릭은 세례에 이러한 사효적 효과가 있어서 세례를 베푸는 순간에

---

[87] 『가톨릭 교회 교리서』, 1257항, 500. "Baptism is necessary for salvation for those to whom the Gospel has been proclaimed and who have had the possibility of asking for this sacrament."

그 효과가 나타난다고 본다. 그들은 "교회는 영원한 행복에 들기 위한 확실한 보증으로 세례 이외의 다른 방도를 가지고 있지 않다. 따라서 교회는 세례를 받을 수 있는 모든 사람을 물과 성령으로 태어나게 하라고 주님께서 주신 사명에 소홀함이 없도록 주의한다. 하느님께서는 구원을 세례성사에 매어 놓으셨지만, 하느님 자신이 성사에 매여 있는 것은 아니다." God has bound salvation to the sacrament of Baptism, but he himself is not bound by his sacraments. 라고[88] 말한다. 이들은 세례가 구원에 필수적이고, 교회가 세례 이외의 방도를 갖고 있지 않고, 하나님께서 구원을 세례성사에 매어 놓으셨다고 말하는 것이다. 그래서 "세례를 통하여 모든 죄, 곧 원죄와 본죄, 그리고 모든 죄벌까지도 용서받는다. 세례로 새로 태어난 사람들에게는 하느님 나라에 들어가는 것을 가로막을 아무런 죄도 남아 있지 않다."고 주장한다.

이에 반하여 제6절은 "세례의 효력은 그것이 집행되는 그 순간에 얽매이지 않는다."라는 표현으로 사효적 효력이 틀렸음을 나타낸다. 근거성경구절이 뜻하는 것처럼 사람이 물과 성령으로 나지 아니하면 하나님의 나라에 들어갈 수 없지만, 어떻게 그것이 이루어지는지 사람이 알지 못한다. 바람이 임의로 불기 때문에 사람이 그 소리는 들어도 어디서 와서 어디로 가는지 알지 못하는 것처럼 성령으로 난 사람도 다 그러하다 요 3:5, 8. 그러므로 세례를 받는 그 순간에 세례의 효력이 나타난다고 어찌 단정할 수 있겠는가?

비록 세례의 효력이 세례가 집행되는 그 순간에 얽매이지 않을지라도, 이 규례의 올바른 사용에 의해 약속된 은혜가 제시될 뿐만 아니라, 하나님께서 주권으로 정하신 때에 그 은혜가 속한 사람들에게 성령에 의해 실제로 나타나고 주어진다. 세례가 집행될 때 세례를 통해 주어지는 은혜가 수세자에게 제시된다. 세례에 관한 목사의 가르침과 설교를 통해 수세자에게 은혜가 제시되고, 눈에 보이는 말씀인 세례를 통해 그 은혜가 눈에 보이게 수세자에게 제시된다. 세례를 받는 자와 지켜보는 이들은 말씀과 보이는 말씀을 통해 주어지는 은혜를 받으려고 집중해야

---

88 『가톨릭 교회 교리서』, 1257항, 500.

한다.

그리고 은혜가 단순히 제시될 뿐만 아니라, 하나님 자신의 의지의 경륜에 따라 하나님의 정하신 때에 그 은혜가 속한 사람들에게 성령에 의해 실제로 나타나고 주어진다. 여기서 첫째로 그 은혜가 속한 사람들에게란 하나님께서 그 은혜를 주시기로 택하신 자들을 뜻한다. 세례를 받은 모든 자에게가 아니라, 하나님께서 자신의 의지의 경륜에 따라 그 은혜를 주시기로 택하신 자들에게만 약속된 은혜가 주어진다. 둘째로 하나님의 정하신 때란 역시 하나님께서 자신의 의지의 경륜에 따라 그 은혜를 주시기로 정하신 시점을 뜻한다. 그 시점은 세례가 주어지는 바로 그 순간이기도 하고, 그 이후 어느 적당한 때이기도 하다. 근거성경구절들이 말하는 것처럼 하나님께서는 세례 받은 자로 하여금 그리스도로 옷 입게 하시고 갈 3:27, 성령에 의해 계속하여 새롭게 하시고 딛 3:5, 말씀으로 깨끗하게 하사 거룩하게 하시고 엡 5:26, 성령의 선물을 주신다 행 2:38. 이렇게 약속하신 은혜를 하나님께서 자신의 의지의 경륜으로 정하신 때에 주신다. 그러므로 세례를 받는 자는 하나님의 약속하신 은혜가 세례 받는 순간에 단번에 모두 주어지는 것이 아니라, 앞으로 신앙생활 전반에 걸쳐 점점 더 크게 주어지는 줄 알고 세례 당시의 영적 상태로 신앙생활의 전부를 판단하면 안 된다. 오히려 미래에 주어질 하나님의 큰 은혜를 사모하며 열심히 신앙생활을 하여야 하고 성화의 길을 꾸준히 걸어가야 한다.

28.7

세례의 성례는 누구에게나 오직 한 번 집행되어야 한다.s

The sacrament of baptism is but once to be administered to any person.s

s 딛 3:5

7. 세례의 횟수

로마 가톨릭도 한 번 받은 세례는 다시 받을 수 없다고 하는데 그 이유를 이렇게 말한다. "세례는 그리스도인이 그리스도께 속해 있음을 나타내는 지워지지 않는 영적인 표지인호를 새겨 준다. 비록 죄 때문에 세례가 구원의 열매를 맺지 못하는 경우라 하더라도 이 표지는 그 어떠한 죄로도 지워지지 않는다. 한 번 받은 세례는 다시 받을 수 없다." Baptism seals the Christian with the indelible spiritual mark character of his belonging to Christ. No sin can erase this mark, even if sin prevents Baptism from bearing the fruits of salvation. 83 Given once for all, Baptism cannot be repeated. 89 이들은 세례의 사효적 효과를 주장하는데 그 효과 중의 하나가 세례 시 즉각적으로 발생하는 지워지지 않는 영적인 표지인호이다. 이들은 세례로 생긴 이 표지는 뜨거운 불로 몸에 깊이 새긴 문신이 지워지지 않듯 어떠한 상황에서도 지워지지 않는다고 여겨 한 번 받은 세례는 다시 받을 수 없다고 여긴다. 이들의 논리에 따르면 세례를 두 번 받으면 이러한 표지가 두 개 생겨버려 난감하게 되는 것이다.

제7절은 근거성경구절로 "우리를 구원하시되 우리가 행한 바 의로운 행위로 말미암지 아니하고 오직 그의 긍휼하심을 따라 중생의 씻음과 성령의 새롭게 하심으로 하셨나니"를 딛 3:5 든다. 이것은 세례가 세례를 받는 당사자의 의로운 행위 즉 씻음과 새롭게 함에 대한 결단과 의지와 노력에 달려있지 않고, 하나님의 긍휼하심에 달려 있다는 것이다. 하나님께서 그를 불쌍히 여기시는 긍휼하심을 인하여 그를 거듭나게 하시는 중생으로 씻으시고, 성령으로 새롭게 하시는 것이다. 하나님께서 이렇게 하신 것에 대한 표지와 인장으로 당사자가 신앙을 고백하며 세례를 받는다.

첫째로 당사자가 세례의 가치를 모르고 받는 경우가 있다. 당사자가 진정한 회심 없이 외적으로만 신앙을 고백하여 세례를 받는 경우가 있는데, 이럴지라도 그

---

89 『가톨릭 교회 교리서』, 1272항, 501.

가 후에 회심하여 신앙고백 한다면 자신이 받은 세례가 그에게 표지와 인장이 된다. 둘째로 세례를 집례하는 교역자가 불경하거나 이단인 경우가 있는데, 이럴지라도 그 교역자가 세례의 일반적 절차를 지켰더라면, 특별히 그가 물이란 외적 요소를 사용하여 아버지와 아들과 성령의 이름으로 세례를 준다면 그 세례는 적법하다. 그 교역자는 속으로 다른 의도와 목적을 갖고 세례를 베풀었을지라도 세례의 외적인 형태가 적법하다면 세례를 받는 당사자는 세례의 객관적 의미와 목적을 취한 것이 된다. 나중에 당사자가 그 교역자를 떠나 올바른 교회에 가입하여 신앙생활을 하면서 자신이 받은 세례의 의미를 올바로 새기며 풍성한 은혜를 두고두고 누릴 수 있다. 셋째로 기독교 교회가 유아 세례를 주는 경우이다. 유아는 자신의 결단과 의지로 그 세례를 받을 수 없지만, 그는 성장하면서 유아 세례의 의미와 목적을 교회와 부모로부터 배우면서 그 세례의 유익을 누리게 된다. 유아 때 받은 세례가 그가 커갈수록 그에게 은혜 언약의 표지와 인장이 되는 것이다. 넷째로 세례를 진정한 신앙 고백을 하며 받은 성인의 경우이다. 그가 큰 죄를 범한 후에 크게 부끄러워하고 회개하는 마음으로 세례를 다시 받고 싶은 마음이 들지만, 그 성인은 세례를 다시 받을 필요가 없고 세례의 의미와 목적을 다시 새기며 깊이 회개하면 된다. 그가 세례를 다시 받지 않아도 세례는 그에게 은혜 언약의 표지와 인장이 되어 그로 하여금 회개하고 부끄러워하는 데 큰 도움을 준다. 이러한 이유들 때문에 기독교 교회는 세례의 성례를 어떠한 사람에게도 오직 한 번만 집행한다. 세례는 은혜 언약의 표시와 인장이라는 의미와 목적이 중요한데 세례를 단 한 번 받는 것으로도 이 의미와 목적이 크게 두고두고 드러나므로 세례를 한 번 받는 것으로 충분하다. 바로 앞의 제6절이 말하는 것처럼 세례의 효력은 세례가 집행되는 그 순간에 얽매이지 않고, 하나님 자신의 의지의 경륜에 따라 하나님의 정하신 때에 성인이든 유아이든 그 은혜에 속한 이들에게 성령님에 의해 실제로 나타나고 주어진다. 그러므로 세례를 한 번 받은 자는 그 세례의 효력이 자신에게 두고두고 나타나고 주어지므로 다시 세례를 받을 필요가 없고, 더 깊이 세례의 의미와 목적을 새기고 실제로 실천하는 것이 중요하다.

16세기 종교개혁 당시에 발생한 재세례파再洗禮派, Anabaptist는 당시 서방교회의 신앙 형태를 전반적으로 인정하지 않고 급진적인 주장을 하여서 여러 국가와 교파로부터 비판과 탄압을 받았다. 이들은 침례파처럼 유아 세례를 부인하고 성인 세례만 유효하다고 주장하는 정도를 넘어서서, 기존 교회에서 받은 세례가 모두 무효라며 자신들의 종파에서 다시 세례를 받아야 한다고 주장하였다. 이들은 유럽에 존재한 로마 가톨릭을 비롯하여 개신교의 종교개혁마저도 성경에 근거하여 살펴볼 때 틀렸거나 미흡하다고 여겼다. 오직 자신들만 옳다고 주장한 것이다. 그래서 개신교와 로마 가톨릭에서 받은 세례는 무효이므로 자신들에게서 다시 세례를 받아야 한다고 주장하여 재세례파라고 불렸다. 이들은 세례에서 약속된 은혜가 하나님 자신의 의지의 경륜에 따라 하나님의 정하신 때에 성인이든 유아이든 그 은혜에 속한 이들에게 성령님에 의해 실제로 나타나고 주어진다는 것을 모른 것이다. 그들은 사람이 스스로 자신의 능력으로 구원을 성취하고 유지하고 견딜 수 있다고 여기는 인본주의자들이다. 하나님의 작정과 섭리보다 사람의 의지와 결단을 중요하게 보았기 때문에 신자들이 지금 이곳에서 표현하는 신앙의 고백과 행위가 신자들의 구원 여부를 결정한다고 보았다. 따라서 재세례파는 늘 급진적이고 비판적이고 호전적이고 폐쇄적이고 고립적이고 분리주의적이란 비판에서 벗어나지 못하고 있다.

Of the Lord's Supper

제29장 주의 성찬

29.1

우리 주 예수께서는 잡히시던 밤에 주의 성찬이라 불리는 자신의 몸과 피의 성례를 제정하시어 자신의 교회에서 세상 끝날까지 지켜지도록 하셨다. 이는 주님이 죽음으로 희생하신 것을 영원히 기념하도록, 그 희생의 모든 유익을 참된 신자들에게 인치도록, 주님 안에서 그들이 영적인 영양분을 받아 성장하도록, 그들이 주님께 해야 할 모든 의무에 더 관여하고 그것을 더 행하도록 하기 위함이다. 또한 성례를 제정하시어 그들이 주님의 신비한 몸의 지체로서 주님과 교통하며 서로 교통하는 것에 대한 보증과 표시가 되도록 하셨다.[a]

Our Lord Jesus, in the night wherein he was betrayed, instituted the sacrament of his body and blood, called the Lord's Supper, to be observed in his Church, unto the end of the world, for the perpetual remembrance of the sacrifice of himself, in his death; the sealing all benefits thereof unto true believers, their spiritual nourishment and growth in him, their further engagement in, and to all duties which they owe unto him; and to be a bond, and pledge of their communion with him, and with each other, as members of his mystical body.[a]

a 고전 11:23-26; 고전 10:16-17, 21; 고전 12:13

1. 성찬의 제정자와 의미와 역할

예수 그리스도께서 성찬의 성례를 제정하셨다. 그리스도께서 잡히시던 밤에 떡을 축사하시고 떼어 "이것은 너희를 위하는 내 몸이니 이것을 행하여 나를 기념하라"고 하셨고, 식후에 잔을 가지시고 "이 잔은 내 피로 세운 새 언약이니 이것을 행하여 마실 때마다 나를 기념하라"고 하셨다 고전 11:23-26.

성찬은 이렇게 그리스도께서 자신의 몸과 피로 제정하신 성례이다. 이 성례는 그리스도의 살과 피를 상징하는 떡과 포도주를 먹고 마시는 것인데, 주님께서는 이 성례를 제정하시어 첫째로 자신의 교회에서 몇 가지 목적을 위하여 세상 끝날까지 지켜지도록 하셨고, 둘째로 주님과 참된 신자들이 교통하는 것에 대한 보증과 표시가 되도록 하셨다.

먼저, 이 성례가 세상 끝날까지 지켜지도록 하신 목적들에 대하여 살펴보자. 첫째로 주님께서 자신의 죽음으로 희생하신 것을 영원히 기념하는 것이다. 신자들은 떡을 먹으면서 자신을 위하여 살이 찢기며 죽으신 그리스도께 그리고 포도주를 마시면서 자신을 위하여 피 흘려 죽으신 그리스도께 감사하고 찬양하며 기념한다.

둘째로 성례는 그리스도의 희생의 모든 유익을 참된 신자들에게 인치는 것이다. 제27장 제1절이 말하는 것처럼 성례는 은혜 언약의 거룩한 표지와 인장이므로, 성찬의 성례 또한 인장의 역할을 한다. 성찬의 떡과 포도주는 그리스도의 찢기신 살과 흘리신 피를 상징한다. 성찬 참여자는 그 떡과 포도주를 보면서 그리스도의 살과 피를 떠올린다. 자신이 그리스도의 희생으로 구원받았고, 그 희생이 주는 모든 유익을 누리고 있음을 두 눈으로 보고 입으로 먹고 마시며 온 몸으로 분명하게 확인한다.

셋째로 성찬은 그리스도 안에서 그들이 영적인 영양분으로 성장하는 것이다. 그리스도께서 구속의 유익들을 성도에게 전하시는 외적 그리고 통상적 수단은 말씀과 함께 성찬이다. 성도는 말씀을 통해 그리스도의 구속에 대해 정확하고 상세하게 알게 되고, 그 말씀을 눈에 보이는 형태로 나타내는 성례를 통해 확증하게 된다. 성도는 보이는 말씀인 성찬에 참여할 때마다 영적인 영양분을 받아먹는 것이고, 그 풍성한 영양분을 먹음으로써 잘 성장하는 것이다. 이것은 배고픈 자가 빵을 먹으면 배고픔이 사라지듯, 성찬의 떡과 포도주를 먹으면 영적인 영양분을 섭취하여 자라는 것이 아니라, 그 이전에 성찬의 떡과 포도주가 영적으로 무엇을 뜻하는지 말씀을 통해 분별하기 때문에 이루어진다. 성례의 가치와 의미를 분별할 때 성례는 영적인 영양분과 성장의 역할을 하고, 분별하지 못하면 아무 소용이 없다. 한 마디로 성찬의 사효적 효과는 없는 것이다.

넷째로 성찬은 신자들이 참된 신자가 되었기에 그리스도에게 마땅히 해야 할 모든 의무가 무엇인지 상기하여 더 깊이 관여하고 그 의무를 더 행하도록 이끈다. 신자는 영적으로 성숙하여 자라갈수록 하나님께서 그리스도의 희생 제사를 통해 주신 은혜가 얼마나 큰지를 깨달을 뿐만 아니라, 그 받은 은혜를 다시 하나님께로 그대로 돌려주고 싶은 마음이 일게 된다. 그때 성찬은 이러한 마음을 더 자극하고 발휘하게 한다. 그리스도께서 살이 찢기고 피가 흘리는 희생을 하였듯 자신도 희생하고 헌신해야 함을 느낀다. 하나님의 말씀에 따라 자신이 행해야 할 의무가 무엇인지 깨닫게 되고, 성찬에 참여함에 따라 기꺼이 그 의무를 행하려는 마음이 강화된다.

이제 두 번째로 주님께서 성찬이 주님과 참된 신자들이 교통하는 것에 대한 보증과 표시가 되도록 제정하신 것을 살펴보자. 성찬은 참된 신자들이 그리스도와 교통하고 그리고 신자들 서로가 교통하는 것의 보증과 표시가 된다. 구약 백성은 유월절을 지킬 때 그 양을 먹었다. 흠 없고 일 년 된 어린 양을 잡아 그 피를 양을 먹을 집 좌우 문설주와 인방에 바르고, 그 밤에 그 고기를 불에 구워 무교병과 쓴 나물과 아울러 먹었다. 이방인은 먹을 수 없고 유대인의 집에 속한 자들은 다 참여하여 먹었다. 이 유월절 잔치가 신약에서 성찬이다. 참된 신자들은 성찬의 떡과 포도주를 먹으며 자신들이 그리스도의 살과 피를 먹는 것임을 말씀을 통해 깨닫고 확인한다. 구약 백성이 유월절 양의 머리와 다리와 내장을 다 불에 구워 먹으며 그리스도와 자신들이 하나가 됨을 온 몸으로 확인하였듯 신약 백성은 떡과 포도주를 먹으며 그리스도와 하나가 됨을 확인한다. 구약 백성이나 신약 백성이나 십자가에서 희생된 그리스도를 먹음으로써 그리스도와 하나가 되는 것이다. 또 그들은 같이 먹는 이들과 같은 그리스도의 살과 피를 먹기 때문에 자신들이 서로 하나가 됨도 확인한다. 그들은 그리스도의 신비함 몸의 지체가 되어 그리스도와 하나가 되는 교통을 확인하고, 자신들 서로도 그리스도를 머리로 한 한 몸의 지체로서 교통함을 확인한다. 앞에서 살펴본 성찬의 네 가지 목적이 실현되는 것도 그리스도와 참된 신자들이 서로 하나가 되어 교통하기 때문에 이루어진다. 성찬은 네 가지 목적을 위하여 교회에서 세상 끝날까지 지켜지도록 제정되었고, 또한 그리스도와 참된 신자들이 서로 하나가 되어 교통함을 보증하고 나타내도록 제정되었다.

29.2

이 성례에서 그리스도께서 자신의 아버지께 드려지는 것도 아니고, 어떤 실제적인 희생 제사가 산 자와 죽은 자의 죄 사함을 위해 이루어지는 것도 전혀 아니다.[b] 단지 그리스도 자신이 스스로 십자가 위에서 단번에 자신을 한번 드리신 것에 대한 기념일 뿐이고, 그것에 대하여 하나님께 모든 가능한 찬양을 영적으로 봉헌하는 것일 뿐이다.[c] 그래서 (천주교의 호칭인) 미사에서 행하는 천주교의 희생 제사는 선택된 자들의 모든 죄를 위하여 그리스도께서 오직 하나의 희생 제사, 즉 유일한 화목제물이 되신 것을 지극히 치욕적으로 모독하는 것이다.[d]

In this sacrament Christ is not offered up to his Father; nor any real sacrifice made at all, for remission of sins of the quick or dead,[b] but only a commemoration of that one offering up of himself, by himself, upon the cross, once for all: and a spiritual oblation of all possible praise unto God, for the same:[c] so that the Popish sacrifice of the mass (as they call it) is most abominably injurious to Christ's one, only sacrifice, the alone propitiation for all the sins of the elect.[d]

b 히 9:22, 25-26, 28
d 히 7:23-24, 27; 10:11-12, 14, 18
c 고전 11:24-26; 마 26:26-27

2. 희생 제사의 재현이 아닌 기념과 찬양

성찬의 성례에서 그리스도께서 실제로 희생되어 제사가 드려지는 것이 아니라 이미 이루어진 희생 제사가 기념되는 것일 뿐이고, 그것에 대하여 하나님께 모든 가능한 찬양을 영적으로 봉헌하는 것일 뿐이다. 로마 가톨릭은 성찬의 성례를 거룩한 희생 제사라고도 부르는데 그 이유를 성체성사가 구세주 그리스도의 유일한 제사를 재현하고 교회의 봉헌도 담고 있기 때문이라고 말한다.[90] 이들은 성찬례가 지닌 제사적 성격은 성찬 제정 말씀, 곧 "이는 너희를 위하여 내어 주는 내 몸이다"와 "이 잔은 너희를 위하여 흘리는 내 피로 맺는 새 계약이다"라는눅 22:19-20 말씀에 나타나 있고, 그리스도께서는 십자가 위에서 우리를 위해 내어 주신 바로 그 몸과 죄를 용서해 주려고 많은 사람을 위하여 흘리는 피를마 26:28 성찬례에서 주신다고 말한다.[91] 그래서 이들은 "성찬례는 십자가의 희생 제사를 재현현재화하고, 이를 기념하며, 그 결과를 실제로 적용시키기 때문에 희생 제사이다."와[92] "그리스도께서 바치신 희생 제사와 성찬례의 희생 제사는 동일한 제사이다."라는[93] 단정적 표현을 사용한다.

이들은 이런 주장을 트렌트 공의회 제22회기, 미사성제에 관한 교리들에서 아래처럼 이미 하였다. "제물은 유일하고 동일하며, 그때 십자가 위에서 자신을 바치셨던 분이 지금 사제의 직무를 통해서 봉헌하시는 바로 그분이시다. 단지 봉헌하는 방식이 다를 뿐이다." The victim is one and the same: the same now offers through the

---

90 『가톨릭 교회 교리서』, 1330항, 521.
91 『가톨릭 교회 교리서』, 1365항, 533.
92 『가톨릭 교회 교리서』, 1366항, 534.
93 『가톨릭 교회 교리서』, 1367항, 534.

ministry of priests, who then offered himself on the cross; only the manner of offering is different. 제2장 "십자가 제단 위에서 '단 한 번 당신 자신을 피 흘려 봉헌하신' 저 그리스도께서 그 똑같은 제사를, 미사로 거행되는 이 신적 희생 제사에서 피 흘림 없이 제헌하고 계시기 때문에 …… 이 희생 제사는 참으로 속죄의 제사이다."And since in this divine sacrifice which is celebrated in the Mass, the same Christ who offered himself once in a bloody manner on the altar of the cross is contained and is offered in an unbloody manner. . . this sacrifice is truly propitiatory 제3장

이들이 이런 주장을 하는 근본적 이유는 성찬의 떡과 포도주가 그리스도의 몸과 피로 실제로 변한다는 화체설을 믿기 때문이다. 성체성사를 다룬 트렌트 공의회의 제13회기는 이런 교령을 택하였고, 이것을 지금도 공식 교리로 채택하여 가르치고 있다.[94] "우리 구세주 그리스도께서 빵의 형상으로 내어 주시는 것은 참으로 당신의 몸이라고 말씀하셨기 때문에, 하느님의 교회는 항상 이러한 확신을 지녀 왔으며 본 공의회는 이를 다시금 선포하는 바이다. 빵과 포도주의 축성으로써 빵의 실체 전체가 우리 주 그리스도의 몸의 실체로, 포도주의 실체 전체가 그리스도의 피의 실체로 변화한다. 가톨릭 교회는 이러한 변화를 적절하고도 정확하게 실체 변화transsubstantiatio라고 불러 왔다. " Because Christ our Redeemer said that it was truly his body that he was offering under the species of bread, it has always been the conviction of the Church of God, and this holy Council now declares again, that by the consecration of the bread and wine there takes place a change of the whole substance of the bread into the substance of the body of Christ our Lord and of the whole substance of the wine into the substance of his blood. This change the holy Catholic Church has fittingly and properly called transubstantiation. 제4장

이들의 성찬의 성례에 대한 잘못된 주장들은 대부분 화체설에 근거한다. 이들은 성찬의 떡과 포도주가 그리스도의 몸과 피로 실제로 변한다고 믿기 때문에 자신들이 실제로 그리스도의 희생 제사를 드린다고 여긴다. 이들은 그리스도의 몸

---

94 『가톨릭 교회 교리서』, 1376항, 538.

과 피로 변한 떡과 포도주를 성체(聖體)로 여겨 그리스도를 대하듯 공경하기 때문에 이런 주장을 한다. "우리는 미사 전례 중에 특히 무릎을 꿇거나, 주님에 대한 흠숭의 표시로 깊이 몸을 숙여 절함으로써, 빵과 포도주의 형상 안에 그리스도께서 실제로 현존하신다는 믿음을 표현한다."[95] 이들은 또한 성찬의 떡 부스러기 하나도 땅에 떨어지면 안 되고 포도주 한 방울도 흘리면 안 된다. 성도가 떡을 받아서 먹을 때에 최대한 신부가 직접 성도의 입에 넣어주는 방식을 택할 것을 권유하는데, 손으로 건네받아 먹으면 손에 떡 부스러기가 남기 때문이다. 성찬의 성례에서 사용하고 남은 떡과 포도주도 실제로 그리스도의 살과 피이기 때문에 성당의 특별히 품위 있는 장소에 두어야 한다.[96]

그렇다고 하여 이들이 "그리스도께서 단 한 번 영원히 십자가 위에서 드리신 희생 제사"를 부정하는 것이 아니다. 이들은 이 표현을 그대로 사용하면서도 이 희생 제사가 성찬의 성례에서 재현되어 언제나 현재적인 것으로 존속한다고 여긴다. 그러므로 이들은 "그리스도께서 단 한 번 영원히 십자가 위에서 드리신 희생 제사"를 문자적으로는 인정하지만, 실제적으로는 그 희생 제사만으로 부족하여 현재도 자주 미사를 통해 재현되어 보충하여야 한다고 여기는 것이다. 그러므로 제2절은 "천주교의 호칭인 미사에서 행하는 천주교의 희생 제사는 선택된 자들의 모든 죄를 위하여 그리스도께서 오직 하나의 희생 제사, 즉 유일한 화목제물이신 것을 지극히 치욕적으로 모독하는 것이다."라고 비판한다.

로마 가톨릭이 성찬식에 대하여 갖는 비성경적인 미신성은 죽은 신자들도 그리스도의 봉헌에 결합되고, 마리아가 성찬식에 관계된다는 다음의 주장에서도 크게 드러난다. "교회는 지극히 거룩하신 동정 마리아와 모든 성인을 기억하고 또 그분들과 일치하여 성찬의 제사를 드린다. 성찬례 중에 교회는 마리아와 함께 십자

---

95 『가톨릭 교회 교리서』, 1378항, 539.
96 『가톨릭 교회 교리서』, 1379항, 539.

가 아래 서서 그리스도의 봉헌과 전구에 결합된다."⁹⁷ 이들은 죽은 자들 중에 참된 신자들만이 아니라, 그리스도 안에서 죽었지만 아직 완전히 정화되지 못한 신자들을 위해서, 그들이 그리스도의 빛과 평화를 얻을 수 있도록 바치는 것이기도 하다고 주장한다.⁹⁸ 즉, 연옥에 있는 자들이 성찬식을 통해 그리스도의 빛과 평화를 얻을 수 있다고 본다. 로마 가톨릭이 성경 전체가 말하는 내용이 아니라, 외경을 이용하고 동정녀 마리아를 숭배할 때에 얼마나 엉뚱한 내용을 주장하게 되는가를 다시금 확인할 수 있다.

29.3

주 예수께서는 이 규례에서 자신의 사역자들이 회중에게 제정에 관한 말씀을 선포하도록, 기도하여 떡과 포도주란 요소들을 축사하도록 그래서 그것들을 평범한 용도에서 거룩한 용도로 따로 구별하도록, 떡을 취하여 떼고 잔을 취한 후에 떡과 잔 모두를 (자신들에게도 주며) 수찬자들에게 주도록 정하셨다.ᵉ 하지만 회중 속에 참여하지 않은 자들에게는 주지 않도록 정하셨다.ᶠ

The Lord Jesus hath, in this ordinance, appointed his ministers to declare his word of institution to the people; to pray, and bless the elements of bread and wine, and thereby to set them apart from a common to an holy use; and to take, and break the bread, to take the cup, and (they communicating also themselves) to give both to the communicants;ᵉ but, to none who are not then present in the congregation.ᶠ

e 마 26:26-28; 막 14:22-24; 눅 22:19-20; 고전 11:23-26   f 행 20:7; 고전 11:20

---

97 『가톨릭 교회 교리서』, 1370항, 535.
98 『가톨릭 교회 교리서』, 1371항, 536.

3. 성찬의 집행 방법

제3절은 성찬의 집행 방법에 대한 것이다. 첫째, 제27장 성례 제4절이 말하는 것처럼 성찬은 합법적으로 세워진 ordained 말씀의 사역자에 의해 집행되어야 한다.

둘째, 그 사역자는 먼저 성례 제정에 관한 그리스도의 말씀을 선포하여야 한다. 관련성경구절들인 마태복음 26:26-28, 마가복음 14:22-24, 누가복음 22:19-20, 고린도전서 11:23-26 중 하나를 선택하여 읽으면 된다. 로마 가톨릭은 "받아서 먹으라 이것은 내 몸이니라"와 "이것은 나의 피 곧 언약의 피니라"는 말을 사제가 할 때부터 그 떡과 포도주가 실제로 그리스도의 살과 피로 변한다고 여긴다. 그래서 미사 전례 중에 무릎을 꿇거나 주님에 대한 흠숭의 표시로 깊이 몸을 숙여 절함으로써 빵과 포도주의 형상 안에 그리스도께서 실제로 현존하신다는 믿음을 표현한다. 이들은 성체성사에 바쳐야 할 이 흠숭 예절을 미사 중에는 물론이고 미사가 끝난 뒤에도 실천하여 "축성된 제병 성체을 아주 정성스럽게 보존하고, 장엄한 흠숭을 위하여 신자들에게 현시하며, 또 백성들의 기쁨에 찬 행렬 중에 함께 모심으로써 이 흠숭 예절을 실천한다."[99]

셋째, 사역자는 성찬의 외적 요소인 떡과 포도주를 기도하고 축복함으로써 하나님의 은혜가 성찬을 통하여 크게 임하기를 간구해야 한다.

넷째, 사역자는 그 기도와 축복으로써 떡과 포도주가 일반적 용도에서 성찬에 쓰이는 거룩한 용도로 따로 구별한다. 한번 성찬에 쓰이는 용도로 구별된 떡과 포도주를 다시 일반 용도로 쉽게 바꾸어 사용해서는 안 된다.

다섯째, 사역자는 그 떡과 포도주를 예배에 참여한 성도에게 주고, 다른 사역자에게도 주어야 한다. 로마 가톨릭은 포도주의 경우 흘릴 위험이 크고, 흘린 포도주를 주워 담을 방법이 없기 때문에 수찬자에게 떡만 나누어주고, 사제만 포도주를 먹는 경향이 있다. 이들은 빵만 나누어주는 것을 합리화하기 위하여 이렇게 말

---

99 『가톨릭 교회 교리서』, 1378항, 539.

한다. "그리스도께서 성체의 두 가지 형상 안에 각각 성사적으로 현존하시기 때문에, 빵의 형상으로만 하는 영성체로도 성체성사 은총의 모든 열매를 받을 수 있다. 라틴 교회에서는 사목적인 이유로 이것이 가장 일반적인 영성체 방법으로 합법적으로 확립되었다."[100] 이들은 성찬의 떡이나 포도주 각각에 그리스도께서 현존하시므로 떡 하나만 받아먹어도 성체성사 은총의 모든 열매를 받을 수 있다고 주장하는 것이다. 그러면서도 "그러나 양형 영성체는 표징이라는 이유에서 가장 완전한 영성체 형태이다. 양형 영성체로써 성찬聖餐의 표징이 더욱 완전하게 나타나기 때문이다."라는[101] 말을 덧붙여, 포도주를 신자에게 주지 않는 것이 완전하지 않음을 인정한다.

로마 가톨릭은 사제들이 떡을 평신도에게 나누어 줄 때에 떡의 부스러기가 떨어지지 않도록 사제들이 직접 성도의 입에 넣는 방식을 가장 좋게 여긴다. 평신도가 떡을 손으로 받을 때에는 오른손으로 왼손을 받치고 왼 손바닥을 펴고 적당히 높여 떡이 잘 놓이게 한다. 이때 떡이 바닥에 떨어지지 않도록 주의해야 하고, 떡을 받은 후 한 발 정도 옆으로 가 잠시 서서 곧바로 떡을 먹어야 한다. 받은 즉시 떡을 먹지 않고 멀리 가서는 안 된다. 이럴 경우 바닥에 떨어뜨릴 위험이 높아지기 때문이고, 이것은 그리스도의 몸을 바닥에 떨어뜨리는 행위이기 때문이다. 이들은 떡을 먹는 것을 문장으로는 "성체를 모신다."라고, 단어로는 영성체領聖體라고 표현한다. 평신도가 사제로부터 떡을 받기 전에 그리스도께서 자신에게 오시는 그 순간에 걸맞은 존경과 정중함과 기쁨을 나타내는 행동과 복장을 갖추어야 한다. 떡을 나누어주는 사제에게 가까이 가면 공경을 표하는 동작으로 떡을 바라보며 정중하게 절을 해야 한다. 로마 가톨릭은 떡을 먹기 전에는 1시간 전부터 약과 물을 제외하고는 아무 음식도 먹지 않도록 가르친다. 이들은 예수님과 더 깊은 일치를 이루기 위해 성찬식에 자주 참여할 것을 권한다.

---

[100] 『가톨릭 교회 교리서』, 1390항, 544.
[101] 『가톨릭 교회 교리서』, 1390항, 544.

로마 가톨릭의 사제는 성찬식 때 다른 사제로부터 떡과 포도주를 받지 않고 사제 각자가 직접 떡과 포도주가 진열된 상에 와서 스스로 집어서 먹는다. 보통 떡을 취하여 포도주에 적신 후 먹는 방식을 취한다. 하지만 제3절은 "사역자들은 떡과 잔 모두를 자신들에게도 주며"라고 말하여 사역자들이 스스로 떡과 잔 모두를 취한다고 말하지 않는다. 이 구절이 명시적은 아니지만 성찬식을 집례하는 사역자도 다른 사역자에게 받아서 먹는 것이 좋다고 말하는 것이다.[102] 예수님 이외에 그 누구도 다른 사람에게 떡과 포도주를 건네받지 않고 직접 떡과 포도주를 취하여 먹지 않는 것이 좋다. 떡과 포도주는 예수님 자신을 상징하고 나타내기 때문에 예수님 자신은 누군가로부터 떡과 포도주를 받으실 필요가 없고, 본인이 직접 떡과 포도주를 드시면 된다. 예수님은 실상 떡과 포도주가 상징하는 실체이시므로 드실 필요가 없는데, 그럼에도 드시는 것은 그 떡과 포도주를 인하여 구원받기 위해서가 아니라 제자들에게 그 떡과 포도주를 주시는 것처럼 자신을 선택된 자들에게 기꺼이 내어주심을 뜻한다. 신자는 떡과 포도주를 먹음으로써 예수 그리스도와 하나가 되는 구원을 받는 것이고, 예수 그리스도는 떡과 포도주를 드심으로써 제자들과 하나가 되기 위하여 자신을 내어주시는 것이다.

예수님의 제자들은 떡과 포도주를 예수님으로부터 받아서 먹었다. 예수님은 떡과 포도주를 축사하신 후에 제자들에게 주시며 "받아서" 먹고 마시라고 하셨다 마 26:26-27. 성찬을 집례하는 사역자도 성찬식 동안에 다른 누군가로부터 떡과 포도주를 받아서 먹는 것이 좋다. 목사가 장로로부터 떡과 포도주를 받아서 먹는다는 것은 목사도 혼자서 살 수 없는 존재로서 다른 누군가의 도움을 받는 존재이고 다른 이들과 더불어 사는 존재임을 나타낸다. 예수님만이 스스로 존재하시고 자

---

102 웨스트민스터 신앙고백보다 먼저 만들어져 1645년 1월 3일에 하원에서 인준한 예배모범도 성찬식 조항에서 이 내용을 기술한다. 예배모범은 "Of the Sacrament of the Lord's Supper" 부분에서 "사역자는 그 자신도 떡을 받으며, 떡을 취하여 수찬자들에게 떡을 주어야 한다. (there the minister, who is also himself to communicate, is to break the bread, and give it to the communicants.)"라고 기술한다. 즉 예배모범은 사역자가 누군가로부터 떡을 받아서 먹는 것으로 표현하여 사역자가 스스로 떡을 먹는 것이 아님을 나타낸다.

충족하시고, 사람은 모두 다른 이의 도움을 받아 존재하고 살아간다. 목사도 다른 이들로부터 떡과 포도주를 받을 때에 목사도 다른 이들과 진정한 하나됨의 교제를 나누는 것이다. 이런 하나됨의 교제에 목사가 홀로 높은 존재가 되어 빠져서는 안 된다. 일반적인 교회의 성찬식에서는 목사가 장로들에게 떡과 포도주가 든 그릇을 건네고, 목사는 장로로부터 떡과 포도주를 받아서 먹고, 장로들은 받은 떡과 포도주를 신자에게 나누어주고, 장로가 성도에게 떡과 포도주를 다 나누어준 후에 목사에게 떡과 포도주가 들어있는 그릇을 반납하면 목사는 그 그릇에 든 떡과 포도주를 장로에게 나누어준다. 그런데 로마 가톨릭은 사제와 평신도 간에 질적 차이를 두어 사제는 직접 떡과 포도주를 먹고, 평신도는 사제로부터 떡을 받아서 먹는다.

로마 가톨릭은 성찬식이 십자가의 희생 제사를 재현^{현재화}하고, 이를 기념하며, 그 결과를 실제로 적용시키기 때문에 희생 제사라고 부르며 이렇게 말한다. "그리스도께서 바치신 희생 제사와 성찬례의 희생 제사는 동일한 제사이다. 제물은 유일하고 동일하며, 그때 십자가 위에서 자신을 바치셨던 분이 지금 사제의 직무를 통해서 봉헌하시는 바로 그분이시다. 단지 봉헌하는 방식이 다를 뿐이다. 십자가 제단 위에서 '단 한 번 당신 자신을 피 흘려 봉헌하신' 저 그리스도께서 그 똑같은 제사를, 미사로 거행되는 이 신적 희생 제사에서 피 흘림 없이 제헌하고 계시기 때문에 …… 이 희생 제사는 참으로 속죄의 제사이다."[103]

로마 가톨릭은 이 희생 제사를 교황이 궁극적으로 주관한다고 보아 이렇게 말한다. "온 교회는 그리스도의 봉헌과 전구에 결합된다. 교회 안에서 베드로의 직무를 맡은 교황은 모든 성찬례의 거행에 결합되어, 성찬례에서 보편 교회가 지닌 일치의 표지와 봉사자라고 일컬어진다. 사제가 성찬례를 집전하더라도, 그 성찬례는 지역 주교의 책임 아래 집전되는 것이다. 주교가 사제단 안에서 부제들의 보좌를 받으며 개별 교회를 주재한다는 것을 드러내기 위해서 성찬례 중에 주교의 이름을

---

[103] 『가톨릭 교회 교리서』, 1367항, 534.

부른다. …… 주교나 주교의 위임을 받은 사람이 주재하여 행하는 성찬례만이 합법적인 것이다. 신자들의 신령한 제사는 사제의 직무를 통하여 유일한 중개자이신 그리스도의 희생 제사와 결합되며 완성된다. 그리스도의 희생 제사는 바로 주님께서 오실 때까지 사제들의 손을 통하여 온 교회의 이름으로 성찬례 안에서 피 흘림 없이 성사적으로 봉헌된다."[104] 즉 로마 가톨릭은 성찬식을 희생 제사로 보고, 이 희생 제사를 수석 사도인 베드로의 직무를 맡은 교황이 주관하고, 사제는 지역 주교의 책임 아래 성찬식을 집전한다고 본다. 사제들이 희생 제사를 주관하기 때문에 그리고 성찬식의 떡과 포도주는 그리스도의 살과 피로 변하였기 때문에 사제들은 직접 그 떡과 포도주를 먹을 수 있다고 여긴다. 마치 구약의 성전 제사에서 바쳐진 희생 제물을 제사장들이 직접 먹을 수 있는 것과 같은 이치로 보는 것이다.

사역자는 성찬을 집례할 때 위에서 언급된 세 단계를 꼭 시행하여야 한다. 첫째로 성찬 제정에 관한 그리스도의 말씀을 선포하는 것이고, 둘째로 떡과 포도주를 기도하고 축복함으로써 일반적 용도에서 성찬에 쓰이는 거룩한 용도로 구별하는 것이고, 세째로 그 떡과 포도주를 예배에 참여한 성도에게 장로를 통해 나누어주고, 사역자 자신도 장로에게 받아서 먹는 것이다.

여섯째, 사역자는 그 때 집회에 참석하지 않은 자들에게는 주지 않아야 한다. 로마 가톨릭은 성찬에 사용하고 남은 성체를 거룩한 안치소^{감실}에 보관한 후에 미사에 참석하지 못한 사람들과 병자들에게 모시고 가서 나누어준다. 역시 화체설에 의거하여 남은 떡이 그리스도의 성체이기 때문에 거룩하게 보관하고 침묵 속에 경배하다가 사람들에게 나누어 준다.[105] 이렇게 남은 떡을 불참자에게 나누어주어도 그것은 여전히 그리스도의 몸이기 때문에 불참자가 그리스도의 몸을 먹음으로 큰 은혜를 받는다고 여긴다.

기독교 교회는 위의 방법들에 따라 성찬 성례를 집행하는데, 로마 가톨릭은 화

---

104 『가톨릭 교회 교리서』, 1369항, 545.
105 『가톨릭 교회 교리서』, 1379항, 539.

체설에 의거하여 떡과 포도주를 성체로 여겨 흠숭欽崇하는 다양한 형태가 미사 중에 도입된다. 교회는 예배에서 말씀 선포가 중심이지만, 로마 가톨릭은 성찬 성례가 중심이다. 이들은 "그리스도를 통하여 세상을 성화하시는 하느님의 활동과, 인간이 성령 안에서 그리스도께 드리는 예배와 그리스도를 통하여 성부께 드리는 예배는 성찬례에서 그 정점에 이른다."고[106] 말한다. 이처럼 성찬에 대한 교리의 차이는 단순한 차이가 아니라 신앙생활 전체를 좌우하는 큰 차이이다. 이러기 때문에 500년 전에 종교개혁이 이루어질 수밖에 없었다. 우리는 종교개혁이 밝히 드러내고자 한 교리를 잘 숙지하지 않으면 개신교가 앞으로 5백 년 전의 로마 가톨릭과 같은 신학과 교리의 부패에 빠져 성경을 잘못 해석하고 적용하게 됨을 명심해야 한다.

29.4

사적 미사, 사제나 다른 자가 주는 이 성례를 홀로 받는 것,[g] 잔을 회중에게 주지 않는 것,[h] 성례의 요소들을 경배하는 것, 그것들을 들어 올리거나 거동 행렬을 하여 숭배하는 것, 어떤 종교적 용도의 구실로 그것들을 보존하는 것은 모두 이 성례의 본질과 그리스도의 제정에 상반되는 것이다.[i]

Private masses, or receiving this sacrament by a priest or any other, alone,[g] as likewise, the denial of the cup to the people,[h] worshiping the elements, the lifting them up, or carrying them about for adoration, and the reserving them for any pretended religious use, are all contrary to the nature of this sacrament, and to the institution of Christ.[i]

[g] 고전 10:6 [h] 막 14:23; 고전 11:25-29 [i] 마 15:9

---

106 『가톨릭 교회 교리서』, 1325항, 520.

4. 성찬식의 틀린 집행 사례들

사적 미사private mass란 로마 가톨릭에서 사제가 혼자서 회중 없이 집행하는 미사를 뜻한다. 이들은 화체설을 믿기 때문에 매일 미사를 드려 성체가 쌓이면 좋다는 인식을 갖는다. 7세기부터 사제는 사적 미사를 매일 집행했다. 나중에 예식의 복수성과 화답 등 때문에 사제는 최소한 두 명 혹은 한 명의 보조자와 함께 집행해야 한다는 법령이 만들어지기는 했지만, 사적 미사는 계속하여 옳게 여겨졌다. 종교개혁자들은 회중이 없는 미사는 옳지 않다고 비판했지만, 트렌트 종교회의는 22회기 법령6에서 사제가 홀로 성례적으로 교통하는 것을 승인하고 권하였다. 후에 교황 요한 23세1958~1963년 재위 때 만들어진 전례 법규code of Rubrics 269조는 적법하게 집행되는 모든 미사는 공적 예배의 행위인데, "사적" 미사란 표현이 공적 미사에 반대되는 개념으로 이해될 수 있으므로 "사적 미사"라는 표현을 금하였다. 로마 가톨릭은 한 명의 사제가 미사를 사적으로 집행할지라도 그리스도와 교회의 행위라고 여겨 사적 미사라는 표현은 이제 더 이상 사용하지 않고 "회중 없이 집행되는 미사"masses celebrated without the people라는 표현을 사용한다.

"로마 가톨릭 교회법전"은 제3장 성체성사 제904조에서 "사제들은 성찬 제헌의 신비 안에 구속 사업이 계속 실행되고 있음을 항상 명심하면서 자주 거행하여야 한다. 차라리 매일 거행이 간곡히 권장된다. 비록 신자들의 참석이 이루어질 수 없더라도 그리스도와 교회의 행위이고 사제들은 이를 행함으로써 자기들의 주요 임무를 수행하는 것이기 때문이다."라고 말한다. 이들은 사제들에게 성체성사를 자주 거행하고, 차라리 매일 거행할 것을 간곡히 권장하므로, 신자들의 참석이 없는 미사가 발생할 수밖에 없다. 그리고 이들은 신자들의 참석이 없어도 그리스도와 교회의 행위이고, 사제들의 주요 임무의 수행이라고 합법화한다. 제906조는 "사제는 적어도 몇 명의 신자들의 참여 없이는 성찬 제헌을 거행하지 말아야 한다. 다만 정당하고 합리적인 이유가 있으면 그러하지 아니하다."라고 말하여 "회중 없이 집행되는 미사"가 가능하게 해놓았다.

예수님은 유월절 식사 때 잔을 받으시어 감사기도 하시고 제자들에게 "이것을 갖다가 너희끼리 나누라"고 눅 22:17 하셨다. 성찬식 때 성도는 그리스도의 피와 몸에 참여하는 것이다 고전 10:16. 위의 성경구절들에 따라 목사는 여러 성도에게 나누어 주기 위해 성찬의 성례를 집례하여야 한다. 또 제1절이 말하는 것처럼 예수 그리스도께서 성찬 성례를 제정하시어 신자들이 그리스도의 신비한 몸의 지체로서 그들 서로가 교통하는 것에 대한 보증과 표시가 되도록 하셨으므로 성도 없이 집행되는 성찬식은 틀린 것이다.

사제나 다른 자가 주는 이 성례를 홀로 받는다는 것은 첫째로 사적 미사에 참여한 한 사람이 사제에게 홀로 받는 경우가 있고, 둘째로 미사에 참석하지 못한 사람이 그리스도의 몸으로 변한 남은 떡을 사제에게 받는 경우가 있고, 셋째로 병자가 가정에서나 병원에서 병사성사 뒤에 이어지는 성체성사에서 사제에게 홀로 받는 경우가 있다. 성찬의 떡과 포도주가 화체설에 의거하여 그리스도의 살과 피로 변하였기 때문에 이들은 이러한 사적 미사나 홀로 떡과 포도주를 받는 것이 가능하다고 본다. 이들은 사제의 축성에 의해 그리스도의 몸으로 실제로 변한 떡을 사제에게 위임을 받은 다른 사람이 전하여도 효과가 같다고 생각한다. 그래서 떡을 받는 평신도가 많을 때에는 떡을 나누어주는 일을 수녀가 담당하기도 한다. 또한 성당으로부터 먼 곳에 떨어져 있는 병자나 노인이 영성체를 원하는데 사제가 직접 방문할 수 없을 때에도 역시 다른 사람에게 위임하여 떡을 전한다.

잔을 회중에게 주지 않는다는 것은 위에서 살펴본 것처럼 로마 가톨릭이 성찬식 때 흘린 포도주를 그리스도의 피가 흘리는 것으로 여기기 때문에 이런 위험을 방지하려고 일반 성도에게는 잔을 주지 않고 사제만 잔을 받는 것을 의미한다. 이런 관습 역시 화체설로 인해 발생한다.

그 요소들을 경배하는 것, 숭배하려고 그것들을 들어 올리거나 거동 행렬을 하는 것, 그리고 어떤 종교적 용도라는 구실로 그것들을 보존한다는 것은 이들이 그리스도의 몸과 피로 변한 떡과 포도주를 성체聖體로 여겨 그리스도를 대하듯 공경하는 것을 의미한다. 이들은 미사 전례 중에 성체를 향하여 무릎을 꿇거나 주님에 대한 흠숭欽崇의 표시로 깊이 몸을 숙여 절함으로써 빵과 포도주의 형상 안에 그리스도께서 실제로 현존하신다는 믿음을 표현한다. 사제는 성체를 들어 올리는 성체거양聖體擧揚을 함으로써 이 제물을 성부께 바침을 드러내고 교우들이 모두 경배하도록 한다. 신부는 보통 성체거양을 미사 중 성찬 제정 말씀을 마칠 때마다 행한다. 이들은 이러한 흠숭 예절을 미사 중에는 물론이고 미사가 끝난 뒤에도 실천하여 미사에서 남은 성체를 정성스럽게 보존하고, 보존한 성체를 때때로 신자들에게 현시하며, 그 성체를 미사에 참석하지 못한 병자들과 노인들에게 주기 위해 그들의 집이나 병원으로 운반하고, 이 운반이 예식으로 발전하여 성체 거동 행렬 Eucharistic Procession이라는 이름으로 신자들과 함께 행렬을 이루어 일정한 거리를 이동하며 성체를 현시한다.[107]

이들은 교회법전에서 성체 보존에 대하여 다음처럼 자세하게 규정해 놓았다. 성체를 보존하는 성당은 매일 적어도 몇 시간 동안 신자들이 성체 앞에서 기도할 수 있도록 개방하여야 하고 교회법전 제937조, 성체가 보존되는 감실龕室 앞에는 그리스도의 현존을 표시하고 현양하는 특별한 등불이 항상 켜 있어야 한다 교회법전 제940조. 지역 공동체가 성체의 신비를 더욱 깊이 묵상하고 경배하도록 매년 적당한 기간 동안 장엄한 성체 현시를 하도록 권장된다 교회법전 제942조. 교구장 주교의 판단에 따라 특히 그리스도의 성체 성혈 대축일에 성체께 대한 공경의 공적인 증거로 공공 도로에서 성체 거동 행렬을 하여야 한다 교회법전 제944조.

이 모든 미신적 행위는 화체설이란 잘못된 교리로 말미암는다. 이것들은 모두 사람의 계명으로 교훈을 삼아 가르치는 것으로 하나님을 헛되이 경배하는 것이고 마 15:9, 예수 그리스도께서 제정하신 성찬 성례의 본질에 어긋나기 때문에 종교개혁자들은 로마 가톨릭의 성찬론을 강하게 비판할 수밖에 없었다. 종교개혁은 로마 가톨릭의 도덕과 행정의 부패만이 아니라 이렇게 교리의 부패 때문에 발생하였다.

---

107 『가톨릭 교회 교리서』, 1378항과 1379항, 539.

> ## 29.5
>
> 이 성례에서 외적 요소들은 그리스도께서 정하신 용도들에 맞게 적절히 구별하면 십자가에 못 박히신 그리스도와 연관을 맺게 되어, "참으로 그러나 오직 성례전적으로" 이 요소들이 나타내는 대상들의 이름, 즉 그리스도의 몸과 피로 종종 불리기도 한다.ᵏ 그럼에도 이 요소들은 실체와 본성에서 전에 그랬던 것처럼 계속하여 여전히 "참으로 그리고 오직" 떡과 포도주일 뿐이다.ˡ
>
> The outward elements in this sacrament, duly set apart, to the uses ordained by Christ, have such relation to him crucified, as that truly, yet sacramentally only, they are sometimes called by the name of the things they represent, to wit, the body and blood of Christ,ᵏ albeit in substance and nature, they still remain, truly, and only bread and wine, as they were before.ˡ
>
> k 마 26:26-28   l 고전 11:26-28; 마 26:29

5. 성례전적으로 그리스도의 몸과 피라고 불리는 떡과 포도주

예수님께서 떡을 가지사 축복하시고 떼어 제자들에게 주시며 "받아서 먹으라 이것은 내 몸이니라"고 하셨고, 또 잔을 가지사 감사기도 하시고 그들에게 주시며 "너희가 다 이것을 마시라 이것은 죄 사함을 얻게 하려고 많은 사람을 위하여 흘리는 바 나의 피 곧 언약의 피니라"고 하셨다.마 26;26-28. 성찬식의 떡은 십자가에서 찢기신 그리스도의 몸을 표지標識하고, 그 잔은 십자가에서 흘리신 그리스도의 피를 표지한다.

이처럼 성찬의 성례에서 사용되는 떡과 포도주는 그리스도의 희생된 몸과 피를 상징한다. 제27장 제2절이 말하는 것처럼 평범한 물건인 떡과 포도주가 성례의 요소로 사용되면 그때부터 떡과 포도주라는 표지들과 그리고 이 표지들이 상징하는 그리스도의 희생된 몸과 피 사이에 영적 관계, 즉 성례전적 연합a spiritual relation, or sacramental union이 생긴다. 이래서 떡과 포도주는 그리스도의 몸과 피라는 이름을 참으로 갖고, 그 몸과 피가 주는 효과를 참으로 갖게 된다. 하지만 그렇다고 하여 떡과 포도주가 실체에 있어서나 본성에 있어서나 실제로 그리스도의 몸과 피로 변하지 않고, 변함없이 여전히 떡과 포도주일 뿐이다. 실체와 본성에 있어서 여전히 떡과 포도주인 성례의 요소들은 오직 영적 관계, 즉 성례전적 연합에 의해 그리스도의 몸과 피가 되는 것이지 절대로 실체와 본성에 있어서 그리스도의 몸과 피로 변하는 것이 아니다.

돈을 사랑함이 일만 악의 뿌리가 되는데, 왜 사람들은 돈을 사랑할까? 돈으로 얻을 수 있는 것들이 너무나 많기 때문이다. 집도, 자동차도, 맛있는 음식도 살 수 있고, 해외여행도 갈 수 있고, 멋진 음악회에 참석할 수도 있다. 돈은 명시된 액수만큼 교환가치를 지니기 때문에 사람들이 돈을 사랑한다. 돈이 이런 가치를 갖는 것은 대한민국이 한국은행을 통해 돈을 발행하며 교환가치를 보장하기 때문이다. 성찬의 떡과 포도주라는 외적 요소들이 그리스도의 몸과 피라는 이름으로 불리며 그리스도의 몸과 피가 갖는 효력을 갖는 것은 예수 그리스도께서 성찬이라는 성례를 제정하시며 그런 영적 관계, 즉 성례전적 연합이 이루어지게 하셨기 때문이다. 돈은 종이덩어리에 지나지 않지만 대한민국 정부와 한국은행의 존재와 권위를 인하여 돈에 기입된 액면가의 교환가치를 갖는 것처럼, 성찬의 외적 요소들인 떡과 포도주는 일개 음식덩어리에 지나지 않지만 예수 그리스도에 의해 그리스도의 몸과 피를 상징하고 그 효력을 갖는다. 너무나 자명한 사실을 제5절이 진술하는 것은 로마 가톨릭의 화체설 때문이다. 이어지는 제6절이 화체설을 다루는데, 얼마나 어리석은 내용을 주장하는지 확인하여 보자.

29.6

떡과 포도주의 실체가 사제의 축성(祝聖)에 의해 혹은 다른 어떤 방법에 의해 그

> 리스도의 몸과 피의 실체로 변한다고 (소위 화체설을) 주장하는 이런 교리는 성경만이 아니라 심지어 상식과 이성에도 어긋나고, 성례의 본질을 뒤집어엎고, 여러 미신과 실로 역겨운 우상숭배의 원인이 되어왔고 지금도 그러하다.m
>
> That doctrine which maintains a change of the substance of bread and wine, into the substance of Christ's body and blood (commonly called transubstantiation) by consecration of a priest, or by any other way, is repugnant, not to Scripture alone, but even to common sense and reason; overthroweth the nature of the sacrament, and hath been, and is the cause of manifold superstitions; yea of gross idolatries.m
>
> m 행 3:21 with 고전 11:24-26; 눅 24:6, 39

6. 로마 가톨릭의 화체설

로마 가톨릭은 트렌트 공의회의 제13회기 성체성사에서 화체설을 교령 제4장으로 택하였고, 이것을 지금도 공식 교리로 인정한다.[108] "우리 구세주 그리스도께서 빵의 형상으로 내어 주시는 것은 참으로 당신의 몸이라고 말씀하셨기 때문에, 하느님의 교회는 항상 이러한 확신을 지녀 왔으며 본 공의회는 이를 다시금 선포하는 바이다. 빵과 포도주의 축성으로써 빵의 실체 전체가 우리 주 그리스도의 몸의 실체로, 포도주의 실체 전체가 그리스도의 피의 실체로 변화한다. 가톨릭 교회는 이러한 변화를 적절하고도 정확하게 실체 변화transsubstantiatio라고 불러 왔다."Because Christ our Redeemer said that it was truly his body that he was offering under the species of bread, it has always been the conviction of the Church of God, and this holy Council now declares again, that by the consecration of the bread and wine there takes place a change of the whole substance of the bread into the substance of the body of Christ our Lord and of the whole

---

[108] 『가톨릭 교회 교리서』, 1376항, 538.

substance of the wine into the substance of his blood. This change the holy Catholic Church has fittingly and properly called transubstantiation.

화체설은 하나님께서 만물을 회복하실 때까지는 하늘이 마땅히 그리스도를 받아 두신다는 사도행전 3:21절에 위배된다. 예수 그리스도께서 부활하시어 하나님 우편에 앉아 계시는데, 그 몸이 어떻게 성찬식이 행해지는 이 땅의 다양한 장소에 동시 존재하실 수 있겠는가? 또 영은 살과 뼈가 없으되 그리스도 자신은 제자들이 보는 바와 같이 있다고 말씀하신 그리스도의 말씀에도 눅 24:39 위배된다. 떡과 포도주는 절대로 살과 뼈를 지니신 예수 그리스도가 될 수 없다.

이 교리는 성경만이 아니라, 심지어 상식과 이성에도 어긋난다. 성찬의 떡과 포도주를 실제로 먹어보면 떡과 포도주의 맛이 나고, 오래 보관하면 썩는데 어찌 실제로 그리스도의 살과 피라고 할 수 있겠는가? 이들은 성찬식에서 그리스도의 살과 피로 변한 떡과 포도주의 형상은 계속하여 그대로 떡과 포도주의 형상이라고 wonderful and singular conversion of the whole substance of the bread into the Body, and of the whole substance of the wine into the Blood, the species only of the bread and wine remaining, 트렌트 공의회, 제13회기, 법령2 주장한다. 그런데 어찌 실체와 형상이 분리된단 말인가? 그리스도의 몸이 어찌 빵의 맛을 낼 수 있는가? 상식과 이성에 어긋나는 주장일 뿐이다. 이 땅에 실체와 형상이 분리된 존재가 없다. 이들은 성경에 어긋나는 주장을 하다 보니 실체와 형상이 분리된다는 괴상한 주장까지 하게 되었다. 손으로 해를 가릴 수 없는 것처럼 실체와 형상이 분리되지 않는 분명한 사실을 이들은 화체설로 가리려고 한다.

이 교리는 성례의 본질을 뒤집어엎는 것이다. 왜냐하면 제27장 성례 제1절이 말하는 것처럼 성례들은 은혜 언약의 거룩한 표지와 인장이지, 절대로 성례를 통하여 성례의 요소가 가리키는 대상으로 실제로 변하는 것이 아니기 때문이다. 제27장 제2절이 말하는 것처럼 각 성례에는 표지와 표지된 대상 사이에 영적 관계나 성례전적 연합이 있는 것이지, 표지가 실제로 표지된 대상으로 변하는 것이 아니다.

화체설은 여러 미신과 역겨운 우상숭배의 원인이 되어왔고 지금도 그러하다. 화체설을 인하여 첫째로 제29장 제2절이 말하는 것처럼 로마 가톨릭은 성찬의 성례를 희생 제사라 부르고, 이는 그리스도께서 오직 하나의 희생 제사가 되시고, 유일한 화목제물이 되신 것에 대한 지극히 치욕적인 모독이 된다. 둘째로 제3절이 말하는 것처럼 이들은 집회에 참석하지 않은 자들에게도 남은 성찬의 요소들을 준다. 셋째로 제4절이 말하는 것처럼 이들은 사적 미사를 행하고, 잔을 회중에게 주지 않고, 그 요소들을 경배하고, 흠숭하기 위해 그것들을 들어 올리거나 거동 행렬을 하고, 남은 떡과 포도주를 보존한다. 이것들이 우상숭배가 아니면 무엇이겠는가? 또한 이들은 떡과 포도주를 받아먹으면 그리스도의 살과 피를 받아먹어 큰 은혜가 되는 것이므로, 하나님의 말씀을 통한 은혜를 경시하고, 따라서 말씀을 통한 분별력이 약하여 숱한 우상숭배에 빠진다. 이러한 우상숭배는 종교개혁 때에만 발생한 과거의 일이 아니라, 그들의 교리와 관행이 변하지 않으므로 그 이후 지금까지 계속된다.

29.7

이 성례에서 보이는 요소들을 외적으로 먹은 합당한 수찬자는[n] 그 때에 또한 내적으로 믿음에 의해 "실제로 그리고 정말로" 그럼에도 "육적으로 그리고 신체적으로"가 아니라, 그러나 영적으로 십자가에 못 박히신 그리스도와 그의 죽음의 모든 유익을 받아서 먹는 것이다. 즉, 그리스도의 몸과 피는 그때 "신체적으로 그리고 육적으로" 떡과 포도주 안에, 함께, 아래에 있는 것이 아니라, 마치 떡과 포도주 자체가 이 규례에 참여한 신자의 외적인 감각에 존재하는 것처럼 신자의 믿음에 "실제로 그러나 영적으로" 존재한다.[o]

Worthy receivers outwardly partaking of the visible elements, in this sacrament,[n] do then also inwardly by faith, really and indeed, yet not carnally and corporally, but spiritually receive, and feed upon Christ

> crucified, and all benefits of his death: the body and blood of Christ being then, not corporally or carnally, in, with, or under the bread and wine; yet as really, but spiritually, present to the faith of believers in that ordinance, as elements themselves are to their outward senses.o
>
> n 고전 11:28   o 고전 10:16

7. 영적 임재설과 루터파의 공재설(共在說)

제7절은 올바른 성찬론에 대하여 수찬자가 보이는 요소들을 외적으로 먹을 때에 십자가에 못 박히신 그리스도와 그의 죽음의 모든 유익을 또한 내적으로 받아서 먹는다고 말한다. 이때 "실제로 그리고 정말로" 그럼에도 "육체적으로 그리고 물질적으로"가 아니라, 그러나 "영적으로" 먹는 것이다.

로마 가톨릭의 화체설은 "지극히 거룩한 성체성사 안에는 우리 주 예수 그리스도의 영혼과 천주성과 하나 된 몸과 피가, 따라서 온전한 그리스도께서 참으로, 실재적으로, 그리고 실체적으로 담겨 계신다. 이 현존이 '실재적'이라고 하는 것은, 마치 다른 현존 방식이 실재적이 아니라는 배타적인 의미가 아니라, 그 현존이 탁월하게 실체적이라는 의미이다. 분명코, 하느님이시며 인간이신 그리스도께서 전적으로 또 완전하게 현존하신다."라고[109] 말한다. 양자를 비교하면 아래와 같다.

---

[109] 『가톨릭 교회 교리서』, 1374항, 537. "In Sanctissimo Eucharistiae Sacramento continentur vere, realiter et substantialiter corpus et sanguis una cum anima et divinitate Domini nostri Iesu Christi ac proinde totus Christus. "Quae quidem praesentia "realis" dicitur non per exclusionem, quasi aliae "reales" non sint, sed per excellentiam, quia est substantialis, qua nimirum totus atque integer Christus, Deus et homo, fit praesens. In the most blessed sacrament of the Eucharist the body and blood, together with the soul and divinity, of our Lord Jesus Christ and, therefore, the whole Christ is truly, really, and substantially contained. This presence is called 'real' - by which is not intended to exclude the other types of presence as if they could not be 'real' too, but because it is presence in the fullest sense: that is to say, it is a substantial presence by which Christ, God and man, makes himself wholly and entirely present."

웨스트민스터 신앙고백	로마 가톨릭
그리스도와 그의 죽음의 모든 유익	그리스도의 영혼과 천주성과 하나 된 몸과 피 온전한 그리스도 totus Christus
수찬자는 실제로 그리고 정말로 먹는다 really and indeed revera et realiter	그 몸과 피가 참으로, 실재적으로 담겨있다 truly and really vere et realiter
육체적으로나 물질적으로가 아니라 not carnally and corporally non carnali aut corporeo	전적으로 또 완전하게 wholly and entirely totus atque integer
영적으로 spiritually spirituali	실체적으로 substantially substantialiter
내적으로 믿음에 의해서 inwardly by faith	외적으로 물리적으로

제7절은 그리스도와 그의 죽음의 모든 유익이 성찬 가운데 실제로 존재하는데, 육체적으로나 물질적으로가 아니라, 영적으로 존재한다고 말한다. 이에 반하여 로마 가톨릭은 화체설에 의해 온전한 그리스도 그리스도의 영혼과 천주성과 하나 된 몸과 피가 성체성사 안에 실재적으로 존재하는데, 실체적으로 존재한다고 말한다. 제7절이 말하는 교리는 그리스도께서 육체적으로가 아니라 영적으로 존재하신다고 하여 영적 임재설이라 불리고, 로마 가톨릭의 교리는 그리스도의 몸과 피를 모두 지닌 온전한 그리스도가 떡과 피의 형상 속에 실체로 존재하신다고 하여 화체설이라 불린다.

로마 가톨릭은 영적 임재설이 허상이라고 비판한다. 수찬자가 떡과 포도주를 먹지만 단지 떡과 포도주를 먹는 것이지 실제로 아무 것도 먹는 것이 아니고, 따라서 은혜가 없다고 본다. 하지만 기독교 교회는 로마 가톨릭의 화체설을 물질주의

이고 유물론이라고 비판한다. 그들은 예수 그리스도의 살과 피로 변한 떡과 포도주를 먹을 때만 실제로 은혜가 된다고 여긴다. 성례가 지니는 영적 관계나 성례전적 연합을 실재하는 물질로 이해하는 것이다. 하지만 영적으로 성찬 중에 임재하신 예수 그리스도께서 이미 말씀을 통해 은혜를 받은 수찬자에게 눈에 보이는 성례를 통해 더욱 풍성한 은혜를 주시는 것이다. 로마 가톨릭은 화체설을 믿기 때문에 미사에서 성찬성사가 가장 중요할 수밖에 없고, 기독교 교회는 이미 말씀을 통해 은혜를 주시는 하나님께서 눈에 보이는 말씀을 통해 성례에서 또한 은혜를 주신다고 보기 때문에 말씀을 중시한다. 말씀 없는 성례는 미신과 우상숭배에 빠지는 것인데 로마 가톨릭의 성례가 대표적인 사례이다.

루터파는 그리스도의 몸과 피는 육체적으로 그리고 물질적으로 떡과 포도주 안에, 함께, 아래에 있다고 공재설 共在說, consubstantiation 을 주장한다.[110] 부활하신 그리스도의 몸은 부활 전의 몸과 다른 방식으로 활동하여 돌로 봉하여진 무덤을 자유롭게 빠져 나오셨고, 제자들이 모인 닫힌 방에 자유롭게 드나드셨다. 이들은 이것에 근거하여 부활하시고 영화로워진 그리스도의 몸은 장소의 물리성에 제한받지 않고 편재하시어 임재하신다고 보았다. 또 승천하신 그리스도께서 하나님 우편에 앉아 계신다고 할 때 이것은 이 세상의 어떤 특정 장소를 가리키는 것이 아니라 성부 하나님께서 무소부재하시고 편재하시듯, 그 우편도 어디나 된다고 주장하였다.

따라서 그리스도께서 떡을 가리켜 "이것은 내 몸이다"고 하셨을 때에 단지 떡이 그리스도의 몸을 상징하고 은유하는 것으로 해석하면 안 되고 문자적으로 그대로 해석해야 한다고 보았다. 루터는 그리스도가 성경에서 "이것은 내 몸이다"고 말씀하셨지, "이것은 내 몸을 상징한다"고 말씀하시지 않았다며, "이것은 내 몸이다"라는 말씀을 단순하게 붙들어 그리스도의 몸이 실제로 임재하시는 것으로 보아야 한다는 것이다.[111] 그리스도의 신성만이 아니라 인성도 동시에 성찬의 장소에 실

---

110 Corpus siquidem et sanguis Christi corporeo aut carnali modo in, cum, vel sub pane ac vino.
111 루터, 『성찬의 찬미』, 1563년.

제로 임재하신다는 것이고, 그래서 그의 주장은 공재설이라는 이름을 얻었다.

그렇게 임재하신 그리스도가 눈에 안 보이는데 어디에 계시느냐는 질문에 대하여, 루터교는 사람들이 보따리 속에 곡식이 있고, 지갑 속에 돈이 있을 때에 보따리와 지갑을 가리키면서 이것이 내 곡식이고, 이것이 내 돈이라고 말하는 것과 같다고 답변했다. 즉, 그리스도의 몸이 떡과 포도주의 안에, 아래에, 함께 계시어 보이지 않지만, 떡과 포도주를 가리켜 그리스도의 몸이라고 할 수 있다는 것이다. 하지만 곡식과 돈이 보따리와 지갑 속에 있다는 것은 명백히 드러나지만, 그리스도의 몸이 떡 속에 있다는 것은 분명히 드러나지 않으므로 올바른 답변이 아니다. 그리스도는 성찬을 제정하실 때에 "이것은 내 몸이니라"라고 하셨지, "이 떡 속에 내 몸이 있다"라고 하시지 않았다. 당연히 전자는 성찬에 사용되는 떡이 무엇을 의미하는지 성례전적인 의미로 말씀하신 것이고, 후자는 그리스도의 몸이 어디에 있는가란 측면의 표현이다. 그리스도는 성찬 제정 시 떡 속에 몸이 감추어지지 않았고, 식탁에 앉아 계셨음을 생각한다면 루터파의 주장이 얼마나 틀렸는가를 알 수 있다.

이런 논리로 화체설도 비판할 수 있는데, 그리스도는 "이것은 내 몸이니라"라고 하셨지, "이것이 내 몸이 될지라"고 하시지 않았다. 전자는 역시 떡이 무엇을 의미하는지 성례전적인 의미로 말씀하신 것이고, 후자는 떡이 그리스도의 몸으로 변하는 측면의 표현이다. 그리스도는 떡을 뗄 때에 자신의 몸에서 떡을 떼지 않으셨고, 떡 덩어리에서 떡을 떼셨다. 떡은 절대로 그리스도의 몸으로 변하지 않았고 그리스도의 몸을 상징하는 것이므로, 그리스도는 자신의 몸을 상징하는 떡을 뗀 것이지, 자신의 몸에서 떼지 않으셨음을 안다면 화체설이 얼마나 틀렸는가를 알 수 있다.

공재설에 따르면 그리스도의 육체적인 몸과 피가 신비스럽고 기적적인 방법으로 장소적으로 임재하는 것이고, 수찬자는 떡과 포도주 안에, 아래에, 함께 임재하신 그리스도의 자연적인 몸을 받아먹음으로써 그리스도의 몸과 피에 참여하게 된다. 루터교는 성찬의 요소인 떡과 피를 단순한 물질로 보지 않고, 그리스도의 몸과 피에 결합시킨다. 로마 가톨릭의 화체설처럼 떡과 포도주가 바로 그리스도의 몸과 피라고 말하지는 않지만, 떡과 포도주에 그리스도가 실제로 육체적으로 임재하신다고 보아 결합시킨다.[112]

웨스트민스터 신앙고백 (영적 임재설)	로마 가톨릭 (화체설)	루터파 (공재설)
그리스도와 그의 죽음의 유익들	온전한 그리스도 totus Christus	그리스도의 몸과 피
수찬자는 실제로 그리고 정말로 먹는다 really and indeed revera et realiter	그 몸과 피가 참으로, 실재적으로 담겨있다 truly and really vere et realiter	그 몸과 피가 떡과 포도주 안에, 함께, 아래에 실제로 있다
육적·신체적으로가 아니라 not carnally and corporally non carnali aut corporeo	전적으로 또 완전하게 wholly and entirely totus atque integer	신체적·육적으로 corporally or carnally corporeo aut carnali
영적으로 spiritually spirituali	실체적으로 substantially substantialiter	실체적으로 substantially
내적으로 믿음에 의해서 inwardly by faith	외적으로 물리적으로	외적으로 물리적으로

---

[112] 루터는 공재설을 주장할 때에 그리스도께서 떡과 포도주에 장소적으로 육체적인 임재를 하시는 것으로 보지 않았다는 해석이 있다. 실제로 우리가 성찬식에 참여해보지만 떡과 포도주에 장소적으로 육체적인 임재를 하신 그리스도를 본 적이 없다. 루터도 이것을 경험하기 때문에 그는 그리스도께서 떡과 포도주에 비장소적으로 제한적인 임재를 한 것으로 이해하였다는 것이다. 그런데 이러한 해석은 루터가 강조한 "이것은 내 몸이다"에 대한 문자적 해석이 아니다. 공간을 차지하며 눈에 보이는 방식의 "육체적인 그리고 물질적인" 임재가 아니라 비장소적으로 임재하시는 초자연적인 신비스러운 임재가 되어 버렸다. 그리스도의 신성처럼 영적인 임재만이 있을 뿐이고, 신비주의적 성경 해석이 있을 뿐이라, 그러한 해석은 받아들일 수 없다.

루터파는 로마 가톨릭의 화체설이 아리스토텔레스의 철학 방법론에 기대어 실체와 형상으로 구분하여, 성찬의 떡과 포도주는 실체에 있어서 그리스도의 살과 피로 변하고, 형상에 있어서 여전히 떡과 포도주라고 주장한다고 본다. 루터파는 성경이 아니라 철학에 기대는 이런 변증 방식이 옳지 않다고 보았다. 루터파는 자신들의 주장이야말로 로마 가톨릭의 화체설처럼 떡과 포도주가 그리스도의 살과 피로 실체가 변하고 그때 떡과 포도주의 우유성accidentia, 偶有性은[113] 남아있다는 논리를 전개할 필요가 없다고 보았다. 그런데 결국에는 루터파도 화체설처럼 그리스도의 몸과 피가 실제로 임재하신다고 주장하는 것이고, 다만 그 방식에 있어서 화체설과 달리 그리스도의 신성만이 아니라 그리스도의 인성도 편재하시기 때문에 육체적으로, 물리적으로 임재하신다고 보는 것이다. 또한 루터파는 칼뱅의 영적 임재설은 성찬의 떡과 포도주를 단지 상징으로만 만들고, 성경 말씀을 우롱하는 것으로써 성찬의 성례를 무용화하는 것이라고 비판하였다. 루터는 그리스도의 실제적 임재를 주장함으로써 칼뱅의 영적 임재설과 쯔빙글리의 기념설에 실재가 없고 단지 상징과 은유와 기념만 있다고 비판하였다.

이에 반하여 우리는 그리스도의 육체는 부활 후 승천하시어 하나님 우편에 계시고, 성찬 시 신성이 임재하시어 참여자에게 큰 은혜를 주신다고 본다. 그리스도께서 육체적으로 임재하시지 않지만, 그리스도께서 전 인격으로 신자와 이미 연합하시므로 신자는 믿음으로 그의 몸과 피에, 그의 모든 유익에도 함께 참여하는 것이다. 신자는 성찬이 아닌 때에도 그리스도와 그의 죽음의 유익들에 참여하지만 성찬 시에는 그의 살과 피를 상징하는 떡과 포도주를 보고 먹으면서 영적으로 임재하신 그리스도께서 행하시는 사역에 의해 더욱 풍성하게 참여하는 것이다. 그래

---

[113] 우유성에 대한 사전적 설명은 "사물이 본질적이거나 필연적인 원인이 없이, 일시적으로 우연히 가지게 된 성질"이고, 철학사전적 설명은 다음과 같다. "우유성을 우유적 속성이라고도 한다. 우유성은 실체가 갖는 성질로서 그것을 덧붙이거나 변화시키거나 없애도 실체 그 자체가 파괴되지 않는 성질을 말하며 또한 사물의 비본질적인 성질을 말하기도 한다. 역사적으로는 아리스토텔레스가 사용한 개념이다."

서 성찬은 말씀과 함께 은혜의 수단이 된다. 우리는 그리스도와 신자 간에 이미 이루어진 연합에 근거하여 영적으로 임재하신 그리스도의 역사에 의해 믿음을 통하여 주의 몸과 피를 우리의 것으로 확증하지만, 로마 가톨릭과 루터교는 실제로 그리스도를 입으로 먹고 마시어야만 자신의 것으로 만든다.

비록 그때 그리스도의 몸과 피는 신체적으로 그리고 육적으로 떡과 포도주 안에, 함께, 아래에 있지 않지만, 이 규례에 참여한 신자의 믿음에 실제로 존재하는데, 그러나 영적으로 존재한다. 영적으로 존재하는 것은 수찬자의 눈에 보이지 않는데, 수찬자는 영적인 존재를 어떻게 인식하는가? 바로 내적 인식 원리인 믿음이 영적으로 존재하는 그리스도의 몸과 피를 인식한다. 이것은 마치 성찬의 요소 자체들이 수찬자의 외적인 눈과 귀와 코와 혀의 감각에 인식되는 것처럼 분명한 인식이다. 신자의 믿음은 눈에 보이지 않는 영적인 존재를 인식하는 것이다.

우리는 제8장 중보자 그리스도 제2절에서 두 개의 온전하고, 완벽하고, 구별되는 속성들, 즉 신성과 인성이 함께 한 인격으로 분리되지 않게 연합되었는데 변질이나, 합성이나, 혼합이 없이 연합되었음을 살펴보았다. 무한한 신성과 유한한 인성은 너무나 큰 차이가 나서 서로 변질되거나 합성되거나 혼합될 수 없다. 유한은 무한을 받지 못 하는 것이다 Finitum non capax infiniti. 그런데 루터교는 신성과 인성이 교류하지 않으면 한 인격이라고 볼 수 없다며 두 속성이 교류한다고 본다. 이들은 처음에는 인성에서 신성으로의 이전도 주장했지만 신성모독이라는 비판을 크게 받자, 후에는 신성에서 인성으로의 전달만을 주장하였다. 이들은 성찬 시 그리스도의 인성이 신성의 전능과 편재와 전지와 같은 속성을 받아서 편재하게 되어 그리스도의 전 인격이 신비스럽고 기적적인 방법으로 떡과 포도주 안에, 아래에, 함께 임재하신다고 보았다. 동일한 장소에 신성과 인성이란 두 본성이 공존한다고 보았기 때문에 공재설 共在說, consubstantiation이라는 이름을 얻었고, 또 떡과 포도주의 본질이 변하지 않고 그리스도의 몸과 피가 떡과 포도주의 안과 밑에 임재하신다고 보았기 때문에 공재설이라는 이름을 얻었다.

칭의론에서 살펴본 것처럼 로마 가톨릭은 사람을 전적 타락과 전적 무능력의 존재로 보지 않고, 부분 타락과 부분 무능력의 존재로 본다. 그들은 사람이 타락하여 사람의 능력으로 하나님 보시기에 의로운 상태에 이를 수 없지만, 하나님께서 그리스도가 획득한 의를 사람에게 주입하면, 그 주입된 의가 사람에게 있는 기존의 의를 촉발시킴으로써 사람이 하나님과 협력하여 의로운 상태에 이른다고 본다. 그들은 사람에게 실제로 의로운 행위가 있어야만 사람이 의롭게 된다고 본다. 이러한 그들의 시각은 성찬론에서도 실제로 의를 사람에게 주입하는 일이 필요하다고 본다. 그들은 신자가 예수 그리스도의 살과 피로 실제로 변한 떡과 포도주를 먹을 때에 그것이 신자에게 의가 된다고 여긴다. 로마 가톨릭의 인간론과 칭의론과 성찬론은 이렇게 서로 연결되어 있다. 이것은 루터교에서 예수 그리스도의 신성과 인성 간에 속성의 교류가 있다는 주장이 성찬론에서 공재설을 주장하게 하는 것과 같다. 하나의 교리는 그 자체로 끝나지 않고 다른 교리들에게 영향을 미치며 서로 깊이 연관된다.

29.8

무지하고 사악한 사람들이 이 성례에서 외적인 요소들을 받을지라도, 그들은 그것들이 가리키는 대상을 받는 것이 아니다. 성례에 합당하지 않게 참여함으로써 주님의 몸과 피에 대하여 죄를 짓는 것이라서 자신들을 정죄하는 데에 이르고 만다. 그러므로 모든 무지하고 불경건한 사람이 주님과 교통을 누리기에 부적합한 것처럼 그들은 주님의 식탁에도 참여할 자격이 없다. 그들이 그런 상태에 머무는 한 그들이 이 거룩한 신비에 참여하는 것이나ᵖ 그렇게 하도록 허락하는 것은ᵠ 그리스도께 큰 죄를 짓는 것이다.

Although ignorant and wicked men receive the outward elements in this sacrament; yet they receive not the thing signified thereby; but by their unworthy coming thereunto, are guilty of the body and blood of the Lord, to their own damnation. Wherefore, all ignorant and ungodly

> persons, as they are unfit to enjoy communion with him, so are they unworthy of the Lord's table; and cannot without great sin against Christ, while they remain such, partake of these holy mysteries,p or be admitted thereunto.q
>
> p 고전 11:27-29; 고후 6:14-16   q 고전 5:6-7, 13; 살후 3:6, 14-15; 마 7:6

8. 합당치 않은 수찬자가 짓는 죄

로마 가톨릭의 화체설에서는 무지하고 사악한 자들일지라도 성찬의 떡과 포도주를 받아먹으면 그리스도의 떡과 포도주를 받아먹는 것이므로 그들에게 은혜가 된다. 하지만 영적 임재설에서는 그들이 그리스도에 대한 믿음이 없어서 성찬의 떡과 포도주가 무엇을 의미하는지 모른 채 먹으므로 그들에게 아무 은혜나 도움이 되지 못하고, 오히려 주님의 몸과 피에 대하여 죄를 짓는 것이 되어 그들에 대한 정죄에 이르게 된다. 제27장 성례 제3절에서 살펴본 것처럼 로마 가톨릭도 "성사가 맺는 결실은 그것을 받는 사람의 마음가짐에도 달려 있다."라며 인효적 人效的 효력 ex opere operantis, from the agent's activity 을 언급하기는 하지만, 그들은 이미 발생한 사효적 효력을 높이는 차원에서 인효적 효력을 말하는 것이지, 인효적 효력의 여부에 따라 사효적 효력이 좌우된다고 말하지 않는다. 그들은 "성사는 그것을 주는 사람이나 받는 사람의 의로움이 아닌 하느님의 능력으로 이루어진다."라는 토마스 아퀴나스의 말을 인용하여 사효적 효력의 우선성을 주장한다.[114]

무지하고 불경건한 사람들은 그들 스스로 주님과의 교통을 즐거워하지 않아 주님을 멀리 피한다. 그런 그들이 어찌 주님과의 교통을 상징하고 인치는 주님의 식탁에 자격이 있겠는가? 주님과의 교통에 부적합한 자는 당연히 주님의 식탁에도 부적합하다. 이들이 계속하여 무지와 사악함에 머무는 한 이 거룩한 신비에 참

---

114 『가톨릭 교회 교리서』, 1128항, 457.

여할수록 이들은 그리스도께 큰 죄를 짓는 것이다. 성경은 누구든지 주의 떡이나 잔을 합당하지 않게 먹고 마시는 자는 주의 몸과 피에 대하여 죄를 짓는 것이고, 주의 몸을 분별하지 못하고 먹고 마시는 자는 자기의 죄를 먹고 마시는 것이라고 명백하게 말한다. 따라서 사람이 자기를 살피고 그 후에야 이 떡을 먹고 이 잔을 마셔야 한다$^{고전\ 11:27-29}$.

교회가 무지하고 불경건한 자들을 안타깝게 여겨 주님께로 전도하기 위하여 노력해야 하겠지만 그들이 무지와 사악함을 버리지 않는데 그들에게 주님의 식탁을 허락하는 것은 주님께 큰 죄를 짓는 것이다. 교회는 그런 자들에게 주님의 식탁을 허락해서는 안 된다. 허락하지 않는 것이 그들로 큰 죄를 짓지 않게 하는 것이다. 예수님께서는 거룩한 것을 개에게 주지 말고, 진주를 돼지 앞에 던지지 말라고 말씀하신다. 그들이 그것을 발로 밟고 돌이켜 오히려 우리를 찢어 상하게 하기 때문이다$^{마\ 7:6}$. 바울은 게으르게 행하고 우리의 전통대로 행하지 아니하는 모든 형제에게서 떠나고, 순종하지 아니하는 사람과 사귀지 않음으로써 그를 부끄럽게 하라고 말한다$^{살후\ 3:6,\ 14}$. 바울은 적은 누룩이 온 덩어리에 퍼지므로, 악한 사람을 내쫓으라고 말한다$^{고전\ 5:6-7,\ 13}$. 그런데 로마 가톨릭은 사효적 효력을 믿기 때문에 무지하고 불경건한 자들이 주님의 식탁에 참여해도 그들에게 유익이 있다고 여겨, 우리처럼 철저하게 그들에게 성찬을 금지하지 않는다. 이처럼 성경을 어떻게 해석하는가와 어떤 교리를 받아들이느냐는 교회생활과 신앙생활 전반에 큰 영향을 미치므로, 우리는 웨스트민스터 신앙고백의 귀한 내용을 잘 이해하여 올바른 신앙생활을 하여야 한다.

Of Church Censures

제30장 교회 권징

30.1

주 예수께서는 자신의 교회의 왕과 머리로서 국가 통치자들과 구별되는 교회 직원들의 손에서 교회 정치가 이루어지도록 정하셨다.a

The Lord Jesus, as king and head of his Church, hath therein appointed a government, in the hand of Church officers, distinct from the civil magistrate.a

a 사 9:6-7; 딤전 5:17; 살전 5:12; 행 20:17-18; 히 13:7, 17, 24; 고전 12:28; 마 28:18-20

1. 그리스도께서 정하신 교회 정치

정치에 대한 사전적 정의는 "통치자나 정치가가 사회 구성원들의 다양한 이해관계를 조정하거나 통제하고 국가의 정책과 목적을 실현시키는 일"이다. 사람들이 모인 곳에는 정치가 있기 마련이다. 가정에서도 아빠와 엄마가 정치를 한다. 가정은 구성원이 적고 아빠와 엄마가 어린 자녀들에 비해 월등한 능력을 갖고 있으므로 주로 부모에 의해 정치가 이루어진다. 자녀들이 성장하고 부모가 노쇠해질수록 자녀들이 정치를 대신한다. 구성원이 가정과 같이 네다섯 명으로 적으면 공식적인 정치제도가 없어도 되지만, 구성원이 비혈통자로 수십, 수백 명으로 많아지면 공식적인 정치제도가 필요하게 된다.

우리나라는 정치에 대하여 부정적 느낌이 강하다. "그 사람은 정치적이다."라는 말이 그 사람은 권력욕이 강하다는 뜻을 갖고, 권모술수와 아부에 능하다는 뜻을 갖고, 정도正道가 아닌 사술邪術을 추구한다는 뜻을 갖는다. 이와 반대로 "나는 정치에 관심이 없다."라는 말은 세속 권력과 권모술수를 추구하지 않는 순수한 자라는 느낌을 갖는다. 하지만 이것은 국가와 회사와 단체에서 현상적으로 나타나는 정치의 모습이 사람들을 만족시키지 못해서 그런 것이지, 정치는 우리와 떼래야 뗄 수 없는 필수불가결 한 것이다. 정치가 없으면 나라든 회사든 가정이든 어떤 단체든 작동되지 않고 질서가 없어진다. 독재가 무정부보다 낫다는 말에 대부분 동의할 것이다. 교회에 정치가 필요 없다는 주장은 독재보다 무정부가 낫다는 주장과 같다.

마치 가정에 부모가, 학생들에게 교사가, 계모임과 동호회에 임원이, 과수원에 과수원지기가, 목장에 목자가 있어야 하는 것과 같다. 정치는 원래 모임의 존재 목적을 이루는 선한 것이다. 하나님께서 동방의 에덴에 동산을 창설하시고 그것을 경작하며 지키도록 아담을 거기에 두셨다. 하나님은 피조물을 사람들을 통하여 다스리게 하셨다. 아담이 에덴동산에서 정치를 한 것이다. 교인은 이런 면에서 교회 정치에 대해서 관심을 갖고 참여해야 한다. 교회에서 누가 말씀을 전할 것인지, 구제 여부와 액수를 누가 결정하고 집행할 것인지, 교회당 건축과 예산 등의 문제를 어떤 과정을 통해 결정할 것인지 등이 교회 정치를 통해서 원활하게 이루어진다.

교회와 국가는 정치의 필요성이란 측면에서는 같지만, 그 조직과 작용 원칙과 권력의 출발점은 크게 다르다. 헌법憲法은 국가의 기본 법칙으로서 국민의 기본적 인권을 보장하고, 국가의 정치 조직 구성과 정치 작용 원칙을 세우고, 시민과 국가의 관계를 규정하거나 형성하는 최고의 규범이다. 헌법의 제1조 제1항은 "대한민국은 민주 공화국이다."이고, 제2항은 "대한민국의 주권은 국민에게 있고, 모든 권력은 국민으로부터 나온다."이다. 우리나라 헌법은 국가 체제가 민주 공화국이고, 국가의 주권은 국민에게 있고, 모든 권력은 국민으로부터 나온다고 말한다. 하지만 교회는 신정 체제이고, 교회의 주권과 모든 권력은 교인들이나 사역자들로부터 나오지 않고, 주 예수께로부터 나온다.

제1절은 주 예수께서 자신의 교회의 왕과 머리라고 말한다. 제25장^{교회} 제1절은 보이지 않는 교회는 교회의 머리이신 그리스도 아래에 하나로 모였고, 모이고, 모일 선택된 자들의 전체 수로 구성되며, 만물 안에서 만물을 충만하게 하시는 이의 신부이고, 몸이고, 충만함이라고 말하고, 제25장 제2절은 보이는 교회는 전 세계에 걸쳐서 참된 신앙을 고백하는 모든 자와 그들의 자녀들로 구성되며, 주 예수 그리스도의 왕국이고, 하나님의 집과 가족이라고 말한다. 하나님께서 교인들을 주 예수 그리스도의 희생과 부활을 인하여 주 예수 그리스도를 머리로 하여 모으시고, 그들에게 영생을 주시며 하나님의 자녀로 삼으신다. 삼위일체 하나님 없이 누구도 교회의 회원이 될 수 없고, 주 예수 그리스도의 왕국의 백성이 될 수 없고, 하나님의 집과 가족의 구성원이 될 수 없다. 그러므로 교회의 주권은 교인에게 있지 않고 하나님에게 있으며, 모든 권력은 교인으로부터 나오지 않고 하나님으로부터 나온다. 교회의 사역자와 교인은 하나님께서 예수 그리스도를 통해 주시는 권력을 사용할 뿐이다.

이것은 본래 세속 정치의 권력에도 그대로 적용된다. 제23장^{국가 통치자} 제1절이 "온 세상의 최고의 주요 왕이신 하나님께서는 자기 자신의 영광과 공공의 선을 위해 국가 통치자들이 자기 밑에 그리고 국민의 위에 있도록 정하셨다. 이 목적을 위해 그들이 선한 자들은 보호하고 격려하며, 악행하는 자들은 징벌하도록 칼의 권세로 그들을 무장시키셨다."라고 말하는 것처럼 국가 공직자들이 사용하는 권력 또한 하나님께서 주신 것이다. 만민에게 생명과 호흡과 만물을 친히 주시는 ^{행 17:25} 하나님께서 인류의 모든 족속으로 온 땅에 살게 하시고 그들의 연대를 정하시며 거주의 경계를 한정하셨는데 ^{행 17:25-26} 세상 사람들은 자신의 능력으로 나라를 이루고 정치하는 줄로 착각한다.

하나님께서 국가 통치자들을 자기 밑에 있고 국민 위에 있도록 정하셨고, 그 국가 통치자들과 구별되는 교회 직원들로 하여금 교회 정치를 이끌도록 정하셨다. 국가 통치자들과 교회 직원들은 다스리는 영역과 대상이 전혀 다르다. 이것을 혼동하여 서로의 영역과 대상을 침범하는 것은 하나님께서 주신 질서를 깨는 것이다. 제1절의 근거성경구절들은 하나님께서 교회에 장로, 사도, 선지자, 교사, 능력을 행하는 자 등을 세우신 것에 대하여 말해준다. 아래는 근거성경구절들을 설명하는 차원에서 하나님께서 구약과 신약에 걸쳐 어떤 사역자들을 세우셨고, 그 자격과 임기는 어떻게 되는지 등을 살펴본 것이니 참고하라.

❶ 구약의 정치: 선지자, 제사장, 왕

구약의 정치가 어떤 직분들을 통하여 이루어지는지 살펴보자. 구약에서는 기름부음을 받은 선지자와 제사장과 왕이 성도들을 이끌고 섬겼다. 모세는 선지자로서 애굽의 압제로 힘들어하는 이스라엘 백성을 이끌었고, 시내산에서 받은 하나님의 말씀을 백성에게 전하고 가르쳤다. 모세는 하나님을 두려워하며 진실하며 불의한 이익을 미워하는 자를 천부장과 백부장과 오십부장과 십부장으로 삼아 백성을 재판하게 했다. 모세의 형 아론과 그 아들들 나답과 아비후와 엘르아살과 이다말은 제사장 직분을 행하였다. 이들은 예물과 속죄하는 제사를 드리고, 백성에게 율법을 읽어주어 하나님의 말씀을 일깨워주는 역할을 했다. 이후로 아론이 속한 레위 지파는 제사장 직분을 맡아 섬겼다.

사무엘 때 왕이라는 직분이 생겼다. 이스라엘에는 주변 나라들과 달리 왕이라는 제도가 매우 늦게 도입되었다. 왕이 생기기 전에는 선지자가 그 역할을 담당하여, 모세는 선지자이면서 동시에 왕과 같은 역할을 했다. 이스라엘을 대표하여 애굽 왕과 만났고, 백성을 이끌고 홍해를 건넜다. 광야에서는 전쟁을 할 것인지 말 것인지, 언제 정착지를 떠나 어느 방향으로 나아갈지를 결정했다. 그의 후계자 여호수아도 모세와 같은 역할을 수행했고, 사사들도 동시에 선지자와 왕의 역할을 수행했다. 이스라엘에는 국가의 모습을 띤 모세 때부터 사울 때까지 약 500년간 왕이 없었다. 왕의 제도가 없어도 선지자를 중심으로 각 백성이 하나님의 말씀에 따라 행동하면 나라 전체에 객관성과 통일성과 투명성이 있어 나라가 잘 돌아갔다. 이스라엘은 법률과 행정과 경찰이 하는 역할을 하나님의 말씀이 한 것이다. 극도로 작은 정부였다. 국민 각자가 하나님 말씀에 따라 스스로 정직하게 알아서 행동하는 것이 본래 가장 투명하고 효율적이다.

하나님께서 홀로 이스라엘을 통치하실 수 있지만, 선지자와 제사장과 왕이란 사역자들을 통하여 다스리신다. 이들은 자신의 직분을 행할 때에 늘 하나님의 말씀을 따라야 한다. 하나님께서 선지자와 제사장과 왕이신데, 이러한 직분들을 이스라엘에게 주시어 대신 일하게 하셨으므로, 이들은 하나님의 뜻에 따라 이 직분들을 감당해야 한다.

❷ 신약의 정치: 사도, 선지자, 전도자, 장로, 교사, 집사

"기름 부음을 받은 자"는 구약의 히브리어로 "메시야"이고, 신약의 헬라어로 "그리스도"이다. 예수께서 그리스도와 메시야시라는 것은, 예수께서 선지자와 제사장과 왕이시라는 의미이다. 예수님은 부활하시어 승천하신 후에도 선지자와 제사장과 왕의 3중직을 계속해서 수행하시고, 이 3중직을 지상의 성도들을 통해서 행하시려고 성도들에게 여러 직분과 은사를 선물로 주셨다.

엡 4:7-12   우리 각 사람에게 그리스도의 선물의 분량대로 은혜를 주셨나니 8 그러므로 이르기를 그가 위로 올라가실 때에 사로잡혔던 자들을 사로잡으시고 사람들에게 선물을 주셨다 하였도다 9 올라가셨다 하였은즉 땅 아래 낮은 곳으로 내리셨던 것이 아니면 무엇이냐 10 내리셨던 그가 곧 모든 하늘 위에 오르신 자니 이는 만물을 충만하게 하려 하심이라 11 그가 어떤 사람은 사도로, 어떤 사람은 선지자로, 어떤 사람은 복음 전하는 자로, 어떤 사람은 목사와 교사로 삼으셨으니 12 이는 성도를 온전하게 하여 봉사의 일을 하게 하며 그리스도의 몸을 세우려 하심이라

하나님은 신약시대에 사도, 선지자, 복음 전하는 자, 목사, 교사, 장로, 집사 등

의 다양한 직분을 허락하셨다. 사도와 선지자와 복음 전하는 직분은 현재 존재하지 않는다. 이러한 직분자들은 비상 직원 extraordinary officers이라 불리는데 하나님께서 초대교회가 세워지는 비상한 상황에 주신 직원이라는 의미이다. 장로와 집사는 통상 직원 ordinary officers이라 불리는데 통상적 상황에 존재하는 직원이라는 의미이다. 이 직분들에 대하여 간단히 살펴보자.

가. 비상 직원: 사도

베드로는 가룟 유다를 대신할 사도를 뽑을 때 그 자격을 "요한의 세례로부터 우리 가운데서 올려져 가신 날까지 주 예수께서 우리 가운데 출입하실 때에 항상 우리와 함께 다니던 사람 중에 하나를 세워"라고 행 1:21-22 말했다. 바울은 다메섹 도상에서 예수님을 직접 만나 사도로 인정받았다. 바나바와 같이 사도의 사역을 긴밀하게 돕는 이도 사도라고 행 14:14 불렸다. 예수님은 사도들을 직접 부르셨고, 자기와 함께 있게 하시며 보고 배우도록 하셨다. 예수님의 승천 이후에는 사도들이 예수님의 복음을 예루살렘과 유대와 사마리아와 땅 끝까지 전했다. 오순절에 이 땅에 오신 성령께서 사도들에게 권능을 주시어 여러 이적을 일으키게 하셨다. 마태, 요한, 베드로, 바울 등은 성령의 영감을 받아 신약성경을 기록했다.

우리는 이러한 임무와 권능을 행한 사도들이 그 이후에는 더 없다고 본다. 사도들 말고 누가 예수님을 보았고, 같이 시간을 보냈고, 영감을 받아 성경을 기록했고, 권능을 받아 여러 이적을 일으켰는가? 그런데 현재에도 사도들이 있다고 주장하는 이들이 있다. 이들은 "신사도 운동"이란 이름으로 사도들의 임무와 권능이 자기들에게 있다고 주장한다. 사도들처럼 예언하고, 병을 고치고, 귀신을 내쫓고, 방언을 한다고 주장한다. 이런 신사도 운동이 교회에 끼치는 악영향이 크다. 이들은 상식과 이성으로 쉽게 판단할 수 있는 일들에 대해 하나님의 직통계시를 받는다고 사람들을 현혹한다. 악한 무당들과 점쟁이들이 긴급한 일로 찾아온 이들을 미혹하여 굿과 부적의 비용으로 수천만 원씩 뜯어내는데, 이들도 직통계시와 안수기도라는 명목으로 성도들의 돈을 갈취한다. 병원에서 치료받을 수 있는 병들도 기도를 통해 치료한다며 오히려 병을 악화시킨다. 또한 아브람이 아브라함으로, 사래가 사라로, 사울이 바울로 이름이 바뀌며 사역의 지경이 넓어졌다며 성도들에게 이름을 바꾸라고 유혹하고 강요한다. 이름의 한자 획수가 부족하여 좋은 이름이 아니라는 논리를 펼치는데 성경 어디에 이런 논리를 뒷받침하는 내용이 있단 말인가? 이들은 마치 무속인처럼 행동한다.

무엇보다 나쁜 점은 성도들로 하여금 오직 이적이 발휘되는 것이 참된 기독교인의 생활과 능력이라고 여기게 하는 것이다. 열 두 사도와 바울은 자신들이 행한 이적과 예언으로 사람들에게 관심과 집중을 받는 것을 마땅치 않게 여겼다. 베드로와 요한이 성전의 앉은뱅이를 일으키자 사람들이 놀라며 몰려들자, 베드로는 "이스라엘 사람들아 이 일을 왜 놀랍게 여기느냐? 우리 개인의 권능과 경건으로 이 사람을 걷게 한 것처럼 왜 우리를 주목하느냐?"고 행 3:12 말했다. 베드로는 자신들이 아니라 예수 그리스도의 복음에 관심을 갖도록 가르쳤다. 바울과 바나바도 루스드라에서 걷지 못하는 사람을 걷게 하자 무리가 이들을 신으로 섬기려고 했을 때에 옷을 찢고 소리를 지르며 그들로 복음에 관심을 두게 했다.

그런데 신사도 운동을 하는 이들은 겉으로는 예수님을 위한다고 하지만 자신들의 배를 위한다. 잘못된 신비주의로 성도들을 이끌어 특별계시가 기록된 성경이 아니라, 허황된 특별계시를 추구하게 한다. 비신자들도 상식과 경험으로 쉽게 판단할 수 있는 일들을 대언기도와 직통계시로 알려준다는 미명 하에 성도들을 오도한다. 성도들의 판단 능력을 길러주는 것이 아니라 점점 자기들에게 빠져들어 젖이나 먹는 어린아이로 만들어버린다. 이러한 현상은 자신들이 사도가 아님에도 마치 사도인 것처럼 신분과 능력을 과장하기 때문이다. 사도 직분은 예수님 당시에만 존재했던 특별한 직분임을 명심해야 한다.

나. 비상 직원: 선지자

에베소서 4:11절에 선지자 직분이 나온다. 사도행전 13:1절은 안디옥 교회에 선지자들과 교사들이 있다고 말하고, 15:32절은 유다와 실라도 선지자라고 말한다. 아가보 선지자는 천하에 큰 흉년이 들리라고 성령으로 말했다^{행 11:28}. 고린도전서 12:10절은 어떤 사람은 예언을 하는 은사가 있다고 말하고, 14:3절은 예언하는 자는 사람에게 말하여 덕을 세우며 권면하며 위로한다고 말한다. 에베소 교인들은 사도들과 선지자들의 터 위에 세우심을 입었고^{엡 2:20}, 예수님께서는 거룩한 사도들과 선지자들에게 성령으로 나타나셨다^{엡 3:5}. 바울은 디모데에게 장로의 회에서 안수 받을 때에 예언을 통하여 받은 은사를 가볍게 여기지 말라고 말했다^{딤전 4:14}. 성경에는 이렇게 선지자에 대한 언급이 많이 나온다.

선지자^{예언자}를 미래에 발생할 일을 예언하는 사람으로 생각하기 쉽다. 그런데 이것은 부차적이고, 하나님께서 선지자^{예언자}에게 주시는 말씀을 그대로 맡아 전하는 일이 주된 일이다. 그래서 예언자를 한자로 쓸 때에 미래에 발생할 일을 말하는 자가 豫言, foretelling 아니라, 하나님께서 전하라고 주신 말씀을 맡아서 전하는 자라는 預言, forthtelling 뜻에서 예언자^{預言者}라고 쓴다. 預는 "미리"라는 뜻도 있지만 저축예금^{貯蓄預金}과 같이 은행이 돈을 맡는다는 뜻도 있다. 이에 비하여 豫는 일기예보^{日氣豫報}와 같이 앞으로 벌어질 일을 예측하는 것으로 쓰인다. 성경의 예언자는 豫言者가 아니라 預言者로서 하나님께서 주신 말씀을 가감하지 않고 그대로 전하는 자이다.

때로 기도를 하는 목사와 장로와 권사라는 이들이 하나님으로부터 직통계시를 받는다고 주장하며 여러 사람의 미래에 대해 예언한다. 어떤 이는 영서^{靈書}라고 해서 하나님으로부터 직통으로 받은 계시를 글로 쓴다. 어떤 이는 꿈과 이상과 환상과 음성으로 하나님의 뜻을 듣는다고 주장한다. 혹 이런 일이 있을 수 있겠지만 이런 일은 매우 드물다. 이들의 말을 듣고 결혼과 진로와 사업 등에서 의사결정한 사람들은 큰 낭패를 본다. 성경에서 사도들과 선지자들도 인생의 모든 일에 대하여 하나님의 뜻을 묻지 않았다. 복음이 전파되고 하나님의 교회가 든든히 서가는 데에 필요할 때에 하나님의 계시가 이들에게 임하였다. 이런 특별한 경우를 제외하고 사도들과 선지자들도 하나님의 말씀 위에서 그들의 경험과 이성에 따라 결정했다. 그러므로 신자는 하나님의 예언을 받는다는 이들의 예언을 조심해야 한다. 하나님은 목사로 하여금 성경 말씀에 따라 성도를 인도하도록 하셨다. 우리는 이미 특별히 계시된 내용이 기록된 성경을 깊이 보고 연구하고 묵상함으로 인생의 여러 일에 대하여 충분히 대비할 수 있고, 좋은 의사결정을 할 수 있다. 신자는 주어진 성경 말씀에 따라 판단하고 행동해야지, 예측할 수 없고 확신할 수 없는 막연한 예언과 예감에 기대서는 안 된다.

다. 비상 직원: 복음 전도자

초대교회 때 사도와 선지자 외에 복음 전도자도 나온다. 빌립은 집사 이외에 전도자라고도 불렸다행 21:8. 바울은 디모데에게 "전도자의 일을 하며 네 직무를 다하라"고딤후 4:5 말했다. 에베소서 4:11절은 복음 전하는 직분자가 주어졌다고 말한다. 빌립, 스데반, 마가, 디모데, 디도 등이 복음 전도자에 속했다. 이들은 복음을 열심히 전했고, 가르쳤고, 장로를 세웠고딛 1:5; 딤전 5:22, 빌립이 에디오피아 내시에게 했듯이 세례를 베풀었고, 사도들을 도우며 동역했다롬 16:21; 고전 4:17; 고후 1:19.

복음 전도자가 하는 일을 현재 목사가 한다. 목사는 복음을 전하고, 설교하고, 가르치고, 세례를 베풀고, 장로를 세우기 때문이다. 목사는 또 선교사라는 이름으로 미전도지에서 복음을 전한다. 초대교회 때는 사도의 권위보다 약하고 일반 사역자보다 권위가 높은 복음 전도자가 존재하여 더욱 더 왕성하게 복음을 전하고 교회를 든든히 조직하며 세우는 일을 했는데, 지금은 목사가 이 일을 하고 있다.

라. 통상 직원: 장로

지금까지 비상 직원에 대하여 살펴보았는데, 이제부터는 통상 직원ordinary officers인 목사와 장로와 교사와 집사에 대하여 살펴본다. 먼저 장로에 대하여 살펴본다. 성경에서 목사라는 말은 한 번 나온다. "그가 어떤 사람은 사도로, 어떤 사람은 선지자로, 어떤 사람은 복음 전하는 자로, 어떤 사람은 목사와 교사로 삼으셨으니"엡 4:11 나온다. 목사보다 장로가 성경에 많이 나온다. "잘 다스리는 장로들은 배나 존경할 자로 알되 말씀과 가르침에 수고하는 이들에게는 더욱 그리할 것이니라"는딤전 5:17 이 구절에 따르면 잘 다스리는 장로와 말씀과 가르침에 수고하는 장로가 있다. 다스리는 장로가 교회에서 일반적으로 불리는 장로이고, 말씀과 가르침에 수고하는 장로가 목사에 해당된다. 장로의 자격은 아래와 같다.

> 딛 1:5-9 내가 너를 그레데에 남겨 둔 이유는 남은 일을 정리하고 내가 명한 대로 각 성에 장로들을 세우게 하려 함이니 6 책망할 것이 없고 한 아내의 남편이며 방탕하다는 비난을 받거나 불순종하는 일이 없는 믿는 자녀를 둔 자라야 할지라 7 감독은 하나님의 청지기로서 책망할 것이 없고 제 고집대로 하지 아니하며 급히 분내지 아니하며 술을 즐기지 아니하며 구타하지 아니하며 더러운 이득을 탐하지 아니하며 8 오직 나그네를 대접하며 선행을 좋아하며 신중하며 의로우며 거룩하며 절제하며 9 미쁜 말씀의 가르침을 그대로 지켜야 하리니 이는 능히 바른 교훈으로 권면하고 거슬러 말하는 자들을 책망하게 하려 함이라

바울은 디도서 1:5절에서 디도를 그레데에 떨어뜨린 이유가 각 성에 장로들을 세우게 하려 함이라고 말한다. 6절에서 그 자격을 말하고, 7절에서는 감독의 자격에 대하여 말한다. 이것을 통해 장로와 감독이 서로 교대로 사용되고 있음을 알 수가 있다. 장로長老, elder는 나이 든 연장자를 의미하고, 감독監督, overseer은 보살피고 관리하는 이를 의미한다. 장로는 감독의 기능을 수행하기에 감독이라고도 불린다. 디모데전서도 3장에서 감독의 자격에 대하여 말하고, 4:14절은 "네 속에 있는 은사 곧 장로의 회에서 안수 받을 때에 예언을 통하여 받은 것을 가볍게 여기지 말며"라고 말하여 감독 대신에 장로라는 단어를 사용한다. 5:17절과 5:19절도 감독 대신에 장로라는 말을 쓴다. 그래서 장로교는 장로와 감독을 서로 교대로 사용되는 같은 직분으로 보는데, 감리교 같은 곳은 감독을 장로보다 더 높은 직분으로 본다.

정리하면 장로교는 장로와 감독을 같은 직분으로 보고, 기능에 따라 호칭이 다르게 불린다고 여긴다. 장로는 다스림을 맡는 장로, 그리고 다스림과 말씀 가르침 2개를 맡는 장로로 구분된다. 다스리는 장로를 치리治理 장로라 하고, 말씀강도, 講道과 치리治理를 겸한 장로를 목사라 한다.

마. 통상 직원: 교사

성경에 직분으로서 교사에 관하여 언급하는 구절은 아래와 같다. 먼저 우리가 알아야 할 것은 목사와 교사가 같은 직분을 말하는가, 아니면 목사와 교사는 다른 직분을 말하는가이다. 아래에서 목사와 교사가 같이 언급된 구절은 에베소서 4:11절뿐인데, 여기서 목사와 교사는 한 직분이다. 왜냐하면 이 구절에서 직분들이 "어떤 사람은"이란 단어 뒤에 나열되는데, 목사와 교사가 연결되어 언급되기 때문이다. 헬라어 원어 성경에서도 목사와 교사는 하나의 관사로 연결되어 있다.[115]

행 13:1	안디옥 교회에 선지자들과 교사들이 있으니 곧 바나바와 니게르라 하는 시므온과 구레네 사람 루기오와 분봉 왕 헤롯의 젖동생 마나엔과 및 사울이라
고전 12:28-29	하나님이 교회 중에 몇을 세우셨으니 첫째는 사도요 둘째는 선지자요 셋째는 교사요 그 다음은 능력을 행하는 자요 그 다음은 병 고치는 은사와 서로 돕는 것과 다스리는 것과 각종 방언을 말하는 것이라 29 다 사도이겠느냐 다 선지자이겠느냐 다 교사이겠느냐 다 능력을 행하는 자이겠느냐
엡 4:11	그가 어떤 사람은 사도로, 어떤 사람은 선지자로, 어떤 사람은 복음 전하는 자로, 어떤 사람은 목사와 교사로 삼으셨으니

---

115 "a pastor and teacher"과 같은 경우이다. 이 경우는 목사이자 교사로 1명을 뜻한다. 이에 반하여 "a pastor and a teacher"는 한 명의 목사와 한 명의 교사로 2명을 뜻한다. 그런데 성경 원어는 관사가 하나이다.

딤후 1:11	내가 이 복음을 위하여 선포자와 사도와 교사로 세우심을 입었노라
딛 3:13	율법교사 세나와 및 아볼로를 급히 먼저 보내어 그들로 부족함이 없게 하고

목사는 교사처럼 가르치는 기능이 있기 때문에 "목사와 교사"로 표현하여 두 기능을 한 직분으로 말하는 것이라고 볼 수 있다. 장로라는 직분에 감독이라는 기능이 있기 때문에 장로를 감독이라고 교대하여 부르는 것과 마찬가지이다. 교사는 어떤 신학적 가르침이 이단인지 아닌지 분별하고, 목사후보생을 가르치고, 말씀을 전문적으로 깊이 연구하는 일 등을 주로 한다. 주로 신학교 교수들이 이런 일을 담당한다.

바. 통상 직원: 집사

행 6:1-6	그 때에 제자가 더 많아졌는데 헬라파 유대인들이 자기의 과부들이 매일의 구제에 빠지므로 히브리파 사람을 원망하니 2 열두 사도가 모든 제자를 불러 이르되 우리가 하나님의 말씀을 제쳐 놓고 접대를 일삼는 것이 마땅하지 아니하니 3 형제들아 너희 가운데서 성령과 지혜가 충만하여 칭찬 받는 사람 일곱을 택하라 우리가 이 일을 그들에게 맡기고 4 우리는 오로지 기도하는 일과 말씀 사역에 힘쓰리라 하니 5 온 무리가 이 말을 기뻐하여 믿음과 성령이 충만한 사람 스데반과 또 빌립과 브로고로와 니가노르와 디몬과 바메나와 유대교에 입교했던 안디옥 사람 니골라를 택하여 6 사도들 앞에 세우니 사도들이 기도하고 그들에게 안수하니라

사도들이 구제를 공평하게 한다고 했지만 헬라파 유대인들의 불평을 샀다. 이때 사도들은 이 문제를 자신들이 더욱 열심히 하는 형태로 풀지 않고, 이 일을 담당

할 일곱 명을 집사로 선발하여 풀었다. 대신 사도들은 기도와 말씀 사역에 힘썼다. 집사는 교회 내에서 하나님의 자비와 긍휼을 드러내는 직분이다. 경제적으로 어려운 성도만이 아니라, 실직과 실연과 미취업과 소외와 가정문제 등으로 힘든 이들을 위로하고 격려한다.

신약의 직분자들을 구약의 직분자들과 대략 대응시켜 보자. 선지자가 하나님의 말씀을 받아 백성을 가르치고 다스린 것처럼, 목사가 말씀을 가르치고 교회를 다스린다. 제사장이 하나님의 말씀에 따라 제사 업무를 담당하며 하나님의 자비와 긍휼을 행한 것처럼, 집사가 구제 업무를 담당하며 하나님의 사랑과 자비를 나타낸다. 왕이 하나님의 말씀에 따라 나라를 다스린 것처럼, 목사와 장로가 하나님 말씀에 따라 교회를 다스린다. 여전히 메시야이시고 그리스도이신 예수님께서 구약의 선지자와 제사장과 왕의 역할을 완성하시고, 이것을 신약에서도 직분자들을 통해 집행하신다.

사. 임시 직원: 서리집사

서리^{署理}의 사전적 의미는 "어떤 조직에 결원이 생겼을 때, 그 직위의 직무를 대리함. 또는 그런 사람"이다. 대통령에게 국무총리로 지명된 자는 국회의 비준을 받은 후부터 국무총리의 권한과 역할을 수행할 수 있다. 그런데 한 때 대통령에게 국무총리로 지명된 자가 국회의 비준을 받기 전에도 '국무총리 서리'로 불리며 국무총리의 역할을 수행한 적이 있었다.[116] "국무총리 서리" 관행이 없어지게 된 이유는 헌법 86조에 있는 "국무총리는 국회의 동의를 얻어 대통령이 임명한다."는 내용 때문이다. 그간 국무총리가 공석이 되어 그 역할이 수행되지 않으면 국가 운영에 차질이 생기므로 서리제도가 용인되었지만, 헌법에 위배되고, 국회의 동의를 얻지 못해 총리로 취임도 하지 못하고 물러난 경우도 있었기 때문에 더 이상 통용되지

---

116 서리가 영어로는 대행(代行)의 뜻을 가진 "acting"이다. 지배인 대리는 "an acting manager"이고, 국무총리 서리는 "the acting premier"이고, 서리 집사는 "an acting deacon"이다.

않고 있다.

서리 집사도 집사 대리란 뜻이다. 주요 교단들의 헌법은 서리 집사를 "교회 혹은 목사나 당회가 신실한 남녀로 선정하여 집사 직무를 하게 하는 자니 그 임기는 1년이다."라고 말한다. 정식으로 집사가 아닌 자들 중에서 신실한 자로 집사 업무를 대리로 하게 하는 것이고 그 임기는 1년이다. 그렇다면 안수 집사는 무엇일까? 이것이 성경이 말하는 정식 집사이다. 안수라는 명칭이 들어간 것은 집사 직분을 받을 때 안수를 받기 때문이다. 서리 집사는 당연히 안수를 받지 않고, 어떤 교회는 매년 임명장을 주기도 하고, 어떤 교회는 간단히 주보 광고에 한 번 기재하는 것으로 그친다. "국무총리 서리" 관행이 없어진 것처럼, 서리집사 관행도 각 지교회에서 없어지는 것이 좋다. 서리집사는 정식집사가 아니고 집사의 직무를 임시로 대신하는 것이다. 각 지교회는 교인들을 잘 교육시키고 훈련시켜 정식집사를 세워야 한다.

아. 임시 직원: 권사

권사勸師는 서리 집사와 마찬가지로 임시 직원이다. 목사와 장로와 집사는 항존恒存 직원이고, 권사와 서리 집사는 교회 사정에 따라 안수 없이 임시로 세우는 직분이다. 권사는 만 45세 이상의 여자 세례교인으로 행위가 성경에 적합하고, 교인의 모범이 되고, 출석교회에 충성되게 봉사하는 자이다. 어떤 교회는 서리집사로서 5년 이상 교회에서 봉사한 것을 자격요건으로 두기도 한다. 전 성도가 참여하는 공동의회에서 3분의 2 이상의 득표를 얻어야 한다. 권사의 직무는 당회의 지도를 따라 교인을 방문하되 병자와 곤란을 당하는 자와 연약한 교인을 돌보는 일이다. 이것에 관한 성경적 근거는 다음과 같다. "늙은 여자로는 이와 같이 행실이 거룩하며 모함하지 말며 많은 술의 종이 되지 아니하며 선한 것을 가르치는 자들이 되고 그들로 젊은 여자들을 교훈하되 그 남편과 자녀를 사랑하며 신중하며 순전하며 집안 일을 하며 선하며 자기 남편에게 복종하게 하라 이는 하나님의 말씀이 비방을 받지 않게 하려 함이라"딛 2:3-5.

자. 준비하는 직원: 강도사와 목사후보생

신학생은 신학대학원에서 3년 동안 교육을 받은 후, 강도사 시험을 본다. 강도사 시험은 신학교 수업을 잘 받았는지 여부를 노회와 총회 차원에서 검증하는 시험이다. 이 시험에 합격하면 설교를 할 수 있다는 의미에서 강도사講道師라는 자격을 부여한다. 준목準牧이라고 부르는 교단도 있다. 강도사는 일이 년 동안 목회 실습을 한 후에 목사고시에 합격하면 목사가 된다. 교회에서 보통 전도사라고 불리는 신학생의 정확한 명칭은 "목사후보생"이다. 육군사관학교 같은 곳에서 장교가 되기 위하여 4년 동안 훈련을 받는 학생을 육군 사관후보생이라고 부르는 것과 같다. 목사후보생은 목사가 되기 위하여 준비하는 직원에 속한다. 강도사도 목사가 되기 위한 과정의 하나이므로 역시 준비하는 직원에 속한다.

목사후보생은 아직 정식 직원이 아니라 준비하는 직원이다. 강도사는 신학교를 졸업하고 소정의 시험에 합격하였으므로 어느 정도 실력과 인격이 확인이 되었지만 목사후보생은 아직 준비할 것이 많다. 따라서 교회가 신학생을 함부로 교회 사역에 배정하면 안 되고, 특히 신학교 1학년 때에는 신학 공부에 전념하도록 하는 것이 좋다. 강도사와 목사후보생의 신분은 개인 신자의 신분으로는 출석하는 교회 당회의 치리治理를 받아야 하고, 강도사와 목사후보생이 행하는 직무상으로는 노회의 관할에 속한다. 그래서 강도사와 목사후보생은 다른 교회로 사역지를 옮길 때나 목사고시나 강도사고시를 볼 때에 노회의 허락을 받는다.

❸ 직분자의 자세

교회의 직분을 맡는다는 것은 큰 영광이다. 하나님의 일에 모든 성도가 부르심을 받지만, 특별히 직분자로 임명되었다는 것은 그 직분에 맞는 은사와 인격이 주어졌다는 것이기 때문에 영광이다. 직분이 주어진 것은 성도를 온전케 하며 봉사의 일을 하게 함이다 엡 4:12. 직분자는 성도들 위에 군림하거나 대접을 받으려고 해서는 안 된다. 직분자가 맡은 일들을 수행하려면 충분한 권한과 권위가 보장되어야 하고, 성도들은 직분자들이 즐거움으로 일하도록 순종해야 한다.

교회 정치는 하나님 말씀에 의거하여 이루어져야 한다. 장로교 정치를 예로 하여 살펴보면 각 지교회에는 당회가 있다. 당회는 목사와 장로로 이루어진다. 말씀의 분별에 있어 뛰어난 목사와 장로가 교회의 대소사를 결정하고, 매우 중요한 일은 전 성도에게 공동의회를 통하여 묻는다. 당회나 공동의회에서 중요사항을 논의할 때 늘 하나님 말씀에 근거해야 한다. 나이와 경험 그리고 목사와 장로와 집사와 권사라는 직분을 존중해야 하지만, 하나님의 말씀 안에서 존중되어야하지, 직분자라는 이유만으로 직분자의 주장을 관철시키려고 하면 안 된다.

이것이 개신교가 로마 가톨릭의 정치를 비판하며 택한 정치 제도이다. 로마 가톨릭은 교황의 생각과 결정이 어떤 주교와 사제의 생각보다 중요하다. 로마 가톨릭은 서열화가 강하다. 하나님 말씀이란 기준 이외에 서열화와 전통이 중요한 영향을 미친다. 개신교는 바로 이것들을 거부하며 종교 개혁을 일으키고 "오직 말씀"을 주장했다. 장로교에서는 회의 때 잘못된 다수결에 의해, 혹은 어떤 이가 선배 목사나 선임 장로라는 이유로 강압적으로 안건을 통과시키려고 할 때에 아무나 "법이요!"라고 외칠 수 있다. 그러면 모두가 진지한 자세로 지금 하나님의 말씀에 위배되게 행동하고 있는 것은 아닌지 살펴야 한다. 오직 하나님의 말씀만이 최종 권위를 갖는다.

교회에서 하나님의 말씀을 적용하는 것이 정치이고, 그 말씀이 살아 있도록 감시하는 것이 정치이고, 그 말씀을 회복시키는 것도 정치이다. 정치는 하나님 말씀이 교회에서 제도화되어 현실화되는 것이므로, 지교회의 정치를 보면 그 교회의 수준을 알 수 있다. 정치는 교회의 영적 온도계와 같다. 우리나라 정치 수준이 국민의 의식 수준을 나타내듯, 교회 정치 또한 교회에 하나님 말씀이 얼마나 살아있는가를 나타내는 척도이다. 정치가 이렇게 중요하므로 모든 성도는 성경이 말하는 내용으로 반드시 교회 정치에 관심을 갖고 참여해야 한다.

❹ 직분의 임기와 항존직

서리 집사의 임기는 보통 1년이다. 당회는 누가 서리집사의 업무를 수행하기에 부족함이 없는지 살펴서 1년마다 다시 임명한다. 교회에서 서리 집사의 숫자는 얼마가 적당할까? 주요 교단들의 헌법은 세례 교인 5명 당 1명으로 정한다. 그런데 실제로 서리 집사의 숫자가 한국 교회에는 너무 많다. 직위의 인플레이션은 높은 지위에 대해 갖는 보편적인 죄성 때문에 일어나고, 아울러 한국 사회가 이름 대신에 직분을 부르는 문화 때문에 일어난다. 나이와 직급이 낮은 사람이 높은 사람을 부를 때 이름을 부르면 큰 실례가 된다. 서양 문화에서는 직위명은 그 직위가 해당되는 곳에서만 부르는 경향이 있고, 다른 자리들에서는 이름을 부르는 경향이 있다. 교회에서도 직분명 대신에 이름을 서로 부르는 경향이 있다. 만약에 교회에서 사장이니 교수니 부장이니 하는 직위명을 부른다면, 이것은 오히려 주님 안에서 한 형제로 여기지 않는다는 의미로써 실례가 된다. 이에 반해 한국은 직분명을 부르는 경향이 있고, 체면 문화이다 보니 직분자가 많아지는 경향이 있다. 같은 나이 대에 속하는 대부분의 사람들은 직분자인데 자기만 홀로 아니라면 교회생활을 하기 힘들어 한다. 그러다 보니 선거 운동을 해서라도 직분자가 되려고 한다.

한국 교인들은 항존직恒存職에 대한 오해가 크다. 한 번 해병은 영원한 해병이라는 개념으로, 한 번 장로와 집사가 되면 죽을 때까지 장로와 집사가 되는 것으로 생각한다. 목사와 장로와 집사가 항존직이라는 것은 이러한 직분들이 교회 내에 항상 있어야 한다는 말이지, 그 직분에 임명된 어느 특정인이 항상 그 직분에 있어야 한다는 뜻이 아니다. 어느 특정 개인 직분자는 그 직분을 그만 둘 수 있다. 목사와 장로와 집사가 덕이 되지 않는 행위를 하면 그 직분을 내려놓아야 하고, 너무 바쁘거나 병이 들어서 직분의 역할을 수행할 수 없어도 직분을 내려놓아야 한다. 작년에 서리 집사였을지라도, 작년 한 해 교회 출석과 헌금과 봉사와 성도들과의 관계에 있어 모범이 되지 않으면 다음 해에 서리 집사로 섬기지 않는 것이 좋다. 물론 당회가 그 사람을 서리 집사로 임명하지 않으면 그 사람이 일 년에 몇 번 교회에 출석하는 것마저도 포기하기 때문에, 당회는 목회적 차원에서 어쩔 수 없이 임명하기도 하지만, 이렇게 하는 것이 장기적으로는 당사자나 교회에 덕이 되지 않는다.

목사와 장로와 집사의 임기는 얼마일까? 성경에는 임기에 대하여 명시적으로 말한 부분이 없다. 헌법이 정한 목사의 정년은 보통 70세에서 75세까지이다. 어떤 교회는 6년의 임기제를 둔다. 6년간 섬긴 후에 1년간 안식년을 갖고, 공동의회에서 신임 투표를 물어서 찬성표가 과반수나 3분의 2를 넘으면 직분자로 다시 6년간 섬긴다. 노회는 목사를 살피고 가르치고 지도한다. 목사가 정년 이전이라도 중한 죄를 범하거나 설교와 가르침과 상담과 심방 등을 게을리 한다면 목사직에서 물러나게 한다. 그런데 노회에서 목사들이 같은 목사를 면직시키거나 제명하는 일이 쉽지 않다. 목사가 노회의 다른 목사를 긍정적 의미로 격려하고 권면하려면 동료라는 인간적 정을 넘어서서 하나님의 사역자라는 개념을 먼저 가져야 한다. 우리나라 국회의원들도 다른 동료 국회의원의 범죄에 대하여 눈감지 않고, 회기 중이라도 사직을 시키는 일이 많아지고 있다. 하나님의 말씀을 맡아 가르치는 목사들은 국회의원들보다 진리 앞에서 더욱 정직해야 한다.

교회에 목사와 장로와 집사가 모두 있으면 조직 교회라고 한다. 한 직분자라도 없으면 미조직 교회이다. 각 교회는 조직교회가 되기 위하여 노력해야 한다. 조직 교회가 되었다는 것은 장로와 집사의 자격을 갖춘 자들이 교회 교육을 통하여 길러졌다는 의미이고, 이들을 통하여 교회가 조직적으로 잘 운영된다는 의미이기 때문이다. 또 담임목사 한 사람에게 교회의 운영이 좌우되지 않고, 말씀에 따라 바르게 생각하고 행동할 수 있는 성도가 많아졌다는 의미이기 때문이다. 오랜 시간이 흘러도 조직교회가 되지 못했다는 것은 이런 자격자가 교회에서 길러지지 않았다는 것이므로 그 교회의 부끄러움이다.

목사와 장로와 집사의 서열화에 대해 살펴보자. 이 삼직은 높고 낮음의 서열화가 있는 수직적인 상하 제도가 아니라, 수평적인 연립 제도이다. 하나님께서 주신 은사에 따라 말씀과 치리에 은사가 있는 사람은 목사가 되고, 치리에 은사가 있는 사람은 장로가 되고, 구제에 은사가 있는 사람은 집사가 되는 것이지, 군대의 계급처럼, 집사가 위관급이고, 장로가 영관급이고, 목사가 장군급이 아니다. 그런데 당회가 목사와 장로로 구성되어서 그런지, 집사는 조금 떨어진 직분으로 여기는 경향이 있다. 실제로 많은 교회가 안수 집사를 장로가 되기 위한 중간 직분으로 본다. 집사 고유 직무의 가치와 전문성이 무시되고, 직분의 수직적인 서열화가 발생한다. 교회 내에서 집사의 직무라고 할 수 있는, 가난한 자를 돌아보고, 환자와 갇힌 자와 과부와 고아와 모든 환난 당한 자를 위문하고, 여러 일로 마음 아파하고 외로워하는 이들을 위로하고 격려하고, 구제비와 일반 재정을 수납 지출하는 일을 전문 영역으로 인정해야 한다. 이것은 재정 지출이라는 단순 사무 행정을 넘어서서, 구제를 필요로 하는 성도에 대한 깊은 동정과 섬세한 배려로 자존심과 자립심을 상하지 않게 하며 돕는 전문 영역이다. 구제는 은사가 있어야 하는 것이지, 아무나 하는 것이 아니다. 긍휼과 자비와 지혜가 많은 이들만 담당해야 한다. 장로직을 잘 한다고 집사직을 잘 하는 것이 아니고, 그 역도 마찬가지이다. 따라서 각 성도는 자신의 은사와 성향에 따라 장로와 집사 직분을 택해야 하고, 장로와 집사가 하는 일을 함부로 간섭하거나 침범해서는 안 되고 각 직분의 고유 영역을 서로 존중해야 한다. 물론 장로와 집사는 말씀을 맡은 목사에게 늘 여러 사항에 대하여 성경이 무어라고 하는지 물어보아야 한다. 장로와 집사가 목사의 말씀 해석과 가르침을 무시하고 당회나 제직회에서 다수결로 의사결정을 하려고 하면 안 된다. 당회와 제직회에서 목사는 한 명으로 늘 소수이다. 당회와 제직회는 다수결로 결정하기에 앞서 하나님의 뜻이 무엇인지 살펴야 하고, 이런 면에서 말씀을 가르치는 목사의 견해를 존중하여야 한다.

30.2

이 직원들에게 천국 열쇠가 위임되어 있다. 즉, 이들은 이 열쇠의 효력에 의해 죄를 그대로 놔두는 권세와 사하는 권세를 갖는데, 회개하지 않는 자에게 말씀에 의해 또한 권징에 의해 천국 문을 닫는 권세를 가지며, 회개하는 죄인에게는 복음 사역에 의해 그리고 권징의 해벌에 의해 정황상 필요에 따라 천국 문을 여는 권세를 갖는다.b

> To these officers the keys of the kingdom of heaven are committed: by virtue whereof they have power respectively to retain and remit sins; to shut that kingdom against the impenitent, both by the Word and censures; and to open it unto penitent sinners, by the ministry of the gospel, and by absolution from censures, as occasion shall require.b
>
> b 마 16:19; 마 18:17-18; 요 20:21-23; 고후 2:6-8

2. 교회 직원들에게 주어진 천국 열쇠

마 16:15-19   이르시되 너희는 나를 누구라 하느냐 16 시몬 베드로가 대답하여 이르되 주는 그리스도시요 살아 계신 하나님의 아들이시니이다 17 예수께서 대답하여 이르시되 바요나 시몬아 네가 복이 있도다 이를 네게 알게 한 이는 혈육이 아니요 하늘에 계신 내 아버지시니라 18 또 내가 네게 이르노니 너는 베드로라 내가 이 반석 위에 내 교회를 세우리니 음부의 권세가 이기지 못하리라 19 내가 천국 열쇠를 네게 주리니 네가 땅에서 무엇이든지 매면 하늘에서도 매일 것이요 네가 땅에서 무엇이든지 풀면 하늘에서도 풀리라 하시고

교회 직원들에게 천국 열쇠가 위임되어 있다. 위 성경구절에서 예수님은 제자들에게 자신을 누구라 하느냐고 물으셨다. 베드로가 옳게 대답하자 예수님은 크게 칭찬하시며 "너는 베드로라 내가 이 반석 위에 내 교회를 세우리니"라고 말씀하시며 "내가 천국 열쇠를 네게 주리니"라고 말씀하셨다. 이 반석이 무엇을 의미하는지 그리고 천국 열쇠를 누구에게 주신 것인지에 대하여 교파 간에 해석 차이가 있는데, 로마 가톨릭과 침례교와 장로교가 어떻게 해석하는지 살펴보자.

❶ 로마 가톨릭의 해석

로마 가톨릭은 반석을 베드로로 보고, 천국 열쇠가 베드로에게 주어졌다고 본다. "주님께서는 당신이 베드로라는 이름을 주신 시몬 한 사람을 당신 교회의 반석으로 삼으셨다. 주님께서는 그에게 교회의 열쇠를 맡기셨으며, 그를 당신의 온 양떼의 목자로 세우셨다. 그런데 베드로에게 주어진 매고 푸는 저 임무는 그 단장과 결합되어 있는 사도단에게도 부여되어 있음이 분명하다. 베드로와 다른 사도들의 이러한 사목 임무는 교회의 기초에 속하는 것이다. 이 임무는 교황의 수위권 아래서 주교들을 통하여 계속되고 있다."[117] 로마 가톨릭은 그리스도께서 열두 사도를 세우셨고, 그들 가운데에서 베드로를 으뜸으로 삼으셨다고 본다.[118] 교황은 로마 주교이며 베드로 사도의 후계자이므로, 베드로에게 주어진 모든 권세가 교황에게 이어진다.

로마 가톨릭이 교황에게 부여하는 권세는 그리스도의 권세보다 조금 못할 정도이다. 이들은 교황이 자기 임무의 힘으로 그리스도의 대리이며 온 교회의 목자로서 교회에 대하여 완전한 보편 권한을 가지며 이를 언제나 자유로이 행사할 수 있다고 본다.[119] 이들은 열두 사도를 대신하는 주교단이 그 단장인 교황과 더불어 보편 교회에 대한 완전한 최고 권한의 주체로 존재한다고 보지만 이 단장 없이는 결코 그러하지 아니하며, 또한 그 권한은 오로지 교황의 동의가 있을 때에만 행사될 수 있다고 본다.[120] 주교단은 보편 교회에 대한 권한을 보편세계 공의회에서 장엄한 양식으로 행사하지만 베드로의 후계자가 세계 공의회로 확인하거나 적어도 그렇게 받아들이지 않으면, 세계 공의회는 결코 인정되지 아니한다.[121]

이들은 교황에게 무류無謬성을 다음처럼 부여한다. "주교단의 단장인 교황은

---

117 『가톨릭 교회 교리서』, 881항, 372.
118 『가톨릭 교회 교리서』, 880항, 372.
119 『가톨릭 교회 교리서』, 882항, 373.
120 『가톨릭 교회 교리서』, 883항, 373.
121 『가톨릭 교회 교리서』, 884항, 373.

참으로 신앙 안에서 자기 형제들의 힘을 북돋워 주는 사람이므로, 모든 그리스도인의 최고 목자이며 스승으로서 신앙과 도덕에 관한 교리를 확정적 행위로 선언하는 때에, 교황은 자기 임무에 따라 그 무류성을 지닌다." 주교단이 베드로의 후계자와 더불어 최상 교도권을 특별히 세계 공의회에서 행사할 때에 이러한 무류성이 주교단 안에도 내재한다고 말한다.[122] 반석을 베드로로 보고, 천국 열쇠가 베드로에게 주어졌다고 보는 로마 가톨릭의 성경 해석이 교황에게 얼마나 무모한 권한을 주는지 알 수 있다.

❷ 침례교의 해석

침례교는 반석을 "주는 그리스도시요 살아 계신 하나님의 아들이시니이다"라는 신앙고백으로 본다. 그래서 침례교는 신앙고백을 강조한다. 침례교 예배에서 침례 받는 자들의 신앙간증이 침례를 받기 전이나 후에 따르곤 한다. 침례교는 어떤 교단보다도 신앙간증이 예배 중에 많다. 가정교회가 침례교에서 시작한 것도 우연이 아니다. 침례교는 신앙고백을 하는 자들이 있으면 교회로 보는 경향이 있기 때문에 신앙고백을 하는 몇 교인이 모이면 가정교회라고 부를 수 있다. 침례교는 반석을 신앙고백으로 보기 때문에 신앙고백을 하는 성도로 이루어진 모임을 완전한 교회로 여긴다. 신앙고백을 하는 회중이 중요하고, 교회의 정치는 이런 신앙고백을 하는 회중을 중심으로 이루어진다. 회중정치는 신앙고백을 하는 성도의 모임을 완벽한 교회라고 본다. 주변의 다른 지교회들과 연합하여 더 넓은 완전한 교회가 된다는 개념이 약하다. 침례교에서는 지교회들의 하나됨이란 의미에서의 연합 모임이 없고, 단지 친교 수준의 연합 모임이 있을 뿐이다.

❸ 장로교의 해석

장로교는 반석을 신앙고백을 하는 베드로도 보되, 개인 베드로가 아니라 사도

---

[122] 『가톨릭 교회 교리서』, 891항, 375.

들을 대표한 베드로로 본다. 베드로가 예수님의 질문에 먼저 대답한 것이지, 베드로만 유일하게 대답한 것으로 보지 않고, 그를 으뜸 사도나 수석 사도로 보지 않는다. 아래에서 보는 것처럼 예수님은 "무엇이든지 너희가 땅에서 매면 하늘에서도 매일 것이요 무엇이든지 땅에서 풀면 하늘에서도 풀리리라"고 말씀하셨다. 여기서는 베드로 개인이 아니라 사도 전체에게 말씀하셨다. 천국 열쇠가 사도 전체에게 주어진 것이다.

> 마 18:15-20　네 형제가 죄를 범하거든 가서 너와 그 사람과만 상대하여 권고하라 만일 들으면 네가 네 형제를 얻은 것이요 16 만일 듣지 않거든 한 두 사람을 데리고 가서 두세 증인의 입으로 말마다 확증하게 하라 17 만일 그들의 말도 듣지 않거든 교회에 말하고 교회의 말도 듣지 않거든 이방인과 세리와 같이 여기라 18 진실로 너희에게 이르노니 무엇이든지 너희가 땅에서 매면 하늘에서도 매일 것이요 무엇이든지 땅에서 풀면 하늘에서도 풀리리라 19 진실로 다시 너희에게 이르노니 너희 중의 두 사람이 땅에서 합심하여 무엇이든지 구하면 하늘에 계신 내 아버지께서 그들을 위하여 이루게 하시리라 20 두세 사람이 내 이름으로 모인 곳에는 나도 그들 중에 있느니라

천국 열쇠는 마태복음 16장만 보면 개인 베드로에게 주어진 것으로 보이지만, 18장도 같이 살펴보면 사도 전체에게 주어짐을 알 수 있다. 따라서 반석 또한 개인 베드로가 아니라 전체 사도를 대표하는 베드로임을 알 수 있다. 마태복음 16장의 문맥을 따르면 예수님이 갑자기 베드로에게만 특별한 권세와 권한을 주었다고 해석하는 것은 자연스럽지 않다. 그간 다른 사도들도 똑같이 사도로 인정하시어 같이 생활하시며 가르치셨는데, 갑자기 마태복음 16장에서 베드로만을 특별하게 취급하신다는 것은 이상하다.

요 20:20-23 이 말씀을 하시고 손과 옆구리를 보이시니 제자들이 주를 보고 기뻐하더라 21 예수께서 또 이르시되 너희에게 평강이 있을지어다 아버지께서 나를 보내신 것 같이 나도 너희를 보내노라 22 이 말씀을 하시고 그들을 향하사 숨을 내쉬며 이르시되 성령을 받으라 23 너희가 누구의 죄든지 사하면 사하여질 것이요 누구의 죄든지 그대로 두면 그대로 있으리라 하시니라

예수님은 부활 후 아버지께서 자신을 보내신 것 같이 자신도 제자들을 보내신다며, 그들을 향하여 숨을 내쉬셨다. 예수님은 성령을 받으라고 하시며, 제자들이 누구의 죄든지 사하면 사하여지고, 누구의 죄든지 그대로 두면 그대로 있게 된다고 하셨다. 여기서 이 권세를 받은 이들은 전체 제자들이지 결코 베드로 혼자가 아니다.

교회는 사도 전체를 대표하는 베드로 위에 세워졌다. 에베소서 2:20절은 "너희는 사도들과 선지자들의 터 위에 세우심을 입은 자라 그리스도 예수께서 친히 모퉁잇돌이 되셨느니라"고 말하고, 요한계시록 21:14절은 "그 성의 성곽에는 열두 기초석이 있고 그 위에는 어린 양의 열두 사도의 열두 이름이 있더라"고 말한다. 사도는 하나님의 말씀을 받아 하나님의 말씀을 가르치고 복음을 전파하고 하나님의 말씀에 따라 교회를 이끌어가는 자들을 대표한다. 하나님은 이들 위에 교회를 세우신다.

장로교는 개인 베드로가 아니라 전체 사도에게 천국 열쇠권이 주어졌다는 것을 강조한다. 장로교는 열 두 사도들 간에 우열이 없었고, 이들은 평등하게 하나님의 말씀에 의거하여 여러 일을 판단하고 집행했다고 본다. 따라서 현재 목사들 간에도 우열이 없다. 목사들이 모여 회의할 때 가장 중요한 기준은 나이와 학벌과 경력과 교회의 규모 등이 아니라 오로지 하나님의 말씀이다.

감리교는 목사들 위에 감독이 있다고 본다. 기독교대한감리회의 헌법은 제1장 총칙 제6조기본체제 에서 "감리회의 기본체제는 의회제도에 기초한 감독제다."라고

말함으로써 감독이 교회를 주관하는 감독정치임을 드러내고 있다. 헌법 제22조 감독회장는 "감독회장은 감리회를 대표하는 영적 지도자이며 감리회의 행정수반으로서 감리회의 정책과 본부의 행정을 총괄한다."라고 말한다. 감독회장의 임기는 4년이다. 교리와 장정 중 제3편조직과 행정법 제1절개체교회 제5조는 "개체교회를 설립하고자 하는 사람은 설립에 필요한 서류를 갖추어 감리사에게 청원서를 제출하여야 한다."라고 말한다. 장로교는 노회에 교회설립 청원서를 제출하는데 감리교는 감리사에게 제출한다.

❹ 천국 열쇠의 역할

형제가 죄를 범하면 가서 자신과 그 사람과만 상대하여 권고해야 한다. 만일 듣지 않으면 한두 사람을 데리고 가서 두세 증인의 입으로 말마다 확증하게 해야 한다. 만일 그들의 말도 듣지 않거든 교회에 말해야 한다. 이때 교회의 직원들이 이 일을 담당하는데, 장로교에서는 목사와 장로가 당회를 구성하여 담당한다. 목사와 장로는 자신들에게 맡겨진 천국 열쇠의 효력에 의해 죄를 그대로 두거나 사하는 권세를 갖는다. 교회가 죄를 범한 자에게 하나님의 말씀에 근거하여 권면할 때에 들으면 교회는 그 형제를 얻은 것이 된다. 즉, 그 형제에게 왕국을 열어준 것인데 이러한 권세를 교회가 갖는다. 만약에 그 권면을 듣지 않으면 교회는 그를 이방인과 세리와 같이 여긴다. 즉 비회개자에게 왕국을 닫은 것인데 이러한 권세를 교회가 갖는다. 교회의 두세 직원이 예수님의 이름으로 모여 이런 일을 논의할 때에 예수님도 그들 중에 계셔마 18:20 그 논의가 올바로 되도록 이끄신다.

안디옥 교회가 모세의 법대로 할례를 받아야 구원을 받는가라는 문제로 큰 다툼과 변론에 빠졌을 때 바울과 바나바와 몇 사람을 예루살렘에 있는 사도와 장로들에게 보냈다. 예루살렘 교회는 사도와 장로들이 모여 이 일로 의논하였다. 많은 변론 후에 베드로는 "우리 조상과 우리도 능히 메지 못하던 멍에를 제자들의 목에 두려느냐 그러나 우리는 그들이 우리와 동일하게 주 예수의 은혜로 구원 받는 줄을 믿노라"고 말했다. 그 후에는 야고보가 "내 의견에는 이방인 중에서 하나님께로 돌아오는 자들을 괴롭게 하지 말고 다만 우상의 더러운 것과 음행과 목매어 죽인 것과 피를 멀리하라고 편지하는 것이 옳으니"라고 말했다. 이 회의에서 베드로는 수석 사도로서 회의를 주재하거나 주도하지 않았다. 최종 결론은 베드로가 아니라 야고보가 내렸다. 이들은 만장일치로 결정한 사항을 안디옥 교회에 보내기로 했는데, "성령과 우리는 이 요긴한 것들 외에는 아무 짐도 너희에게 지우지 아니하는 것이 옳은 줄 알았노니 우상의 제물과 피와 목매어 죽인 것과 음행을 멀리할지니라"고행 15:28 편지에 적었다. 사도들과 장로들이 모여서 결정했는데, 성령께서도 참여하여 결정하신 것으로 표현하였다. 이들은 "두세 사람이 내 이름으로 모인 곳에는 나도 그들 중에 있느니라"는 예수님 말씀을 기억한 것이고, 실제로 성령님이 자신들과 같이 하시어 인도하신 것을 실감했기에 이렇게 적었다. 예수님께서 교회 직원들에게 천국 열쇠를 줄 때 그것이 올바로 사용되도록 성령님을 통하여 이끄신다.

교회 직원은 자신의 결정이 그대로 하늘에서도 받아들여지는 줄로 알고 오직 하나님의 말씀과 사랑에 근거하여 교회의 중요 사항을 논의해야 한다. 교회 직원에게는 큰 권세가 영광과 함께 주어진 것이고, 동시에 하나님 앞에 올바로 서야 하는 큰 책무도 주어진 것이다. 이런 큰 권세를 인하여 신자가 교회의 직분자가 되는 것은 이 세상의 그 어떤 영광보다 크다.

권징을 매고 풀 때에 반드시 하나님의 말씀이 따라야 한다. 당회는 권징을 할 때 교인들에게 회개하지 않는 자가 하나님의 말씀에 따라 어떤 죄를 범하였는지를 설명하고, 무엇보다 하나님께서 회개하지 않는 것에 대하여 얼마나 슬퍼하시고 진노하시는지를 잘 가르쳐야 한다. 이렇게 할 때 권징을 받는 비회개자나 권징을 지켜보는 교인들이나 죄에 대하여 큰 경각심을 가질 수 있다. 또 비회개자가 회개하여 권징을 풀 때에도 하나님의 말씀에 따라 그의 잘못이 무엇이었는지 그리고 하나님께서 회개하는 자를 은혜로 얼마나 풍성하게 용서하시며 받으시는가를 선포해야 한다. 예수 그리스도께서 우리의 죄를 짊어지고 죽으실 정도로 우리를 사랑하심을, 그리고 우리가 언제든 회개하면 자신의 흘리신 피로 모두 용서하심을 풍성하게 드러내야 한다. 그런 후 범죄자가 교회로부터 받은 벌을 공식으로 풀어야 한다. 교회 직원은 권징을 받은 자가 이렇게 회개하여 권징에서 벗어나도록 기회가 닿는 대로 그를 찾아가 복음을 선포하고 가르치며 회개로 이끌어야 한다. 교회는 권징을 할 때나 풀 때나 모두 예배 중에 행한다. 그래서 시벌施罰과 해벌解罰에 관한 구체적 내용이 교회 헌법에서 권징조례가 아니라 예배모범에 아래처럼 나온다.

* 시벌(施罰)

1. 교회의 책벌은 그 범과의 성격에 의하여 합당하게 베풀 것이다. 즉, 범과의 성격에 따라서 혹 치리회(당회 혹은 노회)석에서 책벌하든지, 혹은 본 치리회 회원 이삼 인을 대표로 파송하여 하든지, 또 혹은 은밀히 시벌할 수 있다.

   1) 드러나게 범한 죄면 본 치리회 공개 회석에서 책벌하거나 혹은 교회 앞에서 공포할 것이다.

   2) 드러난 죄라도 특별한 이유가 있어 그 성격이 과히 중하지 아니한 때는 비밀히 벌할 것이다.

   3) 출교나 면직은 교회 앞에서 직접 본인에게 언도하거나, 혹은 본 치리회의 결의대로 교회에 공포만 할 것이다.

2. 교회 회원이나 직원이 당연히 벌을 받을 만한 범과가 있으면 본 치리회는 자비한 마음으로 그 일을 판단하고, 온유 겸손한 뜻으로 그 사람을 경계하되 치리회원 자신들도 자기를 살펴 시험받아 실수함이 없도록 주의할 것이다.

3. 범과자의 실수가 고범(故犯)이 아니거나 혹은 비밀에 속한 것이라면, 본 치리회가 회원 및 사람을 파송하여 은밀히 권계할 수 있다. 그러나 그 과실이 발각된 것이면 치리회 의장이 심판석에서 권계하고 또 공개회에 공포하는 것이 상례이다.

4. 유기 책벌은 다른 사람에게도 경계가 되는 벌인즉 본 치리회 공개 시에 본인에게 언도하든지 또는 교회에 공포할 것이다.

5. 무기 책벌은 심히 신중한 태도로 해야 된다. 치리회는 그 범과자로 하여금 살아 계신 하나님의 교회의 성례에 참여치 못하게 되는 것이 범과자 자신의 위태한 정형임을 깨닫게 하며 성령의 감동하심으로 회개함에 이르도록 할 것이다. 치리회에서 판결한 후에는 의장이 다음과 같이 범과자에게 언도할 것이다. "지금 ○○○씨는 ○○죄(죄명)를 범한 분명한 증거가 있으므로 노회(혹 당회)는 주 예수 그리스도의 이름과 그 직권과 그의 명의로 이 형제가 완전히 회개하여 만족한 증거를 나타내기까지 교회의 성찬에 참여치 못하게(직분 시무 정지)된 것을 언도하노라." 필요한 줄로 생각하면 합당한 권고나 권계를 하고 전능하신 하나님이 이 권징한 것으로 복이 되게 하시기 위하여 기도함으로 폐회할 것이다.

6. 출교하기를 결의한 후에는 당회장이 교회 앞에서

   1) 그 범죄한 형제를 심사한 전말을 공식으로 선언하고,

   2) 교회 안에 둘 수 없는 사유를 설명한 후, 마태복음 18:15-18절, 고린도전서 5:1-5절의 교훈에 의거하여 부정한 교인을 출고할 만한 권이 교회에 있는 것을 보여주고,

   3) 이 벌의 성질과 유익과 결과를 설명하고,

   4) 일반 교우들로 하여금 이 중대한 벌 아래 있는 자에게 대하여 어떻게 처신할 것을 경계하여 가르치고 다음과 같이 사실을 선언할 것이다. "지금 이 교회의 회원 ○○○씨는 ○○죄를 범한 증거가 충분함으로 여러 번 권고하고 기도하였으나 고집하여 교회의 권면을 듣지 않고 회개하는 증거를 나타내지 않는고로, 주 예수 그리스도의 이름과 그의 직권으로 본 당회는 그가 성찬에 참여할 수 없으며 성도 중에서 교제가 단절됨을 선언합니다." 그 후에는 하나님께 기도하여 출교 당한 자로 하여금 그 죄를 깨닫고 회개하게 되기를 구하고, 또한 모든 진실히 믿는 사람들에게 유익이 되기를 구할 것이다.

* 해벌(解罰)

1. 교회의 치리 회원들은 수찬 정지를 당한 교우와 자주 교제하고 그로 더불어 기

도하며, 그를 위하여 기도할 것이다.

2. 치리회에서 책벌 당한 자의 회개의 진상을 만족하게 아는 때에는 본 치리회 결의에 의하여 그로 본 치리회 석상이나 교회 공석에서 자복하게 하고, 교회의 성례에 다시 참여하는 권을 회복하고 혹시 복직케 할 수도 있다. 이와 같은 일을 본 치리회가 그에게 다음과 같이 선언한다. "성찬에 참여함을 정지당한 ○○○씨(목사, 장로, 집사직을 정직당한 ○○○씨)는 이제 회개하는 증거를 나타내어 교회를 만족하게 한 고로 본 당회(노회)는 주 예수 그리스도의 이름과 그 직권으로 그대를 해벌하고, 교회 예전에 참여하는 것을 회복하여 주는 바입니다" 하고, 그 후에 감사 기도를 올릴 것이다.

3. 출교 당한 교인이 회개하고 교회에 다시 들어오기를 원하는 때에 당회는 그의 진실한 회개와 만족한 증거를 얻은 후에 허락할 것이다. 이 일을 행하려면 당시 당회장된 목사는 본 교회에서 해벌하는 이유와 당회에서 결의된 것을 공포할 것이다. 회복하기로 결의한 때에는 출교 당한 교인을 교회 앞에 불러 세우고 다음과 같이 물을 것이다.

   1) "그대가 하나님을 배반하여 거역한 죄와 그의 교회를 해한 큰 죄를 진심으로 자복하며, 출교 당한 것이 공평함과 자비함으로 행해진 줄 압니까?"

   2) "지금은 그대의 죄와 고집한 것을 진실하게 통회하는 마음으로 고백하며, 겸손한 마음으로 하나님과 그의 교회의 용서를 구합니까?"

   3) "하나님의 은혜를 힘입어 겸비한 마음으로 새 생활하기를 원하며, 힘써 하나님의 교훈을 빛나게 하며, 그대의 언행을 복음에 합당하도록 행하기를 힘쓰겠습니까?" 다음에는 당회장이 회개한 자에게 성경으로 권면하고 위로한 후 다음과 같이 회복하는 선언을 공포할 것이다. "지금 성도들과 절교되었던 ○○○씨는 만족한 회개의 증거를 나타낸 고로 주 예수 그리스도의 명의와 그의 직권으로 우리 교회 당회는 전일에 선언한 출교를 해제하여 영원한 구원을 성취하는 주 예수의 모든 은혜에 함께 참여케 하기 위하여 교회와 교제하는 영적 권리를 회복하여 주는 바입니다" 하고 기도와 감사로 폐회할 것이다.

❺ 장로교의 귀족 정치와 당회의 직무

　장로교는 교회 직원으로 목사와 장로와 집사를 둔다. 말씀을 더 깊이 알고 그에 따라 지각을 사용하여 선악을 분별하는 목사와 장로와 집사는 말씀의 귀족이 되어 교회의 여러 중요한 일을 결정한다. 지교회는 목사와 장로로 이루어진 당회를 통하여 영적인 일을 처리하고, 목사와 장로와 집사로 이루어진 제직회를 통하여 재정과 구제 등을 처리한다. 지교회의 모든 교인이 참여하는 공동의회를 통하여 결산과 예산의 승인 그리고 장로와 집사와 권사 선발 등을 결정하지만, 대부분의 일은 당회와 제직회를 통하여 이루어진다.

　예수님께서 사도에게 천국 열쇠를 주셨고, 사도 이후에는 목사와 장로에게 주셨다. 사도는 예수님께서 직접 택하셨지만, 목사는 노회를 통하여 세워지고, 장로는 지교회에서 교인의 선거를 통하여 선출된다. 그렇다고 하여 목사와 장로의 권세가 노회와 교인으로부터 나오는 것은 아니다. 역시 예수님께서 목사와 장로에게 권세를 주시는데 다만 노회의 결정과 교인의 선거를 통하여 세워지게 하신 것뿐이다. 노회의 결정과 교인의 선거는 권세의 원천을 말하지 않고, 다만 목사와 장로의 직분을 받는 방법을 말할 뿐이다. 장로교는 하나님께서 목사와 장로와 집사를 교회의 직원으로 세우시고 교회를 이끄는 권세를 주셨다고 본다. 바울은 에베소 장로들에게 "여러분은 자기를 위하여 또는 온 양 떼를 위하여 삼가라 성령이 그들 가운데 여러분을 감독자로 삼고 하나님이 자기 피로 사신 교회를 보살피게 하셨느니라"고^{행 20:28} 말했다. 성령께서 장로들로 교회를 보살피도록 하신 것이다.

　교인은 직원이 교회를 보살필 때에 순종해야 한다. 히브리서 13:17절은 "너희를 인도하는 자들에게 순종하고 복종하라 그들은 너희 영혼을 위하여 경성하기를 자신들이 청산할 자인 것 같이 하느니라 그들로 하여금 즐거움으로 이것을 하게 하고 근심으로 하게 하지 말라 그렇지 않으면 너희에게 유익이 없느니라"고 말한다. 교인은 자신을 인도하는 자들이 즐거움으로 사역하도록 순종하고 복종해야 한다. 근심으로 하게 하면 성도에게 유익이 없다.

　목사와 장로로 이루어진 당회의 직무는 헌법에 아래와 같이 나온다. 제1번이 말하는 것처럼 영적 사무를 처리하는 것이다. 장로교에서 당회가 입법권과 사법권과 행정권의 삼권을 가질 정도로 권한이 많다. 따라서 누가 목사와 장로와 집사가 되느냐에 따라 그 삼권의 행사가 크게 달라진다. 장로교가 귀족 정치라고 할 때 귀족은 절대로 사회적으로 재산이 많고, 신분이 높고, 학벌이 좋고, 사업에서 성공했다는 의미가 아니라, 하나님의 말씀을 잘 알아 지각을 사용하여 선악을 분별한 줄 안다는 의미이다. 그런데 현실적으로는 말씀의 귀족보다 사회의 귀족이 치리장로로 많이 활동한다. 물론 하나님의 말씀대로 성실하게 사는 성도는 사회에서도 인정을 받아 경제적으로나, 신분적으로나 좋은 위치에 있는 경향이 있다. 이렇게 사회에서 인격적으로도, 신분적으로도, 경제적으로도 인정받은 자가 교회의 장로가 되는 것은 괜찮지만, 단순히 사회에서 성공하였다고 교회의 장로가 되는 것은 매우 위험하다. 이런 자가 교회의 장로가 되면 하나님의 말씀이 아니라 사회에서 통용되는 원리와 방법에 따라 교회를 이끌기 쉽다. 교회의 직원은 교회의 거룩한 치리가 핵심이므로 교인들은 사회의 귀족이 아니라 신앙의 귀족을 뽑는 분별력을 가져야 한다.

*당회의 직무

1. 당회의 직무는 영적 사무를 처리하는 것이니(히 13:17), 교인들의 신앙과 행위를 사랑으로 보살핀다.
2. 입교한 부모를 권하여 그들의 어린 자녀로 유아 세례를 받게 하며, 교인의 입회와 퇴회, 학습과 입교할 자를 문답하여 명부에 올리는 일과, 주소가 변경된 교인에게는 이명증서(학습, 입교, 세례, 유아 세례)를 교부 또는 접수하며, 합법적으로 제명도 한다.
3. 예배와 성례 거행에 봉사한다. 목사가 없을 때에는 노회에서 다른 목사를 청하여 설교하게 하며 성례를 집례케 한다.
4. 장로와 집사를 임직하는 일을 한다. 지교회에서 선출된 장로나 집사, 권사를 6개월 이상 교양하여 장로는 노회의 승인과 노회의 시험을 통과한 후에 임직하

고, 집사와 권사는 당회가 시험한 후에 임직한다(집사 시험 과목은 신조, 소요리 문답, 정치, 예배모범, 성경 등이다).

5. 권징하는 일에 봉사한다. 범과자에 대하여 먼저 교인들로 말미암아 마 18:15-16절의 말씀대로 실행한 후 당회는 그 범죄자와 증인을 불러 사랑으로 심사한다. 필요한 경우에는 본 교회 회원이 아닌 자라도 증인이 될 수 있다. 범죄 한 증거가 명백한 때는 죄의 정도에 따라 권계, 견책, 수찬 정지, 제명, 출교를 하며, 회개하는 자를 해벌한다(살전 5:12-13; 살후 3:6, 14-15).

6. 영적 유익을 도모하고 교회의 각 기관을 사랑으로 감독하며, 교회의 영적 유익을 도모하기 위하여 교인을 심방하고, 성경을 가르치는 일과 주일학교를 주관하며, 전도회와 면려회와 각 기관을 사랑으로 감독하고, 구역 권찰회를 통하여 교회의 영적 부흥을 장려한다.

7. 노회에 총대를 파송하며 청원과 보고서를 보내고, 노회에 파송할 총대 장로는 될 수 있는 대로 윤번으로 선정하며 노회를 상대한 청원과 보고는 질서대로 되기 위하여 서식으로 한다.

30.3

교회 권징의 필요성은 범죄한 형제를 교화하여 얻고, 다른 이들의 유사한 범죄를 방지하고, 온 덩어리에 퍼질 수 있는 저 누룩을 내어버리고, 그리스도의 영광과 복음의 거룩한 고백을 지키고, 하나님의 진노를 예방하는 것에 있다. 이 진노는 교회가 하나님의 언약과 그 언약의 인장들이 악명 높고 완고한 범죄자에 의해 모독되도록 내버려 둔다면 마땅히 교회 위에 떨어질 진노이다.c

Church censures are necessary for the reclaiming and gaining of offending brethren, for deterring of others from the like offenses, for purging out of that leaven which might infect the whole lump, for vindicating the honor of Christ, and the holy profession of the gospel,

> and for preventing the wrath of God, which might justly fall upon the Church, if they should suffer his covenant and the seals thereof to be profaned by notorious and obstinate offenders.c
>
> c 고전 5:1-13; 딤전 5:20; 마 7:6; 딤전 1:20; 고전 11:27-34 with 유 1:23

3. 교회 권징의 필요성

제3절은 권징의 필요성을 크게 다섯 가지로 말한다. 첫째로 범죄한 형제를 교화하여 얻기 위해서다. 권징은 범죄한 자를 쫓아내기 위해서가 아니라, 그가 권면의 말을 듣고 회개하여 다시 돌아오게 하는 데 있다. 그가 돌아와 정상 생활이 가능하도록 최대한 그의 죄에 대한 비밀을 유지하며 은밀하게 권징을 행한다. 형제가 죄를 범한 것을 안 자는 홀로 그 사람과만 상대하여 권고해야 한다. 만일 들으면 형제를 얻은 것이다. 만일 듣지 않으면 한두 사람을 데리고 가서 두세 증인의 입으로 말마다 확증케 한다. 두세 증인으로 압박하여 그가 부끄러움을 느끼고 돌아오도록 함이다. 그들의 말도 듣지 않으면 그때야 교회에 말하고 교회는 공식적으로 범죄자를 권면한다마 18:15-17. 그가 듣지 않으면 교회 공동체에서 쫓겨나고 부끄러움을 당하는 것임을 알려주며 그로 회개케 하는 것이다. 교회는 이런 절차를 밟아 범죄한 형제가 회개하여 다시 돌아오도록 최대한 노력해야지, 미워하는 마음으로 내쫓으려고 권징하면 안 된다. 사람은 부패성을 인하여 범죄한 형제를 사랑하고 위하는 마음으로 권징하기보다 미워하고 내쫓으려는 마음이 앞서기 쉬우므로 권징에 참여하는 이들은 더욱 기도해야 한다.

둘째로 다른 이들의 유사한 범죄를 방지하기 위해서다. 교회는 권징을 통하여 무엇이 옳고 그른지를 성도에게 가르치고, 그리고 옳은 행위에는 상이 따르고, 그른 행위에는 징계가 따른다는 것을 온 교인에게 보여줌으로써 다른 이들이 유사한 범죄를 저지르지 않도록 해야 한다. 징계를 살펴본 성도는 무엇이 옳고, 무엇이 그른지를 확인하게 되고, 옳은 것에는 영광의 상이 따르고, 틀린 것에는 부끄럽고 고

통스런 벌이 따르는 것을 두 눈으로 생생하게 확인하게 된다. 성도는 이것을 통하여 유혹에 약해진 마음을 추스르며 선한 행동을 향하여 나아가게 된다. 바울은 디모데에게 "범죄한 자들을 모든 사람 앞에서 꾸짖어 나머지 사람들로 두려워하게 하라"고딤전 5:20 말했다. 바울은 디도에게 거짓말쟁이며 악한 짐승이며 배만 위하는 게으름뱅이인 그레데인들을 엄히 꾸짖으라고 했는데 이는 그들로 하여금 믿음을 온전하게 하고 유대인의 허탄한 이야기와 진리를 배반하는 사람들의 명령을 따르지 않게 하려 함이었다딛 1:12-14. 모세는 누가 다른 신들을 섬기자고 하면, 그를 용서 없이 돌로 쳐 죽임으로써 온 이스라엘이 듣고 두려워하여 이 같은 악을 다시는 그들 중에서 행하지 못하게 하라고 말했다신 13:6-11.

 셋째로 온 덩어리에 퍼지는 저 누룩을 내어버리기 위해서다. 바울은 적은 누룩이 온 덩어리에 퍼지므로 새 덩어리가 되기 위하여 묵은 누룩을 내버리라며, 고린도 교회의 음행하는 자들을 그들 중에서 쫓아내라고 말하였다. 범죄자를 교회에 그대로 두면 범죄자가 교인을 악의 길로 들어서게 한다. 코로나19 바이러스로 인한 대감염 기간 동안 바이러스의 확산을 방지하기 위해 확진자를 따로 격리시켰다. 확진자를 따로 격리시키지 않으면 자유롭게 돌아다니며 얼마나 많은 사람을 감염시키는지 모른다. 범죄자도 마찬가지이다. 악하고 교묘한 범죄자일수록 많은 사람에게 악영향을 미치므로 징계를 통하여 공동체에서 격리시켜야 한다. 성도가 음행하는 자들을 사귀지 않는다는 것은 이 세상의 음행하는 자들이나 탐하는 자들이나 속여 빼앗는 자들이나 우상 숭배하는 자들을 도무지 사귀지 않는다는 것이 아니다. 만일 그리한다면 고린도교회 성도가 세상 밖으로 나가야 한다. 성도는 형제라 일컫는 자가 음행할 때에 그런 자와는 함께 먹지도 말아야 한다. 밖에 있는 사람들은 의례 음행하고 범죄하는 자들인 것이고 하나님께서 그들을 심판하실 것이므로 성도는 교회 안에 있는 교인을 판단하는 것이다고전 5장. 그래서 교회의 범죄자를 교회 밖으로 쫓아내고, 사회의 범죄자는 국가가 기소하고 재판하도록 한다.

 넷째로 그리스도의 영광과 복음의 거룩한 고백을 지키기 위해서다. 권징은 범죄한 형제가 어떤 면에서 잘못되었는지를 밝힘으로써 그리스도의 영광이 무엇인지를 입증한다. 형제가 범죄할 때에 교회 직원이 교회의 형식적 연합과 평화를 깨뜨리지 않기 위하여 권징하지 않는다면 이것을 지켜보는 이들은 그리스도의 영광이 무엇인지 혼동하게 되고 복음의 거룩한 고백이 무엇인지 착각하게 된다. 바울은 후메내오와 알렉산더가 양심을 버리고 그 믿음에 관하여 파선하였을 때 사탄에게 내주었는데 그들로 훈계를 받아 신성을 모독하지 못하게 하려 함이었다 딤전 1:19-20. 바울은 그들을 내쫓는 권징을 통하여 신성이 모독되지 않게 함으로 그리스도의 영광과 복음의 거룩한 고백이 무엇인지 드러내었고 지켰다. 그리스도의 영광과 복음의 거룩한 고백은 신자가 범죄하지 않고 거룩한 행위를 하면 제일 크게 드러난다. 하지만, 신자일지라도 남아있는 부패를 인하여 범죄하기 마련인데 그때 교회가 그 범죄에 대하여 징계하면 교회가 무엇을 중요하게 생각하고 추구하는지가 드러나면서 그리스도의 영광과 복음의 거룩한 고백을 드러내고 지키게 된다.

다섯째로 하나님의 진노를 예방하기 위해서다. 하나님의 언약과 언약의 인장들이 교회에 있을 수 있는 가라지에 의해 모독당할 수 있다. 이때 중요한 것은 교회가 이 모독이 지속되도록 내버려두지 않는 것이다. 만약에 교회가 권징을 통하여 이 모독을 제거하지 않는다면 하나님께서 자신의 교회를 지키시기 위하여 진노하신다. 언약의 인장들이란 세례와 성찬을 뜻하는데, 바울은 주의 떡이나 잔을 합당하지 않게 먹고 마시는 자는 주의 몸과 피에 대하여 죄를 짓는 것이라고 말하였다. 교회는 이러한 죄가 지속되지 않도록 성찬에 틀린 자세로 임하는 자들을 징계하여야 한다. 화체설에 의거한 로마 가톨릭의 성찬예식도 하나님이 세우신 성찬예식을 모독하는 것이므로 교회는 화체설이 잘못되었음을 계속하여 선포하고 가르쳐야 한다. 고라와 다단과 아비람 등이 당을 짓고 지휘관 이백오십 명과 함께 일어나서 모세를 거슬렀다. 고라가 온 회중을 회막 문에 모아 놓고 모세와 아론을 대적하려 하매 여호와의 영광이 온 회중에게 나타났다. 여호와께서 땅으로 입을 열어 고라와 다단과 아비람과 그들의 집과 고라에게 속한 모든 사람과 그들의 재물을 삼키게 하셨다. 여호와께로부터 불이 나와서 대적한 250명을 불살랐다. 이튿날 이스라엘 자손의 온 회중이 모세와 아론에게 "너희가 여호와의 백성을 죽였다"고 원망하자, 여호와의 영광이 나타나면서 백성 중에서 염병이 시작되어 무려 14,700명이 죽었다. 하나님께서는 교회의 부패가 권징을 통해 이루어지지 않을 때에 자신의 영광을 나타내시기 위하여 때때로 이렇게 진노하신다. 하나님의 큰 진노를 막기 위해서라도 교회는 적절한 권징을 하여야 한다.

30.4

이러한 목적들을 더 잘 달성하기 위하여 교회의 직원들은 당사자의 범죄와 과실의 성격에 따라 견책, 일시적 수찬 정지, 그리고 출교의 절차를 밟아야 한다.ᵈ

For the better attaining of these ends, the officers of the Church are to proceed by admonition, suspension from the Sacrament of the Lord's Supper for a season; and by excommunication from the Church, according to the nature of the crime and demerit of the person.ᵈ

d 살전 5:12; 살후 3:6, 14-15; 고전 5:4-5, 13; 마 18:17; 딛 3:10

---

4. 권징의 종류

국가의 법률을 어겼을 때에 범죄자가 받는 형벌은 크게 생명형, 신체형, 자유형, 재산형, 명예형, 5가지로 구별된다. 첫째로 생명형은 생명을 빼앗는 것으로 사형이 속한다. 둘째로 신체형은 범죄자의 신체에 가하는 육체적 고통으로 태형, 낙인烙印, 수족절단, 차꼬가 속하는데, 대부분 선진국가의 법체계에는 요사이 존재하지 않는다. 셋째로 자유형은 범죄자의 자유를 박탈하는 것으로, 징역, 금고, 구류가 속한다. 넷째로 재산형은 범죄자의 재산을 박탈하는 것으로 벌금, 과료, 몰수가 속한다. 다섯째로 명예형은 범죄자의 명예를 박탈하는 것으로 자격상실과 자격정지가 속한다.

　국가는 이러한 다양한 형벌을 가하지만, 교회는 이중 명예형만을 택한다. 교회는 성도의 생명이나 자유나 재산을 박탈하지 않고, 신체에 육체적 고통을 가하지도 않고, 오직 그리스도인이라는 명예를 박탈한다. 명예형이 다른 형벌들보다 교회의 권징의 목적들을 더 잘 달성한다. 성도에게 중요한 것은 그리스도의 영광과 복음의 거룩한 고백이므로, 교회가 어떤 사람에게 이것을 모르거나 손상시킨 자라고 규정하는 것보다 더 큰 형벌이 없는 것이다. 그리스도의 영광과 복음의 거룩한 고백의 가치를 아는 자는 권징이 주어질 때에 부끄러워서 회개할 것이고, 그것들을 모르는 자는 자신에게 생명형, 신체형, 자유형, 재산형 등이 주어지지 않고 명예형이 주어졌다며 대수롭지 않게 여기며 회개하지 않을 것이다.

　교회가 택한 권징의 종류는 범죄와 과실의 성격에 따라, 견책, 일시적 수찬 정지, 그리고 교회로부터의 출교이다. 첫째로 견책이다. 이것의 사전적 정의는 허물이나 잘못을 꾸짖고 나무라는 것이다. 근거성경구절은 "형제들아 우리가 너희에게 구하노니 너희 가운데서 수고하고 주 안에서 너희를 다스리며 권하는 자들을 너희가 알고"이다살전 5:12.¹²³ 범죄의 성질과 범죄자의 과실이 상대적으로 크지 않을 때에 그의 잘못이 무엇인지 가르쳐주며 그것에서 벗어날 것을 권면하는 것이다. 단순히 꾸짖고 권면하는 선에서 그칠 수 있고, 범죄가 더 클 때는 자격을 정직시키거나 아니면 아예 면직시킨다. 정직이나 면직을 당하면 그 기간 동안 그 직분을 행사할 수 없다. 이런 권징을 당하는 이는 얼마나 부끄럽겠는가? 바울은 "누가 이 편지에 한 우리 말을 순종하지 아니하거든 그 사람을 지목하여 사귀지 말고 그로 하여금 부끄럽게 하라 그러나 원수와 같이 생각하지 말고 형제 같이 권면하라"고살후 3:14-15 말했다. 교회는 명예형을 통하여 범죄자를 부끄럽게 만들어 회개하고 돌아오도록 하여야 한다. 권징할 때 명심해야 할 것은 원수와 같이 생각하지 않고 형제

---

123 여기서 "권하는"에 해당하는 KJV의 단어는 "admonish"인데, 이 단어의 뜻은 "훈계하다, 질책하다, 경고하다"이다.

같이 여기며 권면하는 것이다.

둘째로 일시적 수찬 정지이다. 성찬에 참여한다는 것은 주의 백성으로서 그리스도와 하나가 되어 그와 그의 죽음의 모든 유익을 받아서 먹는 것이다. 이것이 일시적으로 정지된다는 것은 일시적이나마 주의 백성으로서 성찬에 참여하는 데 부적합하다는 것이다. 주의 백성임이 일시적이나마 교회에 의해 부인되는 것이니 당사자에게는 그 어떤 부끄러움보다 크다. 하지만 주의 백성이 아닌 가라지에게는 성찬이 아무 의미가 없기 때문에 이 권징을 받아도 마음에 부담을 갖지 않을 것이다. 교회는 일시적 수찬 정지라는 권징을 통하여 범죄자의 신앙을 점검할 수 있다. 그런데 요사이 교회들이 성찬식을 일 년에 한두 번 집행하기 때문에 어떤 범죄자가 "6개월 동안 수찬 정지"라는 징계를 받아도 그 한 번만 참여하지 않으면 되므로 징계로서의 효력이 약하다. 이런 면에서도 각 교회는 성찬식의 횟수를 늘릴 필요가 있다.

셋째로 교회로부터의 출교이다. 견책과 일시적 수찬 정지의 벌을 받고서도 회개하지 않는 자나 큰 범죄를 저지르고서도 회개의 기미를 보이지 않을 때에 교회에서 내쫓아야 한다. 위에서 살펴본 것처럼 교회는 교회의 말을 거듭 듣지 않는 범죄자를 교회에서 내쫓으라는 말씀이 성경에 여러 번 나온다. 은혜로우시며 긍휼이 많으시며 노하기를 더디 하시며 인자하심이 크신 하나님께서 출교를 말씀하시는 것은 교회에는 알곡만 있는 것이 아니라 가라지도 있기 때문이고, 하나님께서는 회개하는 자를 용서하시며 자녀로 삼으시고, 회개하지 않는 자는 징계하시기 때문이다. 교회는 동정심과 개선가능성을 염두에 두며 출교의 권징을 마지막 수단으로 써야하지만, 출교시켜야 할 때 미룸으로써 하나님보다 더 긍휼이 많은 척 하면 안 된다.

범죄자가 교회의 권징을 순순히 받아 들이냐는 이차적인 문제이다. 권징으로 인해 범죄자가 약하게나마 있는 믿음이 아예 떨어질 것이 걱정되지만 성경이 이를 모르고 권징을 말하는 것이 아니므로 교회는 겸손하게 권징을 해야 한다. 성도를 공개적인 자리에서 징계하는 것은 쉬운 일이 아니다. 그를 범죄자로 규정하는 것이기 때문에 힘들고, 출교시킬 때는 그간 한 형제였던 자를 내쫓는 것이므로 힘들고, 공개적으로 죄를 밝힘에 따라 그 성도가 낙심하여 교회를 아예 떠날 것이 염려되어 힘들다. 시간을 두고 기다리는 것이 더 낫다는 생각이 들 때도 있다. 물론 징계 없이 기다리는 것이 적절한 경우도 있지만, 교회의 지적을 받고도 회개하지 않는 자나, 공개적으로 죄가 드러난 경우에는 징계가 있어야 한다. 이것이 우리보다 지혜로우신 하나님께서 명하시는 바이기 때문이다. 교회가 범죄자를 권징할 때 의외로 당사자도 교회의 권위와 엄위를 인정하며 회개하는 경우가 많다. 자기의 행위가 잘못되었음을 공개적으로 확인받음으로써 깊이 반성하고 회개하는 것이다. 구더기 무서워서 장을 못 담그지 않는 것처럼, 징계에 따른 부작용을 두려워해 권징을 포기해서는 안 된다. 부작용은 있기 마련이지만 성경이 권징을 말하므로 권징하여야 한다. 비판과 제거의 정신이 아니라 사랑과 포용의 자세로 권징 받은 자를 말씀 속에서 격려하고 훈계할 때 하나님께서 나머지 일을 하신다.

Of Synods and Councils

제31장 대회와 공의회

31.1

교회가 더 나은 정치를 하고 더 든든히 세워지도록 보통 대회나 공의회라 불리는 회의들이 있어야 한다.ᵃ

For the better government, and further edification of the Church; there ought to be such assemblies as are commonly called synods or councils.ᵃ

a 행 15:2, 4, 6

1. 더 넓은 교회 회의의 필요성

서울에만 교회가 8천 개가 넘게 존재하고 전국적으로 5만 개가 넘는다. 이 교회들이 교리와 예배와 권징 등에서 성경적으로 조화를 이루고, 효율적인 행정과 방역 시스템을 갖고, 정부와 사회를 향하여 일치된 목소리를 내고, 서로 어려움이 있을 때 도우려면 교회들 간에 모임이 있어야 한다. 세계 각국에도 하나님의 교회들이 있는데 그들과도 같은 필요의 측면에서 모임이 있어야 한다. 더 좋은 정치가 이루어지고, 교회의 신앙심이 향상되고, 교리에 대한 이해가 깊어지도록 같은 지역 내의 교회들끼리, 대한민국 내의 교회들끼리, 그리고 세계의 교회들끼리 모이는 모임이 있어야 한다. 같은 지역 내의 교회들끼리 갖는 모임을 보통 노회regional synod라 부르고, 전국에 있는 교회들을 모두 포함한 모임을 총회national synod라 부른다.[124] 이 총회는 필요에 따라 세계 차원으로 넓혀 국가적 총회가 되기도 하는데, 이때 공의회라고 부르기도 한다.

제30장 교회 권징 제2절에서 안디옥 교회에 대하여 살펴본 것처럼 어떤 사람들이 유대로부터 내려와서 "너희가 모세의 법대로 할례를 받지 아니하면 능히 구원을 받지 못하리라"고 주장하여 큰 다툼과 변론이 일어났다. 안디옥 교회는 자체적으로 이 문제를 해결하지 못하자, 바울과 바나바와 및 그 중의 몇 사람을 예루살렘에 있는 사도와 장로들에게 보냈다. 예루살렘 교회와 사도와 장로들은 이 문제를 자신들의 문제로 알고 진지하게 모여 논의하였다. 이들은 두 가지를 만장일치로 결정하였는데 첫째는 이방인 중에서 하나님께로 돌아오는 자들을 괴롭게 하지 않고, 그들로 우상의 제물과 피와 목매어 죽인 것과 음행을 멀리하도록 한다는 것이다. 둘째는 이 사실을 편지로 써서 사람을 택하여 바나바와 바울과 함께 안디옥 교회 등에게 보내 알린다는 것이다. 이때 이들의 편지는 "성령과 우리는 이 요긴한 것들 외에는 아무 짐도 너희에게 지우지 아니하는 것이 옳은 줄 알았노니"로 행15:28 시작한다. 사도들과 장로들이 모여서 결정하였는데 마치 성령께서 참여하시어 결정하신 것으로 표현한다. 이들은 대회와 공의회의 결정에 성령께서 같이 하신다는 믿음이 있는 것이다. 이 표현을 통해서도 대회와 공의회의 권위와 정당성이 입증되는 것이고, 예루살렘 총회가 어떤 역할을 했는지가 밝히 드러난다.

바울 일행이 여러 성으로 다녀 갈 때에 예루살렘 총회의 결정을 그들에게 주어 지키게 하였는데 그들은 이 결정을 성령의 결정으로 알고 받아들였다. 사도행전 16:5절은 이에 여러 교회가 믿음이 더 굳건해지고 수가 날마다 늘어갔다고 말한다. 이미 초대교회 때 총회와 공의회가 존재하여 여러 교회의 믿음이 더 굳건해지는 데 큰 역할을 하였다. 안디옥 교회만이 아니라 이 결정을 통보받은 교회들은 할

---

124 "synod"는 같은 지역 내의 교회들끼리 모일 때 보통 노회(regional synod)라 번역하고, 전국에 있는 교회들이 모두 모일 때 보통 총회(national synod)라고 번역한다. 이 책에서 "synod"를 "대회"라고 번역한 것은 노회나 총회의 중간 개념인 대회를 택한 것이다.

례에 대한 올바른 교리적 이해를 갖게 되며 더욱 더 지각을 사용하여 선악을 분별하게 되었다.

❶ 침례교의 자치와 협력

제30장 제2절에서 살펴본 것처럼 침례교는 마태복음 16:18절의 반석을 "주는 그리스도시요 살아 계신 하나님의 아들이시니이다"라는 신앙고백으로 보고, 신앙고백을 하는 성도로 이루어진 모임을 완전한 교회로 여긴다. 각 지교회의 독립성을 강조하여 각 지교회가 정책, 조직, 가르침에 있어서 자치권을 갖는다. 노회나 총회라는 조직이 없고, 따라서 노회나 총회의 지도나 관리나 견제를 받지 않는다. 교회의 운영, 지도권, 가르침이 지교회의 일반 성도에 의해 민주적으로 결정되어, 지교회들 간에 차이와 다양성이 크다. 일반 성도에 의해 운영된다고 하여 회중주의라 불리는 침례교의 정치는 복수의 협의회들과 총회들을 갖지만 교육과 선교와 행정과 교제 등의 편의와 효율을 위한 협력cooperation 차원이라 개별 교회의 운영에 대한 관리와 통제 권한을 전혀 갖지 않는다. 침례교는 주변의 다른 지교회들과 연합하여 더 넓은 완전한 교회가 된다는 개념이 약하다. 제31장 제1절이 말하는 노회나 총회나 공의회는 단순히 협력 차원이 아니라 여기에서 내려진 결의들이 산하의 지교회들에게 영향을 미친다는 의미이다.

기독교한국침례회는 총회 규약에서 제일 먼저 침례교회의 이상과 주장을 10가지로 기술하는데 그중 8번이 다음과 같다. "8. 모든 교회는 행정적으로 독립적이나 복음 전도 사업은 협동한다." 이들은 개체 교회의 독립성을 주장하고, 복음 전도 사업을 위해서 개체 교회들이 협동하는 것이라고 말한다. 총회 규약은 이어서 전문을 기술하는데 다음과 같다. "침례교회는 신약성경에 기록된 예수 그리스도의 말씀과 정신에 따라 생활 속에서 복음을 실천하고, 또 지상에서 하나님의 왕국을 확장하기 위해 역사의 소용돌이 속에서 꾸준히 노력해 왔다. 이제 자주성을 지닌 교회들이 자발적으로 연합하여 구성된 기독교한국침례회는 성령의 교통하심 안에 서로 협력하면서 천국 확장 사업에 거룩한 교제를 이루려는 공통 임무를 보다 효과적으로 수행하기 위하여 이 규약을 제정하는 바이다." 전문도 개체 교회들의 자주성을 강조하고 있다. 기독교한국침례회는 자주성을 지닌 교회들이 자발적으로 연합한 곳이다. 총회 규약은 이어서 총칙을 기술하는데 제2조 목적은 이렇게 말한다. "본회는 예수 그리스도의 복음 전파에 실제적으로 일하고 있는 침례교회 상호간의 유대와 교제를 공고히 하며 성경에 입각한 기독인의 신앙 성장을 촉진시키며 교육사업, 사회사업 및 그리스도의 정신을 기초로 하는 모든 선한 사업을 통하여 복음전파를 그 목적으로 한다."

침례교는 개교회의 자치 autonomy를 강조하여서 지교회가 하나님의 말씀과 사랑에 따라 잘 운영될 때는 다른 곳의 부당한 압력을 받지 않으므로 좋으나, 지교회에 분쟁과 틀린 가르침이 발생했을 때에 외부에서 개입하여 선한 영향과 지도를 미칠 수 없는 큰 단점이 있다. 침례교에서는 총회 차원에서 채택한 특정의 교리와 신앙고백문이 없고 복음주의라는 넓은 선에서 각 지교회가 자체적으로 성경에 따른 가르침을 채택하기 때문에 매우 주관적이고 다른 가르침에 빠질 위험이 상대적으로 크다.

❷ 로마 가톨릭의 대회와 공의회

제30장 제2절에서 살펴본 내용을 정리하면, 로마 가톨릭은 마태복음 16:18절의 반석을 베드로로 보고, 천국 열쇠가 베드로에게 주어졌다고 본다. 이들은 열 두 사도를 세우신 그리스도께서 베드로를 으뜸으로 삼으셨다고 보기 때문에 베드로에게 주어진 매고 푸는 임무가 단장 베드로와 결합되어 사도단에게도 주어졌다고 본다. 이들은 교황이 로마 주교이며 베드로 사도의 후계자이므로, 베드로에게 주어진 모든 권세가 교황에게 이어진다고 본다. 열 두 사도단을 이어받은 주교단은 그 단장인 교황과 더불어 보편 교회 universal Church에 대한 완전한 최고 권한의 주체로 존재하는데, 그 권한은 오로지 교황의 동의가 있을 때에만 행사될 수 있다. 주교단은 보편 교회에 대한 권한을 보편 공의회 ecumenical council에서 행사하는데 역시 교황이 세계 공의회로 확인해야만 세계 공의회가 인정된다. 로마 가톨릭의 보

편 공의회는 교황과 주교들이 상설 회원이 되고 주된 의사결정 주체가 된다.

로마 가톨릭의 대회 개념을 살펴보자. 이들은 교황이 자기 임무의 힘으로 그리스도의 대리이며 온 교회의 목자로서 교회에 대하여 완전한 보편 권한을 가지며 이를 언제나 자유로이 행사할 수 있다고 본다. 그리고 주교단도 보편 교회universal Church에 대한 완전한 최고 권한의 주체로서 교회의 동의하에 그 권한을 행사할 수 있다고 본다. 그래서 개별 주교들은 자기 개별 교회 안에서 일치의 가시적인 근원과 토대가 된다. 또 각 주교는 주교단의 일원으로서 모든 교회에 관심을 기울여야 하는데,125 그 지방의 주교대의원회나 관구 공의회를 소집함으로써 그 관심을 실천한다. 서로 근접해 있고 동일 문화권에 속하는 개별 교회들은 관구provincia를 형성하거나 총대교구patriarchatus, 연합구regio라고 하는 더 넓은 범위의 교회 연합체를 형성하고, 이러한 연합체의 주교들은 그 지방의 주교대의원회나 관구 공의회를 소집할 수 있다.126 이상은 『가톨릭 교회 교리서』에 나온 내용인데, "교계敎階의 구성The Hierarchical Constitution of the Church"이란 제목 하에서 나온다. 로마 가톨릭은 교황pope-주교bishop-추기경, 대주교, 총대주교, 수도대주교-사제priest-부제deacon로 이어지는 철저한 계급구조 하에서 작동된다.

❸ 장로교의 노회와 총회

성도들이 한 곳에만 회집하여 교제하며 하나님을 경배할 수 없으므로, 각처에 지교회를 설립하고 회집하는 것이 합리적이고, 성경에 나오는 모범에도 맞다. 바울은 "그리스도 안에 있는 유대의 교회들이 나를 얼굴로는 알지 못하고"라고 갈 1:22 말함으로써 유대에 지교회들이 복수로 존재함을 나타냈고, 사도 요한은 "요한은 아시아에 있는 일곱 교회에 편지하노니"라고 계 1:4 말함으로써 아시아에 최소한 일곱 개의 지교회들이 있음을 나타냈다. 사도행전 9:31절은 온 유대와 갈릴리와

---

125 『가톨릭 교회 교리서』, 886항, 374.
126 『가톨릭 교회 교리서』, 887항, 374.

사마리아에 교회가 있다고 말하고, 21:20절은 유대인 중에 믿는 자가 수만 명이라고 말한다. 수만 명이 어떻게 한 곳에 모여 예배하고 교제하겠는가? 당연히 몇 개의 지교회로 나뉜다.

이 지교회들이 모여 노회를 이룬다. 대한예수교장로회 합동 교단은 노회의 성경적 배경에 대하여 이렇게 말한다. "그리스도의 몸된 교회가 나뉘어 여러 지교회가 되었으니^{행 6:1-6, 9:31, 21:20} 서로 협의하며 도와 교회 도리의 순전을 보전하며, 권징을 동일하게 하며, 신앙상 지식과 바른 도리를 합심하여 발휘하며, 배도함과 부도덕을 금지할 것이요, 이를 성취하려면 노회와 같은 상회上會가 있는 것이 긴요하다. 사도 시대에 노회와 같은 회가 있었나니 교회가 분산한 후에 다수의 지교회가 있던 것은 모든 성경에 확연하다^{행 6:5-6, 9:31, 21:20, 행 2:41-47, 4:4}. 이런 각 교회가 한 노회 아래 속하였음^{행 15:2-4, 6:11, 23-30, 21:17-18}, 에베소 교회 외에도 많은 지교회가 있고 노회가 있는 증거가 있다^{행 19:18, 20}."

그렇다면 장로교는 지교회들과 노회 간의 관계를 어떻게 볼까? 대한예수교장로회 합동 교단은 헌법 중 정치 총론에서 "당회는 치리 장로와 목사인 강도 장로의 두 반으로 조직되어 지교회를 주관하고, 그 상회로서 노회 대회 및 총회 이같이 3심제의 치리회가 있다."라고 말하고, 대한예수교장로회 합신 교단은 헌법 중 총론 제3장에서 "당회는 치리의 사역으로 교회를 섬기는 목사와 장로로 구성되어 성경 말씀대로 지교회를 봉사하며, 보다 넓은 치리회^{노회, 총회}와 함께 교회의 화평과 성결을 파수하며 또 증진시키는데 수종든다."고 말한다. 합동 교단은 당회의 상회로서 노회 대회 및 총회의 치리회가 있다고 말하고, 합신 교단은 당회보다 넓은 치리회로서 노회와 총회가 있다고 말한다. 두 교단은 "상회"와 "보다 넓은 치리회"라는 표현으로 노회와 총회에 대하여 말함으로써 지교회들이 노회와 총회의 치리를 받는다는 것을 명시하고 있다.127 이것은 지상의 모든 성도들이 한 곳에만 회집하여

---

127 지교회들과 노회와의 관계가 어떠해야 하는가에 대해서 웨스트민스터 총회는 "may be" 논쟁으로 다루었다. 1643년에 시작된 웨스트민스터 총회는 1645년에 장로회 정치 규범(Form of Presbyterial Church-Government)을 작성하였다. 장로회 정치 규범은 "The scripture doth

교제하며 하나님을 예배할 수 없으므로 각 처소에 지교회를 설립하지만, 그 지교회들이 하나의 교회인 것이고, 노회와 총회를 이루어 그 치리를 받는다고 말하는 것이다.

로마 가톨릭이 철저한 교계제도^{敎階制度}를 갖고 있다면 장로교는 목사와 장로 간의 철저한 동등성을 강조한다. 목사와 장로는 당회와 노회와 총회에 임할 때에 모두가 동등한 한 표의 권한을 갖는다. 임직 횟수, 경력, 학벌, 나이, 담당 교회의 규모 등이 발언권에 영향을 미치지 않는다. 국회의원이 선출되는 순간부터 국회의원 횟수, 경력, 학벌, 나이, 지역구의 크기 등에 상관없이 각자가 헌법기관으로서 동등하게 국회에서 발언하고 결의하는 것과 같다. 장로교 회의에서 가장 중요한 것은 누가 성경의 하나님 말씀에 따라 발언하느냐이다.

목사와 장로 간의 동등성은 당회와 노회와 총회의 회원권에서도 드러난다. 로마 가톨릭에서는 교황과 주교가 모든 회의의 상설 회원이지만 장로교에서는 총대로 뽑힌 자들이 회원이 된다. 당회에서는 해당 교회의 목사와 장로가 당회원이 된다. 노회에서는 목사는 정회원이지만, 장로는 각 지교회의 장로들 중에서 뽑힌 자가 총대^{總代}로서 회원이 된다. 총회에서는 각 노회의 목사들 중에서 뽑힌 목사와 각 노회의 장로 총대들 중에서 뽑힌 장로가 총대회원으로서 참여한다. 총대란 속한 모임 전체를 대표하는 자란 의미이다. 노회는 상설회인데 목사가 정회원이고 장로가 각 지교회의 총대로서 임시회원이다. 총회는 임시회인데, 목사와 장로 모두 총대회원으로 임시회원이다. 총회에 참여할 수 있는 회원은 목사나 장로나 모두 해당 노회에서 총대로 뽑혀야만 가능하다. 로마 가톨릭에서는 교황과 주교가 자동적으로 회원이 되지만, 장로교는 목사들과 장로들 간에 어떤 서열을 두지 않

---

hold forth, that many particular congregations may be under one presbyterial government."라고 기술하여, 지교회들과 노회 정치의 종속관계를 "may be"로 표현하였다. 이것은 독립교회주의 총대들과 논의하면서 나온 절충안에 가깝다. 장로회 정치를 주장한 총대들은 "must be"나 "are"로 할 것을 주장하였다. 김영규, 『엄밀한 개혁주의와 그 신학』(도서출판 하나, 1998), 224-235를 참고하라.

으므로 그 누구도 자동적으로 총회의 회원이 되지 않는다.

또 노회장과 총회장도 어떤 개인이 몇 년씩 독점적으로 하지 않고, 일 년마다 회원들의 선거로 선출하고, 대개 한 번의 연임만 허용된다. 노회장과 총회장은 회의가 질서 있게 열리도록 이끄는 존재이다. 회원들이 발언을 질서 있게 하도록 순서를 정하여주고, 적당한 의논 후에는 합의나 표결을 통해 결정이 이루어지도록 이끈다. 노회장과 총회장은 회사의 회장처럼 자신의 재량으로 여러 사업을 벌일 수 없다. 그들은 회의가 열리는 동안 의장으로서 회의를 진행하는 것이지 절대로 회의 이후에 회의에서 결정되지 않은 사항들을 임의로 집행할 수 있는 권한이 없다. 회의 동안 진행되는 모든 순서와 결정된 모든 결의가 회원들의 동의와 재청에 따라 이루어진다. 이것을 이해하면 노회와 총회의 회의 진행법을 쉽게 이해할 수 있다. 총회장의 임기는 보통 1년인데 총회가 끝난 후에도 1년 동안 대내외적으로 교단의 대표이지만, 실질적인 권한과 책임은 거의 없다. 장로교가 이런 제도를 택한 것은 성경이 이렇게 말하기 때문이고 이에 따라 교회의 우상화도 반대한다. 요사이 개신교도 교황과 같은 존재를 두어 국민의 존경과 정부의 인정을 받고 싶어 하는데, 개신교는 교황과 교계제도를 반대하여 종교개혁을 일으키며 현재의 정치 제도를 두었음을 명심해야 한다.

31.2

통치자들이 종교 문제들에 관하여 조언을 구하고 상의하기 위하여 목사들과 다른 적합한 사람들로 구성된 대회를 합법적으로 소집할 수 있듯이,b 만약에 통치자들이 교회의 공공연한 적대자들이라면 그리스도의 목사들도 자신들만으로 목사 직무의 효력에 의해 그런 회의에 함께 모일 수 있거나, 또는 지교회들로부터 위임을 받은 다른 적합한 사람들과 함께 모일 수 있다.c

As magistrates may lawfully call a synod of ministers and other fit persons to consult and advise with, about matters of religion:^b so, if magistrates be open enemies to the Church, the ministers of Christ, of themselves, by virtue of their office; or they, with other fit persons, upon delegation from their churches, may meet together in such assemblies.^c

b 사 49:23; 딤전 2:1-2; 대하 19:8-11; 대하 29장-30장; 마 2:4-5; 잠 11:14
c 행 15:2, 4, 22-23, 25

2. 정부의 대회 소집권과 교회 자체의 대회 소집권

정부가 종교 문제들에 관하여 의견을 묻고 상의하기 위하여 대회를 합법적으로 소집할 수 있는가? 미국 장로교는 1788년에 가진 첫 총회에서 이 조항이 국가의 종교 간섭과 침해를 조장할 수 있다하여 아예 삭제해버렸다. 스코틀랜드 목사인 로버트 쇼Robert Shaw, 1795-1863는 웨스트민스터 신앙고백 해설서에서 "스코틀랜드 교회 총회는 웨스트민스터 신앙고백을 채택하는 결의서에서 이 조항을 특별히 언급하며 '아직 확고한 교회 정치체제가 확립되어 있지 않은 교회의 경우'에만 국한된다고 선언했다."고 말한다. 즉, 스코틀랜드 교회가 제2절을 인정했지만 확고한 교회 정치체제가 확립되어 있는 나라의 경우에는 그렇게 할 수 없다고 말했다는 것이다. 그는 스코틀랜드 종교개혁자들이 교회의 자유가 조금도 침해당하지 않도록 세심한 주의를 기울였고, 그들은 "우리에게서 모임의 자유를 빼앗는 것은 우리에게서 복음을 빼앗는 것이다."라는 슬로건을 내세웠다고 말한다.[128] 코로나19 대감염 때 한국 정부는 교회 지도자들을 초청하여 교회 방역에 대하여 조언을 구하고 의논하였다. 이때 정부는 대회 소집을 요구하지 않고, 이미 총회에서 뽑힌 총회장들을 초청하여 의논하였다. 스코틀랜드 교회가 그때 선언한 내용과 내세운 슬로건은 지금 한국 교회에도 유효하므로, 한국 정부는 교회의 자치권을 존중하며

---

128 로버트 쇼, 조계광 역, 『웨스트민스터 신앙고백 해설』 (서울: 생명의말씀사, 2014), 592.

국가의 방역과 세금과 교육 등에 대하여 교회와 논의하여야지 일방적으로 결정하여 통보하면 안 된다.

또한 스코틀랜드 교회는 국가 통치자가 교회 대회의 소집에 대하여 동의를 거부하거나 보류하여서 교회에 해를 끼칠 때를 대비하여, 사역자들과 치리장로들이 그리스도께로부터 부여 받은 고유한 권위로 교회의 위임을 받아 필요한 경우에는 아무 때나, 즉 교회를 유익하게 하는 데 필요하다면 언제라도 함께 대회로 모일 수 있는 자유를 항상 누린다고 선언했다.[129] 실제로 잉글랜드, 스코틀랜드, 네덜란드 등을 비롯해 유럽의 여러 나라가 종교개혁 때 정부가 부당하게 교회에 해를 끼치고 교회의 총회를 허락하지 않을 때에 그리스도께로부터 부여 받은 고유한 권위로 교회의 위임을 받아 비밀리에 지역 노회와 전국 총회를 가졌다. 이러한 원칙은 종교의 자유를 허락하지 않고 교회의 자치를 허락하지 않는 부당한 정권이 들어섰을 때 교회는 진리를 지키고, 힘들어하는 지교회들과 목회자들과 성도들을 격려하며 가르치기 위하여 취해야 하는 적절한 원칙이다. 교회 직원이 종교 탄압에 맞서 교회 회의를 통하여 대처하는 법을 논의하지 않고 싸우지 않는다면 교회는 진리를 잃어버리기 쉽고 성도들은 낙담하기 쉽다. 교회 직원은 하나님의 진리를 위하여 그리고 성도가 진리를 향하여 청결한 마음을 갖도록 지혜롭게 정부에 맞서야 한다.

제23장 국가 통치자 제3절은 "국가 통치자는 교회 회의를 소집할 권세와 거기에 참석할 권세와 회의가 처리한 것은 어떠한 것이든 하나님의 마음에 맞도록 정할 권세를 갖고 있다."고 말한다. 그런데 이 내용은 제23장 제3절 앞부분에 있는 "국가 통치자는 말씀과 성례의 집행이나 천국 열쇠의 권세를 자신의 것으로 삼아서는 안 된다."는 것을 전제로 한다. 또 국가 통치자는 교회를 지키려는 선한 목적과 동기로 교회 회의들을 소집하려고 해야 하고, 하나님의 마음에 맞도록 정해야 한다. 제23장 제3절은 이런 전제들 하에서 국가 통치자가 교회 회의를 소집할 권세를 갖

---

129 로버트 쇼, 592.

고 있다고 말하는 것이지 절대로 국가의 이익이나 정책을 관철시킬 목적으로 아무 때나 임의로 소집할 권세가 있다고 말하지 않는다.

제30장 교회 권징 제1절은 "주 예수께서는 자신의 교회의 왕과 머리로서 국가 통치자들과 구별되는 교회 직원들의 손에서 교회 정치가 이루어지도록 정하셨다."고 말한다. 교회의 직원이 된다는 것은 예수 그리스도의 교회에서 그리스도께서 맡겨주신 정치를 한다는 것이다. 그러므로 이때 제31장 제1절에서 살펴본 것처럼 교회의 목사는 그리스도께서 허락하시고 부여하신 직무 자체의 효력에 의해 국가 공직자의 허락과 동의 없이도 회의를 소집하여 목사들만으로 모여 논의할 수 있다. 그 회의에 장로들도 참여할 수 있는데, 장로들은 자신들의 지교회들로부터 받은 위임에 근거하여 참여할 수 있다. 장로라는 직분만으로 자동적으로 회의에 참여하는 것이 아니라, 지교회의 장로들 중 총대로 선발된 자만 회의에 참여할 수 있다. 장로들은 장로들로만 회의를 열 수 없고 늘 목사와 함께 연대하여 회의에 참여할 수 있다. 장로이외에 집사나 신학교의 교수와 같은 전문가 등도 총대나 언권위원이나 자문단이나 옵서버로서 참여할 수 있다. 목사나 장로나 집사나 교수나 하나님의 진리를 위해서 공공연한 적들을 대항하여 연대하여야 한다.

바울은 성도들이 모든 사람을 위하여 간구와 기도와 도고와 감사를 하되 임금들과 높은 지위에 있는 모든 사람을 위하여 기도하라고 말하는데, 이는 성도가 모든 경건과 단정함으로 고요하고 평안한 생활을 하기 위함이다. 정치가 혼란스럽고, 정부 지도자가 교회에 대하여 적대적이고 공공연한 핍박자라면 성도가 신앙생활하기에 얼마나 불편한지 모른다. 우리는 경건 중에 고요하고 평안한 생활을 하도록 국가 통치자들이 하나님을 두려워하고 종교의 자유를 보장하도록 기도해야 한다. 교회는 어디에서나 항상 국가라는 영토 안에 존재하므로 국가와의 관계가 중요하다. 국가가 교회를 향하여 적대적으로 대할 때 교인이 신앙생활 하기에 매우 불편할 뿐만 아니라 위험하기까지 하다. 그러므로 교회 지도자는 국가와 좋은 관계를 유지하여 신앙의 자유와 독립성이 보장되도록 노력하여야 하고, 국가가 교회를 핍박할 때에 지혜롭게 대처하고 항거하면서 신앙의 양심을 지켜내야 한다.

31.3

대회와 공의회에 속한 일들은 사역적 차원에서 믿음의 논쟁과 양심의 사안을 판결하는 것, 하나님의 공적 예배와 교회 정치를 더 질서 있게 세우기 위하여 규칙과 지침을 제정하는 것, 실정 사안에 대한 고소를 접수하는 것, 그리고 그 고소를 권위적 차원에서 판결하는 것이다. 이 법령과 판결이 하나님의 말씀에 일치한다면 경외하고 복종하는 마음으로 받아들여야 하는데, 이것이 말씀과 조화를 이루기 때문만이 아니라 이것들을 만든 권세 때문이기도 하다. 이 권세는 하나님께서 그렇게 하도록 자신의 말씀에서 정하신 규례로 말미암는다.ᵈ

It belongeth to synods and councils ministerially to determine controversies of faith, and cases of conscience, to set down rules and directions for the better ordering of the public worship of God, and government of his Church; to receive complaints in cases of maladministration; and authoritatively to determine the same: which decrees and determinations, if consonant to the Word of God, are to be received with reverence and submission; not only for their agreement with the Word, but also for the power whereby they are made, as being an ordinance of God, appointed thereunto in his Word.ᵈ

d 행 15:15, 19, 24, 27-31; 행 16:4; 마 18:17-20

3. 대회와 공의회의 직무

노회와 총회와 공의회는 지교회 차원에서 할 수 없는 일들을 행한다. 첫째로 사역의 차원에서 믿음의 논쟁과 양심의 사안을 판결한다. 사도행전 15장에서 안디옥 교회는 어떤 사람들이 유대로부터 내려와서 "너희가 모세의 법대로 할례를 받지 아니하면 능히 구원을 받지 못하리라"고 주장하여 큰 다툼과 변론이 일어났다. 참된 믿음에 대한 논쟁이라고 할 수 있다. 이 문제를 예루살렘 총회가 해결하였다. 지교회에서 믿음의 논쟁과 양심의 사안이 발생하였는데 자체적으로 해결하지 못하면 노회로 보내어 해결하고, 노회도 해결하지 못하면 총회로 보내어 해결한다. 총회에서 결정된 사안이 국제적으로 확인을 받아 세계적으로 널리 공유되어야 할 중요한 사항이면 또는 총회에서 해결하지 못하여 국제적인 논의를 통하여 해결되기를 바라면 세계의 공의회에 보내어 해결한다.

둘째로 하나님의 공적 예배와 하나님의 교회 정치를 더 질서 있게 세우기 위하여 규칙과 지침을 제정한다. 하나님께 드리는 공적 예배를 지교회가 재량에 따라 함부로 순서와 내용을 바꾸면 안 된다. 노회와 총회는 종교적 예배와 안식일에 대하여 말하는 제21장에 따라 공적 예배의 순서와 내용을 성경적으로 결정하여 헌법의 예배모범으로 삼고, 산하 지교회들이 이를 지키며 자유롭게 예배하도록 이끌어야 한다. 또 교단의 헌법에 나오는 정치에 관한 세부 내용을 성경에 따라 결정하고, 이에 따라 교회의 행정이 이루어지도록 지도해야 한다.

셋째로 실정 사안에 대한 고소를 접수한다. 지교회는 자체적으로 해결하지 못한 실정 사안에 대한 고소를 노회에 접수하고, 노회 역시도 자체적으로 해결하지 못한 실정 사안에 대한 고소를 총회에 접수한다. 장로교는 판결에 있어서 당회와 노회와 총회라는 삼심제 三審制를 채택하여 억울한 일이 없도록 신중을 기한다. 이런 삼심제의 제도가 있기 때문에 교인과 노회는 실정 사안이 발생하면 노회와 총회에 고소할 수 있는 해결 방법을 인하여 마음 편하게 대처할 수 있다. 사람이 모여 있는 곳에는 실정이 없을 수 없다. 중요한 것은 그 실정을 하나님의 사랑과 말씀에 따라 해결하는 것이다. 실정의 존재를 부인하거나 실정을 해결하려는 의지가 없는 것은 모두 교회의 질서와 평안을 크게 해친다.

넷째로 그 고소를 권위적 차원에서 판결하는 것이다. 일종의 재판을 여는 것이다. 노회와 총회는 회기 중에 사역적 차원에서 치리회를 열어 믿음의 논쟁과 양심의 사안을 판결하고, 공적 예배와 교회 정치에 대한 여러 규칙과 지침을 제정한다. 그리고 접수된 고소건이 있으면 치리회를 재판회로 열어 권위적 차원에서 판결한다. 사역적 차원이란 노회와 총회가 여러 사안에 대해 일반적으로 논의하는 치리회에서 결정한다는 것이고, 권위적 차원이란 노회와 총회가 재판을 열어 결정한다는 것이다. 교인이 지교회에 접수한 고소건은 일차적으로 당회가 판결한다. 교인이 그 판결을 승복하지 않고 노회에 항소할 수 있다. 또한 지교회가 노회 내에서 발생한 실정에 대하여 노회에 고소할 수 있다. 그러면 노회가 치리회를 재판회로 바꾸어 권위적 차원에서 판결하는데, 노회원들 중에서 검사와 변호사를 선임하여 면밀하게 검토한 후에 판결한다. 노회의 결정을 승복할 수 없는 교인이나 지교회는 총회에 상고할 수 있다. 이렇게 내려진 결정을 교인이나 지교회나 노회는 하나님의 뜻으로 알고 받아들여야 한다. 일반 사회에서도 대법원의 판결이 나면 더 이상 법률적 판단을 하지 않고 최종 결정으로 받아들이는데, 당회와 노회와 총회가 하나님의 말씀에 따라 결정한 사항이면 더욱 더 하나님의 뜻으로 알고 받아들여야 한다. 바울은 교인 간에 다툼이 있을 때에 세속 법정에 고소하지 말라고 말한다. 성도가 세상을 판단하는 것인데 성도가 자체적으로 문제를 해결하지 못하고 세상의 판단을 받아서는 안 된다고 말한다. 세속 법정에 고소하는 것은 그 자체로 뚜렷한 허물이 되므로 차라리 불의를 당하는 것이 낫고 차라리 속는 것이 낫다 고전 6:1-7.

위에서 본 것처럼 노회와 총회가 하는 일은 국가가 하는 행정과 입법과 사법에 해당한다. 노회와 총회는 삼권을 다 갖는 것이므로 노회와 총회의 회원이 되는 목사와 장로는 행정과 입법과 사법에서 기본적인 지식을 갖기 위하여 노력하여야 한다. 특히 목사는 지교회의 당회원과 노회의 정회원으로서 행정과 입법과 사법에 관여할 일이 많으므로 단지 성경만이 아니라 이것들에 대한 지식도 권위 있게 갖추어야 한다. 마치 모세와 여호수아와 사사들과 사무엘이 행정과 입법과 사법에서 많은 백성을 이끌었던 것처럼 목사도 이런 역량을 갖추어야 한다.

노회와 총회에서 이루어진 법령과 판결은 하나님의 말씀과 조화를 이룬다면 경외하고 복종하는 마음으로 받아들여야 하는데, 그것들이 말씀과 일치할 뿐만 아니라, 그것들을 만든 권세 때문이기도 하다. 사도행전 15장에서 예루살렘 총회가 안디옥 교회가 제시한 문제를 성경에 따라 결정하고, 이를 편지로 작성하여 사람들을 보내 알렸을 때에 안디옥 교회는 순수하게 받아들였고, 예루살렘 총회가 편지에 적은 위로를 인해 기뻐하였다 ^{행 15:31}. 그후 바울 일행은 여러 성으로 다니며 예루살렘의 사도와 장로들이 작정한 규례를 그들에게 주어 지키게 하였고, 이에 여러 교회가 믿음이 더 굳건해지고 수가 날마다 늘어갔다 ^{행 16:4-5}. 예루살렘 총회의 결정을 모든 교회가 경외와 복종으로 받아들인 것이다. 그 결정이 하나님의 말씀과 일치하기 때문만이 아니라 그 결정을 내린 사도들과 장로들의 권세 때문에 그들은 받아들였다. 예루살렘의 사도들과 장로들은 자신들이 결정할 때에 성령도 자신과 함께 결정한 것으로 편지에 적었다 ^{행 15:28}. 이 정도로 이들이 갖는 권세는 사사로운 것이 아니고, 세속 정부로 인한 것도 아니고, 오직 하나님께서 자신의 말씀 안에서 그들이 노회와 총회에 맡겨진 일을 하도록 정하신 권세이다. 하나님에게서 나온 권세인 것이다.

목사와 장로는 노회와 당회에서 각각 안수를 받는다. 비록 사람에 의해 안수를 받고 임직되지만 하나님으로부터 인한 안수와 임직이다. 하나님께서 목사와 장로에게 교회와 노회와 총회에 맡겨진 일을 하도록 권세를 주신다. 이 권세에 모든 성도는 순종해야 한다. 히브리서 13:17절의 말씀을 명심해야 한다. "너희를 인도하는 자들에게 순종하고 복종하라 그들은 너희 영혼을 위하여 경성하기를 자신들이 청산할 자인 것 같이 하느니라 그들로 하여금 즐거움으로 이것을 하게 하고 근심으로 하게 하지 말라 그렇지 않으면 너희에게 유익이 없느니라"

❶ 노회의 직무
아래는 장로교 교단의 헌법 중 교회정치에 나오는 노회 관련 내용이다.

* 노회의 성경적 배경
그리스도의 몸 된 교회가 나뉘어 여러 지교회가 되었으나(행 9:31, 21:20), 서로 협의하며 도와서 교리의 순전을 보전하며, 권징을 동일하게 하며, 영적 지식과 바른 진리를 전파하며, 배도와 부도덕을 금지해야 한다. 이를 성취하려면 노회와 같은 단체가 있는 것이 긴요하다. 사도시대에 교회가 분산된 후에 여러 지교회들이 있었던 것이 확연하다. 그 교회들이 한 노회 아래 속해 있었다(행 15:2-4, 23, 21:17-18).

*노회의 직무
1. 노회는 그 구역 안에 있는 당회와 지교회의 목사와 강도사와 전도사와 목사후보생과 미조직 지교회를 사랑으로 보살피며 감독한다.
2. 노회는 각 당회에서 규칙대로 제출하는 헌의와 청원과 소원과 고소와 문의와 위탁판결을 접수하여 처리하며, 재판건은 노회의 결의대로 권징조례에 의하여 재판국에 위임 처리하게 할 수 있으며(고전 6:1, 8; 딤전 5:19), 상소장을 접수하여 총회에 보낸다.
3. 목사후보생을 시험하여 받고, 그 교육, 이명, 권징하는 것과 강도사를 인허하고 이명, 권징, 면직을 관리하며, 지교회의 장로 선거를 승인하며, 피택 장로를 시험하여 임직을 허락하고, 목사의 시험, 임직, 위임, 해임, 전임, 이명, 권징을 관리하며, 당회록과 재판회록을 검열하여 처리 사건에 찬부를 표하며, 교리와 권징에 관한 합당한 문의를 해석한다(행 15:10; 갈 2:2-5).
4. 교회의 순결과 화평을 방해하는 언행을 방지하며(행 15:22-24), 교회의 실정과 폐해(弊害)를 감시하고 교정(矯正)하기 위하여 각 지교회를 시찰한다(행 20:17, 30).
5. 지교회 설립, 분립, 합병, 폐지 및 당회의 조직에 봉사한다.
6. 목사 시험을 실시하되 그 과목은 교회헌법(신조, 권징조례, 예배모범), 목회학, 면접이며, 장로시험 과목은 신조, 소요리문답, 교회헌법(정치, 권징조례, 예배모범), 성경, 면접 등이다.
7. 노회는 교회를 감독하는 치리권을 시행하기 위하여 그 소속 목사 및 장로 중에서 시찰위원을 선택하여 그들로 하여금 지교회와 미조직 교회를 순찰하게 하고, 모든 일을 협의하여 노회의 치리하는 일을 협력하게 할 것이니, 위원의 정원과 시찰할 구역은 노회에서 작정한다.
8. 노회는 시무목사가 없는 교회를 돌아보기 위하여 시찰위원 혹은 특별위원에

게 위탁하여 노회 개회 때까지 임시로 목사를 택하게 할 수 있고, 혹 임시 당회장도 택하게 할 수 있다. 노회에 시찰위원을 두는 목적은 교회와 당회를 돌아보고, 노회를 위하여 교회의 형편을 시찰하기 위함이니, 시찰위원은 교회의 청원이 없을지라도 그 지역 안에 있는 당회와 연합당회와 제직회와 부속한 각 회에 발언권 방청원으로 출석할 수 있고 투표권은 없다.

9. 시찰위원은 가끔 각 목사와 교회를 순방하여 교회의 영적 형편과 재정 형편과 전도 형편과 주일학교 및 교회 소속 각 회 형편을 시찰하고, 목사가 유익하게 사역하는 여부와 그 교회의 장로나 당회와 제직회와 교회 대표자들이 제출하는 문의 및 청원서를 받아 노회에 제출한다.

10. 시찰위원으로서 1년 1차 그 지역 교회를 시찰할 자는 교회 사역에 경험이 있는 자로 한다.

위에서 보는 바와 같이 노회가 교회에서 보통 전도사라고 불리는 목사후보생을 시험하여 받는다. 지교회에서 어떤 청년이 목사가 될 자격이 있다고 노회에 추천하면 노회는 그 청년이 정말로 목사가 되기에 적합한 후보인지를 시험과 면접을 통하여 판별한다. 그 목사후보생이 신학교에 들어가려면 노회의 추천을 받아야 하고, 신학교 수업을 마친 후에는 제대로 공부하였는지 시험을 통하여 살펴보고, 시험에 합격하면 강도사講道師 자격을 부여한다. 그 후에 노회는 강도사들을 일이 년 살핀 후에 목사고시를 통해 목사가 될 자격이 있는지를 살펴보고, 합격하면 목사 안수를 준다. 지교회에서 섬기는 목사후보생과 강도사와 목사가 되는 일을 노회가 주관한다는 것은 지교회들을 하나의 교회로 여긴다는 의미이다. 노회는 지교회에서 선거를 통해 장로로 뽑힌 자들이 장로로서 자격이 있는지도 장로고시를 통해 분별한다.

노회는 지교회의 당회록과 재판회록 검사를 통해 지교회에 어떠한 일들이 벌어졌는지 그리고 그 일들이 합법하게 처리되었는지 알 수 있다. 노회가 정기적으로 당회록과 재판회록을 검사하고 그 합법여부를 표시한다면 지교회는 늘 노회의 이 기능을 의식하며 여러 일을 합법적으로 처리해가게 된다. 노회는 이 직무를 진지하고 꼼꼼하게 함으로써 지교회의 운영과 자정 능력을 향상시킨다.

목사가 어떤 지교회의 담임목사로 섬기는 것도 노회에서 허락을 받아야 한다. 위의 제3번에서 말하는 것처럼 노회는 목사의 시험, 임직, 위임, 해임, 전임, 이명, 권징을 관리한다. 제4번이 말하는 것처럼 노회는 교회의 실정과 폐해를 감시하고 교정하기 위하여 각 지교회를 시찰視察한다. 잘못된 세습이 지교회에서 이루어져도 노회가 허락하지 않으면 그 지교회는 취소해야 한다. 지교회들에서 발생하는 폐해를 노회가 막을 수 있고, 견제할 수 있고, 올바른 방향으로 이끌 수 있다.

많은 교회가 지역명을 교회 이름으로 하는 큰 이유는 무엇보다 노회 때문이다. 노회가 관할 특정 지역에 지교회가 없을 때 그곳에 지교회를 세우기로 결정하면 그 교회를 담임할 목사를 선정하고, 그 교회가 재정적으로 독립할 때까지 여러 도움을 준다. 노회가 지교회를 구분할 때 지역명을 따서 구분하는 것이 성경적이다. "교회"에 이미 사랑, 믿음, 행복, 세움 등의 의미가 모두 담겨있으므로 원래 지교회의 이름으로는 지역명이 적합하다.

요사이 한국 교회의 여러 문제는 개교회 중심으로 흐르는 데에 있다. 개교회들이 분리되어 서로 간에 경쟁자로 여긴다. 성도를 늘리는 데에 주변 교회들이 경쟁자가 되는 것이다. 이 경쟁에서 이기기 위해 마케팅 기법을 도입하고, 수요자 중심으로 교회 프로그램을 만들어가며, 하나님의 진정한 말씀과 사랑이 약해지고, 자극적인 감성과 재미와 소소한 유익이 강해진다. 교회의 참된 모습은 약해지고 마치 기업처럼 더 많은 수요자를 모으고 만족시키는 형태는 강해진다.

하나님에게는 모든 지교회가 중요하다. 모든 교회에 다니는 모든 성도가 하나님 말씀을 먹고 잘 자라가기를 바라시고, 각 지교회가 튼튼히 세워지기를 바라신다. 다른 지교회들이 경쟁 상대가 아니다. 같이 하나님 앞에서 튼튼히 세워져 가야 할 교회들이다. 이것이 구체적으로 드러난 것이 노회이다. 노회에 속한 지교회들은 모여서 하나의 교회가 된다. 노회들로 구성된 총회 역시 하나의 교회이다. 요사이 교회를 개척한다는 말의 주어를 목사로 하는 경향이 있지만, 교회 개척은 목사한 명이 사사로이 하는 것이 아니라 노회가 하는 것이다. 노회의 직무 제5번에서 보는 것처럼 노회는 지교회 설립, 분립, 합병, 폐지 및 당회의 조직에 봉사하며, 지교회와 미조직교회의 목사 청빙을 처리하는 것이다.

하지는 『교회정치문답조례』에서 "교회 설립권이 목사에게 있느냐?"라고 묻고, "교회의 설립은 오직 노회의 고유권이지만, 국경지방이나 아주 불편한 지방에 거주하는 목사는 청원을 좇아 노회가 목사에게 일임할 수 있다."라고 답한다.[130] 우리가 자본주의 사회에서 살며 개인이 자유롭게 회사를 설립하는 것에 익숙해져 있어서 그런지 교회의 설립 또한 개인 목사에게 달려있다고 생각하기 쉽다. 가장 바람직한 교회 설립은 노회가 지교회가 없는 지역을 발견하였거나 개척 교회가 필요하다고 여겨지는 지역을 발견하였을 때에 그 지역에 지교회를 설립하기로 결의한 후에 어떤 목사가 그 지교회를 담임하는 것이 좋은지를 선정하는 것이다. 이렇게 교회 설립과 담당 목사가 결정이 되면 노회는 이에 필요한 비용을 마련하고 담당 목사의 생활비까지 책임을 진다. 이렇게 되면 그 지교회는 노회 소속임이 분명해진다.

노회가 본래의 역할과 기능을 실천하면 지교회들이 건강하게 설 수 있다. 장로교 정치의 핵심은 노회가 하나님 말씀에 의거하여 각 지교회의 일들을 공평무사하게 판단하는 것에 있다. 노회의 목사와 장로가 깨어있지 않으면 곧바로 패거리정치가 된다. 하나님의 말씀이 아니라 목사의 이익이 우선되면 노회는 세속 정치보다 못한 정치판으로 전락해버린다. 목사와 장로는 말씀의 귀족으로서 하나님이 주신 권세와 사명이 무엇인지 명심하여 오직 하나님의 말씀에 따라 매사를 결정해야 한다.

❷ 총회의 직무

아래는 장로교 교단의 헌법 중 교회정치에 나오는 총회 관련 내용이다.

---

130 J. A. 하지, 박병진 역, 『교회정치문답조례』 (성광문화사, 1985), 179.

* 총회의 성경적 근거

총회는 사도행전 15장에 기록된 예루살렘 공의회에 근거한다. 그 때의 공의회에는 예루살렘 교회만 아니라 이방 교회에서도 대표자들이 출석하였다(행 15:1-29).

* 총회 사역의 성격

총회는 전국 교회의 회합인 만큼 그 사역은 광범위하다. 그러므로 그 판단과 처리가 성경 말씀대로 된 한에 있어서 가장 유력하다고 할 수 있다. 이 처리회도 역시 성경 말씀대로 수종하는 사역을 하는 것이다. 그 사역은

1. 원천적이 아니고 유래적이다. 즉, 지교회들이 택해 세운 목사, 장로의 모임이다. 그 모임의 권위는 하나님의 뜻에 의한 지교회의 파송에 근거 한 것이다.
2. 전반적이 아니고 제한된 것이다. 총회가 지교회의 일을 전부 맡은 것이 아니며, 교회의 일들을 모두 다 주장하지도 못한다.
3. 높은 것이 아니고 넓은 것이다. 한 지교회나 노회만 아니라, 모든 지교회들과 노회들의 연락에 관한 일들을 처리한다.
4. 통치적이 아니고 봉사적이다. 총회는 하나님의 말씀에 의지하여 사역한다.
5. 영속적이 아니고 일시적인 것이다.

* 총회의 직무

1. 총회는 모든 교회들 또는 노회들의 단합을 위하여 필요한 일에 봉사하며, 논쟁을 가져올 치리 문제들은 노회 차원에서 해결하도록 한다.
2. 총회는 성경에 의하여 교회헌법(신조, 요리문답, 정치, 권징조례, 예배모범)을 해석하며, 교리와 권징에 관한 논쟁점을 해석하는 데 봉사한다.
3. 교단 안의 교인들과 그 지도자들의 영적 지식을 높이기 위하여 수양이나 훈련의 기회를 만들며, 이에 필요한 일들에 봉사한다.
4. 될 수 있는 대로 사법에 속한 일은 취급하지 않고, 교회 또는 노회의 화평과 통일을 위하여 봉사의 자세로 조용히 권면, 충고하는 것을 위주로 한다.

5. 내외지 전도사업이나 선교사업을 주관할 위원을 설치할 수 있으며, 교단과 관련된 신학교육과 대학교육 실시를 위하여 봉사한다.
6. 총회는 노회에서 합법적으로 문의한 교리문제를 해명한다.
7. 총회는 각 노회록을 검사한다.
8. 총회는 대한예수교장로회 헌법을 성경에 의하여 수정 혹은 해석함에 있어 수종들 책임이 있다.
9. 총회는 노회를 설립, 분립, 합병하며, 노회의 구역을 정하는 일에 봉사하되 해당 노회와 협의해야 한다.
10. 총회는 강도사의 자격을 고시하고, 규칙에 의하여 다른 교단 교회들과 연락하며, 그 교회들과 더불어 성결의 덕을 세우기 위하여 힘쓴다.
11. 총회는 신학교의 설립 운영에 봉사하며 교역자를 양성한다.
12. 총회는 성경적으로 선교사업, 사회사업 등 선한 사업을 협의하는 일에 봉사한다.

총회가 노회와 다른 점은 전 교회적 차원에서 모든 성도가 따라야 할 신조와 요리문답과 정치와 권징조례와 예배모범을 해석하고 결정한다는 것이다. 성경의 해석에 대한 다양한 주장이 발생하면 이에 대하여 옳고 그름을 분별하고 이단 여부를 알아낸다. 총회 교회에 속한 목사와 장로의 재교육을 담당하고, 목사후보생의 신학교육을 신학교를 세워 담당한다. 총회는 행정적인 일보다 전 교회의 교리와 신학 교육 등에 더 관심을 둔다.

교회가 총회적 차원에서 코로나19 대감염에 대처하거나, 지진이나 태풍으로 큰 피해를 입은 지역을 도울 수 있다. 총회가 산하 모든 지교회에게 방역지침을 내리고, 어려운 지교회들을 돕고, 교회만이 아니라 피해를 당한 일반 이재민도 돕는다. 한국에는 여러 개신교 교단들이 있는데 이들이 모두 참여하는 통일된 연합기구가 없다. 그래서 개신교의 모든 지교회가 행정적으로 통일되지 않고, 행정력이 미치지 못한다. 코로나19 대감염 때 대부분의 지교회는 방역에서 모범을 보였지만 일부 지교회가 문제를 일으켰다. 그런데 문제를 일으킨 대부분의 교회가 건전한 교단에 속해있지 않거나, 평상시에 교리와 신앙 행태에 있어서 비난을 받던 교회들이다. 개신교는 이들을 선하게 이끌 강제력과 행정력을 갖춘 통일된 조직체가 없다. 이렇게 된 데는 분열이 큰 이유이다. 개신교는 외부의 핍박과 탄압에 잘 맞서야 하겠지만 동시에 개신교 자체 내의 부패와 분열을 막아야 한다.

개신교는 교인이 다른 교회로 이동하는 것도 쉽고, 지교회가 교단을 탈퇴하여 다른 교단에 가입하는 것도 쉽고, 심지어 몇 교회가 모여 교단을 만드는 것도 쉽다. 로마 가톨릭은 교황을 중심으로 일사불란한 조직체계를 갖고 있다. 그들은 사회와 국가를 향하여 통일된 목소리를 내고, 신부들을 과잉배출하지 않고, 신부들 교육을 신학생 때는 물론이고 사제가 된 이후에도 재교육을 통하여 잘 시킨다. 개신교가 로마 가톨릭을 비판하며 개혁을 시도하였지만 5백 년이 지난 지금 개신교가 로마 가톨릭보다 더 낫다고 말하기 힘들다. 개교회주의, 교리의 경시, 무인가 신학교의 난립, 수많은 교단의 난립과 분열, 과다한 사역자 배출, 지교회들간의 심한 경쟁 등은 개신교의 부끄러움이다. 이런 문제를 해결하는 데 있어 노회와 총회가 더 넓은 교회임을 아는 것은 중요하다.

코로나19 대감염이 시작되면서 방역으로 우리나라가 민감했을 때에 확진자가 교회에서 상대적으로 많이 발생하였다. 그때 일반 언론은 각 종교의 조직 형태에 대하여 로마 가톨릭은 직영점 형태이고, 불교는 체인점 형태이고, 개신교는 개인사업자 형태라고 분석하였다.[131] 로마 가톨릭과 불교는 주일에 모임을 하지 않아도 중앙 본부로부터 도움을 받을 수 있지만, 개신교는 개인사업자이기 때문에 주일에 예배하지 않으면 헌금을 거두지 못하여 손해를 크게 본다는 것이다. 우리는 언론의 이러한 분석에 동의하지 않지만, 현상적으로 이런 면이 있는 것 또한 크게 부인하기 힘들다. 장로교 교단이 노회와 총회의 원리를 잊어버리면 말 그대로 각 교회는 개인사업자 형태가 되는 것이다. 이러한 지적을 듣지 않도록 노회와 총회

---

[131] 2020년 4월 7일 연합뉴스 기사는 "천주교 성당은 다국적 대기업의 직영점이고, 불교 절은 프랜차이즈 기업 매장이고, 개신교 교회는 상인조합이나 시장 번영회에 속한 자영업 매장에 가깝다"라고 비유하였다.

의 기능이 살아나야 한다.

국회의원은 각 개인 자체가 헌법기관이다. 국회의원은 구청장과 달리 자신의 지역구에만 관심을 두어서는 안 되고, 국가 전체의 살림에 관심을 두어야 한다. 행정부를 견제하고, 좋은 법률을 만들어 국가에 기여하여야 한다. 목사와 장로는 이런 지역성을 넘어서는 보편성이 국회의원보다 더 크다. 목사와 장로도 각 개인 자체가 헌법기관이다. 당회와 노회와 총회에서 입법을 할 뿐만 아니라, 행정과 사법의 기능까지 한다. 목사는 안수를 받는 순간부터 노회원이 되어 입법과 사법과 행정의 역할을 담당한다. 국회의원이 상임위에서 전문가다운 역할을 하지 못할 때 국민과 언론으로부터 얼마나 큰 비판을 받는지 모른다. 준비된 자가 구청장과 국회의원과 재판관과 장관과 대통령이 되어야 하지 않는가? 목사 또한 마찬가지이다. 목사는 지교회에서 목회를 잘 해야 할 뿐만 아니라, 노회와 총회에서 배정된 상비부나 특별위원회에서 전문가다운 기능과 역할을 해야 한다. 국회의원이 자신의 지역구만 챙기면 얼마나 꼴불견인지 모른다. 목사도 지교회에만 관심을 두면 다른 데 한 눈 팔지 않고 지교회에 충성하는 좋은 면이 있지만 동시에 이기주의와 좁은 안목에 빠지는 나쁜 면이 있다. 목사는 자신이 사역하는 지교회만이 아니라, 다른 교회들도 하나님의 귀한 교회이고, 한 형제된 교회인 줄 알고 노회와 총회의 일에도 적극적으로 관심을 갖고 사역하여야 한다.

31.4

모든 대회나 공의회는 사도시대 이래로 전반적으로든 개별적으로든 틀릴 수 있고, 많은 회의가 틀렸다. 그러므로 이것들은 믿음이나 행위의 규범이 되어서는 안 되고, 단지 믿음과 행위에 도움을 주는 것으로 이용하여야 한다.[e]

All synods or councils since the apostles' times, whether general or particular, may err; and many have erred. Therefore they are not to be made the rule of faith or practice; but to be used as a help in both.e

e 엡 2:20; 행 17:11; 고전 2:5; 고후 1:24

4. 틀릴 수 있는 대회와 공의회

대회와 공의회는 사람들로 이루어져 있다. 그들이 구원받은 자들이고, 검증받은 목사와 장로일지라도 제13장 성화 제2절이 말하는 것처럼 이들의 성화는 이생에서는 불완전하여 부패의 일부 잔재들이 남아있다. 지정의 모든 부분에 부패의 일부 잔재들이 남아있기 때문에 목사와 장로일지라도 노회와 총회에서 틀린 결정을 내릴 수 있다.

실제로 역사적으로 살펴보아도 틀린 결정을 내렸다. 왜 종교개혁이 일어났는가? 로마 가톨릭이 주최한 여러 공의회가 내린 결정이 성경적으로 틀렸기 때문에 이를 바로잡기 위하여 일어났다. 로마 가톨릭은 종교개혁자들의 주장이 틀렸다는 것을 면밀히 살펴보고 결정하기 위해 트렌트 공의회를 열었다. 이 공의회는 종교개혁자들의 주장이 옳음에도 불구하고 이를 반박하기 위하여 열렸으므로 반종교개혁의 전형으로 여겨진다. 이 공의회는 한두 개의 결정이 아니라 전반적으로 틀렸다고 할 수 있다. 어떤 회의들은 하나님의 말씀에 따라 최대한 옳은 결정을 내리려고 함에도 불구하고 사람들이 갖는 한계성을 인하여 본의 아니게 한두 개 개별적 사항에 대하여 틀리기도 한다.

한국에서만 해도 노회와 총회에서 내린 결정에 불복하여 세속 법정에 고소하는 경우들이 있다. 세속 법정이 노회와 총회의 결정과 다르다고 판결하면 노회와 총회는 세속 법정의 판결에 따라 자신들이 내린 기존의 결정을 번복하는데, 그 횟수가 적지 않다. 노회와 총회가 때로는 자신들의 잘못을 깨닫지 못하기 때문에 또는 설령 깨닫더라도 사적 이익을 고수하려는 부패함 때문에 교정하지 못하는데, 세속 법정이 틀렸다고 지적하면 그때서야 고치는 사례들이 적지 않은 것이다. 그러므로 노회와 총회는 절대로 성경처럼 믿음이나 행위의 규범이 되어서는 안 되고, 단지 믿음이나 행위에 도움을 주는 것으로 이용하여야 한다.

　로마 가톨릭은 앞에서 살펴본 것처럼 무류성을 주장하는데 이런 논리 전개과정을 통하여 무류성을 주장한다. 첫째로 이들은 주교들의 첫째 임무가 가르치는 임무로 주님의 명령에 따라 주님께 받은 복음의 진리를 모든 사람에게 전달하는 것이라고 본다. 이 봉사 직무를 수행할 수 있도록 그리스도께서 목자들에게 신앙과 도덕에 관한 무류성의 은사를 주셨다고 본다. 둘째로 이 은사는 여러 가지 모양으로 행사될 수 있다면서 먼저 교황에게 적용한다. 교황이 모든 그리스도인의 최고 목자이며 스승으로서 신앙과 도덕에 관한 교리를 확정적 행위로 선언할 때에 자기 임무에 따라 무류성을 지닌다고 본다. 셋째로 무류성을 주교단과 세계 공의회에도 적용한다. 교회에 약속된 무류성은 주교단이 베드로의 후계자와 더불어 최상 교도권을 특별히 세계 공의회에서 행사할 때에 주교단 안에도 내재한다고 본다. 넷째로 무류한 결정에 순종해야 한다고 결론짓는다. 교회가 그 최상의 교도권을 통하여 어떠한 것을 하나님에게서 계시되어 믿어야 할 것으로 제시하거나, 그리스도의 가르침으로 제시할 때에는 그러한 결정에 신앙의 순종으로 따라야 한다고 말한다. 이들은 이 무류성이 "하느님 계시의 위탁이 펼쳐지는 그만큼 펼쳐진다."라고 보기 때문에 교황과 주교단이 노회와 공의회를 통해 내린 결정은 하나님의 계시와 같은 권위를 갖는다고 주장한다.[132]

　이들은 대회와 공의회에서 내린 결정도 성경처럼 믿음이나 행위의 무류한 규칙으로 여기니, 얼마나 상식에도, 역사적 사실에도 어긋나는지 모른다. 이들은 심지어 교황과 주교들이 무류의 결정을 내리지 않을 때에도, 결정적인 의사 표시 없이 일반적인 교도권의 행사를 통하여 신앙과 도덕 문제에 관한 계시를 더 잘 이해하도록 지도하는 가르침을 제시할 때에도 하나님의 도우심이 주어진다고 본다. 그래서 이러한 일반적인 가르침에 대해서도 신자들은 마음의 종교적 순종으로 그

---

132 『가톨릭 교회 교리서』, 888항과 890항과 891항, 374-376.

를 따라야 한다고 말한다.[133] 한 마디로 교황과 주교들이 가르치려고 말하는 것들은 모두 하나님의 도우심이 있으므로 신자들은 마음의 종교적 순종으로 따라야 한다고 말한다. 이들은 교황과 주교들을 일반 존재들이 아니라 일반 신자와는 질적으로 크게 구별된 거룩한 존재로 본다. 그러니 무류성을 주장할 수밖에 없다. 이에 비해 개신교는 누가 말하느냐보다 성경에 맞는 말이냐에 더 중점을 둔다. 어린아이일지라도, 초신자일지라도 성경에 맞는 말을 하면 누구나 그 말을 받아들여야 하고, 모든 대회와 공의회는 성경에 맞는 결정을 내리기 위해 최대한 노력해야지 그 결정들이 절대로 저절로 옳은 것으로 보장되지 않는다고 본다.

31.5

대회와 공의회는 교회에 관한 것 이외에 어떠한 것도 다루거나 결정해서는 안 되고, 국가에 속한 세속적인 일들에 간섭해서는 안 된다. 단, 특별한 경우에는 겸손히 청원하는 방식으로, 또는 국가 통치자가 그 일들에 관하여 조언을 요구하는 경우에는 양심이 만족하도록 조언하는 방식으로 간섭한다.[f]

Synods and councils are to handle or conclude nothing but that which is ecclesiastical: and are not to intermeddle with civil affairs which concern the commonwealth, unless by way of humble petition in cases extraordinary; or by way of advice, for satisfaction of conscience, if they be thereunto required by the civil magistrate.[f]

f 눅 12:13-14; 요 18:36

---

133 『가톨릭 교회 교리서』, 892항, 376.

5. 교회에 관한 것만을 다루는 대회와 공의회

무리 중에 한 사람이 예수님께 "선생님 내 형을 명하여 유산을 나와 나누게 하소서"라고 물었다. 예수님은 "이 사람아 누가 나를 너희의 재판장이나 물건 나누는 자로 세웠느냐?"라고 답하신 후에 무리에게 "삼가 모든 탐심을 물리치라 사람의 생명이 그 소유의 넉넉한 데 있지 아니하니라"고 말씀하셨다. 이어서 어리석은 부자의 비유를 말씀하셨다. 한 부자가 소출이 풍성하여 쌓아 둘 곳이 없자 곳간을 헐고 더 크게 짓겠다는 생각을 하며 자신 영혼에게 "영혼아 여러 해 쓸 물건을 많이 쌓아 두었으니 평안히 쉬고 먹고 마시고 즐거워하자"라고 말하였다. 그런데 하나님께서는 "어리석은 자여 오늘 밤에 네 영혼을 도로 찾으리니 그러면 네 준비한 것이 누구의 것이 되겠느냐?"라고 말씀하셨다. 예수님은 자기를 위하여 재물을 쌓아 두고 하나님께 대하여 부요하지 못한 자가 이와 같음을 이 비유를 통하여 들려주셨다 눅12:13-21. 예수님께서는 유산을 형제들에게 공평하게 나누게 하시는 일보다 형제들이 탐심을 물리치고 사람의 생명이 그 소유의 넉넉한 데 있지 아니함을 깨닫게 하시도록 이 땅에 오셨다. 이것을 알려주시기 위하여 어리석은 부자의 비유도 이어서 들려주셨다. 대회와 공의회도 교회에 관한 것 이외에 어떠한 것도 다루거나 결정해서는 안 된다.

빌라도가 예수님께 "네가 유대인의 왕이냐?"라고 묻자, 예수님은 "이는 네가 스스로 하는 말이냐? 다른 사람들이 나에 대하여 네게 한 말이냐?"라고 답하셨다. 빌라도는 "내가 유대인이냐? 네 나라 사람과 대제사장들이 너를 내게 넘겼으니 네가 무엇을 하였느냐?"라고 다시 묻자, 예수님은 "내 나라는 이 세상에 속한 것이 아니니라 만일 내 나라가 이 세상에 속한 것이었더라면 내 종들이 싸워 나로 유대인들에게 넘겨지지 않게 하였으리라 이제 내 나라는 여기에 속한 것이 아니니라"고 답하셨다. 빌라도가 다시 "그러면 네가 왕이 아니냐?"라고 묻자, 예수님은 "네 말과 같이 내가 왕이니라 내가 이를 위하여 태어났으며 이를 위하여 세상에 왔나니 곧 진리에 대하여 증언하려 함이로라 무릇 진리에 속한 자는 내 음성을 듣느니라"고 대답하셨다 요 18:33-37. 예수님은 유대인의 참된 왕으로 오셨는데, 이것은 절대로 유대인이라는 특정 민족의 왕으로 오셨다는 의미가 아니다. 만약에 그러하셨다면 예수님은 공생애 동안 로마 제국을 강력하게 비난하셨을 것이고 유대 민족의 독립을 위해 투쟁하셨을 것이다. 하지만 예수님은 공생애 동안 정치적 또는 이념적 발언을 전혀 하시지 않았다. 예수님께서 우리에게 주시고자 하는 나라는 이 세상에 속한 것이 아니라, 예수 그리스도의 죽음과 부활로만 얻어지는 하나님 나라이다. 예수님은 진정한 왕이시지만 이 땅에 속한 나라는 예수님께 속하지 않았다. 그러므로 노회와 총회도 국가에 속한 세속적인 일들에 간섭해서는 안 된다.

바리새인들과 헤롯 당원들이 "가이사에게 세금을 바치는 것이 옳으니이까? 옳지 아니하니이까?"라고 묻자 예수님은 데나리온의 형상과 글이 누구의 것이냐고 여쭈셨다. 그들이 가이사의 것이라고 대답하자, "그런즉 가이사의 것은 가이사에게, 하나님의 것은 하나님께 바치라"고 말씀하셨다 마 22:16-21. 예수님은 로마의 정치와 세금제도 등에 대하여 간섭하시지 않았고, 손수 세금을 납부하셨다 마 17:27. 가이사의 것도 당연히 하나님의 것임에도 불구하고, 이 땅이 있는 동안 가이사의 것과 하나님의 것을 구분하시어, 국가 공직자의 손에 이 땅의 정치가 이루어지도록 하셨다. 세례 요한도 당시의 로마 관리들의 정치나 사회 제도 등에 대하여 언급하지 않았다. 그가 로마의 분봉 왕 헤롯을 비판했는데, 국가에 속한 세속적인 일들이 아니라, 헤롯이 그 동생 빌립의 아내를 차지한 비윤리적 행위였다 마 14:4.

대회나 공의회가 국가에 속한 세속적인 일들에 간섭할 수 있는 두 가지 경우가 있다. 첫째는 특별한 경우인데, 이 때에는 겸손히 청원하는 방식으로 간섭한다. 예를 들면 코로나19 대감염으로 정부가 방역 조치로 집합제한명령을 내릴 때에 노회와 총회는 교회의 예배와 교인들의 종교생활이 지장을 받지 않도록 국가에게 겸손히 청원할 수 있다. 국가가 교회의 자치권과 자율권을 인정하여 교회 스스로 방역 지침을 준수하며 예배의 여부와 방식을 결정하게 해달라고 겸손히 청원할 수 있다.

둘째는 국가 공직자가 국가에 속한 세속적인 일들에 간섭하여 주기를 요구하는 경우인데, 이 때에는 양심에 따라 조언하는 방식으로 간섭한다. 예를 들면 국가가 노예제도의 존속 여부나 여성의 참정권이나 난민과 외국인 노동자에 대한 대우 등에 대하여 교회에 의견을 물을 때에 대회나 공의회는 양심을 속이거나 거슬리는 것이 아니라 양심에 따라 조언할 수 있다. 이 양심에 대하여 제20장이 언급하니 참고하라.

로마 가톨릭은 중세 시대에 황제를 넘어서는 세속적 권력을 추구했고 실제로 획득하여 행사하기도 하였다. 그들은 교회적인 일들을 넘어서서 국가에 속한 세속적인 일들까지 간섭한 정도가 아니라 주도적으로 처리하였다. 교황은 교회를 넘어서서 이 땅에 속한 나라들의 왕까지도 되려고 하였다. 그들은 지금도 교황청을 운영하며 이 땅에 나라를 건설하였고, 국가에 속한 세속적인 일들에 다양하게 간섭하고 있다. 교황의 외국 방문은 국가원수의 외국 방문보다 더 화려하게 영접을 받고 있다. 이들은 겸손한 청원의 방식과 양심에 따른 조언의 방식이 아니라, 하교下敎하는 형태이다. 앞에서 살펴본 제23장^{국가 통직자} 제4절은 "교황이 통치자들의 영토에서 그들이나 그들의 국민 중 누구 위에 어떤 권세나 사법권을 갖는 것은 더욱 있을 수 없는 일이고, 교황이 통치자들을 이단이라고 판정하거나 다른 어떤 구실을 붙여서 그들의 지배권이나 목숨을 빼앗을 권세나 사법권을 갖는 것은 가장 있을 수 없는 일이다."라고 말함으로써 교황을 앞세워 세속 정치에 기웃거리려는 로마 가톨릭이 잘못되었다고 말하고 있음을 우리는 기억해야 한다.

대한민국 헌법 제20조는 "① 모든 국민은 종교의 자유를 가진다. ② 국교는 인정되지 아니하며, 종교와 정치는 분리된다."라고 말함으로써, 종교의 자유를 인정하고, 국교를 부정하며 정교분리를 선언한다. 대회와 공의회는 헌법의 이러한 정신도 참작하여 제5절이 잘 반영되도록 회의를 이끌어야지, 만약에 국가에 속한 세속적인 일들에 간섭하면 이후에 국가도 종교에 상응하는 행위를 하기 쉬움을 알아야 한다. 국회의원이나 대통령 선거철이 되면 많은 목회자가 자신들의 정치적 성향에 따라 지지하는 정치인이나 정당을 공개적으로 드러내기도 하고, 일부 교단의 노회나 총회는 지지하는 정책과 정당과 정치인을 노회나 총회의 이름으로 발표하기도 한다. 하나님의 말씀과 공의를 현저하게 저해하는 정책과 정당과 정치인이 아닌 한 노회와 총회는 함부로 노회와 총회의 이름으로 정치적 견해와 지지를 표출해서는 안 된다. 늘 특별한 경우에 겸손한 청원의 방식으로, 또는 국가 통치자가 그 일들에 관하여 조언을 요구한다면 양심의 만족을 위하여 조언의 방식으로 간섭해야 한다. 일부 목사와 교인은 교리의 차이보다 정치색의 차이에 더 민감하게 반응하고, 이념을 더 중요하게 생각한다. 지지하는 교리는 바꾸어도 지지하는 정당과 정책은 바꾸지 않을 정도로 정치색이 강하여, 심지어 설교 중에 지지하는 정당과 정치인에 대한 지지를 말할 정도이다.

하지만 그리스도인은 가까운 원인들보다 먼 원인이신 하나님의 섭리를 믿음으로써 하나님께서 자국의 정치에도 간섭하시기를 바라며 신자에게 주어진 책무를 먼저 묵묵히 완수해야 한다. 펜은 검보다 강하다는 말이 있듯이 하나님의 말씀을 사회를 향하여 널리 전함으로 하나님의 말씀의 원리와 가치가 법률과 제도와 문화에 반영되도록 저인망식으로 노력하여야 한다. 이것이 사회를 변하게 하는 느린 듯하지만 빠른 길이고, 약한 듯하지만 강력한 방법이다. 그리스도인은 세속 정치에 관심을 갖기 전에 교회 정치가 올바로 이루어지도록 온갖 노력을 다 해야 한다. 교회 정치가 올바로 아름답게 이루어지면 사회와 국가는 존경하는 마음으로 교회의 정치에 관심을 갖고 배우려고 할 것이다. 교회는 국가 통치자가 세속적인 일들에 관하여 조언을 요구하며 배우려는 자세를 갖도록 올바로 처신해야 하고, 이것이 세속적인 일들에 영향을 미치는 최상의 방법이다.

── 종말론 ──

Of the State of Men after Death,
and of the Resurrection of the Dead

제32장 죽은 후의 사람의 상태와 죽은 자의 부활

사람은 모두 죽는다. 아무리 화려한 삶을 살아도 끝내 죽는다. 죽는다는 면에서는 지혜자나 우매자나 차이가 없고전 2:16, 심지어 짐승과도 차이가 없다전 3:19. 모든 사람이 죽음을 겪으므로 사람은 죽음의 상태가 어떠한지 알아야 한다. 사람이 죽은 후에는 이 땅의 산 사람들에게 죽은 후의 상태가 어떠한지 알려줄 수 없으므로, 죽음의 상태는 사람의 경험이 아니라 철저히 성경의 기록을 통해서 알 수 있다.

신학에서 종말론과 다른 분야들과의 관계를 살펴보자. 신론에서 하나님께서 작정하실 때에 사람의 죽음과 부활을 제외한 채 다른 것들을 작정하시지 않는다. 하나님의 작정은 사람의 생로병사 모두에 걸친 것이므로, 사람의 죽음과 부활도 하나님의 작정에 포함된다. 우리는 사람의 죽음과 부활을 하나님의 작정이란 큰 틀에서 먼저 살펴야 한다. 인간론은 사람의 죄에 대하여 다루는데 종말론은 그 죄로 인한 죽음과 그것의 극복으로써 부활을 다룬다. 종말론은 인간론에서 제기된 인간의 죄의 문제가 예수 그리스도의 사역을 인하여 죽음과 부활을 통해 어떻게 펼쳐지는지를 다룬다. 기독론은 그리스도께서 우리의 죽음과 부활을 위하여 낮아짐과 높아짐의 신분에서 어떻게 선지자와 제사장과 왕의 삼직을 완전하게 행하셨는지를 다루고, 종말론은 그리스도의 사역으로 사람의 죽음이 극복되고 부활이 가능함을 다룬다. 구원론은 성령께서 그리스도로 인하여 획득된 구원을 우리에게 어떻게 적용하시는지를 다루는데, 마지막 부분에서 사람의 최종적 영화로움이 죽음과 부활을 통해 이루어짐을 다룬다. 구원론이 그리스도께서 획득한 구원을 성령께서 살아있는 신자들에게 어떻게 적용하시는지를 살핀다면, 종말론은 그리스도께서 획득한 구원이 죽음과 부활을 맞이하는 신자들에게 어떤 유익을 주는지를 살핀다.

종말론은 크게 개인적 종말론과 일반적^{우주적} 종말론으로 나뉜다. 각 개인의 죽음에 대하여 다루는 것이 개인적 종말론이고, 이 세상의 종말에 대하여 다루는 것이 일반적 종말론이다. 전자는 육체의 죽음, 영혼의 불멸, 중간상태에 대하여 다루고, 후자는 그리스도의 재림과 천년왕국과 죽은 자의 부활과 최후 심판과 최후의 상태에 대하여 다룬다. 제32장은 개인적 종말론을, 제33장은 일반적 종말론을 다룬다.

32.1

사람의 몸은 죽은 후에 흙으로 돌아가 썩음을 당하나a (죽지도 않고 자지도 않는) 그의 영혼은 죽지 않는 존재인지라 영혼을 주신 하나님께로 즉시 돌아간다.b 의인의 영혼은 그때에 완전히 거룩하게 되어서 가장 높은 하늘로 받아들여지는데, 거기서 빛과 영광 가운데 하나님의 얼굴을 뵈오며, 자신의 몸의 온전한 구속을 기다린다.c 그러나 악인의 영혼은 지옥으로 던져지는데, 거기서 고통과 철저한 흑암 가운데 머물며, 큰 날의 심판까지 갇혀 있다.d 성경은 몸에서 분리된 영혼을 위한 장소로 이 둘 이외에 어떠한 곳도 인정하지 않는다.

The bodies of men after death return to dust, and see corruption:a but their souls (which neither die nor sleep) having an immortal subsistence, immediately return to God who gave them.b The souls of the righteous, being then made perfect in holiness, are received into the highest heavens, where they behold the face of God in light and glory, waiting for the full redemption of their bodies:c and the souls of the wicked are cast into hell, where they remain in torments and utter darkness, reserved to the judgment of the great day.d Besides these two places for souls separated from their bodies, the Scripture acknowledgeth none.

a 창 3:19; 행 13:36
b 눅 23:43; 전 12:7
c 히 12:23; 고후 5:1, 6, 8; 빌 1:23; 행 3:21; 엡 4:10
d 눅 16:23-24; 행 1:25; 유 1:6-7; 벧전 3:19

1. 사람의 죽음 후의 상태

❶ 영혼의 불멸성

사람이 죽으면 육체가 영혼에서 분리된다. 분리된 육체는 썩음을 당한다. 죄를 범한 아담에게 하나님께서는 "너는 흙이니 흙으로 돌아갈 것이니라"고 창 3:19 하셨다. 여호와 하나님께서 땅의 흙으로 사람을 지으시고 생기를 그 코에 불어넣으셨을 때 사람이 생령이 되었다. 하나님의 생기가 사람에게서 떠나면 흙이 된다. 사람이 생령에서 흙이 되어가는 것이 육신에서 영혼이 떠나는 것이고, 그 육신이 썩는 것이다.

육체에서 분리된 영혼은 썩음을 보지 않는다. 이것이 의미하는 것은 사람의 죽음은 그 사람의 존재 자체가 없어지는 것이 아니라는 것이다. 죽음은 끝이 아니라 새로운 시작이다. 신자는 육체의 죽음으로 생이 끝나지 않고 그 이후에 심판이 있으므로 어떤 삶이 하나님께 칭찬을 받는지 파악하여야 한다. 예수님은 같이 십자가형을 받은 죄수에게 "오늘 네가 나와 함께 낙원에 있으리라"고 눅 23:43 말씀하셨다. 그 죄수는 죽음 직전에 예수 그리스도에 대한 고백으로 비록 몸은 십자가에서 비참하게 죽지만 그 영혼은 낙원에서 그리스도와 교제하는 복을 가졌다. 그것도 죽는 그날 즉시 자신에게 영혼을 주신 하나님께로 돌아갔지, 황천길을 떠돌다 오랜 후에 돌아가지 않았다. 전도서 12:7절은 흙은 여전히 땅으로 돌아가고 영은 그것을 주신 하나님께로 돌아간다고 말하고, 바울은 빌립보 교인들에게 "차라리 세상을 떠나서 그리스도와 함께 있는 것이 훨씬 더 좋은 일이라"고 빌 1:23 말하는데,

이는 사람이 죽으면 그 영혼이 즉시 그리스도와 같이 있음을 뜻한다.

예수님은 "몸은 죽여도 영혼은 능히 죽이지 못하는 자들을 두려워하지 말고 오직 몸과 영혼을 능히 지옥에 멸하실 수 있는 이를 두려워하라"고 마 10:28 말씀하셨다. 전파와 도시가스와 중력 등이 눈에 보이지 않을지라도 탐지하는 기계를 통하여 그 존재와 강도를 파악할 수 있지만, 영혼이 언제 어디에 있는지 탐지하는 기계는 없고 따라서 영혼에게 손상과 죽음을 가할 존재도 없다. 영혼을 만드신 하나님만 영혼을 능히 지옥에 멸하실 수 있다. 영혼의 불멸성을 믿는 신자는 죽음을 두려워하지 않기 때문에 큰 핍박과 죽음의 위협이 가해도 더 좋은 부활을 얻고자 하여 구차히 풀려나기를 원하지 아니한다. 세상은 죽음을 무서워하지 않는 참된 신자를 감당하지 못한다 히 11:35-38.

예수님은 제자들에게 "그 때에 의인들은 자기 아버지 나라에서 해와 같이 빛나리라"고 마 13:43 말씀하셨다. 해와 같이 빛나는 존재는 얼마나 복된 존재이겠는가? 바울은 예수님께서 우리의 낮은 몸을 자기 영광의 몸의 형체와 같이 변하게 하실 빌 3:21 것을 믿었기 때문에 "차라리 세상을 떠나서 그리스도와 함께 있는 것이 훨씬 더 좋은 일이라"고 빌 1:23 말했다. 바울은 죽음이 끝이 아니라 영혼이 불멸하는 것을 믿었기 때문에 이 땅에서 사는 것보다 죽는 것을 사모하였다. 그리스도께서 죽으실 때에 영육이 분리되고, 하나님으로부터 분리되는 고통을 겪으셨고, 한동안 죽음의 권세에 거하는 지옥과 같은 고통을 맛보셨기 때문에 신자는 죽을 때에 분리되는 고통과 죽음의 권세가 쏘는 고통을 겪지 않는다. 바울은 "사망아 너의 승리가 어디 있느냐 사망아 네가 쏘는 것이 어디 있느냐"고 고전 15:55 말했다. 사망이 신자에게 거둘 수 있는 승리와 쏠 수 있는 무기가 전혀 없다. 그리스도께서 자신의 죽음으로 마지막 원수인 죽음을 죽이셨기 고전 11:26 때문에, 신자는 죽기 전까지는 병과 노화 등의 고통을 겪겠지만 죽음 이후에는 아무 고통도 고뇌도 없다. 예수님께서 신자를 대신하여 이미 다 겪으셨기 때문에 신자는 죽음 이후의 고통으로부터 면제된다.

신자의 영혼은 죽는 순간 완전히 거룩하게 된다. 히브리서 12:23절은 그 완전히 거룩하게 된 영혼들이 있는 곳을 온전하게 된 의인의 영들이 있는 곳이라고 말한다. 요한계시록 21:27절은 속된 것이나 가증한 일 또는 거짓말하는 자는 결코 그리로 들어가지 못하고 오직 어린 양의 생명책에 기록된 자들만 들어간다고 말한다. 그렇게 완전히 거룩해진 영혼은 가장 높은 하늘에서 영광 속에서 하나님의 영접을 받는다시 49:15, 73:24. 의인들은 해와 같이 빛나고마 13:43, 주의 얼굴 빛 안에서 다니고시 89:15, 충만한 기쁨과 영원한 즐거움의 교제를 누리고시 16:11, 의로운 중에 주의 얼굴을 본다욥 19:26; 시 17:15.

바울은 이에 대한 강한 믿음을 가졌기 때문에 세상을 떠나 그리스도와 함께 있기를 사모했다. 참된 신자는 그리스도께서 낮아짐과 높아짐의 상태에서 삼직의 직분을 수행하심으로 죽음은 신자에게 아무 고통도 아니고, 전혀 단절도 아닌 것을 담대히 믿음으로써, 이 땅에 사는 동안 견실하며 흔들리지 말고 항상 주의 일에 더욱 힘써야 한다. 개똥밭에 굴러도 이승이 좋다라는 속담은 불신자에게나 해당되고, 신자에게는 개똥밭에 굴러도 가장 높은 하늘이 좋다라는 말이 해당된다. 물론 영혼이 거하는 곳에는 개똥밭도 없다. 낙원은 이 땅의 어떤 곳보다도 현격하게 좋다.

병과 노화와 사고로 병들고 늙고 낡고 지친 육신은 죽을 때에 무덤에서 휴식을 취한다. 죽음은 육신으로 인한 고통과 피로감으로부터의 해방이다. 죽어서 땅에 묻히거나 화장한 육신은 그 때에도 여전히 그리스도와 연합되어 있다. 그리스도는 한 번 연합한 신자의 육신을 버리시지 않는다. 그리스도 안에서 신자의 육신은 잠을 자는 것이지, 완전히 죽거나 완전히 없어지는 것이 아니다. 그리스도는 육신으로 부활하셨고, 승천하셨고, 하나님 우편에 앉으셨고, 다시 심판하러 오신다. 신자의 육신은 비록 죽었어도 여전히 그리스도와 연합되어 때가 되면 그리스도처럼 부활한다. 그리스도와 연합하였기살전 4:14 때문에 죽음의 권능을 깨뜨리고 다시 부활할 수 있다.

이것을 봐도 신자는 죽음을 두려워할 필요가 없다. 죽음은 존재의 소멸이거나 분리나 단절이나 끝이 아니라 예전과 다른 형태로 존재하는 것이다. 그런데 그 형태가 신자인 경우에는 이 땅에서의 삶보다 더 좋다. 영혼은 완전히 거룩하게 되어 영광의 낙원으로 들어가 그리스도와 달콤한 교제를 나누고, 육신은 여전히 그리스도와 연합하여 무덤에서 휴식을 취하니 그 얼마나 좋겠는가!

❷ 악인의 영혼

아래의 성경구절들은 악인의 영혼도 멸절되지 않음을 보여준다.

마 11:22	내가 너희에게 이르노니 심판 날에 두로와 시돈이 너희보다 견디기 쉬우리라
마 12:41	심판 때에 니느웨 사람들이 일어나 이 세대 사람을 정죄하리니 이는 그들이 요나의 전도를 듣고 회개하였음이거니와 요나보다 더 큰 이가 여기 있으며
고후 5:10	이는 우리가 다 반드시 그리스도의 심판대 앞에 나타나게 되어 각각 선악간에 그 몸으로 행한 것을 따라 받으려 함이라

그런데 신자의 영혼은 완전히 거룩하게 되어서 가장 높은 하늘에서 영접을 받아 빛과 영광 가운데 하나님의 얼굴을 뵙지만, 악인의 영혼은 지옥에 던져져 고통과 흑암 중에 머문다. 아래는 이에 대한 제1절의 근거성경구절인데, 살아서 악하게 행한 부자는 죽어서 불꽃 가운데서 괴로워함을 알 수 있다. 악인은 죽음 이후에 그 영혼이 멸절되지 않아서 큰 고통 속에 거하고, 의인은 죽음 이후에 그 영혼이 멸절되지 않아서 큰 영광 속에 거한다. 영혼의 불멸성이 죽음 이후에 의인과 악인에게 판이하게 다른 결과를 가져다준다.

눅 16:23-24	그가 음부에서 고통중에 눈을 들어 멀리 아브라함과 그의 품에 있는 나사로를 보고 24 불러 이르되 아버지 아브라함이여 나를 궁휼히 여기사 나사로를 보내어 그 손가락 끝에 물을 찍어 내 혀를 서

	늘하게 하소서 내가 이 불꽃 가운데서 괴로워하나이다
행 1:25	봉사와 및 사도의 직무를 대신할 자인지를 보이시옵소서 유다는 이 직무를 버리고 제 곳으로 갔나이다 하고
유 1:6-7	또 자기 지위를 지키지 아니하고 자기 처소를 떠난 천사들을 큰 날의 심판까지 영원한 결박으로 흑암에 가두셨으며 7 소돔과 고모라와 그 이웃 도시들도 그들과 같은 행동으로 음란하며 다른 육체를 따라 가다가 영원한 불의 형벌을 받음으로 거울이 되었느니라
벧전 3:19	그가 또한 영으로 가서 옥에 있는 영들에게 선포하시니라

❸ 천국과 지옥 외의 장소가 있는가?

가. 연옥(purgatory)

로마 가톨릭은 "하느님의 은총과 사랑 안에서 죽었으나 완전히 정화되지 않은 사람들은 영원한 구원이 보장되기는 하지만, 하늘의 기쁨으로 들어가기에 필요한 거룩함을 얻으려면 죽은 다음에 정화를 거쳐야 한다."라고 말하면서, 이러한 마지막 정화를 하는 곳을 연옥이라고 부른다. 이 정화는 단죄 받은 이들이 받는 벌과는 전혀 다르다고 말한다. 로마 가톨릭은 죽은 자들이 가는 곳으로 천국과 지옥 이외에 연옥이라는 제3의 장소를 두는 것이다.

이들은 "누구든지 말로 인자를 거역하면 사하심을 얻되 누구든지 말로 성령을 거역하면 이 세상과 오는 세상에서도 사하심을 얻지 못하리라"는 마 12:32 성경구절을 통해 "가벼운 잘못을 저지른 사람들을 심판하기 전에 정화하는 불이 있다는 것을 믿어야 합니다."라고 말한다. 그 이유를 "이 구절에서 우리는, 어떤 죄들은 현세에서 용서받을 수 있지만 다른 어떤 죄들은 내세에서 용서받을 수 있다는 것을 알 수 있습니다."라고 말한다.[134] 하지만 일반적으로 어떤 사람이 마태복음 12:32절에

---
[134] 『가톨릭 교회 교리서』, 1030-1032항, 421-422.

서 연옥을 추론하겠는가? 로마 가톨릭은 "각 사람의 공적이 나타날 터인데 그 날이 공적을 밝히리니 이는 불로 나타내고 그 불이 각 사람의 공적이 어떠한 것을 시험할 것임이라 만일 누구든지 그 위에 세운 공적이 그대로 있으면 상을 받고 누구든지 그 공적이 불타면 해를 받으리니 그러나 자신은 구원을 받되 불 가운데서 받은 것 같으리라"고전 3:13-15 와 "만일 죽은 자들이 도무지 다시 살아나지 못하면 죽은 자들을 위하여 세례를 받는 자들이 무엇을 하겠느냐 어찌하여 그들을 위하여 세례를 받느냐"에서도 고전 15:29 연옥을 추론해낸다. 연옥이란 교리를 합리화하기 위해 성경구절을 얼마나 비트는지를 알 수 있다.

이들은 또 연옥의 근거를 외경에 죽은 이들을 위한 기도의 관습이 있는 것에도 둔다. 제1장 성경 제3절에서 살펴본 것처럼 "그가 죽은 이들을 위하여 속죄를 한 것은 그들이 죄에서 벗어나게 하려는 것이었다"라는 마카비 2서 12:45절이다. 연옥이라는 단어가 마카비 2서에도 나오지 않는데, 이들은 죽은 이들을 위하여 기도하였다는 내용을 연옥의 존재로 연결시켰다. 이들은 이것에 근거하여 "그들을 도와주고, 그들을 기억합시다. 욥의 아들들이 아버지의 번제로 정화되었다면, 죽은 이들을 위한 우리의 봉헌 제물이 그들에게 위로를 준다는 것을 왜 의심하겠습니까? 주저하지 말고 세상을 떠난 이들에게 도움을 주고, 그들을 위해 기도드립시다."라고 말한다. 이들은 나아가 로마 가톨릭 교회가 천국 열쇠권에 의해 연옥에 거하는 영혼들의 고통과 기한을 줄일 수 있다고 주장한다.[135]

우리는 연옥이라는 장소를 인정하지 않는다. 첫째로 성경에 연옥이라는 단어가 나오지 않기 때문이고, 둘째로 연옥이 존재한다면 그리스도의 구원 사역으로는 불충분하고, 연옥에 있는 자의 정화하는 노력이 구원에 필요한 것이 되기 때문이고, 셋째로 그때 사람의 정화행위가 구원의 공로가 되어 버리기 때문이고, 넷째로 로마 가톨릭 교회의 천국 열쇠권에 절대적인 권한이 있다고 인정하는 것이 되기 때문이다. 로마 가톨릭은 교황이 열쇠권으로 연옥의 영혼들의 고통과 기한을 줄일

---

135 『가톨릭 교회 교리서』, 1475항과 1498항, 572, 577.

수 있다고 여기는데 연옥을 인정하면 이들의 이런 주장까지도 인정하게 된다.

로마 가톨릭은 연옥을 인정하기 때문에 성찬의 제사가 그리스도 안에서 죽었지만 아직 완전히 정화되지 못한 죽은 신자들이 그리스도의 빛과 평화를 얻을 수 있도록 그들을 위해 바치는 것이기도 하다고 말한다. 이들은 거룩하고 경외스러운 희생 제물이 성찬식 중에 계시므로, 그들을 위해 바치는 간절한 기도가 영혼들에게 매우 큰 유익이 된다고 믿는다.[136] 참되게 신앙생활을 하지 못하고 죽은 이들을 위하려는 마음은 이해가 되지만, 성찬식이 죽은 신자들을 위한 것이란 주장은 전혀 성경적이지 않고, 연옥이 존재한다는 전제에 근거한 그들의 소견에 지나지 않는다.

로마 가톨릭이 연옥 사상을 갖게 된 데는 "성도의 통공"通功, the communion of saints, communio sanctorum이란 교리의 영향도 크다. 사도신경에 "성도가 서로 교통하는 것"이란 구절이 나오는데 영어로 "the communion of saints"이다. 로마 가톨릭은 이것을 "모든 성인의 통공을 믿으며"로 번역한다. 로마 가톨릭은 모든 성인의 통공이란 '거룩한 것들sancta의 공유'와 '거룩한 사람들sancti 사이의 친교'를 뜻한다고 말한다.[137] 공功이 서로 통通한다는 단어적 뜻을 갖는 통공通功이란 이생과 천국과 연옥에 있는 모든 성도의 공로와 기도가 서로에게 통한다는 의미이다. 성인들의 통공 안에는 천상과 연옥과 지상에 있는 신자들 사이에 변함없는 사랑의 유대와 모든 선의 풍부한 나눔이 있다. 이 나눔으로 한 사람의 거룩함이 다른 사람들에게 영향을 끼친다. 따라서 죄인은 성인들의 통공에 의지하면 죄의 벌에서 더 일찍, 더 효과적으로 정화될 수 있다.[138] 로마 가톨릭 교회는 '모든 성인의 통공'이란 교리에 힘입어 죽은 이들을 하나님의 자비에 맡겨 드리고, 그들을 위하여 기도하며, 특히 미사성제를 드린다고 주장한다.[139] 로마 가톨릭은 성인들의 통공을 영적인 재

---

136 『가톨릭 교회 교리서』, 1371항, 536.
137 『가톨릭 교회 교리서』, 948항, 392.
138 『가톨릭 교회 교리서』, 1475항, 572.
139 『가톨릭 교회 교리서』, 1055항, 430.

산이란 측면에서 교회의 보화라고 여긴다. 그리스도의 속죄와 공로로 이루어진 보화이고 무엇보다 복된 동정 마리아와 모든 성인의 기도와 선업이 포함된 보화라고 여긴다. 이들은 동정 마리아와 모든 성인이 그리스도의 발자취를 따라 그분의 은총으로 거룩하게 살며 성부께서 그들에게 맡기신 사명을 완수함으로써 그들은 자신들의 구원을 얻었고 신비체의 일치 안에서 형제의 구원에 협력하였다고 주장한다.140

이들은 동정 마리아와 모든 성인이 자신들의 구원을 얻었을 뿐만 아니라 형제의 구원에 협력할 공로를 쌓았다고 여기는 것이다. 바로 이 공로에 힘입어 지상에 있는 신자들이 연옥에 있는 이들을 위하여 기도하면 이들이 죄의 벌에서 더 일찍, 더 효과적으로 정화된다고 여긴다. "정화 중에 있는 죽은 신자들도 성인들과 통공을 이루는 같은 지체들이므로, 우리는 그들을 위한 다른 도움과 더불어, 특히 그들의 죄로 말미암은 잠벌을 사면해 주는 대사로써 그들을 도울 수 있다."141 로마 가톨릭의 잘못된 공로 사상은 자연스럽게 잉여 공로 사상으로 옮겨갔다. 성인은 천국에 가고도 남을 공로를 쌓게 되는데, 그 잉여 공로를 돈을 주고 살 수 있다고 신자들을 현혹시켰다. 지옥이나 연옥에 빠진 부모나 가족을 위하여 이 땅위의 사람들이 공로를 많이 쌓으면 그들이 천국으로 옮겨진다며 면벌부를 판매하였다. 종교개혁 당시에 교황 레오 10세는 베드로 성당을 건축하느라 진 엄청난 빚을 면벌부 판매로 충당하고자 하였다. 면벌부 판매권을 교황으로부터 받은 이들은 유럽 전역에서 면벌부를 구입한 돈이 헌금함에 떨어지는 순간에 지옥의 불길 속에 있는 영혼이 연옥으로 옮겨지고, 연옥에 있는 영혼은 천국으로 옮겨진다고 혹세무민하였다. 이에 반하여 우리는 예수 그리스도를 제외하고 어떠한 자도 거룩한 삶을 통하여 자신들의 구원을 얻을 자가 없고, 형제의 구원에 협력할 공로를 쌓을 자는 더욱 없다고 여긴다. 또한 성경은 그 어디에서도 연옥이란 장소에 대하여 말하지 않는

---

140 『가톨릭 교회 교리서』, 1476항, 1477항, 573.
141 『가톨릭 교회 교리서』, 1479항, 573.

다고 여긴다.

나. 선조 림보(The Limbus Patrum)

가장자리, 둘레라는 뜻을 가진 림보limbus가 중세 시대에 지옥 주변에 있는 두 장소를 가리키는 단어로 사용되었다. 선조 림보와 유아 림보이다. 로마 가톨릭은 앞에서 살펴본 것처럼 구약 성도와 신약 성도의 구원에 차이가 있다고 본다. 구약 성도는 예수 그리스도가 이 땅에 실제로 오셔서 죽으시고 부활하시기까지 신약의 성도가 갖는 온전한 구원을 못 받는다고 생각한다. 그래서 구약 시대의 성도는 죽은 후에 그 영혼이 신약 성도의 영혼처럼 바로 하나님 나라로 가지 못하고 따로 머무는 장소가 있다고 여기는데 이곳이 바로 선조 림보이다. 그리스도께서 십자가에서 죽으신 후 선조 림보를 방문하시어 이들을 하나님 나라로 이끄셨다고 여긴다. 구약 성도의 구원이 신약 성도의 구원과 질적인 차이가 있다고 여기는 로마 가톨릭의 교리가 이처럼 선조 림보를 주장하게 만든다.

다. 유아 림보(The Limbus Infantum)

로마 가톨릭은 세례에 자체적인 효력이 있다는 사효적 효력을 믿기 때문에 세례를 받지 못한 채로 죽은 유아는 그 부모가 믿는 신자이든 믿지 않는 신자이든 천국에 갈 수 없다고 여긴다. 비록 그 유아가 천국에 가지는 못하지만 그렇다고 하여 특별히 악을 행하지 않은 유아가 지옥에 가서 극심한 형벌을 받는다고 여기지도 않는다. 그래서 그들은 그 유아의 영혼이 가는 장소로 유아 림보를 만들어냈다. 설령 유아가 지옥에 가더라도 지옥의 중심부에 들어가 극심한 불길의 고통을 당하는 것이 아니라 지옥 가장자리에 위치하여 극심한 불길을 피한다는 것이다.

이상이 로마 가톨릭의 유아 림보에 대한 대체로 합의된 사항이고, 로마 가톨릭의 신학자들에 따라 그 유아의 고통의 정도와 구원의 여부 등에 대하여 다양한 의견이 있다. 지옥의 가장자리에 위치하여 특별한 고통을 당하지 않은 채 자연적 행복을 누리고 그들의 자연적 능력으로 하나님도 안다는 주장이 있고, 하나님과의 친교 없이 그곳에 영원히 머문다는 주장이 있다. 이들은 림보에 대한 이런 개념을 주장하며 부모는 아이를 낳으면 최대한 빨리 유아 세례를 받아야 한다고 권고한다.

이들은 세례를 통하여 모든 죄, 곧 원죄와 본죄, 그리고 모든 죄벌까지도 용서받는다고 보고, 어린아이도 원죄로 타락하고 더러워진 인간의 본성을 지니고 태어나므로, 어둠의 세력에서 해방되어, 하나님 자녀가 누리는 자유의 영역으로 옮겨가기 위해 세례로 새로 나야 한다고 본다. 그러므로 출생 후 가까운 시일에 아이에게 세례를 베풀지 않는다면, 교회와 부모는 그 아이가 하나님의 자녀가 되는 무한한 은총을 받지 못하게 하는 것이 된다.[142]

2007년 5월에 교황청 신앙교리성 산하 자문기구인 국제신학위원회는 전통적 림보 이론을 수정하는 41쪽 분량의 "세례 받지 않고 죽은 아기들의 구원의 희망"이라는 제목의 문헌을 교황 베네딕토 16세의 허락을 받아 발표하였다. 이 문헌은 "지나치게 제한된 구원관"이 반영된 림보에 대한 전통적 신학 이론은 무죄한 어린이들이 왜 천국에 들어가지 못하는지, 어른들의 전쟁과 실수로 희생된 아이들이 왜 지옥에 가야하는지에 대한 목회적인 질문을 만족시키지 못한다고 말한다. 이 문헌은 무죄한 어린이들의 영혼이 천국에 들어갈 희망을 지지하는 신학적, 전례전적 근거가 있다고 보았다. 그런데 동시에 이 문헌은 이것이 확실한 지식이라기보다 기도에 가득 찬 희망의 근거임을 동시에 강조했다. 이것이 의미하는 것은 로마 가톨릭은 림보에 대하여 성경에 근거한 분명한 정의와 논리를 갖고 있지 않고, 인지 상정에서 오는 견해와 희망을 피력한 것에 지나지 않다는 것이다. 로마 가톨릭이 얼마나 성경만이 아니라 그들의 전통과 소견에 따라 신학이론을 구성하는가를 림보 교리를 통해서도 알 수 있다. 이들은 세례 받지 못하고 죽은 유아에 대하여 결론적으로 자신들의 교리서에서 이렇게 말한다. "세례를 받지 않고 죽은 어린이들의 경우, 그들을 위한 장례 예식에서 하듯이 교회는 그들을 하느님의 자비에 맡길

---

[142] 『가톨릭 교회 교리서』, 1263과 1250항, 501, 497.

수밖에 없다. '모든 사람이 구원을 받게 되기를 원하시는'^{딤전 2:4} 하느님의 크신 자비로, '어린이들이 나에게 오는 것을 막지 말고 그냥 놓아두어라.'^{막 10:14} 하신 예수님의 어린이들에 대한 애정으로, 우리는 세례를 받지 않고 죽은 어린이들에게 구원의 길이 열려 있다는 희망을 갖게 된다. 그러므로 어린이들이 거룩한 세례의 은혜를 받아 그리스도께로 오는 것을 막지 말라는 교회의 호소는 더욱 절실한 것이다."[143]

32.2

마지막 날에 살아있는 자들은 죽지 않을 것이며 단지 변화될 것이다.e 그리고 죽은 자들은 모두 살아나는데, 비록 질적으로는 다르지만 다른 몸이 아닌 같은 자기 몸을 갖고 살아날 것이고, 그 몸은 자신의 영혼과 다시 영원히 결합될 것이다.f

At the last day such as are found alive shall not die, but be changed:e and all the dead shall be raised up, with the self-same bodies, and none other, although with different qualities, which shall be united again to their souls forever.f

e 살전 4:17; 고전 15:51-52   f 욥 19:26-27; 고전 15:42-44

---

2. 죽은 자의 부활과 산 자의 변화

신자는 죽을 때에 그 영혼은 죽지 않고 완전히 거룩하게 되어 하늘에서 영접을 받는다. 그런데, 영혼만 영광 속에 있는 것은 온전한 생명의 형태와 누림이 아니다. 만약에 그렇다면 하나님께서 사람에게 처음부터 육신을 주지 않으셨을 것이

---

[143] 『가톨릭 교회 교리서』, 1261항, 501.

다. 육신도 영광 속으로 들어가야 하는데 바로 육신의 부활을 통해 이루어진다. 육신의 부활은 각 개인별로 시기가 다르지 않고, 모든 육신이 마지막 날에 동시에 부활한다.

신자와 연합하신 그리스도께서 이미 죽음의 권세를 이기시고 육체로 부활하셨기 때문에, 신자도 그 연합을 인하여 마지막 날에 부활한다. 그리스도의 육체 부활을 인하여 신자의 육체 부활도 가능하고, 그리스도의 육체가 부활 시 영광체로 변하였기에 신자의 육체도 썩지 아니하고, 영광스럽고, 강하고, 신령하고, 하늘에 속한 이의 형상을 입는다. 죽은 자의 부활은 썩을 것으로 심고 썩지 아니할 것으로 다시 살아나며, 욕된 것으로 심고 영광스러운 것으로 다시 살아나며, 약한 것으로 심고 강한 것으로 다시 살아나며, 육의 몸으로 심고 신령한 몸으로 다시 살아난다. 부활 전에는 육의 몸이라면, 부활 후에는 영의 몸이다^{고전 15:42-44}.

죽은 신자도 모두 살아나서 그 영이 예전에 지녔던 몸과 결합이 된다. 그 예전의 몸이 부활체로 영광스럽게 변하여 이미 영광스럽게 변한 영과 결합되는 것이다. 다음 성경구절들이 영이 예전의 몸과 결합되는 것에 대하여 말한다. "예수를 죽은 자 가운데서 살리신 이의 영이 너희 안에 거하시면 그리스도 예수를 죽은 자 가운데서 살리신 이가 너희 안에 거하시는 그의 영으로 말미암아 너희 죽을 몸도 살리시리라"^{롬 8:11}. "이 썩을 것이 반드시 썩지 아니할 것을 입겠고 이 죽을 것이 죽지 아니함을 입으리로다"^{고전 15:53}. "어리석은 자여 네가 뿌리는 씨가 죽지 않으면 살아나지 못하겠고 또 네가 뿌리는 것은 장래의 형체를 뿌리는 것이 아니요 다만 밀이나 다른 것의 알맹이 뿐이로되 하나님이 그 뜻대로 그에게 형체를 주시되 각 종자에게 그 형체를 주시느니라"^{고전 15:36-38}. 같은 몸이 영광체로 변화된다는 것은 동일성이 유지되며 영광스럽게 변화된다는 것인데 이것은 현재의 우리 몸에도 적용된다. 산 자들의 몸도 매일 변화되지만 같은 몸인 것이다. 부활 시에도 같은 몸이 큰 변화로 부활한다. 부활이 신비한 만큼 썩은 육신이 다시 한 몸으로 변화되는 것도 신비하다.

그렇다면 마지막 날에 살아있는 자들은 어떻게 되는가? 그들은 죽지 않고 살은 상태에서 부활체로 변화되어 주를 영접하게 된다 살전 4:17. 마지막 날임을 알리는 나팔 소리가 날 때에 예전의 육신이 순식간에 홀연히 다 변화된다 고전 15:51. 이로써 산 자나 죽은 자나 의인들은 모두 마지막 날에 영광스럽게 변한 육신과 영혼을 갖게 되고, 육신과 영혼은 한 인격으로 영원히 결합된다. 영혼이 불멸함을 앞에서 살펴보았는데, 그 불멸의 영광스러운 영혼과 결합한 육신이 영광스럽게 변하지 않고 썩을 것이고 욕된 것이고 약한 것이고 육의 몸이라면, 그 육신과 영혼은 조화가 되지 않는다. 또한 그 인격은 죽지 않게 됨을 인하여 매우 큰 고통을 당할 것이다. 영생이 오히려 고통이 되는 것이다. 이 땅에 사는 신자의 육신이 노화되고 병들었을 때 죽는다는 것은 육신의 고통으로부터 벗어나는 것이다. 부활한 육신은 반드시 영화롭게 변화되어 영혼과 결합해야만 영생이 그 인격체에게 기쁨과 영광과 행복이 된다.

32.3

악인의 몸은 그리스도의 능력에 의해 욕됨으로 살아날 것이다. 반면에 의인의 몸은 그리스도의 영에 의해 영광으로 살아나고, 그리스도 그분의 영광스러운 몸과 같이 변화될 것이다.g

The bodies of the unjust shall by the power of Christ, be raised to dishonor: the bodies of the just by his Spirit unto honor; and be made conformable to his own glorious body.g

g 행 24:15; 요 5:28-29; 고전 15:42; 빌 3:21

3. 의인과 악인의 몸의 부활

마지막 날에 의인만 부활하지 않고 악인도 부활한다. 바울은 자기를 고소한 유대인들에게 벨릭스 총독 앞에서 의인과 악인의 부활이 있다고 증언하였다 ^행 24:15. 예수님께서는 무덤 속에 있는 자가 다 예수님의 음성을 들을 때가 오고, 그때 선한 일을 행한 자는 생명의 부활로, 악한 일을 행한 자는 심판의 부활로 나온다고 말씀하셨다 ^요 5:28-29. 다니엘서도 자는 자 중에서 많은 사람이 깨어나 영생을 받는 자도 있겠고 수치를 당하여 영원히 부끄러움을 당할 자도 있을 것이라고 말한다 ^단 12:2.

의인이나 악인이나 다 부활하는데 부활하는 목적과 형태는 다르다. 의인의 육신은 생명의 부활인지라 영광으로 다시 살아나고, 악인의 육신은 심판의 부활인지라 욕됨으로 다시 살아난다. 악인은 죽을 때 그 영혼이 이미 지옥에서 고통을 겪고 있다. 그런데 사람은 영과 육이 결합될 때 온전한 인격체이므로 악인에 대한 심판도 단지 영혼으로 끝나지 않고 육신까지 포함한 전 인격에 걸쳐 철저하게 심판을 받는다. 악인은 더 넓고 무거운 온전한 의미의 심판과 죽음을 맞이하기 위하여 부활하니 참으로 그 부활은 욕된 것이라고 할 수 있다.

제3장 **하나님의 영원한 작정** 제3절은 "하나님의 작정에 의해 하나님의 영광이 나타나도록 어떤 사람들과 천사들은 영원한 생명에 이르도록 예정되었고, 다른 자들은 영원한 죽음에 이르도록 미리 정해졌다."라고 말한다. 제3장 제3절이 말하는 영원한 생명과 영원한 죽음이 의인의 육신과 악인의 육신이 부활함을 통해 최종적으로 이루어진다.

제32장 제3절은 악인의 육신은 그리스도의 능력에 의해 다시 살아나고, 의인의 육신은 그리스도의 영에 의해 다시 살아난다고 말한다. 악인의 부활은 구속의 사역으로 말미암은 것이 아니라 하나님의 주권적 공의의 사역으로 말미암은 것이기에 그리스도의 능력에 의해 다시 살아나는 것이고, 의인의 부활은 구속의 사역으로 말미암은 것이기에 그리스도의 영에 의해 다시 살아나는 것이다. 그리스도께서 죽음으로 획득하신 구원이 성령 하나님에 의해 택하신 자들에게 적용되는데, 부활도 그 적용의 하나인 것이다. 신자의 부활은 철저히 그리스도의 구속의 사역의 결과물이다.

제32장 제3절은 의인과 악인의 부활에 대하여 말하며 동시에 의인의 부활체가

그리스도의 영광의 몸과 같게 변화된다고 말한다. 바울은 하늘의 시민권을 가진 신자들이 주 예수 그리스도를 기다리는데, 그리스도는 우리의 낮은 몸을 자기 영광의 몸의 형체와 같이 변하게 하신다고 말한다빌 3:21. 이 부활체에 대하여 고린도전서 15장은 "썩지 아니하고, 영광스럽고, 강하고, 신령하다"고 구체적으로 묘사한다고전 15:42-44. 그리스도의 부활체와 신자의 부활체가 질과 양의 차원에서 완전히 같지는 않을 것이다. 그런데 사람이 하나님의 형상으로 지음을 받았기 때문에 신자의 부활체는 그리스도의 부활체의 형상을 따르고, 따라서 그리스도의 영광의 몸과 같이 매우 영광스럽게 변화한다.

예수님은 공생애 동안에 죽은 자들을 몇 번 살려주셨다. 회당장 야이로의 딸막 5:23, 나인 성 과부의 아들눅 7:15, 그리고 나사로요 11:44를 살려주셨는데, 이것은 큰 이적에 속하기는 하지만 예수 그리스도의 부활 이전에 이루어진 것으로 이들은 죽기 전에 가진 일상의 삶으로 돌아간 것뿐이다. 그들의 육신은 영화로워지지 않았고, 그들이 머무는 시간과 공간의 장도 변화가 없었다. 이들은 다시 노화나 병이나 사고로 때가 되면 죽고, 그들이 머무는 땅에는 비참함이 여전히 똑같이 존재하였다. 하지만 그리스도의 부활을 인하여 의인이 그리스도의 재림 때 맞이하게 되는 부활은 첫째 다시 죽음이 없고, 둘째 죽음 이전의 삶의 환경이 아니라 새 하늘과 새 땅으로써 아담이 죄를 짓기 전의 에덴동산이 완성된 형태이고, 셋째 의인의 몸이 새 하늘과 새 땅에 맞게 그리스도의 영광의 몸과 같게 변한다.

예수님은 부활하신 후 제자들에게 나타나시어 자신의 몸을 만지게 하셨고, 같이 드셨다눅 24:30, 39-43. 도마는 자신이 예수님의 손의 못 자국을 보며 자신의 손가락을 그 못 자국에 넣으며 자신의 손을 그 옆구리에 넣어 보지 않고는 예수님의 부활을 믿지 않겠다고 하였다. 여드레 후 문들이 닫힌 집 안에 제자들이 있을 때에 예수님은 오시어 가운데 서서 도마에게 "네 손가락을 이리 내밀어 내 손을 보고 네 손을 내밀어 내 옆구리에 넣어 보라 그리하여 믿음 없는 자가 되지 말고 믿는 자가 되라"고요 20:27 말씀하셨다. 이것은 예수님께서 부활 이전과 같은 육신으로 부활하신 것과 새로운 특성의 부활체를 갖고 있음을 나타낸다. 예수님의 부활체는 시간과 공간의 제약과 물리적 장애를 받지 않고 순간적 이동을 하였다. 또 외모에서도 변형이 자유롭게 이루어져, 예수님은 두 제자에게 다른 모양으로 나타나셨다막 16:12.

예수님은 무덤 밖에 서서 우는 마리아에게 자신의 부활을 알리시면서 "나를 붙들지 말라 내가 아직 아버지께 올라가지 아니하였노라 너는 내 형제들에게 가서 이르되 내가 내 아버지 곧 너희 아버지, 내 하나님 곧 너희 하나님께로 올라간다 하라"고요 20:17 말씀하셨다. 예수님의 인성은 승천하시어 하나님 우편에 앉을 때 더욱 영광스럽게 된다. 하나님께서 계시는 곳으로 예수 그리스도께서 옮겨가 머무실 때에 그 장소에 맞는 영광스러운 수준으로 그 인성이 변화한다. 그곳은 시간과 공간의 장을 초월한 다른 곳이고, 성령의 권능으로 충만해진 인성만이 머물 곳이다. 주 예수님은 성령의 능력에 의해 처녀 마리아의 태 안에서 그녀의 실체로부터 잉태되었는데제8장 제2절, 성령의 권능에 의해 그 인성이 천국적 영광의 충만함에 진입한다.

마지막 날에 의인의 육신은 부활하여 이와 같은 그리스도의 영광의 육신으로 변화하는 것이다. 신자가 갖는 좋은 것들은 모두 그리스도의 고난과 죽음과 부활로 말미암는다. 신자는 그리스도와 연합되지 않으면 자신의 힘으로 할 수 있는 것이 하나도 없다. 그리스도의 죽음과 부활로 인하여 의인의 죽음은 결코 이 땅에서의 추방과 단절이 아니라 새 하늘과 새 땅에서 충만한 삶을 살기 위하여 진입하는 것이다. 신자의 신앙이 얼마나 좋은가는 죽을 때가 되었을 때에 기꺼이 죽을 수 있는지 여부로도 알 수 있다. 신자는 이 땅에서 살아있는 동안에 열심과 최선을 다하여 적극적으로 살아야하지만, 죽을 때가 되면 더 좋은 세상이 자신을 기다리는 줄 알고 기꺼이 죽을 수 있어야 한다. 이 땅에 미련을 가질 이유가 없다. 신자보다 모든 것을 정확하게 아시는 하나님께서 신자를 대신하여 신자가 하지 못한 일들을 다 하신다. 이 땅에 남아 있는 그리운 사람들도 모두 때가 되면 죽음을 맞이하여 하나님의 품안에 안기므로, 하나님 나라에서 다시 만나 기쁨의 교제를 나누게 된다.

한때 우리나라 사람들이 한국 전쟁 이후 미국으로 이민을 많이 갔다. 더 좋은 환경에서 더 나은 삶을 살기 위해서다. 이민을 간 가정은 미국 생활이 마음에 들면 한국에 있는 친척을 미국으로 초청하였다. 미국의 좋은 것들을 같이 누리고 싶었던 것이다. 신자가 죽는다는 것은 미국보다 몇 억 배 더 좋은 하나님 나라로 이민을 간다는 것이고, 이미 일찍 죽어 거기에 정착한 그리운 사람들과 교제를 나눈다는 것이고, 앞으로 죽어서 올 사랑하는 이들과 교제를 나눈다는 것이다. 그후 예수 그리스도의 재림이 되면 육신의 부활마저 이루어져 새 하늘 새 땅에서 현재의 몸의 상태보다 몇 억 배 더 좋은 영광스러운 부활체로써 가장 건강하고 가장 아름답고 가장 기능이 좋게 최고의 삶을 사랑하는 이들과 산다는 것이다. 그러므로 신자는 바울처럼 죽기를 소망해야 한다. 이 땅에 사는 동안 열심히 살아야 하지만 죽을 상황이 되면 두 손으로 쥔 모든 것을 털어버리고 기꺼이 죽어야 한다. 기꺼이 죽을 때 하나님께서 우리를 영접하시고 품어주신다.

Of the Last Judgment

제33장 마지막 심판

33.1

하나님께서 예수 그리스도에 의해 세상을 공의로 심판하실 한 날을 정하셨다.ª 성부께서 그분에게 모든 권세와 심판을 맡기신다.ᵇ 그날에 범죄한 천사들이 심판 받을 뿐 아니라,ᶜ 이 땅에 살았던 모든 사람도 똑같이 그리스도의 심판대 앞에 나타나 자신의 생각과 말과 행동에 대해 직고하고, 선악 간에 그 몸으로 행한 것을 따라 받는다.ᵈ

God hath appointed a day wherein he will judge the world in righteousness by Jesus Christ,ª to whom all power and judgment is given of the Father.ᵇ In which day, not only the apostate angels shall be judged,ᶜ but likewise all persons that have lived upon earth shall appear before the tribunal of Christ, to give an account of their thoughts, words, and deeds; and to receive according to what they have done in the body, whether good or evil.ᵈ

a 행 17:31
b 요 5:22, 27
c 고전 6:3; 유 1:6; 벧후 2:4
d 고후 5:10; 전 12:14; 롬 2:16; 롬 14:10, 12; 마 12:36-37

1. 심판의 날의 성격

❶ 예수 그리스도의 재림

그리스도께서 최후의 심판을 위해 이 땅에 재림하신다. 성경은 예수 그리스도의 재림과 세상의 종말과 죽은 자의 부활과 마지막 심판을 동시적인 것으로 본다. 사도신경이 "전능하신 하나님 우편에 앉아 계시다가, 저리로서 산 자와 죽은 자를 심판하러 오시리라"고 말하는 것처럼, 그리스도는 심판하러 재림하신다. 예수님께서 재림하시기 전에 큰 사건들이 발생한다. 이방인들의 부르심, 큰 배교와 환난, 적그리스도의 출현, 표적들과 기사들 전쟁의 소문, 기근과 지진, 거짓 선지자와 거짓 그리스도의 출현, 하늘의 무서운 징조 등과 같은 사건들이 발생한다. 주님이 오시는 날에 이 땅은 마지막이 되고, 새로운 시대가 열린다. 세상의 날은 끝나고, 주님의 날이 지속되며 주일의 연속이다.

재림의 때는 아무도 모른다. 다미선교회를 포함하여 많은 이단이 재림의 시기를 특정하여 예측하였지만 모두 거짓으로 판명이 났다. "그러나 그 날과 그 때는 아무도 모르나니 하늘의 천사들도, 아들도 모르고 오직 아버지만 아시느니라"마 24:36. 아들도 모른다는 것은 성자 하나님으로서 모르신다는 것이 아니라 종의 형체 성육신를 가진 중보자의 인격으로서 모르신다는 뜻이다. 예수 그리스도께서 신성으로서 모르시는 것이 있다는 것은 있을 수 없는 일이다.

재림의 방식에 대하여 살펴보자. 첫째로 인격적이다. 예수님께서 승천하실 때 천사들이 제자들에게 "너희 가운데서 하늘로 올려지신 이 예수는 하늘로 가심을 본 그대로 오시리라"고 행 1:11 말한 것처럼 예수님은 인격적으로 오신다. 자유주의자들은 재림을 예수님의 정신대로 세상이 변하는 것으로 생각하여, 예수님의 물리적 재림을 경시하지만 성경은 명백하게 인격적 재림을 말한다. 둘째로 육체적이다. 영적 강림이 아니라 육체적 강림이다. 셋째로 가시적이다. 여호와의 증인은 예수님께서 1914년에 권능으로 임하신다고 주장하였는데 거짓으로 드러나자, 보이지 않게 숨어계신다고 편리하게 대답하였다. 성경은 많은 곳에서 명확하게 보이게 재림하신다고 말한다. 예수님께서 직접 "인자가 구름을 타고 능력과 큰 영광으로 오는 것을 보리라"고 말씀하셨다 마 24:30. 넷째로 예수님의 초림이 갑작스러웠듯이 갑작스러운 재림이다. 신자들이 깨어서 말씀대로 살수록 그리스도의 재림에 놀라지 않을 것이다. 다섯째로 초림처럼 인격적이고, 육체적이고, 가시적이지만 재림 때는 완성된 영광의 부활체를 입고 왕으로서 오시는 영광과 승리의 재림이다. 구름을 타고 능력과 큰 영광으로 마 24:30 능력의 천사들과 함께 하늘로부터 불꽃 가운데에 살후 1:7 오신다.

❷ 심판하실 한 날의 정함

하나님께서는 자신의 섭리 가운데 일상의 삶을 통해서 매 순간 모든 이를 심판하시지만 특정의 한 날을 마지막 심판으로 정하셨다. 하나님의 섭리 가운데 이루어지는 심판은 현세에서 선과 악이 정확하게 보응되지 않기도 한다. 아삽은 시편 73편에서 넘어질 뻔하고 미끄러질 뻔했다고 말한다. 이유는 그가 악인의 형통함을 보고 오만한 자를 질투하였는데, 그들이 죽을 때에도 고통이 없고 그 힘이 강건하였기 때문이다. 주변에서 선과 악이 충분히 보상과 처벌을 받지 못하는 것을 경험하는데, 이런 이유 때문에라도 마지막 심판이 존재한다. 하나님께서 각 사람에게 그 행한 대로 보응하시는데, 참고 선을 행하여 영광과 존귀와 썩지 아니함을 구하는 자에게는 영생으로 하시고, 오직 당을 지어 진리를 따르지 아니하고 불의를 따르는 자에게는 진노와 분노로 하신다.

요한계시록은 마지막 심판에 대하여 이렇게 말함으로써 특정의 날에 심판이 이루어짐을 명백히 나타낸다. "또 내가 크고 흰 보좌와 그 위에 앉으신 이를 보니 땅과 하늘이 그 앞에서 피하여 간 데 없더라 또 내가 보니 죽은 자들이 큰 자나 작은 자나 그 보좌 앞에 서 있는데 책들이 펴 있고 또 다른 책이 펴졌으니 곧 생명책이라 죽은 자들이 자기 행위를 따라 책들에 기록된 대로 심판을 받으니 바다가 그 가운데에서 죽은 자들을 내주고 또 사망과 음부도 그 가운데에서 죽은 자들을 내주매 각 사람이 자기의 행위대로 심판을 받고 사망과 음부도 불못에 던져지니 이것은 둘째 사망 곧 불못이라 누구든지 생명책에 기록되지 못한 자는 불못에 던져지더라"계 20:11-15. 예수님도 무덤 속에 있는 자가 다 심판자의 음성을 들을 때가 온다고 말씀하셨다요 5:27-29. 성경은 이외에도 여러 곳에서 마지막 심판에 대하여 언급한다마 25:31-46; 행 17:31; 롬 2:5-11; 히 9:27, 10:27; 벧후 3:7.

❸ 그리스도에게 주어진 심판

이 최후의 심판은 다른 사역들처럼 삼위 하나님의 일에 해당하지만 성경은 특별히 예수 그리스도께 돌리고 있다. 성부께서 아무도 심판하지 아니하시고 심판을 다 아들에게 맡기셨고, 인자됨으로 말미암아 심판하는 권한을 주셨다요 5:22, 27. 인자가 자기 영광으로 모든 천사와 함께 올 때에 자기 영광의 보좌에 앉아 모든 민족을 그 앞에 모으고 각각 구분한다마 25:31-32. 베드로는 하나님께서 살아 있는 자와 죽은 자의 재판장으로 정하신 자가 그리스도시라고 전도하였다행 10:42. 바울은 하나님께서 정하신 사람으로 하여금 천하를 공의로 심판할 날을 작정하시고 그리스도를 죽은 자 가운데서 다시 살리셨다고 말하였다행 17:31. 성경은 이외에도 여러 곳에서 그리스도에게 모든 권세와 심판이 아버지로부터 주어져 있다고 말한다마 28:18; 빌 2:9-10; 딤후 4:1.

❹ 배교한 천사들의 심판

그날에는 인격을 가진 두 무리, 천사와 사람이 심판을 받는다. 성경은 아래의 구절들에서 타락한 천사들이 심판을 받는다고 말한다. 고린도전서 6:3절은 신자들이 천사를 판단하는 일에 참여한다고 말한다. 성경은 천사들이 구체적으로 어떠한 죄를 지었는지 말하지 않고, 자기 지위를 지키지 아니하고 자기 처소를 떠났다고 대략적으로 표현한다. 또 범죄한 천사들에게 주어질 심판에 대해서도 구체적으로 말하지 않는다.

마 8:29	이에 그들이 소리 질러 이르되 하나님의 아들이여 우리가 당신과 무슨 상관이 있나이까 때가 이르기 전에 우리를 괴롭게 하려고 여기 오셨나이까 하더니
고전 6:3	우리가 천사를 판단할 것을 너희가 알지 못하느냐 그러하거든 하물며 세상 일이랴
벧후 2:4	하나님이 범죄한 천사들을 용서하지 아니하시고 지옥에 던져 어두운 구덩이에 두어 심판 때까지 지키게 하셨으며
유 1:6	또 자기 지위를 지키지 아니하고 자기 처소를 떠난 천사들을 큰 날의 심판까지 영원한 결박으로 흑암에 가두셨으며

❺ 사람들의 심판

이 땅에서 살았던 모든 사람이 그리스도의 심판대 앞에서 심판을 받는다. 누구든지 생명책에 기록되지 못한 불신자들은 불못에 던져지는 정죄의 심판을 받는다 계 20:15. 반면에 모든 신자는 그리스도의 대속의 피를 인하여 생명책에 기록되어 있으므로 정죄의 심판이 없다. 그리스도께서 보좌에서 신자들을 하나님의 자녀로 공개적으로 인정하고 죄가 없다고 심판하신다. 그분께서 신자들이 행한 행위대로 심판하신다면 그들은 모두 환난과 곤고의 결정을 받지만, 그분의 생애와 죽음에서 오는 의를 신자들의 것으로 여기시기 때문에 신자들은 모두 영광과 존귀와 평강이 깃든 영생의 결정을 받는다.

그런데 신자들도 정죄의 심판은 아니지만, 생각과 말과 행동에 전 12:14; 마 12:36; 롬 2:16; 고전 4:5 대해 심문받고, 선악 간에 몸으로 행한 바에 따라 보응을 받는다 롬 14:10, 12; 고후 5:10; 계 20:12. [144] 모든 신자는 예수 그리스도를 믿음으로써 구원을 받

---

144 **전 12:14** 하나님은 모든 행위와 모든 은밀한 일을 선악 간에 심판하시리라
  마 12:36 내가 너희에게 이르노니 사람이 무슨 무익한 말을 하든지 심판 날에 이에 대하여 심문을 받으리니
  롬 2:16 곧 나의 복음에 이른 바와 같이 하나님이 예수 그리스도로 말미암아 사람들의 은밀한

는 것이 확실하지만 자신의 생각과 말과 행동에 대해 심문받는 줄 알고 하나님의 말씀에 따라 생각하고 말하고 행동하려고 노력해야 한다.

33.2

하나님께서 이날을 정하신 목적은 자신의 긍휼의 영광을 선택된 자들을 영원히 구원하시는 일에서 나타내시고, 자신의 공의의 영광을 악하고 불순종하는 유기된 자들을 정죄하시는 데서 나타내시기 위함이다. 왜냐하면 그날에 의인들은 영원한 삶에 들어가고 주의 얼굴로부터 나오는 기쁨과 새롭게 함의 그 충만함을 누릴 것이지만, 하나님을 모르고 예수 그리스도의 복음에 복종하지 않는 악인들은 영원한 고통에 던져지고 주의 얼굴과 주의 능력의 영광을 떠나 영원한 멸망의 형벌을 받을 것이기 때문이다.e

The end of God's appointing this day, is for the manifestation of the glory of his mercy, in the eternal salvation of the elect; and of his justice, in the damnation of the reprobate, who are wicked and disobedient. For then shall the righteous go into everlasting life, and receive that fullness of joy and refreshing which shall come from the presence of the Lord: but the wicked, who know not God, and obey not the gospel of Jesus Christ, shall be cast into eternal torments, and be

---

것을 심판하시는 그 날이라

고전 4:5 그러므로 때가 이르기 전 곧 주께서 오시기까지 아무 것도 판단하지 말라 그가 어둠에 감추인 것들을 드러내고 마음의 뜻을 나타내시리니 그 때에 각 사람에게 하나님으로부터 칭찬이 있으리라

롬 14:10, 12 네가 어찌하여 네 형제를 비판하느냐 어찌하여 네 형제를 업신여기느냐 우리가 다 하나님의 심판대 앞에 서리라; 이러므로 우리 각 사람이 자기 일을 하나님께 직고하리라

고후 5:10 이는 우리가 다 반드시 그리스도의 심판대 앞에 나타나게 되어 각각 선악간에 그 몸으로 행한 것을 따라 받으려 함이라

계 20:12 또 내가 보니 죽은 자들이 큰 자나 작은 자나 그 보좌 앞에 서 있는데 책들이 펴 있고 또 다른 책이 펴졌으니 곧 생명책이라 죽은 자들이 자기 행위를 따라 책들에 기록된 대로 심판을 받으니

> punished with everlasting destruction from the presence of the Lord, and from the glory of his power.e
>
> e 마 25:31-46; 롬 2:5-6; 롬 9:22-23; 마 25:21; 행 3:19; 살후 1:7-10

2. 마지막 심판의 목적

하나님께서 마지막 심판의 날을 정하신 목적은 크게 두 가지이다. 첫째는 선택된 자들을 향한 목적인데 자신의 긍휼의 영광이 그들을 영원히 구원하시는 일에서 나타나도록 함이고, 둘째는 유기된 자들을 향한 목적인데 자신의 공의의 영광이 그들을 정죄하시는 데서 나타나도록 함이다.

제3장 하나님의 영원한 작정 제3절은 "하나님의 작정에 의해 하나님의 영광이 나타나도록 어떤 사람들과 천사들은 영원한 생명에 이르도록 예정되었고, 다른 자들은 영원한 죽음에 이르도록 미리 정해졌다."라고 말한다. 선택된 자들과 유기된 자들에 대한 하나님의 영원한 작정이 마지막 심판을 통해 최종적으로 드러나고 실현된다. 마지막 심판은 하나님의 영원한 작정이 완성되는 마지막 단계이다. 선택과 유기를 통하여 하나님의 영광이 나타나는데 선택에서는 하나님의 긍휼의 영광이 드러나고, 유기에서는 하나님의 공의의 영광이 드러난다.

선택된 자들은 마지막 심판을 받을 때 자신을 향한 하나님의 신비스럽고, 매우 높은 차원의 계획을 이해하게 된다. 자신들이 하나님의 자녀가 된 것이 전적으로 하나님의 선한 기쁨에 따라 하나님의 순전히 값없는 은혜와 사랑으로 말미암은 것이지, 절대로 자신의 믿음이나, 선행이나, 믿음과 선행의 견인이나, 자신들에게 있는 어떤 것으로 말미암지 않음을 깊이 깨달으며 하나님의 영광스러운 은혜를 찬송하게 된다 제3장 제5절. 자신들이 인생에서 겪은 수많은 일들이 하나님의 계획과 사랑 속에서 자신의 구원과 성화를 위한 것임을 깨닫게 되며 하나님께 깊이 감사하게 되고, 그 놀랍고 신비한 섭리를 인해 하나님께 영광을 돌린다. 누구에 대한 원망도 사라지고 이루지 못한 일에 대한 미련과 아쉬움도 모두 사라지고 오직 하나님의 영광스러운 은혜만이 남는다.

유기된 자들은 마지막 심판을 받을 때 자신을 향한 하나님의 주권적인 능력과 영광스러운 공의를 이해하게 된다. 아무도 모르게 지은 죄와 누구도 통제하지 못하도록 강폭하게 지은 죄 등에 대한 수치와 진노를 받게 된다제3장 제7절. 자신들이 악하고 불순종한 자임이 만 천하에 드러난다. 그들은 하나님께서 햇빛과 비보다 더 풍성하게 내려주신 은혜를 도리어 방탕한 것으로 바꾸고 홀로 하나이신 주재 곧 우리 주 예수 그리스도를 부인하였는데유 1:4, 이에 대한 공의의 심판을 받는다. 이들은 그 때에 얼마나 후회하겠으며 얼마나 수치스럽겠으며 얼마나 슬피 울며 이를 갈겠는가?

선택된 자들과 유기된 자들의 최후의 상태는 어떻게 될까? 법정에서 피고에 대한 최종 판결이 나면 그에 따라 피고는 자유의 상태가 되거나 감옥에 갇히는 상태가 된다. 하나님을 모르고 예수 그리스도의 복음에 복종하지 않는 악인들은 마지막 심판 날에 진노와 분노의 심판을 받아 영원한 고통에 던져지고 주의 얼굴과 주의 능력의 영광을 떠나 영원한 멸망의 형벌을 받는다. "만일 네 눈이 너를 범죄하게 하거든 빼버리라 한 눈으로 하나님의 나라에 들어가는 것이 두 눈을 가지고 지옥에 던져지는 것보다 나으니라 거기에서는 구더기도 죽지 않고 불도 꺼지지 아니하느니라 사람마다 불로써 소금 치듯 함을 받으리라"마 9:47-49. "하나님을 모르는 자들과 우리 주 예수의 복음에 복종하지 않는 자들에게 형벌을 내리시리니 이런 자들은 주의 얼굴과 그의 힘의 영광을 떠나 영원한 멸망의 형벌을 받으리로다"살후 1:8-9.

공개적으로 죄가 없다는 심판을 받은 의인들은 영원한 삶에 들어가고 주의 얼굴로부터 나오는 기쁨과 새롭게 함의 그 충만함을 누린다. 성경은 이것을 신자들이 새 하늘과 새 땅에 거하는 것으로 표현한다. 그리스도는 승천하시어 하나님 우편에 앉아계신데 우리를 위한 거처를 예비하고 계신다. "내 아버지 집에 거할 곳이 많도다 그렇지 않으면 너희에게 일렀으리라 내가 너희를 위하여 거처를 예비하러 가노니 가서 너희를 위하여 거처를 예비하면 내가 다시 와서 너희를 내게로 영접하여 나 있는 곳에 너희도 있게 하리라"요 14:2-3. 그리스도께서 신자들을 위하여 예비하신 그 거처에서 신자들은 살게 된다.

땅이 진동하는 것을 지진地震이라 하고, 하늘이 진동하는 것을 천진天震이라고 한다. 땅이 진동해도 엄청난 피해가 있는데, 하늘이 진동하면 어떨까? 하늘의 진동으로 진동하지 아니하는 것이 영존하게 된다. 진동할 것들이 진동하지 않는 것으로 변동된다. 이것을 통해 신자들은 흔들리지 않는 나라를 은혜로 받는다히 12:26-28. 베드로는 하나님의 날이 임하기를 간절히 사모하라며, 그 날에 하늘이 불에 타서 풀어지고 물질이 뜨거운 불에 녹아지며, 신자들은 의가 있는 곳인 새 하늘과 새 땅을 바라보게 된다고 말한다벧후 3:12-13. 요한계시록 21장은 처음 하늘과 처음 땅이 없어지고 새 하늘과 새 땅이 있다고 말한다.

거룩한 성 새 예루살렘이 하나님께로부터 하늘에서 내려온다. 하나님은 친히 그들과 함께 계셔서 모든 눈물을 그 눈에서 닦아 주시니 다시는 사망이 없고 애통하는 것이나 곡하는 것이나 아픈 것이 다시 있지 아니한다. 처음 것들은 다 지나간다. 하나님께서 만물을 새롭게 하신다계 21:1-5. 예루살렘 성 안에는 성전이 없다. 전능하신 이와 및 어린 양이 그 성전이시기 때문이다. 하나님의 영광이 비치고 어린 양이 그 등불이 되시기 때문에 그 성은 해나 달의 비침이 쓸 데 없다. 만국이 그 빛 가운데로 다닌다. 밤이 없기 때문에 낮에 성문들을 도무지 닫지 아니한다. 그곳에는 무엇이든지 속된 것이나 가증한 일 또는 거짓말하는 자는 결코 들어가지 못하고, 오직 어린 양의 생명책에 기록된 자들만 들어간다계 21:22-26. 그리스도의 보혈의 피로 속함을 받은 자만 들어간다.

그곳에는 수정 같이 맑은 생명수의 강이 흐른다. 이 강은 하나님과 어린 양의 보좌로부터 나와서 길 가운데로 흐르는데, 강 좌우에 생명나무가 있어 열두 가지 열매를 맺되 달마다 그 열매를 맺고 그 나무 잎사귀들은 만국을 치료한다. 다시 저주가 없고, 백성은 하나님과 그 어린 양을 섬기며 그의 얼굴을 본다. 주 하나님이 그들에게 비치어 다시 밤이 없고, 등불과 햇빛이 쓸 데 없다. 그들은 그곳에서 세세토록 왕 노릇 한다. 추운 날, 습한 날에 태양 빛이 얼마나 고운지 모른다. 그러니 주 하나님이 비추시는 빛은 얼마나 더 곱고 황홀할까! 생각만 해도 황홀해지고 신비스러워진다. 우리는 이 땅에서 숱한 사람들과 경쟁하여 그들을 짓누르고 왕이 되려고 할 필요가 없다. 천국에 가면 세세토록 진정한 왕 노릇을 할 수 있다. 신자들은 예루살렘 성에서 하나님과 함께 영원히 거한다. 완전히 복을 받아 하나님을 충만하게 영원히 즐거워하는 것이다.

반면에 개들과 점술가들과 음행하는 자들과 살인자들과 우상 숭배자들과 및 거짓말을 좋아하며 지어내는 자는 다 성 밖에 있다. 그곳에서 슬피 울며 이를 간다. 하나님의 영원한 성 예루살렘에 거주하는 이들과 그 성 밖에 있는 자들은 하늘과 땅의 차이보다 더 크다. 죽음으로 갈라서는 것보다 더 큰 단절이다. 우리가 두려워해야 할 것은 바로 새 예루살렘 성 밖에 거하는 것이지, 이 땅에서의 죽음과 종말이 아니다. 신자에게 이 땅에서의 죽음과 종말은 새 예루살렘에 가는 길이다.

이 모든 것이 예수 그리스도의 부활과 승천과 재림을 인하여 가능하고, 예수 그리스도와 신자들이 연합하였기 때문에 가능하다. 그리스도의 죽음과 부활과 승천과 재림과 심판 그리고 신자들과의 연합은 전적으로 그리스도께서 우리를 사랑하시어 행하셨기 때문에 가능하다. 이 일에 우리 사람들이 기여한 것이 전혀 없다. 이 신비하고 놀라운 일이 하나님의 작정으로 영원 속에서 이미 이루어져 있어 반드시 실현된다. 우리는 하나님을 찬양할 뿐이고, 모든 영광을 하나님께 돌릴 뿐이다!

33.3

모든 사람이 죄짓는 것을 그만두고 경건한 자가 역경 속에서 더 큰 위로를 받도록 그리스도께서 심판의 날이 있을 것이라고 우리를 확실히 설득하신 것처럼,f 또한 사람들이 주님께서 언제 오실지 모르기 때문에 육적인 안전감을 철저하게 떨쳐 버리며 항상 깨어 있도록 그리고 다음과 같이 말할 준비가 늘 되도록 그날을 알지 못하게 하신다. "오시옵소서 주 예수여 속히 오시옵소서 아멘."g

> As Christ would have us to be certainly persuaded that there shall be a day of judgment, both to deter all men from sin, and for the greater consolation of the godly in their adversity:f so will he have that day unknown to men, that they may shake off all carnal security, and be always watchful, because they know not at what hour the Lord will come; and may be ever prepared to say, Come, Lord Jesus, come quickly. Amen.g
>
> f 벧후 3:11, 14; 고후 5:10-11; 살후 1:5-7; 눅 21:27-28; 롬 8:23-25
> g 마 24:36, 42-44; 막 13:35-37; 눅 12:35-36; 계 22:20

3. 알려지지 않은 심판의 날

학생이나 직장인은 시험과 평가의 날이 다가오면 자신의 공과가 드러나는 줄 알고 평상시보다 더 열심히 살게 된다. 사람은 시험과 평가의 결과에 따라 신상필벌信賞必罰이 주어지는 경험을 통하여 성실과 정직과 실력이 중요함을 배운다. 부모와 교사와 상사는 자녀와 학생과 사원에게 당근과 채찍을 통하여 동기를 부여하고 그들의 악행을 징계한다. 지혜로운 부모와 교사와 상사일수록 뜬금없이 당근과 채찍을 사용하지 않고, 당근과 채찍이 존재한다는 것을 미리 확실하게 알려주어 그들에게 동기를 부여한다.

인생에서 시험과 평가의 존재와 위력을 경험한 신자에게 그리스도께서 마지막 심판의 날이 존재한다고 명백하게 알려주신다. 신자는 하나님 앞에 설 마지막 심판에 대한 확신이 강할수록 죄 짓는 것을 그만 두게 되고, 역경 가운데서도 더 큰 위로를 받는다. 죄를 짓게 되면 심판 날에 자신의 생각과 말과 행동에 대해 심문받을 것이기 때문이고, 반드시 그리스도의 심판대 앞에 서서 각각 선악간에 그 몸으로 행한 것을 따라 받기 때문이고, 역경 가운데서도 하나님의 사랑과 말씀을 지키면 그에 대한 보응을 받을 것이기 때문이다.

그리스도께서 언제 재림하시어 마지막 심판을 하실지 그 날과 그 때는 아무도 모른다. 하늘의 천사들도, 아들도 모르고 오직 아버지만 아신다. 이는 첫째로 신자가 주님이 언제 오실지 모르기 때문에 그로 육적인 안전감을 철저하게 떨쳐버리어 항상 깨어 있도록 하시기 위함이다. 만일 집 주인이 도둑이 어느 시각에 올 줄을 안다면 그 시각 전까지 흥청망청 살지라도 그 시각에 맞추어 자신의 집을 지킨다. 신자가 주님의 재림의 때를 안다면 흥청망청 살다가 재림의 때에 맞추어 경건한 척 할 수 있다. 주님은 이것을 방지하시고 신자로 깨어서 준비된 삶을 살도록 그 날과 그 때를 알려주시지 않는다^{마 24:36, 42-44; 막 13:35-37}. 그가 경건의 삶의 가치를 알고 인생 내내 그 삶을 사모하고 추구하도록 그 날을 알려주시지 않는다.

둘째로 신자로 "오시옵소서 주 예수여 속히 오시옵소서 아멘"이라고 말할 준비가 늘 되도록 하시기 위함이다. 예수 그리스도께서 요한계시록 마지막 장 마지막 절에서 "내가 진실로 속히 오리라"고 말씀하셨다. 신자는 이에 맞추어 늘 "아멘, 주 예수여 오시옵소서!"라고^{계 22:20} 해야 하지 않겠는가! 새 하늘 새 땅에서 가장 천한 것이 이 땅에서 가장 좋은 것보다 몇 억 배 더 좋다. 우리는 이 땅의 돈과 명예와 권력과 정욕과 같은 자극적인 것들에 마음을 빼앗기면 안 된다. 이것들보다 진정으로 거룩하고 선한 것들이 새 하늘 새 땅에는 널려 있기 때문이다. 이것을 누리도록 주 예수께서 속히 오신다고 우리에게 분명히 약속하였다. 우리는 이 약속에 의거하여 더 거룩하고 더 선하고 더 신비한 것을 사모하는 마음으로 "아멘, 주 예수여 오시옵소서"라고 말해야 한다.

예수 그리스도께서 진실로 속히 오시기 때문에 마지막 심판도 가능하고, 세상의 종말과 죽은 자의 부활도 가능하다. 주 예수께서 오시는 것은 그냥 한 사람이 오시는 것이 아니라, 하나님의 아들이 오시는 것이고, 우리에게 새 하늘과 새 땅을 주시기 위하여 오시는 것이다. 신자는 그 가치와 의미를 깨닫고 "주 예수여 속히 오시옵소서"라고 말해야 한다. 신자가 이 땅에서 실현되기를 바라며 기대하는 그 어떤 대상도 주 예수님이 오셔서 주시는 선물에 비할 바가 아니다. 신자는 언제나 죽을 준비가 되어 있어야 하고, 언제나 주님이 오시기를 바라며 영접할 준비가 되어있어야 한다. 신자는 자신의 삶에서 무엇을 가장 큰 목적으로 삼으며, 무엇을 마음속에서부터 진실로 좋아하는지 늘 살펴야 한다. 우리는 진리를 거슬러 아무 것도 할 수 없고 오직 진리를 위할 뿐이다 고후 13:8. 진리를 기뻐하는 삶만이 하나님 앞에서 유일한 가치와 칭찬으로 남고, 다른 공력은 모두 심판 때 불에 타 없어진다. 이 땅에서 우리가 세운 공력이 그대로 있음으로 상을 받는 자가 되기 위하여 늘 깨어 있고 고전 3:13-15, 늘 다음과 같이 말할 준비가 되어 있자. "오시옵소서 주 예수여 속히 오시옵소서 아멘."

The Westminster Confession of Faith

Chapter I   Of the Holy Scripture

Chapter II   Of God, and of the Holy Trinity

Chapter III   Of God's Eternal Decree

Chapter IV   Of Creation

Chapter V   Of Providence

Chapter VI   Of the Fall of Man, of Sin, and of the Punishment Thereof

Chapter VII   Of God's Covenant with Man

Chapter VIII   Of Christ the Mediator

Chapter IX   Of Free Will

Chapter X   Of Effectual Calling

Chapter XI   Of Justification

Chapter XII   Of Adoption

Chapter XIII   Of Sanctification

Chapter XIV   Of Saving Faith

Chapter XV   Of Repentance unto Life

Chapter XVI   Of Good Works

Chapter XVII   Of the Perseverance of the Saints

Chapter XVIII   Of the Assurance of Grace and Salvation

-

Chapter XIX   Of the Law of God

Chapter XX   Of Christian Liberty, and Liberty of Conscience

Chapter XXI   Of Religious Worship, and the Sabbath Day

Chapter XXII   Of Lawful Oaths and Vows

Chapter XXIII   Of the Civil Magistrate

Chapter XXIV   Of Marriage and Divorce

Chapter XXV   Of the Church

Chapter XXVI   Of the Communion of Saints

Chapter XXVII   Of the Sacraments

Chapter XXVIII   Of Baptism

Chapter XXIX   Of the Lord's Supper

Chapter XXX   Of Church Censures

Chapter XXXI   Of Synods and Councils

-

Chapter XXXII   Of the State of Men after Death, and of the Resurrection of the Dead

Chapter XXXIII   Of the Last Judgment

웨스트민스터 신앙고백, 삶을 읽다

차례

서론

제1장 성경
 1. 성경의 필요성
 2. 성경의 정경 66권과 하나님의 영감
 3. 하나님의 영감이 아닌 외경과 위경과 가경
 4. 성경의 권위
 5. 성경의 자증성
 6. 성경의 충족성
 7. 성경의 명료성
 8. 성경의 보존과 번역
 9. 성경 해석의 무오한 규범
 10. 성경에서 말씀하시는 최고의 재판관 성령

신론

제2장 하나님과 성 삼위일체
 1. 하나님의 속성
 2. 피조물을 향한 하나님의 속성
 3. 삼위일체 하나님

제3장 하나님의 영원한 작정
 1. 하나님의 작정에 대한 정의
 2. 절대 작정과 예지 작정
 3. 이중 예정
 4. 예정의 개별성과 불변성: 제한 속죄
 5. 무조건적 선택: 예지가 아닌 은혜로 말미암은 선택
 6. 미리 정해진 구원의 수단들
 7. 유기
 8. 예정 교리의 주의사항과 유익

Westminster
Confession of faith

제4장 창조
1. 세상 만물의 창조
2. 사람의 창조

제5장 섭리
1. 섭리의 정의
2. 제1원인과 제2원인들
3. 섭리의 수단들
4. 죄의 허용과 제한과 설정과 통치
5. 신자가 경험하는 유혹과 부패의 유익
6. 불신자가 당하는 죄의 결과
7. 교회에 대한 특별한 방식의 섭리

인간론

제6장 사람의 타락과 죄와 형벌
1. 첫 부모의 죄
2. 첫 부모의 죄의 결과: 원의의 상실과 전적 부패
3. 죄책과 죽음과 부패한 본성의 전가
4. 전적 부패와 자범죄
5. 중생자에게 남아 있는 본성의 부패와 부패의 죄악성
6. 죽음과 비참함이란 죄책

제7장 사람과 맺으신 하나님의 언약
1. 언약의 본질
2. 행위 언약: 첫째 언약
3. 은혜 언약: 둘째 언약
4. 언약이 갖는 유언의 성격
5. 구약: 율법 아래의 은혜 언약
6. 신약: 복음 아래의 은혜 언약

웨스트민스터 신앙고백, 삶을 읽다

차례

기독론

제8장 중보자 그리스도
1. 예수 그리스도의 신분과 사역
2. 한 인격, 두 본성
3. 중보자의 직분으로 철저히 준비되심
4. 중보자와 보증인의 직분 수행
5. 사역의 성격과 효과와 대상자
6. 구약 성도에게 미치는 그리스도의 구속 사역
7. 신성과 인성에 따른 그리스도의 중보 사역
8. 그리스도에 의한 구속의 적용과 전달

구원론

제9장 자유 의지
1. 사람의 본성적 자유
2. 무죄의 상태에서의 의지
3. 죄의 상태에서의 의지
4. 은혜의 상태에서의 의지
5. 영광의 상태에서의 의지

제10장 효과적 부르심
1. 효과적 부르심의 정의
2. 오직 은혜로 가능한 효과적 부르심
3. 선택된 유아의 중생과 구원
4. 외적 부르심에 머무는 선택받지 못한 자들

제11장 의롭다 하심
1. 의롭다 하심의 정의
2. 칭의의 유일한 도구인 살아있는 믿음
3. 값없는 은혜로 말미암는 그리스도의 순종과 속죄에 의한 칭의
4. 성령에 의한 그리스도의 실제적 적용
5. 칭의 받은 자들이 짓는 죄
6. 구약과 신약 아래에서 하나이고 같은 칭의

Westminster
Confession of faith

제12장 양자 삼으심
1. 양자 삼으심

제13장 거룩하게 하심
1. 성화의 정의
2. 사람의 전 부분에 걸친 그러나 불완전한 성화
3. 은혜 속에서 성장하며 거룩함을 이루는 성도들

제14장 구원하는 믿음
1. 믿음의 정의와 기원 및 발생과 증가
2. 믿음의 정의와 역할과 대상
3. 믿음의 다양한 정도와 최종승리와 성장

부록

웨스트민스터 신앙고백의 배경

웨스트민스터 신앙고백, 삶을 읽다(하권) 차례

웨스트민스터 신앙고백,
삶을 읽다 하

펴낸날 2022년 5월 2일 초판 1쇄
　　　　2024년 7월 16일 초판 2쇄

지은이 정요석
펴낸곳 크리스천르네상스
펴낸이 정영오

표지디자인 디자인집(02-521-1474)
내지디자인 서세은

주소 경기도 안산시 단원구 와동로 5길 301호(와동, 대명하이빌)
신고번호 2019-000004
등록 2019년 1월 31일

ISBN 979-11-966212-8-5　94230
　　　　979-11-966212-6-1　94230 (세트)

값 27,000원

Copyright 2022. 크리스천르네상스. All rights reserved.